Extraterritoriale Asylverfahrensstandorte

**Europäische Hochschulschriften Recht**

European University Studies in Law

Publications Universitaires Européennes de Droit

Band/Volume **6107**

Nora Schmidt

# Extraterritoriale Asylverfahrensstandorte

## Neue Wege in der Europäischen Flüchtlingspolitik

PETER LANG

**Bibliografische Information der Deutschen Nationalbibliothek**
Die Deutsche Nationalbibliothek verzeichnet diese Publikation in der Deutschen Nationalbibliografie; detaillierte bibliografische Daten sind im Internet über http://dnb.d-nb.de abrufbar.

Zugl.: Regensburg, Univ., Diss., 2018

D 355
ISSN 0531-7312
ISBN 978-3-631-79843-0 (Print)
E-ISBN 978-3-631-79906-2 (E-PDF)
E-ISBN 978-3-631-79907-9 (EPUB)
E-ISBN 978-3-631-79908-6 (MOBI)
DOI 10.3726/b16023


Peter Lang – Berlin · Bern · Bruxelles · New York · Oxford · Warszawa · Wien



Diese Publikation wurde begutachtet.

www.peterlang.com

*Meinen Eltern*

Mein Dank gilt meinem Doktorvater Prof. Dr. Robert Uerpmann-Wittzack, der meine Arbeit stets mit viel Verständnis und konstruktiven Anregungen unterstützt hat. Ebenso danke ich Prof. Dr. Thorsten Kingreen, der meine Doktorarbeit als Zweitgutachter betreut hat. Schließlich möchte ich meinen Eltern danken, die mich auf meinem Weg immer begleitet haben.

# Inhaltsverzeichnis

# Abkürzungsverzeichnis

| | |
|---|---|
| a.A. | anderer Auffassung |
| ABl. | Amtsblatt der Europäischen Union |
| Abs. | Absatz |
| AEMR | Allgemeine Erklärung der Menschenrechte der Vereinten Nationen |
| AEUV | Vertrag über die Arbeitsweise der Europäischen Union |
| a.F. | alte Fassung |
| AI | Amnesty International |
| AJIL | American Journal of International Law |
| Art. | Artikel |
| AVR | Archiv des Völkerrechts |
| AsylG | Asylgesetz |
| AufenthG | Aufenthaltsgesetz – Gesetz über den Aufenthalt, die Erwerbstätigkeit und die Integration von Ausländern im Bundesgebiet |
| BAMF | Bundesamt für Migration und Flüchtlinge |
| BBC | British Broadcasting Corporation |
| BeschV | Beschäftigungsverordnung – Verordnung über die Beschäftigung von Ausländerinnen und Ausländern |
| BGBl. | Bundesgesetzblatt |
| BMI | Bundesministerium des Innern |
| bspw. | beispielsweise |
| BT-Drucks. | Bundestagsdrucksache |
| Bull. | Bulletin |
| BVerfG | Bundesverfassungsgericht |
| BVerwG | Bundesverwaltungsgericht |
| ders. | derselbe |
| DVBl. | Deutsches Verwaltungsblatt |
| EASO | European Asylum Support Office – Europäisches Unterstützungsbüro für Asylfragen |
| EFF | Europäischer Flüchtlingsfond |
| EG | Europäische Gemeinschaft |
| EGMR | Europäischer Gerichtshof für Menschenrechte |
| Einl. | Einleitung |
| EJML | European Journal of Migration and Law |
| E.L. Rev. | European Law Review |

| | |
|---|---|
| EK | Europäische Kommission |
| EMRK | Konvention zum Schutze der Menschenrechte und Grundfreiheiten |
| EP | Europäisches Parlament |
| ER | Europäischer Rat |
| ErwGr. | Erwägungsgrund (bei EU-Richtlinie und Verordnungen) |
| EU | Europäische Union |
| EuGH | Europäischer Gerichtshof |
| EUV | Vertrag über die Europäische Union |
| f. | folgende |
| FCA | Federal Court of Australia |
| ff. | fortfolgende |
| FMR | Forced Migration Review |
| Fn. | Fußnote |
| GEAS | Gemeinsames Europäisches Asylsystem |
| GFK | Genfer Flüchtlingskonvention/Abkommen über die Rechtsstellung der Flüchtlinge |
| GG | Grundgesetz |
| ggf. | gegebenenfalls |
| GRC | Europäische Grundrechtecharta |
| HB | Handbuch |
| HRC | Human Rights Committee |
| Hrsg. | Herausgeber |
| Harv. HRJ | Harvard Human Rights Journal |
| HRW | Human Rights Watch |
| IJRL | International Journal of Refugee Law |
| IOM | International Organization for Migration |
| IPbürgR | Internationaler Pakt für Bürgerliche und Politische Rechte |
| JRS | Journal of Refugee Studies |
| Kap. | Kapitel |
| MOU | Memorandum of Understanding |
| m.H.a. | mit Hinweisen auf |
| m.w.N. | mit weiteren Nachweisen |
| NJW | Neue Juristische Wochenschrift |
| NVwZ | Neue Zeitschrift für Verwaltungsrecht |
| OHCHR | United Nations Human Rights Office of the High Commissioner |
| Pac. Rim L. & Pol'y J. | Pacific Rim Law & Policy Journal |
| RPA | Regional Protection Area |

| | |
|---|---|
| SDÜ | Schengener Durchführungsübereinkommen |
| SydLawRw | Sydney Law Review |
| sog. | sogenannte |
| SRÜ | Seerechtsübereinkommen der Vereinten Nationen |
| SVR | Sachverständigenrat deutscher Stiftungen für Integration und Migration |
| SWP | Stiftung für Wissenschaft und Politik |
| SZ | Süddeutsche Zeitung |
| TexILJ | Texas International Law Journal |
| TPC | Transit Processing Centre |
| u.a. | unter anderem |
| UAbs. | Unterabsatz |
| UN | United Nations – Vereinte Nationen (VN) |
| UNHCR | UN High Commissionar for Refugees – Hoher Flüchtlingskommisar der VN |
| v. | vom |
| vgl. | vergleiche |
| WÜD | Wiener Übereinkommen über diplomatische Beziehungen |
| WVK | Wiener Übereinkommen über das Recht der Verträg |
| ZAR | Zeitschrift für Ausländerrecht und Ausländerpolitik |
| ZaöRV | Zeitschrift für ausländisches öffentliches Recht und Völkerrecht |
| ZRP | Zeitschrift für Rechtspolitik |
| ZP | Zusatzprotokoll |
| ZÖR | Zeitschrift für öffentliches Recht |

# Einleitung

> „Wir Europäer müssen eigentlich wissen und uns stets daran erinnern, wie wichtig es ist, Flüchtlingen Schutz zu gewähren und das Grundrecht auf Asyl zu achten. Es ist Zeit, dass wir anfangen, den Grundstein für eine echte europäische Migrationspolitik zu legen, […]. Wenn es jemals nötig war, europäische Solidarität unter Beweis zu stellen, dann jetzt in Zeiten der Flüchtlingskrise. Es ist Zeit, gemeinsam Mut zu beweisen und europäisch zu handeln."[1]

Dies sind die Worte des Präsidenten der Europäischen Kommission (im Folgenden Kommission), Jean-Claude Junckers, während der Flüchtlingskrise im Jahr 2015 zur historischen und moralischen, wenn auch rechtlich kaum durchsetzbaren, Verpflichtung Europas bei der Bewältigung der Migration als einer Jahrhundertaufgabe. So kamen im Jahr 2015 ca. 1,4 Millionen und in 2016 ca. 1,3 Millionen Asylsuchende nach Europa,[2] allein in Deutschland wurden 2015 ca. 890.000, 2016 ca. 280.000 und 2017 ca. 186.644 Asylsuchende registriert.[3] Anlass der Rede Junckers waren die später beschlossenen EU-Pläne, zur Entlastung der besonders betroffenen Mittelmeerstaaten Griechenland und Italien, 160.000 Personen innerhalb der EU solidarisch umzuverteilen.[4]

Zwar sind die Migrationszahlen in der EU und auch in Deutschland im Vergleich zu derzeit weltweit ca. 65,6 Millionen Menschen auf der Flucht, dem höchsten Stand seit dem Ende des Zweiten Weltkriegs,[5] relativ gering. Die

---

1 EK, Pressemitteilung, Flüchtlingskrise: die Europäische Kommission handelt v. 09.09.2015.

2 EASO, Annual report on the situation of asylum in the EU 2016, Executive Summary. 2017 kamen ca. 178.550 Menschen nach Europa, UNHCR, Europe Monthly Report, Dec. 2017, S. 1.; Zu Fluchtursachen Teil 4 B.I.2. a).

3 BMI, Pressemitteilung, 186.644 Asylsuchende im Jahr 2017 – erfolgreicher Abbau der Rückstände, v. 16.01.2018. Zur Entwicklung BAMF, Migrationsbericht 2014, S. 6 ff.; zum EU-Vergleich, Das deutsche Asylverfahren – ausführlich erklärt, S. 33.

4 Vgl. Teil 1 B.II.3.c) aa), e) aa). Bis Anfang 2018 wurden nur 33.000 Flüchtlinge umverteilt, ARD, Tagesschau, Deutschland schließt Umverteilung ab, v. 29.01.2018; *Heuser*, Zwei Jahre EU-Umsiedlungsmechanismus, NVwZ 2018, 364 (366).

5 UNHCR, Global Trends Forced Displacement 2016, S. 2; *Hans ten Feld*, UNHCR Vertreter Deutschland, Flüchtlingskrise vor den Toren Europas, 22./23.06.2015, S. 1; *Pichl*, Tagungsbericht: 15. Berliner Symposium zum FLüchtlingsschutz, ZAR 2015, 266 (266).

meisten Flüchtlinge bleiben in der Herkunftsregion.[6] Gleichwohl machten sich in den letzten Jahren immer mehr Menschen auf den Weg nach Europa und auch in Zukunft ist von einer anhaltenden Migration in die EU auszugehen. Während Staaten wie Deutschland, Schweden und Österreich in der Krise viele Asylsuchende aufnahmen, lehnen andere Staaten, darunter einige osteuropäische Staaten, solidarische Lösungskonzepte bei der Migrationsfrage kategorisch ab.[7] Dies ist u.a. Folge teilweise diametral entgegengesetzter politischer Positionen, die sich in der Migrationspolitik niederschlagen und die spätestens seit den Terroranschlägen in Frankreich 2015 und Brüssel 2016 auch zunehmend von Sicherheitsaspekten geprägt sind.

Dabei ist die Migration kein neues Phänomen unserer Zeit, da Migration, Vertreibung und Flucht eine Konstante in der Menschheitsgeschichte bilden.[8] Indes fehlt es mangels politischer Einigung auf EU-Ebene an einem gesamteuropäischen Migrationsmanagement mit solidarischer Flüchtlingsverteilung. Die fehlende Lösung der Migrationsfrage ist dabei nur eine der Krisen der EU in den vergangenen Jahren, von der Finanz- und folgenden Eurokrise, der Migrationskrise bis hin zum Brexit. Die Rede ist daher von einer sog. Polykrise der EU, in deren Folge die EU vor einer Zerreißprobe und der Frage ihrer Zukunft steht: Für die Zukunft Europas werden verschiedenste Szenarien diskutiert, darunter die weitere Vertiefung der europäischen Integration wie auch ein Europa mehrerer Geschwindigkeiten.[9]

---

6 UNHCR, Global Trends Forced Displacement 2016, S. 2; *Hans ten Feld*, UNHCR Vertreter Deutschland, Flüchtlingskrise vor den Toren Europas, 22./23.06.2015, S. 1; UK Government, New Vision for Refugees 2003, S. 6 f.

7 Etwa SZ, Kann man die osteuropäischen Länder zur Flüchtlingsquote zwingen? v. 18.09.2015. Zu den abgewiesenen Klagen der Slowakei und Ungarns gegen den zweiten Umsiedlungsbeschluss des Rates EuGH, U. v. 06.09.2017, C-643/15 ECLI: EU: C:2017:631 – Slovakia v Council und C-647/15 ECLI: EU: C:2017:618 – Hungary v Council.

8 *Kälin/Künzli*, Universeller Menschenrechtsschutz, S. 577; *Uerpmann-Wittzack*, Ordnung und Gestaltung von Migrationsbewegungen durch Völkerrecht in Dethloff/Nolte/Reinisch, Rückblick nach 100 Jahren und Ausblick, S. 215 (216).

9 EK, Weißbuch zur Zukunft Europas, KOM (2017) 2025; *Calliess*, Bausteine einer erneuerten Europäischen Union, NVwZ 2018, 1 (1 f., 3 ff.); *Schorkopf*, „Europas neue Ordnung" – eine plurale Union, NVwZ 2018, 9 (1 ff.); *Häberle*, Fünf Krisen im EU-Europa-Weltweite Implikationen, Möglichkeiten und Grenzen der Verfassungstheorie für Europa, AVR 53 (2015), 409 (415 ff.); Zum Begriff des Europas der mehreren Geschwindigkeiten etwa *Bergmann* in ders., Handlexikon der EU, „Integrationskonzepte, Europa à la carte".

Aber zurück zum Zitat Junckers: „Wenn es jemals nötig war, europäische Solidarität unter Beweis zu stellen, dann jetzt in Zeiten der Flüchtlingskrise. Es ist Zeit, gemeinsam Mut zu beweisen und europäisch zu handeln."[10]

Die EU, wie wir sie heute kennen, ist zweifelsfrei eine der größten Errungenschaften der europäischen Völker, die aber – um zukunftsfähig zu sein – der steten Veränderung bedarf. In einer gemeinsamen EU sind auch bei der Migration Lösungen gesamteuropäischen Charakters unter Beachtung der Interessen der EU und ihrer Mitgliedstaaten nach Sicherheit und Migrationssteuerung aber auch der Ziele eines verbesserten Migrationsmanagements und Flüchtlingsschutzes zu finden. Denn Tausende verlieren ihr Leben bei der Flucht nach Europa, nach Angaben des Hohen Flüchtlingsrats der Vereinten Nationen (im Folgenden UNHCR) und der Internationalen Organisation für Migration (im Folgenden IOM)[11] starben allein 2017 über 3.000 Migranten bei der Überquerung des Mittelmeers.[12] Schwere Schiffsunglücke im Mittelmeer, wie etwa im April 2015, haben zwar Aktionspakete der EU zur Folge,[13] jedoch sind einmalige Maßnahmen nicht ausreichend. Zu Recht fordert die Kommission daher „ein neues, stärker europäisch ausgerichtetes Konzept."[14]

Zwar verfügt die Europäische Union nunmehr über ein in vielen Teilen harmonisiertes Asylrecht in Gestalt des Gemeinsamen Europäischen Asylsystems (GEAS)[15]. Gleichwohl ist das Gemeinsame Europäische Asylsystem allein keine Antwort auf die Herausforderungen eines hohen Migrationsaufkommens, wie

---

10 Siehe Fn. 1.

11 Die für alle Migrationsformen zuständige IOM ging aus dem mit Entschließung v. 05.12.1951 (207 UNTS 208 = BGBl. 1971 II, S. 1329) gegründeten Provisional Intergovernmental Committee for the Movement of Migrants from Europe (PICMME) hervor, Satzung vom 19.10.1953 (207 UNTS 189 = BGBl. 1971 II, S. 1319) das Intergovernmental Committee for European Migration und später durch Entschließung vom 20.05.1987 (1560 UNTS 440 = BGBl. 1989 II, 56) das Komitee zur International Organization for Migration.

12 IOM, Mediterranean Migrant Arrivals Reached 171.635 in 2017; Deaths Reach 3,116; UNHCR, Europe Monthly Report, Dec. 2017, S. 1.

13 EK, Pressemitteilung, Gemeinsame des Rates „Auswärtige Angelegenheiten" und des Rates „Justiz und Inneres": Zehn-Punkte-Plan zur Migration, v. 20.04.2015.

14 EK, KOM (2015) 240, S. 2 f. Zur derzeitigen Reform des GEAS etwa *Henkel*, Zur Reform des Gemeinsamen Europäischen Asylsystems, DVBl 2017, 269-278; *Koehler*, Die Dublin IV-Verordnung – eine Chance für eine Stärkung des Europäischne Asylzuständigkeitssystems? ZAR 2017, 440-447.

15 Vgl. dazu *Hailbronner* in Hailbronner, EU Immigration and Asylum Law, S. 6; *Dörig*, Auf dem Weg in ein Gemeinsames Europäisches Asylsystem, NVwZ 2014, 106 (106 ff.).

auch die Flüchtlingskrise 2015 deutlich gemacht hat.[16] Zunehmend werden Stimmen laut, den Fokus nicht nur auf Abschottung, sondern auch auf die Einführung legaler Einreisemöglichkeiten in die Europäische Union zu richten.[17]

Im Spannungsfeld zwischen humanitärer und menschenrechtlicher Pflicht gegenüber Schutzbedürftigen einerseits und der Sorge vor immer höheren Zuwanderungszahlen, Überlastung der Arbeits- und Sozialsysteme und Überfremdung in Europa andererseits wird der bisher in der Praxis kaum beschrittene Ansatz extraterritorialer Asylregime untersucht und ein konkretes Konzept zur Durchführung extraterritorialer Asylverfahren der EU-Staaten in Afrika entwickelt. Die Arbeit soll zur Identifizierung, Evaluierung und Prüfung der Umsetzbarkeit legaler Einreisemöglichkeiten für Drittstaatsangehörige in die EU beitragen.

Thema dieser Arbeit zur Europäischen Flüchtlingspolitik ist das Migrationsmanagement durch die Extraterritorialisierung des Asylregimes zur legalen Einreise in die EU anhand der Konzeption und Untersuchung Europäischer Asylverfahrensstandorte in Afrika.

16 *Becker*, Die Zukunft des europäischen und deutschen Asylrechts in Walter/Burgi, Die Flüchtlingspolitik, der Staat und das Recht, S. 55 (55 ff.).

17 So der Kommissar für Migration und Inneres und Bürgerschaft, Dimitri Avramopolous, EU Fundamental Rights and Migration Conference, v. 10.11.2014; *Thränhardt*, Europäische Abschottung und deutscher Asylstau: Gibt es Wege aus dem Dilemma? ZAR 2014, 177 (180); vgl. auch *Kaufhold*, die ein zweistufiges Verfahren vorschlägt, siehe *dies.*, Zugang zum europoäischen Asylrecht steuern und verbessern, ZRP 2017, 69 (69 ff.).

# Gang der Untersuchung

Die Arbeit beschäftigt sich mit den Möglichkeiten des Europäischen Migrationsmanagements durch die Extraterritorialisierung des bisher fast ausschließlich territorialen Asylregimes. Ziel ist, den Ausbau legaler Einreisemöglichkeiten für eine größere Anzahl von Migranten zu untersuchen. Legale Einreise in die EU dient einerseits effektivem Migrationsmanagement, weil die Anzahl der illegalen Einreisen in die EU reduziert werden soll, und andererseits dem verbesserten Flüchtlingsschutz, da die Inanspruchnahme krimineller Schlepper obsolet wird und mehr Schutzbedürftige Schutz in Europa finden.

Nicht untersucht wird Frontex, die Europäische Agentur für die operative Zusammenarbeit an den Außengrenzen, die bereits Gegenstand mehrerer wissenschaftlicher Arbeiten ist.[18] Ebenso ausgeklammert werden die viel diskutierte Abschaffung des Dublin-Prinzips[19] und die Frage nach dem konkreten Maßstab einer solidarischen Flüchtlingsverteilung innerhalb der EU.

Die Arbeit teilt sich in vier Hauptteile und einen Schlussteil:

Der Erste Teil beschäftigt sich mit Grundlagen des Europäischen Asyl- und Flüchtlingsrechts, der Entwicklung der gemeinsamen Grenzschutz-, Asyl- und Einwanderungspolitik der EU, den maßgeblichen primär- und sekundärrechtlichen Regelungen und den bestehenden legalen Einreisemöglichkeiten in die EU am Beispiel Deutschlands.

Sodann werden bestehende extraterritoriale Asylfazilitäten anhand der sehr strikten „Pazifischen Lösung“ Australiens untersucht (Teil 2) und die Pläne in der EU zur Extraterritorialisierung des Asylregimes erläutert (Teil 3). Im vierten Teil wird ein konkreter Vorschlag für extraterritoriale Europäische Asylverfahrensstandorte in Afrika konzipiert und auf die tatsächliche wie rechtliche Umsetzbarkeit untersucht. Die Konzeption erfolgt unter Einbeziehung der

---

18 Vgl. *Lehnert*, Frontex und operative Maßnahmen an den europäischen Außengrenzen – Verwaltungskooperation – materielle Rechtsgrundlagen – institutionelle Kontrolle; *Seehase*, Die Grenzschutzagentur FRONTEX – Chance oder Bedrohung für den Europäischen Flüchtlingsschutz; *Neumann*, Die Europäische Grenzschutzagentur Frontex – Integrierter Außengrenzschutz und humanitäre Standards.

19 Etwa *Marx*, Änderungen im Dublin-Verfahren nach der Dublin III-Verordnung, ZAR 2014, 5 (12); *Koehler*, Die Dublin IV-Verordnung – eine Chance für eine Stärkung des Europäischne Asylzuständigkeitssystems? ZAR 2017, 440-447.

rechtlichen Ausgangslage in der EU (Teil 1) sowie der erarbeiteten Erkenntnisse über extraterritoriale Asylansätze (Teil 2 und Teil 3).

Soweit in der Arbeit ein Bezug auf nationale Vorschriften angezeigt ist, erfolgt dies am Beispiel der asyl- und aufenthaltsrechtlichen Vorgaben Deutschlands. Denn es wird weder eine rechtsvergleichende Untersuchung angestrebt noch bedarf die Forschungsfrage extraterritorialer Asylansätze der EU der Prüfung weiterer mitgliedsstaatlicher Regelung.

# Forschungsziel der Arbeit

Forschungsziel der Arbeit ist die Untersuchung neuer Asylansätze, konkret eines extraterritorialisierten Asylregimes zur Ermöglichung legaler Einreise in die EU für ein effektives Migrationsmanagement und einen verbesserten Flüchtlingsschutz.[20] Aus ökonomischer Sicht und auch aus demographischen Gründen bedarf es einer gewissen Einwanderung nach Europa,[21] wobei dies größtenteils dem Bereich der Arbeitsmigration zuzurechnen und daher nicht mit dem hier untersuchten Asyl- bzw. humanitären Migrationskanal gleichzusetzen ist (vgl. zum sogenannten Spurwechsel Teil 1 D.V. 3.).

Über die verschiedenen Instrumente legaler Einreise wird freilich ein Überblick gegeben, ohne diese jedoch im Einzelnen auf Vor- und Nachteile sowie die rechtliche Umsetzbarkeit im europäischen Kontext zu untersuchen.

Der Fokus der Arbeit liegt auf der Untersuchung bereits extraterritorialisierter Asylsysteme (wie bei der „Pazifischen Lösung" Australiens) und der Konzeption eines konkreten Vorschlags für extraterritoriale Asylverfahren durch die Mitgliedstaaten der EU in Afrika. Mittlerweile werden verschiedenste Ansätze eines extraterritorialen Asylregimes diskutiert, vom französischen Vorstoß eigener Registrierungszentren für Flüchtlinge in Libyen[22] über Aufnahmelager in nordafrikanischen Ländern in Zusammenarbeit mit dem UNHCR bis hin zu einem Abkommen der EU mit Libyen ähnlich demjenigen mit der Türkei von März 2016.[23]

In der Arbeit wird ein konkreter modus operandi in Gestalt von Europäischen Asylverfahrensstandorten entwickelt, wodurch den Migranten bereits in der Herkunftsregion ein dem nationalen Asylverfahren in einem EU-Staat möglichst gleichartiges Asylverfahren mit Aussicht auf eine legale Einreise in die EU angeboten wird. Damit werden die teilweise sehr unterschiedlichen Ausgestaltungen extraterritorialer Asylansätze in einem konkreten Modell greifbar gemacht und auf ihre tatsächliche wie rechtliche Umsetzbarkeit hin geprüft.

---

20 Vgl. etwa ER, Stockholmer Programm, ABl. EU 2010 Nr. C 115/1 Ziff. 6 und EK, KOM (2015) 240, S. 2.

21 EK, KOM (2000) 757, S. 21; KOM (2002) 703, Zusammenfassung; ER, Stockholmer Programm, ABl. EU 2010 Nr. C. 115/1 Ziff. 6; *Mrozek*, Grenzschutz als supranationale Aufgabe, S. 172.

22 SZ, Macron will Flüchtlinge in Libyen aufhalten, v. 27.07.2017; SZ, Merkel und Macron wollen Registrierungszentren für Asylbewerber in Afrika, v. 29.08.2017.

23 ARD, Tagesschau, EU-Sondergipfel in Malta: Kommt das EU-Libyen-Abkommen? EU-Sondergipfel in Malta, v. 3.02.2017; zum EU-Türkei-Deal siehe unter Teil 1 B.II.4. c).

# Teil 1: Der Status quo des europäischen Flüchtlingsrechts

Im ersten Teil wird zunächst als Ausgangspunkt der aktuelle Stand des europäischen Asyl- und Flüchtlingsrechts dargestellt. Nach einer Einführung in die Begrifflichkeiten (dazu A.) folgt ein knapper Abriss über die Genese der gemeinsamen Grenzschutz-, Asyl- und Einwanderungspolitik der EU – auch mit Blick auf deren zunehmend externe Ausrichtung – einschließlich der Entwicklungen seit der Flüchtlingskrise im Jahr 2015 (dazu B.). Sodann werden das maßgebliche Primärrecht und die wichtigsten sekundärrechtlichen Ausgestaltungen (dazu C.) sowie die derzeit bestehenden legalen Einreisemöglichkeiten in die EU und die dazugehörigen rechtlichen Instrumentarien de lege lata (dazu D.) erläutert.

## A. Begrifflichkeiten des Asyl- und Flüchtlingsrechts in Europa

In der Praxis wie in der Theorie werden die Begriffe des Asyl- und des Flüchtlingsrechts oftmals nicht unterschieden, sondern synonym gebraucht,[24] nicht zuletzt deshalb, weil sich die einschlägigen Rechtsmaterien ebenso wie die erfassten Migrationssachverhalte wenigstens zum Teil überschneiden. Im Interesse der Dogmatik und Rechtsklarheit werden zunächst die zentralen Begrifflichkeiten voneinander abgegrenzt.

### I. Die verschiedenen flüchtlingsrechtlichen Schutzstatus

Im Laufe der Zeit haben sich verschiedene Schutzpositionen im Bereich des Asyl- und Flüchtlingsrechts entwickelt. Unbestritten sind der Flüchtlingsbegriff einschließlich des damit verknüpften Non-Refoulement-Gebots und das Rechtsinstitut des Asyls eng miteinander verbunden.[25] Jedoch entspringen beide Begriffe unterschiedlichen Rechtshistorien, stellen entsprechend ihrer originären Rechtsgrundlage – der Genfer Flüchtlingskonvention von 1951 (im

---

24 So hat der UNHCR die Differenzierung zwischen der Asylgewährung und der Zuerkennung des Flüchtlingsstatus längst aufgegeben, UNHCR, EXCOM Conclusion 1981, Nr. 22, Ziff. I.1.; *Bröcker*, Die externen Dimensionen des EU-Asyl- und Flüchtlingsrechts im Lichte der Menschenrechte und des Völkerrechts, S. 10 ff.; BAMF, Ablauf des deutschen Asylverfahrens, S. 2.

25 *Goodwin-Gill/McAdam*, The Refugee in International Law, S. 357.

Folgenden GFK)[26] bzw. dem nationalen (Verfassungs-)Recht – unterschiedliche Tatbestandsvoraussetzungen auf und gewähren infolgedessen einen bestimmten aufenthaltsrechtlichen Status.

Diese Differenzierung spiegelt sich in den Regelungen des deutschen Asylgesetzes (im Folgenden AsylG)[27] wider, welches zusammen mit dem Aufenthaltsgesetz (im Folgenden AufenthG)[28] die maßgeblichen Regelungen enthält. So unterscheidet das AsylG bei der Schutzgewährung einerseits „Asyl" und damit die *Rechtsstellung Asylberechtigter* und andererseits „Internationalen Schutz", der seinerseits wiederum in die *Zuerkennung der Flüchtlingseigenschaft* und den *subsidiären Schutz* unterteilt wird. Konkret wird in § 2 AsylG der Status des *Asylberechtigten* nach Art. 16a GG (dazu I.2.), in § 3 Abs. 4, Abs. 1 AsylG der Status[29] des *Flüchtlings* im Sinne der GFK (dazu I.1.) und in § 4 AsylG der Status des *subsidiären Schutzberechtigten* (dazu I.3.) geregelt. Unter I.4. wird ein Überblick über die weiteren Formen flüchtlingsrechtlicher Schutzpositionen einschließlich des nationalen subsidiären Abschiebungsschutzes gemäß § 60 Abs. 5 und Abs. 7 AsylG gegeben.

### *1. Der Flüchtling im Sinne der Genfer Flüchtlingskonvention von 1951*

Im allgemeinen Sprachgebrauch umfasst der Begriff des Flüchtlings jedermann, der aus unterschiedlichsten Gründen wie den Lebensbedingungen oder persönlichen Verhältnissen, die als unerträglich empfunden werden, aus seiner Heimat geflohen ist.[30] Die Fluchtgründe können alle erdenklichen sein, wie bspw. Flucht vor Unterdrückung, Bedrohung des Lebens oder der Freiheit, vor Verfolgung,

---

26 Abkommen über die Rechtsstellung der Flüchtlinge v. 28.07.1951, BGBl. II 1953, 560.

27 AsylG in der Fassung v. 2.09.2008, BGBl. I 2008, 1798, zuletzt geändert durch Art. 2 des Gesetzes v. 20.07.2017, BGBl. 2017 I, 2780. Das frühere Asylverfahrensgesetz wurde nach Art. 1 Nr. 1 des Asylverfahrensbeschleunigungsgesetzes v. 20.10.2015 in Asylgesetz umbenannt; BGBl. I 2015, 1722. Zu den Neuerungen des Asylverfahrensbeschleunigungsgesetz, *Kalkmann*, Asylmagazin, 11/2015, S. 365–366.

28 Gesetz über den Aufenthalt, die Erwerbstätigkeit und die Integration von Ausländern im Bundesgebiet, BGBl. I 2008, 162, zuletzt geändert durch Art. 1 des Gesetzes v. 8.03.2018, BGBl. I 2018, 342.

29 Entsprechend der Systematik in der Qualifikationsrichtlinie 2011/95/EU in Art. 2 d) und e) und in Art. 13 wird zwischen der Definition des Flüchtlingsbegriffs (§ 3 Abs. 1 bis Abs. 3 AsylG) und der Statusgewährung (§ 3 Abs. 4 AsylG) differenziert; *Bergmann* in ders./Dienelt, Ausländerrecht, § 3 Rn. 1.

30 BAMF, Das deutsche Asylverfahren, S. 18; *Goodwin-Gill/McAdam*, The Refugee in International Law, S. 15.

vor erdrückender Armut oder (Bürger-)Krieg und schließlich vor Naturkatastrophen und Hungersnöten.[31]

Rechtliche Definitionen des Flüchtlingsbegriffs finden sich in verschiedenen Flüchtlingskonventionen, insbesondere in der zentralen völkerrechtlichen Vereinbarung über die Rechtsstellung der Flüchtlinge, der GFK von 1951,[32] aber auch in regionalen Konventionen, etwa der Afrikanischen Flüchtlingskonvention,[33] für ihren jeweiligen Anwendungsbereich. Da die GFK die von den Staaten am häufigsten ratifizierte und damit die in der Praxis wichtigste Flüchtlingskonvention ist,[34] wird die Legaldefinition der GFK zur Begriffsbestimmung herangezogen. Nach Art. 1 A Nr. 2 GFK ist jede Person ein Flüchtling,

> „die infolge von Ereignissen, die vor dem 1. Januar 1951 eingetreten sind, und aus der begründeten Furcht vor Verfolgung wegen ihrer Rasse, Religion, Nationalität, Zugehörigkeit zu einer bestimmten sozialen Gruppe oder wegen ihrer politischen Überzeugung sich außerhalb des Landes befindet, dessen Staatsangehörigkeit sie besitzt, und den Schutz dieses Landes nicht in Anspruch nehmen kann oder wegen dieser Befürchtungen nicht in Anspruch nehmen will; oder die sich als Staatenlose infolge solcher Ereignisse außerhalb des Landes befindet, in welchem sie ihren gewöhnlichen Aufenthalt hatte, und nicht dorthin zurückkehren kann oder wegen der erwähnten Befürchtungen nicht dorthin zurückkehren will."[35]

Die GFK galt ursprünglich für die europäischen Flüchtlinge des zweiten Weltkriegs, wurde jedoch durch das Protokoll über die Rechtsstellung der Flüchtlinge[36] vom 31. Januar 1967 auf alle Personen, die der Flüchtlingsdefinition der GFK in sachlicher Hinsicht unterfallen, ohne geographische oder temporäre Begrenzung ausgeweitet.[37] In der Sache beinhaltet die GFK jedoch kein Recht *auf* Asyl, sondern regelt lediglich die Rechtstellung *im* Asyl; den souveränen

---

31 *Goodwin-Gill/McAdam*, The Refugee in International Law, S. 15.

32 Vgl. Fn. 26.

33 Convention Governing the Specific Aspects of Refugee Problems in Africa v. 10.09.1969, 1001 UNTS 45.

34 Nach Stand v. 23.10.2014 sind 149 Staaten Vertragsstaaten des Abkommens von 1951 und/oder des Protokolls von 1967; UNHCR Liste der Vertragsstaaten.

35 Hervorhebung durch Verfasserin; zum Tatbestand des Flüchtlingsbegriffs *Goodwin-Gill/McAdam*, The Refugee in International Law, S. 37.

36 BGBl. II 1969, 1294; soweit im Folgenden von der GFK die Rede ist, ist auch das Protokoll umfasst.

37 Vgl. ErwGr. des Protokolls über die Rechtsstellung von Flüchtlingen v. 31.01.1967; *Magner*, A less than "Pacific" Solution for Asylum Seekers in Australia, IJRL 16 (2004), 53 (63).

Staaten obliegt aufgrund ihrer Hoheitsgewalt die Entscheidung über die Aufnahme von Flüchtlingen auf ihrem Territorium.[38]

Die Zuerkennung des Flüchtlingsstatus ist nach Auffassung des UNHCR wie auch nach *Goodwin-Gill* und *McAdam* deklaratorischer Natur, weil eine Person Flüchtling im Sinne dieses Abkommens ist, sobald sie die nach der GFK genannten Kriterien erfüllt, und nicht erst durch die formelle Zuerkennung des Flüchtlingsstatus.[39] Zentrales Tatbestandsmerkmal der Flüchtlingsdefinition ist die subjektive Verfolgungsfurcht, die aufgrund objektiver Tatsachen begründet sein muss.[40] Nach Auffassung des UNHCR

> „sollten die Befürchtungen eines Antragstellers [im Allgemeinen] als begründet angesehen werden, wenn er ausreichend nachweisen kann, dass der weitere Verbleib in seinem Heimatland für ihn aus den in der Definition genannten Gründen unerträglich geworden ist, oder aus eben denselben Gründen unerträglich würde, wenn er dorthin zurückkehrte."[41]

Sowohl der deutsche Gesetzgeber als auch die einschlägigen europäischen Vorgaben der sog. Qualifikationsrichtlinie 2011/95/EU[42] bestimmen den Flüchtlingsbegriff im Einklang mit den Vorgaben der GFK.[43] Daher richtet sich die in § 3 Abs. 1 AsylG normierte Zuerkennung der Flüchtlingseigenschaft in Deutschland nach dem Flüchtlingsbegriff des Art. 1 A Nr. 2 GFK, soweit keine Ausschlussgründe nach § 3 Abs. 2 und Abs. 3 AsylG bzw. Art. 1 F und D GFK sowie nach § 3 Abs. 4 Hs. 2 AsylG in Verbindung mit § 60 Abs. 8 Satz 1 oder Satz 3 AufenthG gegeben sind. Ebenso entspricht die Definition des

---

38 *Klos*, Deutschlands Verhältnis zur GFK und zur EMRK, ZAR 2000, 202 (203); *Marx*, Konventionsflüchtlinge ohne Rechtsschutz, ZAR 1992, 3 (10); *Hailbronner*, Asyl- und Ausländerrecht, Rn. 1278.

39 UNHCR, HB und Richtlinien über Verfahren und Kriterien zur Feststellung der Flüchtlingseigenschaft 2011 (deutsche Übersetzung 2013), Ziff. 28; so auch *Goodwin-Gill/McAdam*, The Refugee in International Law, S. 244. In diesem Sinn auch *Maaßen*, Die Rechtsstellung des Asylbewerbers im Völkerrecht, S. 46 f.

40 UNHCR, HB und Richtlinien über Verfahren und Kriterien zur Feststellung der Flüchtlingseigenschaft 2011 (deutsche Übersetzung 2013), Ziff. 37 f.; *Huber/Göbel-Zimmermann*, Ausländer- und Asylrecht, S. 614; *Dörig*, Auf dem Weg in ein Gemeinsames Europäisches Asylsystem, NVwZ 2014, 106 (106).

41 UNHCR, HB und Richtlinien über Verfahren und Kriterien zur Feststellung der Flüchtlingseigenschaft 2011 (deutsche Übersetzung 2013), Ziff. 42.

42 Näheres zur Qualifikationsrichtlinie 2011/95/EU v. 13.12.2011, ABl. EU 2011 Nr. L 337/9 unter C.II.2.b).

43 So etwa *Hailbronner*, Asyl- und Ausländerrecht, Rn. 1276 f.; *Huber/Göbel-Zimmermann*, Ausländer- und Asylrecht, S. 606.

Flüchtlingsbegriffs auf europäischer Ebene in Art. 2 lit. d) RL 2011/95/EU demjenigen der GFK.[44] Die unionsrechtlichen Vorgaben zur Prüfung und Anerkennung von Flüchtlingen in Art. 6 ff. RL 2011/95/EU werden in §§ 3a ff. AsylG in nationales Recht umgesetzt.

Vom Anwendungsbereich der GFK werden jedoch häufig Personen ausgeschlossen, die vor Bürgerkriegen und sonstigen Konflikten, vor Naturkatastrophen oder aus wirtschaftlichen Gründen fliehen und damit keine *politischen Verfolgten* sind.[45] Diese Personengruppe wird aufgrund ihrer Schutzbedürftigkeit gleichwohl vom Mandat des UNCHR erfasst[46] und durch ergänzende Regelungen, insbesondere das Institut des internationalen subsidiären Schutzes (unter I.3.), geschützt. Personen, die von der GFK nicht erfasst werden, weil sie entweder keinen Antrag auf Schutz gestellt haben oder ihr Antrag abgelehnt wurde, die aber gleichwohl schutzbedürftig sind und deren Abschiebung humanitäre, persönliche oder sonstige faktische Gründe entgegenstehen, werden auch als *De-facto-Flüchtlinge* bezeichnet und in der Staatenpraxis über die GFK hinaus als Gewaltflüchtlinge oder subsidiär Schutzbedürftige (vgl. wiederum I.3.) wenigstens temporär oder komplementär geschützt.[47]

Lange Zeit bedeutete die Zuerkennung der Flüchtlingseigenschaft im Verhältnis zu dem in Art. 16a GG verankerten Asylgrundrecht in Deutschland nur das sog. „kleine Asyl“ in Form eines geringeren aufenthalts- und sozialrechtlichen

---

44 *Marx*, HB zum Flüchtlingsrecht, § 1 Rn. 1 ff., § 5. Von einer weitgehenden Deckungsgleichheit der Begriffe geht auch *Fröhlich*, Das Asylrecht im Rahmen des Unionsrechts, S. 226 aus.

45 *Kau* in Vitzthum/Proelß, Völkerrecht, 3. Abschn. III. Rn. 298; *Gabor/Rosenquest*, Unsettled Status of Economic Refugees, TexILJ 41 (2006), 275 (294); *Hobe*, Einführung in das Völkerrecht, Ziff. 11.5; *Goodwin-Gill/McAdam*, The Refugee in International Law, S. 15. *Zimmermann/Mahler* in Zimmermann, The 1951 Convention Relating to the Status of Refugees and its 1967 Protocol, Art. 1 A Nr. 2 Rn. 315; UNHCR, HB und Richtlinien über Verfahren und Kriterien zur Feststellung der Flüchtlingseigenschaft 2011 (deutsche Übersetzung 2013), Ziff. 39, 164; BVerfG, B.v. 10.07.1989 – 2 BvR 502/86, 2 BvR 1000/86, 2 BvR 961/86 = BVerfGE 80, 315 – 353.

46 *Kau* in Vitzthum/Proelß, Völkerrecht, 3. Abschn. III. Rn. 299.

47 *Hailbronner*, Asyl- und Ausländerrecht, Rn. 16; *ders.*, Die Rechtsstellung der De-facto-Flüchtlinge in den EG-Staaten, S. 11 ff., S. 45; *ders.;* Das Refoulment-Verbot und die humanitären Flüchtlinge im Völkerrecht, ZAR 1987, 3 (3 ff.); *Kau* in Vitzthum/Proelß, Völkerrecht, 3. Abschn. III. Rn. 299. Zur vorübergehenden Aufnahme in der EU unter I.4. Zum Begriff "Temporary Protection" etwa *Fitzpatrick*, Temporary Protection of Refugees, AJIL Vol. 94 No. 2 (2000), S. 279 – 306; *Schieber*, Komplementärer Schutz, S. 47 f. und S. 56 f.

Status.[48] Durch das Zuwanderungsgesetz[49] wurden die Rechtsfolgen des Asylgrundrechts des Art. 16a GG und des Flüchtlingsstatus gemäß § 3 Abs. 1 AsylG seit 2005 fast vollständig angeglichen – vor allem im Hinblick auf das Asylverfahren und die maximal dreijährige Aufenthaltserlaubnis gemäß §§ 25 Abs. 1 Satz 1 bzw. Abs. 2 Satz 1, 26 Abs. 1 Satz 2 AufenthG[50] und der Berechtigung zur Ausübung einer Erwerbstätigkeit gemäß § 25 Abs. 2 Satz 2 in Verbindung mit § 25 Abs. 1 Satz 4 AufenthG. Überdies wird gemäß § 5 Abs. 3 Satz 1 AufenthG in den Fällen des § 25 Abs. 1 bis Abs. 3 AufenthG von den allgemeinen Erteilungsvoraussetzungen für einen Aufenthaltstitel nach § 5 Abs. 1 und Abs. 2 AufenthG wie der Sicherung des Lebensunterhalts oder des erforderlichen Visums grundsätzlich abgesehen.

### *2. Das Rechtsinstitut des Asyls*

Der Begriff des Asyls[51] wird unterschiedlich verstanden: Im allgemeinen Sprachgebrauch wurde das Asyl lange räumlich im Sinne des Ortes der Rechtsschutzgewährung aufgefasst; im Rechtssinn ist der Schutz gemeint, der an einem bestimmten Ort bzw. in einem bestimmten Gebiet gewährt wird.[52] Durchgesetzt hat sich das Verständnis des Asyls als Zufluchtsstätte.[53]

Das Asylrecht wird in das Recht im objektiven und subjektiven Sinn unterteilt.[54] Im objektiven Sinn umfasst es die Summe aller nationalen und internationalen Normen, die das Asyl regeln.[55] Das Asylrecht im subjektiven Sinn beschreibt einerseits das Individualrecht eines Verfolgten auf Schutzgewährung

---

48 *Hailbronner*, Asyl- und Ausländerrecht, Rn. 1204 ff. (3. Aufl.).

49 Gesetz zur Steuerung und Begrenzung der Zuwanderung und zur Regelung des Aufenthalts und der Integration von Unionsbürgern und Ausländern v. 30.07.2004, BGBl. 2004 I, 1950.

50 *Huber/Göbel-Zimmermann*, Ausländer- und Asylrecht, S. 605; *Hailbronner*, Asyl- und Ausländerrecht, Rn. 1207 (3. Aufl.).; *Preisner* in Kluth/Heusch, Ausländerrecht, § 2 AsylG Rn. 7 ff. Ein Unterschied ist die Möglichkeit der Verfassungsbeschwerde, die nur bezüglich des Asylgrundrechts nach Art. 16a GG besteht.

51 Ursprünglich vom altgriechischen Wort „asylos", das bedeutet „das, was nicht ergriffen werden kann"; *Kimminich*, Grundprobleme des Asylrechts, S. 1; *Randelzhofer* in Maunz/Dürig, GG, Art. 16a GG Rn. 14.

52 *Von Pollern*, Das moderne Asylrecht, S. 49; *Kimminich*, Grundprobleme des Asylrechts, S. 2.

53 *Wollenschläger* in Beitz/Wollenschläger, HB des Asylrechts, S. 55 f.; *Tiedemann*, Flüchtlingsrecht, Kap. 1 Rn. 1.

54 *Kimminich*, Grundprobleme des Asylrechts, S. 4.

55 *Von Pollern*, Das moderne Asylrecht, S. 49.

gegenüber einem fremden Staat, andererseits auch das Recht eines Staates gegenüber einem anderen Staat, dessen verfolgten Staatsangehörigen Schutz zu gewähren.[56]

Im Folgenden wird ein Überblick über das Institut des Asylrechts aus Sicht der verschiedenen Rechtskreise – des Völkerrechts, des nationalen Rechts und des Unionsrechts – gegeben.

### *a) Das Asylrecht aus Sicht des Völkerrechts*

Das völkerrechtliche Institut des Asyls bedeutet das souveräne Recht der Staaten, fremde Staatsangehörige aufgrund der territorialen Hoheitsgewalt im eigenen Staatsgebiet aufzunehmen, ohne dadurch einen unfreundlichen Akt gegenüber dem Herkunftsstaat der Asylsuchenden zu begehen.[57]

Bis heute kommt dem völkerrechtlichen Asylinstitut kein subjektives, einklagbares Recht des Einzelnen gegenüber dem Staat auf Gewährung von Asyl zu.[58] Infolgedessen besteht auch kein Anspruch auf tatsächliche Gewährung des Asyls, weil sich die Staaten zur Gewährung von Asyl in Form der Aufnahme und der Gewährung von Schutz nicht verpflichtet haben.[59] Zwar sahen Entwürfe der Allgemeinen Erklärung der Menschenrechte (im Folgenden AEMR) ein subjektives Asylrecht für Flüchtlinge vor;[60] tatsächlich gewährt die Endfassung des Art. 14 AEMR jedoch lediglich das

> „Recht, in anderen Ländern vor Verfolgung Asyl zu suchen und zu genießen.“[61]

---

56 *Kimminich*, Grundprobleme des Asylrechts, S. 4; *von Pollern.*, Das moderne Asylrecht, S. 49; *Fröhlich*, Das Asylrecht im Rahmen des Unionsrechts, S. 8 ff.

57 *Kimminich*, Grundprobleme des Asylrechts, S. 67 f.; *Kälin/Künzli*, Universeller Menschenrechtsschutz, S. 598; *Randelzhofer* in Maunz/Dürig, GG, Art. 16a GG Rn. 2; *Kau* in Vitzthum/Proelß, Völkerrecht, 3. Abschn. III. Rn. 301; *Fröhlich*, Das Asylrecht im Rahmen des Unionsrechts, S. 8. Zum territorialen Asyl siehe *Randelzhofer* in *Stern*, Zeitgemäßes Zuwanderungs- und Asylrecht – ein Problem der Industriestaaten, S. 19 (21).

58 *Bergmann* in ders./Dienelt, Art. 16a GG Rn. 2; *Randelzhofer* in Maunz/Dürig, GG, Art. 16a GG Rn. 15, 23; *Kimminich*, Grundprobleme des Asylrechts, S. 67; *Fröhlich*, Das Asylrecht im Rahmen des Unionsrechts, S. 11.

59 *Goodwin-Gill/McAdam*, The Refugee in International Law, S. 358.

60 Ein Formulierungsvorschlag lautete „Jeder hat das Recht, Asyl zu suchen und zu bekommen.“, UN doc. A/C.3/285/Rev.1 vom 30.10.1948.

61 Hervorhebung durch Verfasserin; Art. 14 Abs. 1 AEMR v. 10.12.1948, Res. 217 A (III) UN-Generalversammlung.

Die AEMR gewährt demzufolge unabhängig von der fehlenden Bindungswirkung als Resolution der Generalversammlung[62] kein subjektives Recht auf den Erhalt von Asyl, sondern nur das Recht auf die Stellung eines Asylgesuchs und im Falle der Bewilligung den tatsächlichen Genuss dieses Rechts.[63] In internationalen Abkommen zum Menschenrechtsschutz, wie dem Internationalen Pakt über bürgerliche und politische Rechte (im Folgenden IPbürgR) aus dem Jahr 1966,[64] bleibt das Recht auf Asyl unerwähnt.[65] Ebenso wenig enthalten die Europäische Menschenrechtskonvention (im Folgenden EMRK) vom 4. November 1950,[66] die Amerikanische Menschenrechtskonvention vom 22. November 1969 oder die GFK Regelungen über die Gewährung von Asyl.[67] Die EMRK bedeutet zwar einen gewaltigen Fortschritt, indem erstmals dem Individuum auf internationaler Ebene ein Beschwerderecht gegen Menschenrechtsverletzungen eines Staates gegeben wird,[68] aber sie vermittelt ebenso wenig das Recht, einen Staat zu betreten oder Asyl tatsächlich zu erhalten.[69] Auch die GFK enthält lediglich Vorgaben, wie im Falle der Gewährung eines Status zu verfahren ist, insbesondere welche Rechte dem Flüchtling dann zu gewähren sind.[70] Schließlich enthält auch die am 14. Dezember 1967 von der UN-Generalversammlung verabschiedete Erklärung über territoriales Asyl („Declaration on Territorial Asylum") keinen Individualanspruch auf Asylgewährung.[71]

---

62 *Hobe*, Einführung in das Völkerrecht, Ziff. 4.9.

63 *Kimminich*, Grundprobleme des Asylrechts, S. 64 ff.; *Randelzhofer* in Maunz/Dürig, GG-Kommentar, Art. 16a GG Rn. 23; *Hailbronner* in Beitz/Wollenschläger, HB des Asylrechts, S. 130.

64 IPbürgR v. 19.12.1966, BGBl. 1973 II S. 1534.

65 *Tiedemann*, Flüchtlingsrecht, Kap. 1 Rn. 27; *Randelzhofer* in Maunz/Dürig, GG, Art. 16a GG Rn. 23.

66 BGBl. 1952 II, 685, 953.

67 *Randelzhofer* in Maunz/Dürig, GG, Art. 16a GG Rn. 23; *Klos*, Deutschlands Verhältnis zur GFK und zur EMRK, ZAR 2000, 202 (203).

68 Besondere Bedeutung kommt dem Verbot der Folter, unmenschlichen oder erniedrigenden Strafe oder Behandlung des Art. 3 EMRK zu, der einer Rückführung von Personen entgegenstehen kann; *Goodwin-Gill/McAdam*, The Refugee in International Law, S. 366; EK, KOM (2000) 755, Teil I Ziff. 1.1.

69 *Randelzhofer* in *Stern*, Zeitgemäßes Zuwanderungs- und Asylrecht – ein Problem der Industriestaaten, S. 19 (22).

70 *Hailbronner*, Asyl- und Ausländerrecht, Rn. 1278.

71 G.A. Res. 2312 (XXII), 22 U.N. GAOR Supp. (No. 16) at 81, U.N. Doc. A/6716 (1967); dazu *Randelzhofer* in *Stern*, Zeitgemäßes Zuwanderungs- und Asylrecht – ein Problem der Industriestaaten, S. 19 (22); *ders.* in Maunz/Dürig, GG, Art. 16a GG Rn. 24.

### *b) Das Asylrecht auf nationaler Ebene*

Auf nationaler Ebene ist das Asylrecht in der Bundesrepublik Deutschland seit seiner Verankerung als Grundrecht in der Verfassung von 1949 in Art. 16 Abs. 2 Satz 2 GG a.F. wie auch heute im wortgleichen Art. 16a Abs. 1 GG[72] als Individualgrundrecht ausgestaltet:[73]

> „Politisch Verfolgte genießen Asylrecht."[74]

Dabei entspricht die Ausgestaltung des Asylrechts als Individualgrundrecht nicht dem Regelfall der nationalen Rechtsordnungen[75] und ist in der Bundesrepublik nicht zuletzt den Erfahrungen der nationalsozialistischen Herrschaft geschuldet.[76] Zum Wesen des Asylgrundrechts hat das Bundesverwaltungsgericht (im Folgenden BVerwG) zu Art. 16 Abs. 2 Satz 2 GG a.F. und damit übertragbar auf Art. 16a Abs. 1 GG unter Berufung auf das Bundesverfassungsgericht (im Folgenden BVerfG) ausgeführt:

> „In Art. 16 Abs. 2 Satz 2 GG ist das Asylrecht des politisch Verfolgten über das Völkerrecht und das Recht anderer Staaten hinausgehend zum subjektiven öffentlichen Recht in der Form eines verfassungsrechtlichen Asylanspruchs erhoben. Seine Voraussetzungen und sein Umfang sind wesentlich bestimmt von der Unverletzlichkeit der Menschenwürde, die als oberstes Verfassungsprinzip nach der geschichtlichen Entwicklung

---

72 Art. 1 des Gesetzes zur Änderung des Grundgesetzes v. 28.06.1993, BGBl. 1993 I, 1002.

73 *Hailbronner*, Asyl- und Ausländerrecht, Rn. 1264; *Fröhlich*, Das Asylrecht im Rahmen des Unionsrechts, S. 8; *Bergmann* in ders./Dienelt, Art. 16a GG Rn. 12; *Roth*, Das Grundrecht auf Asyl, ZAR 1998, 54 (54); *Randelzhofer* in Maunz/Dürig, GG, Art. 16a GG Rn. 2 f.; zur umstrittenen, in der Praxis wenig bedeutsamen, Frage, ob das Asylgrundrecht ein Abwehr- oder ein Leistungsrecht ist, vgl. *Epping*, Grundrechte, S. 476; *Randelzhofer* in Maunz/Dürig, GG, Art. 16a Abs. 1 GG Rn. 27 f.

74 Zum Begriff des Asylrechts führt das BVerwG aus „Es gibt keinen überkommenen, im Völkerrecht oder im innerstaatlichen Recht eindeutig umschriebenen oder allgemein anerkannten Asylrechtsbegriff, den das Grundgesetzt hätte übernehmen können.", BVerwG, U. v. 7.10.1975 – I C 46.69 = BVerwGE 49, 202 (205).

75 Zwar sieht die Mehrheit der mitgliedsstaatlichen Verfassungen Regelungen über das Asylrecht vor, allerdings in unterschiedlichem Umfang. Ein subjektiv-individueller, verfassungsrechtlich gesicherter Anspruch wie in Deutschland besteht sonst nur in Portugal und Frankreich; *Bernsdorff* in Meyer, GRC-Kommentar, Art. 18 GRC Rn. 3; *Streinz*, EUV/AEUV, Art. 18 GR-Charta Rn. 2; *Herdegen*, Völkerrecht, § 27 Rn. 14; *Randelzhofer* in *Stern*, Zeitgemäßes Zuwanderungs- und Asylrecht – ein Problem der Industriestaaten, S. 19 (22).

76 *Gnatzy* in Schmidt-Bleibtreu/Hofmann/Henneke, GG; Art. 16a Rn. 1; *Hailbronner*, Das Grundrecht auf Asyl, ZAR 2009, 369 (370); *Will* in Sachs, GG, Art. 16a Rn. 3.

> des Asylrechts die grundgesetzliche Gewährleistung eines weitreichenden Schutzanspruchs entscheidend beeinflusst hat (vgl. BVerfGE 54, 341 [357]).“[77]

Zum Kerngehalt des Asylgrundrechts gehört im Falle der Antragsstellung an der Grenze das Recht auf Einreise in das Bundesgebiet und ein vorläufiges Bleiberecht während des Asylverfahrens, soweit keine Einreiseverweigerungsgründe nach § 18 Abs. 2 und § 18a AsylG – etwa die Einreise aus einem sicheren Drittstaat – vorliegen; im Falle der Antragsstellung im Inland besteht ebenfalls ein Aufenthaltsrecht im Bundesgebiet für die Dauer des Asylverfahrens (§ 55 Abs. 1 Satz 1 AsylG).[78] Dem Asylgrundrecht kommt auch eine verfahrensrechtliche Dimension zu, infolgedessen das Verfahren der Asylprüfung angemessen sein, vor allem aber rechtsstaatlichen Grundsätzen genügen muss.[79]

Zur Auslegung des Begriffs des *politisch Verfolgten* in Art. 16a Abs. 1 GG werden im Wesentlichen die Grundsätze wie bei der Zuerkennung der Flüchtlingseigenschaft nach der GFK angewendet.[80] Die Rechtsprechung zieht dabei die in der GFK genannten Verfolgungsgründe exemplarisch für die Beurteilung einer Verfolgung als politisch heran.[81]

Nach dem BVerfG ist Verfolgung eine Beeinträchtigung von Rechtsgütern, die den Betroffenen in eine ausweglose Lage bringt, und politisch,

> „wenn sie dem Einzelnen in Anknüpfung an seine politische Überzeugung, seine religiöse Grundentscheidung oder an für ihn unverfügbare Merkmale, die sein Anderssein prägen, gezielt Rechtsverletzungen zufügt, die ihn ihrer Intensität nach aus der übergreifenden Friedensordnung der staatlichen Einheit ausgrenzen.“[82]

Unterschiede zwischen dem verfassungsrechtlichen Asylrecht und dem einfachgesetzlichen Flüchtlingsschutz ergeben sich bei der Tatbestandsverwirklichung

---

77 BVerwG, U. v. 17.05.1983 – 9 C 36/83 = BVerwGE 67, 184 (185) unter Berufung auf BVerfG, B. v. 02.07.1980 – 1 BvR 147, 181, 182/80 = BVerfGE 54, 341 (356 f.).

78 *Will* in Sachs, GG, Art. 16a Rn. 4; *Randelzhofer* in Maunz/Dürig, GG, Art. 16a Abs. 1 Rn. 135 ff.; *Hailbronner*, Asyl- und Ausländerrecht 2014, Rn. 1264.

79 *Epping*, Grundrechte, S. 476; *Huber/Göbel-Zimmermann*, Ausländer- und Asylrecht, S. 582.

80 *Pieroth/Schlink/Kingreen/Poscher*, Grundrechte, S. 275; *Hailbronner*, Asyl- und Ausländerrecht, Rn. 1271; *Fröhlich*, Das Asylrecht im Rahmen des Unionsrechts, S. 33 m.w.N.; BVerfG, B. v. 02.07.1980 – 1 BvR 147, 181, 182/80 = BVerfGE 54, 341 (354, 356).

81 BVerwG, U. v. 17.05.1983 – 9 C 36/83 = BVerwGE 67, 184 (185 f.); *Epping*, Grundrechte, S. 476.

82 BVerfG, B. v. 26.11.1986 – 2 BvR 1058/85 = BVerfGE 74, 51 (57 ff.); B. v. 10.07.1989 – 2 BvR 502, 1000, 961/86 = BVerfGE 80, 315 (2. Leitsatz); *Pieroth/Schlink/Kingreen/Poscher*, Grundrechte, S. 275 ff.

etwa durch die Regelung des Art. 16a Abs. 2 GG über sichere Drittstaaten (unter aa), durch die Anforderungen an die staatliche Zurechenbarkeit von Verfolgungsmaßnahmen und durch die Maßgeblichkeit von subjektiven Nachfluchtgründen.[83] Auf Rechtsfolgenseite genießen Asylberechtigte im Bundesgebiet gemäß § 2 Abs. 1 AsylG die Rechtsstellung nach dem Abkommen über die Rechtsstellung der Flüchtlinge, mithin nach der GFK.

Anfang der 1990er Jahre kam es aufgrund hoher Asylbewerberzahlen[84] zu einer politischen Diskussion über den „Asylmissbrauch" durch nicht schutzberechtigte Personen.[85] Es folgte der „Asylkompromiss" in Form des neuen Art. 16a GG und entsprechender Änderungen in den asyl- und ausländerrechtlichen Regelungen.[86] Zwar genießen politisch Verfolgte nach wie vor Asylrecht, allerdings unter Beschränkungen sowohl des persönlichen Geltungsbereichs als auch des Gewährleistungsinhalts in Form der Abs. 2 bis Abs. 4 des Art. 16a GG.[87] Neben der Beschränkung der Vollzugsaussetzung und des gerichtlichen Rechtsschutzes bei offensichtlich unbegründeten Asylanträgen auf die Fälle ernstlicher Zweifel in Art. 16a Abs. 4 GG spielen vor allem die Klauseln über sichere Drittstaaten (dazu aa) und über sichere Herkunftsstaaten (dazu bb) eine wichtige Rolle.

Trotz massiver Kritik an der Asylrechtsbeschränkung – etwa durch den früheren Präsidenten des BVerwGs Franßen, der den neuen Art. 16a GG als „Grundrechtsverhinderungsvorschrift" bezeichnete[88] erklärte das BVerfG die Neufassung des Art. 16a GG vor dem Hintergrund der Ewigkeitsklausel des Art. 79 Abs. 3 GG in den Entscheidungen zur Regelung der sicheren

83 Zu einem Vergleich zwischen Art. 16a GG und der GFK siehe *Tiedemann*, Flüchtlingsrecht, Kap. 3 Rn. 178 Tab. 3.1; *Hailbronner*, Asyl- und Ausländerrecht, Rn. 1271.

84 1992 wurden 438.191 Asylanträge in Deutschland gestellt; BAMF, Bundesamt in Zahlen 2014, S. 10 f.

85 *Epping*, Grundrechte, S. 475.

86 Gesetz zur Änderung des Grundgesetzes (Art. 16 und 18) v. 28.06.1993, BGBl. 1993 I, 1002 und Gesetz zur Änderung asylverfahrens-, ausländer- und staatsangehörigkeitsrechtlicher Vorschriften v. 30.06.1993 BGBl. 1993 I, 1062; *Epping*, Grundrechte, S. 475; *Hailbronner*, Asyl- und Ausländerrecht, Rn. 1265.

87 *Hailbronner*, Asyl- und Ausländerrecht, Rn. 1265; *Randelzhofer* in Maunz/Dürig, GG, Art. 16a GG Rn. 12; Kritisch zu den Neuerungen in Art. 16a GG *Roth*, Das Grundrecht auf Asyl, ZAR 1998, 54 (54 f.).

88 *Franßen*, Der neue Art. 16a GG als „Grundrechtshinderungsvorschrift", DVBl. 1993, 300 (301).

Drittstaaten,[89] den sicheren Herkunftsländern[90] und dem Flughafenverfahren[91] für verfassungsgemäß.[92]

### aa) Konzept der sicheren Drittstaaten

Durch die Drittstaatenregelung in Art. 16a Abs. 2 GG sind Ausländer, die über einen Mitgliedstaat der EU[93] oder aus einem anderen Drittstaat, in dem die Anwendung der GFK und der EMRK sichergestellt ist (*sicherer Drittstaat*) in das Bundesgebiet einreisen, vom Asylgrundrecht ausgeschlossen[94] und werden gemäß § 26a Abs. 1 Satz 1, Satz 2 AsylG nicht als Asylberechtigte anerkannt. Gemäß § 27 Abs. 1 AsylG wird auch nicht als Asylberechtigter anerkannt, wer bereits in einem sonstigen Drittstaat (*Erstasylstaat*) vor politischer Verfolgung sicher war.[95] Personen, die über einen sicheren Drittstaat in das Bundesgebiet einzureisen versuchen, wird die Einreise an der Grenze gemäß § 18 Abs. 2 Nr. 1, Abs. 3 AsylG verweigert, die Abschiebung bereits Eingereister erfolgt nach § 34a AsylG, soweit kein Abschiebungsschutz nach § 60 Abs. 1 AufenthG geltend gemacht wird.

Grundsätzlich zielt das Konzept des sicheren Drittstaates auf Flüchtlinge, die auf ihrer Durchreise in einem Drittland Schutz hätten finden können.[96] Die Regelung beruht nach Auffassung des BVerfG auf einer „normativen Vergewisserung“ über die Sicherheit in einem Drittstaat; der Gesetzgeber hat sich bezüglich der als sicher qualifizierten Staaten vergewissert, dass Flüchtlinge in diesen

---

89 BVerfG, U. v. 14.05.1996 – 2 BvR 1938, 2315/93 = BVerfGE 94, 49 (2. und 3. Leitsatz, S. 84 ff.); vgl. dazu *Hailbronner*, Ausländerrecht Kommentar, B 1 Art. 16a Rn. 6.

90 BVerfG, U. v. 14.05.1996 – 2 BvR 1507, 1508/93 = BVerfGE 94, 115 (2. Leitsatz, S. 131 ff.).

91 BVerfG, U. v. 14.05.1996 – 2 BvR 1516/93 = BVerfGE 94, 166 (3. Leitsatz; S. 195 ff.).

92 *Gnatzy* in Schmidt-Bleibtreu/Hofmann/Henneke, GG, Art. 16a Rn. 21; *Epping*, Grundrechte, S. 476.

93 Mit Protokoll Nr. 24 zum AEUV haben sich die EU-Mitgliedstaaten gegenseitig als sichere Herkunftsstaaten anerkannt; der Status kann suspendiert werden (Art. 7 EUV); vgl. *Tiedemann*, Flüchtlingsrecht, Kap. 3 Rn. 153.

94 Da alle Nachbarstaaten Deutschlands sichere Drittstaaten sind, ist die Anerkennung nach Art. 16a GG bei Einreise über den Landweg regelmäßig ausgeschlossen, *Pieroth/Schlink/Kingreen/Poscher*, Grundrechte, S. 280.

95 Zur beschränkten Umsetzung des europäischen Konzepts des ersten Asylstaats bzgl. des Asylrechts, nicht aber des Flüchtlingsstatus siehe *Fränkel* in Hofmann, Ausländerrecht, § 27 Rn. 1.

96 *Marx*, Rechtsgutachten zur Türkei als sicherem Drittstaat, S. 4.

Staaten sicher sind und Schutz erhalten.[97] Gemäß Art. 16a Abs. 2 Satz 2 GG, § 26a Abs. 2 AsylG in Verbindung mit Anlage I zum AsylG sind dies außerhalb der EU Norwegen und die Schweiz.[98]

Die nationale Drittstaatenregelung wird in zweifacher Hinsicht von unionsrechtlichen Vorgaben überlagert.

Zum einen sieht die Asylverfahrensrichtlinie[99] das Konzept des sicheren Drittstaats selbst in Art. 38 RL 2013/32/EU und eine Modifikation in Form des Konzepts des sicheren europäischen Drittstaats in Art. 39 RL 2013/32/EU vor.[100] Daneben gibt es den sog. ersten Asylstaat gemäß Art. 35 RL 2013/32/EU, worunter ein Staat zu verstehen ist, in dem der Antragsteller als Flüchtling anerkannt wurde und er diesen Schutz auch weithin in Anspruch nehmen kann oder ihm in dem betreffenden Staat anderweitig ausreichender Schutz einschließlich der Anwendung des Grundsatzes der Nicht-Zurückweisung gewährt wird.

Art. 38 Abs. 1 RL 2013/32/EU normiert konkrete, sich aus der GFK und der EMRK ergebende Grundsätze für die Anwendbarkeit des Konzepts der sicheren Drittstaaten durch die Mitgliedstaaten.[101] Dabei verpflichtet das Konzept des sicheren Drittstaates den Mitgliedstaat, vor der Abschiebung eines Asylsuchenden in einen Drittstaat anhand festgelegter Kriterien zu prüfen, ob der betreffende Drittstaat für den Antragsteller im konkreten Einzelfall sicher ist.[102] Folgerichtig fordert Art. 38 Abs. 2 lit. c) RL 2013/32/EU nationale Regelungen,

---

97 BVerfG, U. v. 14.05.1996 – 2 BvR 1938, 2315/93 = BVerfGE 94, 49 (95 f.); *Tiedemann*, Flüchtlingsrecht, Kap. 3 Rn. 157; *Hailbronner*, Ausländerrecht Kommentar, B 1 Art. 16a Rn. 334.

98 BGBl. I 2008, 1822.

99 Die RL 2013/32/EU v. 26.06.2013, ABl. EU 2013 Nr. L 180/60, ersetzt die vorherige Asylverfahrensrichtlinie 2005/85/EG v. 01.12.2005, ABl. EU 2005 Nr. L 326/13; zu den aktuellen Reformplänen für das GEAS siehe etwa *Henkel*, Zur Reform des Gemeinsamen Europäischen Asylsystems, DVBl 2017, 269 (269 ff.).

100 Ausführlich hierzu *Fröhlich*, Das Asylrecht im Rahmen des Unionsrechts, S. 251 ff.

101 Dazu gehören: keine Gefährdung von Leben und Freiheit aus Gründen der Rasse, der Religion, der Nationalität, der Zugehörigkeit zu einer bestimmten sozialen Gruppe oder der politischen Überzeugung; keine Gefahr, einen ernsthaften Schaden im Sinne von Art. 15 RL 2011/95/EU zu erleiden; Wahrung des Grundsatzes der Nicht-Zurückweisung nach der GFK; Einhaltung des Verbots der Abschiebung, wenn diese einen Verstoß gegen das im Völkerrecht festgelegte Verbot der Folter und grausamer, unmenschlicher oder erniedrigender Behandlung darstellt, und Möglichkeit, einen Antrag auf Zuerkennung der Flüchtlingseigenschaft zu stellen und im Falle der Anerkennung als Flüchtling Schutz gemäß der GFK zu erhalten.

102 *Marx*, Rechtsgutachten zur Türkei als sicherem Drittstaat, S. 5 f.

die es ermöglichen, in Form einer Einzelfallprüfung festzustellen, ob der betreffende Drittstaat für einen bestimmten Antragsteller sicher ist, und die dem Antragsteller zumindest die Möglichkeit bieten, die Anwendung des Konzepts des sicheren Drittstaates mit der Begründung anzufechten, dass der betreffende Drittstaat für ihn in seiner besonderen Situation nicht sicher ist, und gegen eine ihn belastende Entscheidung einen wirksamen Rechtsbehelf vor einem Gericht gemäß Art. 46 Abs. 1 RL 2013/32/EU einzulegen. Zur Vermeidung der Entstehung einer „Refugee-in-orbit"-Situation[103] sieht Art. 38 Abs. 4 RL 2013/32/EU im Falle der Verweigerung der Einreise in den sicheren Drittstaat vor, dass die Mitgliedstaaten den Zugang zum Asylverfahren sicherstellen.

Daneben regelt Art. 39 RL 2013/32/EU das Konzept des sicheren europäischen Drittstaates, wonach die Mitgliedstaaten keine oder keine umfassende Antragsprüfung vorsehen können, wenn feststeht, dass der Antragsteller aus einem sicheren europäischen Drittstaat[104] unrechtmäßig in das Hoheitsgebiet des betreffenden Mitgliedstaats einreist. Damit bedarf es im Unterschied zum Konzept des sicheren Drittstaates (Art. 38 RL 32/2013/EU) nicht unbedingt einer Einzelfallprüfung.[105] Allerdings darf diese Vermutung zugunsten der Sicherheit eines europäischen Drittstaates nach überzeugender Rechtsprechung des Europäischen Gerichtshofes (im Folgenden EuGH) nicht unwiderlegbar sein; dies nicht zuletzt wegen Art. 39 Abs. 2 lit. a), lit. c) RL 2013/32/EU, wonach die GFK und die EMRK zu ratifizieren und einzuhalten sind und wegen der Anfechtungsmöglichkeit gegen die Anwendung des Konzepts in Art. 39 Abs. 3 RL 2013/32/EU.[106]

Zum anderen gehen die Zuständigkeits- und Verfahrensvorschriften der Dublin-III-Verordnung Nr. 604/2013[107] im Bezug auf die Flüchtlinge, die aus einem sicheren EU-Mitgliedstaat oder einem dem Dubliner-System ebenfalls assoziierten Staat in das Bundesgebiet eingereist sind, vor.[108] In Anwendung des

103 *Fröhlich*, Das Asylrecht im Rahmen des Unionsrechts, S. 253.

104 Gemäß Art. 39 Abs. 2 RL 2013/32/EU muss ein sicherer europäischer Drittstaat sowohl die GFK als auch die EMRK ratifiziert haben und einhalten sowie über ein gesetzlich festgelegtes Asylverfahren verfügen.

105 *Marx*, Rechtsgutachten zur Türkei als sicherem Drittstaat, S. 7. Kritisch zum früheren Art. 36 RL 2005/85/EG *Hofmann/Donath* in Hofmann/Löhr, Europäisches Flüchtlings- und Einwanderungsrecht, S. 19 (34 f.).

106 EuGH, U. v. 21.12.2011 – C-411/10, C-493/10, ECLI: EU: C:2011:865 Rn. 105.

107 VO (EU) Nr. 604/2013 v. 26.06.2013, ABl. EU 2013 Nr. L 180/31; zu den Reformplänen siehe etwa *Koehler*, Die Dublin IV-Verordnung – eine Chance für eine Stärkung des Europäischne Asylzuständigkeitssystems? ZAR 2017, 440 (441 ff.);

108 *Hailbronner*, Asyl- und Flüchtlingsrecht Rn. 1333 (3. Aufl.); vgl. auch Art. 16a Abs. 5 GG.

Dublin-Prinzips ist ein Asylantrag aufgrund der durch Unionsrecht begründeten Zuständigkeit eines anderen Mitgliedstaates für das Asylverfahren unzulässig, soweit kein Selbsteintritt – etwa auch wegen systematischer Mängel des Asylverfahrens oder der Unterbringungsmöglichkeiten des nach dem Dublin-System zuständigen Mitgliedstaates, wie bspw. im Falle von Griechenland[109] – gegeben ist.[110]

### bb) Konzept der sicheren Herkunftsstaaten

Durch die Klausel über sichere Herkunftsstaaten in Art. 16a Abs. 3 Satz 1 GG können Staaten, bei denen auf Grund der Rechtslage, der Rechtsanwendung und der allgemeinen politischen Verhältnisse gewährleistet erscheint, dass dort weder politische Verfolgung noch unmenschliche oder erniedrigende Bestrafung oder Behandlung stattfinden, als sichere Herkunftsstaaten festgelegt werden. Gemäß Art. 16a Abs. 3 Satz 2 GG gilt die gesetzliche Vermutung, dass ein Ausländer aus einem sicheren Herkunftsstaat nicht verfolgt wird, solange er nicht Tatsachen vorträgt, welche die Annahme begründen, dass er entgegen dieser Vermutung politisch verfolgt wird.

Rechtsfolge ist gemäß § 29a Abs. 1 AsylG, dass der Asylantrag eines Ausländers aus einem sicheren Herkunftsstaat als offensichtlich unbegründet abzulehnen ist, soweit die Vermutung nicht widerlegt wird. Für die Einreise von Ausländern aus einem sicheren Herkunftsstaat über den Luftweg (hauptsächlich betroffen ist der Frankfurter Flughafen) sieht § 18 a AsylG eine Verfahrensform in Gestalt eines beschleunigten Verfahrens im Transitbereich vor. Danach ist das Asylverfahren bei Ausländern aus einem sicheren Herkunftsstaat, die über einen Flughafen einreisen wollen und bei der Grenzbehörde um Asyl nachsuchen, vor der Entscheidung über die Einreise durchzuführen, soweit die Unterbringungen auf dem Flughafengelände während des Verfahrens möglich oder lediglich wegen einer erforderlichen stationären Krankenhausbehandlung nicht möglich ist (§ 18 a Abs. 1 Satz 1 AsylG). Das Gleiche gilt nach § 18 a Abs. 1 Satz 2 AsylG für Ausländer, die bei der Grenzbehörde auf einem Flughafen um Asyl nachsuchen und sich dabei nicht mit einem gültigen Pass oder Passersatz ausweisen. Dem Ausländer wird unverzüglich Gelegenheit zur Stellung seines Asylantrags bei der Außenstelle des BAMF am Flughafen gegeben, es wird eine

---

109 EuGH, U. v. 21.12.2011 – C-411/10, C-439/10, ECLI: EU: C:2011:865, Tenor 2 und 3; vgl. auch EGMR (Gr. Kammer), U. v. 21.01.2011, Nr. 30696/09 = NVwZ 2011, 413-418 Tenor 1, 4, Rn. 265 ff. – M.S.S. v. Belgien.

110 *Hailbronner*, Asyl- und Flüchtlingsrecht Rn. 1333 (3. Aufl.).

persönliche Anhörung durchgeführt und schließlich wird ihm Gelegenheit zur Kontaktaufnahme mit einem Rechtsbeistand eingeräumt (§ 18 a Abs. 1 Satz 3 bis Satz 5 AsylG). Nach § 18 a Abs. 6 Nr. 2 und Nr. 3 AsylG muss das Asylverfahren binnen einer Frist von zwei Tagen, das gerichtliche Eilverfahren binnen 14 Tagen abgeschlossen sein. Andernfalls ist dem Ausländer die Einreise nach Deutschland zur weiteren Durchführung seines Asylverfahrens zu gestatten.[111]

Gegenwärtig sind gemäß § 29a Abs. 2 AsylG in Verbindung mit Anlage II des AsylG die Mitgliedstaaten der EU sowie Albanien, Bosnien und Herzegowina, Ghana, Kosovo, Mazedonien (ehemalige jugoslawische Republik), Montenegro, Senegal und Serbien als sichere Herkunftsstaaten anerkannt, wobei die Erweiterung auf Marokko, Algerien und Tunesien geplant ist.[112] Hintergrund hierfür sind die gestiegenen Asylbewerberzahlen aus dem Maghreb vor allem im vierten Quartal 2015, als allein aus Algerien und Marokko knapp 13.000 Menschen anstieg, bei denen jedoch regelmäßig keine asyl- oder flüchtlingsrelevanten Gründe vorliegen und daher nur eine geringe Schutzquote von unter zwei Prozent besteht.[113] Das BAMF nahm im Jahr 2015 insgesamt 4.910 Asylanträge algerischer, marokkanischer und tunesischer Staatsangehöriger an,[114] allerdings wurden im System zur Erstverteilung von Asylbegehren (EASY) im Jahr 2015 insgesamt 13.833 algerische Staatsangehörige, 10.258 marokkanische und 1.945 tunesische Staatsangehörige registriert, wobei die EASY-Zahlen wegen Fehl- und Doppelerfassung aufgrund fehlender erkennungsdienstlicher Behandlung und fehlender Erfassung der persönlichen Daten nicht voll belastbar sind.[115] Von den 2015 vom BAMF getroffenen 2.605 Entscheidungen über Asylanträge von Angehörigen dieser drei Staaten wurde nur zwei algerischen Staatsangehörigen Asyl gewährt, 31 Personen, davon neun algerischen und 22 marokkanischen Staatsangehörigen der Flüchtlingsstatus zuerkannt und 22 Personen, davon sieben algerischen, 14 marokkanischen und einem tunesischen Staatsangehörigen, subsidiärer Schutz gewährt bzw. ein Abschiebungsverbot festgestellt.

---

111 Ein Überblick zu den durchgeführten Flughafenverfahren BAMF, Das Bundesamt in Zahlen 2015 Ziff. 6.

112 Hierzu das Gesetz zur Einstufung der Demokratischen Volksrepublik Algerien, des Königreichs Marokko und der Tunesischen Republik als sichere Herkunftsstaaten, BT-Drs. 18/8039.

113 BAMF, NRW: Schwerpunktaktion „Maghreb", 500 Antragsstellende an einem Tag v. 13.04.2016.

114 Davon entfielen 2.240 Asylanträge auf algerische Staatsangehörige, 1.747 auf marokkanische und 923 auf tunesische Staatsangehörige.

115 Gesetzesentwurf der Bundesregierung, BT-Drs. 68/16 v. 5.02.2016, Begründung A.I.

Infolgedessen betrug die Anerkennungsquote für die Demokratische Volksrepublik Algerien 0,98 %, für das Königreich Marokko 2,29 % und die tunesische Republik 0,00 %.[116]

Ergänzt wird die Regelung der sicheren Drittstaaten wiederum durch die unionsrechtlichen Vorgaben der Asylverfahrensrichtlinie. Art. 36 Abs. 1 RL 2013/32/EU sieht das Konzept sicherer Herkunftsstaaten vor, wonach ein als sicherer Herkunftsstaat anerkannter Drittstaat nach individueller Antragsprüfung für den Antragsteller als sicherer Herkunftsstaat betrachtet wird, wenn der Antragssteller entweder die Staatsangehörigkeit des betreffenden Staates besitzt oder als Staatenloser in dem betreffenden Staat seinen gewöhnlichen Aufenthalt hatte und keine schwerwiegenden Gründe vorgetragen hat, dass der Staat in seinem konkreten Fall nicht als sicherer Herkunftsstaat gesehen werden kann.[117]

Die EU-Mitgliedstaaten konkretisieren in ihren nationalen Regelwerken die Anwendung des Konzepts über sichere Herkunftsstaaten unter Berücksichtigung der von Seiten des Europäischen Unterstützungsbüros für Asylfragen[118] (im Folgenden EASO) und des UNHCR zur Verfügung gestellten Informationen.[119] Eine gemeinsame, unionsweite Liste sicherer Herkunftsstaaten, wie in der Richtlinie 2005/85/EG vorgesehen und wiederholt von der Kommission gefordert, kam bisher mangels Einigung der Mitgliedstaaten nicht zustande.[120]

---

116 Gesetzesentwurf der Bundesregierung, BT-Drs. 68/16 v. 5.02.2016, Begründung A.I.

117 Nach Anhang I Satz 1 RL 2013/32/EU gilt ein Staat als sicherer Herkunftsstaat, wenn sich anhand der dortigen Rechtslage, der Anwendung der Rechtsvorschriften in einem demokratischen System und der allgemeinen politischen Lage nachweisen lässt, dass dort generell und durchgängig weder eine Verfolgung im Sinne des Art. 9 der Richtlinie 2011/95/EU noch Folter oder unmenschliche oder erniedrigende Behandlung oder Strafe noch Bedrohung infolge willkürlicher Gewalt im Rahmen eines internationalen oder innerstaatlichen bewaffneten Konflikts zu befürchten sind. Zum Konzept des sicheren Herkunftsstaates *Fröhlich*, Das Asylrecht im Rahmen des Unionsrechts, S. 256 f.

118 Das EASO wurde aufgrund der Verordnung (EU) Nr. 439/2010 v. 19.05.2010 eingerichtet, ABl. L 132/11, und hat die Arbeit im Juni 2011 auf Malta aufgenommen. *Progin-Theuerkauf* in von der Groeben/Schwarze/Hatje, Europäisches Unionsrecht, Art. 78 Rn. 11.

119 Art. 36 Abs. 2, Art. 37 RL 2013/32/EU.

120 *Hailbronner*, Asyl- und Ausländerrecht Rn. 1382 (sowie Rn. 1334 3. Aufl.). In 12 EU-Mitgliedstaaten existieren nationale Listen über sichere Herkunftsstaaten, EK, Factsheet „Flüchtlingskrise“ v. 9.09.2015.

### c) Das Asylrecht auf Unionsebene

Das Asylrecht ist auf Unionsebene sowohl Gegenstand des Primär- als auch des Sekundärrechts. In Art. 78 AEUV wird die Asylpolitik geregelt, wobei der verwendete Asylbegriff in Anbetracht der Entstehungsgeschichte und der Systematik im Sinne der Erfassung des Flüchtlingsschutzes nach der GFK zu verstehen ist.[121] Das Asylrecht wird in Art. 18 der Charta der Grundrechte der EU[122] (im Folgenden GRC) wie folgt garantiert:

> „Das Recht auf Asyl wird nach Maßgabe des Genfer Abkommens vom 28. Juli 1951 und des Protokolls vom 31. Januar 1967 über die Rechtsstellung der Flüchtlinge sowie nach Maßgabe des Vertrages über die Europäische Union und des Vertrags über die Arbeitsweise der Europäischen Union gewährleistet."

*Weiß* geht davon aus, dass der Verweis auf die GFK sowie auf den EUV und AEUV hinsichtlich eines Rechts auf Asyl ins Leere geht, weil das Recht auf Asyl nur nach Maßgabe der in Bezug genommenen Verträge garantiert wird, aber kein selbstständiges Recht auf Asyl begründet.[123] Die Auffassung, wonach kein subjektives Asylrecht in der Grundrechtecharta verankert ist, vertritt auch *Streinz* und geht mit *Schmahl* davon aus, dass Art. 18 GRC „somit nur Rechte im Asyl" gewährt.[124] Obgleich die Vorschrift auch als Beschränkung dahingehend verstanden werden kann, dass die Verweisung das gewährte Asylrecht beschränkt und zwar nach Maßgabe der GFK und der Vorgaben des EUV und des AEUV, überzeugt die von *Streinz* und *Weiß* vertretene Lesart. Die GFK gewährt selbst kein subjektives Recht auf Asyl ebenso wenig wie der EUV und AEUV, sodass die in Art. 18 GRC formulierte Gewährung des Rechts auf Asyl insoweit ins Leere geht.[125] Im Ergebnis geht damit nicht die Verweisung auf die

121 *Thym* in Grabitz/Hilf/Nettesheim, Das Recht der EU, Art. 78 Rn. 23 zur Kongruenz des EU-Asylstatus und des GFK-Flüchtlingsbegriffs. So auch *Fröhlich*, Das Asylrecht im Rahmen des Unionsrechts, S. 201.

122 GRC v. 12.12.2007, ABl. C 303 S. 1.

123 *Weiß* in Streinz, EUV/AEUV, Art. 78 Rn. 4. So auch *Rossi* in Calliess/Ruffert, EUV/AEUV, Art. 78 Rn. 3.

124 *Streinz* in Stern, Zeitgemäßes Zuwanderungs- und Asylrecht – ein Problem der Industriestaaten, S. 67 (90, Fn. 143); *Schmahl*, Die Vergemeinschaftung der Asyl- und Flüchtlingspolitik, ZAR 2001, 3 (11, Fußn. 120).

125 Zur Diskussion über den subjektiven Charakter von Art. 18 GRC siehe *Bröcker*, Die externen Dimensionen des EU-Asyl- und Flüchtlingsrechts im Lichte der Menschenrechte und des Völkerrechts, S. 46 ff. m.w.N.; *Groß*, Migrationsrelevante Freiheitsrechte der EU-Grundrechtecharta, ZAR 2013, 106 (108 f.); *Bernsdorff* in Meyer, Charta der Grundrechte der EU, Art. 18 Rn. 11.

GFK ins Leere, sondern die Verweisung bewirkt, dass das Versprechen eines Rechts auf Asyl ins Leere geht.

Größere praktische Bedeutung kommt indes dem subjektiven Recht in Art. 19 Abs. 2 GRC zu, wonach niemand in einen Staat abgeschoben oder ausgewiesen oder an einen Staat ausgeliefert werden darf, in dem für sie oder ihn das ernsthafte Risiko der Todesstrafe, der Folter oder einer anderen unmenschlichen oder erniedrigenden Strafe oder Behandlung besteht; damit wird der in Art. 78 Abs. 1 AEUV normierte Grundsatz der Nicht-Zurückweisung jedenfalls teilweise als subjektives Recht ausgestaltet.[126]

Obgleich die unionsrechtlichen Vorgaben aufgrund ihres auf die GFK konzipierten Anwendungsbereiches das verfassungsrechtliche Asylgrundrecht lediglich mittelbar zu beeinflussen vermögen,[127] steht das deutsche Asyl- und Flüchtlingsrecht zunehmend unter dem Einfluss des Unionsrechts und wird, wie gesehen, vor allem durch die zentralen sekundärrechtlichen Regelungen des Gemeinsamen Europäischen Asylsystems zunehmend europäisiert.[128] Daher geht *Fröhlich* zutreffend davon aus, dass zwar die Verantwortung zur Aufnahme von schutzbedürftigen Personen bei den Mitgliedstaaten verbleibt, aber die Qualifikationskompetenz in Form der Befugnis zur Bestimmung der Voraussetzungen und des Inhalts des Asylrechts auf die europäische Ebene übergegangen ist.[129]

Soweit durch die nationale Rechtsprechung an die Asylgewährung gemäß Art. 16a Abs. 1 GG weitergehende materielle Anforderungen gestellt werden als an die Flüchtlingsanerkennung, steht das Unionsrecht dem aufgrund der verbleibenden Möglichkeit der Anerkennung als Flüchtling oder subsidiär Schutzberechtigter nicht entgegen.[130] Allerdings besteht aufgrund der Ähnlichkeit zwischen der Asylgewährung und dem Flüchtlingsschutz aus unionsrechtlicher Sicht die Gefahr der „Verwechselbarkeit",[131] sodass die Ausschlussgründe nach

---

126 *Weiß* in Streinz, EUV/AEUV, Art. 78 Rn. 4.

127 VGH Baden-Württemberg, U. v. 20.11.2007 – A 10 S 70/06.

128 *Marx*, HB zum Flüchtlingsschutz, §§ 1 ff.; *Fröhlich*, Das Asylrecht im Rahmen des Unionsrechts, S. 331 ff; *Huber*, Das europäisierte Grundgesetz, DVBl. 2009, 574 (574); zu den Reformplänen siehe unter C.II.3.

129 *Fröhlich*, Das Asylrecht im Rahmen des Unionsrechts, S. 307, 310, 314 ff.

130 Art. 3 RL 2011/95/EU erlaubt günstigere nationale Normen; *Hailbronner*, Asyl- und Ausländerrecht, Rn. 1271 f.

131 EuGH, v. 9.11.2010 – C-57/09, C-101/09, ECLI: EU: C:2010:661, Tenor 4 und Rn. 119 ff.

der Qualifikationsrichtlinie auch im Rahmen des verfassungsrechtlichen Asylrechts Geltung beanspruchen.[132]

### 3. *Der subsidiär Schutzbedürftige*

Subsidiärer Schutz wird Personen gewährt, die zwar nicht als Konventionsflüchtlinge nach der GFK anerkannt werden, aber gleichwohl schutzbedürftig sind und deren Rückführung aus verschiedensten Gründen nicht möglich ist.[133] Der enge Kriterienkatalog der Genfer Flüchtlingsdefinition und des politisch Verfolgten im Sinne des Art. 16a Abs. 1 GG setzt eine individuelle Verfolgung von Einzelpersonen voraus; dies ist bei Kriegsflüchtlingen oder Personen, die vor allgemeinen Gefahren, häufig bewaffneten Konflikten, fliehen, nicht immer der Fall.[134] Aus diesem Grund besteht das Erfordernis nach der Gewährung subsidiären Schutzes.[135] Soweit eine begründete Furcht vor Maßnahmen, die innerhalb der Bevölkerung aus Gründen der Rasse, Religion, Nationalität, Zugehörigkeit zu einer bestimmten sozialen Gruppe oder bestimmten politischen Überzeugung selektieren, nicht vorliegt, sind regelmäßig die Voraussetzungen des subsidiären Schutzes gegeben.[136] Das Institut des subsidiären bzw. komplementären Schutzes[137] dient damit der Ergänzung des durch die GFK gewährten Schutzes im Hinblick auf sog. *Flüchtlinge im weiteren Sinne*[138] und gehört ebenso wie der Flüchtlingsschutz nach der GFK zur Kategorie des internationalen Schutzes.[139]

---

132 *Hailbronner*, Asyl- und Ausländerrecht, Rn. 1272; zu den Schutzstatus und dem Spannungsverhältnis von verfassungsrechtlichem Asylrecht und GEAS siehe *ders.*, Das Grundrecht auf Asyl, ZAR 2009, 369 (369 ff.).

133 *Marx*, HB zum Flüchtlingsschutz, § 38.

134 *Hobe*, Einführung in das Völkerrecht, Ziff. 11.5; *Kälin/Künzli*, Universeller Menschenrechtsschutz, S. 598

135 Subsidiärer Schutz kommt nur ergänzend bei Ausscheidens des Flüchtlingsschutzes nach der GFK in Betracht; *Marx*, HB zum Flüchtlingsschutz, § 38; *Kälin/Künzli*, Universeller Menschenrechtsschutz, S. 598.

136 *Marx*, HB zum Flüchtlingsschutz, Kap. 11 Leitsatz 8.

137 Der Begriff „komplementärer Schutz" umfasst verschiedene Schutzalternativen wie den *subsidiären Schutz*, den *humanitären Schutz* aber auch den *vorübergehenden Schutz*; vgl. *Mandal*, Complementary Protection, S. 2.

138 ErwGr. 33 RL 2011/95/EU; *Mandal*, Complementary Protection, S. 5; *Marx*, HB zum Flüchtlingsschutz, § 39 Rn. 7.

139 Zur Begriffsbestimmung Art. 2 a) RL 2011/95/EU und § 1 Abs. 1 Nr. 2 AsylG m.H.a. RL 2011/95/EU.

### *a) Inhalt des europäischen subsidiären Schutzstatus*

In der EU wurden erstmals in der Qualifikationsrichtlinie 2004/83/EG (mittlerweile durch die Richtlinie 2011/95/EU ersetzt) einheitliche Regelungen zum subsidiären Schutz geschaffen und damit sowohl den völkerrechtlichen Verpflichtungen der Mitgliedstaaten im Bereich der Menschenrechte Rechnung getragen als auch die zum Teil diesbezüglich bestehende Staatenpraxis unionsweit kodifiziert.[140]

Internationaler subsidiärer Schutz wird entsprechend Art. 18 RL 2011/95/EU bzw. § 4 Abs. 1 Satz 1 AsylG zuerkannt, wenn eine Person zwar die Voraussetzungen für die Anerkennung als Flüchtling nicht erfüllt, aber stichhaltige Gründe für die Annahme vorbringt, dass sie bei einer Rückkehr in das Herkunftsland tatsächlich Gefahr läuft, einen ernsthaften Schaden im Sinne von Art. 15 RL 2011/95/EU zu erleiden, kein Ausschlussgrund nach Art. 17 Abs. 1, 2 RL 2011/95/EU vorliegt und die Person den Schutz dieses Landes nicht in Anspruch nehmen kann oder wegen der Gefahr nicht in Anspruch nehmen will.[141] Gemäß Art. 15 RL 2011/95/EU bzw. § 4 Abs. 1 Satz 2 AsylG gilt als ernsthafter Schaden:

„1. die Verhängung oder Vollstreckung der Todesstrafe,
2. Folter oder unmenschliche oder erniedrigende Behandlung oder Bestrafung [eines Antragsstellers im Herkunftsland][142] oder
3. eine ernsthafte individuelle Bedrohung des Lebens oder Unversehrtheit einer Zivilperson infolge willkürlicher Gewalt im Rahmen eines internationalen oder innerstaatlichen bewaffneten Konflikts."

### *b) Auslegungsfragen des Art. 15 lit. c) RL 2011/95/EU*

Die letzte Tatbestandsvariante in Art. 15 lit. c) RL 2011/95/EU bzw. im deutschen Recht umgesetzt in § 4 Abs. 1 Satz 2 Nr. 3 AsylG, die eine erhebliche Bedrohung für Leib und Leben im Rahmen eines bewaffneten Konflikts infolge willkürlicher Gewalt, aber auch einen individuellen Charakter der Bedrohung voraussetzt, bereitet Auslegungsschwierigkeiten, vor allem im Hinblick auf die Erfassung von Bürgerkriegsflüchtlingen.[143]

---

140 *Goodwin-Gill/McAdam*, The Refugee in International Law, S. 325; ErwGr. 34 RL 2011/95/EU; *Marx*, HB zum Flüchtlingsschutz, § 38 Rn. 2 ff.

141 Begriffsbestimmung des subsidiären Schutzes in Art. 2 f) RL 2011/95/EU.

142 Art. 15 lit. b) RL 2011/95/EU enthält diesen Zusatz.

143 Zur Auslegungsproblematik zusammenfassend *Schieber*, Komplementärer Schutz, S. 51 ff.; *Tiedemann*, Flüchtlingsrecht, Kap. 3 Rn. 191 ff.; einen Überblick über die

### aa) Begriff des „innerstaatlichen bewaffneten Konflikts“

Zunächst war die Auslegung des Begriffs des „innerstaatlichen bewaffneten Konflikts“ nicht unumstritten. Das BVerwG ging noch in seinem Urteil vom 24. Juni 2008 davon aus:

> „Der Begriff des internationalen wie auch des innerstaatlichen bewaffneten Konflikts ist unter Berücksichtigung der Bedeutung dieses Begriffs im humanitären Völkerrecht auszulegen. Dabei sind insbesondere die vier Genfer Konventionen zum humanitären Völkerrecht vom 12.08.1949 [...] heranzuziehen.“[144]

Art. 1 Abs. 1 des zweiten Zusatzprotokolls zu den Genfer Abkommen vom 12.08.1949[145] (im Folgenden ZP II) definiert den Begriff „nicht internationaler bewaffneten Konflikte“ als bewaffnete Konflikte,

> „die im Hoheitsgebiet einer Hohen Vertragspartei zwischen deren Streitkräften und abtrünnigen Streitkräften oder anderen organisierten bewaffneten Gruppen stattfinden, die unter einer verantwortlichen Führung eine solche Kontrolle über einen Teil des Hoheitsgebiets der Hohen Vertragspartei ausüben, daß sie anhaltende, koordinierte Kampfhandlungen durchzuführen und dieses Protokoll anzuwenden vermögen.“

Nach Art. 1 Abs. 2 ZP II sind innere Unruhen und Spannungen wie Tumulte, vereinzelt auftretende Gewalttaten und ähnliche Handlungen vom Anwendungsbereich des Protokolls ausgenommen.

Demgegenüber hat der EuGH in seinem Urteil vom 30. Januar 2014 in der Rechtssache *Diakité* entschieden, dass der Begriff des internen bewaffneten Konflikts im Sinne der Qualifikationsrichtlinie nicht wie vom BVerwG angenommen nach Maßgabe des humanitären Völkerrechts, sondern autonom zu bestimmen ist und vorliegt,

> „wenn die regulären Streitkräfte eines Staates auf eine oder mehrere bewaffnete Gruppen treffen oder wenn zwei oder mehrere bewaffnete Gruppen aufeinandertreffen, ohne dass dieser Konflikt als bewaffneter Konflikt, der keinen internationalen Charakter aufweist, im Sinne des humanitären Völkerrechts eingestuft zu werden braucht und ohne dass die Intensität der bewaffneten Auseinandersetzungen, der Organisationsgrad der vorhandenen bewaffneten Streitkräfte oder die Dauer des Konflikts Gegenstand einer anderen Beurteilung als der des im betreffenden Gebiet herrschenden Grads an Gewalt ist.“[146]

---

Rechtsprechung des EuGH und des BVerwG gibt *Bergmann* in ders./Dienelt, Ausländerrecht, § 4 Rn. 16.

144 BVerwG, U. v. 24.06.2008 – 10 C 43/07 = BVerwGE 131, 198 (206, Rn. 19).

145 Zusatzprotokoll zu den Genfer Abkommen v. 12.08.1949 über den Schutz der Opfer nicht internationaler bewaffneter Konflikte v. 08.06.1977, BGBl. 1990 II, S. 1637.

146 EuGH, U. v. 30.01.2014, C-285/12, ECLI: EU: C:2014:39 Rn. 35 – Diakité.

Argumentiert hat der EuGH zunächst mit dem unterschiedlichen Wortlaut, da der Unionsgesetzgeber im Unterschied zum Begriff des humanitären Völkerrechts nicht von „bewaffneten Konflikten, die keinen internationalen Charakter aufweisen", sondern von „innerstaatlichen bewaffneten Konflikten" spricht.[147] Zudem führt der EuGH die unterschiedlichen Regelungsziele des humanitären Völkerrechts einerseits und des subsidiären Schutzes andererseits sowie die daraus resultierenden getrennten Schutzmechanismen an.[148]

#### bb) „ernsthafte individuelle Bedrohung […] infolge willkürlicher Gewalt"

Außerdem birgt die Formulierung einer „ernsthaften individuellen Bedrohung […] infolge willkürlicher Gewalt" Unklarheiten. Die „individuelle Bedrohung" spricht für das Erfordernis eines bewussten Selektierens der verfolgten Personen, während typisch für „willkürliche Gewalt" ist, dass sie „ohne Ansehen der Person" gegenüber jeder Person ausgeübt wird.[149] Zur Frage der Auslegung der „ernsthaften individuellen Bedrohung des Lebens oder der Unversehrtheit einer Person" hat der EuGH in seinem Urteil vom 17. Februar 2009 in der Rechtsache *Elgafaji* Stellung genommen.[150] Nach seiner Auffassung setzt das Vorliegen einer ernsthaften individuellen Bedrohung des Lebens oder der Unversehrtheit der Person im Rahmen des Art. 15 lit. c) RL 2004/83/EG[151] gerade nicht voraus,

> „dass diese Person beweist, dass sie aufgrund von ihrer persönlichen Situation innewohnenden Umständen spezifisch betroffen ist.
> Das Vorliegen einer solchen Bedrohung kann ausnahmsweise als gegeben angesehen werden, wenn der den bestehenden bewaffneten Konflikt kennzeichnende Grad willkürlicher Gewalt nach der Beurteilung der zuständigen nationalen Behörden […] oder Gerichte […] ein so hohes Niveau erreicht, dass stichhaltige Gründe für die Annahme bestehen, dass eine Zivilperson bei einer Rückkehr in das betreffende Land oder gegebenenfalls in die betroffene Region allein durch ihre Anwesenheit im Gebiet dieses Landes oder dieser Region tatsächlich Gefahr liefe, einer solchen Bedrohung ausgesetzt zu sein."[152]

---

147 EuGH, U. v. 30.01.2014, C-285/12, ECLI: EU: C:2014:39 Rn. 20 ff. – Diakité.

148 EuGH, U. v. 30.01.2014, C-285/12, ECLI: EU: C:2014:39 Rn 24 – Diakité.

149 *Tiedemann,* Flüchtlingsrecht, Kap. 3 Rn. 192 ff.

150 EuGH, U. v. 17.02.2009, C-465/07, ECLI: EU: C:2009:94 – Elgafaji; hierzu *Bank*, Das Elgafaji-Urteil des EuGH und seine Bedeutung für den Schutz von Personen, die vor bewaffneten Konflikten fliehen, NVwZ 2009, 695 – 699.

151 Insoweit wortgleich mit Art. 15 lit. c) RL 2011/95/EU.

152 EuGH, U. v. 17.02.2009, C-465/07, ECLI: EU: C:2009:94, 2. Leitsatz und Rn. 43 – Elgafaji. In Überstimmung dazu BVerwG, U.v. 14.07.2009 – 10 C 9/08 = BVerwGE 134, 188

Demnach kann das bloße Betroffensein von einer allgemeinen Gefahr für die Begründung des subsidiären Schutzstatus ausreichen, allerdings verlangt auch der EuGH einen gewissen Grad der willkürlichen Gewalt, der umso geringer sein muss, je mehr der Betroffene darzulegen vermag, dass er aufgrund von seiner persönlichen Situation innewohnenden Umständen spezifisch betroffen ist.[153] Der EuGH begründet seine zutreffende Auslegung systematisch und mit dem Wortlaut durch einen Vergleich mit den anderen zwei in Art. 15 lit. a) und lit. b) RL 2004/83/EG[154] definierten Arten eines ernsthaften Schadens. Sowohl die „Verhängung oder Vollstreckung der Todesstrafe" in Art. 15 lit. a) als auch die „Folter oder unmenschliche oder erniedrigende Behandlung oder Bestrafung" in Art. 15 lit. b) RL 2004/83/EG bzw. heute RL 2011/95/EU erfassen Situationen, in denen der den subsidiären Schutz Beantragende spezifisch der Gefahr ausgesetzt ist, einen Schaden ganz bestimmter Art zu erleiden.[155] Demgegenüber erfasst Art. 15 lit. c) RL 2011/95/EU ausweislich seines weiter formulierten Wortlautes „eine [...] Bedrohung des Lebens oder der Unversehrtheit" einer Zivilperson, aber auch die aus einer allgemeinen Lage eines „internationalen oder innerstaatlichen Konflikts" herrührende Bedrohung sowie die ungeachtet einer persönlichen Situation „willkürliche Gewalt" als eine Schadensgefahr allgemeiner Art.[156]

Der EuGH versteht das Adjektiv „individuell" im Rahmen der Bedrohung dahingehend, dass sich schädigende Eingriffe gegen Zivilpersonen ungeachtet ihrer Identität richten,[157] *Tiedemann* geht davon aus, dass der EuGH in seinem Elgafaji-Urteil das Wort „individuell" durch „konkret" ersetzt hat.[158] Dem kann gefolgt werden, weil das Wort „konkret" weniger stark auf das Herausgreifen Einzelner aus der Bevölkerung aufgrund ihrer Person innewohnender Umstände fokussiert, sondern im Einklang mit der Rechtsprechung des EuGH auf die konkrete „tatsächliche Gefahr" bei Rückkehr einer Person in das betroffene Gebiet abstellt. Dieser Maßstab entspricht auch der Rechtsprechung des

---

(193 f., Rn. 14 f.; 2./3. Leitsatz); bereits angedeutet in BVerwG, U. v. 24.06.2008 – 10 C 43/07 = BVerwGE 131, 198 (212 f., Rn. 34 f.).

153 EuGH, U. v. 17.02.2009, C-465/07, ECLI: EU: C:2009:94, Rn. 39 – Elgafaji; *Bank*, Das Elgafaji-Urteil des EuGH und seine Bedeutung für den Schutz von Personen, die vor bewaffneten Konflikten fliehen, NVwZ 2009, 695 (696).

154 Wortgleich mit Art. 15 lit. a) und b) RL 2011/95/EU.

155 EuGH, U. v. 17.02.2009, C-465/07, ECLI: EU: C:2009:94 Rn. 32 – Elgafaji.

156 EuGH, U. v. 17.02.2009, C-465/07, ECLI: EU: C:2009:94 Rn. 33 f. – Elgafaji

157 EuGH, U. v. 17.02.2009, C-465/07, ECLI: EU: C:2009:94 Rn. 35 – Elgafaji.

158 *Tiedemann*, Flüchtlingsrecht, Kap. 3 Rn. 194.

Europäischen Gerichtshofes für Menschenrechte (im Folgenden EGMR) zu Art. 3 EMRK, dem jedoch nach überzeugender Ansicht des EuGH im Wesentlichen durch Art. 15 lit. b) RL 2011/95/EU mit seinem vergleichbaren Wortlaut und nicht durch Art. 15 lit. c) RL 2011/95/EU entsprochen wird.[159] Auch nach dem EGMR muss der Betroffene nicht die Existenz von speziellen, ihn aus der Allgemeinheit heraushebender Aspekte vortragen, sondern es genügt, dass die allgemeine Situation der Gewalt im Bestimmungsland ein ausreichendes Maß an Intensität aufweist, um eine konkrete Gefahr im Falle der Rückkehr ins Herkunftsland zu bewirken.[160]

Auf Rechtsfolgenseite genießen subsidiär Schutzberechtigte fast dieselben Rechte wie Asylberechtigte und Flüchtlinge.[161] Gemäß § 25 Abs. 2 Satz 1 Alt. 2 AufenthG ist einem als subsidiär Schutzbedürftigen anerkannten Ausländer eine Aufenthaltserlaubnis zu erteilen, wenn auch mit dem Unterschied zur Zuerkennung als GFK-Flüchtling und der Gewährung des Asylstatus keiner maximal dreijährigen, sondern zunächst nur einjährigen Aufenthaltserlaubnis, die jedoch um zwei Jahre verlängert werden kann ( 26 Abs. 1 Satz 3 AufenthG).[162] Gemäß § 25 Abs. 2 Satz 2 AufenthG in Verbindung mit § 25 Abs. 1 Satz 4 AufenthG ist auch die Ausübung einer Erwerbstätigkeit von der Aufenthaltserlaubnis umfasst. Ein wesentlicher Unterschied ist der Familiennachzug. Dieser wurde für subsidiär Schutzberechtigte durch das am 17. März 2016 in Kraft getretene sog. Asylpaket II für zwei Jahre ab dem 17. März 2016 bis zum 16. März 2018 ausgesetzt.[163]

### 4. *Weitere Arten flüchtlingsrechtlicher Schutzpositionen*

Folgende weitere flüchtlingsrechtliche Status sind zu unterscheiden.

---

159 EuGH, U. v. 17.02.2009, C-465/07, ECLI: EU: C:2009:94 Rn. 28 – Elgafaji zu Art. 15 RL 2004/83/EU.

160 EGMR, U. v. 28.06.2011, Nr. 8319/07 u. Nr. 11449/07 = NVwZ 2012, 681 Rn. 217 f. – Sufi u. Elmi/Vereinigtes Königreich unter Verweis auf EGMR, U. v. 17.07.2008, Nr. 25904/07 Leitsatz 4 – NA./Vereinigtes Königreich.

161 *Tiedemann,* Flüchtlingsrecht, Kap. 3 Rn. 200.

162 Zur unterschiedlichen Gültigkeitsdauer des Aufenthaltstitels zwischen Flüchtlingen und subsidiär Schutzberechtigten siehe Art. 24 Abs. 1 und Abs. 2 RL 2011/95/EU.

163 Siehe hierzu die Übergangsregelung des § 104 Abs. 13 AufenthG; zum Asylpaket II siehe das Gesetz zur Einführung beschleunigter Asylverfahren, BGBl. I 2016 Nr. 12 S. 390.

### a) *Familienbezogene Schutzstatus*

Weitere flüchtlingsrechtliche Status sind der Schutzstatus des *Familienasyls* (§ 26 Abs. 1 bis Abs. 4 AsylG) und der Status des *internationalen Schutzes für Familienangehörige* (§ 26 Abs. 5 AsylG), mithin für Familienangehörige von Flüchtlingen im Sinne der GFK und von subsidiär Schutzberechtigten. Nachdem diese Schutzstatus letztlich einen Annex zum Status Asylberechtigter bzw. Personen, die internationalen Schutz genießen, darstellen, bleiben die familienbezogenen Schutzpositionen bei der Arbeit weitgehend außer Betracht.

### b) *Nationaler subsidiärer Schutz – nationale Abschiebungsverbote*

Schließlich kann – nachrangig gegenüber dem unionsrechtlichen subsidiären Schutz – nationaler subsidiärer Schutz in Form von Abschiebungsschutz gewährt werden.[164] Dieser einheitliche, nicht weiter teilbare Verfahrensgegenstand umfasst mehrere Anspruchsgrundlagen, einerseits die Position des *Abschiebungsschutzberechtigten* nach Maßgabe der EMRK in § 60 Abs. 5 AufenthG und andererseits die des *Abschiebungsschutzbegünstigten* nach § 60 Abs. 7 Satz 1 AufenthG.[165] In diesen Fällen soll einem Ausländer gemäß § 25 Abs. 3 Satz 1 AufenthG eine Aufenthaltserlaubnis erteilt werden, soweit die Ausreise in einen anderen Staat weder möglich noch zumutbar ist (Satz 2), keine Verletzung der Mitwirkungspflichten und keine Ausschlussgründe nach Satz 3 vorliegen.

Gemäß § 60 Abs. 5 AufenthG darf ein Ausländer nicht abgeschoben werden, soweit sich aus der Anwendung der EMRK (insbesondere Art. 3 EMRK) ergibt, dass die Abschiebung unzulässig ist. Dabei differenziert das BVerwG aus Gründen der Systematik und der Entstehungsgeschichte des Gesetzes zwischen „zielstaatsbezogenen" Abschiebungshindernissen, die dem Ausländer im Zielstaat der Abschiebung drohen und von § 60 Abs. 5 AufenthG erfasst werden, und „inlandsbezogenen" Vollstreckungshindernissen, die sich aus der Verletzung eines geschützten Rechtsguts im Bundesgebiet ergeben und daher nicht in den Anwendungsbereich der Norm fallen, sondern im Rahmen der vorübergehenden Aussetzung der Abschiebung nach § 60a Abs. 2 AufenthG berücksichtigt werden.[166] Die Prüfung von „inlandsbezogenen" Vollstreckungshindernissen

---

164 *Marx*, HB zum Flüchtlingsschutz, § 46 Rn. 1 ff.

165 *Marx*, HB zum Flüchtlingsschutz, § 45 Rn. 2.

166 BVerwG, U. v. 11.11.1997 – 9 C 13/96 = BVerwGE 105, 322 (322 ff., 1. und 2. Leitsatz) zur wortgleichen Vorgängerregelung des § 53 Abs. 4 Ausländergesetz v. 1990; seit dem ständige Rechtsprechung, etwa VG Düsseldorf, U. v. 24.04.2015 – 13 K 5706/13.A (juris – 2. Leitsatz, Rn. 53); VGH Baden-Württemberg, U. v. 13.12.2012 – A 2 S 1995/12 (juris – 1. Leitsatz, Rn. 15).

erfolgt daher nicht durch das Bundesamt für Migration und Flüchtlinge (im Folgenden BAMF), sondern durch die ortsnähere Ausländerbehörde, die z.B. die Verletzung des in Art. 8 EMRK geschützten Rechts auf Privat- und Familienleben bei Ausweisung eines nahen Familienangehörigen prüft.[167]

Gemäß § 60 Abs. 7 Satz 1 AufenthG soll von der Abschiebung eines Ausländers in einen anderen Staat abgesehen werden, wenn dort für diesen Ausländer eine erhebliche konkrete Gefahr für Leib, Leben oder Freiheit besteht. Die Regelung hat Auffangcharakter für alle individuell-konkreten Gefahren, die weder über den unionsrechtlichen subsidiären Schutz noch über § 60 Abs. 5 AufenthG erfasst werden.[168] Auch im Rahmen des § 60 Abs. 7 Satz 1 AufenthG sind ausschließlich „zielstaatsbezogene" Abschiebegründe zu berücksichtigen, wie sich aus dem Wortlaut „dort" [in einem anderen Staat] ergibt.[169] Hauptanwendungsfall dieser Norm sind krankheitsbedingte Abschiebungshindernisse, deren strenge Voraussetzungen, wie bspw. das Vorliegen „lebensbedrohlicher oder schwerwiegender Erkrankungen, die sich durch die Abschiebung wesentlich verschlechtern würden", in den seit 17. März 2016 in Kraft getretenen neuen Sätzen 2 bis 4 des § 60 Abs. 7 AufenthG normiert sind.[170]

Der nationale subsidiäre Schutz wird von der Arbeit weitgehend ausgeklammert, weil der Fokus der Untersuchung auf den Möglichkeiten der legalen Einreise in die EU liegt. Der nationale Abschiebungsschutz wird naturgemäß erst nach bereits erfolgter Einreise in die EU bzw. in das Bundesgebiet bei der Frage der Ausreisepflicht sowie etwaig entgegenstehenden Gründen und nicht bei der legalen Einreise in das Unionsgebiet maßgeblich.

Der Vollständigkeit halber werden § 25 Abs. 4 Satz 1 AufenthG zum vorübergehenden Aufenthalt aus dringenden humanitären oder persönlichen Gründen oder bei erheblichen öffentlichen Interessen für einen nicht vollziehbar ausreisepflichtigen Ausländer[171] sowie § 25 Abs. 4 Satz 2 AufenthG zur Verlängerung eines rechtmäßigen Aufenthalts aus anderen als den die Erteilung begründenden Umständen bei einer individuellen Ausnahmesituation erwähnt.[172] Zugunsten der Opfer von Menschenhandel oder einer Straftat nach dem

---

167 BVerwG, U. v. 11.11.1997 – 9 C 13/96 = BVerwGE 105, 322 (326 f.); *Tiedemann*, Flüchtlingsrecht, Kap. 3 Rn. 201.

168 *Marx*, HB zum Flüchtlingsschutz, § 45 Rn. 3.

169 *Marx*, HB zum Flüchtlingsschutz, § 45 Rn. 4.

170 Zu den genauen Vorgaben für die konkrete Gefahr etwa *Marx*, HB zum Flüchtlingsschutz, § 48 Rn. 8 ff.

171 Ausführlich hierzu *Hailbronner*, Asyl- und Ausländerrecht Rn. 507 ff.

172 Ausführlich hierzu *Hailbronner*, Asyl- und Ausländerrecht Rn. 519 ff.

Schwarzarbeiterbekämpfungsgesetz sind vorübergehende Aufenthaltsrechte in § 25 Abs. 4a) und 4b) AufenthG für die Dauer des innerstaatlichen Strafverfahrens zur Bekämpfung des organisierten Menschenhandels und der Schwarzarbeit vorgesehen.[173] Bei rechtlichen oder tatsächlichen Ausreisehindernissen kann einem vollziehbar ausreisepflichtigen Ausländer nach § 25 Abs. 5 AufenthG eine Aufenthaltserlaubnis erteilt werden, wenn er das Hindernis nicht verschuldet, keine falschen Angaben gemacht oder über seine Identität bzw. Staatsangehörigkeit getäuscht hat.[174] Schließlich kann gut integrierten Jugendlichen nach § 25a AufenthG und nachhaltig integrierten Geduldeten gemäß § 25b AufenthG der Aufenthalt gewährt werden.

### *c) Vorübergehender Schutz*

§ 24 AufenthG setzt in Form der Aufenthaltsgewährung zum vorübergehenden Schutz die Vorgaben der RL 2001/55/EG[175] über Mindestnormen für die Gewährung vorübergehenden Schutzes im Falle eines Massenzustroms von Vertriebenen um. Gemäß Art. 2 lit. a) RL 2001/55/EG wird der vorübergehende Schutz (temporary protection) definiert als

> „ein ausnahmehalber durchzuführendes Verfahren, das im Falle eines Massenzustroms oder eines bevorstehenden Massenzustroms von Vertriebenen aus Drittländern, die nicht in ihr Herkunftsland zurückkehren können, diesen Personen sofortigen, vorübergehenden Schutz garantiert, insbesondere wenn auch die Gefahr besteht, dass das Asylsystem diesen Zustrom nicht ohne Beeinträchtigung seiner Funktionsweise und ohne Nachteile für die betroffenen Personen oder andere um Schutz nachsuchende Personen auffangen kann."[176]

Bei Gewährung vorübergehenden Schutzes gemäß § 24 AufenthG ruht das Asylverfahren gemäß § 32a Abs. 1 Satz 1 AsylG. Damit stellt der vorübergehende Schutz keine gleichwertige Alternative zum Flüchtlingsstatus nach der GFK wie etwa der subsidiäre Schutz nach § 4 Abs. 1 AsylG dar.[177] Diese Richtlinie beruht auf den Erfahrungen im Rahmen der starken Migrationsbewegungen

---

173 Ausführlich hierzu *Hailbronner*, Asyl- und Ausländerrecht Rn. 528 ff.

174 Ausführlich hierzu *Hailbronner*, Asyl- und Ausländerrecht Rn. 542 ff.

175 RL 2001/55/EG des Rates v. 20.07.2001 über Mindestnormen für die Gewährung vorübergehenden Schutzes im Falle eines Massenzustroms von Vertriebenen und Maßnahmen zur Förderung einer ausgewogenen Verteilung der Belastungen, die mit der Aufnahme dieser Personen und den Folgen dieser Aufnahme verbunden sind, auf die Mitgliedstaaten; ABl. EG 2001 Nr. L 212/12.

176 *Bergmann/Röcker*, ders./Dienelt, Ausländerrecht, § 24 AufenthG, Nr. 24.0.2.

177 *Marx*, HB zum Flüchtlingsschutz, § 38 Rn. 5 f.

von Bürgerkriegsflüchtlingen aus Bosnien-Herzegowina und dem Kosovo in den 1990er Jahren.[178] Allerdings wurde bisher mangels Beschlusses des Rates der EU von dieser Richtlinie noch kein Gebrauch gemacht wurde.[179]

### 5. *Einheitlicher Prüfungsumfang des BAMF*

Trotz dogmatischer Unterschiede zwischen der Rechtsstellung des Asylberechtigten und des GFK-Flüchtling auf der einen Seite, aber auch zur inhaltlich abweichenden Rechtsstellung des subsidiär Schutzberechtigten auf der anderen Seite, erfolgt durch das BAMF eine umfassende Prüfung des Asylantrags bezüglich aller in Betracht kommenden Schutzstatus. Gemäß § 31 Abs. 2 Satz 1 in Verbindung mit § 13 Abs. 2 Satz 1 AsylG prüft das BAMF als zuständige Asylbehörde jeden Asylantrag umfassend, ob der Ausländer als Asylberechtigter anerkannt oder ob ihm internationaler Schutz in Form der Anerkennung als Flüchtling nach der GFK oder in Form subsidiären Schutzes zuerkannt wird.[180] In einem weiteren Schritt wird gemäß § 24 Abs. 2 AsylG das Vorliegen von zielstaatsbezogenen Abschiebungshindernissen nach § 60 Abs. 5 und Abs. 7 Satz 1 AufenthG geprüft.

Gemäß § 2 Abs. 1 AsylG genießen Asylberechtigte im Bundesgebiet die Rechtsstellung nach der GFK, allerdings bleiben nach § 2 Abs. 2 AsylG die Vorschriften unberührt, die Asylberechtigten eine günstigere Rechtsstellung einräumen. Nach Auffassung von *Tiedemann* gibt es „solche Vorschriften nicht“, sodass der Rechtsstatus des Asylberechtigten mit dem des Flüchtlings deckungsgleich ist, weil das Bündel der jeweiligen Rechte und Pflichten identisch ist.[181] Infolgedessen hält *Tiedemann* die Parallelität von Asylberechtigung und Flüchtlingseigenschaft für „eine unnötige Verkomplizierung des deutschen Flüchtlingsrechts“

---

178 *Schmidt*, Die vergessene Richtlinie 2001/55/EG für den Fall eines Massenzustroms von Vertriebenen als Lösung der aktuellen Flüchtlingskrise, ZAR 2015, 205 (206 ff.); *Goodwin-Gill/McAdam*, The Refugee in International Law, S. 40; *Bröcker*, Die externen Dimensionen des EU-Asyl- und Flüchtlingsrechts im Lichte der Menschenrechte und des Völkerrechts, S. 79 m.w.N.

179 BT, Obergrenzen für Asylsuchende und Bürgerkriegsflüchtlinge im Lichte des EU-Rechtes, PE 6 – 3000 – 153/15, S. 12. Zur Richtlinie 2001/55/EG etwa *Fröhlich*, Das Asylrecht im Rahmen des Unionsrechts, S. 268 ff.

180 Dies entspricht den Unionsvorgaben in Art. 10 Abs. 2 RL 2013/32/EU und Art. 2 lit. h) RL 2011/95/EU.

181 *Tiedemann*, Flüchtlingsrecht, Kap. 3 Rn. 6; *Preisner* in Kluth/Heusch, Ausländerrecht, § 2 AsylG Rn. 12; *Hailbronner*, Asyl- und Ausländerrecht, Rn. 477; BAMF, Das deutsche Asylverfahren, S. 21.

und daher für überflüssig.[182] Tatsächlich ergeben sich unterschiedliche Anforderungen nicht aus den Status begründenden Rechtsfolgen, sondern bei den tatbestandlichen Voraussetzungen.[183] Der Tatbestand der Asylanerkennung ist insoweit enger gefasst, als dass ein Ausländer, der über einen sogenannten sicheren Drittstaat in die Bundesrepublik eingereist ist, kein Asyl erhält; die Zuerkennung der Flüchtlingseigenschaft bleibt davon unberührt.[184] Nicht jeder im Sinne der GFK anerkannte Flüchtling ist damit auch asylberechtigt, wohingegen umgekehrt jede Person, welche die Tatbestandsvoraussetzungen der Asylberechtigung erfüllt, auch diejenigen der Flüchtlingseigenschaft aufweist.[185]

### 6. *Der Begriff des Wirtschaftsmigranten*

Von schutzbedürftigen Flüchtlingen, die ihre Heimat aufgrund von politischer Verfolgung oder Gewalt gezwungenermaßen verlassen mussten, werden sog. (Wirtschafts-)Migranten unterschieden, bei denen angenommen wird, dass sie ihre Heimatländer „freiwillig", allein aus wirtschaftlichen Gründen, verlassen haben.[186] Der Begriff des Wirtschaftsmigranten wird folglich im Sinne der Migration allein zu Erwerbszwecken (sog. Arbeitsmigration) verstanden. Da der Begriff der Migration (vom Lateinischen *migrare – wandern*) alle Formen der Wanderung als Überbegriff umfasst, ist der Ausdruck Wirtschaftsmigrant präziser als die bloße Verwendung des Begriffs des Migranten und wird daher in der Arbeit verwendet.

Zutreffend erkennen *Kälin* und *Künzli* ebenso wie *Betts* für die Unterscheidung zwischen Flüchtlingen und Wirtschaftsmigranten den „Zwangscharakter der Vertreibung oder Flucht" als das wesentliche Differenzierungskriterium.[187]

---

182 *Tiedemann,* Flüchtlingsrecht, Kap. 3 Rn. 7; *Hailbronner* in Beitz/Wollenschläger, HB des Asylrechts, S. 109.

183 Nach § 26 Abs. 1 Satz 2, Abs. 3 AufenthG erhalten Asylberechtigte wie anerkannte Konventionsflüchtlinge eine Aufenthaltserlaubnis für drei Jahre mit akzessorischer Arbeitserlaubnis und Zugang zu Sozialleistungen sowie nach drei Jahren eine Niederlassungserlaubnis; *Tiedemann,* Flüchtlingsrecht, Kap. 1 Rn. 58, Kap. 3 Rn. 6.

184 *Hailbronner,* Asyl- und Ausländerrecht, Rn. 488; *Tiedemann,* Flüchtlingsrecht, Kap. 3 Rn. 6 ff.

185 *Tiedemann,* Flüchtlingsrecht, Kap. 3 Rn. 6 ff.; demgegenüber *Bröcker,* Die externen Dimensionen des EU-Asyl- und Flüchtlingsrechts im Lichte der Menschenrechte und des Völkerrechts, S. 11 m.w.H.

186 *Angenendt,* Irreguläre Migration als internationales Problem, S. 11.

187 *Kälin/Künzli,* Universeller Menschenrechtsschutz, S. 578; *Betts,* Towards a Mediterranean Solution? IJRL 18 (2006), 652 (655).

Denn obgleich viele Wirtschafsmigranten sich durch Armut, Arbeitslosigkeit oder generell schlechte Lebensbedingungen gezwungen sehen, ihre Heimat zu verlassen, haben diese Personen mangels konkreter Gefährdung ihres Leibs oder Lebens grundsätzlich die Wahl, nicht zu migrieren und werden daher als Ausprägung „freiwilliger" Migration angesehen.[188] Diese Argumentation überzeugt grundsätzlich, allerdings mit der Einschränkung, dass besonders schwerwiegende, etwa durch Menschenrechtsverletzungen oder durch allgemeine Gewalt verursachte extreme Armut im Einzelfall Schutzbedürftigkeit begründen kann. Aufgrund ihrer „freiwilligen" Entscheidung in ein anderes Land zu emigrieren, werden Wirtschaftsmigranten daher als nicht so schutzwürdig wie Flüchtlinge angesehen, mit der Folge, dass kein der GFK vergleichbares völkerrechtliches Regelwerk für diese Personengruppe existiert.[189] Anhaltspunkte gibt die Konvention der Vereinten Nationen über den Schutz der Rechte aller Wanderarbeitnehmer und ihrer Familienangehörigen von 1990,[190] die in Art. 2 Abs. 1 den Begriff des Wanderarbeitnehmers definiert als

> „jede Person, die in einem Staat, dessen Staatsangehörigkeit sie nicht hat, eine Tätigkeit gegen Entgelt ausüben wird, ausübt oder ausgeübt hat."

Ziel der Konvention ist die Stärkung der Rechte von legalen Wanderarbeitern und die Bekämpfung illegaler Arbeitsmigration;[191] allerdings wurde die Konvention nur von wenigen Industrieländern ratifiziert, auch von Deutschland nicht. Grund hierfür war vor allem die ungenaue Formulierung des Wanderarbeitnehmerbegriffs, der auch unerlaubt eingereiste Personen sowie unerlaubt Beschäftigte umfassen könnte. Mangels Geltung in den Mitgliedstaaten der EU wird auf die Konvention im Rahmen der Arbeit nicht eingegangen.

---

188 *Kälin/Künzli*, Universeller Menschenrechtsschutz, S. 577.

189 *Angenendt*, Irreguläre Migration als internationales Problem, S. 11; UNHCR, Flüchtlingsagenda, Überblick Ziff. 2, S. 12.

190 Die UN-Wanderarbeiterkonvention trat 2003 in Kraft und zählt nur 48 Vertragsstaaten, vor allem Ent-wicklungsländer aus denen Migranten kommen; *Wiesbrock*, Legal Migration to the European Union, S. 243 ff.

191 Die Konvention regelt in Art. 8 ff. die für alle Wanderarbeiter und ihre Familien geltenden Menschenrechte, in Art. 36 ff. weitere Rechte für legale Wanderarbeiter; dazu *Wiesbrock*, Legal Migration to the European Union, S. 244. Hingewiesen wird auf das Europäische Übereinkommen über die Rechtsstellung von Wanderarbeitnehmern der Mitgliedstaaten des Europarats v. 24.11.1977 (Europarat SEV Nr. 093), das in Art. 1 den Wanderarbeitnehmerbegriff definiert, dabei aber persönlich und räumlich auf Staatsangehörige der Mitgliedstaaten des Europarats beschränkt.

Auch die EU differenziert zwischen einerseits nicht schutzbedürftigen Wirtschaftsmigranten, die häufig aus Ländern mit mittlerem Einkommen oder Transformationsländern stammen, und schutzbedürftigen Flüchtlingen andererseits.[192] Ein Beispiel für Wirtschaftsmigranten in der EU sind Staatsangehörige der Westbalkanstaaten, die allein in Deutschland im Jahr 2015 ein Viertel aller Asylanträge stellten, wobei ihre Schutzquote unter einem Prozent lag.[193] Angesichts dieser sehr geringen Anerkennungsquote als schutzbedürftige Personen ist das Asylverfahren für Wirtschaftsmigranten der falsche Weg, weil sie ihr eigentliches Ziel ein Aufenthaltsrecht zu erhalten, um eine Erwerbstätigkeit auszuüben, auf diese Weise nicht erreichen können. Nach Auffassung der Union „missbrauchen" Wirtschaftsmigranten daher das europäische sowie die nationalen Asylsysteme, zu denen nur den „echten" schutzbedürftigen Flüchtlingen ein möglichst leichter Zugang gewährt werden soll.[194]

## II. Das Phänomen der illegalen Migration

Im Zentrum der europäischen Flüchtlingspolitik steht das Phänomen der illegalen bzw. irregulären Migration von Drittstaatsangehörigen in Form der illegalen Einreise und Zuwanderung in die EU.[195] Während Migration den Umstand bezeichnet, dass „eine Person ihren Lebensmittelpunkt räumlich verlegt" liegt internationale Migration vor, wenn die Verlegung des Lebensmittelpunktes über Staatsgrenzen hinweg erfolgt.[196] Zentrales Motiv der Migration ist seit jeher die Suche der Menschen nach besseren Lebensbedingungen.[197] In den letzten Jahren ist die Zahl der Migranten in Europa erheblich angestiegen, im Jahr 2015 waren es über eine Million Menschen.[198]

Die illegale Migration erfasst alle Migrationssachverhalte, die nicht der legalen Migration auf Grundlage von den durch die Gastländer erteilten Visa und Erlaubnisse zu Erwerbszwecken, Studien- und Ausbildungszwecken, zum

192 EK, KOM (2002) 703, S. 9 f.

193 BAMF, Das Bundesamt in Zahlen 2015, Ziff. I S. 9, 15, 35, Tab. I-11.

194 Auch das Europäische Parlament differenziert zwischen Asylbewerbern, vorübergehend Vertriebenen und Wirtschaftsemigranten, EP, Entschließung v. 01.04.2004; P5_TA(2004) 0260, lit. J.

195 Der ER von Tampere und die KOM stellen klar: „Asyl und Migration sind gesonderte, aber eng miteinander verbundene Bereiche", ER, Schlussfolgerungen des Vorsitzes, Ziff. 10; EK, KOM (2003) 315, S. 4.

196 BAMF, Migrationsbericht 2014, S. 10; *Heckmann*, Integration von Migranten, S. 23.

197 *Heckmann*, Integration von Migranten, S. 22.

198 Siehe Fn. 2.

Zwecke der Familienzusammenführung oder im Rahmen legaler Migration aus humanitären Gründen (dazu D.) zugerechnet werden können.[199] Der Begriff der illegalen Migration wird kontrovers diskutiert und von Internationalen Organisationen zugunsten des als neutraler empfundenen Terminus der „irregulären Migration“ abgelehnt, weil der Ausdruck der „Illegalität in der Regel mit Kriminalität assoziiert wird“[200] und damit eine Stigmatisierung der Migranten bedeutet.[201] In dieser Arbeit wird im Einklang mit der von der EU[202] und den deutschen Behörden[203] gebrauchten Terminologie der Begriff der illegalen Migration und illegalen Einwanderung verwendet, weil es sich um den juristisch adäquaten Ausdruck im Vergleich zu dem politisch und soziologisch geprägten Begriff der „irregulären Migration“ handelt.[204]

Einigkeit besteht bei der Definition der illegalen bzw. irregulären Migration und Einwanderung, die einerseits die illegale Einreise eines Drittstaatsangehörigen in das Gebiet der EU und andererseits den illegalen Verbleib einer zunächst legal eingereisten Person, die infolge des Gültigkeitsablaufs des Visums oder des Aufenthaltstitels (sog. overstay) nicht länger zum Aufenthalt in der EU berechtigt ist, umfasst.[205] Da der Untersuchungsfokus der Arbeit auf den Möglichkeiten der legalen Einreise de lege lata und de lege ferenda liegt, geht es primär um die erstgenannte Konstellation der illegalen Einreise von Drittstaatsangehörigen in die EU mit ihren zwei Unterfallgruppen. Der Begriff der illegalen Einreise

---

199 Zum Begriff der legalen Migration etwa *Wiesbrock*, Legal Migration to the European Union, S. 16.

200 *Angenendt*, Irreguläre Migration als internationales Problem, S. 10.

201 *Angenendt*, Irreguläre Migration als internationales Problem, S. 10 f.; argumentiert wird, dass die Rechtsverstöße der Migranten gegen Einreise-, Aufenthalts- und Arbeitsregelungen des Aufnahmestaats nicht mit denen herkömmlich Krimineller vergleichbar sind.

202 Vgl. EK, KOM (2001) 672, S. 7; KOM (2006) 402, S. 2; siehe zu den Termini „undokumentierte Zuwanderer“, „unerlaubte Migration“; *Angenendt*, Irreguläre Migration als internationales Problem, S. 10.

203 BAMF, Migrationsbericht 2014, S. 176 f.

204 Weitere Begriffe für die irreguläre bzw. illegale Migration sind die unautorisierte oder undokumentierte Migration; vgl. Weltkommission für Internationale Migration, Migration in einer interdependenten Welt, S. 32.

205 Weltkommission für Internationale Migration, Migration in einer interdependenten Welt, S. 32; *Mrozek,* Grenzschutz als supranationale Aufgabe, S. 175 f.; EK, KOM (2006) 402, Einl. Rn. 3.; KOM (2001) 672, Ziff. 3.1, S. 7 f.; Rat, Gesamtplan zur Bekämpfung der illegalen Einwanderung und des Menschenhandels in der EU, Dok. 6621/1/02, Ziff. I A. Rn. 7 f.

wird in Art. 3 lit. b) des Protokolls gegen die Schleusung von Migranten auf dem Land-, See- und Luftweg der Vereinten Nationen als

> „das Überschreiten von Grenzen, ohne die notwendigen Anforderungen für die legale Einreise in den Aufnahmestaat zu erfüllen“

und damit im Sinne der ersten Konstellation definiert.[206] Die Anforderungen einer legalen Einreise können zum einen aufgrund heimlicher, illegaler Grenzüberschreitung – allein oder mithilfe von Schleusern[207] – (1. Unterfall), zum anderen aufgrund von falschen, gefälschten oder erschlichenen Dokumenten (2. Unterfall) nicht eingehalten werden.[208] Die Maßnahmen der EU zielen auf eine wirksame Bekämpfung der illegalen Einwanderung ab, vor allem aus sicherheitspolitischen Gründen, aber auch um die Akzeptanz für die Aufnahme von Flüchtlingen aus humanitären Gründen in der Bevölkerung zu sichern.[209]

Im deutschen Recht ist die Einreise eines Ausländers gemäß § 14 Abs. 1 AufenthG unerlaubt, wenn er ohne den erforderlichen Pass oder Passersatz gemäß § 3 Abs. 1 AufenthG, ohne den erforderlichen Aufenthaltstitel gemäß § 4 AufenthG bzw. mit einem durch Drohung, Bestechung oder Kollusion erwirkten Visum oder einem aufgrund von unvollständigen oder unwahren Angaben rückwirkend annullierten Visum einreist oder ein Einreiseverbot gegen ihn nach § 11 Abs. 1 AufenthG vorliegt.[210] Erfüllt ein Drittstaatsangehöriger die normierten Einreisevoraussetzungen nicht, ist sein Aufenthalt im Bundesgebiet unerlaubt und wie die unerlaubte Einreise gemäß § 95 Abs. 1 AufenthG strafbar. Wer sich im Bundesgebiet ohne den erforderlichen Aufenthaltstitel aufhält, ist zudem ausreisepflichtig und hat das Bundesgebiet zu verlassen (§ 50 Abs. 1, 2 AufenthG). Allerdings sind Flüchtlinge und Asylsuchende insoweit privilegiert als nach § 95 Abs. 5 AufenthG das Sanktionsverbot des Art. 31 Abs. 1 GFK für

---

206 BGBl. 2005 II, S. 954, wobei in der deutschen Gesetzesversion “illegal entry” mit „unerlaubter“ anstatt illegaler Einreise übersetzt wird; siehe Beschluss des Rates v. 24.07.2006, ABl. EU 2006 Nr. L 262/24 Anhang I.

207 Die Schleusung der Migranten erfolgt durch Menschenhändler über bekannte See- und Landwege wie etwa dem Mittelmeer und der Balkanroute.

208 *Heckmann*, Integration von Migranten, S. 32, der die Fallgruppen als drei verschiedene Grundtypen der irregulären Migration kategorisiert; *Mrozek*, Grenzschutz als supranationale Aufgabe, S. 175, 176; EK, KOM (2006) 402, S. 2.; KOM (2001) 672, Ziff. 3.1.

209 Bspw. wird der Gesamtplan zur Bekämpfung der illegalen Einwanderung und des Menschenhandels in der EU aus dem Jahr 2002 genannt; Rat, Dok. 6621/1/02, Ziff. I B. Rn. 12.

210 § 14 Abs. 1 AufenthG; BAMF, Migrationsbericht 2014, S. 176.

unmittelbar aus Verfolgerstaaten einreisende Personen unberührt bleibt und die Vorwirkung des Art. 16a Abs. 1 GG unmittelbar aus einem Verfolgerstaat einreisenden Asylsuchenden zugutekommt.[211]

Die Migration führt in den Herkunftsländern zur Abwanderung und in den Zielländern wie den Mitgliedstaaten der EU zur Einwanderung bzw. Zuwanderung,[212] die in Art. 2 Abs. 1 lit. b) der Verordnung (EG) Nr. 862/2007[213] wie folgt definiert wird:

> „die Handlung, durch die eine Person ihren üblichen Aufenthaltsort für einen Zeitraum von mindestens zwölf Monaten bzw. von voraussichtlich mindestens zwölf Monaten in das Hoheitsgebiet eines Mitgliedstaats verlegt, nachdem sie zuvor ihren üblichen Aufenthaltsort in einem anderen Mitgliedstaat oder einem Drittstaat hatte."[214]

Nach *Kugelmann* deckt sich der Einwanderungsbegriff nicht ganz mit dem der Zuwanderung, der auch Asylsuchende und Flüchtlinge umfasse.[215] Zuwanderung umfasst seiner Meinung nach „Personen, die mit dem Ziel eines längerfristigen oder dauerhaften Verbleibs in die Europäische Union kommen und dazu regelmäßig eine Erwerbstätigkeit ausüben wollen."[216]

Schließlich ist auf das zunehmende Phänomen *gemischter Migrationsströme*[217] hinzuweisen, die sich aus Personen mit einem Anspruch auf internationalen Schutz (Flüchtlinge im weiteren Sinn, unter A.I.) und Personen ohne Schutzanspruch, die ausschließlich zur Verbesserung ihrer wirtschaftlichen Lage in die EU emigrieren (Wirtschaftsmigranten, Teil 1 A.I.6.), zusammensetzen, mit der Folge, dass eine Zuordnung als schutzbedürftiger Flüchtling oder nicht schutzbedürftiger Wirtschaftsmigrant zunehmend schwieriger wird.[218] Die EU

---

211 Hierzu etwa *Schott-Mehrings*, Das Einschleusen Asylsuchender über Griechenland, ZAR 2014, 142 (144 f.); *Preisner* in Kluth/Heusch, Ausländerrecht, § 2 AsylG Rn. 8.

212 *Heckmann*, Integration von Migranten, S. 23.

213 Verordnung (EG) Nr. 862/2007 des Europäischen Parlaments und des Rates v. 11.06.2007 zu Gemeinschaftsstatistiken über Wanderung und internationalen Schutz und zur Aufhebung der Verordnung (EWG) Nr. 311/76 des Rates über die Erstellung von Statistiken über ausländische Arbeitnehmer, ABl. EU L 199/23 ff.

214 Art. 2 Abs. 1 lit. b) der VO (EG) Nr. 862/2007; BAMF, Migrationsbericht 2014, S. 11.

215 *Kugelmann* in Schulze/Zuleeg/Kadelbach, Europarecht, § 41 Rn. 82.

216 *Kugelmann* in Schulze/Zuleeg/Kadelbach, Europarecht, § 41 Rn. 82.

217 *Betts*, Towards a Mediterranean Solution? IJRL 18 (2006), 652 (655); EK, KOM (2003) 315, Ziff. I, S. 3 ff.

218 *Mrozek*, Grenzschutz als supranationale Aufgabe, S. 179; EK, Grünbuch Asylpolitik, KOM (2007) 301, S. 15; *Angenendt*, Irreguläre Migration als internationales Problem, S. 12.

unternimmt Anstrengungen, um das „Problem der gemischten Migrationsströme in Angriff zu nehmen“, sowohl um Asylmissbrauch zu vermeiden und frei werdende Finanzmittel in den Herkunftsregionen einzusetzen als auch um das öffentliche Vertrauen und die Glaubwürdigkeit des Asylsystems zu stärken.[219]

## III. Zwischenergebnis

Festzuhalten ist, dass aufgrund der nationalen, unionalen und völkerrechtlichen Vorgaben mehrere flüchtlingsrechtliche Schutzpositionen zu unterscheiden sind, wobei dem Status des Asylberechtigten, des Flüchtlings nach der GFK und des subsidiär Schutzberechtigten die größte Relevanz zukommt. In dieser Arbeit wird der Begriff des Flüchtlingsrechts in einem weitem Sinn verstanden, der sowohl das Asylrecht als auch sonstige Schutzstatus wie den des subsidiären Schutzes umfasst. Gleiches gilt für den Überbegriff der Migranten, der sämtliche Formen von Migrationsbewegungen umfasst und in der Arbeit gleichsam extensiv verstanden wird.[220] Soweit daher von Flüchtlingen ohne Bezug auf die GFK die Rede ist, sind auch Asylberechtigte und subsidiär Schutzbedürftige gemeint. Aufgrund der Forschungsfrage nach einem möglichst umfassenden Ansatz legaler Einreisemöglichkeiten für auf der Flucht befindliche Menschen fokussiert die Arbeit auf die Personen, die sich außerhalb der EU befinden und damit noch über keinen flüchtlingsrechtlichen Schutzstatus verfügen. Dadurch soll dem Phänomen der illegalen Migration in einer vorgelagerten Phase sowohl in territorialer als auch temporärer Hinsicht zum Vorteil beider Seiten – der Schutzsuchenden und der Mitgliedsstaaten der EU – begegnet werden.

Ausdrücklich betont wird, dass trotz zahlreicher Regelungen zum Schutz von Flüchtlingen keine Rechtspflicht zur konkreten Aufnahme von schutzbedürftigen Menschen besteht. Weder die GFK generell noch ihr zentrales Nichtzurückweisungsgebots in Art. 33 Abs. 1 GFK verpflichten die Vertragsstaaten zur aktiven Aufnahme von Flüchtlingen.[221]

---

219 EK, KOM (2003) 315, Ziff. VI, S. 14.

220 Vgl. auch *Uerpmann-Wittzack*, Ordnung und Gestaltung von Migrationsbewegungen durch Völkerrecht in Dethloff/Nolte/Reinisch, Rückblick nach 100 Jahren und Ausblick, S. 215 (217).

221 *Hailbronner*, Das Refoulement-Verbot und die humanitären Flüchtlinge im Völkerrecht, ZAR 1987, 3 (5 ff.); *Goodwin-Gill/McAdam*, The Refguee in International Law, S. 358 ff.; *Kälin/Künzli*, Universeller Menschenrechtsschutz, S. 598 f.

# B. Entwicklung der gemeinsamen Grenzschutz-, Asyl- und Einwanderungspolitik der EU

Dieser Abschnitt gibt einen Überblick über die Entwicklungen in den für die Arbeit maßgeblichen Politikfelder der europäischen Grenzschutz-, Asyl- und Einwanderungspolitik im Rahmen des Raums der Freiheit, der Sicherheit und des Rechts (Art. 67 ff. AEUV). Zunächst wird ein historischer Abriss gegeben (dazu B. I.) und sodann die Post-Stockholm-Phase (dazu B. II.) unter Hinweis auf aktuelle Reformen beleuchtet.[222]

## I. Historische Entwicklung und EU-Programme

Erste Grundsteine einer europäischen Zusammenarbeit im Bereich Grenzkontrollen, Asyl und Einwanderung wurden zunächst nur von wenigen EU-Mitgliedstaaten durch völkerrechtliche Verträge in Form des 1985 zwischen Frankreich, Deutschland und den Benelux-Staaten geschlossenen Schengener Abkommens[223] sowie den 1990 folgenden Schengener Durchführungsübereinkommen[224] (SDÜ) und Dubliner Übereinkommen[225] gelegt.[226] Durch diese Abkommen wurden zur Verwirklichung der Freiheit des Personenverkehrs schrittweise die Kontrollen an den Binnengrenzen des Schengen-Raumes aufgehoben, jedoch unter gleichzeitiger Verstärkung der Kontrollen der Außengrenzen, Festlegung von

222 Näheres unter C.II.3., siehe auch *Koehler*, Die Dublin IV-Verordnung – eine Chance für eine Stärkung des Europäischne Asylzuständigkeitssystems? ZAR 2017, 440 (441 ff.); *Henkel*, Zur Reform des Gemeinsamen Europäischen Asylsystems, DVBl 2017, 269 (269 ff.).

223 Übereinkommen zwischen den Regierungen der Staaten der Benelux-Wirtschaftsunion, der Bundesrepublik Deutschland und der Französischen Republik betreffend den schrittweisen Abbau der Kontrollen an den gemeinsamen Grenzen v. 14.06.1985, GMBl. 1986, S. 79 ff.; *Hailbronner*, Asyl- und Ausländerrecht, Rn. 62 f.

224 Übereinkommen zur Durchführung des Übereinkommens von Schengen v. 14.06.1985 zwischen den Regierungen der Staaten der Benelux-Wirtschaftsunion, der Bundesrepublik Deutschland und der Französischen Republik betreffend den schrittweisen Abbau der Kontrollen an den gemeinsamen Grenzen v. 19.06.1990, BGBl. 1993 II, S. 1010; *Hailbronner*, Asyl- und Ausländerrecht, Rn. 63.

225 Übereinkommen über die Bestimmung des zuständigen Staates für die Prüfung eines in einem Mitgliedstaat der Europäischen Gemeinschaften gestellten Asylantrags v. 15.06.1990, ABl. EG 1997 Nr. C 254/1.

226 *Progin-Theuerkauf* in von der Groeben/Schwartze/Hatje, Europäisches Unionsrecht, Vorb. Art. 77-80 Rn. 1. Einen Überblick gibt auch *Bergmann* in ders./Dienelt, Ausländerrecht, Vorb. AsylG, Rn. 20 ff.

Einreisevoraussetzungen für Drittstaatsangehörige und von Zuständigkeiten für die Bearbeitung von Asylgesuchen sowie einer verstärkten polizeilichen Zusammenarbeit, um den aus dem System offener Grenzen resultierenden Sicherheitsdefiziten entgegenzuwirken.[227] Verstärkt wurde die grenzüberschreitende Kooperation durch den am 27. Mai 2005 geschlossenen Prümer Vertrag über die Vertiefung der grenzüberschreitenden Zusammenarbeit, insbesondere zur Bekämpfung des Terrorismus, der grenzüberschreitenden Kriminalität und der illegalen Migration.[228] Der sog. Schengen-Besitzstand gehört seit dem Vertrag von Amsterdam zur Rechtsordnung der Union und findet heute als verstärkte Zusammenarbeit gemäß Art. 1 und Art. 2 des Protokolls Nr. 19 über den in den Rahmen der Europäischen Union einbezogenen Schengen-Besitzstand[229] in 26 Ländern Anwendung.[230] Seit 2010 wurde ein Teil der Schengener Regelungen (Art. 9 bis 17 SDÜ) durch die Visakodex-Verordnung (EG) Nr. 810/2009 betreffend das Verfahren und die Voraussetzung für die Erteilung von Visa für Kurzaufenthalte in und Durchreisen durch die Hoheitsgebiete der EU abgelöst.[231]

Durch den im Jahr 1997 geschlossenen und am 1. Mai 1999 in Kraft getretenen Vertrag von Amsterdam[232] wurde die Visa-, Asyl- und Einwanderungspolitik in den Kompetenzkatalog der EU aufgenommen[233] und zunehmend harmonisiert[234]. Einheitliche Regelungen wurden aufgrund der Freizügigkeitsrechte innerhalb der EU, des Abbaus der Binnengrenzen und des Wegfalls der

---

227 *Hailbronner/Thiery*, Amsterdam, EuR 1998, 583 (603); *Epiney* in Bieber/Epiney/Haag, Die Europäische Union, § 17 Rn. 14.

228 BGBl. 2006 II, S. 626; mit Beschluss des Rates 2008/615/JI v. 23.06.2008 zur Vertiefung der grenzüberschreitenden Zusammenarbeit wurden wesentliche Teile des Prümer Vertrages in den Rechtsrahmen der EU überführt, ABl. EU 2008 Nr. L 210/1.

229 ABl. EU 2008 Nr. C 115/290.

230 Liste der aktuell dem Schengen-Raum angehörenden Staaten der EK, Der Schengen-Raum, S. 2; *Epiney* in Bieber/Epiney/Haag, Die Europäische Union, § 17 Rn. 17.

231 ABl. EU 2009 Nr. L 243/1; *Bergmann* in ders./Dienelt, Ausländerrecht, Vorb. AsylG, Rn. 21.

232 ABl. EG 1997 Nr. C 340/1; BGBl. 1998 II, S. 387.

233 Zuvor gehörte der Bereich zur „dritten Säule“ der Union (nur intergouvernementale Zusammenarbeit); *Rossi* in Calliess/Ruffert, EUV/AEUV, Art. 78 AEUV, Rn. 1; *Progin-Theuerkauf* in von der Groeben/Schwarze/Hatje, Europäisches Unionsrecht, Art. 78 Rn. 3; *Hailbronner*, Asyl- und Ausländerrecht, Rn. 64.

234 *Thym* in Grabitz/Hilf/Nettesheim, Das Recht der EU, Art. 78 Rn. 2, Art. 79 Rn. 1; *Goodwin-Gill/McAdam*, The Refugee in International Law, S. 39; *Hailbronner*, Asyl- und Ausländerrecht, Rn. 97; zum Amsterdamer Vertrag siehe z.B. *Hailbronner/Thiery*, Amsterdam, EuR 1998, 583 (583 ff.).

Grenzkontrollen zwischen den Mitgliedstaaten infolge der Schengener Abkommen zunehmend erforderlich.[235] Seit dem Vertrag von Lissabon[236] verfügt die EU nicht nur über die Kompetenz zum Erlass von Mindestvorgaben im Bereich des Asylrechts, sondern kann auch „gemeinsame" bzw. „einheitliche" Regelungen[237] erlassen, sodass hier eine Vollharmonisierung ermöglicht wird.[238]

Gemäß Art. 67 Abs. 1 AEUV ist die EU ein Raum der Freiheit, der Sicherheit und des Rechts, in dem die Grundrechte und die verschiedenen Rechtsordnungen und -traditionen der Mitgliedstaaten geachtet werden. Die EU stellt dabei gemäß Art. 67 Abs. 2 Satz 1 AEUV sicher, dass Personen an den Binnengrenzen nicht kontrolliert werden und entwickelt eine gemeinsame Politik in den Bereichen Asyl, Einwanderung und Kontrollen an den Außengrenzen, die sich auf die Solidarität der Mitgliedstaaten gründet und gegenüber Drittstaatsangehörigen angemessen ist. Im Rahmen der nach Art. 68 AEUV eingeräumten Kompetenz, strategische Leitlinien für die gesetzgebende und operative Programmplanung im Raum der Freiheit, der Sicherheit und des Rechts festzulegen, hat der Europäische Rat[239] durch mehrere, rechtlich zwar nicht bindende, aber politisch zentrale Programme[240] eine immer stärker ineinander verzahnte, europäische Grenzschutz-, Asyl- und Einwanderungspolitik entwickelt, die zunehmend auch über eine externe Dimension[241] verfügt. Die wichtigsten politischen Programme

235 *Hailbronner*, Asyl- und Ausländerrecht, Rn. 63.

236 ABl. EU 2007 Nr. C 306/1. Der Vertrag von Lissabon wurde am 13.12.2007 in Lissabon unterzeichnet und trat nach dem Ratifizierungsprozess am 01.12.2009 in Kraft; EK, Pressemitteilung vom 1.12.2009, IP/09/1855.

237 Vgl. etwa die Formulierungen in Art. 78 Abs. 2 a) bis d) AEUV.

238 *Weber*, Migration im Vertrag von Lissabon, ZAR 2008, 55 f. (57); *Weiß/Satzger* in Streinz, EUV/AEUV, Art. 78 Rn. 3; *Progin-Theuerkauf* in von der Groeben/Schwarze/Hatje, Europäisches Unionsrecht, Art. 78 Rn. 8.

239 Gemäß Art. 15 Abs. 1 Satz 1 EUV gibt der Europäische Rat der Union die für ihre Entwicklung erforderlichen Impulse und legt die allgemeinen politischen Zielvorstellungen und Prioritäten hierfür fest. Der Europäische Rat setzt sich aus den Staats- und Regierungschefs der Mitgliedstaaten sowie dem Präsidenten des Europäischen Rates und dem Präsidenten der Kommission zusammen, wobei der Hohe Vertreter der Union für Außen- und Sicherheitspolitik an den Arbeiten teilnimmt, Art. 15 Abs. 2 EUV.

240 *Weiß* in Streinz, EUV/AEUV, Art. 68 Rn. 7.

241 Die Europäisierung und Externalisierung der Migrationspolitik gehört seit Jahren zur politischen Debatte in Europa; *Bröcker*, Die externen Dimensionen des EU-Asyl- und Flüchtlingsrechts im Lichte der Menschenrechte und des Völkerrechts, S. 1 f.; *Garlick*, The EU Discussions on Extraterritorial Processing: Solution or Conundrum? IJRL 18 (2006), 601 (601); *Wiesbrock*, Legal Migration to the European Union, S. 153 f.

der EU zur Integration und Rechtsangleichung (Tampere, Haager und Stockholmer Programm) werden im Folgenden mit Fokus auf der asylrechtlichen Komponente erläutert.

### *1. Europäischer Rat von Tampere für den Zeitraum 1999 bis 2004*

Einen wichtigen Meilenstein zur Schaffung eines „Raums der Freiheit, der Sicherheit und des Rechts“ stellt – in Fortführung des zuvor im Dezember 1998 angenommenen Wiener Aktionsplans[242] – das Treffen des Europäischen Rates in Tampere am 15. und 16. Oktober 1999 dar.[243] Dabei stellte der Europäische Rat fest:

> „Die gesonderten, aber eng miteinander verbundenen Bereiche Asyl und Migration machen die Entwicklung einer gemeinsamen Politik der EU erforderlich“[244]

und bestimmte für diesen Politikbereich nachfolgend die vier Schwerpunkte „Partnerschaften mit den Herkunftsländern“ (1), ein „Gemeinsames Europäisches Asylsystem“ (2), die „gerechte Behandlung von Drittstaatsangehörigen“ (3) und eine „effiziente Steuerung der Migrationsströme“ (4).[245] Neben einer verstärkten Zusammenarbeit im Bereich der Grenzschutzpolitik sowie einer effizienteren Steuerung der Migrationsströme und stärkeren Bekämpfung der illegalen Migration einschließlich Schleuserkriminalität im Rahmen der Einwanderungspolitik[246] steht im besonderen Fokus der Arbeit das vom Europäischen Rat angestrebte und seit dem Vertrag von Lissabon in Art. 78 Abs. 2 AEUV kodifizierte Gemeinsame Europäische Asylsystem,

> „das sich auf die uneingeschränkte und allumfassende Anwendung der Genfer Flüchtlingskonvention stützt, wodurch sichergestellt wird, [dass] niemand dorthin

242 Aktionsplan des Rates und der Kommission zur bestmöglichen Umsetzung der Bestimmungen des Amsterdamer Vertrags über den Aufbau eines Raums der Freiheit, der Sicherheit und des Rechts v. 3.12.1998; ABl. EG 1999 C Nr. 19/1.

243 ER, Schlussfolgerungen des Vorsitzes von Tampere, Bull. EU 10-1999, Ziff. I.2.-I.16; *Haratsch/Koenig/ Pechstein*, Europarecht, Rn. 1097. Zur Bilanz des Tampere-Programms EK, KOM (2004) 401, Ziff. 2.3.-2.5.

244 ER, Schlussfolgerungen des Vorsitzes von Tampere, Bull. EU 10-1999, A. Ziff. 10.

245 ER, Schlussfolgerungen des Vorsitzes von Tampere, Bull. EU 10-1999, Ziff. I.4.-I.7. Rn. 10-27.

246 Hierzu auch Aufzeichnungen des Vorsitzes an den Rat betreffend den Vorschlag für einen Gesamtplan zur Bekämpfung der illegalen Einwanderung und des Menschenhandels in der EU, Nr. 6621/1/02 REV 1.

zurückgeschickt wird, wo er Verfolgung ausgesetzt ist, d.h. der Grundsatz der Nichtzurückweisung gewahrt bleibt."[247]

Unionsweite, einheitliche Standards sollen gewährleisten, dass Asylbewerber in einem offenen und gerechten System unabhängig davon, in welchem Mitgliedstaat sie ihren Antrag stellen, gleich behandelt werden und Sekundärbewegungen der Migranten innerhalb der EU aufgrund unterschiedlicher Regelungen und Bedingungen der Mitgliedstaaten ausbleiben.[248]

Weiter fortentwickelt und umgesetzt wurden die Zielvorgaben von Tampere insbesondere bei den Treffen des Europäischen Rates von Laeken am 14./15. Dezember 2001[249], von Sevilla am 21./22. Juni 2002[250], von Thessaloniki am 19./20. Juni 2003[251] und von Brüssel am 16./17. Oktober 2003.[252] Im Jahr 2004 wurde schließlich die Europäische Agentur für die operative Zusammenarbeit an den Außengrenzen der Europäischen Union (FRONTEX) zur Kooperation der Mitgliedstaaten in diesem Bereich sowie zur Ausbildung von Grenzschutzbeamten gegründet.[253]

### *a) Harmonisierungsstufen des Gemeinsamen Europäischen Asylsystems*

Die Implementierung des Gemeinsamen Europäischen Asylsystems erfolgte in zwei Stufen:[254]

In einem ersten Harmonierungsschritt wurden klare Zuständigkeitsregelungen für die Prüfung von Asylanträgen[255], umgesetzt in den Dublin-

247 ER, Schlussfolgerungen des Vorsitzes von Tampere, Bull. EU 10-1999, Ziff. I.5. Rn. 13.

248 EK, Das GEAS, S. 3; KOM (2000) 755, S. 7; *Weiß* in Streinz, EUV/AEUV, Art. 78 Rn. 9.

249 ER, Schlussfolgerungen des Vorsitzes (Laeken), SN 300/1/01/REV 1, IV. Ziff. 37-42.

250 Rat, Europäischer Rat (Sevilla), Schlussfolgerungen des Vorsitzes, Nr. 13463/02, III. Ziff. 26-39.

251 EK, Europäischer Rat (Thessaloniki), Schlussfolgerungen des Vorsitzes, SN 200/03, II. Ziff. 8-35.

252 Rat, ER (Brüssel) Schlussfolgerungen des Vorsitzes, Nr. 15188/03, III. Ziff. 25-33.

253 VO (EG) 2007/2004, ABl. 2004 EU Nr. 349/1, aufgehoben mit Verordnung (EU) 2016/1624 des Europäischen Parlaments und des Rates v. 14.09.2016, ABl. 2016 L 251/1; *Haratsch/Koenig/Pechstein*, Europarecht Rn. 1094.

254 *Progin-Theuerkauf* in Groeben/Schwarze/Hatje, Europäisches Unionsrecht, Art. 78 Rn. 9; *Kau* in Vitzthum/Proelß, Völkerrecht, Abschn. 3 III., Rn. 309.

255 Art. 28 bis 38 des bis zum 31. August 1997 anwendbaren Schengener Durchführungsübereinkommens (SDÜ) vom 14. Juni 1985, BGBl 1993 II, 1010 waren als erste Zuständigkeitsvorschriften auf Völkerrechtsebene die Grundlage der Dublin-Regelungen; *Kau* in Vitzthum/Proelß, Völkerrecht, 3. Abschn. III, Rn. 309 f.

Regelungen[256], gemeinsame Standards für das Asylverfahren, Mindestbedingungen für die Aufnahme von Asylbewerbern und einheitliche Bestimmungen über die Zuerkennung und die Merkmale der Flüchtlingseigenschaft und schließlich Regelungen über den subsidiären Schutz erlassen.[257] Durch diese Harmonisierungsvorschriften sollte eine weitgehende Verklammerung der mitgliedsstaatlichen Asylsysteme in formeller und in materiell-rechtlicher Hinsicht auf Unionsebene erfolgen.[258] Während die Kommission bereits im Jahr 2003 bezüglich der Realisierung des Gemeinsamen Europäischen Asylsystems davon ausging, dass

> „die erste Stufe bereits abgeschlossen und die kritische Masse erreicht"[259]

sei, ist mit *Fröhlich* anzunehmen, dass dies erst im Jahr 2005 mit Verabschiedung der zentralen Asylverfahrensrichtlinie 2005/85/EG (heute RL 2013/32/EU, dazu C.II.2.c) geschah.[260]

In einem zweiten Harmonisierungsschritt sollten bis Ende 2012 Regelungen für ein gemeinsames Asylverfahren und für einen unionsweit geltenden, einheitlichen Status für die Personen, denen Asyl gewährt wird sowie Regelungen für den vorübergehenden Schutz von Vertriebenen im Falle eines massiven Flüchtlingszustroms durch eine stärkere Solidarität zwischen den einzelnen Mitgliedstaaten der Union folgen.[261] Im Fokus der zweiten Phase stand damit nach *Fröhlich* die weitere Integration der drei Säulen „Rechtsangleichung", „Solidarität" und „praktische Verwaltungskooperation".[262] Die Kommission

---

256 Das Übereinkommen über die Bestimmung des zuständigen Staates für die Prüfung eines in einem Mitgliedstaat der Europäischen Gemeinschaft gestellten Asylantrages vom 15. Juni 1990 bindet alle Mitgliedstaaten der EU sowie Norwegen und Island und galt vom 1.09.1997 bis 1.09.2003. Die Dublin-II-VO (EG) Nr. 343/2003 des Rates vom 18.02.2003, ABl EG 2003, Nr. L 50/1 folgte im September 2003 und wurde durch die Dublin-III-VO Nr. 604/2013 v. 26.06.2013 abgelöst, ABl. EU 2013 Nr. L 180/31.

257 ER, Schlussfolgerungen des Vorsitzes von Tampere, Bull. EU 10-1999, Ziff. I.5. Rn. 14; *Progin-Theuerkauf* in Groeben/Schwarze/Hatje, Europäisches Unionsrecht, Art. 78 Rn. 9; *Fröhlich*, Das Asylrecht im Rahmen des Unionsrechts, S. 193 ff.

258 *Fröhlich*, Das Asylrecht im Rahmen des Unionsrechts, S. 193.

259 EK, KOM (2003) 315, Ziff. VII, S. 24.

260 *Fröhlich*, Das Asylrecht im Rahmen des Unionsrechts, S. 193; siehe auch ErwGr. 5 RL 2013/32/EU. So auch *Löhr* in Hofmann/Löhr, Europäisches Flüchtlings- und Einwanderungsrecht, S. 9 (9).

261 ER, Schlussfolgerungen des Vorsitzes von Tampere, Bull. EU 10-1999, Ziff. I.5. Rn. 15 f.; siehe auch Grünbuch über das künftige GEAS v. 6.06.2007, EK, KOM (2007) 301, Ziff. 1. Einl.

262 *Fröhlich*, Das Asylrecht im Rahmen des Unionsrechts, S. 277.

betont in ihrer Mitteilung vom 22. November 2000 zutreffend die Bedeutung eines gemeinsamen Asylverfahrens in der EU, vor allem die Angleichung der Prüfungsvoraussetzungen eines Antrags und der Bedingungen im Falle einer Zu- oder Aberkennung zwischen den Mitgliedstaaten, um Sekundärbewegungen der Migranten innerhalb der EU einzudämmen.[263] Dann dürfte sich im Falle eines gemeinsamen Verfahrens und eines einheitlichen Status nach Auffassung der Kommission die Frage der Solidarität zwischen den Mitgliedstaaten ganz anders stellen; schließlich besteht kein Grund mehr für das „Asyl-Shopping" in bevorzugte Mitgliedstaaten.[264] Bislang fehlt es jedoch an einem ausgereiften Solidaritätssystem innerhalb der EU. Auch der im Rahmen des Dublin-Systems erstmals auf Grundlage der Entscheidung des Rates 2000/596/EG vom 28. September 2000[265] als Kompensationsmaßnahme eingerichtete Europäische Flüchtlingsfond (EFF) über 216 Millionen Euro stellt bereits aufgrund seiner rein finanziellen Dimension keine ausdifferenzierte adäquate Lösung dar.

Die Vollendung der zweiten Harmonisierungsstufe hin zu einem Gemeinsamen Europäischen Asylsystem wird mit dem Ablauf der Umsetzungsfrist der zentralen sekundärrechtlichen Vorgaben Mitte 2015 als erreicht angesehen.[266]

### b) *Zunehmend externe Dimension der europäischen Migrations- und Asylpolitik*

Wie dargelegt sah der EU-Gipfel von Tampere neben der Errichtung eines Gemeinsamen Europäischen Asylsystems im Rahmen eines neuen Migrationsansatzes weitere Schwerpunkte in Partnerschaften mit Herkunfts- und Transitländern zur Bekämpfung von Fluchtursachen, einer gerechten Behandlung von Drittstaatsangehörigen, die sich rechtmäßig im Unionsgebiet aufhalten, und einer effizienteren Steuerung der Migration.[267] Damit wird der Fokus der europäischen Asyl- und Migrationspolitik zunehmend auch auf die externe Dimension gelegt und eine Gesamtkohärenz der Politik im Bereich der europäischen Außenbeziehungen mit Drittländern angestrebt.[268] In diesem Zusammenhang

---

263 EK, KOM (2000) 755, Ziff. 1.2. und 1.3.

264 EK, KOM (2000) 755, Ziff. 2.5.

265 ABl. EU 2000 Nr. L 252/12; hierzu EK, KOM (2001) 710, Ziff. I.1.2, S. 9.

266 *Progin-Theuerkauf* in von der Groeben/Schwarze/Hatje, Europäisches Unionsrecht, Art. 78 Rn. 12.

267 ER, Schlussfolgerungen des Vorsitzes von Tampere, Bull. EU 10-1999, Ziff. I.4.-I.7., Rn. 10-27. Hierzu auch EK, KOM (2000) 757 Ziff. 2.1-2.4, S. 7 ff.

268 EK, KOM (2002) 703, Schlussfolgerungen; KOM (2003) 315, Ziff. I, S. 5. Hierzu auch *Wiesbrock*, Legal Migration to the European Union, S. 153 ff. m.w.N.; *Bröcker*, Die

werden seit Mitte der 1990er Jahre zahlreiche Verträge im Bereich der Wirtschafts-, Finanz- und Handelsbeziehungen mit migrationsbezogenen Regelungen zwischen der EU und Drittländern etwa im Rahmen der euromediterranen Partnerschaft geschlossen; seit 2004 wird dieser Politikbereich durch die Europäische Nachbarschaftspolitik ergänzt,[269] in der europäische Programme wie etwa MEDA für die finanzielle und technische Hilfe für Drittländer im Migrations- und Asylbereich aufgehen.

Im Hinblick auf die extraterritoriale Perspektive führt die Kommission zur Stellung von Asylanträgen von außerhalb der EU – als Ergänzung des innereuropäischen Asylsystems für spontan Einreisende – in ihrer Mitteilung vom 22. November 2000 aus:

> „Die Behandlung des Antrags auf Schutz in den Herkunftsregionen und die Erleichterung der Ankunft von Flüchtlingen im Gebiet der Mitgliedstaaten durch einen Wiedereingliederungsmechanismus sind Mittel, die einen raschen Zugang zum Schutz bieten, ohne dass die Flüchtlinge Opfer von illegalen Einwanderungsnetzen und Menschenhandel sein oder bisweilen mehrere Jahre warten müssen, bis ihnen der Flüchtlingsstatus zuerkannt wird.“[270]

Hintergrund des zunehmend externen Fokus in der europäischen Asyl- und Migrationspolitik, der seine maximale Ausprägung in der vollständigen Auslagerung der Asylverfahren finden würde, ist augenscheinlich ein Bündel ambivalenter Interessen. Vordergründig bedeuten die humanitären Notlagen auf dem Mittelmeer – jedes Jahr kommen Tausende Flüchtlinge bei der Mittelmeerüberquerung um – ein Handlungsgebot nicht nur für die Mittelmeeranrainerstaaten,

externen Dimensionen des EU-Asyl- und Flüchtlingsrechts im Lichte der Menschenrechte und des Völkerrechts, S. 9 ff.

269 *Bröcker*, Die externen Dimensionen des EU-Asyl- und Flüchtlingsrechts im Lichte der Menschenrechte und des Völkerrechts, S. 16 m.w.N.; zu den geschlossenen Europa-Mittelmeer-Abkommen siehe Beschlüsse des Rates (und der Kommission) 2006/356/EG, 2005/690/EG, 2004/635/EG, 2002/357/EG, 2000/384/EG, 2000/204/EG und 98/238/EG über den Abschluss von Europa-Mittelmeer-Abkommen zur Gründung einer Assoziation zwischen den Europäischen Gemeinschaften und ihren Mitgliedstaaten einerseits und der libanesischen Republik, der Demokratischen Volksrepublik Algerien, der Arabischen Republik Ägypten, dem Haschemitischen Königreich Jordanien, dem Staat Israel, dem Königreich Marokko und der Tunesischen Republik andererseits. Hierzu auch *Ippolito*, Conceptualising a migrant‘s rights-based EuroMed cooperation in Ippolito/Trevisanut, Migration in the Mediterranean, S. 15 (18 f.).

270 EK, KOM (2000) 755, Teil II Ziff. 2.3, S. 11.

sondern für die gesamte EU und all ihre Mitgliedstaaten.[271] Außerdem führt die Bearbeitung von Asylanträgen außerhalb des Unionsgebiets zur schnelleren Bereitstellung des erforderlichen Schutzes und zur Vermeidung von Schlepperkriminalität.[272]

Ein weiterer Grund für den externen Ansatz ist das Scheitern der nationalen Asylsysteme, die nicht nur seit Jahren unter qualitativen Mängeln leiden, sondern spätestens seit der Flüchtlingskrise des Jahres 2015 auch in quantitativer Hinsicht völlig überlastet waren. So hatte sich der bereits im Jahr 2015 beklagte Stau von Asylanträgen beim zuständigen BAMF in Deutschland im Folgejahr noch verstärkt, am 30. September 2016 war über das anhängige Asylverfahren von 579.314 Personen vom BAMF noch nicht entschieden worden.[273] Zwischenzeitlich sind zwar die Rückstände beim BAMF erfolgreich abgebaut; so lag die Zahl der noch nicht entschiedenen Anträge Ende 2017 bei 68.245 Anträgen.[274] Ein Vergleich der Asylbewerberzugänge in der EU-Staaten zeigt jedoch die unzureichende unionsweite Lastenverteilung zwischen den Mitgliedstaaten; so entfielen im ersten Halbjahr 2016 auf Deutschland mehr als die Hälfte aller Asylbewerber der EU.[275]

Nach wie vor ist das mit dem Gemeinsamen Europäischen Asylsystem angestrebte unionsweit gleiche Schutzniveau und Asylverfahren nicht gegeben, stattdessen differieren die Schutzquoten und Asylverfahren sowie -bedingungen von Mitgliedstaat zu Mitgliedstaat.[276] So schwankte die Anerkennungsquote von Asylbewerbern aus Afghanistan zwischen Januar und September 2015 zwischen annähernd 100 % in Italien und 5,88 % in Bulgarien.[277]

---

271 Hierzu *Bröcker*, Die externen Dimensionen des EU-Asyl- und Flüchtlingsrechts im Lichte der Menschenrechte und des Völkerrechts, S. 19 f. m.w.N.

272 EK, KOM (2004) 410, S. 6.

273 BAMF, Asylgeschäftsstatistik für den Monat September 2016, S. 7.

274 Vgl. BMI, Pressemitteilung, 186.644 Asylsuchende im Jahr 2017 – erfolgreicher Abbau der Rückstände v. 16.01.2018, S. 4.

275 Von monatlich zwischen 94.035 und 117.735 Asylbewerbern in der EU entfielen allein zwischen 52.085 und 74.580 Asylbewerber auf Deutschland; BAMF, Asylgeschäftsstatistik für den Monat September 2016, S. 10.

276 Vgl. EGMR (Gr. Kammer), U. v. 21.01.2011, Nr. 30696/09 = NVwZ 2011, 413-418 – M.S.S. v. Belgien; *Bröcker*, Die externen Dimensionen des EU-Asyl- und Flüchtlingsrechts im Lichte der Menschenrechte und des Völkerrechts, S. 19 f. m.w.N.; Die uneinheitliche Entscheidungspraxis der Mitgliedstaaten ist ein weiterer Grund für die angestrebte Reform des GEAS, vgl. hierzu *Koehler*, Die Dublin IV-Verordnung – eine Chance für eine Stärkung des Europäischne Asylzuständigkeitssystems? ZAR 2017, 440 (441).

277 EK, KOM (2016) 197 Ziff. I.1.

Als weiteren Grund für die externe Schwerpunktsetzung sieht *Bröcker* den zunehmenden Zuwanderungsdruck auf die EU, die abnehmende Bereitschaft zur Aufnahme von weiteren Flüchtlingen und die restriktiven Maßnahmen, mit denen die EU auf die Zuwanderung reagiert.[278] Zwar überzeugt die Argumentation, dass die EU durch zunehmende Extraterritorialisierung der Asyl- und Migrationspolitik den Zuwanderungsdruck so umfassend wie möglich begrenzen möchte, in der Sache bleibt es damit aber bei der seit Jahren von der EU betriebenen Abschottungspolitik zur Sicherung der „Festung Europas".[279]

Schließlich dient die Extraterritorialisierung von Asylverfahren nicht nur der Auslagerung der Verantwortlichkeit außerhalb Europas, sondern auch dem aus der Sicherheitspolitik resultierenden Bedürfnisses nach einer möglichst frühzeitigen Kontrolle aller nach Europa kommenden Personen „zur Sicherstellung einer geordneteren und kontrollierteren Einreise in die EU".[280] Durch den Ansatz, bereits vor den Toren Europas Asylverfahren durchzuführen, sollen von vornherein nur Personen in die EU einreisen, denen ein flüchtlingsrechtlicher Status zuerkannt wurde und gegen die keine Sicherheitsbedenken bestehen.

Anstoß für die Debatte über die Extraterritorialisierung der Asylfrage war das von der britischen Regierung im März 2003 vorgelegte Positionspapier „New International Approaches to Asylum Processing and Protection", welches die Errichtung von sog. Regionalen Schutzprogrammen und extraterritorialen Aufnahmezentren/Transitzentren zur Durchführung von Asylverfahren bzw. sog. Screenings als Vorverfahren ins Gespräch brachte (dazu Teil 3 A.).[281] Auch auf Unionsebene wurde die Diskussion, insbesondere von der Kommission, aufgegriffen und weiter geführt.

#### aa) Kommissionsmitteilung über die gemeinsame Asylpolitik und die Agenda für den Flüchtlingsschutz vom 26. März 2003

So fordert die Kommission in ihrer Mitteilung über die gemeinsame Asylpolitik und die Agenda für den Flüchtlingsschutz vom 26. März 2003 eine stärkere Kohärenz und Koordination zwischen dem unionsinternen Verfahren und der außenpolitischen Komponente der Migrations- und Flüchtlingspolitik.[282] Dabei

278 *Bröcker*, Die externen Dimensionen des EU-Asyl- und Flüchtlingsrechts im Lichte der Menschenrechte und des Völkerrechts, S. 22 f.

279 *Epiney* in Bieber/Epiney/Haag, Die Europäische Union, § 17 Rn. 4.

280 EK, KOM (2004) 410, S. 6.

281 UK Government, New Vision for Refugees; *Bröcker*, Die externen Dimensionen des EU-Asyl- und Flüchtlingsrechts im Lichte der Menschenrechte und des Völkerrechts, S. 30 ff.

282 EK, KOM (2003) 152, Ziff. 1, S. 4 ff.

hebt die Kommission die Wichtigkeit einer echten Lasten- und Aufgabenteilung mit Drittstaaten, insbesondere mit den Erstasylländern[283], und die Stärkung des Schutzangebots in der Herkunftsregion sowie eine bedarfsorientiertere Bearbeitung von Schutzanträgen, das eine Regulierung des Zugangs zur EU durch gesicherte Zulassungsverfahren und Wiedereingliederungsprogramme voraussetzt, hervor.[284]

Die Kommissionsmitteilung zielt damit auch auf die Umsetzung der von der EU unterstützten Agenda für den Flüchtlingsschutz des UNHCR aus dem Jahr 2002 und die damit verbundene sog. „Konvention plus", die auf den Vorgaben der GFK aufbaut.[285] Dabei setzt die EU aufbauend auf den sechs in der Agenda des UNHCR genannten Zielen[286] die drei Schwerpunkte „Zugang zum Flüchtlingsschutz", „dauerhafte Lösungen" und eine „Aufteilung der Zuständigkeiten mit den Drittländern".[287] Dabei verdeutlicht das zweite Ziel – die Suche nach dauerhaften Lösungen – den Ansatz, auch neue Wege etwa in Form von Wiedereingliederungsprogrammen zu gehen.[288] Das dritte Ziel, welches eine effektivere Zuständigkeitsverteilung und verstärkte Zusammenarbeit zwischen den beteiligten Drittländern, insbesondere Erstasyl- und Aufnahmeländern vorsieht, zeigt den zunehmenden externen Fokus der europäischen Asyl- und Migrationspolitik.

#### bb) „Neuer Ansatz" der Kommission – Mitteilung für leichter zugängliche, gerechtere und besser funktionierende Asylsysteme vom 3. Juni 2003

Die zunehmend extern ausgerichtete Migrationspolitik bestätigt die Kommission mit ihrem „neuen Ansatz" in der Mitteilung vom 3. Juni 2003 für leichter zugängliche, gerechtere und besser funktionierende Asylsysteme, „indem die Asylbewerberströme sowohl innerhalb Europas als auch in den Herkunftsregionen besser

283 Zum Begriff siehe C.II.2.c).

284 EK, KOM (2003) 152, Einl.; vgl. auch KOM (2004) 410, Abschnitt II Ziff. 38.

285 UNHCR, Agenda für den Flüchtlingsschutz, Vorwort, S. 6.

286 (1) Verbesserte Umsetzung der GFK und des Protokolls von 1967, (2) Schutz für Flüchtlinge innerhalb größerer Migrationsbewegungen, (3) Gleichmäßigere Aufteilung der Lasten und Verantwortlichkeiten sowie Schaffung von Kapazitäten für die Aufnahme und den Schutz von Flüchtlingen, (4) Effektiverer Umgang mit Sicherheitsfragen, (5) Intensivere Suche nach dauerhaften Lösungen und (6) Berücksichtigung des Schutzbedürfnisses von Flüchtlingsfrauen und Flüchtlingskindern; UNHCR, Agenda für den Flüchtlingsschutz, Aktionsprogramm.

287 EK, KOM (2003) 152, Ziff. 2, S. 7 ff.

288 EK, KOM (2003) 152, Ziff. 2.2, S. 13.

gesteuert werden".[289] Der „neue Ansatz" baut auf der bereits erfolgten Harmonisierung der EU-Asylsysteme auf, befasst sich aber über unionsweite Mindeststandards hinaus auch mit dem Phänomen gemischter Migrationsströme und deren externer Dimension.[290] Dabei stellt die Kommission für die Erforschung neuer Wege zehn Grundvoraussetzungen[291] auf, wovon, wie *Bröcker* zutreffend feststellt, die Grundvoraussetzungen Nr. 2 „Bekämpfung der Fluchtursachen", Nr. 4 „Bekämpfung der illegalen Migration durch neue asylpolitische Maßnahmen", Nr. 5 „Partnerschaften mit Drittländern" und Nr. 6 „Verbesserte Entscheidungen in der EU, Stärkung des Schutzes in der Region und bedarfsorientierte Bearbeitung von Schutzanträgen" extraterritoriale Schwerpunkte aufweisen und einen richtungweisenden Maßstab für regionale Schutzprogramme, EU-Neuansiedelungsprogramme und geschützte Zulassungsverfahren außerhalb der EU vermitteln.[292] Darüber hinaus kommt der Grundvoraussetzung Nr. 3 „Zugang zur legalen Einwanderung in die EU"[293] eine wesentliche Bedeutung für die Forschungsfrage zu. Nach Auffassung der Kommission sollen Migranten vom Asylmissbrauch durch eine erleichterte legale Einreise in die EU, vor allem zum Zwecke der Erwerbstätigkeit oder Familienzusammenführung, abgehalten

---

289 EK, KOM (2003) 315, Ziff. VI, S. 14. In dieser Mitteilung nimmt die Kommission auch Stellung zum britischen Vorschlag für eine bessere Steuerung der Asylprozesse v. 10.03.2003 (dazu unter Teil 3 A. I.).

290 EK, KOM (2003) 315, Einl. S. 3.

291 EK, KOM (2003) 315, S. 3, Ziff. V., 12 f. Die zehn Grundvoraussetzungen lauten (1) Erfüllung der internationalen rechtlichen Verpflichtungen wie der GFK und EMRK, (2) Bekämpfung der Fluchtursachen, (3) Zugang zur legalen Einwanderung in die EU zum Zwecke der Erwerbstätigkeit oder Familienzusammenführung, (4) Bekämpfung der illegalen Einwanderung durch neue asylpolitische Maßnahmen, (5) Partnerschaften mit und zwischen den Herkunfts-, Transit-, Erstasyl- und Zielländern, (6) Verbessertes Asylsystem in Europa durch höhere Qualität der Entscheidungen, stärkerer Schutz in Herkunftsregionen und bedarfsorientierte Bearbeitung von Anträgen, (7) Neuer Ansatz als Ergänzung und nicht als Substitution des GEAS von Tampere, (8) Keine Verzögerung der laufenden Umsetzung des GEAS durch den neuen Ansatz, (9) Einklang des neuen Ansatzes mit den Vorgaben der Agenda für den Flüchtlingsschutz und der „Konvention plus" des UNHCR, (10) Berücksichtigung des Gemeinschaftshaushalts, der auf das Ziel der Armutsminderung und die Verwirklichung der Milleniums-Entwicklungsziele fokussiert.

292 *Bröcker*, Die externen Dimensionen des EU-Asyl- und Flüchtlingsrechts im Lichte der Menschenrechte und des Völkerrechts, S. 17 f.; EK, KOM (2003) 315, Ziff. V., S. 12 f.; Zu den Begrifflichkeiten D.IV.3. und 5.

293 EK, KOM (2003) 315, Ziff. V., S. 12.

werden.[294] Unabhängig von der Frage, ob diese Überlegungen der Kommission tatsächlich zutreffen, drängt sich die Überlegung auf, den Ansatz einer legalen Einwanderung auf den Asyl- und Flüchtlingskanal auszudehnen und nicht auf einzelne Migrationskanäle wie dem der Arbeitsmigration zu beschränken.

Dieser „neue Ansatz" in Form einer stärkeren Steuerung der Asylbewerberströme in und außerhalb Europas beruht auf den nachfolgenden drei, sich ergänzenden Zielen:

(1) geregelte und gesteuerte Einreise von schutzbedürftigen Personen in die EU,
(2) Lasten- und Aufgabenteilung innerhalb der EU sowie mit den Herkunftsregionen, um möglichst wirksamen Schutz anzubieten, und
(3) Entwicklung eines integrierten Ansatzes für vollstreckbare Asylentscheidungen und effiziente Rückführungsverfahren.[295]

Im Rahmen des ersten Ziels spielen die Eingliederungsprogramme von Schutzbedürftigen in der EU und geschützten Zulassungsverfahren in den Herkunftsregionen (vgl. unter D.IV.) eine wichtige Rolle.[296] Insbesondere letztgenannte zeigen den externen migrationspolitischen Ansatz, der eine geographische Auslagerung der Asylentscheidungen in Betracht zieht und im besonderen Fokus der Arbeit steht.

Auch das zweite Ziel der gerechteren Lasten- und Aufgabenteilung innerhalb der EU, aber auch mit den Herkunftsregionen, zeigt einen zunehmend extraterritorial ausgerichteten Ansatz. In Erwägung werden nicht nur eine Verbesserung des Schutzes in den Herkunftsregionen und der Asylsysteme in den Transit- bzw. Erstasylländern gezogen, sondern wiederum EU-Eingliederungsprogramme zur Entlastung der Herkunftsregionen, die ohnehin den größten Anteil der Belastungen tragen.[297]

Das dritte Ziel sieht eine möglichst schnelle Identifizierung der tatsächlich schutzbedürftigen Personen bei gleichzeitiger Rückführung nicht schutzbedürftiger Personen vor.[298] Die effiziente Rückführungspolitik dient einerseits der Vertrauensbildung der Öffentlichkeit in das Asylsystem und andererseits der Abschreckung von nicht schutzbedürftigen Migranten, das Asylsystem nicht für asylfremde Zwecke zu missbrauchen.[299]

---

294 EK, KOM (2003) 315, Ziff. V., S. 12 f.
295 EK, KOM (2003) 315, Ziff. 6, S. 14 f.
296 EK, KOM (2003) 315, Ziff. 6.1, S. 15 f.
297 EK, KOM (2003) 315, Ziff. 6.2, S. 18 ff.
298 EK, KOM (2003) 315, Ziff. 6.3.1, S. 22.
299 EK, KOM (2003) 315, Ziff. 6.3.1, S. 22; vgl. hierzu auch das Grünbuch über eine Gemeinschaftspolitik zur Rückkehr illegal aufhältiger Personen, EK, KOM (2002) 175.

Auch der Europäische Rat setzt verstärkt auf die externe Dimension wie sich etwa in der Beauftragung der Kommission zeigt,

> „alle Parameter auszuloten, mit denen eine geordnetere und kontrolliertere Einreise von Personen, die internationalen Schutz benötigen, in die EU gewährleistet werden kann, und Mittel und Wege zu prüfen, wie die Schutzkapazität von Herkunftsregionen erhöht werden kann."[300]

In weiterer Folge hat die Kommission sich mit den Möglichkeiten eines verbesserten Zugangs zu dauerhaften Lösungen für ein leichter zugängliches, gerechteres und besser funktionierendes Asylsystem befasst und dabei nicht nur die primär angestrebten Rückführungen von Flüchtlingen und Unterstützung der Herkunftsregionen, sondern auch die Integration von Flüchtlingen im Gastland und ihre Neuansiedlung in der EU als langfristige Lösungen ins Auge gefasst.[301]

## 2. *Das Haager Programm für den Zeitraum 2005 bis 2009*

Dem Mehrjahresprogramm von Tampere folgte das am 4. und 5. November 2004 angenommene Haager Programm zur Stärkung von Freiheit, Sicherheit und Recht in der EU[302] für die nachfolgenden fünf Jahre von 2005 bis 2009.[303] Das Haager Programm baut den Raum der Freiheit, der Sicherheit und des Rechts weiter im Bereich der Grundrechte, der Verfahrensgarantien und des Justizzugangs, aber auch beim Flüchtlingsschutz, der Bekämpfung der organisierten Kriminalität und der verstärkten Anerkennung von Gerichtsentscheidungen aus.[304] Außerdem sieht das Haager Programm die weitgehende Einführung des Mitentscheidungsverfahrens und damit gesetzgeberische Entscheidungsprozesse nach der qualifizierten Mehrheit in diesen Politikbereich (Art. 289 Abs. 1, 294 AEUV) vor.[305]

---

300 ER, Schlussfolgerungen des Vorsitzes von Thessaloniki, Schlussfolgerung Ziff. 26.

301 EK, KOM (2004) 410, Einl. Ziff. 8, S. 4; Abschnitt II Ziff. 42, S. 16.

302 Rat, ER (Brüssel) Schlussfolgerungen des Vorsitzes, Nr. 14292/04 II. Ziff. 14 ff; Haager Programm ABl. EU 2005 Nr. C 53/1; Aktionsplan des Rates und der Kommission zur Umsetzung des Haager Programms, ABl. EU 2005 Nr. C 198/1.

303 Zum Haager Programm *Sidorenko*, The Common European Asylum System, S. 202 ff; *Bröcker*, Die externen Dimensionen des EU-Asyl- und Flüchtlingsrechts im Lichte der Menschenrechte und des Völkerrechts, S. 61 ff.

304 Haager Programm, ABl. EU 2005 Nr. C 53/1 Einl. und Ziff. III.; *Weiß* in Streinz, EUV/AEUV, Art. 68 Rn. 3.

305 Haager Programm, ABl. EU 2005 Nr. C 53/1, Ziff. III.1.2.

### *a) Umfassender Migrationsansatz mit externer Dimension*

Im Fokus der Haager Agenda steht im Hinblick auf die Grenzschutz-, Asyl- und Einwanderungspolitik angesichts der auch künftig anhaltenden Migrationsbewegungen eine „umfassende Herangehensweise, die alle Phasen der Wanderungsbewegungen erfasst und die Gründe für die Wanderungsbewegungen, die Einreise- und Zulassungspolitik sowie die Integrations- und Rückkehrpolitik berücksichtigt".[306] Weiterhin wird die vollständige Realisierung einer gemeinsamen europäischen Asylregelung (Umsetzung der zweiten Stufe) bekräftigt und die Kommission beauftragt eine Zweckmäßigkeitsstudie über eine gemeinsame Bearbeitung von Asylanträgen in der Union sowie außerhalb der EU in Zusammenarbeit mit dem UNHCR durchzuführen.[307]

Die erkennbare externe Dimension des Haager Programms zeigt sich auch in den angestrebten Partnerschaften mit Drittländern, vor allem mit den Herkunfts- und Transitländern der Flüchtlinge, sowohl um frühzeitig effektiven Schutz bereits in den Herkunftsregionen anzubieten als auch um die Migrationsströme in die EU effektiver steuern zu können.[308] Außerdem sieht der Europäische Rat im Haager Programm die Rückkehr- und Rückübernahmepolitik als essentiellen Politikbereich im Rahmen der externen Asyl- und Zuwanderungspolitik an, um Zuwanderer, die über kein Aufenthaltsrecht verfügen, freiwillig wie auch unfreiwillig, aber unter Einhaltung der Menschenrechte, in ihre Herkunftsländer zurückzuführen.[309] Weitere, flankierende Maßnahmenbereiche sind die „Legale Zuwanderung und der Kampf gegen illegale Beschäftigung" mit dem Fokus auf der Arbeitsmigration, für die ein strategischer Plan zur legalen Zuwanderung (Kommissionsmitteilung vom 21. Dezember 2005) vorgelegt wurde,[310] und die „Steuerung der Wanderbewegungen", insbesondere durch einen integrierten Grenzschutz und eine gemeinsame Visumpolitik.[311]

306 Haager Programm, ABl. EU 2005 Nr. C 53/1, Ziff. III.1.2.

307 Haager Programm, ABl. EU 2005 Nr. C 53/1 Ziff. III.1.3.

308 Haager Programm, ABl. EU 2005 Nr. C 53/1, Ziff. III. 1.6.1. – 1.6.3. Zu den Programmen für die Zusammenarbeit mit Drittstaaten EK, KOM (2006) 26; *Kugelmann*, Asylagenda 2010, ZAR 2007, 81 (82).

309 Haager Programm, ABl. EU 2005 Nr. C 53/1, Ziff. III. 1.6.4.

310 EK, KOM (2005) 669.

311 Haager Programm, ABl. EU 2005 Nr. C 53/1 Ziff. III.1.4. und 1.7.

### *b) Umsetzung des Haager Programms*

Zur Umsetzung des Haager Programms verabschiedete die Kommission in ihrer Mitteilung vom 10. Mai 2005 einen Aktionsplan mit zehn Prioritäten für die nächsten fünf Jahre und einen konkreten Maßnahmenkatalog.[312] Von den zehn Prioritäten weisen vor allem die Prioritäten Nr. 3 „Ein gemeinsamer Asylraum", Nr. 4 „Steuerung der Migrationsströme" und Nr. 6 „Binnengrenzen, Außengrenzen und Visa" einen starken Asyl- und Migrationsbezug auf.[313] Durch die Errichtung eines gemeinsamen Asylraums in Form des Gemeinsamen Europäischen Asylsystems soll ein effizientes, einheitliches Verfahrens im Einklang mit den Werten und der humanitären Tradition der EU geschaffen werden.[314] Im Hinblick auf die angestrebte Steuerung der Migrationsströme setzt die Kommission auf ein ausgewogenes Konzept, das sowohl die legale als auch die illegale Zuwanderung behandelt und eine gemeinsame EU-Einwanderungs- sowie Rückkehrpolitik mit Drittstaaten zum Ziel hat.[315] Bei der Grenzschutzpolitik sieht die Priorität Nr. 6 „Binnengrenzen, Außengrenzen und Visa" die Einführung eines integrierten Schutzes an den Außengrenzen mit einer gemeinsamen Visapolitik unter Einsatz neuer Technologien für mehr Sicherheit innerhalb der EU vor.[316]

In ihrer Mitteilung über regionale Schutzprogramme vom 1. September 2005[317] führt die Kommission den angestrebten Ansatz nach dauerhaften Lösungen[318] in einem leichter zugänglichen, gerechteren und wirksameren internationalen Schutzsystem fort, um die Schutzkapazitäten von Drittländern zu stärken.[319] Neben Pilotprojekten für regionale Schutzprogramme wie z.B. in der Transitregion der Ukraine, Moldawien und Belarus werden in diesem Kontext auch Neuansiedelungskonzepte der EU-Mitgliedstaaten auf freiwilliger Basis ins Auge gefasst.[320] Weiterhin legt die Kommission, wie im Haager Programm

---

312 EK, KOM (2005) 184, Ziffn. 2, 3, 41 ff.; der Aktionsplan enthält einen Zeitplan für die Durchführung der Maßnahmen, über dessen Einhaltung ein jährlicher Bericht („Fortschrittsanzeiger") informiert; ABl. EU 2005 Nr. C 53/1, Ziff. I Einl.; *Progin-Theuerkauf* in von der Groeben/Schwarze/Hatje, Europäisches Unionsrecht, Vorb. 77 Rn. 6.

313 EK, KOM (2005) 184, Ziff. 2.3.

314 EK, KOM (2005) 184, Ziff. 2.3. (3).

315 EK, KOM (2005) 184, Ziff. 2.3. (4).

316 EK, KOM (2005) 184, Ziff. 2.3. (6).

317 EK, KOM (2005) 388.

318 EK, KOM (2004), 410.

319 EK, KOM (2005) 388, Ziff. 2 Rn. 6.

320 EK, KOM (2005) 388, Ziff. 2 Rn. 6 f., Ziff. 3 Rn. 11.; vgl. Grünbuch der Kommission über das künftige Gemeinsame Europäische Asylsystem, EK, KOM (2007) 301, Ziff. 5.1.-5.3.

gefordert, im Jahr 2005 eine Strategie für die Außendimension des Raums der Freiheit, der Sicherheit und des Rechts in Fortführung des im Juni 2000 in Feira vereinbarten Programms zur Entwicklung einer Außendimension in diesem Politikbereich vor, in der auch die Themen Migration, Asyl und Grenzverwaltung und deren Außendimension thematisiert wurden.[321]

Das Haager Programm weiter fortgeführt hat der Europäische Rat mit seinem Gesamtansatz zur Migrationsfrage vom 15./16. Dezember 2005, der auf die Bekämpfung der illegalen Einwanderung, vor allem aber auf eine verstärkte Zusammenarbeit und geteilte Verantwortung mit den Drittländern mit besonderem Fokus auf Afrika durch die Annahme der EU-Strategie „Die EU und Afrika: Auf dem Weg zu einer strategischen Partnerschaft" setzt, nicht zuletzt um die Vorteile der legalen Migration nutzbar zu machen.[322] Die Europäische Partnerschaftspolitik mit Afrika wurde seit 2006 auf zahlreichen EU-Afrika-Ministerkonferenzen zum Thema Migration und Entwicklung und durch die Verabschiedung verschiedener Aktionspläne für eine stärkere Umsetzung der afrikanischen Partnerländer vorangetrieben.[323]

In ihrer Mitteilung vom 30. November 2006 über den „Gesamtansatz zur Migrationsfrage nach einem Jahr" legt die Kommission für das umfassende europäische Migrationskonzept die drei Grundsätze „Solidarität zwischen den Mitgliedstaaten, Partnerschaft mit Drittländern sowie Schutz von Migranten, insbesondere von besonders schutzbedürftigen Gruppen wie unbegleiteten Minderjährigen und Frauen" fest.[324] Zutreffend geht *Bröcker* davon aus, dass dieser kohärente Gesamtansatz der Migrationsfrage das Ergebnis einer jahrelangen Entwicklung ist, in welchem die externe Dimension immer stärker betont wird.[325]

Die Weiterentwicklung der auswärtigen Dimension der Asylpolitik und des Schutzes von Flüchtlingen als Kern des europäischen Ansatzes zur Migrationsfrage war unter dem Stichwort „Solidarität nach außen" Gegenstand

---

321 EK, KOM (2005) 491, Ziff. II. Vgl. hierzu auch Rat, Dok. 14366/3/05 Rev. 3, Eine Strategie für die externe Dimension der JI-Politik: Freiheit, Sicherheit und Recht im globalen Maßstab, Ziff. I Rn. 5.

322 Rat, ER (Brüssel) Schlussfolgerungen des Vorsitzes, 15914/1/05 REV 1, Ziff. III. Rn. 7 ff. und Anlage I. Hierzu auch die Mitteilung der Kommission vom 30.11.2005 über vorrangige Maßnahmen zur Lösung von Migrationsproblemen, EK, KOM (2005) 621.

323 EK, KOM (2006) 735, Ziff. 3.1.

324 EK, KOM (2006) 735, Ziff. 3.

325 *Bröcker*, Die externen Dimensionen des EU-Asyl- und Flüchtlingsrechts im Lichte der Menschenrechte und des Völkerrechts, S. 12 f.

der Kommissionsmitteilung vom 17. Juni 2008.[326] Hierauf und auf der Mitteilung über eine gemeinsame Einwanderungspolitik für Europa ebenfalls vom 17. Juni 2008[327] aufbauend, wurde der Europäische Pakt zu Einwanderung und Asyl vom Europäischen Rat im Herbst 2008 angenommen.[328] In diesem Pakt wurden weitere Maßnahmen zur effizienteren Umsetzung des Gemeinsamen Europäischen Asylsystems angeregt, um die noch immer zwischen den Mitgliedstaaten bestehenden Unterschiede bei der Gewährung von Schutz durch ein einheitliches Asylverfahren mit gemeinsamen Garantien weiter abzubauen. Bereits mit Blick auf das Nachfolgeprogramm des Haager Programms sieht der Pakt hierfür fünf grundlegende Verpflichtungen in Form einer differenzierten Gestaltung der legalen Einwanderung und Förderung der Integration, stärkeren Bekämpfung der illegalen Einwanderung, effektiver Grenzkontrollen, dem Aufbau eines europäischen Rahmens für Asyl und einer enge Partnerschaften mit Drittländern zur Förderung der Synergie zwischen Migration und Entwicklung vor.[329]

Schließlich folgte im Jahr 2008 die „Konsolidierung des Gesamtansatzes zur Migrationsfrage“ für mehr Koordinierung, Kohärenz und Synergie durch die Kommission.[330] Bereits erzielte Entwicklungserfolge im Rahmen der externen Dimension der Migrationspolitik der EU sind die Gründung eines Zentrums für Migrationsfragen in Mali, Mobilitätspartnerschaften in Kap Verde und Moldau, Handlungskompetenzen in nationalen Beschäftigungs- und Migrationszentren in Marokko und ein Netzwerk von Migrationsforschern im Mittelmeerraum.[331]

Trotz umfassender Maßnahmen des Haager Programms fällt die von der EU gezogene Bilanz im Rahmen der Evaluierung des Programms „in einigen Bereichen erneut gemischt aus“.[332] Auch *Wiesbrock* bewertet das Haager Programm im Vergleich zu dem ehrgeizigen Vorgängerprogramm von Tampere als wesentlich restriktiver, primär auf Sicherheitsaspekte fokussiert.[333] Demgegenüber erachtet

---

326 EK, KOM (2008) 360.

327 EK, KOM (2008) 359; siehe hierzu auch EK, KOM (2007) 780.

328 Rat, Dokument Nr. 13440/08.

329 Rat, Dokument Nr. 13440/08, Einl. und Ziff. I-V. Zur Umsetzung des Pakts siehe EK, KOM (2009) 266; hierzu *Weiß* in Streinz, EUV/AEUV, Art. 68 Rn. 4.

330 EK, KOM (2008) 611.

331 EK, KOM (2008) 611, Ziff. 1 Einl.

332 EK, KOM (2009) 263, Ziff. IV., zu den asyl- und einwanderungsbezogen Maßnahmen siehe Ziff. III.1.3-III.1.7. Zu den Gründen vgl. *Weiß* in Streinz, EUV/AEUV, Art. 68 Rn. 3.

333 *Wiesbrock*, Legal Migration to the European Union, S. 2 f.; auch *Weiß* in Streinz, EUV/AEUV, Art. 68 Rn. 5.

*Bröcker* das Haager Programm für sinnvoll und „von immenser Bedeutung, da in ihm die Verknüpfung der Strategien zu Migration, Entwicklungszusammenarbeit und humanitärer Hilfe zu einem kohärenten Gesamtansatz festgelegt wurden."[334] Letztlich wurden trotz zahlreicher sekundärrechtlicher Regelungspakete und beachtlicher Fortschritte weder die Tampere-Ziele, insbesondere die Errichtung eines Gemeinsamen Europäischen Asylsystems bis 2012, noch der im Haager Programm proklamierte „umfassende Migrationsansatz" vollkommen realisiert. Das Haager Programm priorisierte im Übrigen den Grenzschutz, die Bekämpfung der illegalen Einwanderung und die Rückführung illegaler Drittstaatsangehöriger,[335] mithin die nach wie vor verfolgte Abschottungspolitik der EU.

### 3. *Stockholmer Programm für den Zeitraum 2010 bis 2014*

Als Nachfolgeprogramm für das Haager Programm nahm der Europäische Rat auf dem Treffen am 10. und 11. Dezember 2009 „Das Stockholmer Programm – Ein offenes und sicheres Europa im Dienste und zum Schutz der Bürger"[336] für den Zeitraum 2010 bis 2014 an.[337] Zu den asyl- und migrationsbezogenen Prioritäten des Stockholmer Programms gehören wie nachfolgend dargestellt der „Zugang zu Europa in einer globalisierten Welt", „Ein Europa der Verantwortung, der Solidarität und der Partnerschaft in Migrations- und Asylfragen" sowie „Die Rolle Europas in der globalisierten Welt – die externen Dimensionen von Freiheit, Sicherheit und Recht".[338] Dabei kommt es zu einer noch stärkeren Verknüpfung der Politikbereiche der Migration, der Entwicklungszusammenarbeit und der humanitären Hilfe im Rahmen eines kohärenten Gesamtansatzes.[339]

---

334 *Bröcker*, Die externen Dimensionen des EU-Asyl- und Flüchtlingsrechts im Lichte der Menschenrechte und des Völkerrechts, S. 62, 67.

335 Zusammenfassend *Wiesbrock*, Legal Migration to the European Union, S. 753.

336 ER, Stockholmer Programm, ABl. EU 2010 Nr. C 115/1; ER vom 10./11.12.2009, RatsDok. 17024/09; vgl. auch EK, KOM (2009) 262, Ziff. 4.2.3. und Ziff. 5.

337 ER, Stockholmer Programm, ABl. EU 2010 Nr. C 115/1, Ziff. 1; zum Stockholmer Programm etwa *Progin-Theuerkauf* in Groeben/Schwarze/Hatje, Europäisches Unionsrecht, Vorb. Art. 77 Rn. 7 ff. und Art. 78 Rn. 10 ff. und *Weiß* in Streinz, EUV/AEUV, Art. 68 Rn. 5.

338 ER, Stockholmer Programm, ABl. EU 2010 Nr. C 115/1, Ziff. 5.-7.

339 *Bröcker*, Die externen Dimensionen des EU-Asyl- und Flüchtlingsrechts im Lichte der Menschenrechte und des Völkerrechts, S. 62.

### a) *Zugang zu Europa in einer globalisierten Welt: Integriertes Grenzmanagement an den EU-Außengrenzen und europäische Visapolitik*

Ein effektiver Zugang zu Europa soll nicht nur Geschäftsleuten, Touristen und Arbeitnehmern, sondern auch Personen, die internationalen Schutz benötigen, gewährt werden, wobei gleichzeitig die Bekämpfung der illegalen Einwanderung und ein hohes Maß an Sicherheit im Fokus stehen.[340] Ein verstärkter Grenzschutz an den EU-Außengrenzen soll mithilfe der weiterentwickelten Grenzschutzagentur FRONTEX[341], aber auch durch die Einrichtung des EASO[342] mit Sitz auf Malta, erreicht werden.[343] Es erfolgt ein schrittweiser Ausbau des Europäischen Grenzkontrollsystems (Eurosur) an den Ost- und Südgrenzen mit dem Ziel einer einheitlichen Grenzüberwachung und die Inbetriebnahme des Schengener Informationssystems der zweiten Generation (SIS II) sowie die Einführung des Visa-Informationssystems (VIS).[344] Hierzu sollte die Kommission Vorschläge für ein Ein- und Ausreisesystem zusammen mit einem Programm zur Schnellabfertigung registrierter Reisender vorlegen, eine Studie über die Durchführbarkeit und den Nutzen der Entwicklung eines europäischen Genehmigungssystems für Reisen erstellen und die Frage automatisierter Grenzkontrollen prüfen.[345]

Im Rahmen der gemeinsamen Visapolitik wird neben der Inbetriebnahme des VIS das Inkrafttreten des Visakodex und die Einrichtung gemeinsamer Visumantragszentren ins Auge gefasst.[346] Weiterhin sah das Stockholmer Programm den Abschluss von Visaerleichterungs-abkommen mit Drittstaaten vor.[347]

### b) *Ein Europa der Verantwortung, der Solidarität und der Partnerschaft in Migrations- und Asylfragen*

Der Europäische Rat bekräftigt im Stockholmer Programm unter dieser Priorität das Hauptziel bis 2012 das Gemeinsame Europäische Asylsystem umzusetzen,

---

340 ER, Stockholmer Programm, ABl. EU 2010 Nr. C 115/1, Ziff. 5.1.

341 Zu Frontex etwa *Lehnert*, Frontex und operative Maßnahmen an den europäischen Außengrenzen, Kap. 1.

342 Vgl. Fn. 118.

343 ER, Stockholmer Programm, ABl. EU 2010 Nr. C 115/1, Ziff. 5.1. und Ziff. 6.2.1.; *Progin-Theuerkauf* in Groeben/Schwarze/Hatje, Europäisches Unionsrecht, Art. 78 Rn. 11.

344 ER, Stockholmer Programm, ABl. EU 2010 Nr. C 115/1, Ziff. 5.1.

345 ER, Stockholmer Programm, ABl. EU 2010 Nr. C 115/1, Ziff. 5.1.

346 ER, Stockholmer Programm, ABl. EU 2010 Nr. C 115/1, Ziff. 5.2.

347 ER, Stockholmer Programm, ABl. EU 2010 Nr. C 115/1, Ziff. 5.2; *Progin-Theuerkauf* in von der Groeben/Schwarze/Hatje, Europäisches Unionsrecht, Vorb. Art. 77 Rn. 7.

insbesondere ein gemeinsames Asylverfahren und einen einheitlichen Status für Personen, denen internationaler Schutz gewährt wird, zu schaffen.[348] Dabei wird ein gemeinsamer Raum des Schutzes und der Solidarität angestrebt, der über ein hohes Schutzniveau sowie ein faires, wirksames Verfahren verfügt, sodass gleich gelagerte Fälle unabhängig vom zuständigen und entscheidenden Mitgliedstaat auf gleiche Weise behandelt werden.[349] Daneben sollte ein Konzept für die freiwillige und koordinierte Teilung der Verantwortung für eine ausgeglichene Aufteilung der Flüchtlinge auf die EU erarbeitet werden,[350] was bisher nicht erfolgreich umgesetzt werden konnte.

Außerdem gilt es nach dem Stockholmer Programm Lösungen zu finden, mit denen die Kohärenz zwischen der Migrationspolitik und der Außen- und Entwicklungspolitik sowie der Handels-, Beschäftigungs-, Gesundheits- und Bildungspolitik auf europäischer Ebene gestärkt wird.[351] Daher soll zur weiteren Verwirklichung des Gesamtansatzes zur Migrationsfrage aus dem Jahr 2005 zwischen den Bereichen der „Förderung von Mobilität und legaler Migration", der „Optimierung der Verknüpfung von Migration und Entwicklung" sowie der „Prävention und Bekämpfung illegaler Einwanderung" einschließlich einer wirksamen Rückkehrpolitik ein Gleichgewicht bestehen.[352] Ein Schwerpunkt ist dabei die Zusammenarbeit mit den wichtigsten Ländern Afrikas sowie Ost- und Südosteuropas vor allem im Wege von sog. Mobilitätspartnerschaften.[353] Seit 2008 hat die EU verschiedene Mobilitätspartnerschaften etwa mit der Republik Moldau und Kap Verde, Georgien, Armenien und Aserbaidschan sowie Marokko, Tunesien und Jordanien geschlossen.[354]

Schließlich werden eine stärkere Fokussierung auf die Bedürfnisse des Arbeitsmarktes, etwa die Einführung flexiblerer Aufnahmesysteme nach den Bedürfnissen der jeweiligen Mitgliedstaaten und der weiteren Durchführung des Strategischen Plans zur legalen Zuwanderung[355] sowie eine „proaktive

---

348 ER, Stockholmer Programm, ABl. EU 2010 Nr. C 115/1, Ziff. 6.2, 6.2.1. *Progin-Theuerkauf* in von der Groeben/Schwarze/Hatje, Europäisches Unionsrecht, Art. 78 Rn. 11.

349 ER, Stockholmer Programm, ABl. EU 2010 Nr. C 115/1, Ziff. 6.2.

350 ER, Stockholmer Programm, ABl. EU 2010 Nr. C 115/1, Ziff. 6.2.2.

351 ER, Stockholmer Programm, ABl. EU 2010 Nr. C 115/1, Ziff. 6.

352 ER, Stockholmer Programm, ABl. EU 2010 Nr. C 115/1, Ziff. 6.1.1, 6.1.6.

353 ER, Stockholmer Programm, ABl. EU 2010 Nr. C 115/1, Ziff. 6.1.1.

354 EK, Pressemitteilung, EU und Tunesien vereinbaren Mobilitätspartnerschaft v. 3.03.2014; EP, Service, Kurzdarstellungen zur EU, Außenbeziehungen der EU, Südliche Partner. Vgl. auch *Paulhart*, EU-Mobilitätspartnerschaften in Brocza, Die Auslagerung des EU-Grenzregimes, S. 127 (134 f.).

355 ER, Stockholmer Programm, ABl. EU 2010 Nr. C 115/1, Ziff. 6.1., 6.1.3.

Politik für Zuwanderer und ihre Rechte" im Rahmen einer bis 2014 eingeführten, gemeinsamen Zuwanderungspolitik, die auf eine Integrationspolitik für Drittstaatsangehörige mit vergleichbaren Rechten und Pflichten wie Unionsbürger ausgerichtet ist, gefordert.[356]

Im Kontext der „externen Dimension von Asyl" steht eine stärkere Zusammenarbeit mit den Drittstaaten, die eine große Anzahl von Flüchtlingen beherbergen, durch Kapazitätsaufbau, regionale Schutzprogramme, aber auch freiwillige Neuansiedelungskonzepte in Kooperation mit dem UNHCR im besonderen Fokus des Stockholmer Programms.[357]

#### *c) Europa in einer globalisierten Welt: die externe Dimension von Freiheit, Sicherheit und Recht*

Das Stockholmer Programm beschäftigt sich in einem eigenen Abschnitt mit der externen Dimension des Bereichs der Freiheit, der Sicherheit und des Rechts.[358] Dies zeigt die zunehmende Tendenz im Rahmen dieses Politikbereichs, den Blick auch nach außerhalb der EU zu richten. Dazu gehören eine einheitliche Politik der Außenbeziehungen, die verstärkte partnerschaftliche Zusammenarbeit mit Herkunfts-, Transit- und Nachbarländern sowie der Abschluss von Abkommen mit diesen Drittstaaten, um die Grenzkontrollen zu verbessern und die illegale Einwanderung zu reduzieren.[359] Außerdem sollen durch das Stockholmer Programm der Menschenrechtsschutz wie auch die in den Grundrechten verankerten Werte sowohl intern als auch extern stärker gefördert werden.[360]

#### *d) Umsetzung des Stockholmer Programms*

Die Umsetzung des Stockholmer Programms erfolgte durch den Aktionsplan der Kommissionsmitteilung vom 20. April 2010 mit einem konkreten Maßnahmenkatalog und Zeitplan für die nachfolgenden fünf Jahre.[361]

Im Hinblick auf die euromediterrane Kooperation zwischen der EU und den afrikanischen Staaten weist *Ippolito* zutreffend daraufhin, dass die

---

356 ER, Stockholmer Programm, ABl. EU 2010 Nr. C 115/1, Ziff. 6.1.4.

357 ER, Stockholmer Programm, ABl. EU 2010 Nr. C 115/1, Ziff. 6.2.3; *Progin-Theuerkauf* in von der Groeben/ Schwarze/Hatje, Europäisches Unionsrecht, Art. 78 Rn. 11.

358 ER, Stockholmer Programm, ABl. EU 2010 Nr. C 115/1, Ziff. 7.; *Progin-Theuerkauf* in von der Groeben/ Schwarze/Hatje, Europäisches Unionsrecht, Art. 78 Rn. 11.

359 ER, Stockholmer Programm, ABl. EU 2010 Nr. C 115/1, Ziff. 7.1.-7.4.

360 ER, Stockholmer Programm, ABl. EU 2010 Nr. C 115/1, Ziff. 7.2; so *Weiß* in Streinz, EUV/AEUV, Art. 68 Rn. 5.

361 EK, KOM (2010) 171 einschließlich Anhang.

migrationsbezogenen Kooperationen seitens der EU von Beginn an auf die sicherheitspolitischen Aspekte, konkret die Abschottung und Grenzsicherung Europas, fokussieren und sich dementsprechend auch in den strategischen Leitlinien der Unionspolitik wiederfinden.[362] Konzepte wie der umfassende Migrationsansatz von 2005, die einen Entwicklungsansatz in die Migrationspolitik inkorporieren, waren lange die Ausnahme.[363] In den letzten Jahren wurde die europäische Zusammenarbeit mit Drittstaaten jedoch verstärkt, vor allem aufgrund der zunehmenden Flüchtlingstragödien auf dem Mittelmeer, quasi unmittelbar vor der Toren Europas. Dazu gehört bspw. die Mittelmeer-Task Force, die als Reaktion auf die Tragödie vom 3. Oktober 2013 vor Lampedusa mit 500 ertrunkenen Migranten vom Rat „Justiz und Inneres" eingerichtet wurde.[364] Danach sollten die Zusammenarbeit mit Drittstaaten entsprechend dem EU-Gesamtansatz für Migration und Mobilität verstärkt (1), Neuansiedlungen, regionale Schutzprogramme und legale Einreisemöglichkeiten in die EU geschaffen (2), Menschenhandel und Schleuserkriminalität bekämpft (3), die Grenzüberwachung auch zur Rettung von Migranten im Mittelmeerraum verstärkt (4) und die besonderem Migrationsdruck ausgesetzten Mitgliedstaaten solidarisch unterstützt werden (5).[365] Dabei müssen sämtliche Maßnahmen den internationalen Menschenrechtsstandards, insbesondere der Grundrechtecharta der EU, der EMKR und der GFK sowie dem geltenden Unionsbesitzstand entsprechen.[366] Ausdrücklich empfiehlt die Kommission die Öffnung weiterer Migrationskanäle, die es Migranten ermöglichen, regulär nach Europa einzureisen, um die irreguläre Migration zu bekämpfen.[367] Die Union hat angesichts der Flüchtlingstragödien erkannt, dass allein die Abschottungspolitik weder erfolgsversprechend ist noch den europäischen Werten entspricht.

Insgesamt wird das Stockholmer Programm als weniger klar im Vergleich zu den beiden Vorgängerprogrammen von 1999 und 2004 angesehen.[368] Nach

---

362 *Ippolito*, Conceptualising a migrant's rights-based EuroMed cooperation in Ippolito/Trevisanut, Migration in the Mediterranean, S. 15 (18 f.) m.w.N.

363 *Ippolito*, Conceptualising a migrant's rights-based EuroMed cooperation in Ippolito/Trevisanut, Migration in the Mediterranean, S. 15 (18 f.) m.w.N.

364 EK, KOM (2013) 869.

365 EK, KOM (2013) 869, Ziff. 1. Zu den einzelnen Maßnahmen der festgelegten Aktionsbereiche Ziff. 3.

366 EK, KOM (2013) 869, Ziff. 1.

367 EK, KOM (2013) 869, Ziff. 3 (2).

368 Etwa *Wiesbrock*, Legal Migration to the European Union, S. 3.

*Angenendt* und *Parkes* mangelt es dem Stockholmer Programm an weitergehenden Regelungen, sodass es nur bei „punktuellen Bemühungen“ bleibt.[369]

## II. Die Post-Stockholm-Phase ab 2015 unter dem Eindruck der Flüchtlingskrise

Bereits seit 2014 sieht sich die EU an ihren Außengrenzen einer immer größeren Anzahl von Flüchtlingen, die in der EU Schutz vor Krieg und Verfolgung suchen, aber auch von Migranten, die auf der Suche nach einer besseren Lebensperspektive sind, gegenüber. Diese Entwicklung spiegelt sich in zahlreichen Sondergipfeln, Aktionsplänen wie etwa der Europäischen Migrationsagenda und Vorschlägen zur Reformierung des Gemeinsamen Europäischen Asylsystems im Rahmen der Post-Stockholm-Phase wider, die an das Stockholmer Programm anschließt.[370] Ein detailliertes Mehrjahresprogramm entsprechend den Vorgängerprogrammen von Tampere, Den Haag und Stockholm hielt die Kommission für nicht erforderlich, zum einen weil durch den Vertrag von Lissabon die zuvor intergouvernementalen Politikbereiche mittlerweile vergemeinschaftet wurden, zum anderen weil die Kommission beabsichtigte, selbst politische Strategien in diesem Bereich zu entwickeln.[371] Inhaltlich bestand Einigkeit, dass der Fokus der Post-Stockholm-Phase statt auf neuer Rechtssetzung vielmehr auf der Konsolidierung und Implementierung vorhandener Vorschriften mit den hier relevanten Prioritäten des Gemeinsamen Europäischen Asylsystems, Rückübernahmeabkommen, Grenzschutz und Visumspolitik liegt.[372] Hierzu hatte die Kommission in ihrer Mitteilung zur praktischen Umsetzung eines offenen und sicheren Europas vom 11. März 2014[373] für die Weiterentwicklung des Raums der Freiheit, der Sicherheit und des Rechts Stellung bezogen.

### 1. *Strategische Leitlinien für die kommenden Jahre*

Diese Überlegungen der Kommission hat der Europäische Rat auf seinem Treffen am 26. und 27. Juni 2014 zur Festlegung der weiteren strategischen Leitlinien

369 *Angenendt/Parkes*, EU-Migrationspolitik nach Lissabon und Stockholm, SWP-Aktuell 71, 1 (4).

370 Vgl. etwa *Kramer*, Das „Post-Stockholm-Programm“, Öffentliche Sicherheit 9-10/14, S. 48 (49).

371 Bericht des Ländervertreters im Strategischen Ausschuss 2015/2016, S. 13.

372 Bericht des Ländervertreters im Strategischen Ausschuss 2015/2016, S. 13 f.; *Kramer*, Das „Post-Stockholm-Programm“, Öffentliche Sicherheit 9-10/14, S. 48 (49).

373 EK, KOM (2014) 154.

jedenfalls zum Teil mit einbezogen, etwa die Priorisierung der einheitlichen Umsetzung und Konsolidierung der vorhandenen Rechtsinstrumente, insbesondere im Rahmen des Gemeinsamen Europäischen Asylsystems.[374] Als Prioritäten im Rahmen des weniger detaillierten Programms im Vergleich zu den Vorgängerprogrammen hat der Europäische Rat für die nachfolgenden fünf Jahre die drei Bereiche (1) bessere Steuerung der Migration in all ihren Aspekten, (2) Verhütung und Bekämpfung von Kriminalität und Terrorismus und (3) Verbesserung der justiziellen Zusammenarbeit bestimmt.[375] Infolge der dramatischen außenpolitischen Entwicklungen, vor allem im Syrienkrieg und des dadurch ausgelösten Flüchtlingsstroms, rückte die Priorität der Migrations- und Asylpolitik seit 2015 immer stärker in den Fokus der Unionspolitik.[376] Dies zeigt sich auch bei den, schwerpunktmäßig die Migrationsfrage thematisierenden, Treffen des Europäischen Rates am 25./26. Juni, am 23. September, am 15. Oktober und am 17./18. Dezember im Jahr 2015, am 18./19. Februar, am 17./18. März, am 28. Juni, am 20./21. Oktober und am 15. Dezember im Jahr 2016 sowie am 22./23. Juni und am 19. Oktober im Jahr 2017 und schließlich am 22./23. März im Jahr 2018.[377]

Unter Bekräftigung des Ziels „einen Raum der Freiheit, der Sicherheit und des Rechts ohne Binnengrenzen unter uneingeschränkter Achtung der Grundrechte zu schaffen", zu dessen Implementierung „kohärente politische Maßnahmen in Bezug auf die Bereiche Asyl, Einwanderung, Grenzen sowie polizeiliche und justizielle Zusammenarbeit ergriffen werden"[378], hat der Europäische Rat erkannt, dass „die Antwort auf viele der Herausforderungen im Raum der Freiheit, der Sicherheit und des Rechts [...] in den Beziehungen zu Drittländern [liegen]".[379] Bereits in den strategischen Leitlinien klingt die immer bedeutsamere, externe Dimension des grundsätzlich innereuropäisch ausgerichteten Politikbereichs des Raums der Freiheit, der Sicherheit und des Rechts an.

Angesichts der vielfältigen weltweiten Herausforderungen hält der Europäische Rat eine wirksame und gut gesteuerte Migrations-, Asyl- und Grenzpolitik vor allem unter Beachtung des Solidaritätsgrundsatzes (Art. 80 AEUV)

---

374 ER (Brüssel), Schlussfolgerungen v. 26./27.06.2014, EUCO 79/14, Ziff. I.3., 7.; EK, KOM (2014) 154, Ziff. 3.1.

375 ER (Brüssel), Schlussfolgerungen v. 26./27.06.2014, EUCO 79/14, Anlage 1 Ziff. 4; hierzu *Suhr* in Calliess/Ruffert, EUV/AEUV, Art. 67 Rn. 38.

376 *Suhr* in Calliess/Ruffert, EUV/AEUV, Art. 67 Rn. 38.

377 Zu den einzelnen Treffen des Europäischen Rates siehe Fn. 412.

378 ER (Brüssel), Schlussfolgerungen v. 26./27.06.2014, EUCO 79/14, Ziff. I.1.

379 ER (Brüssel), Schlussfolgerungen v. 26./27.06.2014, EUCO 79/14, Ziff. I.2.

und einer gerechten Aufteilung der Verantwortlichkeiten für essentiell.[380] Damit betont er einmal mehr die Notwendigkeit „eines umfassenden Ansatzes, der es ermöglicht, die Vorteile der legalen Zuwanderung optimal zu nutzen, schutzbedürftigen Personen Schutz zu gewähren, gleichzeitig energisch gegen irreguläre Migration vorzugehen und ein effizientes Management der EU-Außengrenzen zu gewährleisten."[381] Indes genügt allein die Bekräftigung der Notwendigkeit eines kohärenten Migrationsansatzes unter Einhaltung menschenrechtlicher Vorgaben und die Bestätigung des Umsetzungswillens des Gemeinsamen Europäischen Asylsystems zur Schaffung einheitlicher Asylverfahren und eines gleichen Schutzniveaus in der gesamten Union[382] nicht zur Bewältigung der Herausforderungen, wie der Flüchtlingskrise in Europa im Jahr 2015, die sich seit dem Jahr 2014 abgezeichnet hatte.

Auch das erneute Bekenntnis des Europäischen Rats zur Ursachenbekämpfung der irregulären Migration und die Erkenntnis der verstärkten Zusammenarbeit mit Herkunfts- und Transitländern für langfristige Lösungen, u.a. die Stärkung ihrer Kapazitäten zur Migrationssteuerung und zum Grenzmanagement,[383] ist keine Neuigkeit. Nach seiner Auffassung soll die Migrationspolitik stärker integraler Bestandteil der Außen- und Entwicklungspolitik der EU werden, indem der Grundsatz „mehr für mehr" angewandt und auf dem Gesamtansatz für Migration und Mobilität (GAMM) im Rahmen von Mobilitätspartnerschaften aufgebaut wird.[384] Regionale Schutzprogramme in Nordafrika und am Horn von Afrika sollen ebenso wie Neuansiedelungsplätze auch wegen des andauernden Syrienkriegs erweitert sowie die effektivere Bekämpfung der Schleuserkriminalität, eine verstärkte Rückkehrpolitik und eine vollständige Umsetzung der Maßnahmen der Task Force „Mittelmeerraum" priorisiert werden.[385] Die Kommission

380 ER (Brüssel), Schlussfolgerungen v. 26./27.06.2014, EUCO 79/14, Ziff. I.5.

381 ER (Brüssel), Schlussfolgerungen v. 26./27.06.2014, EUCO 79/14, Ziff. I.5 f.; EK, KOM (2014) 154, Ziff. 1., 2.1.; *Brocza*, Den Bedürfnissen der EU Rechnung tragen in ders., Die Auslagerung des EU-Grenzregimes, S. 19 (34 f.).

382 ER (Brüssel), Schlussfolgerungen v. 26./27.06.2014, EUCO 79/14, Ziff. I.7.

383 ER (Brüssel), Schlussfolgerungen v. 26./27.06.2014, EUCO 79/14, Ziff. I.8.

384 ER (Brüssel), Schlussfolgerungen v. 26./27.06.2014, EUCO 79/14, Ziff. I.8. Zum Gesamtansatz für Migration und Mobilität EK, KOM (2014) 154, Ziff. 3.4., 4. Kritisch zum Grundsatz „mehr für mehr" *Brocza*, Den Bedürfnissen der EU Rechnung tragen in ders., Die Auslagerung des EU-Grenzregimes, S. 19 (37).

385 ER (Brüssel), Schlussfolgerungen v. 26./27.06.2014, EUCO 79/14, Ziff. I.8.; EK, KOM (2014) 154, Ziff. 3.4., 4.

hatte in ihrer Mitteilung vom 11. März 2014 darüber hinaus die Prüfung weiterer extraterritorialer Ansätze wie geschützte Zulassungsverfahren, humanitäre Visa und die gemeinsame Bearbeitung von Schutzanträgen außerhalb der EU im Rahmen einer Durchführbarkeitsstudie angeregt (hierzu Teil 3 C).[386]

Im Bezug auf den Schengen-Raum und dessen Zielkonflikt zwischen offenen Binnengrenzen und dem Erfordernis eines wirksamen EU-Außengrenzenmanagements fordert der Europäische Rat mit der Kommission die Modernisierung des integrierten Grenzmanagements der Außengrenzen, vor allem die Erweiterung um ein intelligentes Grenzmanagement mit einem Ein-/Ausreise-Erfassungssystem und einem Registrierungsprogramm für Reisende durch Unterstützung der neuen EU-Agentur für IT-Großsysteme (eu-LISA).[387] Der von der Kommission im Rahmen der Visumspolitik vorgeschlagene Wechsel von den bisherigen Staatenlisten zu einem System, das stärker auf die Einzelperson abstellt, sowie die Einrichtung von Schengen-Visum-Zentren in Drittstaaten wurden vom Europäischen Rat auf diesem Treffen nicht aufgegriffen.[388] Dafür hat der Europäische Rat ebenfalls die Notwendigkeit erkannt, besonders betroffene Mitgliedstaaten an den Außengrenzen durch operative Maßnahmen von Frontex zu unterstützen und vor allem die Fähigkeit zur Reaktion auf schnelle Entwicklungen der Migrationsströme zu erhöhen.[389]

Insgesamt geben die strategischen Leitlinien des Europäischen Rat von Juni 2014 nicht die nötigen Impulse, die Ereignisse wie der Arabische Frühling oder der Syrienkrieg verlangen, und lassen angesichts des bereits zu diesem Zeitpunkt seit Jahren andauernden Syrienkriegs und der Millionen Syrer auf der Flucht die von der Kommission geforderten „zusätzliche[n] Anstrengungen, um weitere Tragödien im Mittelmeer zu verhindern", vermissen.[390]

### 2. *Flüchtlingskrise und Zusammenbruch des Dublin-Systems im Herbst 2015*

Infolge des seit 2011 andauernden Syrienkriegs und weiterer Dauerkonfliktlagen wie etwa in Afghanistan, dem Irak und mehreren ostafrikanischen Ländern fand

386 EK, KOM (2014) 154, Ziff. 3.2., 3.4.; Bericht des Ländervertreters im Strategischen Ausschuss 2015/2016, S. 14 f.

387 ER (Brüssel), Schlussfolgerungen v. 26./27.06.2014, EUCO 79/14, Ziff. I.9.; EK, KOM (2014) 154, Ziff. 2.3.

388 EK, KOM (2014) 154, Ziff. 2.2.

389 ER (Brüssel), Schlussfolgerungen v. 26./27.06.2014, EUCO 79/14, Ziff. I.9.

390 EK, KOM (2014) 154, Einl.

die Flüchtlingskrise im Herbst 2015 ihren traurigen Höhepunkt, als allein in den Monaten von August bis November über eine halbe Million Flüchtlinge nach Europa, vor allem nach Griechenland und Italien kamen.[391] Über die am stärksten frequentierte europäische Außengrenze in der griechischen Ägäis reisten im Jahr 2015 über 868 000 Personen irregulär in den Schengen-Raum ein.[392]

Infolge dieses Flüchtlingsstroms ist der Dublin-Mechanismus in Europa vorübergehend zusammengebrochen, sodass die Flüchtlinge und Migranten nicht mehr nur im Ersteinreisestaat an den EU-Außengrenzen Asylanträge stellten, sondern im Sinne der „Politik des Durchwinkens" in andere EU-Mitgliedstaaten reisten und dort Asyl beantragten.[393] Zwar reagierte der Rat mit zwei Beschlüssen vom 14. und 22. September 2015[394] zur Umverteilung von insgesamt 160.000 Flüchtlingen aus den am stärksten betroffenen Ersteinreiseländer Griechenland und Italien auf andere Mitgliedstaaten in den folgenden zwei Jahren auf das unter Druck geratene Dublin-System (unter 3.c) aa) und e) aa).[395] Allerdings verlief die Umverteilung äußerst schleppend[396] und vermochte angesichts der Flüchtlingszahlen weder zur grundlegenden Lösung des in die Krise geratenen Dublin-Systems noch zur spürbaren Entlastung der überforderten Staaten Griechenland und Italien beizutragen.

In Deutschland wurde das Dublin-System für Syrer Ende August bis Mitte Oktober 2015 offiziell durch eine Leitlinie des BAMF faktisch ausgesetzt, die ein BAMF-Sprecher so formuliert:

> „Dublin-Verfahren syrischer Staatsangehöriger werden zum gegenwärtigen Zeitpunkt vom Bundesamt für Migration und Flüchtlinge weitestgehend faktisch nicht weiter verfolgt. Die noch nicht abgeschlossenen Verfahren werden in Deutschland bearbeitet."[397]

---

391 UNHCR, Europe Refugees & Migrants Emergency Response Tab. 1 und 2.

392 EK, KOM (2016) 120 Ziff. 3.

393 *Haratsch/Koenig/Pechstein*, Europarecht, Rn. 1097; *Becker*, Die Zukunft des europäischen und deutschen Asylrechts, in Walter/Burgi, Die Flüchtlingspolitik, der Staat und das Recht, S. 55 (55).

394 ABl. EU 2015 Nr. L 239/146 und ABl. EU 2015 Nr. L 248/80.

395 *Haratsch/Koenig/Pechstein*, Europarecht, Rn. 1097.

396 Hierzu geben die Fortschrittsberichte der Kommission über die Umverteilung und Neuansiedlung Aufschluss; siehe unter 3.c) aa) und e) aa); vgl. auch *Heuser*, Zwei Jahre EU-Umsiedlungsmechanismus, NVwZ 2018, 364 (366), wonach weniger als ein Drittel der anvisierten Zahl umgesiedelt wurde.

397 Zitiert nach Zeit, Deutschland setzt Dublin-Verfahren für Syrer aus v. 25.08.2015; Pro-Asyl, Dublin-Verfahren für Syrerinnen und Syrer generell ausgesetzt? v. 26.08.2015. ARD, Tagesschau, Entscheidung des Innenministeriums: Wieder Dublin-Verfahren für Syrer v. 11.11.2015.

Deutschland hat damit von dem in Art. 17 Abs. 1 Dublin-III-Verordnung Nr. 604/2013 vorgesehenen Selbsteintrittsrechts Gebrauch gemacht, Asylverfahren syrischer Staatsangehörige trotz der Dublin-Zuständigkeit eines anderen EU-Mitgliedstaats in Deutschland durchzuführen und damit nach Art. 17 Abs. 2 Verordnung Nr. 604/2013 die mit der Zuständigkeit einhergehenden Verpflichtungen für die Asylbewerber übernommen. Die Maßnahme der vorübergehenden Aussetzungen hatte dabei nicht nur humanitäre Gründe, sondern diente neben der Entlastung der überforderten Ersteinreiseländer Griechenland und Italien auch der Entlastung des zuständigen BAMF in Deutschland, das mit den aufwändigen Prüfverfahren der allein im Zeitraum von Januar bis einschließlich August 2015 gestellten 231.302 Erstanträgen unter Druck geraten war.[398] Kritiker der vorübergehenden Aussetzung des Dublin-Systems sahen darin eine Einladung für Syrer nach Deutschland zu kommen, weil ihnen eine Bleibeperspektive unabhängig von ihrem europäischen Ersteinreiseland eröffnet wurde.[399] Indes funktioniert die Rückführung von Asylbewerber in einen anderen EU-Mitgliedstaat nur bei vorheriger Registrierung der Person im Ersteinreiseland.[400] Die Registrierung wurde von Griechenland und Italien im Jahr 2015 jedoch derart unzureichend durchgeführt, dass eine Rückführung von Asylbewerbern im Rahmen des Dublin-Systems häufig ohnehin aus faktischen Gründen scheiterte. Zu diesem Zweck wurden 2015 sog. Hotspots in Griechenland und Italien eingerichtet (unter 3.d), um die Registrierung und Identifizierung neu ankommender Migranten an den europäischen Außengrenzen zu gewährleisten.

Zutreffend stellen *Haratsch, Koenig* und *Pechstein* fest, dass der massive Flüchtlingszustrom im Jahr 2015 die „weitreichende Ineffektivität der Kontrolle der EU-Außengrenzen offenbart“ hat und dies die Frage aufwirft, „ob Personenkontrollen an den Binnengrenzen innerhalb der Union wieder zulässig sind.“[401] *Klein* etwa vertritt die Auffassung, dass den Mitgliedstaaten die Durchführung von Grenzkontrollen an ihren Binnengrenzen nicht verwehrt werden dürfe, wenn die von ihnen auf die EU übertragene Aufgabe, die Sicherheit ihrer Bürger nach außen zu gewährleisten, von der EU nicht mehr effektiv wahrgenommen

398 BAMF, Asylgeschäftsstatistik für den Monat August 2015, S. 2. Zeit, Deutschland setzt Dublin-Verfahren für Syrer aus v. 25.08.2015.

399 ARD, Tagesschau, Entscheidung des Innenministeriums: Wieder Dublin-Verfahren für Syrer v. 11.11.2015.

400 ARD, Tagesschau, Entscheidung des Innenministeriums: Wieder Dublin-Verfahren für Syrer v. 11.11.2015.

401 *Haratsch/Koenig/Pechstein*, Europarecht, Rn. 1094.

wird.[402] Damit steht das Schengen-Prinzip als einer der wesentlichen Grundpfeiler des europäischen Binnenraumes auf dem Prüfstand. Auf Grundlage dieser Argumentation haben insgesamt acht Schengen-Staaten (Belgien, Dänemark, Deutschland, Ungarn, Österreich, Slowenien, Schweden und Norwegen) seit September 2015 die Schengen-Regelungen vorübergehend außer Kraft gesetzt und wegen der schwerwiegenden Bedrohung der inneren Sicherheit bzw. der öffentlichen Ordnung durch die Sekundärbewegungen irregulärer Migranten Passkontrollen bei der Überquerung ihrer Binnengrenzen wieder eingeführt.[403]

Anfang März 2016 hat die Kommission einen Fahrplan „Zurück zu Schengen" vorgelegt, um bis Ende 2016 einen normal funktionierenden Schengen-Raum wiederherzustellen.[404] Hierzu sollen die schwerwiegenden Mängel beim Außengrenzmanagement in Griechenland behoben, der Politik des Durchwinkens ein Ende gesetzt und die unkoordinierten, einseitigen Entscheidungen zur Wiedereinführung von Grenzkontrollen durch ein koordiniertes Verfahren für vorübergehende Grenzkontrollen ersetzt werden.[405] Während die Binnenkontrollen in Slowenien und Ungarn zwischenzeitlich wieder aufgehoben wurden, haben die übrigen Länder ihre auf Art. 23 bis Art. 25 des Schengener Grenzkodex gestützten Grenzkontrollen verlängert.[406] Im Jahr 2018 kontrollieren noch fünf der insgesamt 26 Schengen-Staaten, konkret Deutschland, Österreich, Schweden, Dänemark und Norwegen sowie zusätzlich Frankreich, jedoch auf Grundlage des nationalen Ausnahmezustands infolge der Pariser Terroranschläge von November 2015, ihre Binnengrenzen.[407] Die Grenzkontrollen wurden zuletzt im Frühjahr 2018, auch von Deutschland, unter Verweis auf die anhaltende Terrorgefahr verlängert.[408]

---

402 *Klein*, Rechtliche Klarstellungen zur Flüchtlingskrise in Depenheuer/Grabenwarter, Der Staat in der Flüchtlingskrise, S. 157 (164).

403 EK, KOM (2016) 120 Ziff. 5.

404 EK, KOM (2016) 120 Ziff. 1 Einl.

405 EK, KOM (2016) 120 Ziff. 1 Einl.

406 EK, KOM (2016) 120 Ziff. 5.

407 EK, KOM (2016) 120 Ziff. 5; EK, Pressemitteilung, Kommission empfiehlt Verlängerung der vorübergehenden Kontrollen an den Binnengrenzen für einen begrenzten Zeitraum von drei Monaten v. 25.10.2016. ARD, Schengen-Raum: Deutsche Grenzkontrollen länger erlaubt v. 11.11.2016; Bayerischer Rundfunk, Innere Sicherheit, Deutschland meldet Verlängerung der Grenzkontrollen, v. 12.04.2018.

408 Bayerischer Rundfunk, Innere Sicherheit, Deutschland meldet Verlängerung der Grenzkontrollen, v. 12.04.2018.

### 3. *Die Europäische Migrationsagenda vom 13. Mai 2015 und ihre Umsetzung*

Während die seit November 2014 amtierende Kommission unter dem Vorsitz von Jean-Claude Juncker noch im Dezember 2014 ihr Arbeitsprogramm „Ein neuer Start" vorlegte,[409] folgte im Mai 2015 für die Migrationspolitik die sog. Europäische Migrationsagenda, mit der die Kommission nicht nur dem wachsenden Migrationsdruck an den EU-Außengrenzen begegnen, sondern auch einen fairen Umgang mit legaler Migration, vor allem für qualifizierte Arbeitskräfte, bei gleichzeitig entschlossener Bekämpfung der illegalen Migration und Schleuserkriminalität gewährleisten wollte.[410] Die Agenda stellt die von der EU in den nächsten Jahren zu ergreifenden Maßnahmen zusammen und setzt dabei angesichts des vielschichtigen Migrationsphänomens auf einen kohärenten Ansatz, der sowohl interne als auch externe Politikbereiche umfasst.[411] Die Maßnahmenbereiche wurden auch vom Europäischen Rat auf zahlreichen ordentlichen wie außerordentlichen Gipfeltreffen in den letzten Jahren wiederholt bekräftigt und deren effektive Umsetzung gefordert.[412] In finanzieller Hinsicht wurden die Mittel für die Flüchtlingskrise im EU-Haushalt von 2015 und 2016 auf knapp 10 Mrd. Euro erhöht, um auch UN-Programme wie die des UNHCR und des Welternährungsprogramms der UN sowie besonders betroffene Drittländern, etwa den Libanon, Jordanien und die Türkei, aber auch afrikanische Staaten und solche des Westbalkans, zu unterstützen.[413]

409 EK, KOM (2014) 910.

410 EK, KOM (2014) 910 Ziff. 8; Bericht des Ländervertreters im Strategischen Ausschuss 2015/2016, S. 17 f.

411 EK, KOM (2014) 910 Ziff. 8; KOM (2015) 240 Ziff. I; EK, Fragen und Antworten zur Europäischen Migrationsagenda, S. 1.

412 Hierzu ER (Brüssel), Schlussfolgerungen v. 25./26.06.2015, EUCO 22/15; ders., Informelle Tagung der Staats- und Regierungschefs v. 23.09.2015 – Erklärung; ders., Schlussfolgerungen v. 15.10.2015, EUCO 26/15; ders., Schlussfolgerungen v. 17./18.12.2015, EUCO 28/15; ders., Schlussfolgerungen v. 18./19.02.2016, EUCO 1/16; ders., Schlussfolgerungen v. 17./18.03.2016, EUCO 12/1/16 REV 1 Ziff. I; ders., Schlussfolgerungen v. 28.06.2016, EUCO 26/16 Ziff. I; ders., Schlussfolgerungen v. 20./21.10.2016, EUCO 31/16 Ziff. I., ders., Schlussfolgerungen v. 15.12.2016, EUCO 34/16 Ziff. I.; ders., Schlussfolgerungen v. 22./23.06.2017, EUCO 8/17 Ziff. IV; ders., Schlussfolgerungen v. 19.10.2017, EUCO 14/17 Ziff. I; ders., Schlussfolgerungen v. 22./23.03.2018, EUCO 1/18 Ziff. II.8.

413 ER, Informelle Tagung der Staats- und Regierungschefs v. 23.09.2015 – Erklärung; EK, Pressemitteilung, Flüchtlingskrise: Kommission rekapituliert Maßnahmen des Jahres 2015 und legt Prioritäten für 2016 fest v. 13.01.2016; EK, KOM (2015) 610 Ziff. 8.

Während der erste Teil der Agenda in Reaktion auf die sich kurz vor der Veröffentlichung am 19. April 2015 ereignete, schwere Flüchtlingstragödie vor Lampedusa mit etwa 700 Toten unmittelbare Sofortmaßnahmen vorsieht, beschäftigt sich der zweite Teil mit den im Rahmen der Agenda gewählten Prioritäten und der dritte Teil mit der weiteren Vorgehensweise.[414]

### a) *Sofortmaßnahmen in Reaktion auf die Flüchtlingstragödie am 19. April 2015*

Die Kommission legte als unmittelbare Reaktion auf das Flüchtlingsunglück vor Lampedusa am 19. April 2015 bereits am 20. April mit Billigung des gemeinsamen Rates der Außen- und Innenminister einen 10-Punkte-Plan vor. Hierzu gehören die finanzielle und operative Verstärkung der Frontex-Operationen Triton und Poseidon im Mittelmeer (1), die Beschlagnahme und Zerstörung von Schleuserbooten (2), die engere Zusammenarbeit von EUROPOL, FRONTEX, EASO und EUROJUST zur Verfolgung der Schleuser (3), EASO-Teams in Italien und Griechenland für die gemeinsame Bearbeitung von Asylanträgen (4), die Gewährleistung der Erfassung der Fingerabdrücke aller Migranten durch die Mitgliedstaaten (5), die Prüfung eines Verteilungsverfahrens der Flüchtlinge in Notfallsituationen (6), die Einführung eines unionsweiten freiwilligen Pilotprojekts zur Neuansiedlung von Flüchtlingen (7), die Einführung eines neuen und mithilfe von Frontex zügigen Rückkehrprogramms (8), die verstärkte Zusammenarbeit mit den Nachbarländern Libyens und einer stärkeren Initiative in der Republik Niger (9) und schließlich der Einsatz von Verbindungsbeamten für Immigrationsfragen in wichtigen Drittstaaten zur Informationsgewinnung und Unterstützung von EU-Delegationen (10).[415]

Im Anschluss hat der Europäische Rat auf seinem außerordentlichen Gipfel am 23. April 2015 erklärt, alles in der Macht der EU Stehende zu unternehmen, um den Verlust weiterer Menschenleben auf See zu verhindern und die Ursachen der menschlichen Katastrophe gemeinsam mit den Herkunfts- und Transitländern zu bekämpfen.[416] Konkret hat auch er sich zu einer stärkeren Seepräsenz der EU, der Bekämpfung der Schlepper und Verhinderung irregulärer Migration zusammen mit den Drittstaaten[417] einschließlich der Schaffung

---

414 EK, KOM (2015) 240 Ziff. II.-IV.

415 EK, Pressemitteilung, Gemeinsame des Rates „Auswärtige Angelegenheiten“ und des Rates „Justiz und Inneres“: Zehn-Punkte-Plan zur Migration v. 20.04.2015

416 Außerordentliche Tagung des Europäischen Rates vom 23.04.2015 – Erklärung.

417 Vor allem die Unterstützung von Tunesien, Ägypten, Sudan, Mali und Niger bei der Überwachung und Kontrolle ihrer Landgrenzen und Landwege gehört wie die

von Entwicklungs- und Schutzprogrammen in Afrika sowie zur Stärkung der europäischen Solidarität durch ein wirksames Gemeinsames Europäisches Asylsystem, die Aufstockung der Nothilfe für Mitgliedstaaten an den EU-Außengrenzen, die Entsendung von EASO-Teams zur Bearbeitung von Asylanträgen und zu einem EU-Neuansiedlungsprogramm verpflichtet.[418]

Auch die Europäische Migrationsagenda von Mai 2015 reagiert mit einem Sofortmaßnahmenprogramm auf die menschliche Tragödie im Mittelmeerraum, um weitere Flüchtlingstragödien zu verhindern und die Verfahren zur Bewältigung von Notlagen zu stärken.[419] Hierzu gehören die Stärkung der Seepräsenz durch eine Ausweitung der Frontex-Operationen Triton und Poseidon, sowohl zur Grenzsicherung als auch zur Rettung von Migranten auf See, die effektive Bekämpfung von Schleusernetzen, insbesondere durch Operationen im Rahmen der gemeinsamen Sicherheits- und Verteidigungspolitik (GSVP)[420] und die Einrichtung eines Verteilungsmechanismus zur Umsiedlung von Asylsuchenden innerhalb der EU sowie zur Neuansiedlung von Flüchtlingen aus Drittstaaten als Reaktion auf die große Flüchtlingszahl.[421] Außerdem werden die besonders betroffenen Mitgliedstaaten an den EU-Außengrenzen in operativer wie finanzieller Hinsicht und durch „Brennpunkt"-Konzepte (Hot-spots) zur schnellen erkennungsdienstlichen Erfassung und Registrierung ankommender Migranten durch EASO, Frontex und Europol unterstützt und schließlich die Einrichtung von regionalen Entwicklungs- und Schutzprogrammen in Zusammenarbeit mit den betroffenen Drittstaaten verstärkt.[422] Die Zusammenarbeit mit Transit- und Herkunftsländern soll sowohl im Hinblick auf die Bekämpfung der illegalen Migration als auch dem Angebot von regionalem Schutz verstärkt werden, konkret durch Entwicklungs- und Schutzprogramme in Nordafrika

---

Zusammenarbeit mit der Türkei mit Blick auf Syrien und den Irak dazu; vgl. außerordentliche Tagung des Europäischen Rates vom 23.04.2015 – Erklärung. Außerordentliche Tagung des Europäischen Rates vom 23.04.2015 – Erklärung.

418 ER, Außerordentliche Tagung v. 23.04.2015 – Erklärung. Am 29.04.2015 erfolgte auch eine Entschließung des EP zu den Tragödien im Mittelmeer, P8_TA(2015)0176. Ins LITV

419 EK, KOM (2015) 240 Ziff. II. EK, Fragen und Antworten zur Europäischen Migrationsagenda, S. 1.

420 Hierzu auch der EU-Aktionsplan gegen die Schleusung von Migranten (2015-2020), EK, KOM (2015) 285.

421 EK, KOM (2015) 240 Ziff. II. Zur Finanzierung siehe EK, Fragen und Antworten zur Europäischen Migrationsagenda, S. 1.

422 EK, Fragen und Antworten zur Europäischen Migrationsagenda, S. 1 m.w. N. auch zur Finanzierung; EK, KOM (2015) 240 Ziff. II.

unter der Leitung Italiens und am Horn von Afrika unter niederländischer Leitung, die durch den Asyl-, Migrations- und Integrationsfond (AMIF) finanziert werden.[423] Bestehende Migrationskooperationen im Rahmen des Rabat-, Khartum- und Budapester Prozesses sollen ebenso wie der Dialog über Migration und Mobilität zwischen der EU und Afrika weiter intensiviert werden.[424] Zu diesem Zweck werden Migrationsbeauftragte nach Ägypten, Algerien, Marokko, Tunesien, Niger, Senegal, Sudan, Türkei, Pakistan, Libanon und Jordanien entsandt.[425] Bis Ende 2015 war die Errichtung eines multifunktionalen Zentrums im Niger durch Kooperation der IOM, dem UNHCR und den nigrischen Behörden geplant, in dem Menschen Informationen über Migration und Neuansiedlungsmöglichkeiten sowie konkreten Schutz erhalten.[426] Mitte des Jahres 2016 wurde ein Informationsbüro für Migration von der IOM in Agadez, Niger, eröffnet.[427] Nach Angaben von Nichtregierungsorganisationen kann ein Drittel der Migranten durch Informationen über die Reiserisiken und über die tatsächlichen Aussichten in Europa, vor allem dem Erfordernis einer Aufenthaltsgenehmigung, zum Umkehren bewegt werden.[428]

Zur Umsetzung der Sofortmaßnahmen hat die Kommission am 23. September 2015 einen detaillierten Maßnahmenkatalog erlassen, der operative Maßnahmen, Budgethilfe, die Anwendung des Unionsrechts und die nächsten legislativen Schritte umfasst.[429] Hierzu zählen Soforteinsatzteams zur Grenzsicherung, Neuansiedlungs- und Umsiedlungsprogramme sowie die Errichtung von Hotspots[430] und das EU-Katastrophenschutzverfahren, damit Mitgliedstaaten im Krisenfall Sachleistungen, Unterkünfte und medizinische Versorgung

423 EK, Fragen und Antworten zur Europäischen Migrationsagenda, S. 4; European Agenda on Migration, S. 9.

424 EK, Fragen und Antworten zur Europäischen Migrationsagenda, S. 4.

425 EK, KOM (2015) 240 Ziff. II.; Fragen und Antworten zur Europäischen Migrationsagenda, S. 4.

426 EK, KOM (2015) 240 Ziff. II.; Fragen und Antworten zur Europäischen Migrationsagenda, S. 4.

427 IOM, Niger Opens Migrant Information Office in Agadez v. 4.05.2016.

428 Tagesschau, Steinmeier im Niger: In der Transitzone v. 4.05.2016.

429 EK, KOM (2015) 490 Ziff. I.; zu den vorrangigen Maßnahmen für die nächsten sechs Monate siehe Anhang I. Zur Finanzierung siehe Anhang IV.

430 EK, KOM (2015) 490; Lagebericht zur Umsetzung der Prioritäten im Rahmen der Europäischen Migrationsagenda siehe KOM (2015) 510. Zum Europäischen Grenz- und Küstenschutz und der effizienten Sicherung der Außengrenzen siehe, KOM (2015) 673.

mobilisieren können.[431] Das Katastrophenschutzverfahren der EU wurde im Jahr 2015 mehrmals aktiviert, konkret zur Unterstützung Ungarns, Serbiens, Sloweniens und Griechenland bei der Bewältigung des Migrantenzustroms.[432]

Bis Ende 2015 sollte schließlich ein Vorschlag für die Einführung eines verbindlichen, automatisch aktivierten Umsiedlungsmechanismus für den Fall eines Massenzustroms von eindeutig schutzbedürftigen Personen für ein dauerhaftes System der geteilten Verantwortung vorliegen (vgl. hierzu e) bb).[433]

*b) Strategischer Ansatz der Europäischen Migrationsagenda*

Der strategische Ansatz der Europäischen Migrationsagenda für eine bessere Migrationssteuerung und für eine faire, solide und realistische Migrationspolitik gründet auf den vier Schwerpunkten 1) Reduzierung der Anreize für die irreguläre Migration, 2) Rettung von Menschenleben und Sicherung der Außengrenzen, 3) eine starke gemeinsame Asylpolitik und 4) eine neue Politik für legale Migration.[434]

Im Rahmen der ersten Priorität werden die Ursachen irregulärer Migration und Vertreibung in den Drittländern angegangen, Schleuser und Menschenhändler bekämpft und eine wirksame Rückführungspolitik angestrebt.[435] Der effektive Vollzug von Rückführungsentscheidungen unter Einhaltung der internationalen Menschenrechtsstandards soll die Anreize für illegale Migration verringern; im Jahr 2013 verließen nur etwa ein Viertel der Personen, gegen die eine Rückführungsentscheidung vorlag, die EU auch tatsächlich.[436] Hierfür müssen einerseits Drittstaaten ihre Staatsangehörigen zurücknehmen und die Wiedereingliederung im eigenen Land ermöglichen, andererseits ist die Rückführungsrichtlinie der EU effektiver anzuwenden.[437] Außerdem wird die Erweiterung

---

431 EK, KOM (2015) 490 Ziff. III.1.

432 EK, KOM (2015) 490 Ziff. III.1.; EK, Pressemitteilung, Flüchtlingskrise: Griechenland leitet EU-Katastrophenschutzverfahren ein, stimmt Frontex-Einsatz an Grenze zur ehemaligen jugoslawischen Republik Mazedonien zu und ersucht um RABIT-Einsatz v. 3.12.2015.

433 EK, KOM (2015) 240 Ziff. II.

434 EK, KOM (2015) 240 Ziff. III. m.w.N.; EK, Fragen und Antworten zur Europäischen Migrationsagenda, S. 1.

435 EK, KOM (2015) 240 Ziff. III.1.

436 EK, Fragen und Antworten zur Europäischen Migrationsagenda, S. 5.

437 EK, KOM (2015) 240 Ziff. III.1.; EK, Fragen und Antworten zur Europäischen Migrationsagenda, S. 5.

des Frontex-Mandats zur Durchführung von Rückführungsaktionen angestrebt (dazu unter f).[438]

Im Rahmen der zweiten Priorität sollen die Kapazitäten der Küstenwache und Frontex sowohl zur Sicherung der Grenzen als auch zur Rettung von Menschenleben gestärkt, der unionsweite Standard für das Grenzmanagement und die Grenzsicherungskapazitäten in Drittländern erhöht werden. Daneben werden sog. „intelligente Grenzen" mithilfe der drei IT-Großsysteme Eurodac zur Speicherung von Fingerabdrücken für Asylangelegenheiten, dem Visainformationssystem (VIS) für Visumsanträge und dem Schengener Informationssystem (SIS) für den Austausch von Informationen bei Warnmeldungen über Personen oder Gegenstände forciert (dazu C.I.2).[439]

Der dritte Schwerpunkt zielt auf eine starke gemeinsame Asylpolitik, in der das Gemeinsame Europäische Asylsystem konsequent – auch mithilfe eines neuen Kontrollmechanismus – umgesetzt wird und der Missbrauch des Asylsystems, etwa durch die verstärkte Anwendung des Konzepts über sichere Herkunftsstaaten, bekämpft wird.[440] Nach Auffassung der Kommission sind das Dublin-System ebenso wie die Vorgaben zur Abnahme von Fingerabdrücken und Registrierung von Migranten an den Grenzen konsequenter anzuwenden und darüber hinaus eine weitere Überarbeitung der Dublin-Verordnung zu erwägen.[441]

Im Rahmen des vierten Ziels soll eine gut gesteuerte reguläre Migration und Visumpolitik, vor allem die legale Migration zu Erwerbszwecken den Arbeitskräftebedarf in Europa decken (zu diesem Zweck wird die Blue-Card-Richtlinie überarbeitet), eine wirksame Integration der Migranten und eine Maximierung der Entwicklungsvorteile in den Herkunftsländern durch die Kombination von Migrations- und Entwicklungspolitik, z.B. durch Mobilitätspartnerschaften, gewährleistet werden.[442]

Schließlich gibt die Kommission im letzten Teil ihrer Migrationsagenda einen Ausblick auf die anstehende Diskussion in diesem Politikbereich. Dazu gehören nicht nur die Gewährleistung eines einheitlichen Asylverfahrens in Europa und das gemeinsame Grenzmanagement an den EU-Außengrenzen, sondern auch die Frage, ob und inwieweit die Entscheidungsbefugnis der Mitgliedstaaten

438 EK, KOM (2015) 240 Ziff. III.1.; EK, Fragen und Antworten zur Europäischen Migrationsagenda, S. 5.

439 EK, KOM (2015) 240 Ziff. III.2.

440 EK, KOM (2015) 240 Ziff. III.3.

441 EK, KOM (2015) 240 Ziff. III.3.

442 EK, KOM (2015) 240 Ziff. III.4.

betreffend die Aufnahme von Wirtschaftsmigranten mit den kollektiven Erfordernissen der europäischen Wirtschaft vereinbar ist.[443] Dabei zieht die Kommission unter Erhalt nationaler Zulassungsverfahren ein „System der Interessenbekundung" in Erwägung, wonach auf Grundlage nachprüfbarer Kriterien eine erste automatische Auswahl potenzieller Migranten in einem „EU-weiten Pool" getroffen wird, aus dem Arbeitgeber einen passenden Arbeitnehmer auswählen können und erst im Falle einer Arbeitsplatzzusage Migration erfolgt.[444] Inwieweit solche relativ weitgehenden Konzepte angesichts der schwierigen politischen Lage innerhalb der EU derzeit mehrheitsfähig sind, darf bezweifelt werden.

### c) *Erstes Maßnahmenpaket zur Umsetzung der Migrationsagenda im Mai 2015*

Das erste Maßnahmenpaket zur Umsetzung der Migrationsagenda vom 27. Mai 2015 sieht die schnelle Umverteilung von 40.000 Personen aus den am stärksten belasteten Mitgliedstaaten, die Neuansiedlung von 20.000 besonders schutzbedürftigen Personen aus Drittstaaten, einen EU-Aktionsplan gegen die Schleusung von Migranten für die Jahre 2015 bis 2020[445] sowie eine Verdreifachung der Haushaltsmittel und der Ausrüstung für Rettungseinsätze auf See sowie Best-Practice-Leitlinien zur Abnahme von Fingerabdrücken im Rahmen der Registrierung von Neuankömmlingen an den EU-Außengrenzen vor.[446]

Auch der Europäische Rat sieht die Um- sowie Neuansiedlung als eine der drei zentralen Dimensionen der Migrationspolitik (zu den anderen zwei „Rückkehr bzw. Rückführung" und „Zusammenarbeit mit Herkunfts- und Transitländern" siehe unter e) auf seinem Treffen am 25. und 26. Juni 2015 an.[447] Nachfolgend werden die EU-Programme zur Umsiedlung und zur Neuansiedlung als Maßnahmen echter Lastenteilung sowohl innerhalb der EU als auch mit Drittstaaten außerhalb der Union vorgestellt. Die Kommission differenziert jedenfalls seit

---

443 EK, KOM (2015) 240 Ziff. IV.

444 EK, KOM (2015) 240 Ziff. IV.

445 Vgl. zum EU-Aktionsplan gegen die Schleusung von Migranten (2015-2020) EK, KOM (2015) 285.

446 Zusammenfassend EK, Pressemitteilung, Erste Vorschläge der Europäischen Kommission zur Umsetzung der Migrationsagenda v. 27.05.2015; vgl. auch EK, KOM (2015) 285 und KOM (2015) 286. Siehe auch ER (Brüssel) Schlussfolgerungen 25./26.06.2015, Ziff. I. 4.

447 ER (Brüssel), Schlussfolgerungen der Tagung vom 25./26.06.2015, EUCO 22/15 Ziff. I.3. und 4.

der Migrationsagenda zwischen Umsiedlung (relocation) als der Umverteilung von eindeutig internationalen Schutz benötigenden Personen innerhalb der EU und Neuansiedlung (resettlement) als der Überstellung von eindeutig internationalen Schutz benötigenden, vom UNHCR ausgewählten, Personen aus Drittstaaten in einen EU-Mitgliedstaat.[448]

#### aa) Umsiedlung von 40.000 Personen auf Grundlage von Art. 78 Abs. 3 AEUV

In ihrer Mitteilung vom 27. Mai 2015 hat die Kommission einen Vorschlag für einen Beschluss des Rates zur Einführung vorläufiger Maßnahmen im Bereich des internationalen Schutzes zugunsten von Italien und Griechenland durch die Aktivierung der Notfallklausel des Art. 78 Abs. 3 AEUV, konkret die zeitlich beschränkte Umsiedlung von 40.000 schutzbedürftigen Personen aus diesen beiden Mitgliedstaaten in andere EU-Mitgliedstaaten während eines zweijährigen Zeitraums, vorgelegt.[449] Die Laufzeit von 24 Monaten folgt aus der nach Art. 78 Abs. 3 Satz 1 AEUV erforderlichen Vorläufigkeit der Maßnahmen, wobei damit gleichzeitig die praktische Wirksamkeit der Maßnahmen gewährleitet wird.[450]

Auf diese Weise sollten die am stärksten vom Migrationsdruck betroffenen Länder Italien und Griechenland entlastet und gleichzeitig befähigt werden, den erheblichen Zustrom von Drittstaatsangehörigen in ihr Hoheitsgebiet effektiv zu bewältigen.[451] Konkret sieht der vom Rat mit Beschluss (EU) 2015/1523 vom 14. September 2015 angenommene Vorschlag die Umsiedlung von 24.000 Antragstellern aus Italien und 16.000 Antragsstellern aus Griechenland nach der im Rahmen der Entschließung der im Rat vereinigten Vertreter der Regierungen der Mitgliedstaaten erzielten Einigung am 20. Juli 2015 in andere Mitgliedstaaten vor.[452] Zwar enthält der Beschluss (EU) 2015/1523 selbst keinen verbindlichen Aufteilungsschlüssel und überlässt den Mitgliedstaaten im Rahmen der nach Art. 5 Abs. 2 Beschluss (EU) 2015/1523 die Wahl über die Anzahl der von ihm aufzunehmenden Flüchtlinge; allerdings verweist Art. 4 Beschluss (EU)

---

448 EK, KOM (2015) 240 Anhang. Ausführlich zum Begriff der Neuansiedlung D.IV.3.

449 EK, KOM (2015) 286 Ziff. 1.2 ff.

450 EK, KOM (2015) 286 Ziff. 3.1.

451 EK, KOM (2015) 286 Ziff. 3.1.

452 ABl. EU 2015 Nr. L 239/146; Art. 4 Beschluss (EU) 2015/1523 des Rates. Zu den Beteiligungsmöglichkeiten des Vereinigten Königreichs, Irland und Dänemarks siehe EK, KOM (2015) 286 Ziff. 3.2., wobei sich das Vereinigte Königreich, Irland und Dänemark nicht an der Maßnahme beteiligt haben.

2015/1523 ausdrücklich auf die Einigung der im Rat vereinigten Vertreter der Regierungen der Mitgliedstaaten vom 20. Juli 2015 zur Umsiedlung von 40.000 Personen.[453]

Art. 3 Abs. 1 des Umsiedlungsbeschlusses ordnet die Umsiedlung für Antragsteller an, die einen Antrag auf internationalen Schutz in Italien oder Griechenland gestellt haben und für den diese Staaten nach den Kriterien für die Bestimmung des zuständigen Mitgliedstaats in Kapitel III der Dublin-III-Verordnung Nr. 604/2013 sonst zuständig gewesen wären. Damit wird vor allem Art. 13 Abs. 1 Verordnung Nr. 604/2013, wonach der Mitgliedstaat für das Asylverfahren zuständig ist, für den feststeht, dass ein Antragssteller aus einem Drittstaat kommend die Land-, See- oder Luftgrenze eines Mitgliedstaats illegal überschritten hat einschließlich der nach Art. 21, 22 und 29 Verordnung Nr. 604/2013 geltenden Fristen, partiell und vorübergehend ausgesetzt.[454] Nach Art. 3 Abs. 2 des Beschlusses erfolgt die Umsiedlung nur bei Staatsangehörigen, deren Schutzquote nach den jüngsten vierteljährlichen Eurostat-Daten im Unionsdurchschnitt mindestens 75 % beträgt.

Nach Art. 5 Beschluss (EU) 2015/1523 des Rates bestimmt jeder Mitgliedstaat im Rahmen des Umsiedlungsverfahren eine nationale Kontaktstelle für die Zusammenarbeit und gibt alle drei Monate die Zahl der Antragssteller, die schnell in seinen Mitgliedstaat umgesiedelt werden können, an.[455] Italien und Griechenland bestimmen mit Unterstützung durch EASO besonders schutzbedürftige Personen und erlassen nach Zustimmung des aufnehmenden Mitgliedstaats eine förmliche Überstellungsentscheidung für die ausgewählten Personen.[456] Das Umsiedlungsverfahren ist möglichst schnell, spätestens innerhalb von zwei Monaten nach der Übermittlung der Aufnahmekapazitäten bei einer Verlängerungsmöglichkeit abzuschließen; sonst bleiben Italien bzw. Griechenland für das Asylverfahren zuständig.[457]

Grundlage für die Umverteilungsquote innerhalb der EU-Mitgliedstaaten sind das Bruttoinlandprodukt, die Bevölkerungszahl, die Arbeitslosenquote

---

453 So auch *Lehner*, Bailout in der Flüchtlingskrise: Zum Notfallumsiedlungsbeschluss des Rates der EU vom 22.09.2015, ZAR 2015, 365 (367). In Anhang der Entschließung ist die Verteilung von immerhin 31.186 Personen, jedoch unter Einbeziehung der tatsächlich nicht erfolgten Beteiligung von Irland, geregelt; Rat, Dok.-Nr. 11131/15, ASIM 63 v. 22.07.2015 einschließlich Anlage.

454 EK, KOM (2015) 286 Ziff. 3.1.

455 Art. 5 Abs. 1 und 2 Beschluss (EU) 2015/1523.

456 Art. 5 Abs. 4 Beschluss (EU) 2015/1523.

457 Art. 5 Abs. 10 Beschluss (EU) 2015/1523.

sowie die Anzahl der bisher aufgenommenen Asylbewerber und neu angesiedelten Flüchtlinge.[458] Für jede überstellte Person erhält der Umsiedlungsmitgliedstaat, d.h. der aufnehmende Mitgliedstaat gemäß Art. 10 Satz 1 Beschluss (EU) 2015/1523 einen Pauschalbetrag von 6.000 EUR aus dem Asyl-, Migrations- und Integrationsfonds für den Zeitraum 2014 bis 2020 (AMIF).[459]

### bb) Neuansiedlung von 20.000 schutzbedürftigen Drittstaatsangehörigen

Die Kommission forderte die Mitgliedstaaten in ihrer Empfehlung für eine europäische Neuansiedlungsregelung vom 8. Juni 2015 zur Neuansiedlung von 20.000 Personen aus Drittstaaten, die nach Feststellung des UNHCR eindeutig internationalen Schutz benötigen, im Zeitraum von zwei Jahren auf.[460] Auch in der Migrationsagenda verlangt die Kommission, dass schutzbedürftige Menschen den kriminellen Menschenschleppern nicht überlassen werden dürfen und dass

> „sichere und legale Wege geschaffen werden, auf denen sie in die EU gelangen können."[461]

Am 20. Juli 2015 kamen die Vertreter der Regierungen der Mitgliedstaaten zusammen mit den am Dublin-System assoziierten Staaten Island, Liechtenstein, Norwegen und der Schweiz überein, entsprechend der im Anhang ihrer Schlussfolgerungen festlegten Aufschlüsselung unzweifelhaft schutzbedürftige Personen durch multilaterale und nationale Regelungen auf Ersuchen des UNHCR aus einem Drittstaat in einem Mitgliedstaat neu anzusiedeln, wobei die Regionen Nordafrika, der Nahe und Mittlere Osten und das Horn von Afrika sowie vorhandene Entwicklungs- und Schutzprogramme bevorzugt werden sollen.[462] Aufgrund der Beteiligung der vier assoziierten Staaten umfasst das durch zusätzlich 50 Millionen Euro in den Jahren 2015 und 2016 finanzierte Neuansiedlungsprogramm 22.504 Plätze für schutzbedürftige Personen.[463]

---

458 EK, KOM (2015) 240 Ziff. II; EK, Fragen und Antworten zur Europäischen Migrationsagenda, S. 2.

459 Vgl. hierzu Art. 18 VO (EU) Nr. 516/2014, ABl. EU 2014 Nr. L 150/168; EK, KOM (2015) 451 Ziff. 2.1.

460 EK, Empfehlung, C(2015) 3560 Ziff. 1 ff.

461 EK, KOM (2015) 240 Ziff. II.

462 Rat, Dok.-Nr. 11130/15.

463 Rat, Dok.-Nr. 11130/1; EK, Fragen und Antworten zur Europäischen Migrationsagenda, S. 3.

Bis März 2016 waren insgesamt 4.555 Personen,[464] bis Juli 2016 insgesamt 8.268 Personen in 20 Staaten[465] neu angesiedelt worden,[466] mittlerweile ist dieses EU-Neuansiedlungsprogramm abgeschlossen.[467] Im neuen EU-Neuansiedlungsprogramm von September 2017 haben 20 Mitgliedstaaten mehr als 50.000 Plätze, darunter Deutschland 10.200 Plätze, zugesagt.[468]

Als langfristiges Lösungsinstrument hat die Kommission am 13. Juli 2016 einen Vorschlag für eine Verordnung zur Schaffung eines Neuansiedlungsrahmens der Union und zur Änderung der Verordnung (EU) Nr. 516/2014 zur Einrichtung des Asyl-, Migrations- und Integrationsfonds unterbreitet, um eine legale und sichere Einreise schutzbedürftiger Drittstaatsangehöriger in die EU zu ermöglichen, die Gefahr eines massiven irregulären Zustroms von Drittstaatsangehörigen zu verringern und gleichzeitig einen Beitrag zu internationalen Neuansiedlungsinitiativen zu leisten.[469]

#### *d) Errichtung von Hotspots an den EU-Außengrenzen*

Schließlich sollten an den EU-Außengrenzen in den vom Migrationsdruck am stärksten betroffenen Mitgliedstaaten Italien und Griechenland sog. „Hotspots" zur Bewältigung der zu hunderttausenden in die EU irregulär einreisenden Flüchtlingen mithilfe von 60 Millionen Euro Soforthilfe in den Jahren 2015 und 2016 errichtet werden.[470] Nachdem dort eine gewisse Zuständigkeitskonzentration in Form von asylbezogenen Vorprüfungen durch die EU erfolgt und daher für die in Teil 3 und 4 erfolgende Prüfung extraterritorialer Maßnahmen der EU Rückschlüsse geben kann, werden die Hotspots kurz dargestellt.

---

464 EK, KOM (2016) 165 Ziff. 3.1. Bis Ende 2015 erfolgten 3.358 Neuansiedlungen, KOM (2016) 85 Ziff. III.

465 Österreich, Belgien, Tschechische Republik, Dänemark, Finnland, Frankreich, Deutschland, Island, Irland, Italien, Liechtenstein, Lettland, Litauen, Luxemburg, Niederlande, Norwegen, Portugal, Schweden, Schweiz und Vereinigtes Königreich; EK, KOM (2016) 480 Ziff. 3.

466 EK, KOM (2016) 416 Ziff. 1. Einl.; KOM (2016) 480 Ziff. 1. Einl.

467 Vgl. EK, KOM (2018) 301 Ziff. 6, wonach die Gesamtzahl der Neuansiedlungen unter allen EU-Neuansiedlungsprogrammen bei 32.207 liegt.

468 EK, KOM (2018) 301 Ziff. 6.

469 EK, KOM (2016) 468 Ziff. 1 und Art. 3 des Verordnungsvorschlag; C (2017) 6504 ErwGr. 10 ff.; vgl. C.II.3.

470 EK, KOM (2015) 490 Ziff. III.1. und Anhang II. Fortschrittsberichte über die Einrichtung der Hotspots in Griechenland, EK, KOM (2015) 678 und Italien, EK, KOM (2015) 679. EK, Fragen und Antworten zur Europäischen Migrationsagenda, S. 3.

Konkret unterstützen Teams der EU-Agenturen wie EASO, Frontex und Europol, aber auch Beamte aus anderen EU-Mitgliedstaaten Italien und Griechenland bei der Identifizierung, Registrierung und Überprüfung der in die EU einreisenden Migranten bevor sie entweder in das nationale Asylsystem, das europäische Umverteilungssystem oder in das Rückführungssystem überführt werden.[471] Frontex-Experten überprüfen die Migranten im Rahmen eines Screenings einschließlich Abfrage der Migrationsroute und Vorgehen der Schleuser, stellen mobile Büros bereit und unterstützen bei der Rückführung nicht schutzwürdiger Personen.[472] Die Experten des EASO unterstützen die Einsatzmitgliedstaaten bei der Registrierung von Asylbewerbern. Experten von Europol und Eurojust entsenden Untersuchungsbeauftragte, die bei der Informationserhebung helfen, um Schleusernetze zu zerschlagen.[473] Dabei wird in jedem Einsatzmitgliedstaat ein gemeinsames operatives Hauptquartiert mit Vertretern aller drei Agenturen in Form der Regionalen Taskforce der EU (EURTF) zur Koordination der Hotspots errichtet, in Catania auf Sizilien für Italien mit insgesamt sechs Hotspots und in Piräus für Griechenland mit fünf Hotspots.[474]

Die Errichtung der Hotspots bis Ende 2015 blieb unvollendet; lediglich die Einrichtung auf Lesbos war einsatzbereit, in Italien nur auf Lampedusa und in Trapani.[475]

Erfolge konnten durch die mittlerweile vollständig in Betrieb genommenen Hotspots vor allem bei der Registrierungsquote verzeichnet werden. Ausweislich des Berichts der Kommission über den Stand der Umsetzung der Migrationsagenda hat sich der Anteil der Migranten, deren Fingerabdrücke in die Eurodac-Datenbank aufgenommen wurden, trotz verzögerter Einrichtung der Hotspots in Griechenland von 8 % im September 2015 auf 78 % im Januar 2016 und in Italien von 36 % auf 87 % im gleichen Zeitraum erhöht.[476]

471 EK, KOM (2015) 490 Ziff. III.1. und Anhang II. Fortschrittsberichte über die Einrichtung der Hotspots in Griechenland, EK, KOM (2015) 678 und Italien, EK, KOM (2015) 679. EK, KOM (2016) 85 Ziff. II.1.

472 EK, KOM (2015) 490 Anhang II Ziff. I.

473 EK, KOM (2015) 490 Anhang II Ziff. I.

474 EK, KOM (2015) 490 Anhang II Ziff. 2 und 3. m.w.N.

475 EK, Pressemitteilung, Flüchtlingskrise: Kommission rekapituliert Maßnahmen des Jahres 2015 und legt Prioritäten für 2016 fest v. 13.01.2016.

476 EK, KOM (2016) 85 Ziff. II.1.

### *e) Zweites Maßnahmenpaket zur Umsetzung der Migrationsagenda im September 2015*

Im zweiten Maßnahmenpaket zur Umsetzung der Europäischen Migrationsagenda vom 9. September 2015 unterbreitete die Kommission Vorschläge zur Umsiedlung weiterer 120.000 schutzbedürftiger Personen aus den am stärksten betroffenen Mitgliedstaaten (unter aa) und zur Einrichtung eines dauerhaften Umverteilungsmechanismus in Krisensituationen (unter bb).[477] Kommissionspräsident Jean-Claude Juncker führte hierzu aus:

> „Wir Europäer müssen eigentlich wissen und uns stets daran erinnern, wie wichtig es ist, Flüchtlingen Schutz zu gewähren und das Grundrecht auf Asyl zu achten. Es ist Zeit, dass wir anfangen, den Grundstein für eine echte europäische Migrationspolitik zu legen, wie wir das schon im Mai gefordert haben. Mit den Maßnahmen, die wir heute vorschlagen, ist gewährleistet, dass Menschen, die eindeutig internationalen Schutz benötigen, rasch nach ihrer Ankunft weiter verteilt werden, und zwar nicht nur jetzt, sondern auch bei künftigen Krisensituationen. Wenn es jemals nötig war, europäische Solidarität unter Beweis zu stellen, dann jetzt in Zeiten der Flüchtlingskrise. Es ist Zeit, gemeinsam Mut zu beweisen und europäisch zu handeln."[478]

Daneben hat die Kommission eine gemeinsame europäische Liste sicherer Herkunftsstaaten zur schnelleren Bearbeitung der wachsenden Zahl von Asylanträgen vorgeschlagen.[479] Gemäß Art. 1 der vorgeschlagenen Verordnung wird eine gemeinsame EU-Liste von Drittstaaten festgelegt, die als sichere Herkunftsstaaten im Sinne der Richtlinie 2013/32/EU anzusehen sind, wobei sowohl weitere Staaten aufgenommen als auch aufgrund aktueller Entwicklung gestrichen werden können.[480] Die Liste des Verordnungsvorschlags umfasst Albanien, Bosnien und Herzegowina, ehemalige jugoslawische Republik Mazedonien, Kosovo, Montenegro, Serbien und die Türkei.[481]

---

477 Zusammenfassend EK, Pressemitteilung, Flüchtlingskrise: Kommission rekapituliert Maßnahmen des Jahres 2015 und legt Prioritäten für 2016 fest v. 13.01.2016.; EK, KOM (2015) 451, 452, 453.

478 EK, Pressemitteilung, Flüchtlingskrise: die Europäische Kommission handelt, 9.09.2015.

479 EK, KOM (2015) 452.

480 Vgl. hierzu Art. 3 der vorgeschlagenen Verordnung, EK, KOM (2015) 452 Ziff. 1.1.

481 EP, Plenarsitzungsdokument A8-0244/2016, Bericht über den Vorschlag für eine Verordnung des Europäischen Parlaments und des Rates zur Erstellung einer gemeinsamen EU-Liste sicherer Herkunftsstaaten für die Zwecke der Richtlinie 2013/32/EU des Europäischen Parlaments und des Rates zu gemeinsamen Verfahren für die Zuerkennung und Aberkennung des internationalen Schutzes und zur Änderung

Außerdem hat die Kommission ein Handbuch zum Thema Rückkehr und Rückführung einschließlich eines EU-Aktionsplans zur effektiveren Gestaltung der Rückführungspolitik[482] sowie eine Leitlinie zur unbürokratischen öffentlichen Auftragsvergabe von benötigten Hilfsgütern und Dienstleistungen in der Flüchtlingskrise zur Verfügung gestellt.[483]

In außenpolitischer Hinsicht sollen die Bemühungen für eine politische Lösung der Konflikte in Syrien, dem Irak und in Libyen verstärkt und die von der Flüchtlingskrise besonders betroffenen Nachbarländer Jordanien, Libanon und die Türkei stärker unterstützt werden. Die Zusammenarbeit mit Drittländern wird durch zahlreiche Rückübernahmeabkommen[484] und Mobilitätspartnerschaften vertieft.

Die Prioritäten der Rückkehr- bzw. Rückführungspolitik und der Zusammenarbeit mit Herkunfts- und Transitländern hat auch der Europäische Rat auf seinem Treffen am 25. und 26. Juni 2015 neben Um- und Neuansiedlungsprogrammen als die zentralen Dimensionen der aktuellen Migrationspolitik angesehen und auf dem Treffen am 15. Oktober 2015 bestätigt.[485]

Schließlich soll ein Nothilfe-Treuhandfond für Afrika über 1,8 Milliarden Euro die Ursachen der irregulären Migration in Afrika bekämpfen und die Lage vor allem in den Regionen der Sahelzone, in der Tschadseeregion, am Horn von Afrika und in Nordafrika stabilisieren.[486]

---

der Richtlinie 2013/32/EU (COM(2015)0452 – C8-0270/2015 –2015/0211(COD)) v. 8.08.2016, S. 38.

482 Hierzu EK, KOM (2015) 453.

483 Hierzu EK, KOM (2015) 454.

484 Allgemein hierzu *Schmidt*, Die Rückübernahmeabkommen der EU und der Kompetenzkonflikt mit ihren Mitgliedstaaten, 95 ff.; vgl. auch *Uerpmann-Wittzack*, Ordnung und Gestaltung von Migrationsbewegungen durch Völkerrecht in Dethloff/Nolte/Reinisch, Rückblick nach 100 Jahren und Ausblick, S. 215 (221 f.), der auf den Charakter von Rückübernahmeabkommen als Migrationsverhinderungsrecht hinweist.

485 ER (Brüssel), Schlussfolgerung der Tagung vom 25./26.06.2015, EUCO 22/15 Ziff. I.3., I.5. – I.7.; ER (Brüssel), Schlussfolgerungen v. 15.10.2015, EUCO 26/15, Ziff. 1. und 2.

486 Zusammenfassend EK, Pressemitteilung, Flüchtlingskrise: Kommission rekapituliert Maßnahmen des Jahres 2015 und legt Prioritäten für 2016 fest v. 13.01.2016.; EK, KOM (2015) 451, 452, 453.

### aa) Umsiedlung von 120.000 Personen auf Grundlage von Art. 78 Abs. 3 AEUV

Der Kommissionsvorschlag vom 9. September 2015[487] wurde mit Beschluss des Rates (EU) 2015/1601 vom 22. September 2015 zur Einführung von vorläufigen Maßnahmen im Bereich des internationalen Schutzes zugunsten von Italien und Griechenland zur zeitlich befristeten Umsiedlung von 120.000 schutzbedürftigen Personen auf Grundlage der Notfallklausel des Art. 78 Abs. 3 AEUV in andere EU-Mitgliedstaaten als Ergänzung des Beschlusses vom 14. September 2015 (Umsiedlung von 40.000 Personen) umgesetzt.[488] Dabei hatte sich der Vorschlag der Kommission neben Griechenland und Italien auch auf Ungarn bezogen, in das allein im Juli und August 2015 über die ungarisch-serbische Grenze 78.472 Migranten eingereist waren.[489] Die Vorgabe von insgesamt 120.000 Personen wurde entsprechend 62 % aller zwischen Juli und August 2015 nach Italien bzw. Griechenland und 2015 nach Ungarn irregulär gelangten und eindeutig internationalen Schutz benötigen Personen, festgelegt, konkret 15.600 Antragsteller aus Italien, 50.400 aus Griechenland und 54.000 aus Ungarn nach dem im Beschluss festgelegten Verteilungsschlüssel.[490]

Da Ungarn den Verteilungsmechanismus jedoch ablehnte, obwohl das Land durch die in Art. 4 Abs. 1 lit. c) Beschluss (EU) 2015/1601 vorgesehene Umverteilung von 54.000 Personen profitiert hätte, wurde der Beschluss nur für Italien und Griechenland erlassen.[491] Nach Art. 4 Abs. 2 Beschluss (EU) 2015/1601 sollten ab dem 26. September 2016 die weiteren 54.000 Personen (Art. 4 Abs. 1 lit. c) ebenfalls aus Italien und Griechenland nach dem im Anhang I und II festlegten Quoten umgesiedelt werden, soweit keine anderweitige Entscheidung getroffen wird. Auf diese Weise sollte auf kurzfristig auftretende Situationen eines Massenzustroms auch in anderen Ländern reagiert werden können. Im März 2016 hat die Kommission vorgeschlagen, die bisher nicht zugewiesenen 54.000 Umsiedlungsplätze auf die 1:1-Regelung im Rahmen des Anfang März 2016 mit der Türkei geschlossenen Flüchtlingsdeals, nach dem die EU u.a. für jeden von der Türkei von den griechischen Inseln rückübernommenen Syrer einen schutzbedürftigen Syrer aus der Türkei in einem EU-Mitgliedstaat neuansiedelt,

487 EK, KOM (2015) 451.

488 ABl. EU 2015 Nr. L 248/80.

489 EK, KOM (2015) 451 Ziff. 1.2. und 2.1.

490 EK, KOM (2015) 451 Ziff. 2.1.; vgl. auch Art. 4 Beschluss (EU) 2015/1601 des Rates.

491 *Lehner*, Bailout in der Flüchtlingskrise: Zum Notfallumsiedlungsbeschluss des Rates der EU vom 22.9.2015, ZAR 2015, 365 (368).

anzurechnen.[492] Diesen Vorschlag hat der Rat mit Beschluss (EU) 2016/1754 vom 29. September 2016 umgesetzt und ermöglicht damit den Mitgliedstaaten, ihre Verpflichtung im Rahmen der Ansiedlung von 54.000 Personen aus Italien und Griechenland auch dadurch zu erfüllen, dass sie in der Türkei aufhältige Syrer im Rahmen von nationalen oder multilateralen Aufnahmeregelungen für Personen, die unzweifelhaft internationalen Schutz benötigen, in ihr Hoheitsgebiet aufnehmen und damit ihre Verpflichtung aus dem Beschluss des Rates vom 22. September 2015 verringern.[493] Dies gilt mit Ausnahme der Neuansiedlungsregelung über 22.504 Personen, die Gegenstand der Schlussfolgerungen der im Rat vereinigter Vertreter der Regierung der Mitgliedstaaten vom 20. Juli 2015 war.[494]

Das Umsiedlungsverfahren entspricht ebenso wie die Finanzierung dem ersten Umsiedlungsbeschluss des Rates vom 14. September 2015 (unter 3. c) aa),[495] enthält jedoch im Unterschied zum ersten Beschluss einen verbindlichen Verteilungsschlüssel für die Umverteilung zwischen den aufnehmenden Mitgliedstaaten.[496] Zu diesem Zweck verweist der die Umsiedlung von 120.000 Antragsstellern regelnde Art. 4 Abs. 1 Beschluss (EU) 2015/1601 auf die in Anhang I (betreffend Italien) und Anhang II (betreffend Griechenland) enthaltene Tabelle mit „verpflichtenden Quoten" für alle 23 Mitgliedstaaten, nachdem sich das Vereinigte Königreich, Irland und Dänemark aufgrund ihres Opt-outs an der Maßnahmen nicht beteiligen.[497] Aufgrund der im Rat geltenden qualifizierten Mehrheit[498]

492 EK, KOM (2016) 171 Ziff. 1.1. und Art. 1 des Änderungsbeschlusses.

493 Art. 1 des Beschlusses (EU) 2016/1754, ABl. EU 2016 Nr. L 268/82.

494 Art. 1 des Beschlusses (EU) 2016/1754, ABl. EU 2016 Nr. L 268/82.

495 EK, KOM (2015) 451 Ziff. 2.1. Zum Umsiedlungsverfahren siehe Art. 5 Beschluss (EU) 2015/1601 des Rates. auch EP, Entschließung P8_TA(2015)0176 Ziff. 7.; EK, KOM (2015) 451 Ziff. 2.1. Zu den Beteiligungsmöglichkeiten für das Vereinigte Königreich (vor dem Brexit-Referendum), Irland und Dänemark siehe EK, KOM (2015) 451 Ziff. 2.2.

496 In diesem Sinn auch *Lehner*, Bailout in der Flüchtlingskrise: Zum Notfallumsiedlungsbeschluss des Rates der EU vom 22.09.2015, ZAR 2015, 365 (367).

497 ABl. EU 2015 Nr. L 248/80. *Lehner*, Bailout in der Flüchtlingskrise: Zum Notfallumsiedlungsbeschluss des Rates der EU vom 22.9.2015, ZAR 2015, 365 (367). Nach dem Brexit-Referendum am 23. Juni 2016 wird derzeit der Austritt Großbritanniens aus der EU verhandelt.

498 Gemäß Art. 16 Abs. 4 EUV gilt seit 1.11.2014 als qualifizierte Mehrheit eine Mehrheit von mindestens 55 % der Mitglieder des Rates, gebildet aus mindestens 15 Mitgliedern, sofern die von diesen vertretenen Mitgliedstaaten zusammen mindestens 65 % der Bevölkerung der Union ausmachen.

sind auch die vier abstimmungsunterliegenden Staaten gebunden, von denen die Slowakei und Ungarn Anfang Dezember 2015 gegen den zweiten Umsiedlungsbeschluss des Rates Klage vor dem EuGH erhoben hatten, die mittlerweile abgewiesen wurden.[499]

Die tatsächliche Umsetzung der Umsiedlung lief schleppend an: Seit Mitte März 2016 sollten monatlich mindestens 5.679 Personen (im Tagesdurchschnitt etwa 187 Überstellungen bei einer maximal zweiwöchigen Verfahrensdauer) umgesiedelt werden,[500] bis Mitte April 2016 mindestens 6.000 und bis Mitte Mai mindestens 20.000 Umsiedlungen abgeschlossen sein.[501] Tatsächlich wurden bis zum 16. April 2016 lediglich weitere 208 Personen umgesiedelt,[502] im Juli 2016 waren es insgesamt 3.056, sodass die Zielvorgabe von monatlich 6.000 Personen bei weitem nicht erreicht wurde.[503] Insgesamt wurden bis Anfang 2018 nur ca. 33.000 Personen in der EU umverteilt. Zugunsten von Österreich und Schweden wurde von der Möglichkeit der vorübergehenden Aussetzung der unionsweiten Umsiedlung wegen der besonderen Belastung der Länder teilweise Gebrauch gemacht.[504]

### bb) Vorschlag für einen dauerhaften Umsiedlungsmechanismus

Die Kommission hat einen Vorschlag für eine Umsiedlungsverordnung zur Einrichtung eines dauerhaften Umsiedlungsmechanismus für Krisensituationen und zur Änderung der Dublin-III-Verordnung am 9. September 2015 vorgelegt.[505] Die auf Art. 78 Abs. 2 lit. e) AEUV gestützte Verordnung soll die Dublin-III-Verordnung Nr. 604/2013, vor allem durch Einführung eines neuen Abschnitts VII (Art. 33a bis Art. 33d Verordnung Nr. 604/2013), ändern.[506]

---

499 Siehe EuGH, U. v. 06.09.2017, C-643/15 ECLI: EU: C:2017:631 – Slovakia v Council und C-647/15 ECLI: EU: C:2017:618 – Hungary v Council; EK, KOM (2016) 165 Ziff. 2.1.

500 Erster Fortschrittsbericht der Kommission über die Umverteilung und Neuansiedlung v. 16.03.2016; EK, KOM (2016) 165 Ziff. 4.

501 EK, KOM (2016) 165 Ziff. 4.

502 EK, KOM (2016) 222 Ziff. 1.

503 Vgl. EK, KOM (2016) 416 Ziff. 1.; KOM (2016) 480 Ziff. 1.; Bis Anfang 2018 wurden nur 33.000 Flüchtlinge in der EU umverteilt, ARD, Tagesschau, Deutschland schließt Umverteilung ab, v. 29.01.2018, *Heuser*, Zwei Jahre EU-Umsiedlungsmechanismus, NVwZ 2018, 364 (366).

504 Durchführungsbeschluss (EU) 2016/408 des Rates v. 10.03.2016, ABl. EU 2016 Nr. L 74/36; Beschluss (EU) 2016/946 des Rates v. 9.06.2016, ABl. EU 2016 Nr. L 157/23.

505 EK, KOM (2015) 450.

506 EK, KOM (2015) 450 Ziff. 2.; Art. 1 der vorgeschlagenen Verordnung.

Danach wird der dauerhaft installierte Umsetzungsmechanismus für Krisensituationen durch die Feststellung des Bestehens einer Krisensituation in einem Mitgliedstaat durch die Kommission ausgelöst (Art. 33a Abs. 1) und mithilfe von Durchführungsrechtsakten im Sinne von Art. 291 Abs. 2 AEUV, durch welche die in der Krise befindlichen Mitgliedstaaten, die Zahl der Umsiedlungspersonen, ihre Verteilung auf die anderen Mitgliedstaaten sowie der Zeitraum der Maßnahme festgelegt werden (Art. 33a Abs. 4 lit. a bis d), umgesetzt.[507] Die vorgeschlagene Verordnung für einen dauerhaften Umsiedlungsmechanismus wurde bisher nicht erlassen (zur Reform C.II.3).[508]

### *f) Drittes Maßnahmenpaket zur Umsetzung der Migrationsagenda im Dezember 2015*

In einem dritten Schritt hat die Kommission am 15. Dezember 2016 weitere Maßnahmen zur Umsetzung der Europäischen Migrationsagenda vor allem für einen europäischen Grenz- und Küstenschutz für die Außengrenzen Europas erlassen.[509] Dies erfolgt in Übereinstimmung mit der Forderung des Europäischen Rates vom 17. und 18. Dezember 2015, die erarbeitete Strategie zur Bewältigung der Migrationsströme nun auch vollständig umzusetzen.[510]

Der neue Grenz- und Küstenschutz, der sich aus einer aus Frontex hervorgehenden Europäischen Agentur für Grenz- und Küstenschutz und den zuständigen Behörden der Mitgliedstaaten zusammensetzt, sieht eine Ressourcenaufstockung in personeller (1.500 Experten als mobilisierbare Reserve und 1.000 Mitarbeiter), technischer und finanzieller Hinsicht sowie die Zusammenarbeit mit Drittstaaten in Form gemeinsamer Einsätze vor.[511] Gleichzeitig sollen eine Zentralstelle für Überwachung und Risikoanalyse eine bessere Einschätzung der Migrationsströme und der Einsatz von europäischen Grenzschutz- und Küstenwache-Teams vor Ort Sofortmaßnahmen im Krisenfall ermöglichen. Schließlich wird innerhalb der Agentur eine europäische Rückführungsstelle zur

---

507 Art. 1 der vorgeschlagenen Verordnung; EK, KOM (2015) 450. Zum Ganzen siehe *Lehner*, Bailout in der Flüchtlingskrise: Zum Notfallumsiedlungsbeschluss des Rates der EU vom 22.9.2015, ZAR 2015, 365 (368).

508 Vgl. *Heuser*, Zwei Jahre EU-Umsiedlungsmechanismus, NVwZ 2018, 364 (367); zur Reform des GEAS *Koehler*, Die Dublin IV-Verordnung – eine Chance für eine Stärkung des Europäischne Asylzuständigkeitssystems? ZAR 2017, 440 (441 ff.).

509 EK, Pressemitteilung, Ein europäischer Grenz- und Küstenschutz für die Außengrenzen Europas v. 15.12.2015; EK, KOM (2015) 673.

510 ER (Brüssel), Schlussfolgerungen v. 17./18.12.2015, EUCO 28/15, Ziff. I.1.

511 EK, KOM (2015) 673 Ziff. III.

Unterstützung nicht schutzbedürftiger und daher rückzuführender Drittstaatsangehörigen geschaffen.[512] Anfang Oktober 2016 hat die neue EU-Behörde für Grenz- und Küstenschutz ihre Arbeit aufgenommen und zwar nicht wie bisher Frontex mit Schwerpunkt in Italien und Griechenland, sondern auch an der türkisch-bulgarischen Grenze.[513]

### 4. *Weitere Maßnahmen der EU zur Bewältigung der Flüchtlingskrise*

Zur Bewältigung der Flüchtlingskrise hat die EU weitere Maßnahmen im Jahr 2015 initiiert. Dazu gehören der Aktionsplan für den Westbalkan, der EU-Afrika-Aktionsplan sowie das zentrale EU-Türkei-Abkommen, die allesamt auf die Reduzierung der Migrationsströme nach Europa abzielen.

#### *a) 17-Punkte-Aktionsplan zur Westbalkanroute vom 25. Oktober 2015*

Am 25. Oktober 2015 einigten sich die Staats- und Regierungschefs der am stärksten von der Krise auf der Westbalkanroute betroffenen Länder auf einen 17-Punkte-Plan zur Bewältigung der Flüchtlingsströme auf der Westbalkanroute.[514] Teilnehmer waren die Staats- und Regierungschefs von Albanien, Bulgarien, Deutschland, Griechenland, Kroatien, der ehemaligen jugoslawischen Republik Mazedonien, Österreich, Rumänien, Serbien, Slowenien und Ungarn.[515] Der Initiator des Treffens, Jean-Claude Juncker, erklärte hierzu:

> „Die betroffenen Länder sollten nicht nur übereinander, sondern miteinander reden. Nachbarn sollten zusammen – nicht gegeneinander – arbeiten. Wir müssen für eine humane Behandlung der Flüchtlinge entlang der Westbalkanroute sorgen, um eine humanitäre Tragödie in Europa zu verhindern. Ich freue mich daher, dass wir uns heute auf einen 17-Punkte-Plan mit pragmatischen, praktischen Maßnahmen einigen konnten, die gewährleisten sollen, dass die Menschen nicht auf sich allein gestellt in Regen und Kälte ausharren müssen."[516]

---

512 EK, KOM (2015) 673 Ziff. III.

513 ARD, Tagesschau, Mehr Macht für Frontex 2.0: Start für neuen EU-Grenz- und Küstenschutz v. 6.10.2016; ARD, Tagesschau, „Neue Frontex" soll Außengrenzen sichern: EU-Agentur nimmt Arbeit auf v. 4.10.2016.

514 EK, Pressemitteilung, Flüchtlingsströme auf der Westbalkanroute: Staats- und Regierungschefs einigen sich auf 17-Punkte-Plan v. 25.10.2015.

515 EK, Pressemitteilung, Flüchtlingsströme auf der Westbalkanroute: Staats- und Regierungschefs einigen sich auf 17-Punkte-Plan v. 25.10.2015.

516 EK, Pressemitteilung, Flüchtlingsströme auf der Westbalkanroute: Staats- und Regierungschefs einigen sich auf 17-Punkte-Plan v. 25.10.2015.

Konkret wurden ein permanenter Informationsaustausch zwischen den Kontaktstellen und der EU, die Begrenzung der Sekundärbewegungen innerhalb der EU, die stärkere humanitäre Unterstützung der Flüchtlinge und Erhöhung der Aufnahmekapazitäten entlang der Westbalkanroute, die verstärkte gemeinsame Migrationssteuerung durch Kooperation der Agenturen und durch Informationsaustausch, ein verstärktes Grenzmanagement und die Bekämpfung von Schleusung und Menschenhandel sowie die Information der Flüchtlinge und Migranten über ihre Rechte und Pflichten vereinbart.[517] Die Umsetzung der vereinbarten Verpflichtungen wird regelmäßig überprüft und von der Kommission mit den nationalen Kontaktstellen koordiniert.[518]

### *b) Aktionsplan des EU-Afrika-Migrationsgipfels von Malta am 11./12. November 2015*

Nicht zuletzt in Fortführung des Rabat- sowie Khartum-Prozesses aus dem Jahr 2014 kamen die Staats- und Regierungschefs aus der EU und Afrika auf dem Migrationsgipfel in Valletta am 11. und 12. November 2015 in ihrer gemeinsamen politischen Erklärung überein, angesichts der stark gestiegenen Migrationszahlen zuvörderst das Leben der Migranten zu retten sowie unter Beachtung des Völkerrechts eine gesteuerte Migration in enger Zusammenarbeit zwischen der EU und Afrika voranzutreiben.[519] Hierzu wurde ein Aktionsplan einschließlich einer konkreten Maßnahmenliste mit 16 Punkten zur Umsetzung bis Ende 2016 erstellt.[520] Im besonderen Fokus stehen die fünf Prioritäten in Form der Bekämpfung der Ursachen der irregulären Migration und Vertreibung (1), einer verstärkten Zusammenarbeit im Bereich der legalen Migration und Mobilität (2) sowie eines stärkeren Schutzes für Migranten und Asylbewerber (3), aber auch der effektiveren Bekämpfung der irregulären Migration und Schleusung sowie des Menschenhandels (4) und schließlich einer effektiveren Rückführung und Rückübernahme durch bessere Kooperation (5).[521] Zu den Maßnahmen

---

517 Leaders‘ Meeting on refugee flows along the Western Balkans Route, Leaders‘ Statement v. 25.10.2016.

518 Leaders‘ Meeting on refugee flows along the Western Balkans Route, Leaders‘ Statement v. 25.10.2016.

519 ER, Gipfeltreffen zu Migrationsfragen in Valletta, 11.-12.11.2015, Politische Erklärung.

520 ER, Gipfeltreffen zu Migrationsfragen in Valletta, 11.-12.11.2015, Aktionsplan.

521 ER, Gipfeltreffen zu Migrationsfragen in Valletta, 11.-12.11.2015, Politische Erklärung; Aktionsplan Ziff. 1 -5.

gehören auch extraterritoriale Ansätze, wie die Errichtung von Regionalen Entwicklungs- und Schutzprogrammen am Horn von Afrika und in Nordafrika.[522]

Gleichzeitig wurde der EU-Treuhandfonds für Afrika in Höhe von insgesamt 1,8 Mrd. EUR offiziell ins Leben gerufen.[523] Schließlich wurde von der EU und Äthiopien als einem wichtigen Transitland für Migranten vom Horn von Afrika eine Gemeinsame Agenda für Migration und Mobilität im Rahmen des Gipfels unterzeichnet.[524]

### *c) Der EU-Türkei-Deal von März 2016*

Eine wichtige Zäsur bei der Bekämpfung der illegalen Migration und bei der Reduzierung der Migrationszahlen in der EU stellt die umstrittene Vereinbarung zwischen der EU und der Türkei im März 2016 dar, durch welche die Zahl der in die EU gelangenden Personen erheblich reduziert wurde. Während in den drei Wochen vor Anwendung der EU-Türkei-Erklärung noch 26.878 Personen illegal auf den griechischen Inseln ankamen, waren es in den seit Geltung des Deals am 20. März 2016 folgenden drei Wochen weniger als 5.847 Personen.[525] In den Monaten vor Umsetzung des EU-Türkei-Deals kamen täglich ca. 1.740 Migranten über die Ägäis auf die griechischen Inseln, seit 1. Mai 2016 ist die tägliche Zahl auf rund 50 Neuankömmlinge ebenso wie die Zahl der Todesopfer in der Ägäis gesunken.[526]

Der im März 2016 geschlossene EU-Türkei-Deal ist das Ergebnis einer bereits im Jahr 2015 begonnenen, vertieften Kooperation mit der Türkei als einem der Haupttransitländer, insbesondere im Hinblick auf die aus Syrien flüchtenden Menschen. Die aus verschiedenen Punkten bestehende Vereinbarung mit der Türkei (unter bb) sieht sich erheblichen, vor allem rechtlichen, Bedenken ausgesetzt (unter cc).

---

522 ER, Gipfeltreffen zu Migrationsfragen in Valletta, 11.-12.11.2015, Aktionsplan Ziff. 3.

523 EK, Pressemitteilung, Flüchtlingskrise: Kommission rekapituliert Maßnahmen des Jahres 2015 und legt Prioritäten für 2016 fest v. 13.01.2016; ER, Gipfeltreffen zu Migrationsfragen in Valletta, 11.-12.11.2015, Aktionsplan, Einl.

524 EK, Pressemitteilung, EU und Äthiopien unterzeichnen Gemeinsame Agenda für Migration und Mobilität v. 11.11.2015.

525 EK, KOM (2016) 231 Ziff. 1.

526 EK, KOM (2016) 349 Ziff. 1.; zum sechsten Fortschrittsbericht bei der Umsetzung der Erklärung EU-Türkei siehe KOM (2017) 323, Einl.; zu den aktuellen Entwicklungen siehe KOM (2018) 301, Ziff. 3.

### aa) Gemeinsamer Aktionsplan EU-Türkei

Am 15. Oktober 2015 wurde auf dem Treffen des Europäischen Rates ein gemeinsamer Aktionsplan mit der Türkei als Teil einer umfassenden Agenda für Zusammenarbeit verabschiedet wurde, der am 29. November 2015 auf dem EU-Türkei-Gipfel der EU-Staats- und Regierungschefs mit der Türkei in Kraft gesetzt wurde.[527] Danach werden die EU-Beitrittsverhandlungen mit der Türkei neu belebt, die EU stellt zusätzlich drei Milliarden Euro für die Versorgung der in der Türkei aufhältigen, syrischen Flüchtlinge zur Verfügung und im Gegenzug wirkt die Türkei bei der Bekämpfung der illegalen Migration in die EU stärker mit und verbessert die Lebensbedingungen der in der Türkei lebenden syrischen Flüchtlinge.[528]

### bb) Inhalt des EU-Türkei-Deals vom 18. März 2016

Auf dem Treffen der EU-Staats- und Regierungschefs mit der Türkei am 7. März 2016 wurde angesichts der weiterhin hohen Zahl der von der Türkei nach Griechenland illegal einreisenden Personen die Umsetzung des gemeinsamen Aktionsplans EU-Türkei und des NATO-Einsatzes in der Ägäis zur Schleuserbekämpfung bekräftigt.[529] Die Türkei hat sich mit der schnellen Rückführung aller von der Türkei nach Griechenland eingereisten Migranten, die keinen internationalen Schutz benötigen, im Rahmen eines bilateralen Rückübernahmeabkommens zwischen Griechenland und der Türkei einverstanden erklärt.[530] Weitere Einzelmaßnahmen wurden auf dem Gipfeltreffen am 18. März 2016 durch den sog. EU-Türkei-Deal beschlossen.[531]

---

527 ER (Brüssel) Schlussfolgerungen v. 15.10.2015, Ziff. 2a); EK, Pressemitteilung, Flüchtlingskrise: Kommission rekapituliert Maßnahmen des Jahres 2015 und legt Prioritäten für 2016 fest v. 13.01.2016; zum Aktionsplan EK, EU-Turkey joint action plan v. 15.10.2015, MEMO/15/5860.

528 ER, Treffen der Staats- und Regierungschefs der EU mit der Türkei, 29.11.2015, Erklärung EU-Türkei, insbesondere Ziff. 1-7.

529 ER, Treffen der Staats- und Regierungschefs der EU mit der Türkei, 7.03.2016, Erklärung der Staats- und Regierungschefs der EU v. 8.03.2016, Erklärungen und Bemerkungen Nr. 111/16, insbesondere Ziff. 1 und 3.

530 ER, Treffen der Staats- und Regierungschefs der EU mit der Türkei, 7.03.2016, Erklärung der Staats- und Regierungschefs der EU v. 8.03.2016, Erklärungen und Bemerkungen Nr. 111/16, insbesondere Ziff. 1.

531 ER, Treffen der Staats- und Regierungschefs der EU mit der Türkei, 18.03.2016, Erklärung EU-Türkei, Pressemitteilung Nr. 144/16. ER (Brüssel) Schlussfolgerungen v. 17./18.03.2016, EUCO 12/1/16 REV 1 Ziff. I.

Zunächst sieht der türkische Vorschlag, wie von der Europäischen Stabilitätsinitiative angeregt, vor, dass alle in Griechenland irregulär ankommenden Migranten unabhängig von ihren Aussichten auf Asyl oder sonstigen Schutz ab dem 20. März 2016 in die Türkei zurückgewiesen werden.[532] Dadurch soll die illegale Migration und Schleusung von Menschen in die EU unter Lebensgefahr beendet werden. Die Rückführung der Migranten soll im Einklang mit Europa- und Völkerrecht, vor allem der EMRK, GRC sowie der GFK unter Anwendung des Konzepts der sicheren Drittstaaten und des Erstasylstaats erfolgen.[533]

Die Umsetzung der Vereinbarung erfordert sowohl nationale Gesetzesänderungen in Griechenland, konkret die Festlegung der Türkei als sicheren Drittstaat bzw. Erstasylland, als auch in der Türkei und zwar Statusregelungen für Syrer sowie den Zugang zum Asylverfahren.[534] Bei Anerkennung der Türkei als sicheren Herkunftsstaat durch Griechenland können Asylanträge nach einer formalen Prüfung als unbegründet abgewiesen werden (Art. 33 und Art. 38 der Richtlinie 2013/32/EU) und alle Flüchtlinge, einschließlich Syrer, in die Türkei zurückgeführt werden.[535] Migranten, die kein Asyl beantragt haben oder deren Antrag abgelehnt wurde, werden seit 4. April 2016 auf EU-Kosten auf Grund des bilateralen Rückübernahmeabkommens zwischen der Türkei und Griechenland, welches seit dem 1. Juni 2016 durch das Rückübernahmeabkommen zwischen der EU und der Türkei ersetzt wurde, in die Türkei zurückgeführt.[536] In der Tat sprechen gute Gründe gegen die Einstufung der Türkei als sicheren Drittstaat (vgl. unter cc). Die Rückführungen im Rahmen des EU-Türkei-Deals erfolgten langsamer und in geringerem Umfang als erhofft: so wurden seit Rückführungsbeginn am 20. April 2016 bis Juni 2016 insgesamt 462 Personen, die nach dem 20. März 2016 illegal einreisten und keinen Antrag auf Asyl stellten bzw. ihren Asylantrag freiwillig zurücknahmen, von Griechenland in die Türkei rückgeführt; auch die weiteren Fortschrittsberichte weisen relativ geringe Rückführungszahlen in die Türkei aus.[537]

---

532 ER, Treffen der Staats- und Regierungschefs der EU mit der Türkei, 18.03.2016, Erklärung EU-Türkei, Pressemitteilung Nr. 144/16 Ziff. 1; EK, KOM (2016) 166, Ziff. 2.1.; ARD, Tagesschau, EU-Flüchtlingsgipfel: Die Vorschläge der Türkei v. 8.03.2016.

533 EK, KOM (2016) 166, Ziff. 2.1.

534 EK, KOM (2016) 166, Ziff. 2.1.; KOM (2016) 231 Ziff. 2.1.; KOM (2016) 349 Ziff. 2.2.

535 ER, Treffen der Staats- und Regierungschefs der EU mit der Türkei, 18.03.2016, Erklärung EU-Türkei, Pressemitteilung Nr. 144/16 Ziff. 1.

536 ER, Treffen der Staats- und Regierungschefs der EU mit der Türkei, 18.03.2016, Erklärung EU-Türkei, Pressemitteilung Nr. 144/16 Ziff. 1; EK, KOM (2016) 231 Ziff. 1 Einl.; EK, KOM (2016) 231 Ziff. 2.1.

537 EK, KOM (2016) 349 Ziff. 2.1; KOM (2017) 323 Ziff. 2.

Im Gegenzug für jeden von der Türkei zurückgenommenen Syrer nimmt die EU einen syrischen Flüchtling auf, um rasch einen legalen und geordneten Neuansiedlungsprozess zu installieren.[538] Damit sollen die Schleuser ausgehebelt und gleichzeitig die Türkei entlastet werden.[539] Diese sog. 1:1-Neuansiedlung soll „im Rahmen der bestehenden Verpflichtungen" erfolgen, sowohl im Hinblick auf die Neuansiedlung von 20.000 Flüchtlingen aus Drittstaaten als auch die Umsiedlung von 160.000 Flüchtlingen innerhalb der EU, deren Implementierung nur schleppend anlief.[540] Bevorzugt werden Flüchtlinge, die bisher nicht versuchten, illegal in die EU zu gelangen.[541] Die erste Neuansiedlung von Syrern erfolgte am 4. und 5. April 2016, als 74 syrische Asylsuchende in Deutschland, Finnland und den Niederlanden angesiedelt wurden,[542] bis zum 8. Juni 2016 folgten weitere 408 Syrer,[543] wobei bis März 2018 insgesamt 13.313 Syrer aus der Türkei in der EU neu angesiedelt wurden.[544]

Diese beiden zentralen Maßnahmen des EU-Türkei-Abkommens sollen den Migranten vor Augen führen, dass es sich nicht lohnt, in der Türkei ein Boot zu besteigen und sein Leben aufs Spiel zu setzen, weil es einen legalen und sicheren Weg durch die Neuansiedlung gibt.[545]

Außerdem ergreift die Türkei nach der geschlossenen Absprache Maßnahmen, um das Entstehen neuer illegaler Migrationsrouten von der Türkei in die EU zu verhindern.[546] Sobald die illegale Migration erheblich zurückgeht, nimmt die EU weitere Flüchtlinge freiwillig aus humanitären Gründen auf.[547] Die drei Milliarden Euro der Fazilität für Flüchtlinge in der Türkei sollen schnell

538 ER, Treffen der Staats- und Regierungschefs der EU mit der Türkei, 18.03.2016, Erklärung EU-Türkei, Pressemitteilung Nr. 144/16 Ziff. 2; EK, KOM (2016) 166, Ziff. 2.2.; ARD, Tagesschau, EU-Flüchtlingsgipfel: Die Vorschläge der Türkei v. 8.03.2016.

539 ARD, Tagesschau, EU-Flüchtlingsgipfel: Die Vorschläge der Türkei v. 08.03.2016.

540 EK, KOM (2016) 166, Ziff. 2.2; EK, Pressemitteilung, Umverteilung und Neuansiedlung: EU-Kommission sieht Mitgliedstaaten in der Pflicht v. 16.03.2016.

541 ER, Treffen der Staats- und Regierungschefs der EU mit der Türkei, 18.03.2016, Erklärung EU-Türkei, Pressemitteilung Nr. 144/16 Ziff. 2.

542 EK, KOM (2016) 231 Ziff. 3.

543 EK, KOM (2016) 349 Ziff. 3.1.

544 EK, KOM (2018) 301 Ziff. 6.

545 EK, KOM (2016) 349 Ziff. 1. Einl.

546 ER, Treffen der Staats- und Regierungschefs der EU mit der Türkei, 18.03.2016, Erklärung EU-Türkei, Pressemitteilung Nr. 144/16 Ziff. 3.

547 ER, Treffen der Staats- und Regierungschefs der EU mit der Türkei, 18.03.2016, Erklärung EU-Türkei, Pressemitteilung Nr. 144/16 Ziff. 4.

ausgezahlt und die humanitäre Lage in Syrien verbessert werden,[548] wobei die EU weitere drei Milliarden Euro bis Ende 2018 bei Bedarf gewährt.[549]

Schließlich sollte die Visafreiheit für türkische Staatsangehörige in die EU bereits ab Juni 2016 anstatt Oktober 2016 gelten,[550] obgleich der Katalog mit 72 Bedingungen für die Visafreiheit noch nicht vollständig erfüllt war.[551] Dies ist nach wie vor nicht der Fall.[552] Überdies verlangte die Türkei eine Neubelebung und Beschleunigung der ins Stocken geratenen EU-Beitrittsverhandlungen.[553]

### cc) Rechtliche Bedenken gegen den EU-Türkei-Deal

Gegen die gemeinsame Absprache mit der Türkei bestehen erhebliche Bedenken sowohl von staatlicher wie auch nichtstaatlicher Seite. Unter anderem wurde die Absprache der EU mit der Türkei in einem offenen Brief von 60 prominenten Intellektuellen im Mai 2016 als „Tauschgeschäft", das „nichts anderes als Menschenhandel" sei, bezeichnet.[554] Die Rückführung der Menschen von Europa in die Türkei, im Gegenzug für Visa- und Zollerleichterung, sei eine Art Menschenhandel, jedenfalls liege darin ein Verstoß gegen das Gebot der Nicht-Zurückweisung und das Verbot der Kollektivausweisung sowie eine Verletzung der Rechte der Asylsuchenden nach der GFK.[555] Nachdem eine vertiefte Prüfung der Zulässigkeit des EU-Türkei-Deals den Rahmen des für die Forschungsfrage erforderlichen Umfangs sprengen würde, werden nur einige rechtliche Bedenken in aller Kürze aufgezeigt.

---

548 ER, Treffen der Staats- und Regierungschefs der EU mit der Türkei, 18.03.2016, Erklärung EU-Türkei, Pressemitteilung Nr. 144/16 Ziff. 6; EK, KOM (2016) 166, Ziff. 2.4, 2.6.; ARD, Tagesschau, EU-Flüchtlingsgipfel: Die Vorschläge der Türkei v. 8.03.2016.

549 ER, Treffen der Staats- und Regierungschefs der EU mit der Türkei, 18.03.2016, Erklärung EU-Türkei, Pressemitteilung Nr. 144/16 Ziff. 6. EK, KOM (2016) 85 Ziff. II.2. Zu den aktuellen Entwicklungen siehe EK, KOM (2018) 301 Ziff. 3.

550 ER, Treffen der Staats- und Regierungschefs der EU mit der Türkei, 18.03.2016, Erklärung EU-Türkei, Pressemitteilung Nr. 144/16 Ziff. 5.

551 EK, KOM (2016) 166, Ziff. 2.3.

552 Siehe etwa ARD; Tagesschau, Türkei zu Gesetzesänderungen bereit v. 14.04.2018.

553 ER, Treffen der Staats- und Regierungschefs der EU mit der Türkei, 18.03.2016, Erklärung EU-Türkei, Pressemitteilung Nr. 144/16 Ziff. 8; EK, KOM (2016) 166, Ziff. 2.5; ARD, Tagesschau, EU-Flüchtlingsgipfel: Die Vorschläge der Türkei v. 08.03.2016.

554 SZ, Dokumentation des offenen Briefs An die Staats- und Regierungschefs der EU v. 4.05.2016; SZ, Interview mit Jeremy Adler, EU-Türkei-Deal: „Dieses Tauschverfahren ist nichts anderes als Menschenhandel" v. 4.05.2016.

555 SZ, Dokumentation des offenen Briefs An die Staats- und Regierungschefs der EU v. 4.05.2016.

Zunächst bestehen Bedenken, die Türkei als sicheren Drittstaat nach Art. 38 RL 2013/32EU oder als ersten Asylstaat gemäß Art. 35 RL 2013/32/EU anzusehen, in den Flüchtlinge und Asylsuchende zurückgeschickt werden können (vgl. unter A.I.2.b). Dabei geht *Marx* davon aus, dass für die EU-Türkei-Absprache nur das Konzept der sicheren Drittstaaten zur Anwendung kommt, weil die Flüchtlinge auf ihrer Durchreise in der Türkei hätten Schutz finden können und nicht tatsächlich Schutz durch die Anerkennung als Flüchtling gefunden haben.[556] Jedenfalls stehen der Einstufung der Türkei als sicher mehrere Argumente entgegen. So setzt Art. 38 Abs. 1 lit. c) und lit. e) RL 2013/32/EU voraus, dass die GFK wirksam gilt. Zwar ist die Türkei Unterzeichnerstaat der GFK, jedoch unter dem geographischen Vorbehalt des Art. 42 Abs. 1 GFK zulasten nichteuropäischer Herkunftsländer.[557] Nur Europäer werden in der Türkei als Flüchtlinge anerkannt, Nichteuropäer, wie etwa Syrer, erhalten lediglich einen „bedingten Flüchtlingsstatus" nach türkischem Recht.[558] Bereits aus der fehlenden Geltung der GFK für Nichteuropäer in der Türkei ergeben sich erhebliche Zweifel an der Einstufung als „sicherer" Drittstaat.

Dies gilt umso mehr als die Beachtung des Non-Refoulement-Grundsatzes, der auch als Völkergewohnheitsrecht anerkannt ist, von der Türkei in nationales Recht nur unzureichend umgesetzt wurde, weil das Gesetz kein Zurückweisungsverbot enthält und türkisches Recht die Zurückweisung von schutzsuchenden Flüchtlingen an der Grenze nicht verbietet.[559] Dabei hat der EGMR die extraterritoriale Geltung des Non-Refoulement-Gebots (Art. 3 EMRK) auch außerhalb des Hoheitsgebiets eines Staates bei Ausübung entsprechender Hoheitsgewalt festgestellt.[560] Berichte von NGOs weisen darauf hin, dass syrische Flüchtlinge an der türkisch-syrischen Grenze unter Anwendung unmittelbaren Zwangs und

---

556 *Marx*, Rechtsgutachten zur Zulässigkeit des Plans der Staats- und Regierungschefs der EU, die Türkei als „sicheren Drittstaat" zu behandeln, C.I.

557 Danach kann jeder Staat im Zeitpunkt der Unterzeichnung, der Ratifikation oder des Beitritts zu den Artikeln des Abkommens, mit Ausnahme der Artikel 1, 3, 4, 16 (1), 33, 36 bis 46 einschließlich, Vorbehalte machen; *Pichl*, Tagungsbericht: 15. Berliner Symposium zum Flüchtlingsschutz, ZAR 2015, 266 (266).

558 *Marx*, Rechtsgutachten zur Zulässigkeit des Plans der Staats- und Regierungschefs der EU, die Türkei als „sicheren Drittstaat" zu behandeln, D.I. m.w.N.

559 *Marx*, Rechtsgutachten zur Zulässigkeit des Plans der Staats- und Regierungschefs der EU, die Türkei als „sicheren Drittstaat" zu behandeln, D.II. m.w.N.

560 EGMR (Gr. Kammer), U. v. 23.02.2012, Nr. 27765/09 = NVwZ 2012, 809 Rn. 122, 136 – Hirsi Jamaa u.a./Italien; *Lehnert/Markard*, Mittelmeerroulette – Das Hirsi-Urteil des EGMR und die europäische Grenzschutzpolitik auf See, ZAR 2012, 194 (195 ff.).

Haft zurückgewiesen und syrische Flüchtlinge sogar abgeschoben wurden.[561] Obgleich dieses Vorgehen die Syrer, die aus der EU zurückgeschoben werden, nicht betreffen solle, und nicht zum Kern des EU-Türkei-Deals gehört, darf die Vorgehensweise der Türkei nicht vollkommen ausgeblendet werden. Die Türkei hat die Einhaltung des Nicht-Zurückweisungsgebots nur für aus Europa zurückgenommene Syrer zugesagt und die Abschiebung von anderen in der Ägäis aufgegriffenen Staatsangehörigen in ihre Heimatstaaten angekündigt.[562] Darin kann, soweit Flüchtlinge auf diese Weise in einen Verfolgerstaat zurückgeschoben werden, ein Verstoß gegen das Non-Refoulement-Gebot liegen.

Im Übrigen sieht Art. 38 Abs. 1 RL 2013/32/EU für die Anwendung des Konzepts der sicheren Drittstaaten im Unterschied zum Konzept sicherer europäischer Drittstaaten eine Einzelfallprüfung durch die mitgliedsstaatlichen Behörden vor, die bei einer pauschalen Rückführung der Migranten in die Türkei fehlt. Auch die Einstufung als sicherer europäischer Drittstaat setzt die Geltung der GFK ohne geographischen Vorbehalt und der EMRK sowie ein gesetzlich festgelegtes Asylverfahren gemäß Art. 39 Abs. 2 RL 2013/32/EU voraus. In der Türkei fehlt es an der vorbehaltlosen Geltung der GFK, darüber hinaus bestehen angesichts der Berichte zahlreicher NGOs erhebliche Bedenken im Hinblick auf die Einhaltung von Art. 3 EMRK. Eine pauschale Rückführung aller illegal in Griechenland ankommender Migranten, die wohl so nicht praktiziert wird, käme überdies einer Kollektivausweisung gleich, die nach Art. 19 Abs. 1 GRC verboten ist.[563] Darauf, dass Griechenland nicht Vertragsstaat des Protokolls Nr. 4 zur EMRK, das in Art. 4 die Kollektivausweisung ausländischer Personen verbietet, kommt es aufgrund der rechtlich verbindlichen GRC der EU nicht an.[564] Im Jahr 2002 hat der EGMR Belgien in einem Fall von kollektiver Ausweisung verurteilt,

561 Statewatch, Analysis, Why Turkey is not a "Safe Country", February 2016, Ziff. 3.3.; Amnesty International, Türkei schiebt massenhaft syrische Flüchtlinge ab v. 1.04.2016.

562 *Marx*, Rechtsgutachten zur Zulässigkeit des Plans der Staats- und Regierungschefs der EU, die Türkei als „sicheren Drittstaat" zu behandeln, B.

563 OHCHR, Statement by Zeid Ra'ad Al Hussein, to the Human Rights Council's 31st session v. 10.03.2016; UNHCR High Commissioner, Women refugees and asylum seekers in the European Union v. 8.03.2016; ARD, Tagesschau, Menschenrechtskommissar kritisiert EU-Türkei-Deal: Diese Pläne sind schlicht illegal v. 16.03.2016; ARD, Tagesschau, Flüchtlingsabkommen zwischen EU und Türkei: UN kritisieren geplante Massenabschiebungen v. 10.03.2016.

564 *Marx*, Rechtsgutachten zur Zulässigkeit des Plans der Staats- und Regierungschefs der EU, die Türkei als „sicheren Drittstaat" zu behandeln, E.

weil das Verfahren die Überprüfung der persönlichen Umstände der einzelnen Betroffenen nicht ausreichend garantieren konnte.[565]

Daher sind Vertreter von NGOs[566] im Hinblick auf den EU-Türkei-Deal besorgt, der Menschenrechtskommissar des Europarats in Straßburg, Nils Muiznieks, etwa hält ihn für „schlicht illegal".[567] Allerdings war zu diesem Zeitpunkt die geringe Rückführungspraxis im Rahmen des Vollzugs des EU-Türkei-Deals noch nicht absehbar. Auch nach Auffassung einer breiten Meinung in der Literatur, bspw. von *Marx*[568] und *Betts*[569], bestehen in juristischer Hinsicht ganz erhebliche Bedenken gegen die Vereinbarung mit der Türkei, insbesondere im Hinblick auf die Einstufung der Türkei als sicherer Drittstaat und die Einhaltung von Menschenrechtsverpflichtung.

Im zweiten Fortschrittsbericht über die Umsetzung der Erklärung EU-Türkei vom 15. Juni 2016 sah die Kommission ebenso wie der Europäische Rat auf seinem Gipfeltreffen am 28. Juni 2016 im deutlichen Rückgang der Zahl der irregulär von der Türkei nach Griechenland gelangenden Migranten die Bestätigung der Wirksamkeit des EU-Türkei-Deals und des erfolgreichen Kampfes gegen Schleuser.[570] Im Herbst 2016 sind jedoch die Migrationszahlen in Griechenland wieder angestiegen und überdies hat sich die Zahl der in Griechenland gestellten Asylanträge erheblich erhöht. Dies hat die ohnehin bereits unter Druck stehenden griechischen Behörden noch weiter gefordert, obgleich durch die Hotspots eine gewisse Entlastung erfolgt.[571]

---

565 EGMR, U. v. 5.02.2002, Nr. 51564/99 – Conka gegen Belgien; ARD, Tagesschau, Menschenrechtskommissar kritisiert EU-Türkei-Deal: Diese Pläne sind schlicht illegal v. 16.03.2016.

566 OHCHR, Statement by Zeid Ra'ad Al Hussein to the Human Rights Council's 31st session" v. 10.03.2016; UNHCR, Women refugees and asylum seekers in the European Union v. 8.03.2016

567 ARD, Tagesschau, Menschenrechtskommissar kritisiert EU-Türkei-Deal: „Diese Pläne sind schlicht illegal" v. 16.03.2016.

568 *Marx*, Rechtsgutachten zur Zulässigkeit des Plans der Staats- und Regierungschefs der EU, die Türkei als „sicheren Drittstaat" zu behandeln, F.

569 *Betts* in El País, Dependency on Turkey is dangerous: countries have an obligation to allow access to asylum v. 9.03.2016.

570 EK, KOM (2016) 349 Ziff. 1 Einl.; ER (Brüssel) Schlussfolgerungen der Tagung v. 28.06.2016, EUCO 16/16 Ziff. I.

571 EK, KOM (2016) 231 Ziff. 2.2.

### 5. *Zwischenergebnis*

Die gemeinsame Grenzschutz-, Asyl- und Einwanderungspolitik mit besonderem Fokus auf der Asyl- und Flüchtlingspolitik hat sich zu einem wesentlich stärker harmonisierten Politikbereich gewandelt und steht insbesondere seit den letzten Jahren unter dem Eindruck der Flüchtlingskrise in Europa im Jahr 2015. Infolgedessen kam es zu zahlreichen Gipfeltreffen des Europäischen Rates und es wurde eine Vielzahl von Maßnahmen zur schnellen Bewältigung der Flüchtlingskrise, aber auch zur langfristigen Weichenstellung erlassen. Deutlich zeigt sich die zunehmend externe Dimension der europäischen Migrationspolitik, die sich in verschieden ausgestalteten Partnerschaften mit den wichtigsten Transitländern wie etwa der Türkei, aber auch den fünf afrikanischen Staaten Niger, Nigeria, Senegal, Mali und Äthiopien, einem verstärkten Grenzmanagement an den EU-Außengrenzen sowie einem erhöhten Engagement der EU in den Herkunftsregionen manifestiert.[572]

## C. Maßgebliches Primärrecht und sekundärrechtliche Ausgestaltung der Grenzschutz-, Asyl- und Einwanderungspolitik der EU

Nachfolgend werden das Primärrecht der europäischen Grenzschutz-, Asyl- und Einwanderungspolitik nach dem Vertrag von Lissabon sowie die wichtigsten, derzeitigen sekundärrechtlichen Ausgestaltungen knapp erläutert. Die maßgeblichen primärrechtlichen Regelungen finden sich in Art. 77 bis Art. 80 AEUV im fünften Titel „Der Raum der Freiheit, der Sicherheit und des Rechts".[573] Nach Art. 80 AEUV gilt für das gesamte Kapitel der Grenzschutz-, Asyl- und Einwanderungspolitik der Grundsatz der Solidarität und der gerechten Aufteilung der Verantwortlichkeiten unter den Mitgliedstaaten auch in finanzieller Hinsicht.

---

572 ER (Brüssel), Schlussfolgerungen der Tagung v. 20./21.10.2016, EUCO 31/16 Ziff. I, insbes. Rn. 4; EK, Pressemitteilung, Wirksame Migrationssteuerung: Kommission berichtet über die Fortschritte bei der Umsetzung des Partnerschaftsrahmens für die Zusammenarbeit mit Drittländern v. 18.10.2016.

573 Mit dem Lissabonner Vertrag (ABl. EU 2007 Nr. C 306/1) wird auch der Bereich der vormals in der dritten (intergouvernementalen) Säule der EU verbliebenen Polizeilichen und justiziellen Zusammenarbeit in Strafsachen (PJZS) in die supranationale Rechtsgemeinschaft integriert; *Weiß/Satzger* in Streinz, EUV/AEUV, Art. 67 Rn. 8; *Weber*, ZAR 2008, 55 f. (55). Zu den Neuerungen durch den Lissabonner Vertrag siehe *Progin-Theuerkauf* in von der Groeben/Schwarze/Hatje, Europäisches Unionsrecht, Art. 78 Rn. 8.

Gerade dieser Grundsatz war in der Vergangenheit und ist bis heute Anlass für unionsinterne Streitigkeiten zwischen den Mitgliedstaaten und der EU. Einige EU-Mitgliedstaaten möchten zwar von den Vorteilen der Institution profitieren, gleichzeitig aber wie bei einem „Selbstbedienungsbuffet" lediglich die erwünschten Maßnahmen auswählen und Unerwünschtes ablehnen. Die Union selbst stellt immer wieder klar, dass die Solidarität in der EU keine Einbahnstraße ist und alle Mitgliedstaaten nicht nur berechtigt, sondern auch verpflichtet sind und dass keine „Rosinenpickerei" stattfinden darf.[574]

Gemäß Art. 4 Abs. 2 lit. j) AEUV unterliegt der Raum der Freiheit, der Sicherheit und des Rechts der geteilten Zuständigkeit der Union mit der Folge, dass in diesem Bereich die Union und die Mitgliedstaaten gesetzgeberisch tätig werden können. Soweit die Union ihre Zuständigkeiten nicht (mehr) wahrnimmt, üben die Mitgliedstaaten ihre Kompetenzen aus.

Sonderregelungen existieren für Großbritannien (vor dem Brexit)[575] und Irland, die sich nach Art. 1 Abs. 1 Satz 1 des 21. Protokolls grundsätzlich nicht an der Annahme von Maßnahmen nach Titel V des AEUV beteiligen und daher auch nicht an die erlassenen Maßnahmen gebunden sind. Gemäß Art. 3 des 21. Protokolls haben die Länder eine Beteiligungsoption in Form eines Opt-in bezüglich der erlassenen Maßnahmen mit der Folge, dass sie dann wie alle anderen Mitgliedstaaten zu behandeln sind.[576]

Auch Dänemark beteiligt sich grundsätzlich nicht an Maßnahmen nach Titel V des AEUV (Art. 1 Abs. 1 Satz 1 des 22. Protokolls) und ist daher nicht an auf diesen Titel gestützte Rechtsakte gebunden.[577] Art. 6 des 22. Protokolls regelt hiervon eine Ausnahme für Maßnahmen zur Bestimmung der Drittländer, deren Staatsangehörige beim Überschreiten der Außengrenzen der Visapflicht unterliegen, sowie für Maßnahmen zur einheitlichen Visumgestaltung (Art. 77 Abs. 2 lit. a) AEUV) und eine eingeschränkte Opt-in-Möglichkeit. Daneben besteht eine begrenzte Teilhabemöglichkeit im Hinblick auf den

---

574 Bspw. Spiegel-Interview mit dem früheren EU-Parlamentspräsident Martin Schulz v. 5.09.2015.

575 Vgl. Fn. 497.

576 Protokoll Nr. 21 zum EUV und AEUV über die Position des Vereinigten Königreichs und Irlands hinsichtlich des Raums der Freiheit, der Sicherheit und des Rechts, ABl. EU 2008 Nr. C 115/295. Ausführlich hierzu *Weiß/Satzger* in Streinz, EUV/AEUV, Art. 67 Rn. 48 ff.; *Haratsch/Koenig/Pechstein*, Europarecht, Rn. 1099.

577 Protokoll Nr. 22 zum EUV und AEUV über die Position Dänemarks, ABl. EU 2008 Nr. C 115/299; im Überblick hierzu *Epiney* in Bieber/Epiney/Haag, Die Europäische Union, § 17 Rn. 8 f.; *Wiesbrock*, Legal Migration to the European Union, S. 8.

Schengen-Besitzstand und eine Opt-in-Möglichkeit gemäß Art. 8 des 22. Protokolls, um eine dem Status von Irland und Großbritannien vergleichbare Rechtslage herbeizuführen.[578]

## I. Die europäische Grenzschutzpolitik

Art. 77 AEUV übernimmt die zuvor in Art. 62 EGV a. F. hinsichtlich Grenzkontrollen, kurzfristigen Visa und Reisen von Drittstaatsangehörigen geregelten Kompetenzen der EU und erweitert sie um ein integriertes Grenzschutzsystem.[579]

### *1. Regelungsgehalt von Art. 77 AEUV*

Art. 77 Abs. 1 lit. a) und Abs. 2 lit. e) AEUV sehen den Abbau von Grenzkontrollen im europäischen Binnenraum für jedermann als Grundprinzip vor, sodass Personen unabhängig von ihrer Staatsangehörigkeit beim Überschreiten der Binnengrenzen nicht kontrolliert werden. Um den dadurch entstehenden Sicherheitslücken entgegen zu wirken, sind in Art. 77 Abs. 1 lit. b), lit. c) und Abs. 2 lit. b), lit. d) AEUV Personenkontrollen und eine wirksame Überwachung des Grenzübertritts sowie ein integriertes Grenzschutzsystem an den EU-Außengrenzen vorgesehen.[580] Im Rahmen eines integrierten Grenzschutzsystems wurde die Agentur Frontex für die operative Zusammenarbeit an den Außengrenzen der EU im Jahr 2004 ins Leben gerufen, sowohl zur Koordination der Kooperation der Mitgliedstaaten in diesem Bereich als auch zu ihrer Unterstützung bei der Ausbildung von Grenzschutzbeamten.[581] Ebenfalls auf Art. 77 Abs. 2 lit. d) AEUV gestützt wurde das Europäische Grenzkontrollsystem Eurosur zur Verbesserung eines gemeinsamen Informationsraums im Seebereich.[582]

---

578 Zum Ganzen *Weiß/Satzger* in Streinz, EUV/AEUV, Art. 67 Rn. 54 ff.; *Epiney* in Bieber/Epiney/Haag, Die Europäische Union, § 17 Rn. 10.

579 *Weiß* in Streinz, EUV/AEUV, Art. 77 Rn. 1.

580 Zu den Kompetenzen im Einzelnen siehe *Weiß* in Streinz, EUV/AEUV, Art. 77 Rn. 6 ff.

581 Hierzu VO (EG) 2007/2004, ABl. 2004 EU Nr. 349/1, aufgehoben mit VO (EU) 2016/1624 des Europäischen Parlaments und des Rates v. 14.09.2016, ABl. 2016 L 251/1; *Haratsch/Koenig/Pechstein*, Europarecht, Rn. 1094. Zu Frontex siehe *Lehnert*, Frontex und operative Maßnahmen an den europäischen Außengrenzen, Teil 1.

582 EK, KOM (2008) 68; *Weiß* in Streinz, EUV/AEUV, Art. 77 Rn. 31 ff.

Daneben sieht Art. 77 Abs. 2 lit. a) und lit. c) AEUV eine gemeinsame Visapolitik und die Festlegung der Voraussetzungen, unter denen sich Drittstaatsangehörige kurzzeitig innerhalb der Union frei bewegen können, vor. Die Vorschriften bleiben aber im Vergleich zu den in Art. 78 und Art. 79 AEUV getroffenen Regelungen für eine gemeinsame Asyl- und Einwanderungspolitik zurückhaltender.[583]

Die der EU in Art. 77 Abs. 3 AEUV eingeräumte Kompetenz, Maßnahmen für Passdokumente und Aufenthaltstitel der EU-Bürger zur Erleichterung ihres Rechts auf Bewegungsfreiheit und Aufenthalt im Binnenraum nach Art. 20 Abs. 2 lit. a) AEUV zu erlassen, beschränkt sich auf Unionsbürger und ist daher für die Arbeit nicht entscheidend.[584]

## 2. *Wichtige sekundärrechtliche Ausgestaltung*

Im Zentrum der europäischen Visapolitik steht der Visakodex als Verordnung Nr. 810/2009, worin die Voraussetzungen und das Verfahren für die Erteilung von Durchreisevisa sowie Visa für einen Kurzaufenthalt von bis zu drei Monaten je Sechsmonatszeitraum für das Hoheitsgebiet der EU geregelt sind.[585] Weitere wichtige Verordnungen sind die Verordnung Nr. 1683/95[586] und Verordnung Nr. 333/2002[587] für die einheitliche Visagestaltung, die Verordnung Nr. 1030/2002 zur einheitlichen Gestaltung des Aufenthaltstitels für Drittstaatsangehörige[588] und die Verordnung Nr. 539/2001 über die Liste der Länder, deren Staatsangehörige ein Visum zur Einreise in die EU benötigen.[589] In organisatorischer Hinsicht werden diese Vorschriften ergänzt durch die Verordnung Nr. 377/2004 zur Schaffung eines Netzes von Verbindungsbeamten für Einwanderungsfragen,[590]

583 *Weiß* in Streinz, EUV/AEUV, Art. 77 Rn. 1 ff.

584 Zu dieser Neuerung durch den Lissaboner Vertrag etwa *Weiß* in Streinz, EUV/AEUV, Art. 77 Rn. 1 ff., 39 ff.

585 Art. 1 Abs. 1 VO (EG) Nr. 810/2009, ABl. EU 2009 Nr. L 243/1; Eine Übersicht gibt *Epiney* in Bieber/Epiney/Haag, Die Europäische Union, § 17 Rn. 19 ff.

586 VO (EG) Nr. 1683/95 über eine einheitliche Visagestaltung, ABl. EG Nr. L 164/1.

587 VO (EG) Nr. 333/2002 über die einheitliche Gestaltung des Formblatts für die Anbringung eines Visums, das die Mitgliedstaaten den Inhabern eines von dem betreffenden Mitgliedstaat nicht anerkannten Reisedokuments erteilen, ABl. EG 2002 Nr. L 53/4.

588 ABl. EG 2002 Nr. L 157/1; hierzu *Weiß* in Streinz, EUV/AEUV, Art. 79 Rn. 22.

589 Man spricht von der Positiv- und Negativliste, ABl. EG 2001 Nr. L 81/1, zuletzt geändert durch die VO (EU) Nr. 509/2014, ABl. EU 2014 Nr. L 149/67. Hierzu *Weiß* in Streinz, EUV/AEUV, Art. 77 Rn. 10 f.

590 ABl. EU 2004 Nr. L 64/1.

die Verordnung Nr. 767/2008 über das Visa-Informationssystem (VIS) und den Datenaustausch zwischen Mitgliedstaaten über Kurzvisa[591] und durch die Verordnung Nr. 390/2009 betreffend die Gemeinsamen Konsularischen Instruktionen an Auslandsvertretungen über die Aufnahme biometrischer Identifikatoren und die Bearbeitung von Visumsanträgen.[592]

Im Zentrum der Regelung zur Abschaffung der Grenzkontrollen an den Binnengrenzen und der Kontrolle an den Außengrenzen steht der Schengener Grenzkodex für das Überschreiten der Grenzen durch Personen in Form der neuen Verordnung Nr. 2016/399, welche die Vorgängerverordnung Nr. 562/2006 ersetzt hat und die Abschaffung von Kontrollen an den Binnengrenzen und einheitliche Kontrollen an den EU-Außengrenzen regelt.[593] Die Art. 25 ff. des neuen Schengener Grenzkodex (Verordnung Nr. 2016/399) lassen die vorübergehende Wiedereinführung von Binnengrenzkontrollen in bestimmten, abschließend geregelten engen Fällen zu.[594] Hiervon haben einige Mitgliedstaaten im Rahmen der Flüchtlingskrise Gebrauch gemacht. Die 2016 erneut seitens der EU verlängerten Grenzkontrollen[595] in einigen Mitgliedstaaten wurden zuletzt im Frühjahr 2018, auch von Deutschland, unter Verweis auf die anhaltende Terrorgefahr verlängert.[596]

Der effektiven Umsetzung des Grenzkodex und der Bekämpfung der illegalen Einwanderung dienen die Richtlinie 2004/82/EG über die Verpflichtung von Beförderungsunternehmen zur Übermittlung von Angaben über die beförderten Personen,[597] die Frontex-Verordnung Nr. 2007/2004, die mittlerweile durch die Verordnung Nr. 2016/1624 ersetzt wurde,[598] die Errichtung eines Europäischen Migrationsnetzwerkes[599] und eines

---

591 ABl. EU 2008 Nr. L 218/60.

592 ABl. EU 2009 Nr. L 131/1; zusammenfassend *Weiß* in Streinz, EUV/AEUV, Art. 77 Rn. 14 ff.

593 Art. 1 und Art. 44 VO (EU) 2016/399, ABl. EU 2016 Nr. L 77/1. Hintergrund der Neukodifizierung war die mehrfache Änderung der VorgängerVO Nr. 562/2006, *Weiß* in Streinz, EUV/AEUV, Art. 77 Rn. 21 und 34 ff.

594 *Epiney* in Bieber/Epiney/Haag, Die Europäische Union, § 17 Rn. 20.

595 EK, Pressemitteilung, Kommission empfiehlt Verlängerung der vorübergehenden Kontrollen an den Binnengrenzen für einen begrenzten Zeitraum von drei Monaten v. 25.10.2016. ARD, Schengen-Raum: Deutsche Grenzkontrollen länger erlaubt v. 11.11.2016.

596 BR, Innere Sicherheit, Deutschland meldet Verlängerung der Grenzkontrollen v. 12.04.2018.

597 ABl. EU 2004 Nr. L 261/24.

598 Vgl. Fn. 253.

599 Entscheidung 2008/381/EG des Rates v. 14.05.2008, ABl. EU 2008 Nr. L 131/7.

Rückkehr-Solidaritätsfonds,[600] die Verordnung Nr. 2252/2004 über Sicherheitsmerkmale und biometrische Daten in von den Mitgliedstaaten ausgestellten Reisedokumenten.[601] Schließlich gehören zu diesem Maßnahmenpaket auch die Richtlinie 2008/115/EG zur Rückführung von Drittstaatsangehörigen mit illegalem Aufenthalt unter Beachtung rechtsstaatlicher Grundsätze[602] und die von der EU mit verschiedenen Drittstaaten vereinbarten Rücknahmeübereinkommen.[603]

## II. Die europäische Asylpolitik

Die europäische Asylpolitik steht im Zentrum der Arbeit, weil sie die materiell-rechtlichen wie verfahrensbezogenen Vorgaben sowohl für die Prüfung von Asylanträgen als auch für die Aufnahme der Asylsuchenden während und nach Abschluss des Asylverfahrens in der gesamten EU regelt. Die Regelung des Art. 78 AEUV entspricht dem früheren Art. 63 Nr. 1, Nr. 2 EGV a.F. und Art. 64 Abs. 2 EGV a.F. und dient insbesondere der Errichtung eines Gemeinsamen Europäischen Asylsystems, dessen Vollendung in einem dynamischen Rechtssetzungsprozess fortwährend angestrebt und verwirklich wird.[604]

### *1. Regelungsinhalt von Art. 78 AEUV*

Gemäß Art. 78 Abs. 1 Satz 1 AEUV entwickelt die Union eine gemeinsame Politik im Bereich Asyl[605], subsidiärer Schutz und vorübergehender Schutz, mit der jedem Drittstaatsangehörigen, der internationalen Schutz benötigt, ein angemessener Status angeboten und die Einhaltung des Grundsatzes der Nicht-Zurückweisung gewährleistet werden soll. Diese Politik muss mit den Vorgaben der GFK und des dazugehörigen Protokolls von 1967 sowie den anderen einschlägigen Verträgen im Einklang stehen (Art. 78 Abs. 1 Satz 2 AEUV). Nach dem Lissabonner Vertrag sind nicht mehr nur Mindeststandards, sondern auch

600 Entscheidung des Rates Nr. 575/2007 des EPs und des Rates, ABl. EU 2007 Nr. L 144/45.

601 ABl. EU 2004 Nr. L 385/1.

602 ABl. EU 2008 Nr. L 348/98.

603 Bspw. Beschluss 2005/809/EG des Rates über den Abschluss des Abkommens zwischen der Europäischen Gemeinschaft und der Republik Albanien über die Rückübernahme von Personen mit unbefugtem Aufenthalt, ABl. EU 2005 Nr. L 304/14.

604 *Weiß* in Streinz, EUV/AEUV, Art. 78 Rn. 1. Zu Reformplänen etwa *Koehler*, Die Dublin IV-Verordnung – eine Chance für eine Stärkung des Europäischne Asylzuständigkeitssystems? ZAR 2017, 440 (441 ff.); *Henkel*, Zur Reform des Gemeinsamen Europäischen Asylsystems, DVBl 2017, 269 (269 ff.).

605 Zum Asylbegriff im Unionsrecht siehe Teil 1 A.I.2.c).

eine Vollharmonisierung im Asylbereich durch die in Art. 78 Abs. 2 AEUV vorgesehenen Regelungen möglich.[606]

Zu diesem Zweck wird gemäß Art. 78 Abs. 2 AEUV Sekundärrecht für einen unionsweit gültigen einheitlichen Asylstatus für Drittstaatsangehörige (lit. a), für einen einheitlichen subsidiären Schutzstatus für Drittstaatsangehörige, die keinen europäischen Asylstatus erhalten, aber internationalen Schutzes bedürfen (lit. b), für den vorübergehenden Schutz von Vertriebenen im Falle eines Massenzustroms (lit. c) sowie für gemeinsame Verfahren für die Gewährung und den Entzug des einheitlichen Asylstatus bzw. des subsidiären Schutzstatus (lit. d) erlassen. Außerdem werden Kriterien und Verfahren zur Bestimmung des Mitgliedstaats, der für die Prüfung eines Antrags auf Asyl oder subsidiären Schutz zuständig ist (Art. 78 Abs. 2 lit. e), Normen über die Aufnahmebedingungen von Personen, die Asyl oder subsidiären Schutz beantragen (Art. 78 Abs. 2 lit. f) und über Partnerschaft und Zusammenarbeit mit Drittländern zur Migrationsteuerung (Art. 78 Abs. 2 lit. g) durch Sekundärrecht erlassen. Gemäß Art. 78 Abs. 3 AEUV besteht die Möglichkeit, dass der Rat auf Vorschlag der Kommission vorläufige Maßnahmen zugunsten eines durch einen plötzlichen Zustrom von Drittstaatsangehörigen in eine Notlage gelangten Mitgliedstaats erlässt. Von dieser Möglichkeit wurde in der aktuellen Flüchtlingskrise im Jahr 2015 zugunsten der besonders betroffenen Länder Griechenland und Italien in Form der zwei Umsiedlungsbeschlüsse vom 14. und 22. September 2015 Gebrauch gemacht.[607]

## 2. *Wichtige sekundärrechtliche Regelungen*

Zum Kern des Gemeinsamen Europäischen Asylsystems gehören die auf Grundlage des Art. 63 Abs. 1 Nr. 1 EG a.F. erlassenen, mittlerweile allesamt novellierten und nachfolgend dargestellten Sekundärregelungen in Gestalt der Richtlinie über Aufnahmebedingungen, der Qualifikations- und der Asylverfahrensrichtlinie sowie der Dublin- und der Eurodac-Verordnung.[608] Daneben gehören die bereits erwähnte Massenzustrom-Richtlinie 2001/55/EG[609] und die Verordnung

606 *Weiß* in Streinz, EUV/AEUV, Art. 78 Rn. 1 ff. m.w.N.; *Progin-Theuerkauf* in von der Groeben/Schwarze/Hatje, Europäisches Unionsrecht, Art. 78 Rn. 8.

607 Dazu unter B.II.3.c) aa) und e) aa).

608 *Haratsch/Koenig/Pechstein*, Europarecht, Rn. 1097; *Angenendt/Engler/Schneider*, Europäische Flüchtlingspolitik, SWP-Aktuell 65, 1 (3); *Becker*, Die Zukunft des europäischen und deutschen Asylrechts, in Walter/Burgi, Die Flüchtlingspolitik, der Staat und das Recht, S. 55 (66).

609 Siehe hierzu Teil 1 A.I.4.c).

Nr. 439/2010[610] zur Einrichtung des EASO[611] mit Sitz auf Malta zum wichtigsten Sekundärrecht im Asylbereich. Die sekundärrechtlichen Regelungen werden derzeit erneut novelliert, wobei hier auf die aktuelle Rechtslage abgestellt wird.[612]

### *a) Richtlinie über die Aufnahmebedingungen (RL 2013/33/EU)*

Die Richtlinie 2013/33/EU vom 26. Juni 2013[613] zur Festlegung von Normen für die Aufnahme von Personen, die internationalen Schutz beantragen, regelt die Aufenthaltsbedingungen von Asylbewerbern und den Zugang zu Aufnahmebedingungen während des Asylverfahrens in den Mitgliedstaaten, insbesondere Unterkunft, Verpflegung, Gesundheitsversorgung und Beschäftigung sowie medizinischer und psychologischer Versorgung.[614] Durch die in der Richtlinie festgelegten Normen soll den Antragsstellern ein menschenwürdiges Leben ermöglicht und vergleichbare Lebensbedingungen in allen Mitgliedstaaten der EU gewährleistet werden,[615] nicht zuletzt um dadurch der auf die unterschiedlichen Aufnahmevorschriften und Lebensbedingungen in den einzelnen Mitgliedsländern zurückzuführenden Sekundärmigration von Asylsuchenden innerhalb der EU entgegen zu wirken.[616]

Neu in die überarbeitete Richtlinie aufgenommen wurden Vorschriften über die Inhaftierung von Asylbewerbern (Art. 8 f. RL 2013/33/EU), um die Einhaltung der Grundrechte der Asylbewerber zu gewährleisten.[617] Dazu gehören eine erschöpfende Liste von Haftgründen zur Verhinderung willkürlicher Inhaftierung, die Beschränkung der Inhaftierungsdauer auf möglichst kurze Zeit sowie in Fällen von schutzbedürftigen Personen wie Minderjährigen und die Gewähr

---

610 ABl. EU 2010 Nr. L 132/11.

611 Vgl. Fn. 118.

612 Zu den Reformplänen unter 3., vgl. auch *Koehler*, Die Dublin IV-Verordnung – eine Chance für eine Stärkung des Europäischne Asylzuständigkeitssystems? ZAR 2017, 440 (441 ff.); *Henkel*, Zur Reform des Gemeinsamen Europäischen Asylsystems, DVBl 2017, 269 (269 ff.).

613 ABl. EU 2013 Nr. L 180/96; ersetzt die RL 2003/9/EG v. 27.01.2003, ABl. EU 2003 Nr. L 31/18.

614 EK, Das GEAS, S. 5; zum Inhalt der RL *Fröhlich*, Das Asylrecht im Rahmen des Unionsrechts, S. 215 ff.

615 ErwGr. 11 RL 2013/33/EU.

616 ErwGr. 12 RL 2013/33/EU. Hierzu auch *Bröcker*, Die externen Dimensionen des EU-Asyl- und Flüchtlingsrechts im Lichte der Menschenrechte und des Völkerrechts, S. 77.

617 EK, Das GEAS, S. 5.

rechtsstaatlicher Garantien.[618] Außerdem sieht die neue Richtlinie verpflichtend die Durchführung einer Einzelfallprüfung zur Ermittlung besonderer Bedürfnisse schutzbedürftiger Personen (Art. 22 RL 2013/33/EU) sowie in Art. 15 RL 2013/33/EU nach spätestens neun Monaten den Beschäftigungszugang für Asylbewerber vor.[619]

### b) *Anerkennungs- bzw. Qualifikationsrichtlinie (RL 2011/95/EU)*

Die Richtlinie 2011/95/EU vom 13. Dezember 2011[620] regelt die Anerkennung von Drittstaatsangehörigen oder Staatenlosen als Personen mit Anspruch auf internationalen Schutz, für einen einheitlichen Status für Flüchtlinge oder für Personen mit Anrecht auf subsidiären Schutz und für den Inhalt des zu gewährenden Schutzes und ist damit materieller Kern des europäischen Asylsystems. Inhaltlich enthält die Richtlinie Mindestnormen für die Zu- und Aberkennung des Flüchtlingsstatus sowie des subsidiären Schutzstatus und schließlich die im Falle der Verleihung eines der beiden Status zu gewährenden Rechte zum Schutz vor Zurückweisung, zu Aufenthaltstiteln, Reisedokumenten und Zugang zu Beschäftigung und Bildung, sozialer Absicherung, Gesundheitsvorsorge, Unterkunft und Integrationsmaßnahmen sowie spezielle Vorschriften für Kinder und besonders schutzbedürftiger Personen.[621]

Die Anerkennungsrichtlinie berücksichtigt im Rahmen des Flüchtlingsstatus die GFK und enthält Kriterien zur Auslegung der Verfolgungsgründe und Verfolgungshandlungen sowie der Akteure, von denen Verfolgungshandlungen ausgehen können, ebenso wie gemeinsame Regelungen betreffend Nachfluchtgründe und inländische Fluchtalternativen.[622]

Die Anerkennungsrichtlinie soll durch präzisere Regelungen, eine Angleichung aller Personen mit internationalem Schutzstatus im Hinblick auf den Zugang zu Beschäftigung, Gesundheitsvorsorge und Integrationsmaßnehmen sowie durch die stärkere Berücksichtigung besonders schutzbedürftiger

---

618 Kritisch hierzu PRO ASYL, EU-Asyl-Paket: Neuregelungen der Asyl-Richtlinien und -Verordnungen, S. 2 ff.

619 EK, Das GEAS, S. 5; *Angenendt/Engler/Schneider*, Europäische Flüchtlingspolitik, SWP-Aktuell 65, 1 (3).

620 ABl. EU 2011 Nr. L 337/9; ersetzt die RL 2004/83/EG v. 29.04.2004, ABl. EU 2004 Nr. L 304/12.

621 EK, Das GEAS, S. 6; ausführlich zur Qualifikationsrichtlinie *Fröhlich*, Das Asylrecht im Rahmen des Unionsrechts, S. 225 ff.

622 Siehe hierzu ErwGr. 24 RL 2011/95/EU; *Fröhlich*, Das Asylrecht im Rahmen des Unionsrechts, S. 226 f.

Personengruppen eine höhere Qualität der Entscheidungen hervorbringen und sicherstellen, dass Menschen, die vor Verfolgung, Krieg und Folter fliehen, unionsweit gleich und gerecht behandelt werden.[623] Dieses Ziel ist erst erreicht, wenn gleich gelagerte Asylfälle unionsweit auch gleich behandelt werden und die Mitgliedstaaten annähernd gleiche Schutzquoten aufweisen.[624] Bereits das Fehlen einer gemeinsamen Liste der Mitgliedstaaten für sichere Herkunftsstaaten steht diesem Ziel entgegen.[625]

### *c) Asylverfahrensrichtlinie (RL 2013/32/EU)*

Die auf Art. 78 Abs. 2 lit. d AEUV[626] gestützte RL 2013/32/EU vom 26. Juni 2013[627] zu gemeinsamen Verfahren für die Zuerkennung und Aberkennung des internationalen Schutzes enthält Mindestregelungen betreffend das gesamte Asylverfahren von der Antragsstellung bis zur Rechtmitteleinlegung einschließlich rechtsstaatlicher Verfahrensgrundsätze wie bspw. das Recht auf persönliche Anhörung (Art. 14 RL 2013/32/EU) und die Unterstützung durch einen Dolmetscher, um unionsweit schnellere und gerechtere Asylentscheidung zu gewährleisten.[628] Gleichzeitig dient die Rechtsangleichung der Eindämmung der Sekundärmigration von Antragsstellern innerhalb der EU als Folge unterschiedlicher Asylverfahren.[629]

Die in der Asylverfahrensrichtlinie normierten Konzepte des sicheren Herkunftsstaates und des sicheren (europäischen) Drittstaates wurden bereits erläutert (vgl. A.I.2.b). Ein Asylantrag kann überdies als unzulässig abgewiesen werden, wenn ein sog. erster Asylstaat im Sinne von Art. 35 RL 2013/32/EU vorliegt. Ein erster Asylstaat liegt für einen Antragsteller vor, wenn er in dem

---

623 EK, Das GEAS, S. 6; *Angenendt/Engler/Schneider*, Europäische Flüchtlingspolitik, SWP-Aktuell 65, 1 (3).

624 So variierte die Anerkennungsquote von Asylbewerbern aus Afghanistan zwischen Januar und September 2015 zwischen annähernd 100 % in Italien und knapp 6 % in Bulgarien, EK, KOM (2016) 197 Ziff. I.1.

625 *Angenendt/Engler/Schneider*, Europäische Flüchtlingspolitik, SWP-Aktuell 65, 1 (4).

626 Danach erlassen das Europäische Parlament und der Rat im ordentlichen Gesetzgebungsverfahren Maßnahmen in Bezug auf ein gemeinsames europäisches Asylsystem, das gemeinsame Verfahren für die Gewährung und den Entzug des einheitlichen Asylstatus beziehungsweise des subsidiären Schutzstatus umfasst.

627 ABl. EU 2013 Nr. L 180/60; ersetzt die RL 2005/85/EG vom 1.12.2005, ABl. EU 2005 Nr. L 326/13.

628 EK, Das GEAS, S. 4.

629 ErwGr. 13 RL 2013/32/EU.

betreffenden Staat als Flüchtling anerkannt wurde und diesen Schutz weiterhin in Anspruch nehmen darf oder ihm dort anderweitig ausreichender Schutz, einschließlich der Anwendung des Grundsatzes der Nicht-Zurückweisung, gewährt und er von dem betreffenden Drittstaat wieder aufgenommen wird. Damit betrifft das Konzept des ersten Asylstaates die Flüchtlinge, die bereits vor ihrer Einreise in die EU in einem Drittstaat *Schutz gefunden haben* und in diesem Staat auch wieder Schutz finden können.[630]

Die Asylverfahrensrichtlinie findet in räumlicher Hinsicht auf alle Anträge auf internationalen Schutz, die im Hoheitsgebiet einschließlich an der Grenze, in den Hoheitsgewässern oder in den Transitzonen eines Mitgliedstaates gestellt werden sowie für die Aberkennung des internationalen Schutzes Anwendung.[631] Dabei sieht der neue Art. 31 Abs. 8 in Verbindung mit Art. 43 RL 2013/32/EU die Möglichkeit vor, dass Prüfungsverfahren von den Mitgliedstaaten in bestimmten Fällen „beschleunigt und/oder an der Grenze oder in Transitzonen" durchgeführt werden. Dazu gehören abschließend die Fälle unzureichender oder falscher Angaben (Abs. 8 lit. a, lit. c und lit. e), der Herkunft aus einem sicheren Herkunftsstaat (Abs. 8 lit. b), der mutwilligen Beschädigung oder Zerstörung von Reisedokumenten (Abs. 8 lit. d), eines Folgeantrags (Abs. 8 lit. f) sowie der Behinderung der Abschiebung (Abs. 8 lit. g), der unrechtmäßigen Einreise ohne unverzügliche Meldung bei den Behörden (Abs. 8 lit. h), der Verweigerung der Abnahme der Fingerabdrücke (Abs. 8 lit. i) und soweit der Antragsteller eine Gefahr für die nationale Sicherheit oder öffentliche Ordnung eines Mitgliedstaates ist (Abs. 8 lit. j).[632] Gemäß Art. 43 RL 2013/32/EU können die Mitgliedstaaten unter Einhaltung der in Kapitel II niedergelegten Garantien Verfahren an der Grenze oder in Transitzonen des Mitgliedstaates einführen, um über die Zulässigkeit eines Antrags nach Art. 33 (Schutz durch einen anderen Staat, ersten Asylstaat oder sicheren Drittstaat oder Folgeantrag) und über die Begründetheit eines Antrags in den genannten Fällen des Art. 31 Abs. 8 RL 2013/32/EU zu entscheiden.

Die Einführung dieser Sonderverfahren sieht sich deutlicher Kritik ausgesetzt, weil zum einen die Zurückschiebung in nicht sichere Drittstaaten und zum anderen eine unzulässige Inhaftierung an den EU-Außengrenzen befürchtet

---

630 *Marx*, Rechtsgutachten zur Türkei als sicherem Drittstaat, S. 4; *Fröhlich*, Das Asylrecht im Rahmen des Unionsrechts, S. 250.

631 Art. 3 Abs. 1 Asylverfahrensrichtlinie 2013/32/EU.

632 *Vedsted-Hansen* in Hailbronner/Thym, EU Immigration and Asylum Law, Part. D IV Art. 31 Rn. 7.

wird.[633] Auch die Durchführung beschleunigter Verfahren, wie etwa in Bayern umgesetzt in Form der sog. Ankunfts- und Rückführungseinrichtung für Asylbewerber mit geringer Bleibeperspektive in Ingolstadt-Manching und Bamberg seit Herbst 2015 für Staatsangehörige von Westbalkanstaaten, wird kritisch gesehen. Untergebracht werden sollen jeweils bis zu 1.500 Asylsuchende aus dem Westbalkan, die durch die Präsenz aller Beteiligten vor Ort ein beschleunigtes Asylverfahren erhalten und innerhalb weniger Wochen rückgeführt werden sollen.[634] Bereits eine „haftähnliche" Unterbringung in besonderen Aufnahmeeinrichtungen für beschleunigte Asylverfahren steht in Widerspruch zu Art. 2 6 Abs. 1 Satz 1 RL 2013/32/EU, wonach die Mitgliedstaaten eine Person nicht allein deshalb in Gewahrsam nehmen, weil sie einen Schutzantrag gestellt hat. Dies entspricht Art. 31 Abs. 1 GFK, wonach die Staaten wegen unrechtmäßiger Einreise oder Aufenthalts keine Strafen gegen Flüchtlinge verhängen, die unmittelbar aus einem Gebiet kommen, in dem ihr Leben oder ihre Freiheit im Sinne von Art. 1 GFK bedroht waren und die ohne Erlaubnis in das Gebiet der vertragschließenden Staaten einreisen oder sich dort aufhalten, vorausgesetzt, dass sie sich unverzüglich bei den Behörden melden und Gründe darlegen, die ihre unrechtmäßige Einreise oder ihren unrechtmäßigen Aufenthalt rechtfertigen. Auch Erwägungsgrund 21 der Asylverfahrensrichtlinie 2013/32/EU geht davon aus:

> „Solange ein Antragsteller seinen Antrag rechtfertigen kann, sollte das Fehlen von Dokumenten bei der Einreise oder die Verwendung falscher oder gefälschter Dokumente nicht für sich schon automatisch die Inanspruchnahme eines Grenzverfahrens oder beschleunigten Verfahrens zur Folge haben."[635]

Allerdings verweist Art. 26 Abs. 1 Satz 2 RL 2013/32/EU hinsichtlich der Gründe für den Gewahrsam und die Gewahrsamsbedingungen auf die RL 2013/33/EU über die Aufnahme von internationalen Schutz beantragenden Personen und geht damit offensichtlich von der Rechtmäßigkeit der Ingewahrsamnahme in bestimmten Fällen aus. Zwar stellt Art. 8 Abs. 1 RL 2013/33/EU klar:

---

633 Hierzu PRO ASYL, EU-Asyl-Paket: Neuregelungen der Asyl-Richtlinien und –Verordnungen, S. 8 f.

634 Bayerisches Staatsministerium für Arbeit und Soziales, Familie und Integration, Aufnahme- und Rückführungseinrichtung für Asylbewerber mit geringer Bleibeperspektive v. 1.09.2015. Bayerisches Staatsministerium des Innern, für Bau und Verkehr, Zweite Ankunft- und Rückführungseinrichtung für Asylbewerber vom Balkan in Bamberg v. 14.08.2015.

635 ErwGr. 21 RL 2913/32/EU, ABl. EU 2013 Nr. L 180/60.

„Die Mitgliedstaaten nehmen eine Person nicht allein deshalb in Haft, weil sie ein Antragsteller im Sinne der Richtlinie 2013/32/EU des Europäischen Parlaments und des Rates vom 26. Juni 2013 zu gemeinsamen Verfahren für die Zuerkennung und Aberkennung des internationalen Schutzes ist."[636]

Jedoch dürfen die Mitgliedstaaten nach Art. 8 Abs. 2 und Abs. 3 RL 2013/33/EU aufgrund einer Einzelfallprüfung und wenn keine weniger einschneidenden Maßnahmen wirksam anwendbar sind, einen Antragssteller in Haft nehmen, um seine Identität oder Staatsangehörigkeit zu prüfen (Abs. 3 lit. a), zur Sicherung gefährdeter Beweise für das Asylverfahren, insbesondere bei Fluchtgefahr (Abs. 3 lit. b), um in einem Verfahren über das Recht des Antragsstellers auf Einreise in das Hoheitsgebiet zu entscheiden (Abs. 3 lit. c), womit insbesondere eine Ingewahrsamnahme an der Grenze zulässig wird, aber auch zur Rückführung (Abs. 3 lit. d), aus Gründen der nationalen Sicherheit (Abs. 3 lit. e) sowie zur Überstellung im Rahmen des Dublin-Verfahrens (Abs. 3 lit. f).

Auch in ihrer Fassung von 2005 rief die Asylverfahrensrichtlinie Kritik betreffend die vom UNHCR befürchtete Absenkung des EU-Asylstandards und die fehlende Garantie eines Bleiberechts des Asylbewerbers während des Rechtsbehelfsverfahrens hervor.[637] Obgleich die neue Asylverfahrensrichtlinie in Art. 46 Abs. 5 RL 2013/32/EU grundsätzlich den Verbleib im Hoheitsgebiet während des Rechtsbehelfsverfahrens gestattet, sieht sich die Richtlinie nach wie vor wegen ihrer Regelungen über sichere Dritt- und Herkunftsstaaten, aber auch im Bezug auf die eingeführten Schnell- und Grenzverfahren von Seiten der Nichtregierungsorganisationen Kritik ausgesetzt.[638]

### *d) Dublin-III-Verordnung (VO Nr. 604/2013)*

Die seit 1. Januar 2014 geltende Dublin-III-Verordnung Nr. 604/2013 vom 26. Juni 2013[639] führt das Übereinkommen von Dublin aus dem Jahr

636 Art. 8 Abs. 1 RL 2013/33/EU; ABl. EU 2013 Nr. L 180/96.

637 Zusammenfassend *Bröcker*, Die externen Dimension des EU-Asyl- und Flüchtlingsrechts im Lichte der Menschenrechte und des Völkerrechts, S. 74 f. m.w.N.; *Weiß* in Streinz, EUV/AEUV, Art. 77 Rn. 29 m.w.N.; *Hofmann/Donath* in Hofmann/Löhr, Das Europäische Flüchtlings- und Einwanderungsrecht, S. 19 (40 ff.).

638 PRO ASYL, EU-Asyl-Paket: Neuregelungen der Asyl-Richtlinien und –Verordnungen, S. 7.

639 Die VO (EU) Nr. 604/2013 zur Festlegung der Kriterien und Verfahren zur Bestimmung des Mitgliedstaats, der für die Prüfung eines von einem Drittstaatsangehörigen oder Staatenlosen in einem Mitgliedstaat gestellten Antrags auf internationalen Schutz zuständig ist ersetzt damit die Dublin II-VO (EG) Nr. 343/2003 des Rates

1990[640] im Unionsrecht fort und enthält Zuständigkeitsregelungen für die Prüfung von Asylanträgen durch die Mitgliedstaaten im Sinne eines „One-for-all"-Gedankens.[641] Damit erteilt das Dublin-System, wie *Fröhlich* zutreffend feststellt, der rechtspolitischen Forderung nach einem Wahlrecht des Asylsuchenden bei der Bestimmung seines Aufnahmestaates eine Absage ebenso wie Mehrfachanträgen der Asylsuchenden (sog. „Asylum shopping") und der unkontrollierten Weiterwanderung innerhalb der EU (Sekundärmigration).[642]

Dem Dublin-System liegt die „Konzeption eines durch gemeinsame Außengrenzen umfassten (Asyl)Raumes"[643] zugrunde, in dem der Asylantrag eines Drittstaatsangehörigen nach Art. 3 Abs. 1 Satz 2 VO Nr. 604/2013 nur von einem einzigen, nach den in Art. 7 ff. VO Nr. 604/2013 festgelegten Kriterien zuständigen, Mitgliedstaat geprüft wird, soweit nicht von dem in Art. 17 Abs. 1 VO Nr. 604/2013 eingeräumten Selbsteintrittsrecht Gebrauch gemacht wurde.[644] Zu den maßgeblichen Kriterien gehören die familiären Umstände, der kürzliche Besitz eines Visums oder Aufenthaltstitels eines Mitgliedstaats und die legale bzw. illegale Reiseroute in die EU.[645] Nach dem Grundgedanken des Dublin-Systems liegt die Zuständigkeit für das Asylverfahren primär bei dem Staat, der die wichtigste Rolle bei der Einreise des Antragsstellers in die EU gespielt hat.[646]

Die neue Dublin-III-Verordnung erweitert ihren vormals nur auf Asylanträge begrenzten Anwendungsbereich nun auf Anträge auf subsidiären

---

v. 18.02.2003; ABl. EU 2013 Nr. L 180/31; *Dörig*, Auf dem Weg in ein Gemeinsames Europäisches Asylsystem, NVwZ 2014, 106 (106).

640 Seit 1997 in Kraft.

641 *Fröhlich*, Das Asylrecht im Rahmen des Unionsrechts, S. 196 ff.; *Progin-Theuerkauf* in von der Groeben/Schwarze/Hatje, Europäisches Unionsrecht, Art. 78 Rn. 1; *Dörig*, Auf dem Weg in ein Gemeinsames Europäisches Asylsystem, NVwZ 2014, 106 (109); EuGH, U. v. 21.12.2011 – C-411/10, C-493/10, ECLI: EU: C:2011:865 Rn. 79.

642 *Fröhlich*, Das Asylrecht im Rahmen des Unionsrechts, S. 199 f. m.w.N.

643 *Fröhlich*, Das Asylrecht im Rahmen des Unionsrechts, S. 197; zur Ausgestaltung des Dubliner Zuständigkeitssystems siehe S. 203 f.

644 Hierzu *Fröhlich*, Das Asylrecht im Rahmen des Unionsrechts, S. 206 f.; *Marx*, Änderungen im Dublin-Verfahren nach der Dublin-III-Verordnung, ZAR 2014, 5 (8).

645 EK, Das GEAS, S. 7. Zum Verfahren zur Prüfung des zuständigen Mitgliedstaates siehe *Marx*, Änderungen im Dublin-Verfahren nach der Dublin-III-Verordnung, ZAR 2014, 5 (9 f.).

646 EK, Das GEAS, S. 7; *Angenendt/Engler/Schneider*, Europäische Flüchtlingspolitik, SWP-Aktuell 65, 1 (1).

Schutz (Art. 1 VO Nr. 604/2013).[647] Außerdem neu aufgenommen wurden ein Frühwarnmechanismus für Mängel nationaler Asylsysteme, weitergehende Bestimmungen zum Schutz der Antragssteller wie ein persönliches Gespräch, Informationsrechte sowie zusätzliche Garantien für Minderjährige und für Familienangehörige, die Möglichkeit der Einlegung eines Rechtsmittels zur Aussetzung der Überstellung für den Zeitraum der Prüfung des Rechtsmittels sowie ein Bleiberecht im Hoheitsgebiet, solange das Gericht noch nicht über die Aussetzung der Überstellung aufgrund des Rechtsmittels entschieden hat (Art. 27 VO Nr. 604/2013), unentgeltliche Rechtsberatung und schließlich enge Vorgaben für die Inhaftierung bei erheblicher Fluchtgefahr (Art. 28 VO Nr. 604/2013) sowie eine zeitliche Begrenzung des Dublin-Verfahrens zur Aufnahme einer Person auf elf und zur Rückführung auf neun Monate.[648]

Art. 3 Abs. 2 UAbs. 1 VO Nr. 604/2013 verbietet die Überstellung, wenn es wesentliche Gründe für die Annahme gibt, dass das Asylverfahren und die Aufnahmebedingungen für Antragsteller in dem für zuständig erkannten Mitgliedstaat systematische Schwachstellen aufweisen, welche die Gefahr einer unmenschlichen oder entwürdigenden Behandlung gemäß Art. 4 GRC mit sich bringen.[649] Auf diese Weise wird die Rechtsprechung des EuGH aus seinem Urteil vom 21. Dezember 2011 zur Rückführung von Asylbewerbern nach dem Dublin-System nach Griechenland umgesetzt.[650] Dabei führte der EuGH in seinem Urteil aus, dass nicht jede Rechtsverletzung, auch nicht jede Verletzung eines Grundrechts, durch den zuständigen Mitgliedstaat die Verpflichtungen der übrigen Mitgliedstaaten zur Beachtung der Zuständigkeitsregelungen der Dublin-Verordnung aufhebt, weil der „Daseinsgrund der Union und die Verwirklichung des Raums der Freiheit, der Sicherheit und des Rechts, konkret des

---

647 *Angenendt/Engler/Schneider*, Europäische Flüchtlingspolitik, SWP-Aktuell 65, 1 (4); *Marx*, Änderungen im Dublin-Verfahren nach der Dublin-III-Verordnung, ZAR 2014, 5 (5).

648 EK, Das GEAS, S. 7; *Angenendt/Engler/Schneider*, Europäische Flüchtlingspolitik, SWP-Aktuell 65, 1 (4); *Marx*, Änderungen im Dublin-Verfahren nach der Dublin-III-Verordnung, ZAR 2014, 5 (6 f.). Kritisch hierzu PRO ASYL, EU-Asyl-Paket: Neuregelungen der Asyl-Richtlinien und –Verordnungen, S. 4 ff.

649 Dazu *Marx*, Änderungen im Dublin-Verfahren nach der Dublin-III-Verordnung, ZAR 2014, 5 (8).

650 EuGH, U. v. 21.12.2011 – C-411/10, C-493/10, ECLI: EU: C:2011:865 Leits. 2 und 3; Fortführung dieser Rechtsprechung in EuGH, U. v. 14.11.2013 – C-4/11 ECLI: EU: C:2013:740 Rn. 30 ff.; EuGH, U. v. 10.12.2013 – C-394/12, ECLI: EU: C:2013:813 – Abdullahi.

Gemeinsamen Europäischen Asylsystems“, auf dem Spiel steht.[651] Erst wenn die strengen Voraussetzungen des Art. 3 Abs. 2 UAbs. 1 VO Nr. 604/2013 vorliegen, ist ein Überstellungsverbot gegeben. Dies steht im Einklang mit der Rechtsprechung des EGMR, der in seinem Urteil vom 21. Januar 2011 in der Rechtssache M.S.S. gegen Belgien und Griechenland eine erniedrigende Behandlung in dem Fall angenommen hat, dass ein Asylbewerber zwei Monate ohne die Möglichkeit, nach draußen zu gehen oder Telefongespräche zu führen, in einer Zelle mit unsauberen Decken und ungenügender Hygiene eingeschlossen wird, und folgerichtig eine Verletzung von Art. 3 EMRK bejaht hat.[652]

Trotz zahlreicher Änderungen beseitigt auch die neue Verordnung die „strukturellen Dysfunktionalitäten“[653] des Dublin-Systems nicht, wonach primär die aufgrund ihrer geographischen Lage an den EU-Außengrenzen gelegenen Staaten mit einer besonders hohen Flüchtlingszahl belastet werden.[654] Zwar forderte das Europäische Parlament angesichts der durch die zuständigkeitsbegründende Ersteinreise in einen EU-Mitgliedstaat den südlichen und östlichen Mitgliedstaaten aufgebürdeten „unerträgliche[n] Last“ wiederholt einen gerechten Mechanismus und eine gemeinsame mitgliedsstaatliche Verantwortung.[655] Auch in der Europäischen Migrationsagenda stellt die Union klar, dass die überarbeiteten Dublin-Vorgaben in der Praxis nicht so funktionieren, wie sie sollten, und letztlich auf Grundlage anderer als der heutigen asylrelevanten Umstände beruhen: Im Jahr 2014 wurden 72 % aller in der EU gestellten Asylanträge von fünf Mitgliedstaaten bearbeitet.[656]

Allerdings ist auf die zutreffende Feststellung *Fröhlichs* zu verweisen, wonach „der Dublin-Mechanismus schon im Ansatz keine gezielte Verteilung der Asylbewerberlast [bezweckt]“.[657] Das Dublin-System enthielt von Anfang an keine

---

651 EuGH, U. v. 21.12.2011 – C-411/10, C-493/10, ECLI: EU: C:2011:865 Rn. 82 ff.; *Dörig*, Auf dem Weg in ein Gemeinsames Europäisches Asylsystem, NVwZ 2014, 106 (109).

652 EGMR (Gr. Kammer), U. v. 21.01.2011, Nr. 30696/09 = NVwZ 2011, 413 Rn. 368 – M.S.S. v. Belgien; zur weiteren Rechtsprechung des EGMR betreffend Dublin-Überstellungen etwa *Thym*, Zulässigkeit von Dublin-Überstellungen nach Italien, ZAR 2013, 331-335.

653 *Marx*, Änderungen im Dublin-Verfahren nach der Dublin-III-Verordnung, ZAR 2014, 5 (12).

654 Hierzu *Fröhlich*, Das Asylrecht im Rahmen des Unionsrechts, S. 212; *Angenendt/Engler/Schneider*, Europäische Flüchtlingspolitik, SWP-Aktuell 65, 1 (4 f.); kritisch PRO ASYL, EU-Asyl-Paket: Neuregelungen der Asyl-Richtlinien und –Verordnungen, S. 1, 4 f.

655 Entschließung des EP, Nr. P6_TA(2006)0386, Ziff. 26.

656 EK, KOM (2015) 240 Ziff. III.3.

657 *Fröhlich*, Das Asylrecht im Rahmen des Unionsrechts, S. 262 m.w.N.

Regelungen zur Verteilung der Asylbewerber auf die Mitgliedstaaten und auch finanzielle Ausgleichsmaßnahmen bestehen nur in Form des erstmals im Jahr 2000 eingerichteten Europäischen Flüchtlingsfonds, der als mehrjähriger Fonds in den Jahren 2004[658] und 2007[659] wieder aufgelegt wurde. Auch im Rahmen der aktuellen Flüchtlingskrise lehnten osteuropäische Länder wie bspw. Ungarn und Polen die Aufnahme von Flüchtlingen nach einem gesamteuropäischen Verteilungsschlüssel kategorisch ab, sodass die Kommission im Mai 2016 aus diesem Grund eine Strafzahlung von 250.000 EUR pro verweigerten Flüchtling ins Gespräch gebracht hat.[660] Überdies wurden wiederholt Novellierungsforderungen laut, nicht zuletzt weil der Dublin-Mechanismus im evidenten Widerspruch zum europäischen Solidaritätsgedanken steht und nicht mehr zeitgemäß ist. Zutreffend stellt die Kommission daher in ihrer Mitteilung zur Reformierung des Gemeinsamen Europäischen Asylsystems vom 6. April 2016 fest:

> „Das Dublin-System war nicht dazu bestimmt, EU-weit eine nachhaltige Lastenteilung zu gewährleisten – ein Mangel, den die gegenwärtige Krise sichtbar gemacht hat."[661]

Abzuwarten bleibt, welche Reformvorschläge sich für das Dublin-System durchsetzen (vgl. unter 3.).

### e) *Eurodac-Verordnung (VO Nr. 603/2013)*

Seit 20. Juli 2015 gilt die neue Verordnung über die Einrichtung von Eurodac für den Abgleich von Fingerabdruckdaten zum Zwecke der effektiven Anwendung der Dublin-III-Verordnung Nr. 604/2013, über der Gefahrenabwehr und Strafverfolgung dienende Anträge der Gefahrenabwehr- und Strafverfolgungsbehörden der Mitgliedstaaten und Europols auf den Abgleich mit Eurodac-Daten sowie zur Änderung der Verordnung (EU) Nr. 1077/2011 zur Errichtung einer Europäischen Agentur für das Betriebsmanagement von IT-Großsystemen im Raum der Freiheit, der Sicherheit und des Rechts vom 26. Juni 2013.[662]

---

658 Entscheidung des Rates v. 2.12.2004 für den Zeitraum 2005 – 2010 (EFF II, ABl. EU 2004 Nr. L 381/52).

659 Entscheidung des Parlaments und Rates v. 23.05.2007 für den Zeitraum 2008 – 2013 (EFF III, ABl. EU 2007 Nr. L 144/1). Zum EEF *Progin-Theuerkauf* in von der Groeben/Schwarze/Hatje, Art. 78 Rn. 6.

660 Siehe etwa SZ, Kann man die osteuropäischen Länder zur Flüchtlingsquote zwingen? v. 18.09.2015; ARD Tagesschau, 250.000 Euro pro ungewolltem Flüchtling, 4.05.2016.

661 EK, KOM (2016) 197 Ziff. I.1.

662 ABl. EU 2013 Nr. L 180/1; ersetzt die VO (EG) Nr. 2725/2000 v. 11.12.2000, ABl. EG 2000 Nr. L 316/1.

Die Eurodac-Verordnung dient vor allem der effektiven Anwendung der Dublin-III-Verordnung, indem über das Eurodac-System die Asylbewerber durch die Abnahme von Fingerabdrücken, insbesondere bei der Einreise in die EU, erkennungsdienstlich erfasst und die Fingerabdrücke an die computergestützte Datenbank „Eurodac" übermittelt werden.[663] Das Eurodac-System ist seit 2003 in Betrieb und gilt für am Dublin-System teilnehmende EU-Mitgliedstaaten sowie Norwegen, Island und die Schweiz.

Die überarbeitete Verordnung verbessert die Funktionsweise des Eurodac-Systems, indem die Fristen zur Übermittlung der Fingerabdruckdaten reduziert und die volle Übereinstimmung mit den aktuellen Asylvorschriften einschließlich der Datenschutzanforderungen gewährleistet werden.[664] Außerdem ermöglicht die überarbeitete Eurodac-Verordnung den Strafverfolgungsbehörden unter engen Vorgaben den Zugang zur Fingerabdruck-Datenbank zur Verhütung, Aufdeckung und Untersuchung von schwerer Verbrechen und Terrorismus.[665]

### 3. *Vorschläge zur Reformierung des Gemeinsamen Europäischen Asylsystems*

In ihrer Mitteilung vom 6. April 2016 hat die Kommission Vorschläge zur Reformierung des bestehenden Gemeinsamen Europäischen Asylsystems sowie zur Erleichterung legaler Wege nach Europa unterbreitet.[666] Das bisherige System, das aufgrund seiner Konzeption und der mangelhaften Umsetzung bestimmten Mitgliedstaaten unverhältnismäßig viel Verantwortung aufbürdet und den unkontrollierten Zustrom irregulärer Migranten befördert, soll durch ein faires System, das Drittstaatsangehörigen, die Schutz suchen oder die zur wirtschaftlichen Entwicklung der EU beitragen, geordnete und sichere Wege in die EU bietet, ersetzt werden.[667] Auch mit Blick auf die Zuständigkeitskonzentration auf

---

663 Art. 1 Abs. 1 und Abs. 2 VO Nr. 603/2013; *Haratsch/Koenig/Pechstein*, Europarecht, Rn. 1097; *Fröhlich*, Das Asylrecht im Rahmen des Unionsrechts, S. 204 ff.; *Angenendt/Engler/Schneider*, Europäische Flüchtlingspolitik, SWP-Aktuell 65, 1 (2).

664 EK, Das GEAS, S. 8; *Angenendt/Engler/Schneider*, Europäische Flüchtlingspolitik, SWP-Aktuell 65, 1 (4).

665 EK, Das GEAS, S. 3.

666 EK, KOM (2016) 197, vgl. auch *Koehler*, Die Dublin IV-Verordnung – eine Chance für eine Stärkung des Europäischne Asylzuständigkeitssystems? ZAR 2017, 440 (441 ff.); *Henkel*, Zur Reform des Gemeinsamen Europäischen Asylsystems, DVBl 2017, 269 (269 ff.).

667 EK, KOM (2016) 197 Einl.

einen Mitgliedstaat hat der Dublin-Mechanismus sein Ziel verfehlt; der Großteil der in der EU gestellten Asylanträge wird nur von wenigen Mitgliedstaaten bearbeitet.[668] Die besonders durch die Flüchtlingskrise im Jahr 2015 offensichtlich gewordenen, immanenten Defizite des Gemeinsamen Europäischen Asylsystems sollen durch Maßnahmen in fünf Prioritäten verbessert werden.[669]

Erstens soll ein faires System zur Bestimmung des für die Asylprüfung zuständigen Mitgliedstaates durch Anpassung des Gemeinsamen Europäischen Asylsystems an das hohe Migrationsaufkommen an bestimmten Grenzabschnitten sowie durch größere Solidarität und eine ausgewogenere Verteilung von Asylbewerber zwischen den Mitgliedstaaten durch die Änderung der Dublin-Verordnung eingeführt werden.[670] Die Änderung der Dublin-Verordnung erfolgt entweder durch Ergänzung um ein Lastenteilungsverfahren oder mittels eines neuen Systems einschließlich Verteilungsschlüssel.[671] In beiden Varianten ist der Mitgliedstaat, in den die Ersteinreise des Asylsuchenden erfolgt, für die Identifizierung und Registrierung sowie für die Rückführung im Falle fehlender Schutzbedürftigkeit zuständig.[672] Während die erste Variante eine Ergänzung des bisherigen Systems um einen Korrekturmechanismus für eine faire Lastenverteilung zur Umsiedlung und unter bestimmten Voraussetzungen eine Neubestimmung der Zuständigkeit vorsieht, basiert die zweite Variante auf einem neuen System für die Zuweisung von Asylbewerbern in der EU auf Grundlage eines Verteilungsschlüssels.[673] Damit würde die Verknüpfung von Zuständigkeit und Ort des Erstantrags bzw. Ort der irregulären Einreise aufgehoben und sich die mitgliedsstaatliche Zuständigkeit in erster Linie aus einem Verteilungsschlüssel nach Größe, Wohlstand und Aufnahmekapazität eines Mitgliedstaats richten.[674] Durchgesetzt hat sich im Vorschlag der Kommission für eine neue Dublin-Verordnung vom 4. Mai 2016 der weniger innovative, erste Ansatz, wonach das derzeitige System im Falle unverhältnismäßig hoher Asylbewerberzahlen in einem Mitgliedstaat durch einen automatisch ausgelösten Korrekturmechanismus

---

668 2014 wurden 72 % aller in der EU gestellten Asylanträge von fünf Mitgliedstaaten bearbeitet, vgl. Fußn. 656.

669 EK, KOM (2016) 197 Ziff. I.1. und I.2.

670 EK, KOM (2016) 197 Ziff. I.2.a). Kritisch zu den Änderungsvorschlägen für die Dublin-Verordnung etwa Stellungnahme des Deutschen Anwaltsvereins durch den Ausschuss Ausländer- und Asylrecht Nr. 67/2016.

671 EK, KOM (2016) 197 Ziff. I.2.a).

672 EK, KOM (2016) 197 Ziff. I.2.a).

673 EK, KOM (2016) 197 Ziff. I.2.a).

674 EK, KOM (2016) 197 Ziff. I.2.a).

ergänzt wird und damit eine gerechtere Lastenverteilung zwischen den Mitgliedstaaten bringen soll.[675]

Noch als Zukunftsmusik qualifiziert die Kommission die Zuständigkeitsverlagerung für Asylverfahren von nationaler auf Unionsebene, etwa durch die Umwandlung des EASO zu einer erstinstanzlichen Asylbehörde mit Zweigstellen in allen Mitgliedstaaten und der Einrichtung einer Rechtsbehelfsinstanz auf Unionsebene.[676] Neben den erforderlichen Bearbeitungskapazitäten wäre auch ein weitreichender institutioneller Umbau, konkret die Verlagerung weiterer asyl- und migrationsbezogener Kompetenzen auf die Unionsebene, erforderlich,[677] wofür derzeit der politische Wille in den Mitgliedstaaten fehlt.

Zweitens soll das Eurodac-System durch eine der Änderung des Dublin-Systems entsprechende Anpassung und durch eine Erweiterung des Anwendungsbereichs des Systems für über Asylfragen hinausgehende Zwecke gestärkt werden, um die Anwendung des Dublin-Systems sowie die Bekämpfung der irregulären Migration einschließlich der Rückführung nicht schutzbedürftiger Personen zu verbessern.[678] Der Vorschlag für eine neue Eurodac-Verordnung sieht daher auch die Erweiterung des bisherigen Geltungsbereichs der Eurodac-Verordnung (EU) Nr. 603/2013 vor, um die Identifizierung von illegal aufhältigen Drittstaatsangehörigen sowie von irregulär in die EU eingereisten Personen zu ermöglichen und im Falle der Rückführung den Drittstaatsangehörigen Ausweispapiere auszustellen.[679]

Drittens soll eine größere Konvergenz und Harmonisierung im Gemeinsamen Europäischen Asylsystem durch eine Verordnung für ein einheitliches gemeinsames Asylverfahren in der EU anstelle der bisherigen Asylverfahrensrichtlinie,[680] eine Anerkennungsverordnung für die bisherige Anerkennungsrichtlinie[681] und

675 EK, KOM (2016) 270, Ziff. 1.

676 EK, KOM (2016) 197 Ziff. I.2.a).

677 EK, KOM (2016) 197 Ziff. I.2.a).

678 EK, KOM (2016) 197 Ziff. I.2.b).

679 EK, KOM (2016) 272 Ziff. 1.

680 Vgl. hierzu den Vorschlag der Kommission für eine Verordnung des Europäischen Parlaments und des Rates zur Einführung eines gemeinsamen Verfahrens zur Gewährung internationalen Schutzes in der Union und zur Aufhebung der Richtlinie 2013/32/EU v. 13.07.2016, EK, KOM (2016) 467.

681 Vgl. hierzu den Vorschlag der Kommission Vorschlag für eine Verordnung des Europäischen Parlaments und des Rates über Normen für die Anerkennung von Drittstaatsangehörigen oder Staatenlosen als Personen mit Anspruch auf internationalen Schutz, für einen einheitlichen Status für Flüchtlinge oder für Personen mit Anspruch auf subsidiären Schutz und für den Inhalt des zu gewährenden Schutzes sowie zur Änderung der Richtlinie 2003/109/EG des Rates vom 25. November 2003 betreffend

eine Änderung der Richtlinie über die Aufnahmebedingungen[682] erreicht werden, um eine unionsweite Gleichbehandlung zu gewährleisten und dadurch Anreize für eine Migration in die EU und für Sekundärmigration zu reduzieren.[683] In diesem Kontext soll auch der Verordnungsvorschlag der Kommission über eine gemeinsame EU-Liste sicherer Herkunftsstaaten angenommen werden.[684]

Viertens sollen irreguläre Sekundärbewegungen innerhalb der EU durch strengere Verfahren und Sanktionsmöglichkeiten in der neuen Asylverfahrens- und Anerkennungsverordnung sowie in der angepassten Richtlinie über Aufnahmebedingungen verhindert werden, um das Dublin-Verfahren nicht durch Missbrauch und Asylshopping zu verwässern.[685]

Und schließlich ist fünftens eine Mandatsänderung und -erweiterung des EASO hin zu einer vollwertigen Agentur vorgesehen, um durch eine stärkere operative Rolle bei der Umsetzung der Politik eine bessere Implementierung des Gemeinsamen Europäischen Asylsystems und des überarbeiteten Dublin-Verfahrens zu gewährleisten.[686] Zu diesem Zweck hat die Kommission auf Grundlage des Art. 78 Abs. 1 und Abs. 2 AEUV am 4. Mai 2016 einen Verordnungsvorschlag über die Asylagentur der EU als Nachfolger des bisherigen EASO unter erheblicher Erweiterung des Aufgabenbereichs der Agentur unterbreitet.[687]

Schließlich betont die Kommission neben der Reformierung des Asylsystems einmal mehr das Erfordernis nach legalen Wegen in die EU,

> „damit Menschen, die internationalen Schutz benötigen, auf geordnete, gesteuerte, sichere und menschenwürdige Weise in die EU gelangen können – und damit Leben gerettet werden"

---

die Rechtsstellung der langfristig aufenthaltsberechtigten Drittstaatsangehörigenv. 13.07.2016, EK, KOM (2016) 466.

682 Vgl. hierzu den Vorschlag der Kommission für eine Richtlinie des Europäischen Parlaments und des Rates zur Festlegung von Normen für die Aufnahme von Personen, die internationalen Schutz beantragen (Neufassung) v. 13.07.2016, EK, KOM (2016) 465.

683 EK, KOM (2016) 197 Ziff. I.2.c).

684 EK, KOM (2016) 197 Ziff. I.2.c).

685 EK, KOM (2016) 197 Ziff. I.2.d).

686 EK, KOM (2016) 197 Ziff. I.2.e).

687 EK, KOM (2016) 171 Ziff. 1. Zu den Aufgaben der Agentur siehe Art. 2 des Vorschlags für eine Verordnung über die Asylagentur der EU und zur Aufhebung der Verordnung (EU) Nr. 439/2010.

und den Menschenschmugglern das Geschäft genommen wird.[688] Hierfür hat die Kommission einen Verordnungsvorschlag zur Schaffung eines Neuansiedlungsrahmens der Union und zur Änderung der Verordnung (EU) Nr. 516/2014 betreffend die Einrichtung des Asyl-, Migrations- und Integrationsfonds unterbreitet, um die Unterschiede zwischen den nationalen Neuansiedlungspraktiken zu verringern.[689] Der Vorschlag sieht die Festlegung eines gemeinsamen Konzepts vor, das schutzbedürftige Drittstaatsangehörigen eine sichere und legale Einreise in die EU ermöglicht und sie vor der Ausbeutung durch Schleusernetze und lebensgefährlichen Überfahrten schützt, um nach Europa zu gelangen; gleichzeitig soll der Druck spontan in Europa ankommender Asylsuchender auf die nationalen Asylsysteme verringert und schließlich eine Lastenteilung mit den besonders betroffenen Staaten in den Herkunftsregionen angestrebt werden.[690]

## III. Die europäische Einwanderungspolitik

Schließlich gehört auch die früher in Art. 63 Nr. 3 und Nr. 4 EGV a.F.[691] und heute in Art. 79 AEUV normierte europäische Einwanderungspolitik zum maßgeblichen Primärrecht.

### *1. Regelungsinhalt von Art. 79 AEUV*

Die gemeinsame Einwanderungspolitik soll gemäß Art. 79 Abs. 1 AEUV eine wirksame Steuerung der Migrationsströme, eine angemessene Behandlung von sich rechtmäßig im Hoheitsgebiet eines Mitgliedstaates aufhältigen Drittstaatsangehörigen sowie die Verhütung und verstärkte Bekämpfung von illegaler Einwanderung und Menschenhandel gewährleisten. Unter Einwanderung wird jeder langfristige Aufenthalt über mehr als drei Monate angesehen.[692]

Zur Verwirklichung dieser Ziele werden gemäß Art. 79 Abs. 2 AEUV Regelungen zu den Einreise- und Aufenthaltsvoraussetzungen und der Erteilung von Visa und Aufenthaltstiteln für einen langfristigen Aufenthalt einschließlich solcher zur Familienzusammenführung (lit. a), zur Festlegung der Rechte von sich rechtmäßig in einem Mitgliedstaat aufhaltenden Drittstaatsangehörigen einschließlich der Bedingungen, unter denen sie sich in anderen Mitgliedstaaten frei bewegen und aufhalten dürfen (lit. b), zur illegalen Einwanderung und dem

688 EK, KOM (2016) 197 Ziff. II.
689 EK, KOM (2016) 468, insb. Ziff. 1.
690 EK, KOM (2016) 468, Ziff. 1.
691 *Weiß* in Streinz, EUV/AEUV, Art. 79 Rn. 1 ff.
692 *Weiß* in Streinz, EUV/AEUV, Art. 79 Rn. 12 m.w.N.

illegalen Aufenthalt einschließlich Abschiebung und Rückführung sich illegal aufhaltender Personen (lit. c) sowie zur Bekämpfung des Menschenhandels, insbesondere des Handels mit Frauen und Kindern (lit. d) erlassen.[693] Die zunehmend externe Dimension der europäischen Einwanderungspolitik wird vor allem in der neuen Regelung des Art. 79 Abs. 3 AEUV über Rücknahmeabkommen deutlich, der Übereinkünfte der EU mit Drittländern über die Rücknahme von illegal in die EU eingereisten oder sich illegal in der EU aufhaltenden Drittstaatsangehörigen in ihr Ursprungs- oder Herkunftsland ermöglicht.[694]

In Art. 79 Abs. 4 AEUV erhält die EU eine Förderungskompetenz im Sinne von Art. 2 Abs. 5 AEUV für den Erlass von Integrationsmaßnahmen für sich rechtmäßig im Hoheitsgebiet der Mitgliedstaaten aufhaltende Drittstaatsangehörige wie etwa den im Jahr 2007 beschlossene Europäische Integrationsfond (EIF)[695] unter Ausschluss jeglicher Harmonisierung der Rechtsvorschriften.[696]

Art. 79 Abs. 5 AEUV belässt den Mitgliedstaaten die zahlenmäßige Kontrolle über den Zustrom an Erwerbstätigen, konkret das Recht der Mitgliedstaaten, festzulegen, wie viele Drittstaatsangehörige aus Drittländern in ihr Hoheitsgebiet einreisen dürfen, um dort als Arbeitnehmer oder Selbstständige Arbeit zu suchen, und setzt auf diese Weise der gemeinsamen Einwanderungspolitik Grenzen.[697]

### *2. Sekundärrechtliche Regelungen im Bereich der Einwanderungspolitik*

Zu den zentralen sekundärrechtlichen Regelungen in diesem Bereich gehören die Richtlinie 2003/109/EG[698] über die Rechtsstellung von langfristig aufenthaltsberechtigten Drittstaatsangehörigen (sog. Daueraufenthaltsrichtlinie), durch welche die Position an die der Unionsbürger im Interesse der Integration angenähert werden soll[699] sowie die Richtlinie betreffend das Recht auf

---

693 Zu den Zielen der Einwanderungspolitik zusammenfassend *Weiß* in Streinz, EUV/AEUV, Art. 79 Rn. 8 ff.

694 *Weiß* in Streinz, EUV/AEUV, Art. 79 Rn. 42 m.w.N.; *Thym* in Grabitz/Hilf/Nettesheim, Das Recht der EU, Art. 79 Rn. 36 f.

695 Entscheidung des Rates 2007/435/EG zur Einrichtung des Europäischen Fonds für die Integration von Drittstaatsangehörigen für den Zeitraum 2007 bis 2013 innerhalb des Generellen Programms „Solidarität und Steuerung der Migrationsströme", ABl. EU 2007 Nr. L 168/18.

696 *Weiß* in Streinz, EUV/AEUV, Art. 79 Rn. 45 f.

697 *Weiß* in Streinz, EUV/AEUV, Art. 79 Rn. 48 ff.

698 ABl. EU 2004 Nr. L 16/44.

699 *Weiß* in Streinz, EUV/AEUV, Art. 79 Rn. 18; *Wiesbrock*, Legal Migration to the European Union, S. 268 ff.

Familienzusammenführung für Drittstaatsangehörige, die sich rechtmäßig im Gebiet eines Mitgliedstaates aufhalten.[700]

Den Aufenthalt von Drittstaatsangehörigen zu Studien- und Forschungszwecken regeln die Richtlinie 2016/801/EU[701] und die Richtlinie 2009/50/EG über Bedingungen für die Einreise und Aufenthalt von Drittstaatsangehörigen zur Ausübung einer hochqualifizierten Beschäftigung (Blaue Karte).[702] Letztere soll nach dem Vorschlag der Kommission vom 7. Juni 2016 geändert werden, um größere Anreize für hochqualifizierte Arbeitskräfte aus Drittstaaten in der EU zu schaffen.[703] Schließlich sind die Richtlinie 2011/98/EU über das Verfahren der Zulassung von Drittstaatsangehörigen als Arbeitnehmer in einem EU-Mitgliedstaat zu nennen[704] und die Richtlinie über die Bedingungen für die Einreise und den Aufenthalt von Drittstaatsangehörigen zwecks Beschäftigung als Saisonarbeiter.[705] Schließlich regeln die Richtlinie 2001/51/EG die Verpflichtung von Transportgesellschaften zur Kontrolle der Einreiseberechtigungen von Drittstaatsangehörigen bei Verbringung über die Schengener Außengrenzen[706], die Richtlinie 2009/52/EG die Sanktionierung von Arbeitgebern bei Beschäftigung von Drittstaatsangehörigen ohne rechtmäßigen Aufenthalt[707] sowie die Richtlinie 2001/40/EG die gegenseitige Anerkennung von Entscheidungen über die Rückführung von Drittstaatsangehörigen[708] und die Richtlinie 2008/115/EG gemeinsame Normen und Verfahren in den Mitgliedstaaten zur Rückführung illegal aufhältiger Drittstaatsangehöriger.[709]

---

700 ABl. EU 2003 Nr. L 251/12; hierzu *Wiesbrock*, Legal Migration to the European Union, S. 253 ff.

701 ABl. EU 2016 L 132/21; die Richtlinie ersetzt sowohl die RL 2004/114/EG als auch die RL 2005/71/EG; vgl. *Wiesbrock*, Legal Migration to the European Union, S. 275 ff.

702 ABl. EU 2009 Nr. L 155/17; hierzu *Weiß* in Streinz, EUV/AEUV, Art. 79 Rn. 19 ff. Vgl. auch Teil 1 D.I.2.

703 EK, Pressemitteilung, Umsetzung der Europäischen Migrationsagenda: Die Kommission stellt Aktionsplan für Integration und Reform der „Blue-Card"-Regelung für hochqualifizierte Arbeitskräfte aus Drittländern vor v. 7.06.2016, IP/16/2041.

704 ABl. EU 2011 Nr. L 343/1.

705 ABl. EU 2014 Nr. L 94/375.

706 ABl. EG 2001 Nr. L 187/45

707 ABl. EU 2009 Nr. L 168/24.

708 ABl. EG 2001 Nr. L 149/34.

709 ABl. EU 2008 Nr. L 348/98; *Weiß* in Streinz, EUV/AEUV, Art. 79 Rn. 32 ff.; *Thym* in Grabitz/Hilf/Nettesheim, Das Recht der EU, Art. 79 Rn. 34.

## D. Begrenzte legale Einreisemöglichkeiten in die EU am Beispiel Deutschlands

Derzeit bestehen nur begrenzte Möglichkeiten für Drittstaatsangehörige, auf legalen Wegen in die EU und konkret auch nach Deutschland einzureisen. Für erwünschte Migranten wie bspw. (hoch-)qualifizierte Arbeitskräfte und Studenten bestehen im Rahmen der Arbeits- und Bildungsmigration durchaus legale Einreisemöglichkeiten. Für die häufig weniger qualifizierten, schutzsuchenden Personen im Rahmen des Asylkanals existieren dagegen nur äußerst begrenzte legale Einreisemöglichkeiten in die EU. Dabei war die europäische Haltung gegenüber Migration in der Vergangenheit keineswegs stets ablehnend; in der Nachkriegszeit schaffte Deutschland zahlreiche Anreize für Arbeitsmigranten.[710] Jedoch wurden die Grenzen infolge der steigenden Arbeitslosenquote Ende der 1960er Anfang der 1970er Jahre aufgrund der Wirtschaftsrezession für Arbeitsmigranten weitgehend geschlossen,[711] bis zum sog. Anwerbestopp im Jahr 1973 mit dem die Ära der Gastarbeiter ihr Ende fand.[712] Übrig blieben vor allem der Einreisekanal der Familienzusammenführung, der auch infolge zunehmenden Missbrauchs immer stärker reglementiert wurde, und der Asylkanal für Migranten.[713]

Gemäß § 4 Abs. 1 Satz 1 AufenthG bedürfen Ausländer für die Einreise und den Aufenthalt im Bundesgebiet grundsätzlich eines Aufenthaltstitels, sofern nicht durch das Unionsrecht, Rechtsverordnungen oder aufgrund des EWG-Türkei-Assoziationsabkommens von 1963 etwas anderes gilt. § 4 Abs. 1 Satz 2 AufenthG sieht verschiedene Arten von Aufenthaltstiteln in Form des Visums (§ 6 AufenthG), der Aufenthaltserlaubnis (§ 7 AufenthG), der Blauen Karte der EU (§ 19a AufenthG), der Niederlassungserlaubnis (§ 9 AufenthG) und der Erlaubnis zum Daueraufenthalt in der EU (§ 9a AufenthG) vor.[714]

710 OECD, Zuwanderung ausländischer Arbeitskräfte, S. 68; *Haun*, The Externalisation of Asylum Procedures, S. 20.

711 *Wiesbrock*, Legal Migration to the European Union, S. 36 f.

712 *Sußmann* in Bergmann/Dienelt, Ausländerrecht, § 18 Rn. 2; OECD, Zuwanderung ausländischer Arbeitskräfte, S. 68.

713 Zusammenfassend zur Entwicklung der Migration in Europa *Wiesbrock*, Legal Migration to the European Union, S. 19 ff.; *Haun*, The Externalisation of Asylum Procedures, S. 20.

714 Seit 1.08.2017 gibt es nach § 4 Abs. 1 lit. 2b) auch die ICT-Karte (§ 19b) und nach § 4 Abs. 1 lit. 2c) AufenthG Mobiler ICT-Karte, vgl. hierzu *Klaus*, Mobilisierte Fachkräfte: Die Umsetzung der ICT-Richtlinie in Deutschland im AufenthG, der AufenthV und der BeschV, ZAR 2017, 257 (257 ff.); BGBl. 2017 I, 1106.

Das Visum als eigenständiger Aufenthaltstitel wird bereits vor der Einreise durch die deutschen Auslandsvertretungen im Ausland erteilt. Es sind drei Visumsarten zu unterschieden: das Schengen-Visum für die Durchreise oder einen Aufenthalt bis zu drei Monaten (§ 6 Abs. 1 S. 1 Nr. 1 AufenthG), das Flughafentransitvisum zur Durchreise durch die Flughafentransitzonen (§ 6 Abs. 1 S. 1 Nr. 2 AufenthG) und das nationale Visum für Aufenthalte von mehr als drei Monaten (§ 6 Abs. 3 AufenthG), welches sich nach den Vorschriften für die Erteilung einer Aufenthaltserlaubnis, Blauen Karte der EU, Niederlassungserlaubnis oder Erlaubnis zum EU-Daueraufenthalt richtet.[715] In der EU-Visumsverordnung Nr. 539/2001 ist abschließend geregelt, welche Drittstaatsangehörigen ein Visum zur Einreise in einen EU-Mitgliedstaat benötigen und welche Staatsangehörigen von der Visumspflicht bei Aufenthalten bis maximal drei Monate befreit sind.[716] Daneben ist das Visum nach § 5 Abs. 2 Nr. 1 AufenthG auch Voraussetzung für die Erteilung einer Aufenthalts-, Niederlassungs- sowie EU-Daueraufenthaltserlaubnis nach der Einreise.[717]

Obgleich der Fokus der Arbeit auf der Untersuchung extraterritorialer Migrationsmaßnahmen zur Erweiterung der legalen Einreisemöglichkeiten in die EU liegt, werden im Folgenden die bestehenden legalen Einreisemöglichkeiten in der gebotenen Kürze anhand der deutschen AufenthG-Regelungen aufgezeigt. Dies nicht zuletzt deshalb, um anhand der existierenden, aber limitierten legalen Einreisemöglichkeiten in die EU, den Bedarf für neue Wege in diesem Bereich zu verdeutlichen sowie aus den angewandten Modellen Rückschlüsse für neue Einreiseinstrumente zu ziehen. Die bestehenden legalen Einreisemöglichkeiten in die EU sind anhand der verschiedenen Migrationskanäle in Gestalt der Arbeitsmigration (dazu D. I.), der Migration zu Studien- oder Ausbildungszwecken (dazu D. II.) und zum Zwecke der Familienzusammenführung (dazu D. III.) sowie dem Asylkanal (dazu D. IV.), der sämtliche schutzbedürftige Personen wie Asylberechtigte, GFK-Flüchtlinge und subsidiär Schutzberechtigte umfasst, zu kategorisieren.[718] Es wird darauf hingewiesen, dass der Begriff der legalen

715 *Hailbronner*, Asyl- und Ausländerrecht Rn. 175 m.w.N.

716 ABl. EG 2001 Nr. L 81/1; zur sog. Positiv-/Negativliste *Weiß* in Streinz, EUV/AEUV, Art. 77 Rn. 10 f.

717 Zum Ganzen *Hailbronner*, Asyl- und Ausländerrecht Rn. 173.

718 *Parusel*, Spurwechsel im Migrationsprozess, ZAR 2014, 116; eine weitere Migrationsform ist die Investorenmigration, wonach die Erlaubnis der Einreise und Niederlassung in einem anderen Land an das Einbringen bestimmter Investitionssummen gebunden ist; *Heckmann*, Integration von Migranten, S. 27.

Migration in dieser Arbeit umfassend dahingehend verstanden wird, dass sämtliche, nicht der illegalen Migration zuzuordnenden Migrationsformen als legal verstanden werden und sich daher der Ausdruck „legale Migration“ nicht nur, wie teilweise in der Praxis, auf Arbeitsmigration bezieht.

Von den insgesamt 1.125.419 Personen (ohne 685.485 Unionsbürger), die im Jahr 2015 nach Deutschland zugewandert sind, wurde der Aufenthaltszweck bei der knappen Hälfte nicht endgültig statistisch ermittelt, wobei darunter auch Personen fallen, die bereits einen Aufenthaltstitel beantragt haben.[719] Im Rahmen der ermittelten Aufenthaltszwecke entfällt im Jahr 2015 der größte Anteil auf Personen, die für die Dauer ihres Asylverfahrens eine Aufenthaltsgestattung nach § 55 AufenthG erhalten haben (268.058), gefolgt von 92.807 Personen, denen eine Aufenthaltserlaubnis aus humanitären Gründen erteilt wurde, etwa 55.000 Personen, die eine Aufenthaltserlaubnis zu Studien- und Ausbildungszwecken und 38.805 Personen, die eine zu Erwerbszwecken erhielten, sowie schließlich 82.440 aus familiären Gründen erteilte Aufenthaltserlaubnisse.[720]

## I. Legale Einreise zur Erwerbszwecken im Rahmen der Arbeitsmigration

Beim Zugang zum Arbeitsmarkt ist zwischen freizügigkeitsberechtigen Unionsbürgern, die grundsätzlich keinen Aufenthaltstitel für die Aufnahme einer Erwerbstätigkeit nach dem Aufenthaltsgesetz benötigen, und Drittstaatsangehörigen zu unterscheiden, die bei Erteilung eines zur Erwerbstätigkeit berechtigenden Aufenthaltstitels (§ 4 Abs. 2 und Abs. 3 AufenthG) legal in die EU zu Erwerbszwecken nach § 4 Abs. 1 Satz 1 und Satz 2 AufenthG im Rahmen der Arbeitsmigration einreisen können.[721] Als Arbeitsmigration werden Prozesse verstanden,

> „in welchen Personen zum Zweck der Arbeitsaufnahme und mit dem Ziel der Verbesserung ihres Einkommens und ihrer gesamten Lebensverhältnisse ihr Herkunftsland verlassen und in ein anderes wandern.“[722]

Aus Sicht der EU und ihrer Mitgliedstaaten ist die Arbeitsmigration ein wichtiges Instrument der Migrationssteuerung, weil die Gastländer die Personen

719 BAMF, Bundesamt in Zahlen 2015, Ziff. 2.

720 BAMF, Bundesamt in Zahlen 2015, Ziff. 2., wobei nicht bei allen 1.125.419 Personen ein Aufenthaltszweck ermittelt wurde.

721 BAMF, Migrationsbericht 2014, Ziff. 3.2. m.w.N.

722 *Heckmann*, Integration von Migranten, S. 26.

(gemeinsam mit den Entsendestaaten) vorab auswählen und gleichfalls die Zahl der zuwandernden Arbeitskräfte begrenzen können.[723] Die Arbeitsmigration dient auch der Bewältigung des in Europa, konkret auch in Deutschland, aufgrund des demographischen Wandels und der dadurch bedingten geringeren erwerbstätigen Bevölkerung zu beobachtenden Arbeits- und Fachkräftemangels.[724] Eine aktivere Arbeitsmigrationspolitik ist nach Auffassung der Kommission für die Anwerbung der in Europa benötigten Menschen mit Fertigkeiten und Talenten unerlässlich, um damit zum Wirtschaftswachstum und zur Zukunftsfähigkeit unserer Sozialsysteme beizutragen.[725] Schließlich bietet die Arbeitsmigration Drittstaatsangehörigen die Möglichkeit, in Europa einer häufig lukrativeren Erwerbstätigkeit als in ihrem Heimatland nachzugehen.

### *1. Erscheinungsformen der Arbeitsmigration*

In zeitlicher Hinsicht wird zwischen dauerhafter Arbeitsmigration und temporär begrenzten Formen wie etwa Saisonarbeit differenziert. Hier ist auch das Konzept der zirkulären Migration anzusiedeln, worunter *Janicki* eine Form der temporären Migration versteht,

> „bei der die MigrantInnen für eine begrenzte Zeit in ein Land einreisen, um einer Erwerbstätigkeit nachzugehen und danach wieder in ihr Herkunftsland zurückkehren, wobei dieser Zyklus in der Regel mehrfach wiederholt wird."[726]

Das Konzept der zirkulären Migration zielt auch auf die Entwicklungsförderung im Herkunftsland, etwa durch Rücküberweisungen, ab, sodass im Idealfall Vorteile sowohl für die Empfänger- als auch für die Herkunftsstaaten sowie für die Migranten in Form einer Triple-win-Situation entstehen.[727] Unter Verweis auf die Kritik, wonach die zirkuläre Migration als alter Wein in neuen Schläuchen letztlich nur eine Neuauflage des bei der Anwerbung von Gastarbeitern in den

---

723 *Uerpmann-Wittzack*, Ordnung und Gestaltung von Migrationsbewegungen durch Völkerrecht in Dethloff/Nolte/Reinisch, Rückblick nach 100 Jahren und Ausblick, S. 215 (224 f.) m.H.a. das deutsche Wanderarbeitnehmermanagement zwischen 1955-1973 durch sog. Anwerberabkommen mit Italien u. der Türkei.

724 OECD, Zuwanderung ausländischer Arbeitskräfte, S. 15.

725 EK, KOM (2016) 197 Ziff. II.

726 *Janicki*, Building Migration Partnerships in Brocza, Die Auslagerung des EU-Grenzregimes, S. 111 (111); siehe auch *Zerger*, Migrationssteuerung und Entwicklungseffekte durch zirkuläre Migration? ZAR 2008, 1 (2).

727 *Zerger*, Migrationssteuerung und Entwicklungseffekte durch zirkuläre Migration? ZAR 2008, 1 (2).

1960er und 1970er Jahren erfolglosen Rotationsprinzips sei, stellt *Zerger* klar, dass das neue Konzept durch die Verbindung von Migrations- und Entwicklungspolitik einschließlich eines Wissenstransfers in die Entwicklungsländer auch auf die langfristige Bekämpfung von Armut und Perspektivlosigkeit als einer der wichtigsten Migrations- und Fluchtursachen abzielt und daher attraktiv und zeitgemäß ist.[728] Soweit es sich dabei um Saisonarbeit als typisches Beispiel zirkulärer Migration handelt, ist nicht das Konzept, sondern nur der Begriff neu. Darüber hinaus dürfte der Wissenstransfer jedenfalls bei Saisonarbeit für die Herkunftsländer relativ gering sein.

Das Konzept der zirkulären Migration erfordert regelmäßig die Einführung von Kurzzeitvisa für die temporäre Erwerbstätigkeit in der EU sowie die Möglichkeit der mehrfachen Ein- und Ausreise ohne Verlust des Visums, um die angestrebte Mobilität zwischen dem EU-Mitgliedstaat und dem Drittstaat des Erwerbstätigen zu gewährleisten.[729]

Auch die EU sieht in der zirkulären Migration, die „einen gewissen Grad an legaler Mobilität (Hin und Zurück) zwischen zwei Ländern zulässt“[730] und im Abschluss von sog. Mobilitätspartnerschaften zwischen der EU und Drittstaaten eine Möglichkeit, die legale Migration zu Arbeitszwecken für Drittstaatsangehörige besser zu regulieren.[731] Gleichzeitig weist die Kommission auf das Risiko hin, dass eine gut gesteuerte zirkuläre Migration zwar Angebot und Nachfrage nach Arbeitskräften weltweit in Übereinstimmung zu bringen vermag und dadurch zu einer effizienteren Verteilung der verfügbaren Ressourcen und zum Wirtschaftswachstum beiträgt, allerdings eine als zirkuläre Migration konzipierte Wanderung leicht zu einer dauerhaften Migration werden und damit ihr Ziel verfehlen kann.[732]

### 2. *Aufenthaltstitel zu Erwerbszwecken*

Im nationalen Recht finden sich die Vorschriften über den Aufenthalt zum Zwecke der Erwerbstätigkeit in Abschnitt 4 des 2. Kapitels des AufenthG (§§ 18 bis

---

728 *Zerger*, Migrationssteuerung und Entwicklungseffekte durch zirkuläre Migration? ZAR 2008, 1 (2 f.) m.w.N.

729 Vgl. hierzu etwa *Paulhart*, EU-Mobilitätspartnerschaften in Brocza, Die Auslagerung des EU-Grenzregimes, S. 127 (132 f.).

730 EK, KOM (2007) 248, Ziff. III. B.

731 ER (Brüssel), 14./15.12.2006, Schlussfolgerungen, Ziff. II Rn. 24; EK, KOM (2007) 248, insb. Ziff. II. B. (2); *Wiesbrock*, Legal Migration to the European Union, S. 157.

732 EK, KOM (2007) 248, Ziff. III.

21 AufenthG). Zentrale Regelung für die unselbstständige Beschäftigung ist § 18 Abs. 2 AufenthG zur Erteilung eines Aufenthaltstitels an neu einreisende, ausländische Arbeitnehmer mit einer qualifizierten Berufsausbildung für eine zugelassene Berufsgruppe (§ 18 Abs. 4 AufenthG) sowie an Arbeitnehmer ohne qualifizierte Berufsausbildung (§ 18 Abs. 3 AufenthG), soweit kein sonstiger, die Erwerbstätigkeit erlaubender Aufenthaltstitel vorliegt.[733] § 18a AufenthG sieht die Erteilung einer Aufenthaltserlaubnis für qualifiziert Geduldete zum Zwecke der Beschäftigung vor und ermöglicht damit an sich ausreisepflichtigen, aber langjährig geduldeten Drittstaatsangehörigen den Zugang zum Arbeitsmarkt, wobei damit keine legale Einreisemöglichkeit geschaffen wird.[734] § 18b AufenthG ermöglicht die Erteilung einer Niederlassungserlaubnis für Absolventen deutscher Hochschulen bereits nach zweijährigem, rechtmäßigen Aufenthalt, § 18c AufenthG schafft einen Aufenthaltstitel zum Zwecke der Arbeitsplatzsuche für qualifizierte Fachkräfte für maximal sechs Monate.

§ 19 AufenthG sieht die Erteilung einer unbefristeten Niederlassungserlaubnis für hochqualifizierte Ausländer wie etwa Wissenschaftler oder Lehrpersonen, § 19a AufenthG die sog. Blaue Karte der EU und § 20 die Aufenthaltserlaubnis zum Zwecke der Forschung vor. Seit 1. August 2012 ist in § 19a AufenthG der Rechtsanspruch auf Erteilung der Blauen Karte entsprechend dem Vorbild der US-amerikanischen Green Card für hochqualifizierte Fachkräfte aus Drittstaaten nach den Vorgaben der Hochqualifizierten-Richtlinie 2009/50/EG[735] normiert. Erforderlich sind ein abgeschlossenes Hochschulstudium bzw. eine nachgewiesene und durch eine mindestens fünfjährige Berufserfahrung vergleichbare Qualifikation, grundsätzlich die Zustimmung der Bundesagentur für Arbeit und ein Mindestgehalt (im Jahr 2016) von 49.600 Euro, in Mangelberufen 38.688 Euro, in denen es eine Vielzahl unbesetzter Stellen gibt.[736] Seit

---

733 Zu den Aufenthaltstiteln, die bereits kraft Gesetzes die Erwerbstätigkeit zulassen, ein Überblick bei *Sußmann* in Bergmann/Dienelt, Ausländerrecht, § 18 Ziff. 18.2.2.

734 *Hailbronner*, Asyl- und Ausländerrecht Rn. 328.

735 Legaldefinition der Blauen Karte in Art. 2 lit. c) RL 2009/50/EG über die Bedingungen für die Einreise und den Aufenthalt von Drittstaatsangehörigen zur Ausübung einer hochqualifizierten Beschäftigung, ABl. EU 2009 Nr. L 155/17; Überblick zur Richtlinie bei *Wiesbrock*, Legal Migration to the European Union, S. 284 ff. Zur Blauen Karte etwa *Griesbeck*, Erleichterung der Fachkräftezuwanderung durch rechtliche Regelungen und flankierende Maßnahmen, ZAR 2014, 181 (182).

736 BMI, Migration und Integration, Zuwanderung – Arbeitsmigration, Abschnitt „Blaue Karte".

Sommer 2017 gibt es auch die ICT-Karte (§ 19b AufenthG) und Mobile ICT-Karte (§ 19c AufenthG) für mehr Mobilität von Fachkräften.[737]

In § 21 AufenthG ist die Erteilung einer Aufenthaltserlaubnis zur Ausübung einer selbstständigen Tätigkeit geregelt.

Grundsätzlich darf der Aufenthaltstitel nach § 18 Abs. 2, § 19, § 19a, § 19b oder §19d AufenthG gemäß § 18 Abs. 5 AufenthG nur bei Vorliegen eines konkreten Arbeitsplatzangebots,[738] einer Berufsausübungserlaubnis, soweit erforderlich, und der nach § 18 Abs. 2 AufenthG im Regelfall nötigen Zustimmung der Bundesagentur für Arbeit erteilt werden.[739] Damit bleibt es in Deutschland im Unterschied zu sog. Punktesystemen wie etwa in Australien, Kanada und den USA grundsätzlich bei einem nachfrageorientierten Zuwanderungssystem.[740]

Schließlich setzt die Erteilung eines Aufenthaltstitels die Erfüllung der allgemeinen Erteilungsvoraussetzungen nach § 5 Abs. 1 AufenthG, wie etwa die ausreichende Sicherung des Lebensunterhalts und die Erteilung einer Aufenthalts-, Niederlassungs- und EU-Daueraufenthaltserlaubnis, das Vorliegen der Voraussetzungen des § 5 Abs. 2 AufenthG sowie das Fehlen zwingender Versagungsgründe gemäß § 5 Abs. 4 AufenthG voraus.[741]

Zu konkreten Zahlen im Rahmen der Arbeitsmigration: Zwar wurden vom EU-Spitzenreiter Deutschland etwa im Jahr 2015 immerhin 14.468 Blaue Karten ausgestellt[742] und an insgesamt 82.219 Personen, davon 13.481 ohne qualifizierte Berufsausbildung und 68.738 Fachkräfte, Aufenthaltstitel zum primären Zweck der Erwerbstätigkeit bzw. Arbeitsplatzsuche erteilt; gleichwohl sind die Zahlen

---

737 BGBl. 2017 I, 1106; hierzu *Klaus*, Mobilisierte Fachkräfte: Die Umsetzung der ICT-Richtlinie in Deutschland im AufenthG, der AufenthV und der BeschV, ZAR 2017, 257 (257 ff.).

738 Ausnahmecharakter hat daher der neu eingefügte § 18c AufenthG, der die Erteilung einer Aufenthaltserlaubnis zur Arbeitsplatzsuche für qualifizierte Fachkräfte vorsieht; dazu *Griesbeck*, Erleichterung der Fachkräftezuwanderung durch rechtliche Regelungen und flankierende Maßnahmen, ZAR 2014, 181 (182).

739 Zur Ermessensentscheidung der Agentur für Arbeit unter Beachtung § 18 Abs. 1 Satz 1 AufenthG und maßgeblicher Kriterien wie der Vorrangprüfung siehe *Sußmann* in Bergmann/Dienelt, Ausländerrecht, § 18 Ziff. 18.1.ff.; *Hailbronner*, Asyl- und Ausländerrecht Rn. 344 ff.

740 OECD, Zuwanderung ausländischer Arbeitskräfte, S. 26 f.; *Sußmann* in Bergmann/Dienelt, Ausländerrecht, § 18 Rn. 4.

741 *Hailbronner*, Asyl- und Ausländerrecht, Rn. 445 f.

742 BAMF, Wanderungsmonitoring, 2015, Zusammenfassung S. 7. Zu den genauen Zahlen BAMF, Zahlen zur Blauen Karte EU v. 5.09.2016.

trotz des Zuwachses von 8,4 % gegenüber dem Vorjahreszeitraum angesichts der weltweiten Migrationsbewegungen relativ gering.[743]

### 3. *Neue Wege in der Arbeitsmigration am Beispiel des Westbalkans*

Neue Wege der Arbeitsmigration wurden mit Blick auf die große Anzahl von Asylbewerbern aus den Westbalkanstaaten im Jahr 2015 vom deutschen Gesetzgeber beschritten. Auf die in den letzten Jahren, trotz sehr geringer Schutzquote von 0 bis 0,3 %,[744] rasant gestiegenen Asylbewerberzahlen aus den Westbalkanstaaten hat der Bund mit dem Ausbau legaler Migrationsmöglichkeiten zur Arbeitsaufnahme für diese Personengruppe reagiert.[745]

Im Jahr 2015 gehörten Albanien, Kosovo, Serbien und Mazedonien zu den Top-Ten-Herkunftsländern der Asylerstanträge in Deutschland und stellten zusammen mit Bosnien und Herzegowina sowie Montenegro mit 120.882 mehr als ein Viertel (27,4 %) aller Erstantragsteller.[746] Angesichts der verschwindend geringen Schutzquote ist der Asylkanal für Staatsangehörige des Westbalkans zum weit überwiegenden Teil der falsche Weg und bedeutet auch für das BAMF eine unzweckmäßige Beanspruchung der Ressourcen.

Gemäß § 26 Abs. 2 Satz 1, Satz 2 BeschV[747] können Staatsangehörige dieser sechs Westbalkanstaaten im Zeitraum von 2016 bis einschließlich 2020 nach Antragstellung bei der jeweils zuständigen deutschen Auslandsvertretung im Herkunftsstaat Zustimmungen zur Ausübung jeder Beschäftigung im Bundesgebiet erteilt werden, soweit ein konkreter Arbeits- oder Ausbildungsvertrag mit tarifvertraglichen Bedingungen[748] und die Zustimmung der Arbeitsagentur vorliegen.[749] Grundsätzlich darf nach § 26 Abs. 2 Satz 3 BeschV die Zustimmung nicht erteilt werden, wenn der Antragsteller in den letzten 24 Monaten vor Antragstellung Leistungen nach dem Asylbewerberleistungsgesetz bezogen hat. Von dieser Regelung sieht der neue § 26 Abs. 2 Satz 4 BeschV für Antragsteller

---

743 BAMF, Wanderungsmonitoring, 2015, Zusammenfassung, S. 6 f.; OECD, Zuwanderung ausländischer Arbeitskräfte, S. 76.

744 BAMF, Das Bundesamt in Zahlen 2015, Ziff. I S. 35 Tab. I-11.

745 Gemeinsamer Beschluss der Bundeskanzlerin und der Regierungschefinnen und Regierungschefs der Länder v. 24.09.2015, Nr. 4.3, S. 6.

746 BAMF, Das Bundesamt in Zahlen 2015, Ziff. I S. 9, 15.

747 Beschäftigungsverordnung v. 6.06.2013, BGBl. 2013 I, 1499, zuletzt geändert durch Art. 2 V v. 1.08.2017, BGBl. 2017 I, 3066.

748 Gemeinsamer Beschluss der Bundeskanzlerin und der Regierungschefinnen und Regierungschefs der Länder v. 24.09.2015, Nr. 4.3, S. 6.

749 *Sußmann* in Bergmann/Dienelt, Ausländerrecht, § 18 Rn. 17.

ab, die nach dem 1. Januar 2015 und vor dem 24. Oktober 2015 einen Asylantrag gestellt haben, sich am 24. Oktober 2015 gestattet, mit einer Duldung oder als Ausreisepflichtige im Bundesgebiet aufgehalten haben und unverzüglich ausgereist sind. Auf diese Weise sollte der Asyldruck auf das nationale Asylsystem reduziert und Anreize zur freiwilligen Ausreise von Staatsangehörigen des Westbalkans geschaffen werden, wodurch Ressourcen sowohl bei der Unterbringung als auch bei den Asylverfahren frei werden sollten.[750]

Derartige flexible Lösungswege in Reaktion auf kurzfristige Migrationsentwicklungen sind sinnvolle Instrumente, um wie im Beispielsfall der Westbalkanstaaten den Asylkanal um ca. ein Viertel der Asylanträge zu Gunsten Staatsangehöriger mit hohen Schutzquoten zu entlasten und gleichzeitig den Wirtschaftsmigranten aus dem Westbalkan eine andere Migrationsalternative anzubieten. In diesem Zusammenhang ist eine verbesserte Informationspolitik für Ausländer über neue Migrationswege, insbesondere zu Erwerbszwecken, etwa über Internetportale ein wichtiger erster Schritt, um über die Voraussetzungen für eine Arbeitsmigration aufzuklären.[751]

Insgesamt ist festzustellen, dass Deutschland wie auch die EU insgesamt sich zwar langsam für die Arbeitsmigration öffnen, gleichwohl der Zugang von Arbeitskräften aus dem Ausland noch immer relativ gering ist.[752]

## II. Legale Einreise zu Studien- und Ausbildungszwecken im Rahmen der Bildungsmigration

Für junge Menschen aus Drittstaaten besteht die Möglichkeit mittels eines vor Einreise von der zuständigen deutschen Auslandsvertretung ausgestellten Visums zu Studien- und sonstigen Ausbildungszwecken im Rahmen der sog. Bildungsmigration legal nach Deutschland zu gelangen.[753] Nach Einschätzung der OECD weist Deutschland aufgrund seiner renommierten Universitäten, niedrigen Studiengebühren, günstigen Regelungen für eine Nebentätigkeit während des Studiums und einem großzügigen Zeitraum für die Arbeitsplatzsuche

750 *Sußmann* in Bergmann/Dienelt, Ausländerrecht, § 18 Rn. 17. BR-Drs. 447/15 Ziff. A. und B., S. 1 f.

751 Zu nennen ist etwa das mehrsprachige Willkommensportal "Make it in Germany"; *Griesbeck*, Erleichterung der Fachkräftezuwanderung durch rechtliche Regelungen und flankierende Maßnahmen, ZAR 2014, 181 (185).

752 OECD, Zuwanderung ausländischer Arbeitskräfte, S. 19.

753 *Heckmann*, Integration von Migranten, S. 31 f.

nach Studienabschluss vielversprechende Parameter für Studierende aus dem Ausland auf.[754]

Nach § 16 Abs. 1 und Abs. 2 AufenthG wird einem Ausländer zum Zwecke eines Vollzeitstudiums, studienvorbereitender Maßnahmen und zur Absolvierung eines Pflichtpraktikums eine regelmäßig ein- bis zweijährige Aufenthaltserlaubnis nach der Richtlinie (EU) 2016/801 des Europäischen Parlaments und des Rates vom 11. Mai 2016 über die Bedingungen für die Einreise und den Aufenthalt von Drittstaatsangehörigen zu Forschungs- oder Studienzwecken, zur Absolvierung eines Praktikums, zur Teilnahme an einem Freiwilligendienst, Schüleraustauschprogrammen oder Bildungsvorhaben und zur Ausübung einer Au-pair-Tätigkeit[755] erteilt, wenn der Ausländer von der Ausbildungseinrichtung zugelassen worden ist. Gemäß § 16 Abs. 2 AufenthG wird ein Nachweis hinreichender Kenntnisse der Ausbildungssprache verlangt, wenn die Sprachkenntnisse weder bei der Zulassungsentscheidung geprüft worden sind noch durch die studienvorbereitenden Maßnahmen erworben werden sollen. Gemäß § 16 Abs. 6 AufenthG kann einem Ausländer zum Zweck des Studiums in weiteren Fällen eine Aufenthaltserlaubnis erteilt werden, wenn eine Zulassung durch die Ausbildungseinrichtung vorliegt.[756] Im Anschluss an ein erfolgreiches Studium wird die Aufenthaltserlaubnis nach § 16 Abs. 5 AufenthG bis zu 18 Monaten zur Arbeitsplatzsuche verlängert, sofern die Erwerbstätigkeit nach den §§ 18 ff. AufenthG von einem Ausländer aufgenommen werden darf. Damit wird der Wechsel vom Migrationskanal zu Studien- und Ausbildungszwecken zum Kanal der Arbeitsmigration vorbereitet.

§ 17 AufenthG regelt die Erteilung einer Aufenthaltserlaubnis für sonstige Ausbildungszwecke zur betrieblichen Aus- und Weiterbildung sowie die dann geltenden Voraussetzungen für die Erwerbstätigkeit und Arbeitsplatzsuche.[757] § 17a Abs. 1 AufenthG sieht die Möglichkeit einer Aufenthaltserlaubnis zur Anerkennung ausländischer Berufsqualifikationen vor, konkret für die Durchführung einer Bildungsmaßnahme und einer sich anschließenden Prüfung für die Dauer von bis zu 18 Monaten bzw. in § 17a Abs. 5 AufenthG zum Ablegen einer Prüfung zur Anerkennung der ausländischen Berufsqualifikation und

754 OECD, Zuwanderung ausländischer Arbeitskräfte, S. 17.

755 ABl. 2016 L 132/21.

756 Zum Ganzen *Hailbronner*, Asyl- und Ausländerrecht, Rn. 436 ff.

757 BAMF, Migrationsbericht 2014, Ziff. 3.3.4. m.w.N.; *Hailbronner*, Asyl- und Ausländerrecht, Rn. 466 f.

regelt in § 17a Abs. 2 bis Abs. 4 AufenthG die Voraussetzungen für die Erwerbstätigkeit und Arbeitsplatzsuche.

Der neue § 17b AufenthG regelt die Voraussetzungen zur Erteilung der Aufenthaltserlaubnis für ein studienbezogenes Praktikum eines Ausländers nach der Richtlinie (EU) 2016/801.[758]

## III. Legale Einreise zum Zwecke der Familienzusammenführung

Ausländische Familienangehörige von Deutschen sowie von berechtigterweise in Deutschland lebenden Ausländern können unter bestimmten Voraussetzungen legal in das Bundesgebiet einreisen. Der Grundsatz des Familiennachzugs zur Herstellung und Wahrung der familiären Lebensgemeinschaft im Bundesgebiet für ausländische Familienangehörige dient der Umsetzung des gegenüber jedermann in Art. 6 GG garantierten Schutzes von Ehe und Familie (§ 27 Abs. 1 AufenthG) und ist beim Nachzug zu Ausländern grundsätzlich akzessorisch zum Aufenthaltsrecht des bereits im Bundesgebiet lebenden Ausländers (Zusammenführender).[759] Dabei dient die Familienmigration nicht nur der Verwirklichung der Rechte der betroffenen Familienangehörigen, sondern stellt nach *Heckmann* aus Sicht des Einwanderungslandes auch ein wesentliches Stabilisierungsmoment im Integrationsprozess der Migranten dar.[760]

Zu den in § 5 AufenthG normierten allgemeinen Erteilungsvoraussetzungen für einen Aufenthaltstitel treten die allgemeinen Voraussetzungen für einen Familiennachzug des § 27 AufenthG sowie im Falle des Familiennachzugs zu Deutschen nach § 28 AufenthG und im Falle des Nachzugs zu Ausländern nach § 29 AufenthG hinzu. Der Ehegattennachzug zu Ausländern setzt zusätzlich die besonderen Voraussetzungen des § 30 AufenthG und im Falle des eigenständigen Aufenthaltsrechts für Ehegatten diejenigen des § 31 AufenthG voraus. Der Kindernachzug zu Ausländern, die Verlängerung der zum Kindernachzug erteilten Aufenthaltserlaubnis, das Aufenthaltsrecht eines im Bundesgebiet geborenen Kindes sowie eigenständige (un-)befristete Aufenthaltsrechte des nachgezogenen Kindes sind in § 32 bis § 35 AufenthG geregelt.[761] Der Nachzug der Eltern eines minderjährigen Ausländers, der über einen Asyl- oder Flüchtlingsstatus verfügt, sowie sonstiger Familienangehöriger ist in § 36 Abs. 1 und Abs. 2 AufenthG normiert.

---

758 BGBl. 2017 I, S. 1106.

759 *Hailbronner*, Asyl- und Ausländerrecht, Rn. 692.

760 *Heckmann*, Integration von Migranten, S. 27.

761 Im Einzelnen hierzu *Hailbronner*, Asyl- und Ausländerrecht, Rn. 775 ff.

Auf völkerrechtlicher Ebene sieht Art. 8 EMRK die Pflicht vor, das Privat- und Familienleben zu achten.[762] Das Unionsrecht trifft in der Richtlinie 2003/86/EG Regelungen zur Familienzusammenführung für Drittstaatsangehörige, die im Besitz eines mitgliedsstaatlichen Aufenthaltstitels mit mindestens einjähriger Gültigkeit und begründeter Aussicht auf ein dauerhaftes Aufenthaltsrecht sind (Art. 3 Abs. 1 RL 2003/86/EG) sowie für anerkannte Flüchtlinge (im Umkehrschluss aus Art. 3 Abs. 2 lit. a) RL 2003/86/EG).[763] Nachzugsberechtigt sind nur Mitglieder der Kernfamilie, d.h. Ehegatten und minderjährige Kinder, die in tatsächlicher und nicht nur formal-rechtlicher familiärer Verbindung stehen.[764]

Vergünstigungen im Hinblick auf das Vorliegen der allgemeinen Erteilungsvoraussetzungen gelten für anerkannte Asylberechtigte, Flüchtlinge und subsidiär Schutzberechtigte im Rahmen des Familiennachzugs (z.B. genügend Wohnraum, ausreichende Sicherung des Lebensunterhalts) gemäß §§ 28 Abs. 1, 29 Abs. 2, Abs. 4 AufenthG und § 5 Abs. 3 AufenthG sowie nach den unionsrechtlichen Vorgaben in Art. 12 Abs. 1 RL 2003/86/EG.

Wird einem Antrag auf Familienzusammenführung stattgegeben, genehmigt der Mitgliedstaat die Einreise des Familienangehörigen und gewährt hierzu jede Erleichterung zur Erlangung der vorgeschriebenen Visa (Art. 13 Abs. 1 RL 2003/86/EG). Nach Art. 13 Abs. 2 und Abs. 3 RL 2003/86/EG erhält der Familienangehörige einen ersten Aufenthaltstitel mit mindestens einjähriger Gültigkeitsdauer, der verlängerbar ist, gleichzeitig aber nicht über die Gültigkeitsdauer des Aufenthaltstitels des Zusammenführenden hinausgeht (§ 27 Abs. 4 AufenthG). Nach der Neuregelung des § 27 Abs. 5 AufenthG berechtigt jeder Aufenthaltstitel aus familiären Gründen zur Ausübung einer Erwerbstätigkeit.[765]

---

762 Vgl. auch Art. 17 Abs. 1 und Art. 23 Abs. 1 IPbürgR. Die Rechtsprechung des EMGR thematisiert überwiegend die Schutzwirkung des Art. 8 EMRK im Hinblick auf aufenthaltsbeendende Maßnahmen, etwa bei Ausweisung oder Abschiebung;. hierzu *Hailbronner*, Asyl- und Ausländerrecht Rn. 652 f.

763 RL 2003/86/EG v. 22.09.2003, ABl. EU 2003 Nr. L 251/12. Keine Anwendung findet die Richtlinie gemäß Art. 3 Abs. 2 lit. b und lit. c) RL 2003/86/EG auf vorübergehend Schutzberechtigte und auf subsidiäre Schutzformen, *Hailronner/Arévalo* in Hailbronner/Thym, EU Immigration and Asylum Law, Part C II Art. 3 Rn. 10 ff. m.w.H. Zu denkbaren Aufenthaltstiteln siehe *Hailbronner*, Asyl- und Ausländerrecht Rn. 721.

764 *Hailbronner*, Asyl- und Ausländerrecht Rn. 693.

765 Gemäß Art. 14 Abs. 2 RL 2003/86/EG können die Mitgliedstaaten in ihrem nationalen Recht die für den Zugang der Drittstaatsangehörigen zum Arbeitsmarkt regeln.

## IV. Legale Einreisemöglichkeiten aus humanitären Gründen

In begrenztem Umfang bestehen auch legale Einreisemöglichkeiten aus humanitären Gründen. In Abschnitt 5 des AufenthG finden sich entsprechende Regelungen für den „Aufenthalt aus völkerrechtlichen, humanitären oder politischen Gründen". Abgesehen von einigen zehntausend Menschen, die direkt über Neuansiedlungsprogramme oder andere humanitäre Aufnahmemöglichkeiten in die EU gelangen, sowie Familienangehörigen, die zum Zwecke der Familienzusammenführung ein Visum erhalten,[766] bleibt für die größte Zahl der Flüchtlinge nur der illegale Weg in das Unionsgebiet. Allein im Jahr 2015 reisten weit über eine Million Menschen illegal in die EU ein.[767]

Grund hierfür ist, dass ein Antrag auf internationalen Schutz (als Flüchtling nach der GFK oder als subsidiär Schutzberechtigter) ebenso wie auf Gewährung von Asyl grundsätzlich nur innerhalb des Unionsgebiets, konkret im Hoheitsgebiet eines Mitgliedstaats oder an der Grenze eines Mitgliedstaats, gestellt werden kann. Dieses Prinzip ist im Gemeinsamen Europäischen Asylsystem in Art. 3 Abs. 1 RL 2013/32/EU kodifiziert, wonach die Asylverfahrensrichtlinie für alle Anträge auf internationalen Schutz, die im Hoheitsgebiet – einschließlich an der Grenze, in den Hoheitsgewässern oder in den Transitzonen – der Mitgliedstaaten gestellt werden, sowie für die Aberkennung des internationalen Schutzes gilt.

Auch nach deutschem Recht ist der Asylantrag grundsätzlich im Bundesgebiet, nach § 14 Abs. 1 Satz 1 AsylG bei der Außenstelle des BAMF, die der für die Aufnahme des Ausländers zuständigen Aufnahmeeinrichtung zugeordnet ist bzw. nach Abs. 2 in bestimmten Fällen auch direkt beim BAMF, zu stellen.[768] In § 23 Abs. 1 AsylG ist die persönliche Antragsstellung durch den Asylbewerber geregelt. Befindet sich der Asylsuchende noch nicht im Bundesgebiet, sondern

---

766 BAMF, Migrationsbericht 2014, Ziff. 3.4.4 – 3.5, S. 111 ff. mit Statistiken.

767 IOM, Irregular Migrant, Refugee Arrivals in Europe Top One Million in 2015 v. 22.12.2015; EK, KOM (2015) 673 Ziff. I. Einl. m.w.N. Nach Angaben der Kommission wurden zwischen Januar und November 2015 mehr als 1,5 Millionen illegale Grenzübertritte festgestellt.

768 Gemäß § 14 Abs. 2 Satz 1 AsylG ist der Asylantrag beim BAMF zu stellen, wenn der Ausländer bereits einen Aufenthaltstitel mit einer mehr als sechsmonatigen Geltungsdauer besitzt, sich in Haft oder sonstigem öffentlichen Gewahrsam befindet oder minderjährig ist und sein gesetzlicher Vertreter nicht verpflichtet ist in einer Aufnahmeeinrichtung zu wohnen. Zum deutschen Asylverfahren in der Praxis BAMF, Das deutsche Asylverfahren, insbesondere S. 13 ff; auch *Randelzhofer* in *Stern*, Zeitgemäßes Zuwanderungs- und Asylrecht – ein Problem der Industriestaaten, S. 19 (27).

an der Grenze, kann er gemäß § 18 Abs. 1 AsylG bei der Grenzbehörde um Asyl nachsuchen und ist, soweit keine Voraussetzungen zur Verweigerung der Einreise gemäß § 18 Abs. 2 AsylG vorliegen (Einreise aus einem sicheren Drittstaat, Zuständigkeit eines anderen EU-Mitgliedstaats aufgrund des Dublin-Mechanismus oder Gefahr für die Allgemeinheit infolge rechtskräftiger Verurteilung zu mindestens drei Jahren), unverzüglich an die zuständige oder wenigstens nächstgelegene Aufnahmeeinrichtung zur Meldung weiterzuleiten. Damit ist § 18 AsylG eine Sonderregelung zu dem grundsätzlich geltenden § 15 AufenthG, wonach ein Ausländer, der unerlaubt einreisen will, an der Grenze zurückgewiesen wird (§ 15 Abs. 1 AufenthG), und gewährleistet gleichzeitig den Non-Refoulement-Grundsatz des Art. 33 Abs. 1 GFK.[769]

Grundsätzlich geht der Gesetzgeber, wie sich aus § 14 AsylG ergibt, von der Anwesenheit des Asylbewerbers im Bundesgebiet während des Asylverfahrens aus. Diese Prämisse, dass ein Asylantrag grundsätzlich im Inland zu stellen ist, entspricht dem Gedanken des territorialen Asyls im Sinne des Art. 16a GG, wonach Drittstaatsangehörigen Asyl nur auf dem Bundesgebiet selbst und nicht auf fremdem Hoheitsgebiet gewährt werden kann. Davon bleiben die Zuständigkeitsvorschriften des § 71 und § 75 AufenthG für die Ausländerbehörde, die Auslandsvertretungen sowie das BAMF unberührt.

Von dieser Frage zu trennen ist das nach § 4 Abs. 1 Satz 1 AufenthG grundsätzliche Erfordernis eines Aufenthaltstitels für die Einreise (und den Aufenthalt im Bundesgebiet), sofern nicht durch EU-Recht, Rechtsverordnung oder aufgrund des EWG/Türkei-Assoziationsabkommens von 1963 etwas anderes gilt. Gemäß Art. 3 VO Nr. 539/2001 gilt unbeschadet der Verpflichtungen aus dem Europäischen Übereinkommen über die Aufhebung des Sichtvermerkzwangs für Flüchtlinge vom 20. April 1959 für Flüchtlinge mit anerkanntem Flüchtlingsstatus und Staatenlose, dass sie gleichwohl der Visumpflicht unterliegen, wenn das Drittland, indem sie sich aufhalten und das ihnen ihre Reisedokumente ausgestellt hat, in der Liste in Anhang I aufgeführt ist; von der Visumspflicht können sie befreit werden, wenn das Drittland, in dem sie sich aufhalten und das ihnen ihre Reisedokumente ausgestellt hat, in der Liste in Anhang II aufgeführt ist.[770] Typischerweise gehören die Drittstaaten, in denen sich die Flüchtlinge aufhalten bzw. die ihre Reisedokumente ausstellen, nicht zu denen in Anhang II, sondern denen in Anhang I aufgelisteten Staaten.

769 *Bruns* in Hofmann, Ausländerrecht, § 18 Rn. 1 ff.
770 ABl. EG 2001 Nr. L 81/1; vgl. auch § 41 Abs. 1 und Abs. 2 AufenthV.

Für Asylsuchende gilt jedenfalls, dass sie, soweit sie politisch Verfolgte im Sinne von Art. 16a Abs. 1 GG sind, keinen Aufenthaltstitel nach § 4 Abs. 1 Satz 2 AufenthG benötigen und sie nicht an der Grenze zurückgewiesen werden dürfen (bereits nach dem Refoulementverbot des Art. 33 Abs. 1 GFK), sondern nach Stellung ihres Asylgesuchs eine Aufenthaltsgestattung gemäß § 55 AsylG kraft Gesetz erhalten.[771] Nach *Sußmann* bedürfen Asylsuchende daher keiner Befreiung von der Aufenthaltstitel- bzw. Visumpflicht ebenso wenig wie einer Befreiung von der Passpflicht, weil der Nichtbesitz eines gültigen Passes oder Visums ihrer Einreise nicht entgegen steht.[772] Auf diese Vergünstigung können sich visumpflichtige Ausländer, die aus einem sicheren Drittstaat einreisen (Art. 16a Abs. 2 GG) oder nicht unmittelbar an der Grenze Asyl beantragen, nicht berufen; für sie bleibt es uneingeschränkt bei der Visumpflicht.[773]

Es stellt sich die Frage, ob ein Asylgesuch auch an einer deutschen Auslandsvertretung wie bspw. ein Visum zu Studienzwecken oder für eine Familienzusammenführung gestellt werden kann. Denkbar wäre die Erteilung eines Aufenthaltstitels aus humanitären Gründen nach der Generalklausel des § 25 AufenthG. Gemäß § 25 Abs. 1 Satz 1 bzw. Abs. 2 Satz 1 AufenthG wird einem Ausländer eine zur Erwerbstätigkeit berechtigende Aufenthaltserlaubnis erteilt, wenn er als Asylberechtigter anerkannt oder ihm die Flüchtlingseigenschaft nach der GFK bzw. als subsidiär Schutzberechtigter zuerkannt wurde sowie keine Ausschlussgründe nach § 25 Abs. 1 Satz 2 AufenthG vorliegen.[774]

Die Vorgaben des AufenthG und des AsylG stünden diesem Vorgehen nicht explizit entgegen. Sowohl § 14 Abs. 2 Satz 2 AsylG als auch Art. 6 Abs. 1 Satz 2 RL 2013/32/EU sehen die Weiterleitung eines bei einer anderen als der zuständigen Behörde gestellten Asylantrags an die zuständige Behörde vor. Eine solche für Asylanträge unzuständige Behörde könnte eine deutsche Auslandsvertretung sein, weil grundsätzlich eine Außenstelle des BAMF bzw. das BAMF selbst für die Bearbeitung des Asylantrags zuständig ist.

Allerdings setzt die Erteilung eines humanitären Aufenthaltstitels nach § 25 Abs. 1 AufenthG im Unterschied zu einem Aufenthaltstitel und Visum zu Bildungs- oder Arbeitszwecken die Durchführung des Asylverfahrens im Bundesgebiet voraus. Dieses Vorgehen steht auch im Einklang mit Unionsrecht;

---

771 *Sußmann* in Bergmann/Dienelt, Ausländerrecht, § 4 Rn. 29.
772 *Sußmann/Samel* in Bergmann/Dienelt, Ausländerrecht, § 4 Rn. 29 m.w.N.
773 *Sußmann/Samel* in Bergmann/Dienelt, Ausländerrecht, § 4 Rn. 29 m.w.N.
774 Zu den materiellen Anforderungen siehe Ausführungen Teil 1 A.I.

gemäß Art. 6 Abs. 3 RL 2013/32/EU sind die Mitgliedstaaten berechtigt zu verlangen,

> „dass Anträge auf internationalen Schutz persönlich und/oder an einem bestimmten Ort gestellt werden",

mithin auch in ihrem Hoheitsgebiet. Daher ist die Forderung einer Antragsstellung im Inland sowohl aus der Gesetzessystematik als auch aus der Gesetzeshistorie heraus anerkannt.

### *1. Die Aufnahme von Personen aus dem Ausland gemäß § 22 AufenthG*

Besondere Aufmerksamkeit verdient die nur für Ausnahmefälle geltende Regelung des § 22 AufenthG, weil sie eine unmittelbare Aufnahme aus dem Ausland vorsieht und mittels der durch die deutschen Auslandsvertretungen erstellten Visa eine legale Einreise in das Bundesgebiet zulässt.[775] § 22 Satz 1 AufenthG regelt die im Ermessen stehende Aufnahme aus dem Ausland aus völkerrechtlichen oder dringenden humanitären Gründen für Ausländer, die sich noch nicht im Bundesgebiet befinden und denen kein anderweitiges Einreiserecht zusteht.[776] Völkerrechtliche Gründe können sich aus völkerrechtlichen Vereinbarungen z.B. über die Aufnahme von Bürgerkriegsflüchtlingen ergeben, folgen aber nicht per se aus dem Völkerrecht.[777] Dringende humanitäre Gründe sind gegeben, wenn aufgrund besonderer Umstände eine moralische Aufnahmepflicht besteht, etwa wenn sich einzelne Ausländer in einer lebensgefährlichen Situation oder einer schicksalhaften Notlage befinden und eine besondere Verbindung zu Deutschland aufweisen bzw. in besonderem Maße auf die Hilfe Deutschlands angewiesen sind.[778] Die Erteilung des für die Einreise nötigen Visums erfolgt in den Fällen des § 22 Satz 1 AufenthG durch eine deutsche Auslandsvertretung.[779]

Gemäß § 22 Satz 2 AufenthG kann die Aufnahme aus dem Ausland zur Wahrung politischer Interessen der Bundesrepublik durch das Bundesinnenministerium oder durch die von ihm bestimmte Stelle erklärt werden mit der Folge, dass im Unterschied zu Satz 1 keine Ermessensentscheidung getroffen wird,

---

775 *Bergmann/Röcker* in Bergmann/Dienelt, Ausländerrecht, § 22 Allgemeines Ziff. 22.02. ff.

776 *Hailbronner*, Asyl- und Ausländerrecht Rn. 563 f.; *Bergmann/Röcker* in Bergmann/Dienelt, Ausländerrecht, § 22 Rn. 6 ff.

777 Das allgemeine Völkerrecht kennt keine Aufnahmepflicht von Personen aus dem Ausland; *Hailbronner*, Asyl- und Ausländerrecht Rn. 567.

778 *Hailbronner*, Asyl- und Ausländerrecht Rn. 568.

779 *Hailbronner*, Asyl- und Ausländerrecht Rn. 574.

sondern eine Aufenthaltserlaubnis zu erteilen ist, welche den Ausländer auch zur Ausübung einer Erwerbstätigkeit berechtigt (Satz 3). Auf § 22 Satz 2 AufenthG gestützt konnten etwa 2.500 Personen im Rahmen eines Aufnahmeverfahrens für afghanische Ortskräfte, die aufgrund ihrer Tätigkeit für deutsche Behörden in Afghanistan als individuell gefährdet eingestuft wurden, mit ihrer Kernfamilie in das Bundesgebiet einreisen.[780] Von den allgemeinen Erteilungsvoraussetzungen für Aufenthaltstitel (§ 5 Abs. 1 und Abs. 2 AufenthG) kann in den Fällen des § 22 AufenthG abgesehen werden (§ 5 Abs. 3 Satz 2 AufenthG).

Wegen des Ausnahmecharakters des § 22 AufenthG kann die Vorschrift nicht als genereller Lösungsansatz für die legale Einreise in das Bundesgebiet einer Vielzahl von Flüchtlingen herangezogen werden. Zwar könnte der Anwendungsbereich der Norm extensiver ausgelegt werden, indem unter völkerrechtliche und humanitäre Gründe generell Kriegsflüchtlinge subsumiert und der Ausnahmecharakter der Norm aufgegeben werden. Allerdings dürfte der Erweiterung des Anwendungsbereichs der Norm die Gesetzessystematik sowie der gesetzgeberische Wille entgegenstehen, wonach eine Aufnahme nach § 22 AufenthG nur in Betracht kommt, wenn die Aufenthaltserlaubnis weder nach dem AufenthG noch nach ausländerrechtlichen Spezialgesetzen erteilt werden kann bzw. eine besonders gelagerte Notsituation einschließlich eines besonderen Bezugs zu Deutschlands gegeben ist.[781]

### 2. *Humanitäre Aufenthaltsgewährung durch die obersten Landesbehörden oder das Bundesamt gemäß § 23 AufenthG*

Gemäß § 23 Abs. 1 AufenthG können die obersten Landesbehörden aus völkerrechtlichen oder humanitären Gründen oder zur Wahrung politischer Interessen der Bundesrepublik Deutschland im Einvernehmen mit dem Bundesministerium des Innern anordnen, dass Ausländern aus bestimmten Staaten oder in sonstiger Weise bestimmte Ausländergruppen wie etwa Personen aus Bürgerkriegsgebieten eine Aufenthaltserlaubnis erteilt wird, und zwar unabhängig davon, ob sich die Ausländer im Bundesgebiet aufhalten oder nicht.[782] Die Vorschrift bezweckt, bestimmten Ausländern einen rechtmäßigen Aufenthalt im Bundesgebiet zu ermöglichen, der sonst nach dem Ausländerrecht nicht gestattet werden könnte.[783] Beispiel für eine solche Anordnung war die Hessische

780 BAMF-EMN, Resettlement und humanitäre Aufnahme in Deutschland, Ziff. 2.1.3.

781 *Bergmann/Röcker* in Bergmann/Dienelt, Ausländerrecht, § 22 Allgemeines Ziff. 22.1.1.1 ff. m.w.H.; *Stiegeler* in Hofmann, Ausländerrecht, § 22 Rn. 2 f.

782 *Hailbronner*, Asyl- und Ausländerrecht Rn. 580.

783 *Hailbronner*, Asyl- und Ausländerrecht Rn. 582.

Bleiberechtsregelung für im Bundesgebiet wirtschaftlich und sozial integrierte ausreisepflichtige ausländische Staatsangehörige auf Grundlage des Beschlusses der Ständigen Konferenz der Innenminister und -senatoren der Länder vom 17. November 2006,[784] die sich bereits ausweislich ihres Charakters als Bleiberechtsregelung nur auf bereits im Bundesgebiet befindliche Ausländer bezog. Ein weiteres Beispiel für die Anwendung des § 23 Abs. 1 AufenthG sind privat finanzierte Aufnahmeprogramme (sog. Private-Sponsorship-Programme) der Bundesländer, in deren Rahmen deutsche und syrische Staatsangehörige als Verpflichtungsgebende im Sinne des § 23 Abs. 1 Satz 2 in Verbindung mit § 68 AufenthG eine legale Einreise in das Bundesgebiet ermöglichen können.[785]

Der Anordnungsbefugnis der obersten Landesbehörden in § 23 Abs. 1 AufenthG nachgebildet kann das Bundesministerium des Innern gemäß § 23 Abs. 2 AufenthG zur Wahrung besonders gelagerter politisch Interessen der Bundesrepublik Deutschland im Benehmen mit den obersten Landesbehörden anordnen, dass das BAMF Ausländern aus bestimmten Staaten oder in sonstiger Weise bestimmten Ausländergruppen eine Aufnahmezusage für eine Aufenthaltserlaubnis oder Niederlassungserlaubnis erteilt. Damit wird das praktisch wenig relevante Gesetz über Maßnahmen für im Rahmen humanitärer Hilfsaktionen aufgenommener Flüchtlinge (sog. Kontingentflüchtlingsgesetz)[786] ersetzt, dessen Hauptanwendungsfall die jüdische Zuwanderung aus der ehemaligen Sowjetunion mit Ausnahme der baltischen Staaten war.[787] Auf § 23 Abs. 2 AufenthG, auch in Verbindung mit § 23 Abs. 3[788] und § 24 AufenthG, wurden zahlreiche Anordnungen wie etwa im Jahr 2008 die von den Innenministern beschlossene Aufnahme etwa von 2.500 irakischen Flüchtlingen aus Syrien und Jordanien oder die Aufnahme von jeweils 5.000 Schutzbedürftigen aus Syrien und Anrainerstaaten am 30. Mai 2013 und am 23. Dezember 2013

---

784 *Hailbronner*, Asyl- und Ausländerrecht Rn. 604 ff. m.w.N. (3. Aufl.); Hessischer VGH, B. v. 11.05.2007 – 7 TG 651/07, Tenor und Rn. 3.

785 BAMF-EMN, Resettlement und humanitäre Aufnahme in Deutschland, Ziff. 3.

786 BGBl I 1980, 1057.

787 *Hailbronner*, Asyl- und Ausländerrecht Rn. 593. Vgl. zur Anordnung des Bundesinnenministeriums gemäß § 23 Abs. 2 AufenthG v. 24.05.2007 (Az.: M I 1-125 225-3/6), geändert am 13.01.2015, deutsche Botschaft Minsk, Anordnung des BMI idF v. 21.05.2015.

788 § 23 Abs. 3 AufenthG setzt Art. 7 Abs. 1 RL 2001/55/EG um, wonach die Mitgliedstaaten den spezifischen Schutz der Massenzustroms-RL auch Flüchtlingsgruppen gewähren können, die von einem Beschluss des Rates nach Art. 5 RL 2001/55/EG nicht erfasst werden, vgl. hierzu *Stiegeler* in Hofmann, Ausländerrecht, § 23 Rn. 9.

sowie weiterer 10.000 besonders schutzbedürftiger syrischer Flüchtlinge am 18. Juli 2014 gestützt.[789] Infolgedessen kann diese Rechtsgrundlage insbesondere auch für die Aufnahme von (Bürger-)Kriegsflüchtlingen aus dem Ausland herangezogen werden und verschafft den von der Anordnung erfassten Ausländern eine legale Einreisemöglichkeit in das Bundesgebiet.

Von den allgemeinen Erteilungsvoraussetzungen des § 5 Abs. 1 und Abs. 2 AufenthG kann gemäß § 5 Abs. 3 Satz 2 AufenthG wiederum abgesehen werden.

### 3. *Neuansiedlungsprogramme nach § 23 Abs. 4 AufenthG*

Eines der zentralen Instrumente für die legale Einreise von Flüchtlingen in das Hoheitsgebiet eines fremden Staates sind Neuansiedlungsprogramme. Nach dem im Jahr 2015 neu eingefügten § 23 Abs. 4 AufenthG kann das Bundesministerium des Innern im Rahmen der Neuansiedlung von Schutzsuchenden im Benehmen mit den obersten Landesbehörden anordnen, dass das BAMF bestimmten, für eine Neuansiedlung ausgewählten Schutzsuchenden (sog. Resettlement-Flüchtlingen) eine Aufnahmezusage erteilt. Grundsätzlich wird unter „Resettlement" die dauerhafte Neuansiedlung von besonders schutzbedürftigen, häufig vom UNHCR ausgewählten, Flüchtlingen in einem zur Aufnahme bereiten Drittstaat verstanden, der ihnen Schutz gewährt und die Möglichkeit einer Integration im Land bietet.[790] Die Kommission präzisiert den Begriff der Neuansiedlung (Resettlement) bzw. der (Wieder-)Eingliederung als den

> „Transfer von Flüchtlingen aus einem ersten Aufnahmeland in ein zweites, in der Regel entwickeltes Aufnahmeland, in dem sie Schutzgarantien einschließlich des rechtmäßigen Aufenthalts und der Aussicht auf Integration und Selbstständigkeit genießen."[791]

Für Neuansiedlungsprogramme werden regelmäßig besonders schutzbedürftige Flüchtlinge ausgewählt, die zwar in einem Erstaufnahmeland Zuflucht gefunden haben, aber dort nicht zumutbaren Bedingungen ausgesetzt sind. Das Instrument der Neuansiedlung bzw. Wiedereingliederung gehört nach Auffassung des

---

789 *Bergmann/Röcker* in Bergmann/Dienelt, Ausländerrecht, § 23 Allgemeines Ziff. 23.2. Für Überblick über die ergangenen Anordnungen siehe *Bergmann/Röcker* in Bergmann/Dienelt, Ausländerrecht, § 23 Rn. 13. Vgl. auch BAMF, Aufnahmeverfahren syrischer Flüchtlinge v. 30.10.2014. Zu den humanitären Aufnahmeprogrammen des Bundes für Syrien siehe BAMF-EMN, Resettlement und humanitäre Aufnahme in Deutschland, Ziff. 2.1.2.

790 *Bergmann/Röcker* in Bergmann/Dienelt, Ausländerrecht, § 23 Rn. 31.

791 EK, KOM (2003) 152, Ziff. 2.2, S. 13 f.; KOM (2003) 315 Ziff. 6.1.2.2, S. 15; *Heckmann*, Integration von Migranten, S. 29.

UNHCR zu den dauerhaften Lösungen im Rahmen des Flüchtlingsschutzes.[792] Traditionell existieren in den USA und Australien Resettlement-Programme, wonach Flüchtlinge bestimmter Herkunftsländer im Rahmen festgelegter Zahlenkontingente mithilfe des UNHCR Schutzanträge aus humanitären Gründen zur Aufnahme in das Zielland aus Flüchtlingslagern heraus stellen können.[793] Im Unterschied zu einem solchen „2-Wege-Asylverfahren" für einerseits spontan eintreffende Personen und andererseits für Teilnehmer von Wiedereingliederungsprogrammen[794] operierten in der EU 2003 noch weniger als die Hälfte der Mitgliedstaaten mit Neuansiedlungsprogrammen,[795] Mitte 2015 verfügten 15 von 28 EU-Mitgliedstaaten über Neuansiedlungsprogramme, wobei weitere drei Mitgliedstaaten im Einzelfall Neuansiedlungen vornehmen, während immerhin zehn Mitgliedstaaten sich generell nicht an Neuansiedlungen beteiligen.[796]

In der Vergangenheit nahm Deutschland immer wieder Flüchtlinge im Rahmen von Aufnahmeprogrammen auf, so bspw. Anfang der 1980er Jahre 30.000 Vietnamesen als „Kontingentflüchtlinge", und schaffte 1985 mit dem Gesetz über Maßnahmen für im Rahmen humanitärer Hilfsaktionen aufgenommene Flüchtlinge (HumHAG) den Rechtsrahmen für eine schnelle Reaktion auf internationale Krisenentwicklungen.[797]

Im Herbst 2011 wurde im Rahmen der Ständigen Konferenz der Innenminister und -senatoren der Länder das deutsche Neuansiedlungsprogramm von Schutzsuchenden als Pilotprojekt mit jährlich 300 nach Deutschland kommenden Flüchtlingen ab 2012 zunächst für drei Jahre bis 2014 ins Leben gerufen und dessen Fortsetzung im Jahr 2013 für die Zeit ab 2015 unter Erweiterung auf jährlich 500 Flüchtlingen beschlossen.[798] Für die Jahre 2016 und 2017 wurde die Aufnahme von 1.600 Personen (jährlich 800) im Rahmen eines

---

792 UNHCR, Agenda für den Flüchtlingsschutz, Ziel 5, S. 85 (92); so auch *Bröcker*, Die externen Dimensionen des EU-Asyl- und Flüchtlingsrechts im Lichte der Menschenrechte und des Völkerrechts, S. 26 m.w.N.

793 *Heckmann*, Integration von Migranten, S. 29; Migration Policy Institute, Study on The Feasibility of setting up resettlement schemes in EU Member States or at EU Level, against the background of the Common European Asylum system and the goal of a Common Asylum Procedure, S. vii zu weiteren Ländern.

794 EK, KOM (2000) 755, S. 11.

795 EK, KOM (2003) 152 Ziff. 2.2, S. 13.

796 EK, Empfehlung v. 8.06.2015 für eine europäische Neuansiedlungsregelung, ErwGr. 2.

797 *Heckmann*, Integration von Migranten, S. 29 f., 44.

798 BT-Drs. 18/4097 S. 40; BAMF- EMN, Resettlement und humanitäre Aufnahme in Deutschland, Zusammenf., S. 5. Rechtsgrundlage für die Aufnahme der Resettlement-Flüchtlinge bis 2015 war § 23 Abs. 2 AufenthG.

EU-Resettlement-Programms für unionsweit insgesamt 20.000 Personen zugesagt.[799] Vor diesem Hintergrund - weil es „künftig ein fest institutionalisiertes Programm zur Neuansiedlung von Schutzsuchenden in Deutschland geben wird" - wurde im Jahr 2015 ein eigenständiger Rechtsrahmen in Form des § 23 Abs. 4 AufenthG geschaffen, womit auch die Unsicherheit über den Status der aufgenommenen Personen geklärt wurde.[800] In seiner Gesetzesbegründung stellt der Gesetzgeber jedoch klar:

> „Ein Rechtsanspruch eines einzelnen Ausländers auf Aufnahme in das Resettlement-Programm besteht nicht."[801]

Auf Unionsebene bestehen zwar grundsätzlich Bestrebungen für Neuansiedlungsprogramme, jedoch wurden z.B. im Jahr 2012 nur 4.930 Personen von zwölf EU-Mitgliedstaaten in der EU neu angesiedelt.[802] Zutreffend stellt die Kommission mit Mitteilung vom 11. März 2014 fest:

> „Das Ergebnis der EU in Bezug auf Neuansiedlungen ist bislang recht bescheiden. Der überwiegende Teil der Flüchtlinge in der Welt findet weiterhin Aufnahme in Entwicklungsländern.[803]

Infolgedessen besteht auf Unionsebene ein erheblicher Handlungsbedarf, um den Neuansiedlungsprogrammen auch in quantitativer Hinsicht zu spürbarer Wirksamkeit zu verhelfen.[804] Bereits Anfang der 2000er Jahre hat die Kommission eine Durchführbarkeitsstudie zur Einführung von Neuansiedelungsprogrammen in der EU in Auftrag gegeben, die im Mai 2004 vorgestellt wurde.[805]

### *4. Zugangserleichterung durch Anwendung der Massenzustroms-Richtlinie 2001/55/EG*

Einen wenigstens erleichterten Zugang zum Unionsgebiet ermöglicht die Massenzustroms-Richtlinie 2001/55/EG über Mindestnormen für die Gewährung

---

799 BAMF- EMN, Resettlement und humanitäre Aufnahme in Deutschland, Ziff. 2.1.1.

800 BT-Drs. 18/4097 S. 40.

801 BT-Drs. 18/4097 S. 41.

802 EK, KOM (2013) 869 Ziff. 3.(2) m.w.N.

803 EK, KOM (2014) 154, Ziff. 3.4.

804 Zum neuen EU-Neuansiedlungsprogramm von 2017 mit mehr als 50.000 Plätzen unter B.II.3.c) bb).

805 Migration Policy Institute, Study on The Feasibility of setting up resettlement schemes in EU Member States or at EU Level, against the background of the Common European Asylum system and the goal of a Common Asylum Procedure; EK, KOM (2004) 410, Abschn. I Ziff. 13, S. 6.

vorübergehenden Schutzes im Falle eines Massenzustroms von Vertriebenen und Maßnahmen zur Förderung einer ausgewogenen Verteilung der Belastungen, die mit der Aufnahme dieser Personen und den Folgen dieser Aufnahme verbunden sind, auf die Mitgliedstaaten (hierzu auch Teil 1 A.I.4.c)).

Die Massenzustroms-Richtlinie ist in § 24 AufenthG in nationales Recht umgesetzt, wonach einem Ausländer, dem auf Grund eines Beschlusses des Rates der EU nach der Richtlinie 2001/55/EG vorübergehender Schutz gewährt wird und der seine Bereitschaft erklärt, im Bundesgebiet aufgenommen zu werden, eine Aufenthaltserlaubnis für die nach Art. 4 bis Art. 6 der Richtlinie bemessenen Dauer des vorübergehenden Schutzes erteilt wird.[806] Gemäß Art. 5 Abs. 3 RL 2001/55/EG enthält der Beschluss die Beschreibung der spezifischen Personengruppen, denen vorübergehender Schutz gewährt wird, den Zeitpunkt des Wirksamwerdens des vorübergehenden Schutzes, Informationen der Mitgliedstaaten über ihre Aufnahmekapazität und entsprechende Informationen der Kommission, des UNHCR und anderer einschlägiger internationaler Organisationen. Gemäß § 24 Abs. 5 AufenthG hat der Ausländer keinen Anspruch auf den Aufenthalt in einem bestimmten Land oder an einem bestimmten Ort, sondern hat seinen gewöhnlichen Aufenthaltsort an dem ihm nach Abs. 3 und Abs. 4 zugewiesenen Ort zu nehmen. Von den allgemeinen Erteilungsvoraussetzungen ist nach § 5 Abs. 3 Satz 1 AufenthG abzusehen.

Zwar geht die Richtlinie im Rahmen ihres Anwendungsbereichs für das Vorliegen eines Massenzustroms grundsätzlich von der Ankunft der Vertriebenen im Unionsgebiet aus, was sich nach *Skordas* und *Schmidt* aus der Formulierung des Art. 2 lit. d) RL 2001/55/EG ergibt.[807] Danach bezeichnet „Massenzustrom"

> „den Zustrom einer großen Zahl Vertriebener, die aus einem bestimmten Land oder einem bestimmten Gebiet kommen, unabhängig davon, ob der Zustrom in die Gemeinschaft spontan erfolgte oder beispielsweise durch ein Evakuierungsprogramm unterstützt wurde".[808]

Der europäische Gesetzgeber geht demzufolge vom Erfordernis der Ankunft der Vertriebenen im Gemeinschafts- bzw. mittlerweile Unionsgebiet aus, sodass eine bloße Krise, welche die massenhafte Aufnahme von Drittstaatsangehörigen bzw.

---

806 Zu dieser in der Praxis bisher unbedeutenden Regelung *Hailbronner*, Asyl- und Ausländerrecht, Rn. 610 ff.

807 *Schmidt*, Die vergessene Richtlinie 2001/55/EG für den Fall eines Massenzustroms von Vertriebenen als Lösung der aktuellen Flüchtlingskrise, ZAR 2015, 205 (207); *Skordas* in Hailbronner/Thym, EU Immigration and Asylum Law, Part D II Art. 2 Rn. 24.

808 RL 2001/55/EG, ABl. EG 2001 Nr. L 212/12.

Staatenlosen aus humanitären Gesichtspunkten erforderlich macht, nicht ausreicht.[809]

Einen unmittelbaren legalen Zugang in die EU sieht Art. 15 Abs. 3 RL 2001/55/EG für Familienangehörige eines Drittstaatsangehörigen bzw. Staatenlosen vor, der in einem Mitgliedstaat vorübergehenden Schutz genießt, wonach der Mitgliedstaat, in welchem sich der vorübergehend Schutzberechtigte aufhält, die schutzbedürftigen Familienangehörigen „zusammenführt".

Zwar kein legales Zugangsrecht, aber wenigstens Zugangserleichterungen sieht Art. 8 Abs. 3 RL 2001/55/EG vor, wonach die Mitgliedstaaten Personen, die zum Zwecke des vorübergehenden Schutzes zugelassen werden sollen, erforderlichenfalls jede Hilfe zur Erlangung der nötigen Visa, einschließlich Transitvisa, gewähren und überdies die Förmlichkeiten angesichts der Dringlichkeit der Lage auf ein Mindestmaß zu begrenzen sind. Damit wurde zwar die Forderung des UNHCR und des Europäischen Parlaments, im Anwendungsfall der Massenzustroms-Richtlinie Visafreiheit zu gewähren, abgelehnt, aber immerhin der Zugang zum Unionsgebiet im Anwendungsfall der Richtlinie erleichtert.[810]

Im Hinblick auf die Flüchtlingskrise 2015 stellt sich die Frage, weshalb die Massenzustroms-Richtlinie nicht angewendet wurde. Angesichts des rasanten Anstiegs der Migrationszahlen wäre ein Massenzustrom durchaus zu begründen gewesen ebenso wie die Beeinträchtigung des Asylsystems, unabhängig davon ob man auf einzelne Mitgliedstaaten wie etwa Griechenland oder auf das gesamte Gemeinsame Europäische Asylsystem abstellt.[811] Als problematisch erkennt *Schmidt* die Frage, ob tatsächlich Vertriebene aus Drittländern im Sinne der Massenzustroms-Richtlinie in der EU ankommen, die nicht in ihr Land zurückkehren können, weil trotz großer Flüchtlingszahlen aus den vom Islamischen Staat bedrohten Krisen- und Kriegsgebieten im Irak und Syrien auch zahlreiche

---

809 *Schmidt*, Die vergessene Richtlinie 2001/55/EG für den Fall eines Massenzustroms von Vertriebenen als Lösung der aktuellen Flüchtlingskrise, ZAR 2015, 205 (207). *Schmidt* wirft auch die Frage auf, ob im Rahmen des Art. 2 lit. a) RL 2001/55/EG bei der durch den Massenzustrom von Vertriebenen verursachten Gefahr der Beeinträchtigung des Asylsystems eine auf einzelne Mitgliedstaaten begrenzte oder gesamteuropäische Betrachtung zu erfolgen hat.

810 *Schmidt*, Die vergessene Richtlinie 2001/55/EG für den Fall eines Massenzustroms von Vertriebenen als Lösung der aktuellen Flüchtlingskrise, ZAR 2015, 205 (208).

811 In diesem Sinne auch *Schmidt*, Die vergessene Richtlinie 2001/55/EG für den Fall eines Massenzustroms von Vertriebenen als Lösung der aktuellen Flüchtlingskrise, ZAR 2015, 205 (209 f.).

Wirtschaftsmigranten aus anderen Teilen der Welt nach Europa gelangen.[812] Allerdings dürfte gleichwohl das Merkmal, dass eine große Zahl Vertriebener aus einem bestimmten Land oder einem bestimmten Gebiet kommt, im Sinne von Art. 2 lit. d) RL 2001/55/EG jedenfalls im Hinblick auf Syrien – und wohl auch den Irak – erfüllt gewesen sein. Die Massenzustroms-Richtlinie erfordert für ihre Anwendung nicht, dass nur der Richtlinie unterfallende Vertriebene im Rahmen des Massenzustroms nach Europa kommen, sondern muss praxisnah auch für den aktuellen Fall gemischter Migrationsströme gelten. Andernfalls verbliebe der Richtlinie in der Praxis überhaupt kein Anwendungsfall. Selbstredend findet die Massenzustroms-Richtlinie dann nur auf die von ihr erfassten Flüchtlinge und nicht auf die ebenfalls in die EU wandernden sonstigen Migrationsgruppen Anwendung.

Zutreffend stellt *Schmidt* fest, dass die Anwendung der Massenzustroms-Richtlinie trotz ihrer Nachteile, wie etwa der bloß vorübergehenden Schutzgewährung statt langfristiger Integration sowie dem Prinzip der doppelten Freiwilligkeit durch Zustimmungserfordernisse des aufnehmenden Mitgliedstaates als auch der betroffenen Person, jedenfalls in der Syrienkrise für die Flüchtlinge das zum Schutz führende Verfahren beschleunigt, den Zugang zur EU erleichtert und eine gewisse Alternative zur Lastenverteilung nach dem Dublin-System in der EU darstellt.[813] Im Ergebnis ist dem zu folgen und für die Anwendung der Richtlinie im Falle eines zukünftigen Massenzustroms von Vertriebenen aus demselben Gebiet zu plädieren. Überdies weist *Schmidt* angesichts der aktuellen Schwierigkeiten im politischen Entscheidungsfindungsprozess in der EU daraufhin, dass der für die Anwendung der Massenzustrom-Richtlinie erforderliche Ratsbeschluss lediglich eine qualifizierte Mehrheit und keine Einstimmigkeit voraussetzt und damit die Richtlinie in der aktuellen Flüchtlingskrise durchaus hätte aktiviert werden können.

### 5. *Geschützte Zulassungsverfahren*

Von Neuansiedlungsprogrammen abzugrenzen sind sog. geschützte Zulassungsverfahren in den Herkunftsregionen. Hierunter werden Verfahren gefasst, die es Drittstaatsangehörigen ermöglichen, bei einem potentiellen Aufnahmestaat außerhalb dessen Hoheitsgebiets Asyl oder sonstigen internationalen Schutz

---

812 *Schmidt*, Die vergessene Richtlinie 2001/55/EG für den Fall eines Massenzustroms von Vertriebenen als Lösung der aktuellen Flüchtlingskrise, ZAR 2015, 205 (210) m.w.N.

813 *Schmidt*, Die vergessene Richtlinie 2001/55/EG für den Fall eines Massenzustroms von Vertriebenen als Lösung der aktuellen Flüchtlingskrise, ZAR 2015, 205 (211).

zu beantragen und im Falle der vorläufigen oder endgültigen Bewilligung des Antrags eine Einreisegenehmigung zu erlangen.[814] Das Verfahren kann entweder bei der zuständigen Behörde des Asylstaates oder bei der zuständigen Auslandsvertretung des Asylstaates durchgeführt werden.[815] Die Möglichkeit der Stellung von Asylanträgen außerhalb des Unionsgebiets wird in Teil 3 unter Berücksichtigung der von der Kommission in Auftrag gegebenen Durchführbarkeitsstudien zur Einführung von EU-Eingliederungsprogrammen und geschützten Zulassungsverfahren näher untersucht.

### 6. *Regionale Schutzprogramme*

Keine legalen Einreisemöglichkeiten im eigentlichen Sinne sind regionale Schutzprogramme, sog. Regional Protection Programmes (RPPs), die ausweislich ihrer Bezeichnung in den Herkunftsregionen für eine möglichst rasche und effektive Schutzgewährung sorgen sollen und bspw. in Tansania von der EU als Pilotprojekt auch mit Resettlement-Möglichkeiten eingerichtet wurden.[816] Weitere regionale Schutzprogramme wurden in Nordafrika (Libyen, Tunesien und Ägypten) und am Horn von Afrika (Kenia, Dschibuti)[817] sowie seit 2014 in Form von Entwicklungs- und Schutzprogrammen (RDPP) für Flüchtlinge im Libanon, in Jordanien und im Irak, auch in Reaktion auf den Syrienkrieg, initiiert.[818]

Zwar bezwecken die regionalen Schutzprogramme primär die Gewährung von Schutz in der Region und stellen keine Möglichkeiten für die legale Einreise in die EU dar. Allerdings existieren verschiedene Modellausgestaltungen der regionalen Schutzprogramme, insbesondere im Rahmen der in Teil 2 und 3 zu untersuchenden Extraterritorialisierungspläne der Asylfrage. Diskutiert werden die Erweiterung der Schutzprogramme um Asylverfahren und die Integration geschützter Zulassungsverfahren bzw. Resettlementprogramme, sodass im Einzelfall doch legale Einreisemöglichkeiten entstehen können.

---

814 EK, KOM (2003) 315, Ziff. 6.1.2.2, S. 16; KOM (2004) 410, Abschnitt I Ziff. 14, S. 6.

815 *Bröcker*, Die externen Dimensionen des EU-Asyl- und Flüchtlingsrechts im Lichte der Menschenrechte und des Völkerrechts, S. 26; *Noll/Fagerlund/Liebaut,* Study on The Feasibility of Processing Asylum Claims outside the EU, S. 20 ff.

816 *Bröcker*, die Die externen Dimensionen des EU-Asyl- und Flüchtlingsrechts im Lichte der Menschenrechte und des Völkerrechts, S. 25. *Garlick*, The EU Discussions on Extraterritorial Processing: Solution or Conundrum? IJRL 18 (2006), 601 (624 f.).

817 EK, KOM (2014) 154, Ziff. 3.4.; KOM (2013) 869, Ziff. 3.(2).

818 EK, KOM (2013) 869, Ziff. 3.(2). EK, The European Agenda on Migration, S. 9.

### 7. *Diplomatisches Asyl aus humanitären Gründen*

Grundsätzlich könnte auch die Gewährung diplomatischen Asyls in der Auslandsvertretung eines Staates in einem fremden Staat in Betracht kommen, obgleich darin keine legale Einreise in den das diplomatische Asyl gewährenden Staat im eigentlichen Sinn vorliegt, bliebe die Person ja im Missionsgebäude der Auslandsvertretung. Jedoch wurde das Konzept der Extraterritorialität von diplomatischen Missionsgebäuden eines Staates auf dem Hoheitsgebiet eines fremden Staates nach geltendem Völkerrecht aufgegeben mit der Folge, dass ein Staat einer Person im Gebäude seiner Auslandsvertretung im fremden Staat grundsätzlich kein diplomatisches Asyl gewähren kann.[819] Ausnahmsweise konnte diplomatisches Asyl als humanitäres Asyl erteilt werden, wenn Schutz nicht gegenüber dem Zugriff normal funktionierender staatlicher Polizei oder Justizorgane, „sondern z.B. vor dem Zugriff eines lynchwütigen Mobs oder in Zeiten innerer Unruhen und Umbrüche, in denen von einer funktionierenden Staatsgewalt nicht gesprochen werden kann",[820] gewährt wurde. Eine echte Ausnahme vom Verbot der Gewährung diplomatischen Asyls stellt die Erstreckung des humanitären Asyls auf Fälle dar, in denen Schutz vor staatlichem Zugriff wegen drohender Behandlung des Empfangsstaates unterhalb des humanitären, fremdenrechtlichen Mindeststandards, gewährt wird.[821]

Jedoch stellt die Gewährung diplomatischen Asyls in Form humanitären Asyls bereits wegen seines Ausnahmecharakters für gravierende Einzelfälle, aber auch weil in betroffenen Krisenregionen Auslandsvertretungen nur unzureichend vorhanden sind und die Erteilung diplomatischen Asyls keine Einreise in den diplomatisches Asyl gewährenden Staat bedeutet, kein adäquates Lösungsinstrument für den Mangel an legalen Einreisemöglichkeiten dar.

## V. Zwischenergebnis und Forschungsansätze

Die legalen Einreisemöglichkeiten in die EU sind für schutzbedürftige Personen nach wie vor zu stark limitiert mit der Folge, dass Flüchtlinge ebenso wie andere Migranten zu oft ihr Leben auf der Flucht riskieren und überdies der Schleuser- und Menschenhandelskriminalität sowie der illegalen Migration Vorschub geleistet werden. Insbesondere die Flüchtlingskrise im Jahr 2015 hat gezeigt, dass weder das Gemeinsame Europäische Asylsystem noch die nationalen

---

819 *Randelzhofer* in Maunz/Dürig, GG, Art. 16a Rn. 17 ff. m.w.N.
820 *Randelzhofer* in Maunz/Dürig, GG, Art. 16a Rn. 19.
821 Ausführlich hierzu *Randelzhofer* in Maunz/Dürig, GG, Art. 16a Rn. 19.

Asylsysteme in der Lage sind, im Falle eines außerordentlichen Massenzustroms der Situation Herr zu werden, die vorübergehende Unterbringung und die rasche, aber rechtsstaatlichen Grundsätzen genügende Durchführung der Asylverfahren zu gewährleisten. Infolgedessen ist der Bedarf nach innovativen Lösungsmöglichkeiten für die Bewältigung der nicht kleiner werdenden Flüchtlingszahlen angesichts von weltweit ca. 65,6 Millionen Menschen auf der Flucht offenkundig. Dem dringenden Bedarf nach neuen und flexibleren Migrationsregelungen sollte dadurch begegnet werden, dass mehrgleisig die bestehenden Defizite des aktuellen Systems angegangen werden. Auch aus Sicht des UNHCR als dem Mandatsträger für Flüchtlinge liegt der Schlüssel in einer flexibleren Visapolitik und der Schaffung von mehr legalen Wegen, um Schutzbedürftigen eine sichere Zuflucht zu bieten.[822]

### *1. Ausbau vorhandener humanitärer Einreiseinstrumente*

Zum einen sollten bestehende Konzepte, die sich bewährt haben, wie etwa Neuansiedlungsprogramme, sowohl in der EU als auch weltweit ausgebaut werden. So hat Kanada im positiven Sinne auf sich aufmerksam gemacht und im Jahr 2016 immerhin 33.000 Flüchtlinge aus Syrien aufgenommen.[823] Auch die wiederholte Anwendung des § 23 AufenthG in den letzten Jahren in Deutschland verdeutlicht, dass eine Aufnahme aus dem Ausland für besonders schutzbedürftige Flüchtlinge bereits praktiziert wird, wenn auch angesichts der enormen Flüchtlingszahlen in zu geringem Umfang. Die bisherigen Anstrengungen sind unzureichend: zwar wurden im Rahmen der humanitären Aufnahmeprogramme zwischen 2013 und 2016 insgesamt 20.000 syrische Flüchtlinge über eine Anordnung des Bundesinnenministeriums im Bundesgebiet aufgenommen und 21.500 Personen über privat finanzierte Länderaufnahmeprogramme die Einreise nach Deutschland ermöglicht, jedoch im Zeitraum zwischen 2012 bis 2015 nur 1.402 Personen im Rahmen der Resettlement-Programme im Bundesgebiet neu angesiedelt.[824] Auch auf Unionsebene hinkt die EU, wie bereits dargestellt, ihren Bestrebungen, 20.000 Drittstaatsangehörige innerhalb von 2015 bis 2017 in der EU neu anzusiedeln, hinterher, obgleich die Kommission in ihrer Migrationsagenda von Mai 2015 unmissverständlich klar gemacht hat, dass die

---

822 *Hans ten Feld*, Vertreter des UNHCRs für Dtl., Flüchtlingskrise vor den Toren Europas – aus Sicht des UNHCR anlässlich des 15. Berliner Symposiums zum Flüchtlingsschutz am 22./23.06.2015, S. 3.

823 SZ, Der Aylan-Effekt in Kanada v. 28.10.2016.

824 BAMF-EMN, Resettlement und humanitäre Aufnahme in Deutschland, S. 6.

EU nicht abwarten sollte, „bis der Druck unerträglich wird".[825] Das EU-Neuansiedlungsprogramm von September 2017 mit mehr als 50.000 Plätzen ist daher sehr zu begrüßen. Die Erweiterung von Neuansiedlungsprogrammen bedeutet nicht nur eine direkte Hilfe für die betroffenen Flüchtlinge und eine echte Entlastung der betroffenen Nachbarstaaten, die häufig bereits selbst mit gewaltigen wirtschaftlichen und sozialen Herausforderungen konfrontiert sind, sondern entlastet überdies die nationalen Asylsysteme, weil der vom UNHCR anerkannte Flüchtlingsstatus der Resettlement-Flüchtlinge in der Regel nicht nochmals im Rahmen eines aufwendigen Asylverfahrens von der nationalen Behörde überprüft wird.

### 2. *Erleichterte Vergabe humanitärer Visa und temporäre Aussetzung der Visapflicht*

Zum anderen sollte die Vergabe humanitärer Visa an Flüchtlinge anerkannter (Bürger-) Kriege, wie derzeit syrische Flüchtlinge, aus dem Ausland unter erleichterten Bedingungen, ggf. auch durch geschützte Zulassungsverfahren, eingeführt werden. Als Vorbild kann etwa das von Brasilien bereits 2013 als Reaktion auf den Syrienkrieg initiierte Programm zur Gewährung humanitärer Sondervisa für syrische Flüchtlinge erwähnt werden.[826] Ziel der Maßnahmen ist eine schnelle und unbürokratische Hilfe für die betroffenen Flüchtlinge. Syrische Flüchtlinge können bei den brasilianischen Botschaften in Jordanien, dem Libanon und der Türkei Visa erhalten, ohne dass damit jedoch eine finanzielle Unterstützung verbunden ist, und können sodann legal nach Brasilien einreisen.[827]

In die gleiche Richtung geht die Möglichkeit einer temporären Aussetzung der Visapflicht für bereits vom UNHCR anerkannte Flüchtlinge, um kurzfristig auf plötzliche Bedarfssituationen einzugehen und die Lahmlegung des gesamten Asylkanals wie etwa im Falle der Stellung hunderttausender Asylanträge zu verhindern. Dieser Ansatz deckt sich mit dem vom UNHCR und dem Europäischen Parlament bei Erlass der Massenzustroms-Richtlinie 2001/55/EG unterbreiteten Vorschlags, bei Anwendung dieser Richtlinie die Visapflicht auszusetzen.

---

825 EK, KOM (2015) 240, Ziff. II.

826 UNHCR, Brasilien erleichtert Einreise für syrische Flüchtlinge; ARD, Weltspiegel, Brasilien: Flüchtlinge willkommen v. 26.10.2015.

827 ARD, Weltspiegel, Brasilien: Flüchtlinge willkommen v. 26.10.2015.

### 3. *Flexiblerer Spurwechsel zwischen den Migrationskanälen*

Als weiterer vielsprechender Ansatz ist der flexible Spurwechsel zwischen den verschiedenen Migrationskanälen, insbesondere zwischen dem Asylkanal und dem Kanal der Arbeitsmigration für Wirtschaftsmigranten, zu nennen. Mithilfe eines flexibleren Systems werden Ressourcen zweckmäßiger verwendet. In diesem Zusammenhang wird auf den Vorschlag des ehemaligen BAMF-Präsidenten Manfred Schmidt für eine Eingangsprüfung vor dem Asylverfahren hingewiesen: Danach sollten Asylbewerber vorab einer Prüfung unterzogen und im Falle arbeitsmarktrelevanter Qualifikationen aus dem Asylverfahren durch Erteilung einer Aufenthaltserlaubnis zu Erwerbszwecken herausgenommen werden.[828] Dadurch wird der Asylkanal entlastet, dem Arbeitskräftebedarf in Europa Rechnung getragen und die Integration der Migranten bei finanzieller Entlastung des Staates vorangetrieben. Das Vorgehen Deutschlands gegenüber der stark gestiegenen Asylbewerberzahl aus dem Westbalkan durch die erleichterte Gestattung der Arbeitsaufnahme im Jahr 2015 (unter D.I.3.) mit dem Ziel, den schwer belasteten und für die Westbalkanbürger größtenteils nicht einschlägigen Asylkanal um etwa ein Viertel der Asylanträge zu entlasten, stellt ein praktisches Beispiel für einen solchen gesetzlich initiierten Spurwechsel dar.

Noch weiter geht der in Schweden praktizierte, grundsätzlich mögliche und beabsichtigte Spurwechsel zwischen verschiedenen Migrationskanälen, bspw. vom Asylkanal in den der Arbeitsmigration.[829] Dieser im Rahmen der Migrationspolitik bisher noch wenig erforschte Bereich birgt nicht nur aus humanitärer Sicht Anreize für Asylbewerber mit geringen Anerkennungsaussichten und kann jedenfalls zum Teil dem in Europa bestehenden Fachkräftemangel abhelfen, sondern verspricht auch unter pragmatischen Gesichtspunkten einiges Potential.[830] Erfahrungsgemäß gestaltet sich die Abschiebung abgelehnter Asylbewerber kosten- und zeitintensiv und kann regelmäßig wegen Unzumutbarkeit oder Unmöglichkeit nicht durchgeführt werden. Gerade deshalb stellt die Möglichkeit eines im Rahmen des Asylkanals gescheiterten Asylbewerbers in den Kanal der Arbeitsmigration zu wechseln und legal als Arbeitszuwanderer im Land zu bleiben, eine Chance für alle Seiten dar, jedenfalls im Bezug auf den Teil der qualifizierten Migranten.[831] Gleichzeitig ist dabei zu berücksichtigen, dass

828 Der Spiegel, Die Menschenfalle, 42/2013, S. 44 (50); *Parusel*, Spurwechsel im Migrationsprozess, ZAR 2014, 115 (115).

829 *Parusel*, Spurwechsel im Migrationsprozess, ZAR 2014, 115 (117 ff.).

830 *Parusel*, Spurwechsel im Migrationsprozess, ZAR 2014, 115 (119) m.w.N.

831 *Parusel*, Spurwechsel im Migrationsprozess, ZAR 2014, 115 (119) m.w.N.

der angebotene Spurwechsel auch als Pull-Faktor für Migranten wirken kann. Zutreffend weist *Parusel* auf die Sonderstellung des von Schweden praktizierten Spurwechsels im internationalen Vergleich hin,

> „da Aufenthalte im Rahmen von Asylverfahren meist als gesonderte und nicht mit anderen Aufenthaltszwecken zu vermischende Zuwanderungsformen gelten und auch als solche behandelt werden."[832]

Noch weitgehend unerforscht ist überdies, inwieweit staatliche Regulierungsmechanismen das grenzüberschreitende Migrationsverhalten überhaupt beeinflussen und den komplexen Motiven der Migranten in adäquater Weise begegnen können.[833]

### 4. *Extraterritorialer Ansatz im Flüchtlingsrechts sowie im Asyl- und Migrationsregime*

Schließlich wird der Ruf nach extraterritorialen Ansätzen in Form von Vorprüfungsverfahren oder gar der vollständigen Auslagerung des Asylverfahrens außerhalb des Unionsgebiets auch in Europa immer lauter. Bereits Anfang der 2000er Jahre gab es hierzu von Großbritannien einen Vorstoß (vgl. Teil 3 A.), der jedoch, nicht zuletzt wegen schwerwiegender (menschen-) rechtlicher Bedenken, nicht umgesetzt wurde. Allerdings lohnt sich angesichts der durch enorme Migrationszahlen überforderten nationalen Asylsysteme in Europa und der lebensgefährlichen Fluchtrouten die Untersuchung neuer Wege, um adäquate Lösungen in rechtlicher wie tatsächlicher Hinsicht zu finden. Dies gilt umso mehr als die Fokussierung auf den Flüchtlingsdeal zwischen der EU und der Türkei nicht nur aufgrund seiner geographischen Begrenzung kein generelles Instrument zur Bewältigung für die Migrationsströme ist; nach wie vor warten in Libyen Hunderttausende darauf, nach Europa überzusetzen.[834] Der dauerhafte Bestand des EU-Türkei-Deals von März 2016 ist nicht gesichert und hängt nicht zuletzt von der politischen Entwicklung in der Türkei unter dem Eindruck des Putschversuchs von Juli 2016 ab. Die EU sollte unabhängig von den Umsetzungsschwierigkeiten des EU-Türkei-Deals über einen Plan B verfügen, um im Falle politischer Umbrüche wie etwa bei der 2016 in der Türkei diskutierten

---

832 *Parusel*, Spurwechsel im Migrationsprozess, ZAR 2014, 115 (119) m.w.N.

833 *Parusel*, Spurwechsel im Migrationsprozess, ZAR 2014, 115 (116, 121).

834 Zeit, Österreichs Außenminister will Flüchtlinge auf Inseln internieren v. 5.06.2016; ARD, Tagesschau, EU-Sondergipfel in Malta: Kommt das EU-Libyen-Abkommen? EU-Sondergipfel in Malta, v. 3.02.2017.

Wiedereinführung der Todesstrafe,[835] nicht vollständig von der Türkei abhängig und zu jedem Preis erpressbar zu sein.

Die (teilweise) Auslagerung des Asylverfahrens außerhalb Europas wird seit der Flüchtlingskrise 2015 verstärkt gefordert. Etwa solle sich Europa, nach Ansicht des österreichischen Außenministers Kurz, zur Bewältigung der Flüchtlingsfrage ein Vorbild am australischen Modell nehmen.[836] Dieses äußerst strikte Modell sieht sich jedoch vor allem wegen der Zurückweisung von Flüchtlingsschiffen auf hoher See und der Inhaftierung Asylsuchender auf entlegenen Inseln im pazifischen Ozean schweren menschenrechtlichen Bedenken ausgesetzt (dazu Teil 2).

Auch in Deutschland erwägt das Bundesinnenministerium Flüchtlingsboote nach Afrika zurückzuschicken, damit weniger Menschen die Überfahrt über das Mittelmeer wagen und begründet dies wie folgt:

> „Die fehlende Aussicht auf das Erreichen der europäischen Küste könnte ein Grund sein, warum die Migranten davon absehen, unter Einsatz ihres Lebens und hoher eigener finanzieller Mittel, die gefährliche Reise anzutreten."[837]

Die Migranten sollen damit die Aussichtslosigkeit der lebensgefährlichen Überfahrt erkennen und von ihr absehen; falls nicht, werden sie unverzüglich in ein nordafrikanisches Land, bspw. Tunesien oder Ägypten, verbracht, um von dort Asyl in Europa zu beantragen.[838] Wer auf diese Weise Asyl erhält, kann dann auf legalem Weg nach Europa gelangen. Gegen solche Extraterritorialisierungspläne bestehen erhebliche Bedenken, in rechtlicher Hinsicht vor allem durch die Auslagerung des grundsätzlich in Deutschland bzw. im Unionsgebiet durchzuführenden Asylverfahrens einschließlich des Zugangs zu rechtsstaatlichen Garantien wie Rechtsberatung oder Rechtsmittelverfahren.[839] Unklar ist auch, in welchem Rahmen die Asylerteilung erfolgen sollte, etwa in geschlossenen Asyleinrichtungen einschließlich Unterbringung der Asylsuchenden oder bloßen Verwaltungsstellen zur Bearbeitung von Asylanträgen, und welche rechtlichen Konsequenzen dies zur Folge hat. Für ein derartiges Modell könnten angesichts jährlicher tausender Toter auf dem Mittelmeer humanitäre Gründe sprechen, weil niemand mehr auf ein marodes Schleuserboot steigen müsste.[840]

---

835 FAZ, Die EU ist Erdogan längst egal: Einführung der Todesstrafe v. 3.11.2016.

836 Zeit, Österreichs Außenminister will Flüchtlinge auf Inseln internieren v. 5.06.2016.

837 SZ, De Maizière will Flüchtlingsboote nach Afrika zurückschicken v. 6.11.2016 m.w.N.

838 SZ, De Maizière will Flüchtlingsboote nach Afrika zurückschicken v. 6.11.2016.

839 SZ, De Maizière will Flüchtlingsboote nach Afrika zurückschicken v. 6.11.2016.

840 SZ, Das Mittelmeer wird für Flüchtlinge aus Afrika noch lange ein Alptraum bleiben v. 6.11.2016.

In Teil 4 der Arbeit wird anhand der Analyse existierender extraterritorialer Asylfaszilitäten (Teil 2) und in der EU erwogener Modelle (Teil 3) der Forschungsfrage nachgegangen, inwieweit die Auslagerung von Asylverfahren außerhalb des Unionsgebiets generell rechtlich zulässig ist und unter welchen Voraussetzungen Asylverfahren in Drittstaaten durchgeführt werden könnten. Die Auslagerung von Asylverfahren bedeutet nicht zwangsläufig nur die Beschneidung der Asylrechte von Flüchtlingen. Sie beinhaltet auch die Chance, dass schutzbedürftige Menschen frühzeitig Schutz beantragen können und im Falle der Zuerkennung eines flüchtlingsrechtlichen Status anstelle einer lebensgefährliche Flucht über das Mittelmeer, die jedes Jahr Tausenden das Leben kostet,[841] auf legalem Weg in die EU einreisen können.

841 So starben 2016 über 4.000 Menschen, IOM, Migrants deaths at sea near deadly milestone of 4,000 v. 1.11.2016.

# Teil 2: Die „Pazifische Lösung“ Australiens als Vorbild?

Angesichts bestehender extraterritorialer Asylansätze, vor allem der „Pazifischen Lösung“ Australiens, stellt sich die Frage, inwieweit diese Vorgehensweise als Vorbild für die Extraterritorialisierung der Asylverfahren in Europa herangezogen werden kann.

Extraterritoriale Ansätze sowohl im Hinblick auf die Gewährung von Schutz als auch auf die Migrationskontrolle sind keineswegs neu.[842] Ein historisches Beispiel für die Vorverlagerung der Einreiseprüfung von Immigranten durch einen Staat ist Ellis Island im 20. Jahrhundert, als vor den Toren New Yorks auf der sog. „Insel der Tränen“ über die Frage der Einreise nach Amerika entschieden wurde.[843] Über Ellis Island kamen im Zeitraum von 1892 bis 1954 etwa zwölf Millionen Einwanderer nach Amerika.[844] Dieses historische Beispiel dient jedoch nicht zur Prüfung heute maßgeblicher (völker-)rechtlicher Vorgaben und daraus folgender Grenzen für extraterritoriale Maßnahmen eines Staates; im Übrigen fehlt es streng genommen an der Extraterritorialität, weil Ellis Island zum maßgeblichen Zeitpunkt der territorialen Gebietshoheit der Vereinigten Staaten von Amerika unterfiel.

Die Auslagerung von Schutz und Asylverfahren außerhalb des Zufluchtsstaates stellt einen Paradigmenwechsel dar, weil Asyl ebenso wie die Anerkennung als Flüchtling traditionell innerhalb des Hoheitsgebiets eines Staates gewährt wird.[845] Untersucht werden soll, inwieweit völkerrechtliche Verpflichtungen, insbesondere das Refoulement-Verbot, aber auch rechtsstaatliche Garantien wie der Zugang zur Gerichtsbarkeit im Rahmen dieser extraterritorialen Konzepte gewahrt werden und welche Rückschlüsse die Untersuchungsergebnisse für die Diskussion über Asylfaszilitäten der EU zulassen.

Vorab wird der Untersuchungsgegenstand der extraterritorialen Asylfaszilitäten – so auch *Bröcker* betreffend Asylzentren[846] – von sog. UN-Schutzzonen

---

842 *Noll/Fagerlund/Liebaut*, Study on The Feasibility of Processing Asylum Claims outside the EU, S. 24.

843 Welt, Insel der Tränen und Hoffnung v. 12.12.2010; Zeit, Flüchtlinge: Österreichs Außenminister will Flüchtlinge auf Inseln internieren v. 5.06.2016.

844 Welt, Insel der Tränen und Hoffnung v. 12.12.2010.

845 *Den Heijer*, Europa and Extraterritorial Asylum, S. 260.

846 *Bröcker*, Die externen Dimensionen des EU-Asyl- und Flüchtlingsrecht im Lichte der Menschenrechte und des Völkerrechts, S. 136 ff.

(*security zones* oder *safe havens* genannt) abgegrenzt, die verfolgten Bevölkerungsgruppen in Konfliktgebieten als Zufluchtsort innerhalb ihres Heimatlandes Schutz bieten sollen und von der internationalen Staatengemeinschaft als Instrumente des Friedenssicherungsrechts eingerichtet werden.[847] Beispielhaft wird die nach dem zweiten Golfkrieg 1991 im Nordirak für kurdische Flüchtlinge von der US-geführten Militärkoalition eingerichtete Schutzzone angeführt.[848] Im Zusammenhang mit UN-Schutzzonen ist aber auch das bisher größte Scheitern einer UN-Peace-Keeping-Mission bei der als sicher eingestuften *safe area* in Srebrenica im Rahmen des Bosnienkrieges zu nennen, wo es im Jahr 1995 zu schwersten Kriegsverbrechen kam.[849] Überzeugend folgert *Bröcker*, dass die untersuchten extraterritorialen Asylfazilitäten im Gegensatz zu den UN-Schutzzonen als Zufluchtsorte innerhalb des Herkunftsstaates nicht gegen den Willen des Heimatstaates der Flüchtlinge, sondern in Zusammenarbeit mit diesen zu errichten sind.[850]

Nachfolgend werden die extraterritorialen Asylfazilitäten der sog. „Pazifischen Lösung“ Australiens analysiert. Die „Pazifische Lösung“ orientiert sich an der US-amerikanischen Vorgehensweise (A.). Nach Darstellung des Inhalts des australischen Vorgehens (B.), seiner rechtlichen Ausgestaltung (C.), der Kritik hieran (D.) und der gerichtlichen Überprüfung (E.) folgt eine völkerrechtliche Prüfung (F.) sowie schließlich eine Bewertung des Konzepts (G.).

## A. US-amerikanische Praxis als Vorbild der „Pazifischen Lösung“ Australiens

Die „Pazifische Lösung“ Australiens orientiert sich an der US-amerikanischen Praxis seit den 1980er Jahren gegenüber illegalen Einwanderern, vor allem Haitianern und Kubanern.[851] Beide Staaten betreiben außerhalb ihres Hoheitsgebiets

847 *Franco* in Al-Nauimi/Meese, International Legal Issues Arising Under The United Nations Decade of International Law, S. 871 (877); *Simon*, UN-Schutzzonen- Ein Schutzinstrument für verfolgte Personen? S. 1 f., S. 9 ff.

848 *Franco* in Al-Nauimi/Meese, International Legal Issues Arising Under The United Nations Decade of International Law, S. 871 (879); *Simon*, UN-Schutzzonen- Ein Schutzinstrument für verfolgte Personen? S. 1 f., S. 14 ff.

849 *Simon*, UN-Schutzzonen- Ein Schutzinstrument für verfolgte Personen? S. 2, 28 f.

850 *Bröcker*, Die externen Dimensionen des EU-Asyl- und Flüchtlingsrecht im Lichte der Menschenrechte und des Völkerrechts, S. 137; *Lynskey*, Complementing and completing the Common European Asylum System, E.L. Rev. 31 (2006), 230 (234).

851 *Legomsky*, The USA and the Carribbean Interdiction Programm, IJRL 18 (2006), 677 (679 ff.).

Verfahrenslager für spontan ankommende Asylsuchende: Australien auf den pazifischen Inseln der Republik Nauru und Papua-Neuguineas, die USA auf dem britischen Überseegebiet der Turks und Caicos-Inseln im Atlantik sowie auf der kubanischen Insel Guantanamo.[852]

Bereits seit den 1980er Jahren wurden die vor der Diktatur an die US-Küsten flüchtenden Haitianer im Rahmen des vom US-Präsidenten Ronald Reagan eingeführten *Haitian Migration Interdiction Program* auf Hoher See festgesetzt, kontrolliert und bei unzureichenden Papieren nach Haiti zurückgewiesen oder in Drittstaaten verbracht.[853]

Zwar nimmt *Magner* an, dass die US-Regierung jedenfalls zunächst die Einhaltung der GFK beabsichtigte und kein Flüchtling gegen seinen Willen zurückgeschickt werden sollte,[854] allerdings ist unklar, wie rechtstaatliche Grundsätze, etwa das Recht auf Zugang zu Gerichten, bei den Screenings der Flüchtlinge durch die Küstenwache auf Hoher See gewährleistet werden sollten. Diese Screenings erfolgten bis zum Putsch in Haiti 1991, als Zehntausende auf der Flucht waren, für die ein Lager auf der Militärbasis Guantanamo Bay errichtet wurde.[855] Seit 1992 war die Küstenwache zum Aufgreifen aller haitianischen Bootsflüchtlinge auf Hoher See und zu ihrer Rückführung ohne Anhörung und ohne Anfechtbarkeit, im Widerspruch zu Völkerrecht, berechtigt, bis die Clinton-Regierung 1994 aus Sorge vor einer Aufkündigung der Vereinbarung mit Haiti aus

852 *Francis*, Bringing Protection Home: Healing the Schism Between International Obligations and National Safeguards Created by Extraterritorial Processing, IJRL 20 (2008), 273 (273 f.); *Den Heijer*, Europe and Extraterritorial Asylum, S. 264 f., 267 f.

853 Proclamation 4865, High seas interdiction of illegal aliens, 1981; Executive Order 12324, Interdiction of illegal aliens, 1981; *Magner*, A Less than ‚Pacific' Solution for Asylum Seekers in Australia, IJRL 16 (2004), 53 (71 ff.) m.w.N.; *Francis*, Bringing Protection Home: Healing the Schism Between International Obligations and National Safeguards Created by Extraterritorial Processing, IJRL 20 (2008), 273 (283 ff.); *Legomsky*, The USA and the Carribbean Interdiction Programm, IJRL 18 (2006), 677 (679 ff.).

854 *Magner*, A Less than ‚Pacific' Solution for Asylum Seekers in Australia, IJRL 16 (2004), 53 (72) m.H.a. Executive Order 12324, Interdiction of illegal aliens, 1981, Sec. 2 (c) (3) und Sec. 3, in der es heißt "the strict observance of our international obligations concerning those who genuinely flee persecution in their homeland"; *Bröcker*, Die externen Dimensionen des EU-Asyl- und Flüchtlingsrechts im Lichte der Menschenrechte und des Völkerrechts, S. 164.

855 *Magner*, A Less than ‚Pacific' Solution for Asylum Seekers in Australia, IJRL 16 (2004), 53 (72) m.w.N.

dem Jahr 1981 wieder Screenings auf See ankündigte.[856] Besonders wurden die US-Screenings auf Hoher See kritisiert, weil sie als die dem Asylverfahren vorgeschalteten Verfahren keine faire Prüfung des Flüchtlingsstatus vorsahen und insbesondere die Anfechtbarkeit der Entscheidung durch ein unabhängiges Organ an einem anderen Ort sowie die Möglichkeit Rechtsbeistand in Anspruch zu nehmen fehlte.[857] Seit den 1990er Jahren verbrachten die USA potentielle Flüchtlinge zur Prüfung in offshore-Lager in der Karibik, etwa auf Jamaika oder den Turks und Caicos-Inseln.[858]

In der kritisierten[859] Entscheidung *Sale v. Haitian Centers Council* ging das US Supreme Court davon aus, dass die Exekutivorder des Präsidenten, wonach Asylsuchende auf Hoher See aufzuhalten und zurückzuführen sind, weder der einschlägigen nationalen *Section 234 (h) (1)Immigration and Nationality Acts 1952*[860] noch dem Non-Refoulement-Gebot des Art. 33 Abs. 1 GFK widersprechen, weil den beiden Regelungen keine extraterritoriale Anwendung auf Hoher See zukäme.[861] Gleichzeitig schließe die US-amerikanische Regelung des

---

856 Executive Order 12807, Interdiction of Illegal Aliens (sog. Kennebunkport Order), 1992; *Francis*, Bringing Protection Home: Healing the Schism Between International Obligations and National Safeguards Created by Extraterritorial Processing, IJRL 20 (2008), 273 (284 f.).

857 *Francis*, Bringing Protection Home: Healing the Schism Between International Obligations and National Safeguards Created by Extraterritorial Processing, IJRL 20 (2008), 273 (283 ff.).

858 *Francis*, Bringing Protection Home: Healing the Schism Between International Obligations and National Safeguards Created by Extraterritorial Processing, IJRL 20 (2008), 273 (280 ff., 285).

859 UNHCR, The Haitian Interdiction Case 1993 Brief amicus curiae, IJRL 6 (1994) S. 85 ff.; *Goodwin-Gill/McAdam*, The Refugee in International Law, S. 248 m.w.N.

860 US Supreme Court, *Sale v. Haitian Ctrs. Council,* 113 S. Ct. 2549, 125 L. (92-344), 509 U.S. 155 (1993), Opinion of the Court, Notes 2 mit dem Wortlaut der Section 243(h) (1): "(h) Withholding of deportation or return. (1) The Attorney General shall not deport or return any alien (other than an alien described in section 1251(a)(4)(D) of this title) to a country if the Attorney General determines that such alien's life or freedom would be threatened in such country on account of race, religion, nationality, membership in a particular social group, or political opinion."

861 US Supreme Court, *Sale v. Haitian Ctrs. Council,* 113 S. Ct. 2549, 125 L. (92-344), 509 U.S. 155 (1993), Opinion of the Court (a.A. Dissent Justice Blackmun: "The terms are unambiguous. Vulnerable refugees shall not be returned. The language is clear, and the command is straightforward; that should be the end of the inquiry.") *Francis*, Bringing Protection Home: Healing the Schism Between International Obligations and National Safeguards Created by Extraterritorial Processing, IJRL 20 (2008),

Immigration and Nationality Act nicht aus, dass US-Beamte extraterritorial handeln und Asylsuchende ohne eine Vorprüfung zurückweisen.[862] Dadurch, dass potentielle Flüchtlinge gar nicht erst dem Anwendungsbereich der Gesetze unterfallen, entsteht die Gefahr ihrer Rechtlosstellung. Den Asylsuchenden ist der Zugang zum US-amerikanischen Rechtssystem mangels Zugang zum Hoheitsgebiet verwehrt, aber auch in den extraterritorialen Lagern besteht die Gefahr eines rechtsfreien Raumes, indem die US-Regierung unter Verweis auf die Doktrin der Staatenimmunität eine Anwendbarkeit des grundsätzlich geltenden nationalen Rechts einschließlich Gerichtsbarkeit des Gaststaates begrenzte.[863]

Im Ergebnis weisen das US-amerikanische und australische Modell zwar Unterschiede auf, etwa in tatsächlicher Hinsicht, weil sich die Asylsuchenden im Rahmen des Tampa-Vorfalls bereits in australischen Hoheitsgewässer befanden, während die haitischen Asylsuchenden bereits auf Hoher See von US-Behörden abgewiesen wurden.[864] Die Prüfung der australischen Maßnahmen bietet sich aber angesichts der „Pazifischen Lösung" als das prominenteste Beispiel extraterritorialer Asylkonzepte an, einerseits, weil es sich um ein sehr weitgehendes[865] extraterritoriales und damit für die Forschung aussagekräftiges Konzept handelt, und andererseits weil sich die europäischen Extraterritorialisierungsvorschläge, vor allem der Großbritanniens aus dem Jahr 2003, an diesem Modell orientieren.[866] Weniger weitgehende, „quasi-extraterritoriale" Lager werden, worauf

273 (302); *Legomsky*, The USA and the Carribbean Interdiction Programm, IJRL 18 (2006), 677 (681).

862 *Francis*, Bringing Protection Home: Healing the Schism Between International Obligations and National Safeguards Created by Extraterritorial Processing, IJRL 20 (2008), 273 (302) m.w.N.

863 *Francis*, Bringing Protection Home: Healing the Schism Between International Obligations and National Safeguards Created by Extraterritorial Processing, IJRL 20 (2008), 273 (303 ff.) m.w.N.

864 *Magner*, A Less than ‚Pacific' Solution for Asylum Seekers in Australia, IJRL 16 (2004), 53 (74).

865 *Bröcker*, geht u. H. a. *Magner*, A Less than ‚Pacific' Solution for Asylum Seekers in Australia, IJRL 16 (2004), 53 (72), von einer Erweiterung des US-Modells von „interdiction" und Screening durch Australien aus, indem Asylsuchenden der Zugang zum nationalen Asylsystem verwehrt wird, *Bröcker*, Die externen Dimensionen des EU-Asyl- und Flüchtlingsrechts im Lichte der Menschenrechte und des Völkerrechts, S. 172.

866 *Heißl*, Rechtliche Überlegungen zum Konzept der Asylverfahrenslager außerhalb Europas, ZÖR 2007, 371 (373); *Francis*, Bringing Protection Home: Healing the Schism Between International Obligations and National Safeguards Created by Extraterritorial Processing, IJRL 20 (2008), 273 (281).

*Bröcker* hinweist, in Europa auf den Kanarischen Inseln von Spanien und auf Lampedusa von Italien betrieben.[867]

## B. Inhalt der „Pazifischen Lösung“ Australiens

Die seit dem Jahr 2001 praktizierte, umstrittene[868] „Pazifische Lösung“[869] zur Auslagerung der Asylverfahren spontan ankommender Asylsuchender außerhalb des australischen Hoheitsgebiets markiert, angesichts der jahrzehntelangen flüchtlingsfreundlichen Haltung Australiens, eine Zäsur. Im Folgenden werden die Entwicklung dieses Politikwechsels, der formal durch den Tampa-Vorfall im Spätsommer 2001 ausgelöst wurde, sowie die Neukonzeption der australischen Flüchtlings- und Asylpolitik aufgezeigt.

### I. Hintergrund

Lange Zeit kam Australien eine Vorbildrolle beim Flüchtlingsschutz zu, nicht zuletzt weil seit Ende des Zweiten Weltkriegs ca. einer halben Million Menschen Schutz gewährt wurde.[870] Im Rahmen gesteuerter Migration konnten die seit den 1970er Jahren vor allem aus (Südost-) Asien und seit den späten 1990er Jahren auch aus dem Nahen Osten stammenden Flüchtlinge ihre Anträge zur Aufnahme in australische Neuansiedelungsprogramme aus einem Flüchtlingscamp heraus oder bei einer australischen Außenvertretung stellen.[871] Seit Jahren umfasste das humanitäre Aufnahmeprogramm Australiens jährlich ca. 12.000 Flüchtlinge.[872]

---

867 *Bröcker*, Die externen Dimensionen des EU-Asyl- und Flüchtlingsrecht im Lichte der Menschenrechte und des Völkerrechts, S. 175 ff. m.w.N.

868 AI, Australia-Pacific: Offending human dignity, 2002, S. 14 ff.; *Bröcker*, Die externen Dimensionen des EU-Asyl- und Flüchtlingsrechts im Lichte der Menschenrechte und des Völkerrechts, S. 172 f; *Fonteyne*, ‚Illegal refugees‘ or illegal policy? in: Maley/Dupont/Fonteyne u.a., Refugees and the Myth of the Borderless World, S. 16 (18).

869 Der offizielle Titel lautet “Pacific Strategy”, teilweise “Pacific Solution”; *Den Heijer*, Europe and Extraterritorial Asylum, S. 267.

870 *Magner*, A Less than ‚Pacific‘ Solution for Asylum Seekers in Australia, IJRL 16 (2004), 53 (58 f.); *Nicholls*, Unsettling Admission, JRS 11 (1998), 61(61); *Kneebone/Pickering* in Kneebone/Rawlings-Sanaei, New Regionalism and Asylum Seekers, S. 167 (169); *Crock/Saul*, Future Seekers, S. 9.

871 *Nicholls*, Unsettling Admission, JRS 11 (1998), 61 (67 f.); *Magner*, A Less than ‚Pacific‘ Solution for Asylum Seekers in Australia, IJRL 16 (2004), 53 (59).

872 *Crock/Saul*, Future Seekers, S. 9.

Ab Ende der 1990er Jahre kamen vermehrt spontan Asylsuchende, sog. „boat people“, an Australiens Küsten an und begegneten als „queue jumpers“ (Vordrängler) Ablehnung und Feindseligkeit.[873] Obwohl die Zahl spontan ankommender, illegaler Einwanderer im internationalen Vergleich in Australien mit jährlich 4.000 bis 4.500 Menschen Ende der 1990er Jahre gering war, stieg die Furcht vor unkontrollierter Zuwanderung.[874] Dabei stellen die illegal bzw. irregulär mit dem Boot bzw. Flugzeug nach Australien einreisenden Personen einen relativ geringen Anteil im Vergleich zur weit größeren Gruppe der mit gültigem Visum eingereisten Personen dar, deren Visum zwischenzeitlich abgelaufen ist (sog. „overstays“).[875]

Die Abschreckungspolitik gegenüber spontan in Australien ankommenden Asylsuchenden rechtfertigt die australische Regierung damit, dass Australien durch Aufnahmeprogramme nicht nur eine bestimmte Flüchtlingszahl aufnehme und somit seiner Verantwortlichkeit nachkomme, sondern auf diese Weise legale Migrationskanäle anbiete, um gefährlichen und unvorhergesehenen Bootsüberfahrten vorzubeugen.[876] Spontan ankommende, illegale Asylsuchende sind demzufolge „queue jumpers“. Diesen Vorwurf, dass illegale Asylsuchende den „echten“, notbedürftigen Flüchtlingen, die in Flüchtlingscamps auf ihre Neuansiedelung warten, die Plätze wegnehmen, haben *Crock* und *Saul* zutreffend entkräftet: In vielen Herkunftsländern existiert weder eine Warteschlange, in die sich die Flüchtlinge einreihen, noch eine Auslandsvertretung Australiens, an die sich die Flüchtlinge wenden könnten.[877] Im Übrigen resultiert die (weitere)

---

873 *Nicholls*, Unsettling Admission, JRS 11 (1998), 61 (65); *Magner*, A Less than ‚Pacific‘ Solution for Asylum Seekers in Australia, IJRL 16 (2004), 53 (59); *Kneebone/Pickering* in Kneebone/Rawlings-Sanaei, New Regionalism and Asylum Seekers, S. 167 (172); *Bröcker*, Die externen Dimensionen des EU-Asyl- und Flüchtlingsrechts im Lichte der Menschenrechte und des Völkerrechts, S. 166 f. Der damalige Minister für Immigration, Philip Ruddock, erklärte, he would “not be made to feel guilty about people who put themselves in the hands of smugglers and who pay large amounts of money knowing that they‘re going to break our law”, *Mason*, Sea Change, S. 35.

874 Die Anzahl spontan ankommender Asylsuchender stieg von 921 in 1998/1999 auf 4.175 in 1999/2000 und auf 4.137 in 2000/2001; UNHCR, Asylum Applications Lodged in Europe, North America, Australia, New Zealand and Japan: January to December 2002; *Crock/Saul*, Future Seekers, S. 24; *Magner*, A Less than ‚Pacific‘ Solution for Asylum Seekers in Australia, IJRL 16 (2004), 53 (59 f.); *Nicholls*, Unsettling Admission, JRS 11 (1998), 61 (62); Parliament of Australia, Chapter 10 – Pacific Solution: Negotiations and Agreements Ziff. 10.3; AI, Australia-Pacific: Offending human dignity, 2002, S. 4.

875 *Crock/Saul*, Future Seekers, S. 22.

876 *Nicholls*, Unsettling Admission, JRS 11 (1998), 61 (67).

877 *Germov/Motta*, Refugee Law in Australia, S. 812 f.; *Crock/Saul*, Future Seekers, 46 f; *Nicholls*, Unsettling Admission, JRS 11 (1998), 61 (74 ff.).

Flucht der Menschen häufig aus einer unmittelbaren Bedrohung, der die Menschen naturgemäß zu entfliehen versuchen.[878]

In der Gesamtschau trägt das australische Flüchtlingsregime zwar humanitären Aspekten Rechnung, räumt aber dem nationalen Kontrollinteresse Vorrang ein, indem nach sozialen, politischen und sonstigen Faktoren ausgewählte Flüchtlinge in Neuansiedelungsprogramme aufgenommen werden, während das Phänomen spontan ankommender Asylsuchender lange ausgeblendet wurde.[879] Steigende Asylbewerberzahlen brachten das System der kontrollierten Flüchtlingsaufnahme durch Neuansiedlungsprogramme aus dem Gleichgewicht.[880]

## II. Auslöser

Konkreter Auslöser der „Pazifischen Lösung“ war die Rettung von 433 Flüchtlingen eines in Seenot geratenen, indonesischen Fischerbootes durch das norwegische Frachtschiff MV Tampa aus internationalen Gewässern am 26. August 2001 infolge der Alarmierung durch die australische Küstenwache.[881] Die australische Regierung verweigerte, trotz erklärter Seenot des norwegischen Frachters wegen Überschreitung der zulässigen Personenzahl, die Erlaubnis in australische Küstengewässer und in den nächstgelegenen Hafen, den Flying Fish Cove auf der Weihnachtsinsel, einzufahren.[882] Nach Auffassung des damaligen Premierminister John Howard sollte damit die Botschaft gesendet werden, dass illegale Einwanderer nicht auf ihre Aufnahme in Australien hoffen können.[883] Am 27. August 2001 führte er aus:

---

878 HRW, Australian Refugee Policy is “Not for Export” v. 26.09.2002.

879 *Nicholls*, Unsettling Admission, JRS 11 (1998), 61 (69 f.).

880 *Nicholls*, Unsettling Admission, JRS 11 (1998), 61 (71).

881 Zum Fall der Tampa *Haun*, The Externalisation of Asylum Procuderes, S. 55; *Magner*, A Less than ‚Pacific‘ Solution for Asylum Seekers in Australia, IJRL 16 (2004), 53 (53); *Kneebone/Pickering* in Kneebone/Rawlings-Sanaei, New Regionalism and Asylum Seekers, S. 167 (167); *Crock/Saul*, Future Seekers, S. 35 f; *Fonteyne*, ‚Illegal refugees‘ or illegal policy? in Maley/Dupont/Fonteyne u.a., Refugees and the Myth of the Borderless World, S. 16 (16 f.); *von Brevern/Bopp*, Seenotrettung von Flüchtlingen, ZaöRV 62 (2002), 841 (841).

882 *Mathew*, Australian Refugee Protection in the Wake of the Tampa, AJIL 96 (2002), 661 (661); AI, Australia-Pacific: Offending human dignity, 2002, S. 1; *von Brevern/Bopp*, Seenotrettung von Flüchtlingen, ZaöRV 62 (2002), 841 (841).

883 Premierminister Howard führte zu der kompromisslosen Haltung Australiens aus: “We simply cannot allow a situation to develop where Australia is seen around the world as a country of easy destination”, Australia Turns Away Ship Carrying Migrants, Washington Post, 28.08.2001.

> „I have to say that we are reaching a situation where our capacity physically, through detention facilities and otherwise, without massive additional expenditure to erect new facilities, that capacity is reaching the ceiling, it is reaching breaking point. That is in part because we are seen around the world as having a legal system and a procedure which is easier and more open to exploitation than that of many other countries.“[884]

Im Weiteren kam es zu einem diplomatischen Zerwürfnis zwischen Indonesien als Flaggstaat des in Seenot geratenen Fischerbootes, Norwegen als Flaggstaat des rettenden und mittlerweile auch in Seenot geratenen Frachtschiffes Tampa und Australien, das schließlich die Tampa vor der Weihnachtsinsel in australischen Gewässern stoppte und die Flüchtlinge auf ein australisches Militärschiff verlegte.[885] Nachdem Australien bis zuletzt die Aufnahme der Flüchtlinge verweigerte, gewährte Neuseeland 150 Flüchtlingen Zuflucht während die übrigen Flüchtlinge auf die 4.000 km nordöstlich von Sydney im Pazifik gelegene Insel Nauru verbracht wurden.[886] Australien hatte zuvor jeweils ein Abkommen mit der Republik Nauru und mit Papua-Neuguinea über die Errichtung von sog. Asyleinrichtungen auf Nauru und auf Manus Island in Papua-Neuguinea geschlossen.[887] Im Gegenzug für die von Australien finanzierte Errichtung und den Betrieb der Einrichtungen auf den beiden Inseln erhielten die Staaten finanzielle Unterstützung in Millionenhöhe von Seiten Australiens.[888]

## III. Konkrete Ausgestaltung

Damit war die „Pazifische Lösung“ Australiens geboren, wonach illegale Asylsuchende ohne Einreisepapiere durch die australische Marine bereits vor den

---

884 Transcripts from the Prime Minister of Australia, Television Interview with Fran Kelly, Report, 27.08.2001.

885 *Magner*, A Less than ‚Pacific‘ Solution for Asylum Seekers in Australia, IJRL 16 (2004), 53 (54); *Mathew*, Australian Refugee Protection in the Wake of the Tampa, AJIL 96 (2002), 661 (661).

886 *Magner*, A Less than ‚Pacific‘ Solution for Asylum Seekers in Australia, IJRL 16 (2004), 53 (54 f.); Australia-Pacific: Offending human dignity, 2002, S. 31 m.w.N. zu den Einrichtungen.

887 Mit der Regierung von Papua-Neuguinea wurde das MOU am 11.10.2001 unterzeichnet, mit der Regierung Naurus am 11.12.2001; vgl. Parliament of Australia, Chapter 10 – Pacific Solution: Negotiations and Agreements, Ziff. 10.50; 10.31; BBC News online, Q&A: Australia‘s Pacific Solution, 5.02.2002.

888 *Haun*, The Externalisation of Asylum Procedures, S. 55; *Magner*, A Less than ‚Pacific‘ Solution for Asylum Seekers in Australia, IJRL 16 (2004), 53 (56). Die Rede ist von Zahlungen i.H.v. $30 Millionen; BBC News online, Australia‘s Pacific Solution, 26.09.2002; AI, Australia-Pacific: Offending human dignity, 2002, S. 1.

australischen Grenzen abgefangen und (gegen ihren Willen) in bestimmte Drittstaaten, konkret Nauru und Papua-Neuguinea, in Asyllager verbracht werden.[889] Seit dem Tampa-Vorfall werden Personen auf Flüchtlingsschiffen Richtung Australien entweder in ein Asylbearbeitungszentrum („off-shore processing centre“) verbracht oder bereits zuvor auf die Hohe See zurückgedrängt.[890]

Zunächst erklärten sich die IOM und der UNHCR bereit, den Betrieb der Camps und die Durchführung der Asylverfahren zu übernehmen.[891] Nachdem jedoch die Intention der australischen Regierung deutlich wurde, fortan alle über das Meer kommenden Asylsuchenden ausschließlich nach Nauru und Papua-Neuguinea zu bringen, verweigerte der UNHCR seine Unterstützung als Protest gegenüber der australischen Flüchtlingspolitik, den teilweise unzureichenden Lebensbedingungen in den Camps und den missachteten GFK-Verpflichtungen.[892] Schließlich wurden die Asylverfahren von australischen Beamten in Nauru und Papua-Neuguinea durchgeführt, ohne dass damit der Zugang zum australischen Asylsystem einherging.[893] Die Asylsuchenden wurden in den Off-shore-Zentren weder nach australischem Recht noch nach der Rechtsordnung Naurus bzw. Papua-Neuguineas festgehalten, sondern ihnen wurde ein Visum für Sonderzwecke („*Special Purpose Visa*“) von den beiden Staaten für die Dauer des Verfahrens ausgestellt.[894] Anerkannte Asylberechtigte werden in Drittstaaten neuangesiedelt, während als nicht nach der GFK schutzbedürftig angesehene Personen entweder in ihre Heimatländer zurückgeschickt werden oder auf unbestimmte Zeit in den Auffanglagern verbleiben.[895]

Die Durchführung der Asylverfahren erfolgte jedoch langsamer als geplant, sodass die auf Nauru und Manus Island untergebrachten 1.550 Asylsuchenden statt nur sechs Monate, wie geplant, zum Teil über Jahre auf den entlegenen

---

889 *Crock/Saul*, Future Seekers, S. 30; *Kneebone/Pickering* in Kneebone/Rawlings-Sanaei, New Regionalism and Asylum Seekers, S. 167 (178); *Magner*, A Less than ‚Pacific‘ Solution for Asylum Seekers in Australia, IJRL 16 (2004), 53 (62).

890 *Mason*, Sea Change, S. 34 ff.

891 AI, Australia-Pacific: Offending human dignity, 2002, S. 6.

892 *Kneebone/Pickering* in Kneebone/Rawlings-Sanaei, New Regionalism and Asylum Seekers, S. 167 (181).

893 *Magner*, A Less than ‚Pacific‘ Solution for Asylum Seekers in Australia, IJRL 16 (2004), 53 (57).

894 Parliament of Australia, The ‚Pacific Solution‘ revisited: a statistical guide to the asylum seeker caseloads on Nauru and Manus Island, v. 4.09.2012, “What were the offshore processing arrangements?”

895 *Magner*, A Less than ‚Pacific‘ Solution for Asylum Seekers in Australia, IJRL 16 (2004), 53 (62).

Inseln bis zu ihrer Neuansiedlung in einem anderen Staat verblieben.[896] Durchschnittlich verbrachten die Menschen in den Insellagern zwischen drei und zwölf Monaten in staatlichem Gewahrsam ohne dass eine Anklage, ein Prozess oder eine unabhängige Prüfung des Gewahrsams erfolgte.[897] Erst seit Frühjahr 2005 wurden die Einrichtungen auf Nauru als „open centre“ betrieben, d.h. die Bewohner durften sich grundsätzlich in der Zeit von acht Uhr morgens bis sieben Uhr abends frei bewegen.[898]

Die Hauptziele der „Pazifischen Lösung“ liegen zum einen in der Verhinderung des Zugangs zum australischen Flüchtlingssystem für spontan ankommende Asylsuchende (sog. *„spontanous arrivals“*) durch die Auslagerung des Asylverfahrens in Drittstaaten und der dauerhaften Abschreckung zukünftiger Asylsuchender, zum anderen in der Stärkung des von Australien favorisierten Konzepts der Neuansiedlung ausgewählter Flüchtlinge.[899]

*Kneebone* und *Picking* bewerten das Vorgehen der australischen Regierung als Weiterführung des bereits im sog. Comprehensive Plan of Action (CPA) für indochinesische Flüchtlinge initiierten Regionalismus im Asylbereich und der Verhinderungspolitik gegenüber Asylsuchenden nach dem US-amerikanischen Vorbild des Caribbean Plan.[900] Der im Jahr 1989 formell gefasste Comprehensive Plan of Action sah im Rahmen internationaler Kooperation erstmals die Lastenteilung zwischen Herkunfts-, Erstasyl- und Resettlementländern in Form zunächst temporärer Asyl- und Schutzgewährung in Erstasylländern und bei Anerkennung als Flüchtling die Neuansiedlung in Drittländern vor.[901] Entsprechend halten *Kneebone* und *Pickering* den Comprehensive Plan of Action für ein erfolgreiches Beispiel internationaler sowie regionaler Zusammenarbeit und Lastenteilung durch temporäre Schutzgewährung in Erstasylländern und

896 *Kneebone/Pickering* in Kneebone/Rawlings-Sanaei, New Regionalism and Asylum Seekers, S. 167 (178 f.).

897 AI, Australia-Pacific: Offending human dignity, 2002, S. 2.

898 Parliament of Australia, The ‚Pacific Solution‘ revisited: a statistical guide to the asylum seeker caseloads on Nauru and Manus Island, v. 4.09.2012, “What were the offshore processing arrangements?”.

899 In diesem Sinne *Kneebone/Pickering* in Kneebone/Rawlings-Sanaei, New Regionalism and Asylum Seekers, S. 167 (168); *Haun*, The Externalisation of Asylum Procedures, S. 55.

900 *Kneebone/Pickering* in Kneebone/Rawlings-Sanaei, New Regionalism and Asylum Seekers, S. 167 (167).

901 *Kneebone/Rawlings-Sanaei* in dens., New Regionalism and Asylum Seekers, S. 1 (11 ff.) m.w.N.

dauerhafte Neuansiedlung in Drittstaaten für anerkannte Flüchtlinge.[902] Demgegenüber fordern *Hathaway* und *Neve* einen stärkeren Fokus auf dem temporären Schutz, wonach den Flüchtlingen in den Ländern der Region (innerer Kern) zeitlich begrenzter Schutz gewährt wird, der durch Drittländer (äußerer Kern) finanziert wird und in denen dauerhaft als Flüchtling angesehene Personen eventuell angesiedelt werden.[903] In der „Pazifischen Lösung“ ist Indonesien der innere Kern, in dem Flüchtlinge temporär Schutz erhalten, und Australien der äußere Kern, der den temporären Schutz finanziert und nur im Einzelfall die als dauerhaft eingestuften Flüchtlinge aufnimmt.[904]

## IV. Schließung im Jahr 2008 und Wiedereröffnung der Asyllager im Jahr 2012

Während das Verfahrenszentrum in Papua-Neuguinea bereits im Juli 2003 geschlossen wurde, fanden Asylverfahren auf Nauru bis Februar 2008 statt, bis die „Pazifische Lösung“ ihr vorläufiges Ende fand.[905] Grund für die Schließung der Lager waren vor allem die Bedenken gegen die Rechtmäßigkeit der Lager, nicht zuletzt wegen möglicher Verstöße gegen Völkerrecht (unter F.), welche die Regierung von Kevin Rudd dazu veranlassten, die Lagerschließung zum Wahlversprechen zu machen.[906] Zum Ende der „Pazifischen Lösung“, für die das Department of Immigration and Citizenship von September 2001 bis Juni 2007 $ 289 Millionen aufwendete, äußerte sich der Minister für Einwanderungsfragen wie folgt:

> „The Pacific solution was a cynical, costly and ultimately unsuccessful exercise introduced on the eve of a Federal election by the Howard Government.“[907]

---

902 *Kneebone/Pickering* in Kneebone/Rawlings-Sanaei, New Regionalism and Asylum Seekers, S. 167 (168).

903 *Hathaway/Neve*, Making International Refugee Law Relevant Again: A Proposal for Collectivized and Solution-Oriented Protection, Harv. HRJ 10 (1997) 115 (190 ff.); *Kneebone/Pickering* in Kneebone/Rawlings-Sanaei, New Regionalism and Asylum Seekers, S. 167 (169).

904 *Kneebone/Pickering* in Kneebone/Rawlings-Sanaei, New Regionalism and Asylum Seekers, S. 167 (169).

905 *Den Heijer*, Europe and Extraterritorial Asylum, S. 267.

906 *Francis*, Bringing Protection Home: Healing the Schism Between International Obligations and National Safeguards Created by Extraterritorial Processing, IJRL 20 (2008), 273 (310); *Den Heijer*, Europe and Extraterritorial Asylum, S. 267.

907 Senator Chris Evans, Minister for Immigration and Citizenship, Last refugees leave Nauru v. 8.02.2008.

Im Zeitraum zwischen 2001 bis 2008 waren nach offiziellen Angaben insgesamt 1.637 Personen, hauptsächlich Afghanen und Iraker, auf Nauru und Manus Island untergebracht, wobei etwa 70 % (1.153 Personen) nach ihrer Anerkennung als Flüchtling in einem anderen Staat neuangesiedelt wurden, davon 705 Personen in Australien selbst.[908]

Indes rückte Australien von der Praxis der „Pazifischen Lösung“ nicht vollständig ab, sondern brachte abgefangene Bootsflüchtlinge seit 2008 in die Asyleinrichtung auf der australischen Weihnachtsinsel. Die Insel wurde aus der Migrationszone „herausgeschnitten“, sodass dort Sonderrecht gilt; Asylsuchende wurden in „Einwanderungsgewahrsam“ („immigration detention“) bis zur Asylgewährung oder -ablehnung festgehalten.[909]

Nur vier Jahre später wurde der Betrieb der Asylverfahrenslager 2012 sowohl auf Nauru als auch in Papua-Neuguinea aufgrund gestiegener Zahlen illegaler Bootsflüchtlinge im Rahmen sog. „Regional Resettlement Arrangements“ wiederaufgenommen.[910] Danach sollten irregulär mit dem Boot in Australien ankommende Asylsuchende wie in der ersten Phase der „Pazifischen Lösung“ nach Manus Island zur Durchführung eines Asylverfahrens verbracht und darüber hinaus bei Anerkennung als Flüchtling auch in Papua-Neuguinea neuangesiedelt werden.[911] Damit wird den spontan ankommenden Asylsuchenden sogar bei Anerkennung als Flüchtling die Möglichkeit genommenen nach Australien zu gelangen. Die jährlichen Kosten dieses Agreements betragen für Australien etwa $ 600 Millionen.[912]

Nach Angaben von Human Rights Watch wurden 2015 immer noch 870 Asylsuchende und 87 anerkannte Flüchtlinge unter schlechten Bedingungen auf Manus Island festgehalten, wobei vor allem die Verweigerung der Rechte nach der GFK, wie Bewegungsfreiheit und das Recht auf Arbeit gegenüber anerkannten Flüchtlingen, kritisiert wird.[913]

---

908 Senator Chris Evans, Minister for Immigration and Citizenship, Last refugees leave Nauru v. 8.02.2008; vgl. *Francis*, Bringing Protection Home: Healing the Schism Between International Obligations and National Safeguards Created by Extraterritorial Processing, IJRL 20 (2008), 273 (281).

909 *Den Heijer*, Europe and Extraterritorial Asylum, S. 268.

910 Siehe hierzu Parliament of Australia, The ‚Pacific Solution‘ revisited: a statistical guide to the asylum seeker caseloads on Nauru and Manus Island, v. 4.09.2012.

911 HRW, Australia/Papua New Guinea: The Pacific Non-Solution, 2015.

912 HRW, Australia/Papua New Guinea: The Pacific Non-Solution, 2015.

913 HRW, Australia/Papua New Guinea: The Pacific Non-Solution, 2015.

## C. Rechtliche Ausgestaltung der „Pazifischen Lösung“

Bereits vor der „Pazifischen Lösung“ wurden in Australien 1999 weitreichende Änderungen, vor allem des maßgeblichen *Migration Act 1958*, für einen effektiveren Grenzschutz im Hinblick auf die illegal ankommenden Asylsuchenden vorgenommen, die bei internationalen Organisationen, wie dem UNHCR, Besorgnis auslösten.[914]

Der Migration Act 1958 unterscheidet zwischen Bürgern (*citizens*) und Ausländern (*non-citizens*) und bei letzteren nach der Rechtmäßigkeit ihres Aufenthalts zwischen *lawful* und *unlawful non-citizens*.[915] Spontan ankommende Asylsuchende ohne Einreisevisa werden als unlawful non-citizens und Flüchtlinge, die im Rahmen eines Neuansiedlungsprogramms mit einem Visum eingereist sind, als lawful non-citizens angesehen.[916] Spontan ankommende Asylsuchende können von vornherein nur ein temporäres, dreijähriges anstelle eines dauerhaften Visums erhalten mit der Folge, dass die Familienzusammenführung und teilweise auch der Zugang zum Sozialversicherungssystem ausgeschlossen sind.[917]

Infolge des Tampa-Vorfalls wurden im Herbst 2001 zahlreiche restriktive Asyl- und Flüchtlingsregelungen in Australien eingeführt, darunter der zentrale *Border Protection (Validation and Enforcement Power) Act 2001*, der einerseits die im Zusammenhang mit dem Tampa-Fall getroffenen Maßnahmen legalisiert und andererseits neue Kompetenzen in der Grenzschutzpolitik schafft.[918] Durch die Gesetzesänderung werden nicht nur die Flüchtlingsdefinition enger gefasst[919] und ein sog. *privative clause* zum Ausschluss gerichtlicher Überprüfbarkeit in

914 Hierzu *Germov/Motta*, Refugee Law in Australia, S. 37; *Crock/Saul*, Future Seekers, S. 99 ff.

915 *Kneebone/Pickering* in Kneebone/Rawlings-Sanaei, New Regionalism and Asylum Seekers, S. 167 (171).

916 *Kneebone/Pickering* in Kneebone/Rawlings-Sanaei, New Regionalism and Asylum Seekers, S. 167 (171).

917 *Crock/Saul*, Future Seekers, S. 3, 102 f.; Siehe hierzu Migration Amendment (Excision from Migration Zone) (Consequential Provisions) Act 2001, No. 128; *Mason*, Sea Change, S. 36.

918 Siehe hierzu Border Protection (Validation and Enforcement Powers) Act 2001, No. 126; einen Überblick geben *Mathew*, Australian Refugee Protection in the Wake of the Tampa, AJIL 96 (2002), 661 [662 ff.]; *Sackville*, Refugee Law, SydLawRw 26 (2004), 37 (45) und *Germov/Motta*, Refugee Law in Australia, S. 46 ff.

919 Siehe hierzu Migration Legislation Amendment Act (No. 6) 2001, No. 131; *Mason*, Sea Change, S. 36 ff.; *Germov/Motta,* Refugee Law in Australia, S. 190.

diesem Bereich eingeführt,[920] sondern auch rückwirkend die Maßnahmen im Rahmen der causa Tampa legitimiert sowie weitere Kompetenzen für das Abfangen von Flüchtlingsbooten und die Verhinderung des Zugangs zum australischen Hoheitsgebiet (*Interception* bzw. *Interdiction*) begründet.[921] Außerdem wurden bestimmte Gebiete der sog. *Migration Zone*, in der Anträge auf australische Visa gestellt werden können, quasi herausgeschnitten mit der Folge, dass in diesen *excised offshore places* (bswp. die Außenposten der Weihnachtsinsel, das Ashmore-Riff und die Kokosinseln) von illegal ankommenden Asylsuchenden keine Visa mehr beantragt werden können.[922] Grundsätzlich sollen *offshore entry persons*, mithin Personen, die illegal in die aus der Migrationszone ausgeschnittenen Gebieten eingereist sind, gehindert werden, Schutzvisa in Australien zu beantragen und erhalten stattdessen „offshore“ Asylverfahren.[923] Australische Beamte sind berechtigt offshore entry persons fest- sowie in Haft zu nehmen und sie in bestimmte Länder, konkret nach Nauru und Papua-Neuguinea, zu transferieren.[924] Auch die Regelung über sichere Drittstaaten wurde derart modifiziert, dass ein Asylsuchender als Voraussetzung für seinen Visumsantrag sich nicht für eine Dauer von mindestens sieben Tagen in einem Land, in welchem er hätte effektiven Schutz erhalten können, aufgehalten hat.[925] Schließlich wurden die Möglichkeit von Sammelklagen in migrationsrechtlichen

---

920 Siehe hierzu Migration Legislation Amendment (Judicial Review) Act 2001, No. 134; *Germov/Motta*, Refugee Law in Australia, S. 85.

921 Vgl. Border Protection (Validation and Enforcement Powers) Act 2001, No. 126, vor allem §§ 4 ff. und zu den Begriffen *interdiction* und *interception* siehe *Bröcker*, Die externen Dimensionen des EU-Asyl- und Flüchtlingsrechts im Lichte der Menschenrechte und des Völkerrechts, S. 171, insb. Fn. 960 m.w.N.; *Mathew*, Australian Refugee Protection in the Wake of the Tampa, AJIL 96 (2002), 661 (661); *Crock/Saul*, Future Seekers, S. 38 f.

922 Siehe hierzu Migration Amendment (Excision from Migration Zone) Act 2001, No. 127; *Sackville*, Refugee Law, SydLawRw 26 (2004), 37 (45); *Mason*, Sea Change, S. 35; *Mathew*, Australian Refugee Protection in the Wake of the Tampa, AJIL 96 (2002), 661 (664); *Crock/Saul*, Future Seekers, S. 39 f., 102.

923 Siehe hierzu Migration Act § 46 A und § 198 A, eingefügt durch Migration Amendment (Excision from Migration Zone) (Consequential Provisions) Act 2001, No. 128.

924 Siehe hierzu Migration Amendment (Excision from Migration Zone) (Consequential Provisions) Act 2001, No. 128; *Mathew*, Australian Refugee Protection in the Wake of the Tampa, AJIL 96 (2002), 661 (664).

925 Migration Amendment (Excision from Migration Zone) (Consequential Provision) Act 2001, No. 128, Amendment of the Migration Regulations 1994 – Part 4.

Prozessen eingeschränkt[926] und die Informationsweitergabe von privaten Beförderungsunternehmen an die australische Migrations- und Grenzschutzbehörden erlaubt.[927]

## D. Kritik an der „Pazifischen Lösung“

Die „Pazifische Lösung“ Australiens hat sowohl in Australien selbst als auch von internationaler Seite erhebliche Kritik erfahren.[928] In tatsächlicher Hinsicht wurden die Lebensbedingungen der inhaftierten Personen einschließlich Kindern, insbesondere die medizinische und sanitäre Versorgung sowie die lange Inhaftierungsdauer während des Verfahrens, kritisiert.[929] In rechtlicher Hinsicht stehen der Mangel einer unabhängigen, gerichtlichen Überprüfung der Inhaftierung und der im Asylverfahren getroffenen Entscheidung, aber auch der fehlende Zugang zu einem Rechtsbeistand im Fokus der Kritik.[930] So prangerten Human Rights Watch und das U.S. Committee for Refugees in einem Brief an den damaligen Premierminister Howard die Gesetzesänderungen, vor allem die Verweigerung des Zugangs zu Asylverfahren, die Begrenzung der Flüchtlingsdefinition, die Ausweitung der Regelung über sichere Drittstaaten und die Inhaftierung von Asylsuchenden, als Verletzung internationaler Menschenrechtsabkommen an.[931]

Kritisch äußerte sich auch Amnesty International zu den fehlenden Schutzvorkehrungen gegen willkürliche Inhaftierung in den Lagern und gegenüber der IOM als Verwalterin der Asyleinrichtungen.[932] Die Inhaftierung, sogar von

---

926 Siehe hierzu Migration Legislation Amendment Act (No. 1) 2001, No. 129.

927 Siehe hierzu Migration Legislation Amendment Act (No. 5) 2001, No. 130.

928 Etwa *Mathew*, Australian Refugee Protection in the Wake of the Tampa, AJIL 96 (2002), 661 (661 ff.; 676); AI, Australia-Pacific Offending human dignity, 2002, S. 14 ff.; *Bröcker*, Die externen Dimensionen des EU-Asyl- und Flüchtlingsrechts im Lichte der Menschenrechte und des Völkerrechts, S. 172 f; *Fonteyne*, ‚Illegal refugees‘ or illegal policy? in: Maley/Dupont/Fonteyne u.a., Refugees and the Myth of the Borderless World, S. 16 (18); HRW, By Invitation Only: Australian Asylum Policy, 14 No. 10, 2002, S. 3 f.

929 Nach der Wiedereröffnung, Parliament of Australia, The ‚Pacific Solution‘ revisited: a statistical guide to the asylum seeker caseloads on Nauru and Manus Island, v. 4.09.2012, “What were the contentious issues?” m.w.N.

930 Nach der Wiedereröffnung, Parliament of Australia, The ‚Pacific Solution‘ revisited: a statistical guide to the asylum seeker caseloads on Nauru and Manus Island, v. 4.09.2012, “What were the contentious issues?” m.w.N.

931 HRW und US Committee for Refugees, Letter to the Prime Minister v. 31.10.2001, S. 1; vgl. auch HRW, Australian Refugee Policy is “Not for Export”, v. 26.09.2002.

932 AI, Australia-Pacific: Offending human dignity, 2002, S. 17.

Kindern, auf unbestimmte Dauer ohne gerichtliche Überprüfungsmöglichkeit verletze Menschenrechte und könne nicht durch die Abschreckungspolitik gegenüber Asylsuchenden gerechtfertigt werden.[933]

*Kneebone* und *Pickering* führen aus, dass die „Pazifische Lösung“ zur Abschreckung von Asylsuchenden, die aus einem Erstasylstaat in Australien Schutz suchen, zielgerichtet das Recht Asyl zu suchen, verweigert, ohne ihnen menschenwürdige und dauerhafte Lösungen unter Beachtung der Menschenrechte zu gewähren.[934]

Schließlich sehen auch die Gastländer Nauru und Papua-Neuguinea die Lager auf ihrem Hoheitsgebiet trotz der finanziellen Entschädigung kritisch; der ehemalige Präsident Naurus Rene Harris spricht von einem „Pacific nightmare“.[935]

## E. Gerichtliche Überprüfung der „Pazifischen Lösung“

Innerhalb eines Monats beschäftigte sich sowohl ein Einzelrichter als auch die Kammer des Australian Federal Court mit den Vorgängen um die Tampa, konkret mit der Rechtmäßigkeit des Zugriffs auf die Tampa und der Verbringung der Flüchtlinge in Drittstaaten.[936]

Im Ausgangsfall, *Victoria Council for Civil Liberties Incorporated v. Minister for Immigration and Multicultural Affairs*, verneinte Richter North zwar das Recht der Geretteten nach australischem Recht einen Schutzantrag als Flüchtling zu stellen, hielt aber gleichwohl ihr Festhalten für unrechtmäßig und wies die Regierung an, die Asylsuchenden auf dem australischen Festland freizulassen, was ihnen ermöglicht hätte, einen Antrag auf Zuerkennung des Flüchtlingsstatus zu stellen.[937]

Nur Tage später wurden das Ausgangsurteil in der 2. Instanz durch den *Full Court of the Federal Court of Australia* aufgehoben und die Maßnahmen der australischen Regierung gegenüber den illegalen Asylsuchenden im Rahmen der

933 AI, Australia-Pacific: Offending human dignity, 2002, S. 2.

934 *Kneebone/Pickering* in Kneebone/Rawlings-Sanaei, New Regionalism and Asylum Seekers, S. 167 (167 ff.).

935 Radio New Zealand, Nauru says Australia asylum policy a Pacific nightmare v. 10.06.2002; The Irish Times, Island president says Australian asylum policy is a ‚nightmare‘, v. 10.06.2002.

936 *Magner*, A Less than ‚Pacific‘ Solution for Asylum Seekers in Australia, IJRL 16 (2004), 53 (55).

937 *Victorian Council for Civil Liberties Incorporated v. Minister for Immigration and Multicultural Affairs* (2001) FCA 1297 – 110 FCR 452, The Court Orders. Ziff. 35, 45, 169 f.; *Sackville*, Refugee Law, SydLawRw 26 (2004), 37 (41).

„Pazifischen Lösung“ von zwei der drei zur Entscheidung berufenen Richtern und damit von der Mehrheit für rechtmäßig befunden.[938] Das Gericht hielt das Tampa-Vorgehen für von der nach Art. 61 der australischen Verfassung der Regierung eingeräumten Exekutivgewalt umfasst.[939] Das Gericht stellte überdies fest, dass – aufgrund des fehlenden Einreiserechts der Ausländer – keine Inhaftierung oder sonstige Freiheitsentziehung durch Australien stattfand.[940]

Richter Black bezweifelte in seinem Abweichungsvotum die Existenz einer zur Ausweisung von Ausländern berechtigenden Exekutivgewalt, weil in diesem Bereich bereits weitgehende Legislativmaßnahmen in Form gesetzlicher Regelungen erlassen wurden, sodass kein Raum mehr für vorrangige Exekutivgewalt besteht.[941] Im Hinblick auf die getroffenen Maßnahmen gegenüber den Asylsuchenden kommt er zu dem Schluss, dass die Ingewahrsamnahme eine der australischen Bundesregierung zurechenbare rechtswidrige Maßnahme darstellt.[942]

Zutreffend macht *Bröcker* darauf aufmerksam, dass im 70 Seiten langen Urteil die Verpflichtungen nach der GFK nur in wenigen Sätzen thematisiert werden.[943] Zur Einhaltung der GFK wird ausgeführt, dass die einzig für relevant gehaltene Norm des Art. 33 Abs. 1 GFK (Non-Refoulement-Gebot) nicht verletzt wurde, weil zum einen der Flüchtlingsstatus der Asylsuchenden noch nicht geklärt war und die Asylsuchenden zum anderen nicht in ihre Heimatländer oder andere Länder, in denen ihnen Verfolgung drohte, von Australien zurückgeschickt wurden.[944] Im Übrigen weisen die Richter daraufhin, dass kein Küstenstaat aus dem Völkerrecht zur Ansiedelung von Geretteten in seinem Hoheitsgebiet

---

938 *Ruddock v. Vadarlis* (2001) FCA 1329 – 110 FCR 491, Judge French Rn. 193 ff.; Summary Ziff. 5; *Sackville*, Refugee Law, SydLawRw 26 (2004), 37 (41).

939 *Ruddock v. Vadarlis* (2001) FCA 1329 – 110 FCR 491; Summary Ziff. 5; *Mathew*, Australian Refugee Protection in the Wake of Tampa, AJIL 96 (2002), 661 (662); *Sackville*, Refugee Law, SydLawRw 26 (2004), 37 (41). Sect 61 der australischen Verfassung lautet: “The executive power of the Commonwealth is vested in the Queen and is exercisable by the Governor-General as the Queen's representative, and extends to the execution and maintenance of this Constitution, and of the laws of the Commonwealth.”

940 *Ruddock v. Vadarlis* (2001) FCA 1329 – 110 FCR 491, Judge French Rn. 213 f.

941 *Ruddock v. Vadarlis* (2001) FCA 1329 – 110 FCR 491, Chief Judge Black Rn. 29, 60 ff.

942 *Ruddock v. Vadarlis* (2001) FCA 1329 – 110 FCR 491, Chief Judge Black Rn. 80 ff., 90.

943 *Bröcker*, Die externen Dimensionen des EU-Asyl- und Flüchtlingsrechts im Lichte der Menschenrechte und des Völkerrechts, S. 170; *Magner*, A Less than ‚Pacific‘ Solution for Asylum Seekers in Australia, IJRL 16 (2004), 53 (55).

944 *Ruddock v. Vadarlis* (2001) FCA 1329 – 110 FCR 491, Judge French Rn. 203; *Magner*, A Less than ‚Pacific‘ Solution for Asylum Seekers in Australia, IJRL 16 (2004), 53 (55).

verpflichtet ist und Art. 33 GFK nur die Zurückweisung in ein Gebiet verbietet, in welchem das Leben oder die Freiheit des Flüchtlings aus einem der in Konvention genannten Gründe bedroht wird.[945]

Eine Überprüfung in der nächsthöheren Instanz des High Courts fand mangels Vorliegen der Zulassungsvoraussetzungen nicht statt, weil die boat people nicht länger unter australischer Jurisdiktion festgehalten wurden und der Fall infolgedessen hypothetisch geworden sei.[946]

## F. Völkerrechtliche Bedenken gegen die „Pazifische Lösung“

Die „Pazifische Lösung“ Australiens, wonach Flüchtlingsschiffe am Anlegen in australischen Gewässern gehindert und die Schutzsuchenden statt auf das australische Festland in extraterritoriale Verfahrenszentren auf Nauru und Papua-Neuguinea verbracht werden, sieht sich größten juristischen Bedenken ausgesetzt. Des Weiteren werden Flüchtlingsschiffe gehindert, in australische Hoheitsgewässer zu gelangen und bereits in australische Hoheitsgewässer gelangte Schiffe durch sog. Push-Backs auf die Hohe See zurückgedrängt. Die Maßnahmen der australischen Behörden sind in völkerrechtlicher Hinsicht, vor allem mit Blick auf die Vorgaben der GFK, des internationalen Seerechts und des Völkergewohnheitsrechts zu prüfen. Aus der Untersuchung ergeben sich Rückschlüsse für die Forschungsfrage betreffend extraterritoriale Asylfaszilitäten der EU, weil das Völkerrecht sowohl für Australien als auch für die EU und ihre Mitgliedstaaten unmittelbar Geltung beansprucht. Die Prüfung bezieht sich in erster Linie auf das ursprüngliche Konzept von Anfang der 2000er Jahre und die sich in diesem Kontext stellenden Rechtsfragen.

Dabei werden – wie von *Magner* vorgeschlagen – die Maßnahmen australischer Behörden innerhalb der „Pazifischen Lösung“ den nachfolgenden vier Konstellationen zugeordnet:

- Verhinderung des Anlandens der Tampa und des Ausschiffens der Passagiere in einem australischen Hafen zur Verhinderung des Zugangs zum australischen Asylsystem;

945 *Ruddock v. Vadarlis* (2001) FCA 1329 – 110 FCR 491, Judge Beaumont Rn. 126.

946 High Court of Australia, *Vadarlis v MIMA & Ors* M93/2001 (2001) HCATrans 625 (27 November 2001); Sackville, Refugee Law, SydLawRw 26 (2004), 37 (41 Fn. 18); *Mathew*, Australian Refugee Protection in the Wake of Tampa, AJIL 96 (2002), 661 (663).

- Verbringung der Asylsuchenden in Offshore-Asyllager nach Nauru und Papua-Neuguinea;
- Abfangen von Schiffen außerhalb australischer Hoheitsgewässer zur Verhinderung des Gelangen weiterer Flüchtlingsschiffe in australische Hoheitsgewässer;
- Push-Backs von Flüchtlingsbooten aus australischen Gewässern auf Hohe See.[947]

Australien ist als Vertragspartei an die GFK gebunden, obgleich nach *Sackville* die Gesetzgebung durch das australische Parlament im Widerspruch zur GFK ergehen kann bzw. nach Auffassung von Menschenrechtsorganisationen bereits ergangen ist.[948] *Germov* und *Motta* stellen klar, dass die Vorgaben der GFK als völkerrechtlichem Vertrag nicht unmittelbar innerhalb der australischen Rechtsordnung Geltung beanspruchen, sondern – wie in Deutschland über Art. 59 Abs. 2 GG – eines legislativen Umsetzungsmechanismus bedürfen.[949] Entscheidend ist, dass Australien, unabhängig vom nationalen Recht, als Vertragsstaat der GFK[950], des IPbürgR[951], der Anti-Folterkonvention der UN sowie der UN-Kinderrechtskonvention völkerrechtlich gebunden ist.[952]

## I. Untersagung des Anlegens der Tampa und Aussteigens der Passagiere im Hafen der australischen Weihnachtsinsel

Die „Pazifische Lösung" auslösend, untersagte Australien das Anlegen und Verlassen des Schiffes der Tampa im Hafen der Weihnachtsinsel, um den Asylsuchenden den Zugang zum Asylsystem Australiens zu verwehren.[953] Dadurch könnte das Völkerrecht verletzt sein.

---

947 *Magner*, A Less than ‚Pacific' Solution for Asylum Seekers in Australia, IJRL 16 (2004), 53 (57).

948 *Sackville*, Refugee Law, SydLawRw 26 (2004), 37 (45); HRW und US Committee for Refugees, Letter to the Prime Minister v. 31.10.2001.

949 *Germov/Motta*, Refugee Law in Australia, S. 89 m.w.N.

950 *Sackville*, Refugee Law, SydLawRw 26 (2004), 37 (38).

951 Vgl. dazu Fn. 64.

952 *Mathew*, Australian Refugee Protection in the Wake of the Tampa, AJIL 96 (2002), 661 (665).

953 *Magner*, A Less than ‚Pacific' Solution for Asylum Seekers in Australia, IJRL 16 (2004), 53 (63).

### 1. *Verstoß gegen das Non-Refoulement-Gebot*

Zwar kennt das Völkerrecht keine positive Pflicht der Staaten, schutzsuchende Personen in ihr Hoheitsgebiet einreisen zu lassen oder aufzunehmen, jedoch gilt das in Art. 33 Abs. 1 GFK normierte, zentrale Non-Refoulement-Prinzip für Flüchtlinge.[954] Danach wird

> „Keiner der vertragsschließenden Staaten [...] einen Flüchtling auf irgendeine Weise über die Grenzen von Gebieten ausweisen oder zurückweisen, in denen sein Leben oder seine Freiheit wegen seiner Rasse, Religion, Staatsangehörigkeit, seiner Zugehörigkeit zu einer bestimmten sozialen Gruppe oder wegen seiner politischen Überzeugung bedroht sein würde.“[955]

Das Refoulement-Verbot fand in weiteren internationalen Regelwerken zum Menschenrechtsschutz Niederschlag: unmittelbar in Art. 3 Abs. 1 UN-Antifolterkonvention[956] und mittelbar in Art. 6 und Art. 7 IPbürgR[957] sowie Art. 22 UN-Kinderrechtskonvention.[958] Auf europäischer Ebene spiegelt sich das Prinzip in Art. 3 EMRK wieder, der Folter, unmenschliche oder erniedrigender Strafe oder Behandlung verbietet.[959]

Dabei steht Art. 33 GFK in engem Zusammenhang mit der Flüchtlingsdefinition des Art. 1 GFK, der dem Non-Refoulement-Gebot[960] den persönlichen

---

954 *Fröhlich*, Das Asylrecht im Rahmen des Unionsrechts, S. 15 f.; *Goodwin-Gill/McAdam*, The Refugee in International Law, S. 1. *Kälin/Künzli,* Universeller Menschenrechtsschutz, S. 599.

955 Art. 33 Abs. 1 GFK.

956 Danach darf ein Vertragsstaat eine Person nicht in einen anderen Staat ausweisen, abschieben oder an diesen ausliefern, wenn stichhaltige Gründe für die Annahme bestehen, dass sie dort Gefahr liefe, gefoltert zu werden; Übereinkommen gegen Folter und andere grausame, unmenschliche oder erniedrigende Behandlung oder Strafe v. 10.12.1984; BGB. 1990 II S. 246.

957 Vgl. Fn. 64.

958 Hierzu etwa *Mathew*, Australian Refugee Protection in the Wake of the Tampa, AJIL 96 (2002), 661 (666).

959 *Goodwin-Gill/McAdam*, The Refugee in International Law, S. 210 m.w.N.; *Kau* in Vitzthum/Proelß, Völkerrecht, 3. Abschn. III Rn. 304 ff.; *Lehnert/Markard*, Mittelmeerroulette – Das Hirsi-Urteil des EGMR und die europäische Grenzschutzpolitik auf See, ZAR 2012, 194 (195).

960 Ursprung ist das französischen *refoulement*, das Abweisung und Zurückdrängen bedeutet, Pons, Online Wörterbuch, refoulement, abrufbar unter http://de.pons.com/%C3%BCbersetzung?q=refoulement&l=defr&in =ac_fr&lf=de (Stand 4.06.2018).

Anwendungsbereich vorgibt.[961] Der Non-Refoulement-Grundsatz verbietet die Aus- sowie Zurückweisung eines Flüchtlings über die Grenzen von Gebieten, in denen ihm Verfolgung droht. Nach dem Gesetzeswortlaut darf ein Flüchtling damit nur nicht in ein Gebiet, in dem ihm Verfolgung droht, aus- bzw. zurückgewiesen werden. Damit ist eine Zurückweisung in einen sicheren Drittstaat grundsätzlich nicht ausgeschlossen.[962] Das Non-Refoulement-Gebot umfasst auch sog. Kettenabschiebungen, soweit der aus- bzw. zurückweisende Staat davon ausgeht oder ausgehen muss, dass dem Flüchtling in dem als sicher anerkannten Land, in das er zurückgeschoben wurde, die Aus- oder Zurückweisung in einen Verfolgerstaat droht.[963]

### *a) Persönlicher Anwendungsbereich*

Im Hinblick auf den persönlichen Anwendungsbereich des Art. 33 Abs. 1 GFK wird auf die Ausführungen zum Flüchtlingsbegriff im Sinne der GFK in Teil 1 A.I.1. verwiesen. Zu klären ist sodann, inwieweit die Zuerkennung des Flüchtlingsstatus nach der GFK deklaratorischen oder konstitutiven Charakters ist, mithin ob die Anwendbarkeit des Art. 33 Abs. 1 GFK die positive Feststellung des Flüchtlingsstatus einer Person voraussetzt oder das materielle Vorliegen des Flüchtlingstatbestands für die Anwendbarkeit des Non-Refoulement-Prinzips in persönlicher Hinsicht ausreicht. In letzterem Fall genügt, dass aller Wahrscheinlichkeit nach anzunehmen ist, dass sich auf einem Schiff auch Flüchtlinge im Sinne der GFK befinden. Im vorliegend maßgeblichen Zeitpunkt, als sich die Asylsuchenden noch an Bord der Tampa befanden, war weder ein Asylverfahren noch die formelle Zuerkennung des Flüchtlingsstatus erfolgt; der Status der auf dem Schiff befindlichen Personen war noch unklar.

#### aa) Deklaratorischer Charakter der Zuerkennung des Flüchtlingsstatus nach der GFK

Nach Ansicht des australischen Staates kommt der Feststellung des Flüchtlingsstatus einer Person konstitutive Wirkung zu, sodass eine Person solange nicht als

---

961 *Kälin/Caroni/Heim* in Zimmermann, The 1951 Convention Relating to the Status of Refugees, Art. 33 Rn. 23; *Goodwin-Gill/McAdam*, The Refugee in International Law, S. 233.

962 *Kau* in Vitzthum/Proelß, Völkerrecht, 3. Abschn. III. Rn. 305; *Hobe*, Einführung in das Völkerrecht, Ziff. 11.5; *Magner*, A less than ‚Pacific' Solution for Asylum Seekers in Australia; IJRL 16 (2004), 53 (65); *Kälin/Künzli*, Universeller Menschenrechtsschutz, S. 599. Zum Konzept sicherer Drittstaaten Teil 1 A.I.2 b) aa).

963 *Weinzierl*, Flüchtlinge: Schutz und Abwehr in der erweiterten EU, S. 125.

Flüchtling angesehen wird, bis ihr Flüchtlingsstatus positiv festgestellt wurde.[964] In diesem Sinne verwies das Federal Court of Australia bei der Prüfung, ob Vorgaben der GFK, vor allem das Non-Refoulement-Prinzip, durch die Maßnahmen gegenüber der Tampa verletzt wurden, darauf, dass unklar sei, ob sich unter den Geretteten Flüchtlinge nach der GFK befinden.[965]

In der Literatur werden überwiegend die Gegenauffassung und der deklaratorische Charakter der Flüchtlingsanerkennung vertreten.[966] Nach *Hathaway* haben Staaten die Flüchtlingsrechte gegenüber Personen, die ein Asylgesuch stellen, zu wahren bis im Rahmen eines fairen Verfahrens ihr Flüchtlingsstatus geklärt wurde.[967] *Bröcker* stellt unter Hinweis auf *Maaßen* klar, dass der Anwendungsbereich des Art. 33 GFK konsequenterweise auch Asylantragsteller einschließt, weil andernfalls der Asylsuchende noch vor der Entscheidung über seinen Status in einen Verfolgerstaat zurückgewiesen werden und damit das Recht auf Schutz vor Verfolgung unterlaufen werden könnte.[968] Dieser Ansicht folgend geht *Marx* davon aus, dass solange die Prüfung der Flüchtlingseigenschaft einer Person nicht erfolgt ist, internationale Verpflichtungen wie das Refoulement-Verbot auch auf Hoher See fortbestehen.[969]

Auch der UNHCR als Mandatsträger der Flüchtlinge geht im Rahmen seines zwar nicht unmittelbar bindenden sog. Soft Laws[970] davon aus, dass eine Person nicht durch ihre Anerkennung zum Flüchtling nach der GFK wird, sondern weil sie in materieller Hinsicht ein Flüchtling ist, und hält mithin die Zuerkennung des Flüchtlingsstatus für deklaratorisch.[971] Demzufolge wird etwa in den Beschlüssen des Exekutivkomitees des UNHCR Nr. 6 lit. c)[972], Nr. 79

---

964 *Germov/Motta*, Refugee Law in Australia, S. 130, insbesondere dortige Fn. 196.

965 *Ruddock v. Vadarlis* (2001) FCA 1329 – 110 FCR 491, Rn. 203.

966 So etwa *Kälin/Caroni/Heim* in Zimmermann, The 1951 Convention Relating to the Status of Refugees and its 1967 Protocol, Art. 33 Rn. 2, 115 ff.

967 *Hathaway*, The false panacea of offshore deterrence, MFR 26 (2006), 56 (57); *Kugelmann*, Asylagenda 2010, ZAR 2007, 81 (85).

968 *Bröcker*, Die externen Dimensionen des EU-Asyl- und Flüchtlingsrechts im Lichte der Menschenrechte und des Völkerrechts, S. 243 unter Hinweis auf *Maaßen*, Rechtsstellung des Asylbewerbers im Völkerrecht, S. 46 f. So auch *Lauterpacht/Bethlehem*, The scope and content of the principle of non-refoulement in Feller/Türk/Nicholson, Refugee Protection in International Law, S. 87 (116).

969 *Marx*, HB zum Flüchtlingsschutz, § 52 Rn. 12.

970 Vgl. *Hobe*, Einführung in das Völkerrecht, Ziff. 4.10.

971 UNHCR, HB und Richtlinien über Verfahren und Kriterien zur Feststellung der Flüchtlingseigenschaft 2011 (deutsche Übersetzung 2013), Ziff. 28.

972 EXCOM Conclusion No. 6 (XXVIII), 1977, Non-Refoulement.

lit. j)[973], Nr. 81 lit. i)[974] und Nr. 82 lit. d (i)[975] betont, dass der Anwendungsbereich des Refoulement-Verbots unabhängig von der formellen Zuerkennung als Flüchtling erfolgen soll, nicht zuletzt weil die Zuerkennung mangels vorhandenen Verfahren oder im Falle eines Massenzustroms unmöglich sein kann.[976] Beispielhaft heißt es im Beschluss Nr. 6 des UNHCR- Exekutivkomitees aus dem Jahr 1977:

> „(c) Reaffirms the fundamental importance of the observance of the principle of non-refoulement – both at the border and within the territory of a State of persons who may be subjected to persecution if returned to their country of origin irrespective of whether or not they have been formally recognized as refugees.“[977]

Infolgedessen kommt es nach überzeugender Auffassung auf die formelle Zuerkennung als Flüchtling nicht an. Die besseren Argumente, insbesondere im Hinblick auf den Schutzzweck der GFK und dem des Non-Refoulement-Gebots, sprechen für diese Auffassung und gegen einen konstitutiven Feststellungsakt. Andernfalls würde der telos des Flüchtlingsrechts und das zentrale Prinzip des Zurückweisungsverbots leer laufen, weil die Staaten mit dem Verweis auf die fehlende Feststellung des Flüchtlingsstatus die Rechte der GFK missachten könnten.[978] Zutreffend weisen *Goodwin-Gill* und *McAdam* daraufhin, dass es mit dem Grundsatz von Treu und Glauben unvereinbar wäre, wenn ein Staat das vertraglich bindende Non-Refoulement-Gebot dadurch zu umgehen versucht, dass er die Feststellung des Flüchtlingsstatus ablehnt.[979] Vielmehr entsteht nach ihrer Auffassung die Schutzpflicht eines Staates gegenüber Flüchtlingen, sobald eine Person die Kriterien des Flüchtlingsstatus erfüllt und sich unter der Jurisdiktion dieses Staates befindet, unabhängig von der formellen Zuerkennung des Flüchtlingsstatus.[980] Diese Person kann infolgedessen ein Flüchtling im Sinne der GFK oder ein Asylsuchender sein.[981]

---

973 EXCOM Conclusion No. 79 (XLVII), 1996, General Conclusion on International Protection.

974 EXCOM Conclusion No. 81 (XLVIII), 1997, General Conclusion on International Protection.

975 EXCOM Conclusion No. 82 (XLVIII), 1997, Conclusion on Safeguarding Asylum.

976 Hierzu etwa *Goodwin-Gill/McAdam*, The Refugee in International Law, S. 205.

977 EXCOM Conclusion No. 6 (XXVIII), 1977, Non-Refoulement.

978 In diesem Sinne *Bröcker*, Die externen Dimensionen des EU-Asyl- und Flüchtlingsrechts im Lichte der Menschenrechte und des Völkerrechts, S. 243 f.

979 *Goodwin-Gill/McAdam*, The Refugee in International Law, S. 205.

980 *Goodwin-Gill/McAdam*, The Refugee in International Law, S. 244.

981 *Goodwin-Gill/McAdam*, The Refugee in International Law, S. 232; *Bröcker*, Die externen Dimensionen des EU-Asyl- und Flüchtlingsrechts im Lichte der Menschenrechte und des Völkerrechts, S. 243 m.w.N.; *Marx*, HB zum Flüchtlingsschutz, § 52 Rn. 12.

#### bb) Illegale Ankunft und Einreise der Asylsuchenden

Folgerichtig steht auch die Illegalität der Ankunft bzw. Einreise einer schutzsuchenden Person der Anwendbarkeit des Non-Refoulement-Gebots nicht entgegen.[982] Besonders Personen auf der Flucht vermögen häufig nicht die nötigen Einreiseformalitäten, wie ein Einreisevisum, zu erfüllen.[983] Die Unerheblichkeit der Illegalität der Einreise eines Asylsuchenden für die Frage der Anwendbarkeit des Non-Refoulement-Gebots folgt auch aus der Zusammenschau mit Art. 31 Abs. 1 GFK, der ein Sanktionsverbot gegenüber unmittelbar aus einem Verfolgungsgebiet kommenden Flüchtlingen wegen unrechtmäßiger Einreise vorsieht.[984]

Damit war der persönliche Anwendungsbereich des Art. 33 Abs. 1 GFK im Hinblick auf die sich auf der Tampa befindlichen Personen, unter denen sich aller Wahrscheinlichkeit nach Asylsuchende mit einem Anspruch auf die Zuerkennung als Flüchtling befanden,[985] eröffnet.

#### *b) Territorialer Anwendungsbereich*

Im Hinblick auf den territorialen Anwendungsbereich des Art. 33 Abs. 1 GFK ist zu klären, ob sich der Schutzsuchende bereits im Hoheitsgebiet eines Staates befinden muss. Zum Zeitpunkt der Verabschiedung der GFK bestand zu dieser Frage keine Einigkeit,[986] wenngleich die Nichtzurückweisung an der Grenze ursprünglich weitgehend einhellig nicht erfasst war.[987] Nach der Staatenpraxis hat sich über die Jahrzehnte ein weites Verständnis des Non-Refoulement-Gebots entwickelt, wonach das Prinzip Anwendung findet,

---

*Zimmermann/Mahler* in Zimmermann, The 1951 Convention Relating to the Status of Refugees and its 1967 Protocol, Art. 1 A para. 2 Rn. 74.; *Wallace*, The principle of *non-refoulement* in international refugee law in Chetail/Bauloz, Research Handbook on International Law and Migration, S. 417 (418).

982 *Goodwin-Gill/McAdam*, The Refugee in International Law, S. 264; *Hathaway*, The false panacea of offshore deterrence, MFR 26 (2006), 56 (57).

983 *Goodwin-Gill/McAdam*, The Refugee in International Law, S. 264.

984 *Goodwin-Gill/McAdam*, The Refugee in International Law, S. 264.

985 Größtenteils befanden sich Afghanen auf der Tampa; *Mason*, Sea Change, S. 30 m.w.N.

986 Einen Überblick geben *Goodwin-Gill/McAdam*, The Refugee in International Law, S. 206.

987 *Goodwin-Gill/McAdam*, The Refugee in International Law, S. 208; *Marx*, HB zum Flücthlingsschutz, § 52 Rn. 2 ff.

> „to the moment at which asylum seekers present themselves for entry, either within a State or at its border.“[988]

Nach *Goodwin-Gill* und *McAdam* befindet sich eine Person im Hoheitsgebiet und unter der Jurisdiktion eines Staates, soweit sie an die Grenze, einen Hafen oder Flughafen eines Staates gelangt ist.[989] Dieses Verständnis des Zurückweisungsverbots entspricht dem internationaler Organisationen, wie Art. 3 Nr. 1 Asylrechtsdeklaration der UN-Generalversammlung zeigt:

> „No person referred to in article 1, paragraph 1, shall be subjected to measures such as rejection at the frontier or, if he has already entered the territory in which he seeks asylum, expulsion or compulsory return to any State where he may be subjected to persecution.“[990]

Auch die Beschlüsse des Exekutivkomitees des UNHCR, denen eine gewisse Indizwirkung für das Völkergewohnheitsrecht bei der Entwicklung der sog. *opinio iuris* zukommt,[991] bestätigen das Nichtzurückweisungsprinzip, etwa im Beschluss Nr. 22 aus dem Jahr 1981:

> „In all cases the fundamental principle of non-refoulement – including non-rejection at the frontier – must be scrupulously observed.“[992]

Zusammenfassend beansprucht das Nichtzurückweisungsgebot nach mehrheitlicher und überzeugender Ansicht auch an der Grenze eines Staates Geltung, sodass niemand an der Grenze zurückgewiesen werden darf, dem sonst unmittelbar Verfolgung droht, sowie jede Person, die das Gebiet eines Hoheitsstaates

---

988 *Goodwin-Gill/McAdam*, The Refugee in International Law, S. 208 m.H.a. Regina v. Immigration Officer at Prague Airport and another (Respondents) *ex parte* European Roma Rights Centre and others (Appelants), (2004) UKHL 55, Ziff. 26; so auch *Marx*, HB zum Flücthlingsschutz, § 52 Rn. 6. *Magner*, A Less than ‚Pacific‘ Solution for Asylum Seekers in Australia, IJRL 16 (2004), 53 (65). a.A. war das US Supreme Court in *Sale v. Haitian Centers Council, Inc.*, 509 US, 155 (1993), 163, 179-87, 113 S. Ct 2549.

989 *Goodwin-Gill/McAdam*, The Refugee in International Law, S. 207.

990 Declaration on Territorial Asylum, G.A. res. 2312 (XXII), 22 U.N. GAOR Supp. (No. 16) at 81, U.N. Doc. A/6716 (1967).

991 *Herdegen*, Völkerrecht, § 16 Rn. 6; *Goodwin-Gill/McAdam*, The Refugee in International Law, S. 217.

992 EXCOM Conclusion No. 22 (XXXII), 1981, Protection of Asylum-Seekers in Situations of Large-Scale Influx. Ebenso EXCOM Conclusion No. 6 (XXVIII), 1977, Non-Refoulement.

betreten hat und Asyl sucht, weder ausgewiesen noch zwangsweise in einen potentiellen Verfolgerstaat rückgeführt werden darf.[993]

Damit ist der territoriale Anwendungsbereich des Art. 33 Abs. 1 GFK bezüglich der auf der Tampa befindlichen Personen zu bejahen, weil das Schiff sich nach der Seenotrettung aus internationalen Hoheitsgewässern in australischen Gewässern, unmittelbar vor der Weihnachtsinsel und mithin im Küstenmeer Australiens befand. Infolgedessen durfte Australien die sich unter den Passagieren befindenden Flüchtlinge nach der GFK nicht auf irgendeine Weise über die Grenzen von Gebieten aus- oder zurückweisen, in denen sie wegen einer der in Art. 33 Abs. 1 GFK aufgezählten Gründe Verfolgung zu befürchten haben.

### c) *Umfang des Non-Refoulement-Gebots: Recht zur vorübergehenden Aufnahme?*

Nach einhelliger Ansicht beinhaltet das Non-Refoulement-Gebot kein Recht des Einzelnen auf tatsächliche Asylgewährung durch einen Staat.[994] Nach Ansicht des UNHCR folgt aber aus der verfahrensrechtlichen Dimension des Refoulement-Verbots ein vorübergehendes Aufnahmerecht: Das Exekutivkomitee des UNHCR hat aus dem Refoulement-Verbot in Verbindung mit dem Gebot für ein Verfahren zur Klärung der Flüchtlingseigenschaft ein verfahrensgebundenes Recht auf vorübergehende Aufnahme des Flüchtlings abgeleitet.[995] Das Verfahren zur Prüfung des Flüchtlingsstatus erfordert regelmäßig eine temporäre Aufnahme des Asylsuchenden, weil der Staat nur so sicherstellen kann, dass er keinen Flüchtling völkerrechtswidrig in einen Verfolgerstaat zurückschickt.[996] *Hathaway* nimmt daher eine de-facto Aufnahmepflicht vorübergehender Natur gegenüber Flüchtlingen an, wenn dies die einzige Möglichkeit ist, um zu verhindern, dass der Flüchtling unmittelbar einer Verfolgungsgefahr ausgesetzt wird.[997]

---

993 So auch Ministerkomitee des Europarats v. 29.06.1967, Resolution (67) 14 – Asylum to Persons in Danger of Persecution, Ziff. 2.

994 *Lauterpacht/Bethlehem*, The scope and content of the principle of *non-refoulement* in Feller/Türk/Nicholson, Refugee Protection in International Law, S. 87 (113); *Fröhlich*, Asylrecht im Rahmen des Unionsrechts, S. 16.

995 EXCOM Conclusion No. 85 (XLIX), 1998, Conclusions on International Protection, lit. q); *Goodwin-Gill/McAdam*, The Refugee in International Law, S. 215 m.w.N.; *Marx*, HB zum Flüchtlingsschutz, § 52 Rn. 12.

996 *Wallace*, The principle of *non-refoulement* in international law in Chetail/Bauloz, Research Handbook on International Law and Migration, S. 417 (418); EXCOM Conclusion No. 85 (XLIX), 1998, Conclusions on International Protection lit. q).

997 *Hathaway*, The Rights of Refugees under International Law, S. 301 f.

Angesichts der Zwecke des Flüchtlingsrechts und des Zurückweisungsverbots ist mit *Goodwin-Gill*[998] ein vorübergehendes Aufnahmerecht als Ausfluss der verfahrensrechtlichen Garantie zu bejahen.[999]

### *d) Verletzung von Art. 33 Abs. 1 GFK im konkreten Fall*

Zu prüfen ist, ob das von Australien untersagte Anlegen der Tampa und Ausschiffen der Passagiere das Non-Refoulement-Gebot des Art. 33 Abs. 1 GFK verletzen. Dafür könnte sprechen, dass die australischen Behörden die Asylsuchenden nicht von Bord gehen ließen und den Kapitän der Tampa sogar aufforderten, die Personen nach Indonesien zu bringen.[1000] Dadurch müssten die auf der Tampa befindlichen Flüchtlinge über die Grenzen von Gebieten aus- oder zurückgewiesen worden sein, in denen ihr Leben oder ihre Freiheit wegen ihrer Rasse, Religion, Staatsangehörigkeit, ihrer Zugehörigkeit zu einer bestimmten sozialen Gruppe oder wegen ihrer politischen Überzeugung bedroht wurde. Dies könnte bezweifelt werden, da die Flüchtlinge durch das untersagte Anlanden und Ausschiffen weder unmittelbar in einen Verfolgerstaat zurückgewiesen noch einer konkreten Verfolgungsgefahr ausgesetzt wurden. In der bloßen Zugangshinderung zum australischen Asylsystem liegt keine positive Zurückweisung unmittelbar in einen Verfolgerstaat, in dem das Leben der Flüchtlinge bedroht wird. Fraglich ist daher, ob allein die Verhinderung des Betretens australischen Bodens zum Ausschluss des Zugangs zum australischen Asylsystem das Zurückweisungsverbot, konkret seine verfahrensrechtliche Komponente, verletzt oder diese Auslegung zu weitgehend wäre.

Auch das weite Verständnis des Refoulement-Verbots von *Lauterpacht* und *Bethlehem*, wonach alle Formen der Zurückweisung einschließlich der Nichtzulassung an der Grenze untersagt sind, erfordert, dass Asylsuchende und Flüchtlinge dadurch der Verfolgungsgefahr wegen einer der in der GFK genannten Gründe, der Gefahr von Folter, grausamer, unmenschlicher oder erniedrigender Behandlung oder Bestrafung oder der Bedrohung des Lebens, der körperlichen Unversehrtheit oder der Freiheit ausgesetzt werden.[1001] Australien hat

998 *Goodwin-Gill*, The Admission of Refugees in Plender, Issues in International Migration Law, S. 111 (117).

999 *Cherubini*, Asylum Law in the European Union, S. 49; a.A. *Maaßen*, Die Rechtsstellung des Asylbewerbers im Völkerrecht, S. 79.

1000 *Magner*, A Less than ‚Pacific‘ Solution for Asylum Seekers in Australia, IJRL 16 (2004), 53 (54).

1001 *Lauterpacht/Bethlehem*, The scope and content of the principle of *non-refoulement* in Feller/Türk/Nicholson, Refugee Protection in International Law, S. 87 (128).

die Asylsuchenden durch die Verweigerung einer vorübergehenden Aufnahme und der Antragsstellung nicht gleichsam in den Verfolgerstaat zurückgewiesen.[1002] *Magner* verweist auf das von Australien zugrunde gelegte Verständnis des Non-Refoulement-Gebots, wonach ein Asyl gewährender Staat Flüchtlinge an einen Ort verbringen darf, an dem weder das Leben noch ihre Freiheit gefährdet wird.[1003] Dabei lässt *Magner* eine klare eigene Positionierung hinsichtlich der Verletzung des Non-Refoulement-Gebots durch die Verweigerung des Anlandens und Ausschiffens der Tampa vermissen und stützt sich bei der angenommenen Völkerrechtsverletzung durch die erste untersuchte Maßnahme auf andere Rechtsinstitute (vor allem Praxis der Ausschiffung im nächstmöglichen Hafen (unter 3. e).[1004] Zur Verletzung der Nichtzurückweisungspflicht stellt *Magner* fest:

> „This obligation, which applies to any situation whatsoever, appears to trump an international law right to refuse disembarkation.“[1005]

*Fonteyne* geht davon aus, dass die Verhinderung des Anlandens und Ausschiffens der Tampa eine Verletzung des Non-Refoulement-Gebots bedeutet, weil die Verhinderung des Gelangens in Hoheitsgewässer und des Anlandens mit der Zurückweisung an der Grenze gleichzusetzen sind.[1006] Diese Ansicht überzeugt insoweit, als das untersagte Aussteigen der Passagiere gerade der Zugangsvereitelung zum australischen Asylsystem dient und damit die Maßnahme einer vom Refoulement-Verbot erfassten Zurückweisung an der Grenze gleichstehen könnte. *Fonteyne* argumentiert, dass die Tampa nach Aufnahme der geretteten Personen wegen Überschreitung der zulässigen Personenzahl selbst in Not geraten und Australien daher nach Seerecht zur Hilfeleistung und zum Einfahrenlassen des Schiffes in den nächstgelegenen Hafen verpflichtet war.[1007] Dies trifft in

---

1002 Vgl. *Goodwin-Gill/McAdam*, The Refugee in International Law, S. 233.

1003 *Magner*, A Less than ‚Pacific‘ Solution for Asylum Seekers in Australia, IJRL 16 (2004), 53 (64) m.w.N.

1004 *Magner*, A Less than ‚Pacific‘ Solution for Asylum Seekers in Australia, IJRL 16 (2004), 53 (78).

1005 *Magner*, A Less than ‚Pacific‘ Solution for Asylum Seekers in Australia, IJRL 16 (2004), 53 (78) u.H.a. *Fonteyne*, Asylum Seekers Afloat in Uncertainty, Canberra Times, 30. Aug. 2001.

1006 *Fonteyne*, ‚Illegal refugees‘ or illegal policy? in: Maley/Dupont/Fonteyne u.a., Refugees and the Myth of the Borderless World, S. 16 (18).

1007 *Fonteyne*, ‚Illegal refugees‘ or illegal policy? in: Maley/Dupont/Fonteyne u.a., Refugees and the Myth of the Borderless World, S. 16 (18).

der Sache zu, jedoch ist die seerechtliche Rettungspflicht keine bei Art. 33 GFK zu thematisierende Frage (unter 3.).

Schließlich bejaht *Fonteyne* eine Verpflichtung Australiens nach der GFK, sobald sich die Tampa in australischen Hoheitsgewässern befand, unabhängig von der Frage der Legalität des Einfahrens, die Asylsuchenden Schutzanträge stellen zu lassen und Asylverfahren durchzuführen.[1008] Er argumentiert mit der Verfahrenskomponente des Refoulemet-Verbots, wonach Australien den Zugang zum Prüfungsverfahren der Flüchtlingseigenschaft gegenüber Bootsflüchtlingen zu gewährleisten hat, jedenfalls bis feststeht, dass sich kein Flüchtling im Sinne der GFK an Bord befindet.[1009] Da an Bord der Tampa Afghanen wie auch Iraker waren, kann nach allgemeiner Lebenserfahrung nicht ausgeschlossen werden, dass sich unter den Passagieren Flüchtlinge nach der GFK befanden.[1010]

Diese Argumentation folgt aus der verfahrensrechtlichen Dimension des Refoulement-Verbots (zuvor unter c).[1011] Nach Ansicht des UNHCR umfasst das auch an der Grenze geltende Zurückweisungsverbot in seiner verfahrensrechtlichen Dimension den Zugang zum Asylsystem für Schutzsuchende, da sonst der zentrale Grundsatz der GFK ins Leere liefe.[1012]

Ein „indirektes Zugangsrecht“ zum eigenen Staatsgebiet infolge Ausübung von Hoheitsgewalt über Bootsflüchtlinge auf Hoher See durch einen Staat hat auch *Markard* bei der Analyse des Refoulement-Verbots an den Seeaußengrenzen der EU im Rahmen der europäischen Migrationskontrolle bejaht.[1013] Mangels Gewährleistung elementarer Verfahrensgarantien für die Prüfung des

---

1008 *Fonteyne*, ‚Illegal refugees‘ or illegal policy? in: Maley/Dupont/Fonteyne u.a., Refugees and the Myth of the Borderless World, S. 16 (18).

1009 *Fonteyne*, ‚Illegal refugees‘ or illegal policy? in Maley/Dupont/Fonteyne u.a., Refugees and the Myth of the Borderless World, S. 16 (18); *Magner*, A Less than ‚Pacific‘ Solution for Asylum Seekers in Australia, IJRL 16 (2004), 53 (65) m.w.N.

1010 *Mason*, Sea Change, S. 30 m.w.N.; BBC News, Australia‘s Pacific Solution v. 26.09.2002, *Magner*, A Less than ‚Pacific‘ Solution for Asylum Seekers in Australia, IJRL 16 (2004), 53 (66) u.H.a. die Anerkennungsquoten des UNHCR für Afghanen, Iraker und Iraner.

1011 So EXCOM Conclusion No. 85 (XLIX), 1998, Conclusions on International Protection, lit. q); auch *Marx*, HB zum Flüchtlingsschutz, § 52 Rn. 12.

1012 Im Ergebnis auch *Fonteyne*, ‚Illegal refugees‘ or illegal policy? in: Maley/Dupont/Fonteyne u.a., Refugees and the Myth of the Borderless World, S. 16 (18); *Cherubini*, Asylum Law in the European Union, S. 49.

1013 *Markard*, Das Recht auf Ausreise zur See, AVR 52 (2014), 449 (452 ff.); *Lehnert/Markard*, Mittelmeerroulette – Das Hirsi-Urteil des EGMR und die europäische Grenzschutzpolitik auf See, ZAR 2012, 194 (196).

Flüchtlingsstatus an Bord eines Schiffes, wie auch bei der Tampa, und bei fehlender Verbringung in einen vor Verfolgung sicheren Staat, kann sich ein temporäres Aufnahmerecht in einen Staat zur Durchführung eines Asylverfahrens ergeben.[1014]

Obwohl Australien die Asylsuchenden nicht unmittelbar in einen Verfolgerstaat zurückgeführt hat und ein Refoulement-Verstoß durch das bloße Verweigern des Anlandens und Ausschiffen-Lassens der Flüchtlinge ausscheidet,[1015] könnte Australien im konkreten Fall eine temporäre Aufnahmepflicht zur Durchführung eines Asylverfahrens getroffen haben. Ein Staat, der trotz Ausübung von Hoheitsgewalt den Zugang zu seinem Gebiet verweigert ohne Alternative, wie etwa einen Transfer in einen sicheren Drittstaat zu bieten, kann Art. 33 Abs. 1 GFK verletzen. Dies gilt hier insoweit, als Australien das Ausschiffen der Tampa-Passagiere verweigerte, ohne dass feste Aufnahmezusagen von Drittstaaten (Nauru, Papua-Neuguinea und Neuseeland) bestanden. Auch *Kälin, Caroni* und *Heim* stellen fest,

> „While the principle does not oblige States to grant refugees asylum, it ensures that such persons must be allowed to stay, even if denied asylum, unless they can be sent to a third country where they are safe from persecution and from being returned to the country of persecution.“[1016]

Demzufolge war Australien zur vorübergehenden Aufnahme und zur Zugangsgewährung zum australischen Asylsystem gegenüber den Asylsuchenden an Bord der Tampa verpflichtet, jedenfalls bis entweder der Flüchtlingsstatus in einem Verfahren abgelehnt oder ein Transfer in einen sicheren Drittstaat gewährleistet worden wäre.

Weiterer Anknüpfungspunkt für die Verletzung des Non-Refoulement-Prinzip ist die Aufforderung australischer Behörden, dass die Tampa die Asylsuchenden nach Indonesien zurückbringen solle, obgleich Indonesien weder ein Unterzeichnerstaat der GFK ist noch entsprechende Flüchtlingsgarantien

---

1014 *Markard*, Das Recht auf Ausreise zur See, AVR 52 (2014), 449 (453 f.); *Hofmann/Löhr* in Zimmermann, The 1951 Convention Relating to the Status of Refugees and its 1967 Protocol, Art. 33 Rn. 53 ff.; *Fischer-Lescano/Löhr/Tohidipur*, Border Controls at Sea: Requirements under International Human Rights and Refugee Law, IJRL 21 (2009), 256 (287).

1015 Etwa *Bostock*, The International Legal Obligations owed to the Asylum Seekers on the MV Tampa, IJRL 14 (2002), 279 (288).

1016 *Kälin/Caroni/Heim* in Zimmermann, The 1951 Convention Relating to the Status of Refugees and its 1967 Protocol, Art. 33 Rn. 2.

gewährleistet, womit auch eine Kettenabschiebung in den Verfolgerstaat nicht auszuschließen war.[1017]

Soweit eine Verletzung des Nichtzurückweisungsgebots durch die untersuchte Maßnahme mit der Begründung ablehnt wird, dass die Flüchtlinge nirgendwohin, erst recht nicht in einen Verfolgerstaat zurückgewiesen wurden, ist ein Verstoß gegen das Non-Refoulement-Gebot innerhalb der unter II. zu beantwortende Frage zu klären, ob die Verbringung nach Nauru und Papua-Neuguinea entweder die Flüchtlinge bereits unmittelbar an Leben oder Freiheit gefährdet oder die Gefahr einer Kettenabschiebung in einen Verfolgerstaat begründet.

## *2. Verletzung des Rechts, Asyl zu suchen und zu genießen*

Indem die australischen Behörden den auf der Tampa befindlichen Flüchtlingen untersagten, australisches Land zu betreten und Asylanträge zu stellen, könnte das Recht des Art. 14 Abs. 1 AEMR, Asyl zu suchen und zu genießen, verletzt sein. Fraglich ist, ob ein solches subjektives Recht im Völkerrecht besteht, und falls dies bejaht wird, ob das Recht durch die Zugangsverhinderung zum nationalen Asylverfahren verletzt wurde oder ob die Durchführung überhaupt eines Asylverfahrens auch in einem Drittstaat, hier in Nauru oder Papua-Neuguinea, genügt.

Gemäß Art. 14 Abs. 1 AEMR hat jeder Mensch das Recht, in anderen Ländern vor Verfolgung Asyl zu suchen und zu genießen.[1018] Nach Art. 13 Abs. 2 AEMR hat jeder das Recht, jedes Land, einschließlich dasjenige seiner Staatsangehörigkeit zu verlassen sowie das Recht, in sein Land zurückzukehren.[1019] Jedoch wurde die von der UN am 10. Dezember 1948 beschlossene AEMR nie Gegenstand eines völkerrechtlichen Vertrages und vermag daher keine unmittelbare rechtliche Geltung zu beanspruchen.[1020] Teilweise wird zwar vertreten, dass sich die Inhalte der AEMR zu Völkergewohnheitsrecht weiterentwickelt haben, allerdings bestehen Zweifel, dass die zwei Voraussetzungen für das Entstehen

1017 *Bostock*, The International Legal Obligations owed to the Asylum Seekers on the MV Tampa, IJRL 14 (2002), 279 (290 f.).

1018 Res. 217 A (III) UN-Generalversammlung; vgl. *Haun*, The Externalisation of Asylum Procedures, S. 75.

1019 Vgl. Res. 217 A (III) UN-Generalversammlung.

1020 *Magner*, A Less than ‚Pacific‘ Solution for Asylum Seekers in Australia, IJRL 16 (2004), 53 (64).

von Völkergewohnheitsrecht in Form der Staatenpraxis (*consuetudo*) und der Rechtsüberzeugung (*opinio iuris*) im Hinblick auf die AEMR als Ganzes gegeben sind.[1021] Nach überzeugender Auffassung – wie etwa nach *Herdegen* – kommt einzelnen Rechten der AEMR gewohnheitsrechtlicher Charakter zu, nicht aber der AEMR in ihrer Gesamtheit.[1022] Zu den gewohnheitsrechtlich anerkannten Rechten gehören das Verbot der Folter, Sklaverei und Rassendiskriminierung, hingegen nicht das Recht, Asyl zu suchen und zu genießen nach Art. 14 AEMR.[1023] Die Frage der Rechtsverbindlichkeit von Art. 14 AEMR kann jedoch dahin stehen, soweit die Regelung kein Asylrecht beinhaltet. In der Tat begründet Art. 14 AEMR kein Recht eines Individuums auf Erhalt von Asyl, denn wie *Randelzhofer* zutreffend formuliert Asyl „suchen und genießen bedeutet nicht erhalten“.[1024] Dem Einzelnen steht kein subjektives Recht zu, in einem anderen als dem eigenen Staat, aufgenommen zu werden.[1025] Mithin kann die Frage der Rechtsverbindlichkeit von Art. 14 AEMR infolge Völkergewohnheitsrecht dahinstehen.

Gleiches gilt für die weiteren unter II. bis IV. zu prüfenden Maßnahmen australischer Behörden im Rahmen der „Pazifischen Lösung“, weil zwar jeweils ein Verstoß gegen Art. 14 AEMR denkbar ist, dies aber mangels Rechtsverbindlichkeit der AEMR keine Rechtsfolgen zeitigt und daher in der weiteren Untersuchung nicht mehr thematisiert wird.

### 3. *Verstoß gegen Seerecht*

Die Verweigerung, die auf der Tampa befindlichen Asylsuchenden im australischen Hafen der Weihnachtsinsel von Bord gehen und Asylanträge stellen zu lassen, könnte internationalem Seerecht widersprechen. Vorab werden die maritimen Teile des Staatsgebiets sowie wichtige Grundsätze des Seerechts kurz dargestellt.

---

1021 *Kau* in Vitzthum/Proelß, Völkerrecht, 3. Abschn. Rn. 235; *Herdegen*, Völkerrecht § 47 Rn. 3; § 16 Rn. 1.

1022 *Hobe*, Einführung in das Völkerrecht, Ziff. 11.3.1.2; *Herdegen*, Völkerrecht, § 47 Rn. 3.

1023 *Herdegen*, Völkerrecht, § 47 Rn. 3; *Kau* in Vitzthum/Proelß, Völkerrecht, 3. Abschn. Rn. 235.

1024 *Randelzhofer* in *Stern*, Zeitgemäßes Zuwanderungs- und Asylrecht – ein Problem der Industriestaaten, S. 19 (21).

1025 *Bostock*, The International Legal Obligations owed to the Asylum Seekers on the MV Tampa, IJRL 14 (2002), 279 (283).

### *a) Maritime Teile des Staatsgebiets*

Maßgeblich für das maritime Staatsgebiet ist das UN-Seerechtsübereinkommen[1026] (im Folgenden SRÜ) von 1982.

Das maritime Staatsgebiet setzt sich zusammen aus den *inneren Gewässern*[1027], den *Archipelgewässern*[1028] und dem *Küstenmeer*[1029] und ist der Gebietshoheit des Küstenstaates unterworfen.[1030] Gemäß Art. 2 Abs. 1 SRÜ erstreckt sich die Souveränität eines Küstenstaates jenseits seines Landgebiets und seiner inneren Gewässer auf einen maximal zwölf Seemeilen breiten,[1031] angrenzenden Meeresstreifen, der als Küstenmeer bezeichnet wird. Dabei nehmen die Hoheitsbefugnisse eines Küstenstaates mit der Entfernung von der Küste ab.[1032] Durch das Küstenmeer eines Staates genießen Schiffe aller Staaten, vorbehaltlich der Regelungen des SRÜ, das Recht der friedlichen Durchfahrt (Art. 17 SRÜ).[1033]

Seewärts schließen sich die Anschlusszone, die ausschließliche Wirtschaftszone und der Festlandsockel[1034] an, die kein Staatsgebiet sind und in denen der Küstenstaat nur eine Nutzungshoheit hat.[1035] Hieran schließen die Nichtstaatsgebiete der Hohen See und des Meeresbodens und -untergrunds an, in denen kein Staat über Hoheitsbefugnisse verfügt.[1036] Gemäß Art. 87 Abs. 1 Satz 1 SRÜ steht die Hohe See allen Staaten, ob Küsten- oder Binnenstaat, offen und ist mithin der Staatengemeinschaft zugeordnet.

---

1026 Seerechtsübereinkommens der UN v. 10.12.1982; BGBl. 1994 II S. 1799; die Bundesrepublik Deutschland ist seit 1994 Vertragsstaat. Das SRÜ hat wesentliche Inhalte der vier Genfer Seerechtsübereinkommen von 1958 inkorporiert, *Proelß* in *Vitzhthum/Proelß*, Völkerrecht, 5. Abschn. I. Rn. 37 f.

1027 Art. 8 Abs. 1 SRÜ; *Proelß* in Vitzthum/Proelß, Völkerrecht, 5. Abschn. I. Rn. 38 ff.

1028 Art. 49 Abs. 1 SRÜ. Im Unterschied zu den inneren Gewässern gilt in Archipelgewässern nach Art. 52 SRÜ das Recht der friedlichen Durchfahrt, vgl. *Proelß* in Vitzthum/Proelß, Völkerrecht, 5. Abschn. I. Rn. 41 f.

1029 *Proelß* in Vitzthum/Proelß, Völkerrecht, 5. Abschn. I. Rn. 45 ff.

1030 *Proelß* in Vitzthum/Proelß, Völkerrecht, 5. Abschn. I. Rn. 36.

1031 Vgl. Art. 3 SRÜ. Zu Meerengen siehe *Proelß* in *Vitzhthum/Proelß*, Völkerrecht, 5. Abschn. I. Rn. 49.

1032 *Proelß* in Vitzthum/Proelß, Völkerrecht, 5. Abschn. I. Rn. 43.

1033 Zu den Voraussetzungen siehe Art. 19 SRÜ, bei nichtfriedlicher Durchfahrt gilt Art. 25 SRÜ.

1034 Zum Begriffsdefinition siehe Art. 76 SRÜ.

1035 *Proelß* in Vitzthum/Proelß, Völkerrecht, 5. Abschn. I. Rn. 36.

1036 *Proelß* in Vitzthum/Proelß, Völkerrecht, 5. Abschn. I. Rn. 36 m.H.a. Art. 1 Abs. 1 SRÜ.

### *b) Flaggenhoheit*

Schiffe besitzen die Staatsangehörigkeit des Staates, dessen Flagge zu führen sie berechtigt sind (Art. 91 Abs. 1 Satz 2 SRÜ). Nach Art. 92 Abs. 1 Satz 1 SRÜ gilt die Jurisdiktion des Flaggstaats:

> „Schiffe fahren unter Flagge eines einzigen Staates und unterstehen auf Hoher See seiner ausschließlichen Hoheitsgewalt, mit Ausnahme der besonderen Fälle, die ausdrücklich in internationalen Verträgen oder in diesem Übereinkommen vorgesehen sind.“

Die Flaggenhoheit erschwert teilweise die Verfolgung von Rechtsverstößen auf Hoher See, allerdings darf jeder Staat auf Hoher See nach Art. 110 SRÜ Maßnahmen ergreifen, wie etwa ein Schiff anhalten, wenn z.B. begründeter Verdacht besteht, dass das Schiff Seeräuberei oder Sklavenhandel betreibt oder keine Staatsangehörigkeit besitzt bzw. seine Flagge missbraucht.

### *c) Pflicht zur Seenotrettung*

Die Pflicht zur Rettung in Seenot geratener Menschen folgt neben Spezialabkommen wie dem Internationalen Übereinkommen zum Schutz des menschlichen Lebens auf See (SOLAS), vor allem aus Art. 98 SRÜ.[1037] Danach verpflichtet jeder Staat den Kapitän eines seine Flagge führenden Schiffes, soweit keine ernste Gefährdung des Schiffes, der Besatzung oder der Fahrgäste gegeben ist,

> „a) jeder Person, die auf See in Lebensgefahr angetroffen wird, Hilfe zu leisten;
> b) so schnell wie möglich Personen in Seenot zu Hilfe zu eilen, wenn er von ihrem Hilfsbedürfnis Kenntnis erhält, soweit diese Handlung vernünftigerweise von ihm erwartet werden kann;
> c) nach einem Zusammenstoß dem anderen Schiff, dessen Besatzung und dessen Fahrgästen Hilfe zu leisten und diesem Schiff nach Möglichkeit den Namen seines eigenen Schiffes, den Registerhafen und den nächsten Anlaufhafen mitzuteilen.“

Die Rettungspflicht von Schiffsbrüchigen gilt ausweislich des Wortlauts gegenüber „jeder Person“ unabhängig von ihrem Status, mithin auch für Asylsuchende.[1038] Infolgedessen war der Kapitän der Tampa, nachdem ihn der Hinweis der australischen Küstenwache zum in internationalen Hoheitsgewässern in

---

1037 Zu den verschiedenen Abkommen etwa *Markard*, Das Recht auf Ausreise zur See, AVR 52 (2014), 449 (477 ff.); *Beushausen*, Völkerrechtliche Pflichten und Rechte von (EU-)Küstenstaaten gegenüber Migranten auf See, ZAR 2010, 45 (46).

1038 *Von Brevern/Bopp*, Seenotrettung von Flüchtlingen, ZaöRV 62 (2002), 841 (842) m.w.N..

Seenot geratenen Flüchtlingsboot erreicht hatte, zur Rettung der auf dem seeuntüchtigen Boot befindlichen Asylsuchenden verpflichtet.

### d) *Verantwortlichkeit für die Geretteten*

Teilweise ungeklärt ist die Frage der Verantwortlichkeit für die geretteten Personen; das Völkerrecht lässt diese Frage offen.[1039] Weder enthält die GFK hierzu Regelungen noch das SRÜ. Auch der die Pflicht zur Seenotrettung normierende Art. 98 SRÜ trifft keine Aussage über das weitere Schicksal geretteter Flüchtlinge und die Frage staatlicher Verantwortlichkeit, insbesondere nach der Verbringung an einen sicheren Ort.[1040] *Von Brevern* und *Bopp* stellen fest, dass offen ist, ob und mit welchem Inhalt ein Recht auf Ausschiffung, d.h. von Bord und an Land gehen, der Geretteten besteht.[1041] Lange bestand kein Regelungsbedürfnis, da vor allem die Schiffsbesatzung aus Seenot gerettet und regelmäßig am nächsten Anlaufhafen des rettenden Schiffes abgesetzt wurde, von wo aus sie in ihre Heimatstaaten gelangte.[1042] Bei Flüchtlingen bzw. Asylsuchenden bereitet die Rückkehr in die Heimatländer naturgemäß Schwierigkeiten, aus rechtlicher Sicht durch das Refoulement-Verbot, aus tatsächlicher Sicht etwa durch die Verweigerung der Rücknahme durch die Herkunftsländer, oder aufgrund der weiter bestehenden Gefahrenlage.

### e) *Praxis des Ausschiffens im nächstmöglichen Anlaufhafen*

Australien könnte infolge der völkergewohnheitsrechtlich anerkannten und bisherigen Praxis des Ausschiffens im nächstgelegenen Anlaufhafen (*disembarkation at the next convenient port of call*) zum Einlaufen- und Ausschiffen-Lassen der Tampa verpflichtet gewesen sein.[1043] Zu klären ist, ob hiervon auch die Stellung von Asylanträgen umfasst ist.[1044] Zutreffend weisen v*on Brevern* und *Bopp*

---

1039 *Fonteyne*, ‚Illegal refugees‘ or illegal policy? in: Maley/Dupont/Fonteyne u.a., Refugees and the Myth of the Borderless World, S. 16 (17); *Goodwin-Gill/McAdam*, The Refugee in International Law, S. 278.

1040 Zum Ganzen siehe auch *Markard*, Das Recht auf Ausreise zur See, AVR 52 (2014), 449 (477 ff.); *Beushausen*, Völkerrechtliche Pflichten und Rechte von (EU-)Küstenstaaten gegenüber Migranten auf See, ZAR 2010, 45 (46).

1041 *Von Brevern/Bopp*, Seenotrettung von Flüchtlingen, ZaöRV 62 (2002), 841 (842).

1042 *Von Brevern/Bopp*, Seenotrettung von Flüchtlingen, ZaöRV 62 (2002), 841 (842) m.w.N.

1043 Zum Abfahrtsstaat als sicherer Ort im Seenotrettungsrecht siehe *Markard*, Das Recht auf Ausreise zur See, AVR 52 (2014), 449 (477 f.).

1044 *Fonteyne*, ‚Illegal refugees‘ or illegal policy? in: Maley/Dupont/Fonteyne u.a., Refugees and the Myth of the Borderless World, S. 16 (17).

daraufhin, dass zwischen der Ausschiffung einerseits und der Aufnahmeverpflichtung eines Staates andererseits strikt zu trennen ist, obgleich

> „faktisch […] diese beiden Gesichtspunkte zumindest für den Hafenstaat zunächst verknüpft [sind,]“[1045]

wie nicht zuletzt die Non-Refoulement-Verpflichtung zeigt.

Erforderlich für die Entstehung von Völkergewohnheitsrecht ist, wie erwähnt, die Staatenpraxis (*consuetudo*) und die entsprechende Rechtsüberzeugung (*opinio iuris*).[1046]

### aa) Staatenpraxis

Das in objektiver Hinsicht erforderliche, sich wiederholende Verhalten eines Staates liegt in Gestalt der sog. *next port of call*-Regelung sowohl in der internationalen Staatenpraxis als auch in Australien vor. Danach sind Hafenstaaten dazu verpflichtet, eine Ausschiffung aus Seenot geretteter Personen in ihrem Hafen zu dulden, wenn dieser der nächste reguläre Anlaufhafen des rettenden Schiffes ist.[1047] *Von Brevern* und *Bopp* sehen die Duldungspflicht in den die Rettungspflicht von Kapitänen und Staaten begründenden Vorschriften impliziert, jedenfalls aber durch Staatenpraxis begründet.[1048]

Zwar wurde der *next port of call*-Regelung von einigen Staaten entgegengehalten, dass der Flaggenstaat des rettenden Schiffes für die geretteten Personen verantwortlich sei und diesen ein Asylverfahren sowie ggf. Asyl zu gewähren habe.[1049] Dabei ist der Flaggenstaat als Mitglied der internationalen Gemeinschaft wie jeder andere Staat völkerrechtlich verpflichtet. Zutreffend weisen *von Brevern* und *Bopp* daraufhin, dass die alleinige Verantwortlichkeit des Flaggenstaates im Widerspruch zum Prinzip des gerechten Lastenausgleichs zwischen den Staaten stehen würde und zu praktischen Schwierigkeiten, etwa bei großer Entfernung zwischen Flaggenstaat und Rettungsort, sowie zu einer geringen

---

1045 *Von Brevern/Bopp*, Seenotrettung von Flüchtlingen, ZaöRV 62 (2002), 841 (842 f.) m.w.N.

1046 *Hobe*, Einführung in das Völkerrecht, Ziff. 4.4.1.

1047 *Von Brevern/Bopp*, Seenotrettung von Flüchtlingen, ZaöRV 62 (2002), 841 (843).

1048 *Von Brevern/Bopp*, Seenotrettung von Flüchtlingen, ZaöRV 62 (2002), 841 (842); siehe auch *von Gadow-Stephani*, Der Zugang zu Nothäfen und sonstigen Notliegeplätzen für Schiffe in Seenot, S. 328 ff.

1049 *Von Brevern/Bopp*, Seenotrettung von Flüchtlingen, ZaöRV 62 (2002), 841 (843) m.w.N.

Rettungsbereitschaft führen könnte.[1050] Damit bleibt es im Einklang mit dem UNHCR sowie *von Brevern* und *Bopp* bei dem allgemein akzeptierten Prinzip der Ausschiffung im nächsten regulären Anlaufhafen.[1051] Dies steht im Einklang mit *von Gadow-Stephani*, wonach für die Behandlung von in Seenot geratenen Schiffen, die Einlass in einen ausländischen Hafen oder sonstigen Notliegeplatz begehren, eine weitgehend einheitliche Staatenpraxis bis zum Beginn des 21. Jahrhunderts nachweisbar ist.[1052] Seitdem sind einzelne Zugangsverweigerungen durch Küstenstaaten zu verzeichnen, die abhängig von der konkreten Situation einen Verstoß gegen das historische Nothafenrecht darstellen oder aufgrund des Notwendigkeits-Aspekts im Rahmen einer Interessensabwägung bei Gefährdung der Sicherheit und Ordnung des Hafenstaats ohne dass Menschenleben an Bord gefährdet sind, gerechtfertigt sein können.[1053]

Uneinheitlich ist die Staatenpraxis im Hinblick auf die von *von Brevern* und *Bopp* zu Recht abgelehnte Bedingung einer Wiederansiedlungsgarantie in einem Drittstaat für die Ausschiffung, weil dies dem Ziel der humanitären Rettung widerspricht, nicht zuletzt, da die Rettung der Schiffsbrüchigen schnell und ohne unnötige Verzögerung erfolgen soll.[1054]

#### bb) Opinio Iuris

Des Weiteren müsste die subjektive Rechtsüberzeugung zur Duldungspflicht des Ausschiffens am nächsten Anlaufhafen, hier in Australien, vorliegen. In mehreren Beschlüssen[1055] des UNHCR-Exekutivkomitees wurde die Situation

---

1050 *Von Brevern/Bopp*, Seenotrettung von Flüchtlingen, ZaöRV 62 (2002), 841 (843 f.) m.w.N.; *Fonteyne*, ‚Illegal refugees‘ or illegal policy? in: Maley/Dupont/Fonteyne u.a., Refugees and the Myth of the Borderless World, S. 16 (17).

1051 UN Doc. UNHCR/EC/SCP/24 Rn. 3; *von Brevern/Bopp*, Seenotrettung von Flüchtlingen, ZaöRV 62 (2002), 841 (844).

1052 Vgl. hierzu etwa *von Gadow-Stephani*, Der Zugang zu Nothäfen und sonstigen Notliegeplätzen für Schiffe in Seenot, S. 328 ff.

1053 *Von Gadow-Stephani*, Der Zugang zu Nothäfen und sonstigen Notliegeplätzen für Schiffe in Seenot, S. 328.

1054 *Von Brevern/Bopp*, Seenotrettung von Flüchtlingen, ZaöRV 62 (2002), 841 (844).

1055 Hierzu EXCOM Conclusion No. 20 (XXXI), 1980, Protection of Asylum-Seekers at Sea; EXCOM Conclusion No. 23 (XXXII), 1981, Problems Related to the Rescue of Asylum-Seekers in Distress at Sea; EXCOM Conclusion No. 26 (XXXIII),1982, Resport of the Working Group on Problems related to the Rescue of Asylum-Seekers in Distress at Sea; EXCOM Conclusion No. 31 (XXXIV), 1983, Rescue of Asylum-Seekers in Distress at Sea; EXCOM Conclusion No. 38 (XXXVI), 1985, Rescue of Asylum-Seekers in Distress at Sea.

in Seenot geratener Asylsuchender thematisiert und etwa im Beschluss Nr. 23 Ziff. 3 wie folgt dazu ausgeführt:

> „In accordance with established international practice, supported by the relevant international instruments, persons rescued at sea should normally be disembarked at the next port of call. This practice should also be applied in the case of asylum seekers rescued at sea.“[1056]

Zwar binden die Beschlüsse des UNHCR-Exekutivkomitees die Staaten nicht unmittelbar, entfalten aber gewisse Indizwirkung für die opinio iuris.[1057] Mit *von Gadow-Stephani* ist anzunehmen, dass sich eine verfestigte staatliche Rechtsüberzeugung eines gewohnheitsrechtlichen Nothafenrechts für in Seenot geratene Schiffe herausgebildet hat.[1058]

*Magner* weist, wenn auch für die Frage des völkergewohnheitsrechtlichen Charakters nicht maßgeblich (da es auf die Staatenpraxis relevanter seefahrenden Nationen und nicht nur Australiens ankommt), darauf hin, dass Australien Mitglied des UNHCR-Exekutivkomitees ist, an den Beschlüssen mitgewirkt und die Praxis, den *boat people* den Zugang auf ein Asylverfahren zu gewähren, jahrzehntelange selbst ausgeübt hat.[1059]

Der damalige Premierminister Howard hat im Rahmen der causa Tampa die grundsätzliche Verpflichtung nach der *next port of call*-Regelung wie nachfolgend anerkannt:

> „ Well, what we've done with this Norwegian vessel is against the background of the particular circumstances. Under international law, this vessel, having picked up some 400 to 500 souls from a becalmed or perhaps sinking vessel, had an obligation to take those people to the nearest port of possible disembarkation, and that was an Indonesian port, and we've taken the view, after taking a lot of advice, that it is not appropriate to allow that vessel to enter Australian waters, that it will not be given permission to land either at Christmas Island or somewhere else in Australia. [.]“[1060]

---

1056 EXCOM Conclusion No. 23 (XXXII), 1981, Problems Related to the Rescue of Asylum-Seekers in Distress at Sea, Ziff. 3; Die *next port of call*-Regelung wurde im Jahr 1982 von einer UN-Arbeitsgruppe bestätigt; UNHCR, Preliminary Report on Suggestions Retained by the Working Group of Government Representatives on the Question of Rescue of Asylum-Seekers at Sea v. 1.10.1982 – EC/SCP/24, Ziff. 3.

1057 *Klein/Schmahl* in Vitzhthum/Proelß, Völkerrecht, 4. Abschn.I. Rn. 138 f.

1058 *Von Gadow-Stephani*, Der Zugang zu Nothäfen und sonstigen Notliegeplätzen für Schiffe in Seenot, S. 329.

1059 *Magner*, A Less than ‚Pacific‘ Solution for Asylum Seekers in Australia, IJRL 16 (2004), 53 (70) m.w.N.

1060 Transcripts from the Prime Minister of Australia, Television Interview with Fran Kelly, Report, 27 August 2001. Entgegen dieser Ausführung ist der nächstgelegene

Eine völkergewohnheitsrechtliche Pflicht zur Ausschiffung im nächsten Anlaufhafen bestand.[1061]

### cc) Ausschiffen und vorübergehende Aufnahme im nächstmöglichen Anlaufhafen

Fraglich ist indes, wie es sich auswirkt, dass der von der Tampa angelaufene Hafen der Weihnachtsinsel nicht der nächste regulär vorgesehene Anlaufhafen – dies war in Singapur[1062] – sondern vielmehr der nächstgelegene Hafen war. Zu klären ist, ob das *next port of call*-Prinzip Ausnahmen in Form einer *next convenient port of call*-Regelung zulässt, um die geretteten Personen möglichst schnell wenigstens vorübergehend in Sicherheit zu bringen.

*Von Brevern* und *Bopp* verweisen diesbezüglich auf die Position des UNHCR, wonach das Ausschiffen von Asylsuchenden in einem anderen als dem nächsten geplanten Anlaufhafen grundsätzlich nicht von der Staatenpraxis umfasst ist.[1063] Grund hierfür ist nach dem UNCHR, dass bei Zubilligung einer freien Hafenwahl diejenigen Staaten, die großzügigere Regelungen für Asylsuchende haben, besonders belastet würden.[1064]

Andererseits müssen im Einzelfall Ausnahmen möglich sein, wie bereits der Wortlaut „normally“, der sich auf den Regelfall bezieht, erkennen lässt. Dies gilt vor allem dann, wenn das rettende Schiff selbst seeuntüchtig wird und daher eine Weiterfahrt bis zum nächsten regulären Anlaufhafen unmöglich ist.[1065] Das

---

Hafen für ein 75 Seemeilen (ca. 140 km) von der Weihnachtsinsel in Seenot geratenes Boot der Hafen der Weihnachtsinsel und kein indonesischer Hafen, weil Indonesiens nächstgelegene südliche Küste (Jakarta), mindestens 200 km und damit weiter entfernt ist.

1061 *Magner* lässt offen, ob die Praxis zu bindendem Völkergewohnheitsrecht wurde, nimmt aber im Ergebnis einen Bruch der bisherigen Staatenpraxis Australiens an; dazu *Magner*, A Less than ‚Pacific‘ Solution for Asylum Seekers in Australia, IJRL 16 (2004), 53 (71); Zum Anspruch auf Zugang bei Notstands-Seenot siehe *von Gadow-Stephani*, Der Zugang zu Nothäfen und sonstigen Notliegeplätzen für Schiffe in Seenot, S. 330.

1062 *Von Brevern/Bopp*, Seenotrettung von Flüchtlingen, ZaöRV 62 (2002), 841 (845); *Magner*, A Less than ‚Pacific‘ Solution for Asylum Seekers in Australia, IJRL 16 (2004), 53 (53).

1063 *Von Brevern/Bopp*, Seenotrettung von Flüchtlingen, ZaöRV 62 (2002), 841 (844).

1064 *Von Brevern/Bopp*, Seenotrettung von Flüchtlingen, ZaöRV 62 (2002), 841 (844 f.).UNHCR, Report on the Meeting of the Working Group of Government Representatives on the Question of Rescue of Asylum-Seekers at Sea held in Geneva, UN Doc. UNHCR/EC/SCP/21 Rn. 15.

1065 *Von Brevern/Bopp*, Seenotrettung von Flüchtlingen, ZaöRV 62 (2002), 841 (845).

folgt bereits aus der allgemeinen völkerrechtlichen Rettungspflicht gegenüber in Seenot geratener Schiffe (Art. 98 SRÜ). Gerade dies war bei dem zu untersuchenden Rettungsschiff der Tampa der Fall, das infolge fehlender medizinischer Betreuung und Nahrungsversorgung temporär und wegen der Überschreitung der zulässigen Personenzahl dauerhaft seeuntüchtig wurde, sodass die Weiterfahrt die an Bord befindlichen Personen gefährdet hätte.[1066] Daher bestand nach überzeugender Auffassung *von Brevern* und *Bopp* in der causa Tampa gemäß Art. 18 SRÜ das Recht, in die australischen Hoheitsgewässer, und nach Völkergewohnheitsrecht in den Hafen eines anderen Staates einzufahren.[1067] Ein besonderer Ausnahmefall (Vorliegen sog. *vital interests*), welcher der Einfahrt entgegengehalten werden konnte, war im Falle Australiens nicht gegeben, insbesondere bedeutete die Einfahrt der Tampa in australische Hoheitsgewässer keine erheblichen Nachteile besonderen Ausmaßes für Australien.[1068] Im Übrigen sind in Seenot in einen ausländischen Hafen eingelaufene Schiffe in gewissem Umfang von den aus der Territorialhoheit folgenden Befugnissen eines Küsten- oder Hafenstaates in gewissem Umfang befreit, weil sie nicht freiwillig „eingereist“ sind und daher keinen, allein auf die Einfahrt bezogenen, Maßnahmen ausgesetzt werden sollen.[1069]

Mithin erfolgten die Maßnahmen Australiens bezüglich der Tampa – die Aufforderung, die Territorialgewässer zu verlassen, die Untersagung, in den Hafen der Weihnachtsinsel zufahren und die Besetzung der Tampa – im Widerspruch zum Völkerrecht, sodass zu klären ist, ob das Recht zum Anlaufen eines Hafens das Recht auf Ausschiffung umfasst.[1070]

Dagegen spricht nach *von Brevern* und *Bopp*, dass das seeuntüchtige Schiff aus rechtlicher Sicht als nicht existent im Küstenstaat angesehen wird und nur die zur Wiederherstellung der Seetauglichkeit notwendigen Maßnahmen angezeigt sind.[1071] Da die Seeuntauglichkeit der Tampa auch aus der Überschreitung der zulässigen Maximalpersonenzahl herrührte, konnte die Wiederstellung der

1066 *Von Brevern/Bopp*, Seenotrettung von Flüchtlingen, ZaöRV 62 (2002), 841 (845).

1067 *Von Brevern/Bopp*, Seenotrettung von Flüchtlingen, ZaöRV 62 (2002), 841 (845) m.w.N. Zum Anspruch auf Zugang bei Notstands-Seenot siehe *von Gadow-Stephani*, Der Zugang zu Nothäfen und sonstigen Notliegeplätzen für Schiffe in Seenot, S. 330.

1068 *Von Brevern/Bopp*, Seenotrettung von Flüchtlingen, ZaöRV 62 (2002), 841 (845 f.).

1069 *Von Gadow-Stephani*, Der Zugang zu Nothäfen und sonstigen Notliegeplätzen für Schiffe in Seenot, S. 332 f.; *von Brevern/Bopp*, Seenotrettung von Flüchtlingen, ZaöRV 62 (2002), 841 (846 f.) m.w.N.

1070 *Von Brevern/Bopp*, Seenotrettung von Flüchtlingen, ZaöRV 62 (2002), 841 (847).

1071 *Von Brevern/Bopp*, Seenotrettung von Flüchtlingen, ZaöRV 62 (2002), 841 (847).

Seetauglichkeit jedoch nur durch die Ausschiffung der an Bord befindlichen Personen erfolgen.[1072] Im Übrigen weisen *von Brevern* und *Bopp* zu Recht auf die allgemeine Seerettungspflicht Australiens (vgl. Art. 98 Abs. 2 SRÜ) gegenüber Schiffsbrüchigen hin, die unabhängig von der Zuständigkeit eines Drittstaates am Einsatzort (hier Indonesien) oder dem Flaggenstaat des Rettungsschiffes (hier Norwegen) besteht und wonach jeder Staat bei Erhalt eines Notsignals zur Rettung im Rahmen seiner Möglichkeiten verpflichtet ist.[1073] Hätte Australien die Rettungsaktion selbst durchgeführt, wären die Geretteten ebenfalls nach Australien verbracht worden.[1074] Auch *Goodwin-Gill* und *McAdam* bejahen mit Blick auf die militärische Kontrolle Australiens während der Rettungsoperation und die innerhalb australischer Gewässer von vermutlichen Flüchtlingen gestellten Asylgesuche die Verantwortlichkeit Australiens im Hinblick auf die Tampa-Flüchtlinge.[1075]

Zusammenfassend missachtete Australien die anerkannte Ausnahme des Grundsatzes des nächsten regulären Anlaufhafens im Falle eines seeuntüchtig gewordenen Rettungsschiffes, weil ausnahmsweise der nächstmögliche Hafen anzulaufen ist (*disembarkation at the next convenient port of call*) und zwar auch zur Ausschiffung der Geretteten.[1076] Zwar besteht grundsätzlich kein Recht zur Ausschiffung im Hafen eines anderen Staates, anders jedoch, wenn dies die einzige Möglichkeit zur Beendigung der Seeuntüchtigkeit des Rettungsschiffs ist.[1077] In diesem Sinne bejaht auch der UNHCR bei einer Seenotrettung von Flüchtlingen die Pflicht der Küstenstaaten zur Ausschiffung und vorübergehenden Asylgewährung, auch im Falle eines Massenzustroms.[1078]

1072 *Von Brevern/Bopp*, Seenotrettung von Flüchtlingen, ZaöRV 62 (2002), 841 (847 f.).

1073 *Von Brevern/Bopp*, Seenotrettung von Flüchtlingen, ZaöRV 62 (2002), 841 (848 f.) m.w.N.

1074 *Von Brevern/Bopp*, Seenotrettung von Flüchtlingen, ZaöRV 62 (2002), 841 (848 f.) m.w.N.

1075 *Goodwin-Gill/McAdam*, The Refugee in International Law, S. 282.

1076 In diesem Sinn auch *von Brevern/Bopp*, Seenotrettung von Flüchtlingen, ZaöRV 62 (2002), 841 (849).

1077 *Von Brevern/Bopp*, Seenotrettung von Flüchtlingen, ZaöRV 62 (2002), 841 (850); zum Anspruch auf Zugang bei Notstands-Seenot siehe *von Gadow-Stephani*, Der Zugang zu Nothäfen und sonstigen Notliegeplätzen für Schiffe in Seenot, S. 330.

1078 *Von Brevern/Bopp*, Seenotrettung von Flüchtlingen, ZaöRV 62 (2002), 841 (843) m.w.N.

### 4. *Vereinbarkeit mit einem Recht auf freie Wahl des Aufnahmelandes*

Fraglich ist, ob die Maßnahmen der „Pazifischen Lösung“ – die Ablehnung in Australien anzulanden und die Verbringung der Asylsuchenden in offshore-Asyllager gegen ihren Willen – ihr Recht auf freie Wahl des Aufnahmelandes verletzt.[1079] Zunächst ist die Frage zu klären, inwieweit Flüchtlingen ein Wahlrecht auf das Aufnahmeland zukommt, und falls dies bejaht wird, ob eine Verletzung dieses Rechts durch die australischen Regelungen vorliegt.[1080] Die Frage, ob Flüchtlingen ein Wahlrecht für das Aufnahmeland zukommt, ist in Theorie und Praxis umstritten.[1081] Zwar plädieren Flüchtlingsvertreter teilweise für ein unbeschränktes Wahlrecht, die Staaten lehnen jedoch jede Form eines Wahlrechts Asylsuchender ab.[1082]

Die GFK normiert kein solches Wahlrecht und geht bspw. im Rahmen des Sanktionsverbot für illegal eingereiste Flüchtlinge in Art. 31 Abs. 1 GFK davon aus, dass die Flüchtlinge „unmittelbar aus einem Gebiet kommen, in dem ihr Leben oder ihre Freiheit im Sinne von Artikel 1 [GFK] bedroht waren“.[1083] Andererseits spricht Art. 31 Abs. 2 Satz 1 GFK davon, dass Flüchtlingen beim Wechsel des Aufenthaltsortes nur und solange notwendige Beschränkungen auferlegt werden, bis die Rechtsstellung der Flüchtlinge im Aufnahmeland geregelt oder sie in einem Drittstaat aufgenommen wurden. Nach Art. 31 Abs. 2 Satz 2 GFK erhalten die Flüchtlinge eine angemessen Frist sowie notwendige Erleichterungen zur Aufnahme in einen Drittstaat. Letzteres könnte für ein Wahlrecht der Asylsuchenden sprechen, allerdings liegt der primäre Zweck des Art. 31 GFK im Pönalisierungsverbot für illegal eingereiste Flüchtlinge.[1084] Im Übrigen kann das Fehlen expliziter Regelungen und Beschränkungen für das Wahlrecht in der GFK auch als Indiz für das Bestehen eines solchen Rechts verstanden werden.[1085]

---

1079 *Mathew*, Australian Refugee Protection in the Wake of the Tampa, AJIL 96 (2002), 661 (670).

1080 *Mathew*, Australian Refugee Protection in the Wake of the Tampa, AJIL 96 (2002), 661 (668 ff.).

1081 *Mathew*, Australian Refugee Protection in the Wake of the Tampa, AJIL 96 (2002), 661 (668).

1082 *Mathew*, Australian Refugee Protection in the Wake of the Tampa, AJIL 96 (2002), 661 (668).

1083 *Mathew*, Australian Refugee Protection in the Wake of the Tampa, AJIL 96 (2002), 661 (667 f.).

1084 *Byrne/Shacknove*, The Safe Country Notion in Europe Asylum Law, Harv. HRJ 9 (1996), 185 (190).

1085 Angedeutet bei *Vedsted-Hansen*, Non-admission policies and the right to protection in *Nicholson/Twomey*, Refugee Rights and Realities, S. 269 (287).

Zutreffend weist *Vested-Hansen* auf das Spannungsverhältnis zwischen einem Wahlrecht des Einzelnen und der staatlicher Souveränität betreffend Einwanderungsfragen hin.[1086]

Das UNHCR-Exekutivkomitee spricht sich für ein limitiertes Wahlrecht – etwa bei der Familienzusammenführung, wenn ein Land bereits einen nahen Angehörigen aufgenommen hat – und für die Berücksichtigung des Wunsches der Asylsuchenden, in einem bestimmten Land Asyl zu beantragen, so weit wie möglich, aus.[1087] Dieser Ansatz ist teilweise in der Praxis umgesetzt; etwa werden im Dublin-System in der EU trotz der grundsätzlichen Verfahrenszuständigkeit des Mitgliedstaates, in den der Asylsuchende zuerst einreiste, auch einzelfallbezogene Umstände wie der Aufenthalt von Familienangehörigen oder besondere Beziehungen zu einem bestimmten EU-Land berücksichtigt.[1088]

Nachdem sich sogar der UNHCR als Mandatsträger der Flüchtlinge nicht für ein umfassendes Wahlrecht ausspricht, ist im Einklang mit der Literatur, etwa *Mathew*[1089] sowie *Goodwin-Gill* und *McAdam,*[1090] von einem limitierten Wahl- bzw. Mitwirkungsrecht auszugehen. *Mathew* weist zutreffend darauf hin, dass häufig praktische Gründe eine gewisse Wahlmöglichkeit für Asylsuchende begründen,[1091] etwa wegen Nachweisschwierigkeiten des vorherigen Aufenthalts eines Asylsuchenden und seine Fluchtroute oder aufgrund der spontanen Ankunft der Asylsuchenden.[1092] Den Einfluss tatsächlicher Umstände hat die Flüchtlingskrise 2015 gezeigt, als die nach Deutschland auf dem Landweg gelangten Flüchtlinge trotz ihres Transits durch andere EU-Mitgliedstaaten aus Praktikabilitätsgründen nicht in Erstankunftsländer zurückgewiesen wurden.

---

1086 *Vedsted-Hansen*, Non-admission policies and the right to protection in *Nicholson/Twomey*, Refugee Rights and Realities, S. 269 (287).

1087 EXCOM Conclusion No. 15 (XXX), 1979, Refugees Without an Asylum Country, lit. (e); lit. (iii) ff.

1088 *Mathew*, Australian Refugee Protection in the Wake of the Tampa, AJIL 96 (2002), 661 (669) m.w.N.

1089 *Mathew*, Australian Refugee Protection in the Wake of the Tampa, AJIL 96 (2002), 661 (668) m.w.N.

1090 *Goodwin-Gill/McAdam*, The Refugee in International Law, S. 265, 392.

1091 *Mathew*, Australian Refugee Protection in the Wake of the Tampa, AJIL 96 (2002), 661 (670).

1092 *Mathew*, Australian Refugee Protection in the Wake of the Tampa, AJIL 96 (2002), 661 (669 f.).

Mangels Existenz eines umfassenden Wahlrechts verletzt mithin die Ablehnung, nach Australien zu gelangen, nicht ein solches Rechts auf freie Wahl des Aufnahmelandes.

### 5. *Zwischenergebnis*

Zusammenfassend ist festzuhalten, dass die erste Maßnahme – die Untersagung des Anlegens der Tampa und der Ausschiffung der Flüchtlinge im Hafen der Weihnachtsinsel – das Non-Refoulement-Gebot in seiner verfahrensrechtlichen Dimension auf Zugang zum Asylverfahren ebenso wie die völkergewohnheitsrechtlich anerkannte Praxis des Anlegens und Ausschiffens am nächstgelegenen Hafen verletzt.[1093] Zwar mag keine Pflicht zur dauerhaften Aufnahme, indes aber zu vorübergehendem Schutz, bestanden haben.[1094]

## II. Verbringung der Asylsuchenden in Asyllager nach Nauru und Papua-Neuguinea

Der Transfer der auf der Tampa befindlichen Asylsuchenden nach Nauru und Papua-Neuguinea zur Durchführung von Asylverfahren könnte Völkerrecht verletzen. Unter Bezugnahme auf ein temporäres Aufnahmerecht zur Verfahrensdurchführung in einem Staat nach der GFK könnte jeder Transfer von Asylsuchenden Völkerrecht verletzen.[1095] *Magner* stellt zu einer möglichen Verletzung der GFK fest, dass zwar die Festsetzung von Asylsuchenden mit einer Erstprüfung der Flüchtlingseigenschaft der GFK allgemein entsprechen kann, es für die Vereinbarkeit mit der Flüchtlingskonvention aber auch auf die Art und Weise des Prüfungsverfahrens der Flüchtlingseigenschaft sowie auf das Schutzniveau, welches den Festgehaltenen angeboten wird, ankommt.[1096]

---

1093 So im Ergebnis *Fonteyne*, ‚Illegal refugees‘ or illegal policy? in: Maley/Dupont/Fonteyne u.a., Refugees and the Myth of the Borderless World, S. 16 (18); vgl. auch *Germov/Motta*, Refugee Law in Australia, S. 37 Fn. 16.

1094 *Bostock*, The International Legal Obligations owed to the Asylum Seekers on the MV Tampa, IJRL 14 (2002), 279 (295).

1095 Zum temporären Aufnahmerecht EXCOM Conclusion No. 85 (XLIX), 1998, Conclusions on International Protection, lit. q); *Fonteyne*, ‚Illegal refugees‘ or illegal policy? in Maley/Dupont/Fonteyne u.a., Refugees and the Myth of the Borderless World, S. 16 (18); im Übrigen unter I.1.c) und d).

1096 *Magner*, A Less than ‚Pacific‘ Solution for Asylum Seekers in Australia, IJRL 16 (2004), 53 (78 f.).

Hier unberücksichtigt bleibt die Sonderkonstellation der auf die Weihnachtsinsel verbrachten Asylsuchenden, weil die zum australischen Hoheitsgebiet gehörende Insel zwar durch die Gesetzesänderungen aus der sog. Migrationszone Australiens herausgeschnitten wurde, gleichwohl aber keine Extraterritorialität im Sinne der Forschungsfrage gegeben ist. Hierzu stellt *Bröcker* unter Verweis auf Art. 27 Satz 1 WVK, wonach eine Vertragspartei die Nichterfüllung des Vertrages nicht mit innerstaatlichem Recht rechtfertigen darf, klar, dass Australien die GFK und andere internationale Menschenrechtspakte nicht durch die Praxis „ausgeschnittener“ Gebiete umgehen darf.[1097]

### *1. Verstoß gegen das Non-Refoulement-Gebot*

Die Verbringung von Asylsuchenden in extraterritoriale Asyllager könnte Art. 33 Abs. 1 GFK verletzten. Nach dem Zurückweisungsverbot dürfen Flüchtlinge nicht nur nicht in den Verfolgerstaat zurückgeschoben werden, sondern auch in keinen Drittstaat, in dem ihnen Verfolgung bzw. Zurückweisung in einen Verfolgerstaat droht.[1098] Nach dem Wortlaut von Art. 33 Abs. 1 GFK „über die Grenzen von Gebieten“ – anstelle der Begriffe „Staat“ oder „Land“ – kommt es nicht darauf an, dass eine Person in ihr Herkunftsland zurückgewiesen wird; nach *Lauterpacht* und *Bethlehem* ist daher der Status des Gebiets unerheblich.[1099]

Nachdem die an der „Pazifischen Lösung“ beteiligten Staaten Nauru und Papua-Neuguinea weder die Herkunftsländer noch die ursprünglichen Verfolgerstaaten der Asylsuchenden sind, kommt es darauf an, dass den Asylsuchenden in Nauru und Papua-Neuguinea keine Verfolgung droht und sie auch nicht von dort in einen Verfolgerstaat zurückgewiesen werden. Die Verletzung des Refoulement-Verbots durch Zurückweisung in einen Verfolgerstaat verneint *Magner*, da keine Hinweise vorliegen, dass Asylsuchende von Nauru oder Papua-Neuguinea aus ohne vorheriges Asylverfahren in ihre Heimatländer oder sonstige potentielle Verfolgerstaaten aus- bzw. zurückgewiesen wurden.[1100] Dies

---

1097 *Bröcker*, Die externen Dimensionen des EU-Asyl- und Flüchtlingsrechts im Lichte der Menschenrechte und des Völkerrechts, S. 171 f.

1098 *Lauterpacht/Bethlehem*, The scope and content of the principle of *non-refoulement* in Feller/Türk/Nicholson, Refugee Protection in International Law, S. 87 (122 f.).

1099 *Lauterpacht/Bethlehem*, The scope and content of the principle of *non-refoulement* in Feller/Türk/Nicholson, Refugee Protection in International Law, S. 87 (121 f.).

1100 *Magner*, A Less than ‚Pacific‘ Solution for Asylum Seekers in Australia, IJRL 16 (2004), 53 (82).

überzeugt insofern, als die Schutzsuchenden gerade zur Verfahrensdurchführung in die Asyllager verbracht wurden.

Damit bleibt die Frage, ob den Asylsuchenden in Nauru und Papua-Neuguinea Verfolgung droht, mithin ob bereits ihre Verbringung dorthin und ihre Unterbringung in Asyllagern einen Verstoß gegen das Refoulement-Verbot begründet. Nach dem Verständnis der australischen Regierung von Art. 33 Abs. 1 GFK darf ein Flüchtling nur nicht über die Grenze von Gebieten aus- oder zurückgewiesen werden, in denen Leben oder Freiheit aus den in der Konvention genannten Gründen bedroht wird, sodass die Verbringung an einen Ort, an dem weder Leben noch Freiheit bedroht werden, unbedenklich ist.[1101] Dieser Ansicht folgend verneint *Magner* eine Verletzung von Art. 33 Abs. 1 GFK durch den Transfer der Asylsuchenden in Offshore-Verfahrenslager.[1102] Dies stimmt insofern mit der GFK insoweit überein, als sie weder den Ort der Stellung des Asylgesuchs noch den der Durchführung des Asylverfahrens regelt, sodass die GFK der Verbringung in Drittstaaten nicht grundsätzlich entgegensteht.[1103] Jedoch schließt auch *Magner* eine Verletzung der GFK durch das durchgeführte Prüfungsverfahren und mit Blick auf das gewährte Schutzniveau nicht aus.[1104]

*Fonteyne* wirft zu Recht die Frage auf, ob die Verbringung in einen Staat, in dem die GFK keine Geltung beansprucht, mit Art. 33 Abs. 1 GFK vereinbar ist; denn dieser Staat sieht sich keiner internationalen Verpflichtung ausgesetzt, Flüchtlinge nicht in ihre Heimatländer zurückzuschicken, selbst wenn ihnen dort Verfolgung droht.[1105] Letztlich geht es um die Frage, ob Nauru und Papua-Neuguinea sichere Drittstaaten sind, weil sonst die Verbringung dorthin den Nichtzurückweisungsgrundsatz verletzen könnte.[1106] Nach dem UNHCR darf eine Person nur in einen Drittstaat weitergeschickt werden, wenn die Aufnahme in diesem Staat, effektiver Schutz einschließlich vor Zurückweisung in einen

1101 *Magner*, A Less than ‚Pacific‘ Solution for Asylum Seekers in Australia, IJRL 16 (2004), 53 (64, 79).

1102 *Magner*, A Less than ‚Pacific‘ Solution for Asylum Seekers in Australia, IJRL 16 (2004), 53 (79, 85).

1103 So auch Human Rights Watch und U.S. Committee for Refugees, Letter to Prime Minister Howard on Recent Amendments to the Migration Act, 31.10.2001, S. 2.

1104 *Magner*, A Less than ‚Pacific‘ Solution for Asylum Seekers in Australia, IJRL 16 (2004), 53 (79, 82 f.).

1105 *Fonteyne*, ‚Illegal refugees‘ or illegal policy? in: Maley/Dupont/Fonteyne u.a., Refugees and the Myth of the Borderless World, S. 16 (19).

1106 *Wouters*, International Legal Standards for the Protection from Refoulement, S. 141.

Verfolgerstaat und die Durchführung eines Asylverfahrens nach internationalen Standards sichergestellt sind.[1107]

Infolgedessen ist die unter 2. folgende Prüfung, ob Nauru und Papua-Neuguinea von Australien zu Recht als sichere Drittstaaten eingestuft wurden, auch für die Frage der Verletzung des Refoulement-Verbots des Art. 33 Abs. 1 GFK maßgeblich. Im Hinblick auf den weiteren Anwendungsbereich des völkergewohnheitsrechtlich anerkannten Non-Refoulement-Prinzips im menschenrechtlichen Kontext wirft *Bostock* zudem zutreffend die Frage auf, inwieweit eine Verletzung des Prinzips durch die nach australischem Recht zwingend vorgesehene Inhaftierung der Asylsuchenden gegeben ist (hierzu unter 3.).[1108]

## 2. Verstoß gegen die Regelung über sichere Drittstaaten

Auch das australische Recht kennt das von der Rechtsprechung entwickelte Prinzip der sicheren Drittstaaten (*safe third country principle* bzw. *doctrine of effective protection*) als anerkannte Ausnahme von der Pflicht eines Staates, Flüchtlingen Schutz zu gewähren.[1109] Das Prinzip stützt sich auf den Wortlaut des Art. 33 Abs. 1 GFK, wonach ein Flüchtling nicht „über die Grenzen von Gebieten“ aus- oder zurückgewiesen werden darf, „in denen sein Leben oder seine Freiheit“ wegen eines der Konventionsgründe bedroht wird. Demzufolge ist die Aus- oder Zurückweisung von Flüchtlingen an einen Ort, an dem keine begründete Verfolgungsfurcht besteht, sondern effektiver Schutz geboten wird, mit dem Refoulement-Verbot vereinbar.[1110] Denn wenn eine Person bereits in einem anderen Staat als Flüchtling anerkannt wurde und dort die durch die GFK garantierten Rechte, insbesondere Schutz vor Zurückweisung, erhält, besteht keine Schutzpflicht eines weiteren Staates.[1111]

---

1107 UNHCR, Summary Conclusions on the Concept of “Effective Protection” in the Context of Secondary Movements of Refugees and Asylum-Seekers, 2003, Ziff. 15.; *Crock/Saul*, Future Seekers, S. 104 f.

1108 *Bostock*, The International Legal Obligations owed to the Asylum Seekers on the MV Tampa, IJRL 14 (2002), 279 (292).

1109 *Germov/Motta*, Refugee Law in Australia, S. 463 m.H.a. Federal Court, *Thiyagarajah* (1997) 80 FCR 543; *Rajendran* (1998) 86 FCR 562 und (1998) 166 ALR 619; *MIMA v. Gnanapiragasam & Ors* (1998) 88 FCR 1.

1110 *Germov/Motta*, Refugee Law in Australia, S. 463; *Lauterpacht/Bethlehem*, The scope and content of the principle of *non-refoulement* in Feller/Türk/Nicholson, Refugee Protection in International Law, S. 87 (122).

1111 Thiyagarajah (1997) 80 FCR 543, Ziff. 567 ff.

Zur Bestimmung, ob ein Drittstaat als sicher einzustufen ist, fordert *Wouters* neben dem Zurückweisungsschutz in Gebiete, in denen Leben oder Freiheit nach Art. 33 Abs. 1 GFK bedroht sind, auch die Gewähr effektiven Schutzes im Drittstaat.[1112] Dies setzt voraus, dass

(1) keine direkte Bedrohung für Leben oder Freiheit des Flüchtlings besteht,
(2) dem Flüchtling ein Einreise- und Aufenthaltsrecht im Drittstaat tatsächlich zukommt, der Drittstaat mit der Aufnahme des Flüchtlings im Hoheitsgebiet einverstanden ist und den Schutzantrag in einem fairen Verfahren prüft,
(3) der Flüchtling im Einklang mit elementaren Menschenrechten einschließlich wirtschaftlicher, sozialer und kultureller Grundrechte behandelt wird,
(4) die Bewertung der Sicherheit eines Drittstaates und der Verfügbarkeit effektiven Schutzes individuell und aufgrund der tatsächlichen Umstände erfolgt.[1113]

Diese Kriterien finden sich im Kern auch in Art. 38 Abs. 1 Richtlinie 2013/32/EU (vgl. Teil 1 I.2 b) aa)), obgleich die Richtlinie konkretisierende Vorgaben für das Verfahren enthält.

### *a) Keine direkte Bedrohung für das Leben oder die Freiheit des Flüchtlings*

Zu prüfen ist, ob die Asylsuchenden in den Asyllagern keiner begründeten Verfolgungsfurcht wegen eines Konventionsgrundes und auch sonst keiner Bedrohung ihres Lebens oder ihrer Freiheit, etwa wegen ihrer Staatsangehörigkeit, ausgesetzt sein.

Über die tatsächlichen Bedingungen in den Asyllagern auf Nauru und Papua-Neuguinea bestehen nur begrenzt Informationen, wobei Berichte von Menschenrechtsorganisationen, aber auch die Maßnahmen wie etwa das von Nauru erlassene Medienverbot in den Lagern, keinen positiven Eindruck erwecken.[1114] Die Verbringung Asylsuchender auf entlegene Inseln zur Durchführung des Asylverfahrens, der häufig fehlende Zugang zu Rechtsbeistand und Berichte über Gewaltanwendungen eingesetzter Soldaten sind ebenso bedenklich wie Hinweise darüber, dass auf die festgehaltenen Asylsuchenden Druck ausgeübt

---

1112 *Wouters*, International Legal Standards for the Protection from Refoulement, S. 141.

1113 *Wouters*, International Legal Standards for the Protection from Refoulement, S. 141 f. m.w.N.; *Germov/Motta*, Refugee Law in Australia, S. 466 f.; *Francis*, Bringing Protection Home: Healing the Schism Between International Obligations and National Safeguards Created by Extraterritorial Processing, IJRL 20 (2008), 273 (288) m.w.N.

1114 Beispielhaft AI, Australia-Pacific, Offending human dignity, 2002, 2002.

wurde, in ihre Heimatländer zurückzukehren.[1115] Zwar geht die australische Regierung, auch unter Verweis auf die Mitwirkung des UNHCR, von der Einhaltung internationaler Vorgaben aus, verkennt aber, dass der UNHCR nach anfänglicher Unterstützung bei der Verfahrensdurchführung ein weiteres Engagement aufgrund rechtlicher Bedenken verweigerte.[1116]

Angesichts der Berichte von Nichtregierungsorganisationen über kritische Zustände in den Asyllagern kann eine Bedrohung des Lebens, vor allem aber der Freiheit der Asylsuchenden durch die Inhaftierung, nicht ausgeschlossen werden. Anknüpfungspunkt für die Inhaftierung ist vorrangig die illegale Einreise nach Australien, damit aber mittelbar die fremde Staatsangehörigkeit, weil die illegale Einwanderung durch eigene Staatsangehörige nicht möglich ist. Im Übrigen ist eine Sanktionierung und auch eine Inhaftierung nur aufgrund der illegalen Einreise nach Art. 31 Abs. 1 GFK untersagt und gerade kein Haftgrund (unter 5.).

### *b) Einreise- und Aufenthaltsrecht des Flüchtlings sowie Zugang zu einem wirksamen Verfahren zur Feststellung des Flüchtlingsstatus*

Fraglich ist, ob den Asylsuchenden auf Nauru und Papua-Neuguinea ein Aufenthaltsrecht zukommt, die beiden Staaten tatsächlich zur Aufnahme von Flüchtlingen bereit sind und ob der Zugang zu einem wirksamen Asylverfahren gewährleistet ist.

In diesem Kontext stellt sich die Frage, wie es sich auswirkt, dass beide Staaten wichtige internationale Verträge zum Schutz von Menschenrechten nicht unterzeichnet haben und Nauru überdies kein Vertragsstaat der GFK ist.[1117] Zwar mussten die an der „Pazifischen Lösung" beteiligten Länder nach australischem Recht keine Unterzeichner der GFK sein,[1118] jedoch als sicher anerkannt werden. Bereits gegen die Einstufung eines Drittstaates als sicher, der kein Unterzeichnerstaat der GFK ist, bestehen Bedenken. Zwar fordert das sichere

---

1115 Zusammenfassend *Magner*, A Less than ‚Pacific' Solution for Asylum Seekers in Australia, IJRL 16 (2004), 53 (79); nach Wiedereröffnung 2012 auch HRW, Australia/Papua New Guinea: The Pacific Non-Soultion, 2015.

1116 *Francis*, Bringing Protection Home: Healing the Schism Between International Obligations and National Safeguards Created by Extraterritorial Processing, IJRL 20 (2008), 273 (294).

1117 Liste der Vertragsstaaten der GFK v. 28.07.1951 und des Protokolls v. 31.01.1967, UNHCR, Stand Okt. 2014.

1118 Parliament of Australia, Chapter 10- Pacific Solution: Negotiations and Agreement, Introduction, Ziff. 10.10.

Drittstaaten-Konzept nicht per se die Unterzeichnung der GFK, indes hat die fehlende Vertragsbindung an Menschenrechts- und Flüchtlingspakte eine gewisse negative Indizwirkung.[1119] Maßgeblich ist, trotz bilateraler Zusicherung der Wahrnehmung der GFK-Standards, ob die tatsächliche Praxis eines Staates elementare Menschen- und Flüchtlingsrechte im Sinne der GFK für effektiven Schutz gewährleistet.

Im Rahmen der „Pazifischen Lösung“ ist zwischen den beteiligten Ländern zu differenzieren. Ein Teil der Tampa-Schutzsuchenden wurde nach Neuseeland verbracht, das seit 1960 Vertragsstaat der GFK ist[1120] und keine Anhaltspunkte für ihre Nichteinhaltung bietet.

Demgegenüber war Papua-Neuguinea zwar 2001 bereits Vertragsstaat der GFK, jedoch mit Vorbehalten etwa hinsichtlich Erwerbstätigkeit, Bildung und Bewegungsfreiheit und ohne die nationale Rechtsordnung anzupassen.[1121] Aus der Konvention erwachsende Verpflichtungen wie die Nichtdiskriminierung illegaler Flüchtlinge hat Papua-Neuguinea nicht anerkannt.[1122] Mit Blick auf die seit 2012 im Rahmen der Wiederaufnahme der „Pazifischen Lösung“ angestrebte Neuansiedlung von Flüchtlingen in Papua-Neuguinea ist festzustellen, dass das Land bis heute über keine Integrationspolitik verfügt.[1123]

Schließlich war Nauru 2001 weder Vertragsstaat der GFK[1124] noch anderer internationaler Menschenrechtspakte wie etwa des IPbürgR[1125], sondern nur

---

1119 *Wouters*, International Legal Standards for the Protection from Refoulement, S. 142 f. m.w.N.; UNHCR, Summary Conclusions on the Concept of “Effective Protection” in the Context of Secondary Movements of Refugees and Asylum-Seekers, 2003, Ziff. 15 e).

1120 Neuseeland ist seit 1973 Unterzeichnerstaat des Protokolls zur GFK; vgl. hierzu Liste der Vertragsstaaten der GFK v. 28.07.1951 und des Protokolls v. 31.01.1967, UNHCR, Stand Okt. 2014.

1121 *Magner*, A Less than ‚Pacific‘ Solution for Asylum Seekers in Australia, IJRL 16 (2004), 53 (56); Vorbehalte zu den Art. 17 Abs. 1, 21, 22 Abs. 1, 26, 31, 32 und 34 GFK vgl. *Mathew*, Australia Refugee Protection in the Wake of the Tampa, AJIL 96 (2002), 661 (668) m.w.N.; HRW, Australia/Papua New Guinea: The Pacific Non-Solution, 2015.

1122 Parliament of Australia, Chapter 10– Pacific Solution: Negotiations and Agreement, Introduction, Ziff 10.75.

1123 Human Rights Watch, Australia/Papua New Guinea: The Pacific Non-Soultion, 2015.

1124 Liste der Vertragsstaaten des Abkommens vom 28.07.1951 und/oder des Protokolls vom 31.01.1967 über die Rechtsstellung der Flüchtlinge, UNHCR, Stand Okt. 2014. Nauru trat erst 2011 der GFK bei.

1125 Siehe Fn. 64.

der UN-Kinderrechtskonvention.[1126] Zwar wurde den Asylsuchenden in Nauru und Papua-Neuguinea ein Sondervisum vom Gastland ausgestellt, allerdings bedeutet dies kein dauerhaftes Einreise- oder Aufenthaltsrecht in den Ländern, sondern legalisiert lediglich den Aufenthalt in den Asylcamps. Nauru und Papua-Neuguinea beabsichtigten allein die Duldung der Verfahrensdurchführung in den Asyllagern im Austausch für australische Finanzhilfe, nicht aber die dauerhafte Aufnahme anerkannter Flüchtlinge. Infolgedessen ist in der ersten Phase der „Pazifischen Lösung“ bis 2008 nicht anzunehmen, dass Nauru oder Papua-Neuguinea die dauerhafte Aufnahme der Asylsuchenden bzw. Flüchtlingen in ihrem Staat erklärten.[1127] Sogar anerkannte Flüchtlinge waren nicht zur Einreise nach Australien berechtigt, sondern sollten in Drittstaaten neuangesiedelt werden.[1128] Zum Zeitpunkt der Verbringung der Asylsuchenden nach Nauru und Papua-Neuguinea war auch bei Anerkennung als Flüchtling ihre dauerhafte Aufnahme durch einen Staat ungeklärt.

Schließlich fehlt der Zugang zu einem wirksamen Prüfungsverfahren des Flüchtlingsstatus in den beiden als sicher eingestuften Staaten. Die Rechtsordnung eines Staates liefert Hinweise dafür, wie es um die Rechte potentieller Antragssteller und Flüchtlinge steht.[1129] Dabei stellt sich auch die Frage der Rechtsfolgen von Völkerrechtsverstößen (Prinzip der Staatenverantwortlichkeit) und ihrer Zurechnung. Unklar ist, welcher Rechtsordnung die auf Nauru und Papua-Neuguinea festgehaltenen Asylsuchenden unterfallen und welche nationalen und/oder internationalen Verpflichtungen gelten; es besteht die Gefahr eines rechtsfreien Raumes.[1130] Die Gastländer stellen zwar Teile ihres Hoheitsgebiets für Asyllager bereit, jedoch ohne Beteiligung am Betrieb der Einrichtungen und an der Verfahrensdurchführung. Australien gewährt in den Einrichtungen weder gleichwertigen Zugang zum nationalen Asylsystem noch entsprechenden Zugang zur australischen Gerichtsbarkeit. *Den Heijer* nimmt hier eine Sonderkonstellation an, da die Beteiligung mehrerer Staaten die Frage der Verantwortlichkeit bezüglich der jeweiligen Beträge aufwirft.[1131]

---

1126 *Mathew*, Australia Refugee Protection in the Wake of the Tampa, AJIL 96 (2002), 661 (668).

1127 Zum Erfordernis der Aufnahmebereitschaft des Drittstaates siehe UNHCR, Summary Conclusions on the Concept of “Effective Protection” in the Context of Secondary Movements of Refugees and Asylum-Seekers, 2003, Ziff. 15 d).

1128 *Den Heijer*, Europe and Extraterritorial Asylum, S. 267.

1129 *Germov/Motta*, Refugee Law in Australia, S. 468.

1130 *Den Heijer*, Europe and Extraterritorial Asylum, S. 261 m.w.N.; AI, Australia-Pacific – Offending human dignity, 2002, S. 21.

1131 *Den Heijer*, Europe and Extraterritorial Asylum, S. 281.

Generell ist jeder Staat für sein Staatsgebiet zuständig und verantwortlich, nicht jedoch auf dem Hoheitsgebiet fremder Staaten (*Territorialitätsprinzip*).[1132] Nach dem Prinzip der Staatenverantwortlichkeit ist ein Staat für die ihm zurechenbaren Verletzungen von völkerrechtlichen Pflichten verantwortlich.[1133] Sobald sich ein Ausländer im Hoheitsgebiet eines Staates befindet, unterliegt er auch der Rechtsordnung des Staates (*Presumption of territory*), während die Vermutung für die Nichtanwendbarkeit des Rechts eines Staates besteht, wenn sich ein Ausländer außerhalb dessen Hoheitsgebiets aufhält.[1134] Die Asylverfahrenslager werden hier auf fremdem Hoheitsgebiet von Australien betrieben. Gleichwohl begründet die Ausübung australischer Hoheitsgewalt gegenüber den festgehaltenen Asylsuchenden die Verantwortlichkeit Australiens trotz der Extraterritorialität der Handlungen. Ein Staat kann sich seiner Staatenverantwortlichkeit nicht dadurch entledigen, dass er außerhalb seines Hoheitsgebiets tätig wird.[1135] Vielmehr bleibt ein Staat für sein Handeln oder Unterlassen an jedem Ort, selbst außerhalb seines Hoheitsgebiets, verantwortlich, soweit er Hoheitsgewalt ausübt.[1136] Dies ist gegenüber den Asylsuchenden in den Verfahrenslagern in Nauru und Papua-Neuguinea der Fall. Weder Nauru noch Papua-Neuguinea üben hier Hoheitsgewalt in den Lagern aus, sondern australische Beamte und teilweise die IOM.[1137] Schließlich bestätigen die mit den beiden Staaten geschlossenen

---

1132 *Francis*, Bringing Protection Home: Healing the Schism Between International Obligations and National Safeguards Created by Extraterritorial Processing, IJRL 20 (2008), 273 (302) m.w.N.

1133 *Schröder* in Vitzthum/Proelß, Völkerrecht, 7. Abschn. Rn. 6 f.

1134 *Francis*, Bringing Protection Home: Healing the Schism Between International Obligations and National Safeguards Created by Extraterritorial Processing, IJRL 20 (2008), 273 (302) m.w.N. *Goodwin-Gill/McAdam*, The Refugee in International Law, S. 253.

1135 *Francis*, Bringing Protection Home: Healing the Schism Between International Obligations and National Safeguards Created by Extraterritorial Processing, IJRL 20 (2008), 273 (292) m.w.N.

1136 *Francis*, Bringing Protection Home: Healing the Schism Between International Obligations and National Safeguards Created by Extraterritorial Processing, IJRL 20 (2008), 273 (283, 292) m.w.N.; *Goodwin-Gill/McAdam*, The Refugee in International Law, S. 244.

1137 *Francis*, Bringing Protection Home: Healing the Schism Between International Obligations and National Safeguards Created by Extraterritorial Processing, IJRL 20 (2008), 273 (294).

Abkommen über den Betrieb der Asyllager auf ihrem Hoheitsgebiet die Staatenverantwortlichkeit Australiens für die Asylsuchenden.[1138]

Soweit die durch die GFK garantierten Rechte für Asylsuchende und Flüchtlinge in den extraterritorialen Asyllagern nicht gewährt werden, ist Australien für die Verletzung des Völkerrechts verantwortlich. Die Geltung geringer Rechtsstandards in den Asyllagern, wie der fehlende bzw. sehr eingeschränkte Zugang zu Rechtsbeistand und die fehlende gerichtlichen Überprüfbarkeit von Entscheidungen,[1139] anstelle des nationalen australischen Asylrechts könnte eine Rechtsverletzung Australiens begründen.

Konkret fehlt es in Nauru an einem, dem australischen Recht vergleichbaren Asylrecht,[1140] überdies war der Zugang zum – soweit vorhandenen – Asylsystem des Gastlandes gar nicht beabsichtigt. Nauru und Papua-Neuguinea stellen nur Landesfläche zur Verfügung, auf dem die untergebrachten Asylsuchenden bzw. Flüchtlinge australischen Recht in „abgespeckter Form" unterworfen werden. Denn im Gegensatz zum Verfahren im nationalen Asylsystem Australiens bestehen für das Verfahren in den extraterritorialen Asyllagern keine gesetzlich vorgeschriebenen Verfahrensvorgaben für die Asylprüfung.[1141] Durch das Handeln australischer Beamte (jedenfalls nachdem sich der UNHCR zurückgezogen hat) unterfallen die Personen in den Asyllagern der australischen Hoheitsgewalt (s.o.). Damit kann die Überstellung in einen sicheren Drittstaat insoweit bezweifelt werden, als Australien im Prüfungsverfahren der Flüchtlingseigenschaft weiter Hoheitsrechte extraterritorial ausübt und mithin selbst weiter an die Vorgaben der GFK verpflichtet ist. Australien kann sich nicht durch territoriale Auslagerung der Asylverfahren von seinen völkerrechtlichen Verpflichtungen zum Schutze der Menschenrechte lösen, sondern ist überall, wo Staatsgewalt ausgeübt wird, an seine völkervertraglichen Pflichten gebunden.

---

1138 *Francis*, Bringing Protection Home: Healing the Schism Between International Obligations and National Safeguards Created by Extraterritorial Processing, IJRL 20 (2008), 273 (293 f.).

1139 *Francis*, Bringing Protection Home: Healing the Schism Between International Obligations and National Safeguards Created by Extraterritorial Processing, IJRL 20 (2008), 273 (292).

1140 *Francis*, Bringing Protection Home: Healing the Schism Between International Obligations and National Safeguards Created by Extraterritorial Processing, IJRL 20 (2008), 273 (289) m.w.N.

1141 *Francis*, Bringing Protection Home: Healing the Schism Between International Obligations and National Safeguards Created by Extraterritorial Processing, IJRL 20 (2008), 273 (297 f.); *Den Heijer*, Europe and Extraterritorial Asylum, S. 271.

Australien gewährt den Asylsuchenden in den extraterritorialen Verfahrenslagern kein faires und wirksames Verfahren zur Prüfung des Flüchtlingsstatus einschließlich des Zugangs zu Rechtsbeistand, unparteiischen und qualifizierten Dolmetschern, persönlicher Anhörung und Überprüfungsmöglichkeiten in einer höheren Instanz, sodass *Francis* zutreffend im australischen Vorgehen kein faires Verfahren nach der GFK sieht.[1142]

### c) *Gewährleistung elementarer Menschenrechte*

Fraglich ist, ob in den als sicher eingestuften Staaten Nauru und Papua-Neuguinea effektiver Schutz einschließlich vor Zurückweisung sowie elementare Menschenrechte gewährt werden.

Der Zurückweisungsschutz scheint weniger problematisch, weil die Asylsuchenden gerade zur Verfahrensdurchführung in die Lager verbracht und mithin grundsätzlich nicht ohne Prüfung zurückgewiesen wurden. Indes wurde nach Angaben von Flüchtlingen Druck auf sie ausgeübt, „freiwillig“ in ihre Heimatländer zurückzukehren.[1143] Im Einzelfall ist daher ein Verstoß gegen das Refoulement-Verbot nicht ausgeschlossen, soweit sich Asylsuchende zur Rückkehr in Verfolgerstaaten genötigt sahen.

Mit Blick auf die Quasi-Inhaftierung der Asylsuchenden in den Verfahrenslagern, aber auch auf die durchgeführten „vereinfachten“ Asylverfahren bestehen Zweifel, ob elementare Menschenrechte gewahrt wurden. Dazu gehört nach Ansicht des UNHCR neben dem Schutz vor Folter, grausamer, unmenschlicher oder erniedrigender Behandlung oder Strafe auch, dass die Freiheit einer Person nicht ohne ordnungsgemäßes Verfahren entzogen wird.[1144] Die Freiheit wird vorliegend jedoch beeinträchtigt, ohne dass ein ordnungsgemäßes Verfahren vorab durchgeführt wurde.

*Magner* hält das Schutzniveau in den Asyllagern für bedenklich ohne sich jedoch zur Verletzung der GFK – unter Verweis auf mangelnde Kenntnis über die

---

1142 *Francis*, Bringing Protection Home: Healing the Schism Between International Obligations and National Safeguards Created by Extraterritorial Processing, IJRL 20 (2008), 273 (296 f.).

1143 Zusammenfassend *Magner*, A Less than ‚Pacific‘ Solution for Asylum Seekers in Australia, IJRL 16 (2004), 53 (79); Nach der Wiedereröffnung 2012 HRW, Australia/Papua New Guinea: The Pacific Non-Soultion, 2015.

1144 UNHCR, Summary Conclusions on the Concept of “Effective Protection” in the Context of Secondary Movements of Refugees and Asylum-Seekers, 2003, Ziff. 15 b).

konkreten Lagerzustände – zu positionieren.[1145] Indes folgt auch aus dem völkergewohnheitsrechtlichen Non-Refoulement-Prinzip das Verbot unmenschlicher Behandlung, das durch die Inhaftierung auf entlegenen Inseln ohne die Gewähr grundlegender Menschenrechte verletzt sein dürfte.

#### *d) Individuelle Prüfung der Sicherheit eines Drittstaates*

Schließlich fehlt es an der individuellen Prüfung der Sicherheit der beiden Drittstaaten für den einzelnen Asylsuchenden bzw. bei vermuteter Sicherheit an einer Widerlegungsmöglichkeit für Betroffene.[1146] Im Rahmen der „Pazifischen Lösung" hat Australien Nauru und Papua-Neuguinea als sichere Drittstaaten bestimmt, allerdings ohne die Staaten einer Prüfung auf ihre Sicherheit und rechtlichen Standards für die einzelnen Asylsuchenden zu unterziehen.[1147] Die pauschale Einstufung eines Drittstaates als sicher missachtet die persönlichen Umstände des Asylsuchenden, die den Staat für ihn persönlich, z.B. wegen Zugehörigkeit zu einer Minderheit, unsicher machen können.[1148] Dies gilt umso mehr, als Nauru von Australien erst zwei Wochen nach Verbringung der ersten Asylsuchenden als sicher anerkannt wurde.[1149]

Nach alledem wurden Nauru und Papua-Neuguinea in der „Pazifischen Lösung" unter Verstoß gegen völkerrechtliche Vorgaben als sichere Drittstaaten von Australien anerkannt.

### *3. Verletzung von Art. 9 Abs. 1 IPbürgR*

Fraglich ist, ob das Festhalten der Asylbewerber in den Asyllagern auf Nauru und in Papua-Neuguinea gegen Art. 9 Abs. 1 IPbürgR[1150] verstößt. Der IPbürgR

---

1145 *Magner*, A Less than ‚Pacific' Solution for Asylum Seekers in Australia, IJRL 16 (2004), 53 (82 ff.).

1146 *Wouters*, International Legal Standards for the Protection from Refoulement, S. 144 m.w.N.

1147 Parliament of Australia, Chapter 10 – Pacific Solution: Negotiations and Agreement, Introduction 10.10; *Francis*, Bringing Protection Home: Healing the Schism Between International Obligations and National Safeguards Created by Extraterritorial Processing, IJRL 20 (2008), 273 (286 ff.); *Mathew*, Australian Refugee Protection in the Wake of the Tampa, AJIL 96 (2002), 661 (672) m.w.N.

1148 *Goodwin-Gill/McAdam*, The Refugee in International Law, S. 392.

1149 *Francis*, Bringing Protection Home: Healing the Schism Between International Obligations and National Safeguards Created by Extraterritorial Processing, IJRL 20 (2008), 273 (289) m.w.N.

1150 Vgl. Fn. 64.

ist ein völkerrechtlicher Vertrag, dessen Einhaltung vom UN-Menschenrechtsausschuss überwacht wird.[1151]

Wiederum stellt sich die Frage des räumlichen Anwendungsbereichs: Nach Art. 2 IPbürgR verpflichtet sich jeder Vertragsstaat, die im IPbürgR anerkannten Rechte zu achten und sie allen in seinem Gebiet befindlichen und seiner Herrschaftsgewalt unterstehenden Personen ohne Unterschied zu gewährleisten. Zwar befinden sich die Asyllager auf Nauru und Papua-Neuguinea nicht im australischen Hoheitsgebiet, die dort festgehaltenen Personen unterstehen jedoch der tatsächlichen Herrschaftsgewalt Australiens als Betreiber der Verfahrenslager, sodass Australien als Vertragsstaat des IPbürgR an die garantierten Rechte gebunden ist.[1152]

Gemäß Art. 9 Abs. 1 IPbürgR hat jedermann ein Recht auf persönliche Freiheit und Sicherheit (Satz 1). Niemand darf willkürlich festgenommen oder in Haft gehalten werden (Satz 2) und niemandem darf seine Freiheit entzogen werden, es sei denn aus gesetzlich bestimmten Gründen und unter Beachtung des im Gesetz vorgeschriebenen Verfahrens (Satz 3).[1153]

In Betracht kommt die Beeinträchtigung der persönlichen Freiheit der Asylsuchenden durch willkürliche Festnahme und Inhaftierung, indem sie mit militärischer Hilfe in umzäunte Verfahrenslager auf Nauru und Manus Island verbracht wurden und sie weder das Camp verlassen noch Besucher, z.B. Rechtsbeistand, ohne Erlaubnis empfangen dürfen.[1154]

Der UNHCR definiert die seiner Ansicht nach grundsätzlich unerwünschte Inhaftierung (*detention*) in den Richtlinien zur Inhaftierung von Asylsuchenden wie folgt:

> „confinement within a narrowly bounded or restricted location, including prisons, closed camps, detention facilities or airport transit zones, where freedom of movement is substantially curtailed, and where the only opportunity to leave this limited area is to leave the territory.“[1155]

Dies zugrunde gelegt, spricht einiges für die Inhaftierung der auf Nauru und Manus Island festgehaltenen Asylsuchenden, wie sie Amnesty International

---

1151 *Hobe*, Einführung in das Völkerrecht, Ziff. 11.3.1.4.

1152 Angedeutet bei *Nowak*, U.N. CCPR Commentary, Art. 2 Rn. 29.

1153 Hierzu UNHCR, Revised Guidelines on Applicable Criteria and Standards relating to the Detention of asylum seekers, S. 3 f.

1154 AI, Australia-Pacific: Offending human dignity, 2002, S. 18 ff.

1155 UNHCR Revised Guidelines on Applicable Criteria and Standards Relating to the Detention of Asylum Seekers, Februar 1999, S. 1 ff.

unter Bezugnahme auf einen regionalen UNHCR-Vertreter angenommen hat.[1156] Demgegenüber wurde von Australien eine Inhaftierung der Asylsuchenden stets bestritten.[1157] Indes liegt in der Verbringung der Personen in geschlossene Lager auf entlegenen Inseln ohne das Recht, sie nach Belieben zu verlassen und ohne Zugang zu Rechtsbeistand, eine Inhaftierung.[1158]

*Den Heijer* stellt zutreffend klar, dass die Inhaftierung von Asylsuchenden in Asyllagern die in Art. 9 Abs. 1 Satz 1 IPbürgR garantierte Freiheit nicht per se verletzt, sondern nur bei Willkürlichkeit der Inhaftierung.[1159] Zu prüfen ist daher, ob die Inhaftierung willkürlich oder der Freiheitsentzug aus gesetzlich bestimmten Gründen und unter Beachtung des gesetzlich vorgesehenen Verfahrens erfolgte (Art. 9 Abs. 1 Satz 3 IPbürgR). Der UN-Menschenrechtsausschuss hat zum Begriff der Willkür in Art. 9 Abs. 1 IPbürgR ausgeführt,

> „that the notion of "arbitrariness" must not be equated with "against the law" but be interpreted more broadly include such elements as inappropriateness and injustice.“[1160]

Das Verbot der willkürlichen Festnahme und Haft wird demzufolge nicht nur im Sinne einer „Haft gegen das Gesetz“ verstanden, sondern umfasst auch nicht angemessene, nicht gerechte und diskriminierende Festnahme oder Haft.[1161]

Gegen willkürliche Inhaftierung könnte sprechen, dass das australische Recht die Inhaftierung spontan ankommender Asylsuchender in Form der *mandatory immigration detention* vorsieht, sodass gesetzlich bestimmte Gründe im Sinne des Art. 9 Abs. 1 Satz 3 IPbürgR vorliegen könnten.[1162] Nach Ansicht des UNHCR darf eine Inhaftierung zur Identitätsfeststellung oder zur Durchführung eines Gesprächs sowie in Fällen erfolgen, in denen Asylsuchende ihre Reisedokumente zerstört, falsche Dokumente benutzt oder die Behörden irregeführt haben, sowie wenn Gründe nationaler Sicherheit und öffentlicher Ordnung eine Inhaftierung

---

1156 AI, Australia-Pacific, Offending human dignity, 2002, S. 22 m.w.N.

1157 Etwa im Rahmen eines Besuchs der Einrichtung auf Nauru mit AI im November 2001; vgl. AI, Australia-Pacific, Offending human dignity, 2002, S. 18 ff.

1158 So auch AI, Australia-Pacific, Offending human dignity, 2002, S. 17 ff.

1159 *Den Heijer*, Europe and Extraterritorial Asylum, S. 275 ff. m.w.H.

1160 HRC, A v. Australia, Communication No 560/1993, U.N. Doc. CCPR/C/59/D/560/1993 (1997), Rn. 9.2.

1161 AI, Australia-Pacific: Offending human dignity, 2002, S. 16; *Nowak*, U.N. CCPR Commentary, Art. 9 Rn. 29 f.; *Goodwin-Gill/McAdam*, The Refugee in International Law, S. 463.

1162 *Crock/Saul*, Future Seekers, S. 76; *McEntee*, The Failure of Domestic and International Mechanisms to Redress the Harmful Effects of Australian Immigration Detention, Pac. Rim L. & Pol'y J 12 (2003), 263 (263 f.).

erfordern.[1163] Die Inhaftierung Asylsuchender aus anderen als den genannten Gründen, etwa zum Zweck der Abschreckung künftiger Asylsuchender – jedenfalls ein Motivationsgrund Australiens – oder damit gestellte Anträge nicht weiterverfolgt werden, widerspricht nach dem UNCHR den flüchtlingsrechtlichen Vorgaben.[1164]

Der UN-Menschenrechtsausschuss hat 1997 weder grundsätzlich die Einwanderungshaft noch generell die überlange Inhaftierung eines knapp vier Jahre inhaftierten kambodschanischen Flüchtlings, der ohne Visum nach Australien gelangt war, verurteilt, noch die Inhaftierung von Asylsuchenden per se für willkürlich gemäß Art. 9 Abs. 1 IPbürgR gehalten.[1165] Für erforderlich hielt der UN-Menschenrechtsausschuss jedoch die regelmäßige Überprüfung des Vorliegens der Haftgründe und hat daher die australische Pauschalpolitik, alle Bootsflüchtlinge per se in Haft zu nehmen, als willkürlich verurteilt.[1166] Die (gerichtliche) Überprüfbarkeit der Haft ist ein elementarer, menschenrechtlicher Schutzmechanismus, der auch im Hinblick auf die Inhaftierung von Bootsflüchtlingen Geltung beansprucht.[1167] Das Recht auf Überprüfung von Haftentscheidungen findet sich auch in den Richtlinien des UNHCR zur Inhaftierung von Asylsuchenden.[1168] Auch nach dem UN-Menschenrechtsausschuss ist eine gerichtliche Überprüfungsmöglichkeit der Inhaftierungsentscheidung unverzichtbar:

---

1163 UNHCR Revised Guidelines on Applicable Criteria and Standards Relating to the Detention of Asylum Seekers, 1999, Guideline 3; AI, Australia-Pacific: Offending human dignity, 2002, S. 15.; I.d.S. auch *Mathew*, Australian Refugee Protection in the Wake of the Tampa, AJIL 96 (2002), 661 (665).

1164 UNHCR Revised Guidelines on Applicable Criteria and Standards Relating to the Detention of Asylum Seekers, 1999, Guideline 3; *Crock/Saul*, Future Seekers, S. 76.

1165 HRC, A v. Australia, Communication No. 560/1993, U.N. Doc. CCPR/C/59/D/560/1993 (1997) Rn. 9.2. ff.; *Joseph/Castan*, The International Convenant on Civil and Political Rights, Art. 9 Ziff. 11.24; *Nowak*, U.N. CCPR Commentary, Art. 9 Rn. 33 f.

1166 HRC, A v. Australia, Communication No. 560/1993, U.N. Doc. CCPR/C/59/D/560/1993 (1997), Rn. 9.4; *Joseph/Castan*, The International Convenant on Civil and Political Rights, Art. 9 Ziff. 11.24.

1167 *Nowak*, U.N. CCPR Commentary, Art. 9 Rn. 33 m.w.N.; AI, Australia-Pacific – Offending human dignity, 2002, S. 22.

1168 UNHCR Revised Guidelines on Applicable Criteria and Standards Relating to the Detention of Asylum Seekers, 1999, Guideline 5 (iii).

> „every decision to keep a person in detention should be open to review periodically so that the grounds justifying the detention can be assessed.“[1169]

An der gerichtlichen Überprüfungsmöglichkeit fehlt es hier, weil die Asylsuchenden keinen bzw. stark beschränkten Zugang zu australischen Gerichten und überdies auch keinen Justizzugang in Nauru oder Papua-Neuguinea haben, die beide über keine der australischen National Human Rights Commission vergleichbare Institution zum Schutz der Menschenrechte verfügen.[1170]

Nach Ansicht des UN-Menschenrechtsausschusses verletzte die fast vierjährige Inhaftierung des Bootsflüchtlings Art. 9 Abs. 1 IPbürgR, weil im konkreten Fall keine Haftgründe über die vier Jahre vorlagen und die Inhaftierung daher willkürlich war.[1171] Sowohl die überlange als auch die unbestimmt lange Haftdauer sind Themen im Rahmen der „Pazifischen Lösung“. Denn die Inhaftierung erfolgt bei diesem Konzept nicht nur zur Identitätsprüfung und Durchführung des Asylverfahrens, sondern dauert nach der Anerkennung als Flüchtling fort, in Einzelfällen verblieben Flüchtlinge mehrere Jahre in den Asyllagern.[1172] Damit geht es über die Frage überlanger Verfahrensdauer des Asylverfahrens, die nach Berichten von Nichtregierungsorganisationen teilweise über ein Jahr beanspruchen,[1173] hinaus um die Länge der Haftdauer. Zu Recht kritisiert Amnesty International die nicht näher bestimmte, zeitlich unbegrenzte Inhaftierung der Flüchtlinge ohne richterliche Überprüfung.[1174] Dies gilt umso mehr, als auch anerkannte Flüchtlinge, bis ein Neuansiedlungsplatz oder andere langfristige Lösung gefunden wurden, in den Lagern festgehalten werden. Daher kann eine zunächst nicht zu beanstandende Inhaftierung später unzulässig werden, weil der Zweck der Durchführung des Asylverfahrens erreicht wurde und keine Haftgründe mehr vorliegen.[1175]

---

1169 HRC, A v. Australia, Communication No 560/1993, U.N. Doc. CCPR/C/59/D/560/1993 (1997), Rn. 9.4; vgl. auch Art. 5 § 4 des Protokolls zum IPbürgR.

1170 AI, Australia-Pacific – Offending human dignity, 2002, S. 22.

1171 HRC, A v. Australia, Communication No. 560/1993, U.N. Doc. CCPR/C/59/D/560/1993 (1997) Rn. 9.4; *Joseph/Castan*, The International Convenant on Civil and Political Rights, Art. 9 Ziff. 11.24 ff. m.w.N., etwa HRC, Mr. C v. Australia Communication No. 990/1999, U.N. Doc. CCPR/C/76/D/900/1999 (2002) Ziff. 8.2.

1172 *Den Heijer*, Europe and Extraterritorial Asylum, S. 277.

1173 So nach Wiedereröffnung der Lager, HRW, Australia/Papua New Guinea: The Pacific Non-Solution, 2015.

1174 AI, Australia-Pacific – Offending human dignity, 2002, S. 2.

1175 *Den Heijer*, Europe and Extraterritorial Asylum, S. 276 f. m.w.N.

Unbestimmt andauernde Haft führt zu psychischen Gesundheitsproblemen, wozu die Äußerung eines auf Manus Island inhaftierten Flüchtlings wiedergegeben wird:

> „In detention you become domesticated. Like an animal inside a cage – you think they are fine, they look fine, they seem healthy, but they could not survive in nature. That is like us now.
> Mentally, they are not fine. […] They have lost the ability to live.“[1176]

Zusammenfassend wird mit *Bröcker*[1177], *Crock* und *Saul*[1178] im Einklang mit Nichtregierungsorganisationen[1179] aufgrund der unterlassenen Prüfung des weiteren Vorliegens von Haftgründen, der pauschalen Inhaftierung aller Bootsflüchtlinge und des primären Abschreckungszwecks sowie der zum Teil unbestimmten und überlangen Haftdauer die nicht per se zu beanstandende *mandatory immigration detention* Australiens im Einzelfall als willkürliche Inhaftierung und mithin als Verletzung von Art. 9 Abs. 1 IPbürgR angesehen. Verletzt sind auch die Freiheit der Person nach Art. 3 AEMR und das Verbot willkürlicher Festnahme (Art. 9 AEMR), die jedoch keine unmittelbare Rechtswirkung entfalten.[1180]

*Crock* und *Saul* kritisieren überdies die Ungleichheit der *mandatory immigration detention*, weil nur die geringe Anzahl der illegal ankommenden Ausländer zwingend inhaftiert wird, während der überwiegende Teil infolge abgelaufener Gültigkeit ihres Visums illegal „gewordener“ Ausländer nicht inhaftiert wird.[1181] Jedoch sind die beiden Sachverhalte eines ohne gültiges Visum Eingereisten und eines sog. *Overstayer* nicht ohne weiteres vergleichbar, sodass nicht geradewegs eine ungerechtfertigte Ungleichbehandlung anzunehmenist.

---

1176 Zitiert nach HRW, Australia/Papua New Guinea: The Pacific Non-Solution, 2015 nach Wiedereröffnung der Lager; UN News Centre, Australia and Nauru must end offshore detention; investigate claims of abuse – UN rights office, v. 12.08.2016.

1177 *Bröcker*, Die externen Dimensionen des EU-Asyl- und Flüchtlingsrechts im Lichte der Menschenrechte und des Völkerrechts, S. 172 m.w.N.

1178 *Crock/Saul*, Future Seekers, S. 90 f. m.w.H.

1179 AI, Australia-Pacific Offending human dignity, 2002, S. 17; *Crock/Saul*, Future Seekers, S. 96 m.w.N.

1180 *Bröcker*, Die externen Dimensionen des EU-Asyl- und Flüchtlingsrechts im Lichte der Menschenrechte und des Völkerrechts, S. 172; AI “Australia-Pacific – Offending human dignity, 2002, S. 16.

1181 *Crock/Saul*, Future Seekers, S. 77.

### 4. *Verletzung der Rechte von inhaftierten Personen*

Inhaftierten Personen, auch Asylsuchenden, steht eine Reihe von Rechten zu. Gemäß Art. 9 Abs. 2 IPbürgR ist jeder Festgenommene über die Gründe seiner Festnahme und über die gegen ihn erhobenen Beschuldigungen unverzüglich zu unterrichten. Überdies muss jeder, der in Haft gehalten wird, unverzüglich einem Richter oder anderen gesetzlich zur Ausübung richterlicher Funktionen ermächtigten Amtsperson vorgeführt werden und hat Anspruch auf ein Gerichtsverfahren innerhalb angemessener Frist oder auf Entlassung aus der Haft (Art. 9 Abs. 3 Satz 1 IPbürgR). Außerdem hat jeder, dem die Freiheit entzogen wurde, das Recht auf ein Gerichtsverfahren, in dem unverzüglich über die Rechtmäßigkeit der Freiheitsentziehung entschieden, und falls die Freiheitsentziehung nicht rechtmäßig ist, die Entlassung angeordnet werden kann (Art. 9 Abs. 4 IPbürgR).[1182]

Gemäß Art. 10 Abs. 1 IPbürgR muss jeder, dem die Freiheit entzogen wird, menschlich und mit Achtung vor der Menschenwürde behandelt werden. Die Vorschrift gilt im Unterschied zu Abs. 2 und Abs. 3 für alle Arten der Freiheitsentziehung,[1183] mithin auch in der vorliegenden Konstellation der Freiheitsentziehung während des Asylverfahrens.

Überdies haben inhaftierte Asylsuchende das Recht auf Zugang zu einem Rechtsbeistand, zur Kommunikation mit dem UNHCR und mit der Außenwelt, zur Benachrichtigung ihrer Familie und auf Besuch von Familienmitgliedern, auf medizinische Versorgung und humane Haftbedingungen.[1184] Bereits 1999 wurde der Zugang zu Rechtsbeistand in Australien durch eine Gesetzesänderung eingeschränkt, wonach die Organisation Human Rights and Equal Opportunity Commission nicht länger berechtigt war, inhaftierte Asylsuchende über ihre Rechte zu informieren.[1185] Die Berichte von Nichtregierungsorganisation legen die Verletzung der Rechte von Inhaftierten, vor allem des Rechts auf Zugang zu einem Rechtsbeistand, im Rahmen der „Pazifischen Lösung" nahe.[1186]

### 5. *Verletzung des Sanktionsverbots des Art. 31 Abs. 1 GFK*

Die Inhaftierung der Asylsuchenden in externen Asyllagern auf Nauru und Manus Island könnte das Pönalisierungsverbot des Art. 31 Abs. 1 GFK verletzen.

---

1182 Hierzu *Nowak*, U.N. CCPR Commentary, Art. 9 Rn. 49 ff.

1183 Hierzu *Nowak*, U.N. CCPR Commentary, Art. 10 Rn. 8.

1184 HWR, By Invitation Only, Australian Asylum Policy, Vol. 14, No. 10 (C) 2002, S. 68 f.

1185 *Crock/Saul*, Future Seekers, S. 92.

1186 HWR, By Invitation Only, Australian Asylum Policy, Vol. 14, No. 10 (C) 2002, S. 68 f.

Danach werden die Staaten keine Strafen wegen unrechtmäßiger Einreise oder Aufenthalts gegen Flüchtlinge verhängen, die unmittelbar aus einem Gebiet kommen, in dem ihr Leben oder ihre Freiheit nach Art. 1 bedroht ist und die ohne Erlaubnis in das Gebiet der Vertragsstaaten einreisen oder sich dort aufhalten, soweit sie sich unverzüglich bei den Behörden melden und Rechtfertigungsgründe für ihre unrechtmäßige Einreise bzw. ihren unrechtmäßigen Aufenthalt darlegen. Die Regelung soll Flüchtlinge vor Strafen wegen unerlaubten Grenzübertritts bewahren[1187] und das zentrale Non-Refoulement-Gebot stärken.[1188] Art. 31 GFK erlaubt, Flüchtlinge in ihrer Bewegungsfreiheit zu beschränken, sogar sie in Haft zu nehmen und den Zugang zu Arbeit und Sozialversorgung zu verweigern; Grenze sind die Menschenrechte.[1189]

Gemäß Art. 31 Abs. 2 GFK legen Staaten den Flüchtlingen bei einem Aufenthaltsortswechsel keine unnötigen Beschränkungen auf; Beschränkungen finden nur so lange Anwendung wie die Rechtsstellung der Flüchtlinge im Aufnahmeland geregelt oder es ihnen gelungen ist, in einem anderen Land Aufnahme zu erhalten. Die Staaten werden den Flüchtlingen eine angemessene Frist sowie alle notwendigen Erleichterungen zur Aufnahme in einem anderen Land gewähren. Auch Art. 31 Abs. 2 GFK sieht kein Recht vor, dass ein Asylsuchender in einem Staat verbleiben darf.[1190] Das Pönalisierungsverbot des Art 31 GFK gilt dabei nach allgemeiner Auffassung nicht nur für bereits anerkannte Flüchtlinge, sondern auch für Asylsuchende, die vermutlich Flüchtlinge sind.[1191]

Maßgeblich für die Frage, ob Art. 31 GFK verletzt wird, ist die Auslegung des Begriffs der Strafen, konkret ob nur strafrechtliche Sanktionen oder auch die Einwanderungshaft (*immigration detention*) erfasst werden. Letzteres ist keine Strafe infolge gerichtlicher Verurteilung, sondern eine freiheitsentziehende Maßnahme ohne strafrechtliche Verurteilung.[1192] In *Merriam-Webster's* Rechtswörterbuch wird „penalty“ definiert als:

---

1187 *Hathaway*, Rights of Refugees under International Law, S. 408, *Heißl*, Rechtliche Überlegungen zum Konzept der Asylverfahrenslager außerhalb Europas, ZÖR 2007, 371 (398).

1188 *Kälin/Caroni/Heim* in Zimmermann, The 1951 Convention Relating to the Status of Refugees and its 1967 Protocol, Art. 33 Rn. 24.

1189 *Goodwin-Gill/McAdam*, The Refugee in International Law, S. 267 m.w.N.

1190 *Goodwin-Gill/McAdam*, The Refugee in International Law, S. 267.

1191 *Noll* in Zimmermann, The 1951 Convention Relating to the Status of Refugees and its 1967 Protocol, Art. 31 Rn. 36.

1192 *Crock/Saul*, Future Seekers, S. 76.

> „1: a punishment that is imposed on a wrongdoer by statute or judicial decision
> 2: a pecuniary sum that by agreement is to be paid by a party who fails to fulfill an obligation to another and that is punitive rather than compulsory [.]“[1193]

Da sich die zweite Passage auf hier nicht in Rede stehende Geldzahlungen bezieht, müsste eine Bestrafung vorliegen, die dem Übeltäter durch Gesetz oder Gerichtsentscheidung auferlegt wird. Die Inhaftierung folgt hier auf Grundlage der australischen Gesetzgebung, sodass das Vorliegen einer Bestrafung zu klären ist, die einen gewissen strafrechtlichen Bezug suggeriert. Nach *Noll* unterfallen Art. 31 Abs. 1 GFK auch Maßnahmen jenseits der Grenzen des Strafrechts.[1194] Ein solch weites Verständnis des Begriffs der Strafe bestätigt Sinn und Zweck des Art. 31 Abs. 1 GFK in Zusammenschau mit Art. 15 Abs. 1 IPbürgR.[1195] Auch das UNHCR-Exekutivkomitee ist in seinem Beschluss Nr. 22 der Auffassung, dass Asylsuchende

> “not be penalized or exposed to any unfavourable treatment solely on the ground that their presence in the country is considered unlawful.“[1196]

Zum Verhältnis von Abs. 1 und Abs. 2 des Art. 31 GFK stellt *Noll* klar, dass zwischen dem Strafcharakter der Haft nach Art. 31 Abs. 1 GFK und der Frage der Notwendigkeit von Maßnahmen gemäß Art. 31 Abs. 2 GFK zu differenzieren ist. Wenn die Inhaftierung von Flüchtlingen bereits nicht notwendig nach Art. 31 Abs. 2 GFK ist, hat die Maßnahme Strafcharakter und ist daher nach Art. 31 Abs. 1 GFK verboten.[1197]

Im Ergebnis nimmt *Noll* eine Verletzung des Art. 31 Abs. 1 GFK an, wenn die typischerweise mit einer Strafe verfolgten Zwecke, wie Vergeltung oder Abschreckung, auch die der Inhaftierung zugrundeliegenden Zwecke sind. Dies ist nach überzeugender Ansicht des UNHCR bei der Politik Australiens der Fall, weil die

---

1193 *Merriam-Webster*, Merriam-Webster‘s dictionary of law, “penalty”, S. 354.

1194 *Noll* in Zimmermann, The 1951 Convention Relating to the Status of Refugees and its 1967 Protocol, Art. 31 Rn. 73.

1195 Gemäß Art. 15 Abs. 1 Satz 1 IPbürgR darf niemand wegen einer Handlung oder Unterlassung verurteilt werden, die zur Zeit ihrer Begehung nach inländischem oder nach internationalem Recht nicht strafbar war. *Goodwin-Gill/McAdam*, The Refugee in International Law, S. 266.

1196 EXCOM Conclusion No. 22 (XXXII), 1981, Protection of Asylum-Seekers in situations of large-scale influx, Ziff. II. B.2. (a); vgl. *Mathew*, Australian Refugee Protection in the Wake of the Tampa, AJIL 96 (2002), 661 (674).

1197 Vgl. hierzu *Noll* in Zimmermann, The 1951 Convention Relating to the Status of Refugees and its 1967 Protocol, Art. 31 Rn. 76.

Einwanderungshaft vor allem der Abschreckung und damit einem dem Strafrecht entliehenen Zweck dient.[1198] Der UNHCR hält die Inhaftierung von Asylsuchenden für nicht gerechtfertigt,

> „where asylum-seekers are detained with the sole object of discouraging further arrivals.“[1199]

Auch *Goodwin-Gill* und *McAdam* gehen im Falle einer willkürlichen Inhaftierung von einer Strafe im Sinne von Art. 31 Abs. 1 GFK aus und halten damit eine administrative Haft für gleichwertig mit einer Strafmaßnahme, wenn Schutzgarantien etwa bezüglich der Lebensbedingungen, Haftdauer und Überprüfungsmöglichkeiten fehlen.[1200] Überdies gehen *Goodwin-Gill* und *McAdam* davon aus, dass die Strafverhängung bei Fehlen individueller Prüfung des Asylantrags nicht nur Art. 31 Abs. 1 GFK, sondern auch die Staatspflicht allen Personen in seinem Hoheitsgebiet bzw. seiner Jurisdiktion den Schutz grundlegender Menschenrechte zu garantieren (nach Art. 2 Abs. 1 IPbürgR, Art. 1 EMRK), verletzt.[1201]

Auch *Fonteyne* sieht in der Inhaftierung der Bootsflüchtlinge jedenfalls einen Widerspruch zum Normcharakter des Art. 31 GFK;[1202] auch wenn die einzelnen Tatbestandsmerkmale der Vorschrift wie „unmittelbar aus einem Gebiet kommen, in dem ihr Leben oder ihre Freiheit […] bedroht waren“ und „Gründe darlegen, die ihre unrechtmäßige Einreise oder ihren unrechtmäßigen Aufenthalt rechtfertigen“ im Einzelfall Nachweisschwierigkeiten mit sich bringen und daher Anlass für die Nichtanwendung der Vorschrift sein können.[1203] Zutreffend führt *Fonteyne* aus, dass der Grundsatz, Schutzsuchende für ihre illegale Einreise nicht zu bestrafen, klar ist und daher die Praxis Australiens, spontan ankommende Asylsuchende gerade wegen ihrer illegalen Ankunft zu inhaftieren, damit

1198 UNHCR, Note on International Protection (submitted by the High Commissioner), U.N. Doc. A/AC.96/643 (1984) Ziff. 29; *Noll* in Zimmermann, The 1951 Convention Relating to the Status of Refugees and its 1967 Protocol, Art. 31 Rn. 78.

1199 UNHCR, Note on International Protection (submitted by the High Commissioner), U.N. Doc. A/AC.96/643 (1984) Ziff. 29.

1200 *Goodwin-Gill/McAdam*, The Refugee in International Law, S. 266.

1201 *Goodwin-Gill/McAdam*, The Refugee in International Law, S. 267.

1202 So auch *Heißl*, Rechtliche Überlegungen zum Konzept der Asylverfahrenslager außerhalb Europas, ZÖR 2007, 371 (398 f.).

1203 *Fonteyne*, ‚Illegal refugees‘ or illegal policy? in: Maley/Dupont/Fonteyne u.a., Refugees and the Myth of the Borderless World, S. 16 (20); vgl. zu den Tatbestandsvoraussetzungen *Noll* in Zimmermann, The 1951 Convention Relating to the Status of Refugees and its 1967 Protocol, Art. 31 Rn. 39 ff.

unvereinbar ist.[1204] Zwar dürfen nach Art. 31 Abs. 2 GFK notwendige Beschränkungen im Hinblick auf den Aufenthaltsort ergriffen werden; dies rechtfertigt indes keine dauerhafte Inhaftierung.[1205] Im Hinblick auf Art. 31 Abs. 2 GFK geht *Noll* davon aus, dass die überlange Inhaftierung von Asylsuchenden, welche die Gefahr einer Gesundheitsschädigung bedeuten, ebenso wenig wie die zwingende Einwanderungshaft nicht „notwendig“ im Sinne von Art. 31 Abs. 2 GFK sind.[1206]

Mit *Hathaway*,[1207] wonach die dauerhafte Unterbringung in Aufnahmezentren Art. 31 Abs. 2 GFK verletzt, wird mithin ein Verstoß gegen Art. 31 Abs. 1 und Abs. 2 GFK bejaht.

### 6. *Verletzung des Rechts auf Zugang zu den Gerichten nach Art. 16 Abs. 1 GFK*

Des Weiteren könnte das in Art. 16 Abs. 1 GFK jedem Flüchtling eingeräumte Recht auf freien und ungehinderten Zugang zu den Gerichten im Gebiet der Vertragsstaaten verletzt sein. Danach sind Beschränkungen wegen des Flüchtlingsstatus einer Person unzulässig, zum anderen sind Maßnahmen für einen effektiven Gerichtszugang erforderlich.[1208] Diese Verfahrensgarantie ist von essentieller Bedeutung, weil der Zugang zu Gerichten die Flüchtlingsrechte der GFK einklagbar und damit durchsetzbar macht sowie im Verfahren zur Feststellung des Flüchtlingsstatus Rechtsmittel schafft.[1209] Dabei geht *den Heijer* zutreffend mit *Hathaway* davon aus, dass Art. 16 GFK auch für Asylsuchende ohne

---

1204 *Fonteyne*, ‚Illegal refugees‘ or illegal policy? in: Maley/Dupont/Fonteyne u.a., Refugees and the Myth of the Borderless World, S. 16 (20); *Francis*, Bringing Protection Home: Healing the Schism Between International Obligations and National Safeguards Created by Extraterritorial Processing, IJRL 20 (2008), 273 (292).

1205 *Fonteyne*, ‚Illegal refugees‘ or illegal policy? in: Maley/Dupont/Fonteyne u.a., Refugees and the Myth of the Borderless World, S. 16 (20).

1206 *Noll* in Zimmermann, The 1951 Convention Relating to the Status of Refugees and its 1967 Protocol, Art. 31 Rn. 113 f. m.w.N.

1207 *Hathaway*, Rights of Refugees under International Law, S. 431; vgl. *Heißl*, Rechtliche Überlegungen zum Konzept der Asylverfahrenslager außerhalb Europas, ZÖR 2007, 371 (398), der auch Art. 31 GFK verletzt sieht; so auch später HRW, Australia/Papua New Guinea: The Pacific Non-Solution, 2015.

1208 *Elberling* in Zimmermann, The 1951 Convention Relating to the Status of Refugees and its 1967 Protocol, Art. 16 Rn. 31.

1209 *Elberling* in Zimmermann, The 1951 Convention Relating to the Status of Refugees and its 1967 Protocol, Art. 16 Rn. 3 f.

Anerkennung als Flüchtling gilt;[1210] andernfalls würde der Zweck des Flüchtlingsrechts und der GFK in Form des umfassenden Flüchtlingsschutzes unterlaufen. Dies gilt, obgleich die GFK das Verfahren zur Feststellung des Flüchtlingsstatus grundsätzlich den Staaten überlässt.[1211] Nach *Elberling* ist Art. 16 GFK für alle Flüchtlinge und Verfahren anwendbar, auch für das Prüfungsverfahren des Flüchtlingsstatus und zur Anfechtung der Ablehnungsentscheidung.[1212] Jedoch erfordert die Garantie des Art. 16 GFK – auch nach *Elberling* – nur, dass die Staaten Flüchtlingen ermöglichen, ihre Klage vor Gericht zu bringen, nicht aber dass die sachliche Zuständigkeit des Gerichts sowie das materielle Recht vorliegen, um erhobene Ansprüche tatsächlich durchzusetzen.[1213] Diese restriktiven Maßnahmen verletzen nach *Elberling* nicht Art. 16 GFK, sodass der praktische Schutz der Verfahrensgarantie erheblich eingeschränkt werden kann.[1214] Im Einzelfall kommt es darauf an, ob noch der Zugang zu Gericht oder bereits materielles Recht oder die sachliche Gerichtszuständigkeit betroffen sind.[1215]

Art. 14 Abs. 1 IPbürgR sieht den gleichen Gerichtszugang für alle sowie ein faires Gerichtsverfahren vor, sodass *Francis* in der Zusammenschau von Art. 16 Abs. 1 GFK und Art. 14 IPbürgR ein Recht auf Zugang zu effektiven Rechtsmitteln annimmt.[1216]

Allgemein formuliert Art. 2 Abs. 3 lit. a) IPbürgR die Pflicht der Vertragsstaaten, dass jeder, der in seinen, durch den Pakt garantierten, Rechten oder Freiheiten verletzt wurde, das Recht auf wirksame Beschwerde erhält, selbst

---

1210 *Den Heijer*, Europe and Extraterritorial Asylum, S. 272; *Hathaway*, The Rights of Refugees under International Law, S. 645 m.w.N.; im Ergebnis auch *Elberling* in *Zimmermann*, The 1951 Convention Relating to the Status of Refugees and its 1967 Protocol, Art. 16 Rn. 25.

1211 *Elberling* in Zimmermann, The 1951 Convention Relating to the Status of Refugees and its 1967 Protocol, Art. 16 Rn. 53 m.w.N.

1212 *Elberling* in Zimmermann, The 1951 Convention Relating to the Status of Refugees and its 1967 Protocol, Art. 16 Rn. 54 m.w.N.; *Hathaway*, The Rights of Refugees under International Law, S. 645.

1213 *Elberling* in Zimmermann, The 1951 Convention Relating to the Status of Refugees and its 1967 Protocol, Art. 16 Rn. 55 m.w.N.

1214 *Elberling* in Zimmermann, The 1951 Convention Relating to the Status of Refugees and its 1967 Protocol, Art. 16 Rn. 55 m.w.N.

1215 *Elberling* in Zimmermann, The 1951 Convention Relating to the Status of Refugees and its 1967 Protocol, Art. 16 Rn. 56 ff. m.w.Bsp.

1216 *Francis*, Bringing Protection Home: Healing the Schism Between International Obligations and National Safeguards Created by Extraterritorial Processing, IJRL 20 (2008), 273 (296).

bei Verletzung durch eine Amtsperson.[1217] Bezüglich der Inhaftierung ist in Art. 9 Abs. 4 IPbürgR das Beschwerderecht nochmals geregelt.

Bezüglich des Gerichtszugangs ist zwischen den Handlungen der verschiedenen Akteure – Australien als Betreiber der Asylverfahrenslager und Nauru bzw. Papua-Neuguinea als Gastländer – zu unterscheiden, wobei *Francis* bei der vorliegenden Konstruktion zutreffend von einem „whirlpool of jurisdictional problems“ spricht.[1218]

In den Gastländern der extraterritorialen Asyllager Nauru und Papua-Neuguinea fehlt den Asylsuchenden ein wirksamer Justizzugang.[1219] Ein gerichtlicher Überprüfungsbedarf ist auch im Verhältnis des Asylsuchenden zu den Drittstaaten Nauru bzw. Papua-Neuguinea nicht per se ausgeschlossen, da sich der Asylsuchende in seinem Hoheitsgebiet befindet und jedenfalls zum Teil seiner Hoheitsgewalt – etwa durch den Erhalt eines speziellen Visums für den Aufenthalt – unterfällt.[1220] Bezüglich der ausgeübten Hoheitsgewalt Australiens steht den Asylsuchenden aufgrund des Grundsatzes der Immunität, der ein nationales Gerichtsverfahren gegen einen anderen Staat als Beklagten verbietet,[1221] keine gerichtliche Prüfungsmöglichkeit vor den Gerichten Naurus und Papua-Neuguineas zu.[1222] Lange Zeit blieben daher Versuche der Asylsuchenden, vor den Gerichten der Gastländer zu klagen, erfolglos.

Im Hinblick auf den Zugang zu australischen Gerichten ist zwischen dem Transfer nach Nauru bzw. Papua-Neuguinea und der dortigen Unterbringung sowie Verfahrensdurchführung zu differenzieren. Die Maßnahmen erfolgten allesamt durch australische Behörden in Ausübung ihrer Hoheitsgewalt. Im Hinblick auf die *mandatory immigration detention* muss den Inhaftierten nach

---

1217 Dazu *den Heijer*, Europe and Extraterritorial Asylum, S. 272.

1218 So etwa *Francis*, Bringing Protection Home: Healing the Schism Between International Obligations and National Safeguards Created by Extraterritorial Processing, IJRL 20 (2008), 273 (299 ff.; 307)

1219 *Francis*, Bringing Protection Home: Healing the Schism Between International Obligations and National Safeguards Created by Extraterritorial Processing, IJRL 20 (2008), 273 (299 ff., 307).

1220 *Francis*, Bringing Protection Home: Healing the Schism Between International Obligations and National Safeguards Created by Extraterritorial Processing, IJRL 20 (2008), 273 (299).

1221 *Kau* in Vitzthum/Proelß, Völkerrecht, 3. Abschn. II. Rn. 89 f.

1222 *Francis*, Bringing Protection Home: Healing the Schism Between International Obligations and National Safeguards Created by Extraterritorial Processing, IJRL 20 (2008), 273 (305 ff.) m.w.H. zur Rechtsprechung.

*Elberling* die Möglichkeit offen stehen, die Inhaftierung vor Gericht anzufechten.[1223] Nachdem jedoch Art. 16 Abs. 1 GFK nur die Möglichkeit der Klageerhebung vor Gericht garantiert, nicht aber, dass die Gerichte auch zugunsten der Ansprüche entscheiden, ist weder die Möglichkeit besonderer Rechtsbehelfsverfahren noch die sachliche Zuständigkeit der Gerichte für Flüchtlinge garantiert.[1224]

*Francis* weist darauf hin, dass eine Überprüfungsmöglichkeit des Transfers in extraterritoriale Asyllager nach Nauru bzw. Papua-Neuguinea fehlt; nicht zuletzt infolge der Gesetzesänderung 2001, wodurch die Überprüfbarkeit von Migrationsentscheidungen durch australische Gerichte auf dem Festland und erst recht in den Offshore-Verfahrenslagern erheblich beschränkt wurde.[1225]

Im Hinblick auf die Unterbringung in Nauru und Papua-Neuguinea ist fraglich, wie es sich auswirkt, dass die Flüchtlinge nach ihrer Verbringung nicht mehr im australischen Hoheitsgebiet waren und Nauru kein Vertragsstaat der GFK war, sodass die Anwendbarkeit des Art. 16 GFK zu klären ist. Australiens Regierung argumentiert für den Ausschluss der extraterritorial untergebrachten Asylsuchenden vor australischen Gerichten mit der sog. *Act- of-state*-Doktrin, wonach die Ausübung staatlicher Souveränitätsrechte in Form bilateraler Abkommen zwischen souveränen Staaten – hier mit Nauru und Papua-Neuguinea – und ihre Rechtmäßigkeit und Gültigkeit der Überprüfung durch einfache Gerichte entzogen sind (aus rein innerstaatlicher Sicht).[1226]

Jedoch erfordert der Wortlaut des Art. 16 Abs. 1 GFK, der den Gerichtszugang „in dem Gebiet der vertragsschließenden Staaten“ (“*on the territory of all Contracting States*”) gewährleistet, keine physische Anwesenheit des Flüchtlingsstellers auf dem Gebiet des Staates, zu dessen Gerichten er Zugang verlangt.[1227]

---

1223 *Elberling* in Zimmermann, The 1951 Convention Relating to the Status of Refugees and its 1967 Protocol, Art. 16 Rn. 32 m.w.N.

1224 *Elberling* in Zimmermann, The 1951 Convention Relating to the Status of Refugees and its 1967 Protocol, Art. 16 Rn. 34; *Hathaway*, The Rights of Refugees under International Law, S. 647.

1225 Migration Legislation Amendment (Judicial Review) Act 2001. *Francis*, Bringing Protection Home: Healing the Schism Between International Obligations and National Safeguards Created by Extraterritorial Processing, IJRL 20 (2008), 273 (290 f.); *Germov/Motta*, Refugee Law in Australia, S. 707 ff.; S. 62; *Mason*, Sea Change, S. 35 ff.

1226 *Francis*, Bringing Protection Home: Healing the Schism Between International Obligations and National Safeguards Created by Extraterritorial Processing, IJRL 20 (2008), 273 (301 f.) m.w.H. auf die Rechtsprechung.

1227 *Elberling* in Zimmermann, The 1951 Convention Relating to the Status of Refugees and its 1967 Protocol, Art. 16 Rn. 27.

Zutreffend weist *Elberling* daraufhin, dass ein Flüchtling naturgemäß nicht auf allen Gebieten der Vertragsstaaten gleichzeitig anwesend sein kann, mithin die körperliche Anwesenheit des Flüchtlings im Staatsgebiet gerade nicht Voraussetzung für Art. 16 Abs. 1 GFK ist.[1228] Überdies unterfallen die Asylsuchenden in den extraterritorialen Asyllagern nach wie vor australischer Hoheitsgewalt, weil der Betrieb der Asylcamps und das Asylverfahren durch australische Beamte erfolgt. Infolgedessen gelten auch die GFK-Verpflichtungen einschließlich des Zugangs zu Gerichten und können nicht durch Extraterritorialisierung der Asylverfahren umgangen werden.[1229]

Im Ergebnis ist mit *den Heijer* festzuhalten, dass die Einhaltung von Flüchtlings- und Grundrechten bei der „Pazifischen Lösung“ mangels Verfahrensgarantien im ausschließlichen Ermessen Australiens steht, worin ein Widerspruch zu menschenrechtlichen und den durch die GFK gewährten Garantien liegt.[1230] Art. 16 Abs. 1 GFK wurde verletzt, da der Zugang zu Gerichten, vor allem zur Überprüfung der Inhaftierung, nicht frei und ungehindert gewährleistet ist.[1231]

### *7. Verletzung der UN-Kinderrechtskonvention*

Die Inhaftierung von Kindern in den australischen Asyllagern auf Nauru und Manus Island könnte die Vorgaben des Übereinkommens über die Rechte des Kindes (UN-Kinderrechtskonvention) verletzen. Nach der Gesetzesänderung 1999, wodurch die Familienzusammenführung eingeschränkt wurde, ist die Anzahl der Kinder unter den illegalen Asylsuchenden und infolgedessen auch die Zahl ihrer Inhaftierung von zuvor weniger als 10 % auf über 30 % der Bootsflüchtlinge sprunghaft angestiegen.[1232] Dies ist angesichts der besonderen Schutzbedürftigkeit von Kindern, die nach Art. 37 lit. b) der UN-Kinderkonvention nur als letztes Mittel in absoluten Ausnahmesituationen und auch dann nur für

---

1228 *Elberling* in Zimmermann, The 1951 Convention Relating to the Status of Refugees and its 1967 Protocol, Art. 16 Rn. 27.

1229 *Elberling* in Zimmermann, The 1951 Convention Relating to the Status of Refugees and its 1967 Protocol, Art. 16 Rn. 59; *Francis*, Bringing Protection Home: Healing the Schism Between International Obligations and National Safeguards Created by Extraterritorial Processing, IJRL 20 (2008), 273 (298 ff.) m.w.N.

1230 *Den Heijer*, Europe and Extraterritorial Asylum, S. 273.

1231 Etwa *Crock/Saul*, Future Seekers, S. 92; *Francis*, Bringing Protection Home: Healing the Schism Between International Obligations and National Safeguards Created by Extraterritorial Processing, IJRL 20 (2008), 273 (309).

1232 *Crock/Saul*, Future Seekers, S. 78.

angebracht kürzeste Dauer inhaftiert werden sollen, besonders bedenklich.[1233] Obgleich die auf Nauru festgehaltenen Kinder nach Angaben von Amnesty International die örtliche Schule besuchen durften,[1234] weist *McEntee* zu den schweren Folgen der systematischen Inhaftierung von Kindern in australischen Einwanderungszentren nachfolgend hin:

> „the threat of sexual abuse, lasting mental, physical and psychological effects, substandard medical treatment, and limited educational opportunities.“[1235]

Insgesamt ist die Inhaftierung von Kindern in den Asyllagern mit *Fonteyne* als Verletzung der UN-Kinderrechtskonvention anzusehen.[1236] Im Raum steht nicht nur die Inhaftierung der Kinder als Verstoß gegen Art. 37 lit. b) UN-Kinderkonvention, sondern auch die Verletzung von Art. 37 lit. d) UN-Kinderkonvention, weil die Rechte inhaftierter Kinder auf umgehenden Zugang zu Rechtsbeistand sowie auf gerichtliche bzw. unabhängige behördliche Überprüfung der Rechtmäßigkeit der Freiheitsentziehung durch Australien nicht gewahrt wurden.

### *8. Zwischenergebnis*

Während *Magner* trotz Bedenken gegenüber der Behandlung in den Asyllagern die Verletzung der GFK durch die Verbringung und die Inhaftierung Asylsuchenden auf Nauru und Papua-Neuguinea für ablehnbar hält,[1237] ist ein Verstoß gegen die GFK anzunehmen. Vor allem der Mangel von Verfahrensgarantien, wie der Zugang zu Gericht zur praktischen Durchsetzbarkeit von Flüchtlings- und Menschenrechten, sind zu kritisieren.[1238] Darüber hinaus werden nach Angaben von Nichtregierungsorganisationen Minderheiten, wie etwa homosexuelle Personen, nicht ausreichend vor Diskriminierungen und Übergriffen geschützt, obwohl es sich um besonders schutzbedürftige Personengruppen

---

1233 AI, Australia-Pacific - Offending human dignity, 2002, S. 16; *Crock/Saul*, Future Seekers, S. 79.

1234 AI, Australia-Pacific: - Offending human dignity, 2002, S. 20.

1235 *McEntee*, The Failure of Domestic and International Mechanisms to Redress the Harmful Effects of Australian Immigration Detention, Pac. Rim L. & Pol'y J 12 (2003), 263 (267 f.) m.w.N.

1236 *Fonteyne*, ‚Illegal refugees‘ or illegal policy? in: Maley/Dupont/Fonteyne u.a., Refugees and the Myth of the Borderless World, S. 16 (21).

1237 *Magner*, A Less than ‚Pacific‘ Solution for Asylum Seekers in Australia, IJRL 16 (2004), 53 (85, 89).

1238 Etwa *den Heijer*, Europe and Extraterritorial Asylum, S. 282.

handelt.[1239] Schließlich wird daraufhin gewiesen, dass den Asylsuchenden und sogar anerkannten Flüchtlingen auf Nauru und Papua-Neuguinea weitere Rechte der GFK vorenthalten werden, wie etwa das in Art. 17 ff. GFK normierte Recht auf Arbeit (vgl. Art. 6 IPwirtR) oder das Recht auf Zugang zu Bildung (vgl. Art. 13 IPwirtR).[1240]

## III. Abfangen von Flüchtlingsbooten außerhalb australischer Hoheitsgewässer zur Verhinderung des Zugangs in australische Hoheitsgewässer

Fraglich ist, ob Australien durch das Abfangen von Flüchtlingsbooten mit Patrouilleschiffen außerhalb australischer Hoheitsgewässer – noch auf Hoher See – Völkerrecht verletzt.[1241] Zweck dieser Maßnahme ist einerseits die Verhinderung des Zugangs zum nationalen Asylsystem Australiens, anderseits die Abschreckung zukünftiger Asylsuchender.

### *1. Verstoß gegen das Non-Refoulement-Gebot*

Das Abfangen der Flüchtlingsboote auf Hoher See könnte das Refoulement-Verbot des Art. 33 Abs. 1 GFK verletzen. Da Australien außerhalb seines Hoheitsgebiets tätig wird, stellt sich die Frage des territorialen Anwendungsbereichs der Norm. Zu klären ist, ob allein die Ausübung von Hoheitsrechten – unabhängig vom Ausübungsort – den räumlichen Anwendungsbereich des Art. 33 Abs. 1 GFK eröffnet.

Das U.S. Supreme Court hat 1993 in der Festsetzung illegaler, haitianischer Bootsflüchtlinge und ihrer Rückführung nach Haiti ohne Prüfung des Flüchtlingsstatus keine Zurückweisung nach Art. 33 Abs. 1 GKK erblickt und dabei die extraterritoriale Wirkung des Art. 33 Abs. 1 GFK verneint, da sich ein Staat

1239 So unlängst HRW, Australia/Papua New Guinea: The Pacific Non-Solution, 2015; UN News Centre, UN rights office, Australia and Nauru must end offshore detention; investigate claims of abuse, v. 12.08.2016.

1240 HRW, Australia/Papua New Guinea: The Pacific Non-Solution v. 15.07.2015.

1241 Zum Verbot sog. Push-back-Operationen im Mittelmeerraum *Markard*, Das Recht auf Ausreise zur See, AVR 52 (2014), 449 (452 ff.) unter Bezugnahme auf die Grundsatzentscheidung des EGMR (Gr. Kammer), U. v. 23.02.2012, Nr. 27765/09 = NVwZ 2012, 809 – Hirsi Jamaa u.a./Italien; *Lehnert/Markard*, Mittelmeerroulette – Das Hirsi-Urteil des EGMR und die europäische Grenzschutzpolitik auf See, ZAR 2012, 194 (195 ff.).

solange nicht nach Art. 33 Abs. 1 GFK verantworten müsse, wie sich ein Flüchtling nicht innerhalb des Staatsgebietes befindet.[1242]

Wie unter I. 1. ausgeführt, hat sich jedoch ein relativ weites Verständnis des räumlichen Anwendungsbereichs des Non-Refoulement-Gebots entwickelt, wonach Art. 33 Abs. 1 GFK den Vertragsstaat nicht nur innerhalb seines Territoriums, sondern auch an seinen Grenzen bindet.[1243] Umstritten ist der territoriale Anwendungsbereich des Prinzips jenseits des staatlichen Hoheitsgebiets, wie hier beim Abfangen von Flüchtlingen auf Hoher See[1244] oder bei Screening-Maßnahmen der Behörden eines Staates am Flughafen eines anderen Staats.[1245]

Der Wortlaut des Art. 33 Abs. 1 GFK sieht keine geographische Begrenzung vor.[1246] Die GFK enthält auch keine allgemeinen Regelungen über Staatspflichten, die Rückschlüsse für den territorialen Geltungsbereich erkennen lassen.[1247] Jedoch nahmen die Verfasser der GFK in zahlreichen Konventionsregelungen einen geographischen Bezug auf,[1248] sodass im Umkehrschluss aus

---

1242 US Supreme Court, *Sale v. Haitian Centers Council Inc.*, 113 S. Ct. 2549, 125 L. (92-344), 509 U.S. 155 (1993), Opinion; *Magner*, A Less than ‚Pacific‘ Solution for Asylum Seekers in Australia, IJRL 16 (2004), 53 (74); *Goodwin-Gill/McAdam*, The Refugee in International Law, S. 246 f. Demgegenüber führte der mit seinem Votum abweichende Richter Blackmun zu Art. 33 GFK aus: “The terms are unambiguous. Vulnerable refugees shall not be returned. The language is clear, and the command is straightforward; that should be the end of the inquiry.”, US Supreme Court, *Sale v. Haitian Centers Council Inc.*, 113 S. Ct. 2549, 125 L. (92-344), 509 U.S. 155 (1993), Dissent. *Francis*, Bringing Protection Home: Healing the Schism Between International Obligations and National Safeguards Created by Extraterritorial Processing, IJRL 20 (2008), 273 (284 ff.); *Wallace*, The principle of *non-refoulement* in international refugee law in Chetail/Bauloz, Research Handbook on International Law and Migration, S. 417 (431 f.).

1243 *Kälin/Caroni/Heim* in Zimmermann, The 1951 Convention Relating to the Status of Refugees and its 1967 Protocol, Art. 33 Rn. 86 f.; *Kau* in Vitzthum/Proelß, Völkerrecht, 3. Abschn. III. Rn. 304.

1244 *Kälin/Caroni/Heim* in Zimmermann, The 1951 Convention Relating to the Status of Refugees and its 1967 Protocol, Art. 33 Rn. 87.

1245 Hierzu *Wouters*, International Legal Standards for the Protection from Refoulement, S. 49.

1246 *Wouters*, International Legal Standards for the Protection form Refoulement, S. 49 ff.; *Bröcker*, Die externen Dimensionen des EU-Asyl- und Flüchtlingsrechts im Lichte der Menschenrechte und des Völkerrechts, S. 248.

1247 *Kälin/Caroni/Heim* in Zimmermann, The 1951 Convention Relating to the Status of Refugees and its 1967 Protocol, Art. 33 Rn. 87.

1248 *Goodwin-Gill/McAdams*, The Refugee in International Law, S. 246; bspw. für Vorschriften mit einem geographischen Bezug werden Art. 4, 14, 16, 32 GFK aufgezählt.

der Nichtaufnahme territorialer Begrenzungen in Art. 33 GFK die bewusste Entscheidung für seine unbegrenzte territoriale Geltung folgt.[1249] Auch spricht der Wortlaut des Art. 33 Abs. 1 GFK selbst für seine extraterritoriale Geltung: Verboten ist die Aus- oder Zurückweisung eines Flüchtlings auf irgendeine Weise über die Grenzen von Gebieten, womit auf ein Gebiet anstelle eines Staat mit festgelegten Grenzen abgestellt wird (die Grenze Australiens wurde hier noch nicht erreicht).

Das weite Verständnis der GFK wird in dem bei der Auslegung völkerrechtlicher Verträge zu beachtenden Vertragszweck (Art. 31 Abs. 1 WVK[1250]) bestätigt.[1251] In der Präambel heißt es:

> „dass die Organisation der Vereinten Nationen wiederholt die tiefe Verantwortung zum Ausdruck gebracht hat, die sie für die Flüchtlinge empfindet, und sich bemüht hat, diesen in möglichst großem Umfange die Ausübung der Menschenrechte und der Grundfreiheiten zu sichern.“[1252]

Das Ziel eines umfassenden Flüchtlingsschutzes würde unterlaufen, wenn ein Flüchtling seinen Verfolgern nur deshalb ausgeliefert wird, weil der zurückweisende Staat außerhalb seines Territoriums handelt.[1253] Dieses weite Verständnis entspricht auch anderen Menschen-rechtspakten (z.B. Art. 2 Abs. 1 IPbürgR[1254]) und wird vom UN-Menschenrechtsausschuss bestätigt.[1255] Der UNHCR erklärt zur extraterritorialen Anwendung von Art. 33 Abs. 1 GFK:

---

1249 *Kälin/Caroni/Heim* in Zimmermann, The 1951 Convention Relating to the Status of Refugees and its 1967 Protocol, Art. 33 Rn. 87 f.

1250 Nach Art. 31 Abs. 1 WVK ist ein Vertrag nach Treu und Glauben in Übereistimmung mit der gewöhnlichen, seinen Bestimmungen in ihrem Zusammenhang zukommenden Bedeutung und im Lichte seines Zieles und Zweckes auszulegen; Wiener Übereinkommen über das Recht der Verträge v. 23.05.1969, BGBl. 1985 II S. 926.

1251 *Germov/Motta*, Refugee Law in Australia, S. 130.

1252 ErwGr. 2 der Präambel der GFK, vgl. dazu Fn. 26.

1253 *Kälin/Caroni/Heim* in Zimmermann, The 1951 Convention Relating to the Status of Refugees and its 1967 Protocol, Art. 33 Rn. 88.

1254 Danach verpflichtet sich jeder Vertragsstaat, „die in diesem Pakt anerkannten Rechte zu achten und sie allen in seinem Gebiet befindlichen und seiner Herrschaftsgewalt unterstehenden Personen ohne Unterschied wie insbesondere der Rasse, der Hautfarbe, des Geschlechts, der Sprache, der Religion, der politischen und sonstigen Anschauung, der nationalen oder sozialen Herkunft, des Vermögens, der Geburt oder des sonstigen Status zu gewährleisten.“

1255 HRC, General Comment No. 31, Nature of the General Legal Obligation on States Parties to the Covenant, UN doc. CCPR/C/21/Rev1/Add.13, 26.05.2004, Ziff. 10; *Francis*, Bringing Protection Home: Healing the Schism Between International

> „For the reasons set out below, UNHCR is of the view that the purpose, intent and meaning of Article 33 (1) of the 1951 Convention are unambiguous and establish an obligation not to return a refugee or asylum-seeker to a country where he or she would be risk of persecution or other serious harm, which applies wherever a State exercises jurisdiction, including at the frontier, on the high seas or on the territory of another State.“[1256]

Der UNHCR geht von der Geltung des Zurückweisungsverbots auf Hoher See, sogar auf fremdem Hoheitsgebiet, aus. Ein enger, auf das staatliche Hoheitsgebiet begrenzter Anwendungsbereich würde dem humanitären Zweck der GFK widersprechen.[1257] Mit der überwiegenden Literatur[1258] werden Menschenrechtsverpflichtungen eines Staates nicht durch den territorialen Aufenthaltsort der Person, sondern dadurch begründet, dass eine Person der effektiven Herrschaftsgewalt eines Staates untersteht.[1259] Das Refoulement-Verbot gilt ohne geographische Beschränkung,[1260] wozu *Lauterpacht* und *Bethlehem* ausführen:

> „It follows that the principle of non-refoulement will apply to the conduct of State officials or those acting on behalf of the State whereever this occurs, whether beyond the national territory of the State in question, at border posts or other points of entry, in international zones, at transit points, etc.“[1261]

---

Obligations and National Safeguards Created by Extraterritorial Processing, IJRL 20 (2008), 273 (277).

1256 UNHCR, Advisory Opinion on the Extraterritorial Application of *Non-Refoulement*, S. 12, Ziff. 24.

1257 UNHCR, Advisory Opinion on the Extraterritorial Application of *Non-Refoulement*, S. 14, Ziff. 29 m.H.a. EXCOM Conclusion No. 6 (1977), 15 (1979), 22 (1981), 74 (1994).

1258 *Kälin/Caroni/Heim* in Zimmermann, The 1951 Convention Relating to the Status of Refugees and its 1967 Protocol, Art. 33 Rn. 90; *Lauterpacht/Bethlehem*, The scope and content of the principle of non-refoulement in Feller/Türk/Nicholson, Refugee Protection in International Law, S. 87 (110); *Goodwin-Gill/McAdam*, The Refugee in International Law, S. 246; *Francis*, Bringing Protection Home: Healing the Schism Between International Obligations and National Safeguards Created by Extraterritorial Processing, IJRL 20 (2008), 273 (277); *Hathaway*, The false panacea of offshore deterrence, FMR 26 (2006), 56 (56 f.).

1259 UNHCR, Advisory Opinion on the Extraterritorial Application of *Non-Refoulement*, S. 16, Ziff. 35.

1260 *Goodwin-Gill/McAdam*, The Refugee in International Law, S. 246.

1261 *Lauterpacht/Bethlehem*, The scope and content of the principle of non-refoulement in Feller/Türk/Nicholson, Refugee Protection in International Law, S. 87 (111); *Bostock*, The International Legal Obligations owed to the Asylum Seekers on the MV Tampa, IJRL 14 (2002), 279 (287).

Im Ergebnis halten auch *Goodwin-Gill* und *McAdam* das Refoulement-Verbot für extraterritorial anwendbar und zwar überall, wo ein Flüchtling der Hoheitsgewalt eines Staates unterliegt bzw. unmittelbar von im Namen des Staates erfolgenden Handlungen betroffen ist, sei es in seinem Hoheitsgebiet, an seiner Grenze oder darüber hinaus.[1262]

*Magner* verneint die Verletzung des Refoulement-Verbots durch die Verhinderung des Einfahrens von Schiffen in staatliche Hoheitsgewässer, da in der Verhinderung des Einfahrens zwar eine Zurückweisung liegt, aber keine nach Art. 33 Abs. 1 GFK, der eine Zurückweisung in Gebiete, in denen Leben oder Freiheit der Flüchtlinge bedroht sind, erfordert.[1263] Die Zugangsverweigerung in Hoheitsgewässer eines Staates wäre demnach keine Zurückweisung nach Art. 33 Abs. 1 GFK.

Gegen die extraterritoriale Anwendbarkeit des Refoulement-Verbots auf Hoher See wird, etwa von *Bröcker*, argumentiert, dass keine Schutzlücken für Flüchtlinge entstünden, da die Pflicht, in Seenot geratene Menschen zu retten, auch auf Hoher See gilt (Art. 98 SRÜ).[1264] Jedoch entstehen Schutzlücken, da die völkerrechtliche Seerettungspflicht erst bei Vorliegen einer Notlage greift, und damit in allen anderen Fällen – ohne Seenot der Flüchtlingsboote – nicht weiterhilft. *Goodwin-Gill* und *McAdam* weisen auf das Erfordernis hin, Asylsuchende unverzüglich an einen sicheren Ort zu bringen, da Schutzanträge nur nach ihrem Anlanden bearbeitet werden können[1265] und führen zu zulässigen Maßnahmen aus:

> „The range of permissible measures is limited by obligations relating to rescue at sea and arising from elementary considerations of humanity, while action which would directly effect the return of refugees is prohibited by the principle of *non-refoulement*."[1266]

Hier könnten die auf den Booten befindlichen Flüchtlinge durch die Zurückweisung unmittelbar oder mittelbar über eine Kettenabschiebung in Verfolgerstaaten zurückgeschoben werden sowie auf seeuntüchtigen Booten in

---

1262 *Goodwin-Gill/McAdam*, The Refugee in International Law, S. 248; *Hathaway*, The false panacea of offshore deterrence, FMR 26 (2006), 56 (56); *Francis*, Bringing Protection Home: Healing the Schism Between International Obligations and National Safeguards Created by Extraterritorial Processing, IJRL 20 (2008), 273 (277).

1263 *Magner*, A Less than ‚Pacific' Solution for Asylum Seekers in Australia, IJRL 16 (2004), 53 (86 ff.); *Goodwin-Gill/McAdam*, The Refugee in International Law, S. 277.

1264 *Bröcker*, Die externen Dimensionen des EU-Asyl- und Flüchtlingsrechts im Lichte der Menschenrechte und des Völkerrechts, S. 245.

1265 *Goodwin-Gill/McAdam*, The Refugee in International Law, S. 278.

1266 *Goodwin-Gill/McAdam*, The Refugee in International Law, S. 277.

Lebensgefahr geraten. Ein Vertragsstaat der GFK darf Asylsuchende auf Hoher See nicht abfangen und zurückweisen, wenn damit die Gefahr der Rückkehr in einen Verfolgerstaat verbunden ist. Dies ist hier mit Blick auf die aus Krisenregionen stammenden Bootsflüchtlinge der Fall, sodass das australische Vorgehen Art. 33 Abs. 1 GFK verletzt.

## 2. *Verstoß gegen internationales Seerecht*

Die Hohe See unterliegt nicht der Souveränität eines Staates (Art. 89 SRÜ), sondern steht allen Staaten offen, Art. 87 Abs. 1 Satz 1 SRÜ. Wie erläutert, besitzen Schiffe die Staatsangehörigkeit des Staates, dessen Flagge zu führen sie berechtigt sind (Art. 91 Abs. 1 Satz 2 SRÜ) und unterstehen auf Hoher See grundsätzlich nur seiner Hoheitsgewalt (Art. 92 Abs. 1 Satz 1 SRÜ). Soweit keine Abkommen über die Berechtigung, Schiffe einer bestimmten Nationalität abzufangen, vorliegen,[1267] gelten enge Voraussetzungen für das Betreten von Schiffen anderer Nationen auf Hoher See. Erlaubt ist das Anhalten und Betreten von Schiffen auf Hoher See in den Fällen des Art. 110 SRÜ, etwa bei begründetem Verdacht der Seeräuberei oder des Sklavenhandels.[1268] Nach Art. 110 Abs. 1 lit. d) und lit. e) SRÜ darf ein Kriegsschiff ein anderes Schiff anhalten und überprüfen, wenn dieses keine Staatszugehörigkeit besitzt oder seine Flagge missbraucht. Eine solche Fallkonstellation mag im Einzelfall bei den Flüchtlingsbooten vorliegen, weil diese häufig ohne Flagge bzw. unter missbrauchter Flagge fahren.[1269] Dabei kann zwischen Flüchtlingsbooten bzw. -schiffen einerseits, und Booten bzw. Schiffen, die Asylsuchende gerettet haben, andererseits differenziert werden. Im Gegensatz zu erstgenannten Flüchtlingsbooten wird es bei den letztgenannten Booten bzw. Schiffen in der Regel einen verantwortlichen Flaggstaat geben, der jedoch auch sehr weit entfernt sein kann.[1270] Aus der Berechtigung des Art. 110 Abs. 1 SRÜ folgt unabhängig von der australischen Rechtslage, die ein Betreten fremder Schiffe sogar mit Zwangsmitteln zulässt,[1271] jedoch nicht das Recht, ein Schiff an einen anderen Ort zu bugsieren, auch wenn Küstenstaaten

---

1267 Etwa war die US-Küstenwache i.R.d. *Haitian interdiction programme* zur Prüfung anderer Schiffe berechtigt, *Goodwin-Gill/McAdam*, The Refugee in International Law, S. 271.

1268 *Nordquist/Nandan/Rosenne/Grandy/Allen*, UN Convention on the Law of the Sea 1982- Vol. III, Art. 110 Ziff. 110.1.

1269 *Magner*, A Less than ‚Pacific‘ Solution for Asylum Seekers in Australia, IJRL 16 (2004), 53 (75 f.).

1270 Vgl. auch *Markard*, Das Recht auf Ausreise zur See, AVR 52 (2014), 449 (470 ff.).

1271 *Goodwin-Gill/McAdam*, The Refugee in International Law, S. 272 m.w.N.

dies immer wieder unter Vergleich von Schiffen ohne Nationalität und Schiffen mit Asylsuchenden an Bord versuchen.[1272] Vielmehr beschränkt sich die Befugnis nach Art. 110 SRÜ auf ein Kontrollrecht, sodass weitergehende Maßnahmen wie die Verbringung an einen anderen Ort unzulässig sind.[1273] Bezüglich flaggenloser Schiffe stellt *Markard* im Kontext der europäischen Migrationskontrolle im Mittelraum klar, dass auch diese Boote nicht unbegrenzten Eingriffen ausgesetzt sind, da den Passagieren der diplomatische Schutz ihrer Heimatstaaten und die extraterritorial geltenden Menschenrechte einschließlich des Refoulementverbots zustehen.[1274]

Nachdem Art. 110 SRÜ nicht zum Abfangen und Zurückweisen auf Hoher See berechtigt, verbleibt es bei Art. 92 SRÜ, wonach Schiffe auf Hoher See ausschließlich der Hoheitsgewalt des Flaggenstaates unterstehen. In den Fällen einer Seenotlage des Flüchtlingsbootes sind sämtliche andere Schiffe überdies nach Art. 98 SRÜ verpflichtet, Hilfe zu leisten.

### 3. *Zwischenergebnis*

Zusammenfassend ist damit ein Verstoß gegen das Non-Refoulement-Gebot Australiens durch die Abfang- und Zurückweisungspraxis im Rahmen der australischen Lösung gegeben, soweit Flüchtlinge dadurch in Verfolgerstaaten zurückkehren mussten. Die Verbringung von Schiffen an einen anderen Ort ist seerechtlich nicht ohne weiteres zulässig.

## IV. Push-Backs von Flüchtlingsbooten aus australischen Gewässern zurück auf Hohe See

Im Rahmen der „Pazifischen Lösung“ kommt es zu sog. Push-Backs von Flüchtlingsbooten zurück auf Hohe See, um Flüchtlinge zur Rückkehr, häufig nach Indonesien, obwohl dort die Beachtung des Refoulementverbots nicht garantiert ist, zu bewegen.[1275] Die Asylsuchenden haben regelmäßig in Indonesien keinen Schutz im Sinne eines Erstasylstaates gefunden. Die Möglichkeit zur Wiedereinreise für Asylsuchende, die sich schon in Indonesien aufgehalten haben, ist

---

1272 *Goodwin-Gill/McAdam*, The Refugee in International Law, S. 271 f.

1273 Siehe auch *Markard*, Das Recht auf Ausreise zur See, AVR 52 (2014), 449 (470 ff.).

1274 *Markard*, Das Recht auf Ausreise zur See, AVR 52 (2014), 449 (471 f).

1275 *Magner*, A Less than ‚Pacific‘ Solution for Asylum Seekers in Australia, IJRL 16 (2004), 53 (56, 88); HRW und US Committee for Refugees, Letter to the Prime Minister v. 31.10.2001, S. 1; *Goodwin-Gill/McAdam*, The Refugee in International Law, S. 270.

nicht gewährleistet, darüber hinaus besteht die Gefahr einer Kettenabschiebung von Indonesien aus in Verfolgerstaaten sowie Zweifel bezüglich der Einhaltung grundlegender Menschenrechte. Die Argumentation Australiens, wonach die Anwesenheit des UNHCR in Indonesien ausreicht, überzeugt schon deshalb nicht, weil Indonesien kein Vertragspartner der GFK ist und auch nicht anderweitig die Flüchtlingsrechte der GFK garantiert.[1276]

Zutreffend weist *Mathew* auf das Phänomen von „Flüchtlingen im Orbit“ als eine der Folgen von Push-Backs hin, weil die Flüchtlinge schlimmstenfalls weder zurück in ihren Heimatstaat aufgrund der drohenden Verfolgung noch an einen anderen sicheren Ort gelangen könnten.[1277]

### *1. Verstoß gegen das Non-Refoulement Gebot*

Die von der australischen Rechtsordnung erlaubte Zurückweisung von Flüchtlingsbooten, die sich bereits in australischen Gewässern befinden, zurück auf Hohe See, könnte Art. 33 Abs. 1 GFK verletzen.[1278] Die Zurückweisung von Flüchtlingsbooten aus australischen Hoheitsgewässern, auf denen sich aller Wahrscheinlichkeit nach Flüchtlinge im Sinne der GFK befinden,[1279] ist der Paradefall des Nichtzurückweisungsgebots. Die Flüchtlingsboote befinden sich bereits im maritimen Hoheitsgebiet Australiens, sodass der räumliche Anwendungsbereich des Art. 33 Abs. 1 GFK ohne Weiteres zu bejahen ist.

Mit Blick auf den Tatbestand des Art. 33 Abs. 1 GFK könnte problematisch sein, dass die Flüchtlinge von Australien lediglich auf Hohe See zurückgedrängt und nicht unmittelbar in einen Verfolgerstaat zurückgeschoben wurden. Jedoch kann als Folge der Zurückweisung eine erzwungene Rückkehr in einen Verfolgerstaat keinesfalls ausgeschlossen werden, sodass auch *Magner* eine Verletzung des Non-Refoulement-Gebots sowie des gewohnheitsrechtlich anerkannten Nichtzurückweisungsprinzips an der Grenze durch die Push-Backs annimmt.[1280]

---

1276 Liste der Vertragsstaaten der GFK v. 28.07.1951 und des Protokolls v. 31.01.1967, UNHCR, Stand Okt. 2014; *Mathew*, Australian Refugee Protection in the Wake of the Tampa, AJIL 96 (2002), 661 (671).

1277 *Mathew*, Australian Refugee Protection in the Wake of the Tampa, AJIL 96 (2002), 661 (666) m.w.N.

1278 *Magner*, A Less than ‚Pacific‘ Solution for Asylum Seekers in Australia, IJRL 16 (2004), 53 (58, 89); *Mathew*, Australian Refugee Protection in the Wake of the Tampa, AJIL 96 (2002), 661 (666).

1279 Zur Schutzquote durch den UNHCR im Oktober 2001 vgl. *Mason*, Sea Change, S. 13.

1280 *Magner*, A Less than ‚Pacific‘ Solution for Asylum Seekers in Australia, IJRL 16 (2004), 53 (72, 89 f.); *Crock/Saul*, Future Seekers, S. 3.

Für den Mittelmeerraum hat der EGMR in seiner Grundsatzentscheidung im Jahr 2012 Hirsi Jamaa u.a. / Italien Push-back-Operationen im Mittelmeerraum verurteilt und eine Verletzung des Refoulement-Verbots nach Art. 3 EMRK sowie von Art. 4 Prot. 4 und des Beschwerderechts nach Art. 13 EMRK festgestellt.[1281]

## 2. *Verstoß gegen internationales Seerecht*

Im Hinblick auf das internationale Seerecht kommt eine Verletzung der Vorgaben des SRÜ in Betracht. Gemäß Art. 2 Abs. 1 SRÜ unterliegen die Gewässer eines Staates zwar seiner vollen Souveränität[1282], Schiffe aller Staaten genießen grundsätzlich das Recht der friedlichen Durchfahrt (Art. 17 SRÜ). Die Durchfahrt – häufig zum Zwecke des Transits durch das Küstenmeer eines Staates – ist friedlich, solange sie nicht den Frieden, die Ordnung oder die Sicherheit des Küstenstaats beeinträchtigt (Art. 19 Abs. 1 Satz 1 SRÜ). Gemäß Art. 25 Abs. 1 SRÜ kann der Küstenstaat in seinem Küstenmeer die erforderlichen Maßnahmen ergreifen, um eine nichtfriedliche Durchfahrt zu verhindern, und ist nach Art. 25 Abs. 2 SRÜ auch dazu berechtigt, in Bezug auf Schiffe, die in seine inneren Gewässer einlaufen oder eine Hafenanlage außerhalb der inneren Gewässer anlaufen wollen, die erforderlichen Maßnahmen zu ergreifen, um jede Verletzung der Bedingungen zu verhindern, die für das Einlaufen solcher Schiffe in die inneren Gewässer oder für ihr Anlaufen solcher Anlagen bestehen. Als Beeinträchtigung des Friedens, der Ordnung oder der Sicherheit des Küstenstaats gilt die Durchfahrt eines fremden Schiffes, wenn das Schiff im Küstenmeer die in Art. 19 Abs. 2 SRÜ aufgezählten Tätigkeiten vornimmt, nach Art. 19 Abs. 2 lit. g) SRÜ:

> „Das Laden oder Entladen von Waren, Zahlungsmitteln oder Personen entgegen den Zoll- und sonstigen Finanzgesetzten, Einreise- oder Gesundheitsgesetzen und diesbezüglichen sonstigen Vorschriften des Küstenstaats“.

Mithin durfte Australien Maßnahmen ergreifen, um das ins Land Gelangen von entgegen den Gesetzen einreisenden Personen zu verhindern, so auch *Goodwin-Gill* und *McAdam*:

---

1281 EGMR (Gr. Kammer), U. v. 23.02.2012, Nr. 27765/09 = NVwZ 2012, 809 – Hirsi Jamaa u.a./Italien; vgl. auch *Lehnert/Markard*, Mittelmeerroulette – Das Hirsi-Urteil des EGMR und die europäische Grenzschutzpolitik auf See, ZAR 2012, 194 (195 ff.).

1282 Zum Ganzen *Goodwin-Gill/McAdam*, The Refugee in International Law, S. 272.

> “International law nevertheless allows States to take all reasonable measures in the territorial sea to prevent the entry into port of a vessel carrying illegal immigrants, and to require such vessel to leave the territorial sea [.]”[1283]

Allerdings erlaubt Art. 25 SRÜ nicht zwangsläufig die Entfernung eines Schiffes aus den Hoheitsgewässern, das eine nichtfriedliche Durchfahrt begeht, weil Staaten nur die notwendigen Maßnahmen zur Verhinderung einer solchen Durchfahrt ergreifen dürfen.[1284] Zwar darf der Küstenstaat gegenüber Handelsschiffen, welche die Territorialgewässer nicht lediglich durchqueren, in bestimmten Ausnahmefällen seine Strafgerichtsbarkeit ausüben (dazu Art. 27 Abs. 1 SRÜ), jedoch wird es bei Flüchtlingsbooten häufig an der Eigenschaft eines Handelsschiffes fehlen.[1285]

Gemäß Art. 33 SRÜ haben die Staaten gewisse Kontrollrechte in der Anschlusszone, darunter auch betreffend Verstöße gegen Einreisebestimmungen, sodass sich die Frage stellt, wie weitgehend diese Befugnisse im Hinblick auf Push-Backs aber auch die Quasi-Inhaftierung von Asylsuchenden sind.[1286] Nur ein bestimmter, noch dem Verhältnismäßigkeitsprinzip genügender Grad an Zwangsmitteln ist zulässig, insbesondere unter Berücksichtigung der Sicherheit der Passagiere, dem Zustand des Flüchtlingsschiffes, aber auch der Folgen einer Zurückweisung, etwa auf Hoher See.[1287] Soweit Flüchtlingen durch die Zurückweisung auf Hohe See nur die Rückkehr in einen Verfolgerstaat bleibt, kann darin eine Verletzung des Refoulement-Verbots liegen.[1288] Es besteht eine Regelungsdiskrepanz zwischen den seerechtlichen Vorgaben des Art. 19 (Abs. 2) SRÜ und Art. 25 SRÜ auf der einen Seite und den Vorgaben eines möglichst umfassenden Flüchtlingsrechts auf der anderen Seite.[1289] Soweit sich das Flüchtlingsboot in Seenot befindet bzw. nicht mehr seetauglich ist, findet nach überzeugender Ansicht des Exekutivkomitees des UNHCR die *next-port-of-call*-Regelung Anwendung (vgl. I. 3. e)).

---

1283 *Goodwin-Gill/McAdam*, The Refugee in International Law, S. 275.
1284 *Goodwin-Gill/McAdam*, The Refugee in International Law, S. 273 m.w.N.
1285 Vgl. dazu *Markard*, Das Recht auf Ausreise zur See, AVR 52 (2014), 449 (473 f).
1286 *Goodwin-Gill/McAdam*, The Refugee in International Law, S. 275 m.w.N.
1287 *Goodwin-Gill/McAdam*, The Refugee in International Law, S. 276 f.
1288 *Goodwin-Gill/McAdam*, The Refugee in International Law, S. 277.
1289 *Goodwin-Gill/McAdam*, The Refugee in International Law, S. 279 ff.

### 3. *Zwischenergebnis*

Die Push-Backs Australiens verletzten das Refoulement-Verbot. Zu Recht fordert Human Rights Watch eine Beendigung der Push-Backs von Asylsuchenden aus australischen Hoheitsgewässern und stattdessen die Möglichkeit der Stellung eines Asylantrags.[1290]

## G. Zusammenfassende Bewertung der „Pazifischen Lösung“ Australiens

Zusammenfassend sind die im Rahmen der „Pazifischen Lösung“ von australischen Behörden dargestellten Maßnahmen überwiegend als völkerrechtswidrig anzusehen.[1291] Obgleich der zuständige Einwanderungsminister Ruddock die „Pazifische Lösung“ als Erfolg bewertete,[1292] ist sie völkerrechtswidrig und praxisuntauglich sowie angesichts der Schwierigkeiten Neuansiedelungsplätze in Drittländern zu finden auch keine langfristige Lösung für Flüchtlinge.[1293] Flüchtlingsströme werden nicht durch Abschreckung, Isolation und strafähnliche Maßnahmen bekämpft,[1294] sondern durch die Schaffung echter Lebensperspektiven in den Herkunftsländern. Dies veranlasst *Francis* zu der Äußerung,

> „that extraterritorial processing schemes have proven unworkable as a matter of international law.“[1295]

*Magner* bewertet die „Pazifische Lösung“ angesichts der geringen Zahl der Bootsflüchtlinge als Überreaktion Australiens, die im Übrigen sehr kostenintensiv ist: Allein für Unterbringung und Verfahren in Nauru und Papua-Neuguinea im Zeitraum von Herbst 2001 bis April 2002 fielen mindestens 60 Millionen US

---

1290 HRW, Australie “By Invitation Only”: Australian Asylum Policy, Vol. 14 No. 10 (C), S. 5.

1291 *Magner* hält einen Verstoß gegen die GFK in der causa Tampa für wahrscheinlich, bei den Push-Backs für eindeutig; *Magner*, A Less than ‚Pacific‘ Solution for Asylum Seekers in Australia, IJRL 16 (2004), 53 (89 f.).

1292 BBC News, Australia‘s Pacific Solution by Sarah Macdonald v. 26.09.2002.

1293 *Crock/Saul*, Future Seekers, 49.

1294 AI “Australia-Pacific – Offending human dignity, 2002, S. 2.

1295 *Francis*, Bringing Protection Home: Healing the Schism Between International Obligations and National Safeguards Created by Extraterritorial Processing, IJRL 20 (2008), 273 (273).

Dollar und damit ein Vielfaches der Kosten des Asylverfahrens auf dem Festland an.[1296]

Letztlich führt die „Pazifische Lösung“ zu einem Zweiklassensystem im Widerspruch zum allgemeinen Gleichheitsgrundsatz, das zwischen *offshore*- und *onshore*-Asylverfahren mit jeweils divergierendem Schutzniveau und Verfahrensgarantien unterscheidet.

1296 *Magner,* A Less than ‚Pacific‘ Solution for Asylum Seekers in Australia, IJRL 16 (2004), 53 (80 ff.) m.w.N.; *Crock/Saul,* Future Seekers, S. 2 f.

# Teil 3: Europäische Pläne zur Extraterritorialisierung des Asylregimes

Seit den 2000er Jahren wird in der europäischen Diskussion zunehmend die Auslagerung von Asylverfahren in Drittstaaten als die weitestgehende Form der angestrebten externen Migrationskontrolle thematisiert.[1297] Im Jahr 2003 brachte die britische Regierung einen Vorschlag zur Extraterritorialisierung des Asylverfahrens ein, konkret die Errichtung von sog. *Regional Protection Areas* (im Folgenden RPAs) und *Transit Processing Centres* (im Folgenden TPC).[1298] Der britische Vorschlag, unterstützt von der dänischen Regierung,[1299] folgt der unter Teil 2 dargestellten „Pazifischen Lösung" Australiens, die sich wiederum an der US-amerikanischen Vorgehensweise in der Karibik orientiert.[1300]

In Deutschland wurde der Vorschlag 2004 unter der Bezeichnung „Willkommenszentren" vom damaligen Bundesinnenminister, Otto Schily, für einen besseren Flüchtlingsschutz und zur effektiven Bekämpfung illegaler Migration

---

1297 *Den Heijer*, Europa and Extraterritorial Asylum, S. 260; *Noll*, Vision of the Exceptional: Legal and Theoretical Issues Raised by Transit Processing Centres and Protection Zones, EJML 5 (2003), 303 (304 ff.).

1298 UK Government, New Vision for Refugees, 2003, S. 11; House of Lords, EU Committee, 11th Report, Handling EU asylum claims: new approaches examined, Appendix 5, UK concept paper on Zones of Protection, S. 56; *Garlick*, The EU Discussions on Extraterritorial Processing: Solution or Conundrum? IJRL 18 (2006), 601 (601, 611 ff.).

1299 Zum dänischen Memorandum der Diskussions Dänemarks, Großbritanniens und der Niederlande von April 2004 siehe *Noll*, Vision of the Exceptional: Legal and Theoretical Issues Raised by Transit Processing Centres and Protection Zones, EJML 5 (2003), 303 (320 ff.); *Francis*, Bringing Protection Home: Healing the Schism Between International Obligations and National Safeguards Created by Extraterritorial Processing, IJRL 20 (2008), 273 (281).

1300 Großbritannien steht angesichts seiner Zustimmung zur Nutzung der britischen Turks und Caicosinseln durch die USA extraterritorialen Lagern weniger kritisch gegenüber als die übrigen europäischen Länder; *Francis,* Bringing Protection Home: Healing the Schism Between International Obligations and National Safeguards Created by Extraterritorial Processing, IJRL 20 (2008), 273 (281 f.). Zum Vorbild der US-amerikanischen Praxis siehe Teil 2 A.

aufgegriffen.[1301] In den Willkommenszentren waren keine förmlichen Asylverfahren, sondern lediglich Vorprüfungen (Screenings) hinsichtlich der Schutzwürdigkeit von Flüchtlingen vorgesehen,[1302] sodass *Garlick* zutreffend die Frage nach der Durchführung eines regulären Asylverfahrens aufwarf.[1303] Überdies umfasste der Vorschlag vor allem auch das Abfangen von Migranten auf Hoher See, das bereits im Rahmen der „Pazifischen Lösung" Australiens kritisch beleuchtet wurde.[1304] Insgesamt strebte der deutsche Vorschlag, der vom UNHCR kritisiert wurde, nach *Garlick* eine weitgehende Außerachtlassung der rechtlichen Verpflichtungen und Verlagerung der Verantwortlichkeiten auf afrikanische Erstasyl- oder Transitstaaten an.[1305]

Jedenfalls sind seit dem Haager Programm[1306] für den Bereich der Freiheit, der Sicherheit und des Rechts von 2004 extraterritoriale Maßnahmen immer wieder Gesprächsgegenstand im Europäischen Rat.[1307] Durch ein vorverlagertes Asylverfahren sollen Flüchtlingsdramen auf dem Mittelmeer verhindert, die Migration besser gesteuert und der Menschenhandel effektiv bekämpft werden. Allerdings bestehen von Seiten der Nichtregierungsorganisationen, aber auch seitens der Behörden erhebliche Bedenken gegenüber extraterritorialen Asylfaszilitäten, sowohl in tatsächlichen als auch in rechtlicher Hinsicht. Befürchtet wird, dass statt eines ausgelagerten, aber menschenfreundlicheren Asylverfahrens eine stärkere Abschottung der EU unter Abwälzung der Verantwortung auf die Transitstaaten beabsichtigt ist.[1308]

---

1301 BMI, Effektiver Schutz für Flüchtlinge, wirkungsvolle Bekämpfung illegaler Migration – Überlegungen des BMI zur Errichtung einer EU-Aufnahmeeinrichtung in Nordafrika v. 5.09.2005.

1302 BMI, Effektiver Schutz für Flüchtlinge, wirkungsvolle Bekämpfung illegaler Migration – Überlegungen des BMI zur Errichtung einer EU-Aufnahmeeinrichtung in Nordafrika, 5.09.2005, S. 4.

1303 *Garlick*, The EU Discussions on Extraterritorial Processing: Solution or Conundrum? IJRL 18 (2006), 601 (619 ff.).

1304 *Garlick*, The EU Discussions on Extraterritorial Processing: Solution or Conundrum? IJRL 18 (2006), 601 (620 ff.) m.w.N.

1305 Vgl. *Garlick*, The EU Discussions on Extraterritorial Processing: Solution or Conundrum? IJRL 18 (2006), 601 (621).

1306 EK, KOM (2005) 184; vgl. zum Haager Programm Teil 1 B.II.2.

1307 *Francis*, Bringing Protection Home: Healing the Schism Between International Obligations and National Safeguards Created by Extraterritorial Processing, IJRL 20 (2008), 273 (274).

1308 Vgl. etwa PRO ASYL, Pressemitteilung, Auffanglager für Flüchtlinge in Norafrika? v. 12.11.2014.

Nachfolgend werden der britische Vorschlag (A.), der Gegenvorschlag des UNHCR (B.) und die Durchführbarkeitsstudie der EU zur Extraterritorialisierung des Asylregimes (C.) sowie die Wiederaufnahme der Pläne sei der Flüchtlingskrise 2015 (D.) vorgestellt.

## A. Der Vorschlag Großbritanniens aus dem Jahr 2003

Im Jahr 2003 legte die britische Regierung einen Vorschlag zur effektiveren Steuerung der Migration in und nach Europa vor, der einerseits einen stärkeren regionalen Schutz ohne Migration nach Europa, vor allem in Gestalt der *Regional Protection Areas,* und andererseits die Extraterritorialisierung des Asylverfahrens (*processing*) vorsah.[1309] Der Vorschlag sollte sowohl den internationalen Verpflichtungen Großbritanniens als auch den politischen und wirtschaftlichen Bedenken im Inland Rechnung tragen sowie die Missstände des europäischen Asylsystems, vor allem des befürchteten Asylmissbrauchs, bekämpfen.[1310] Als Hauptmängel des globalen Systems, welche die Glaubwürdigkeit und Effizienz des Asylsystems erschüttern, identifizierte die britische Regierung folgende Aspekte:

- die weltweit ungleiche finanzielle Unterstützung von Flüchtlingen,[1311]
- die durch die Rechtslage nötige illegale Einreise nach Europa, häufig mithilfe von Schleusern, während die Mehrheit der Schutzbedürftigen oft ohne ausreichend Hilfe in den Herkunftsregionen verbleibt,[1312]
- die fehlende Flüchtlingseigenschaft einer großen Zahl der Asylsuchenden in Europa, während es weltweit Millionen „echte" Flüchtlinge gibt,[1313]

---

1309 UK Government, New Vision for Refugees, 2003, S. 1 f., 10 ff..

1310 UK Government, New Vision for Refugees, 2003, S. 1; House of Lords, EU Committee, 11th Report, Handling EU asylum claims: new approaches examined, Appendix 5, UK concept paper on Zones of Protection, S. 54.

1311 Während im Vereinigten Königreich die Kosten einschließlich Rechtsverfolgung pro Asylsuchendem jährlich $10,000 betrugen, stehen dem UNHCR weltweit durchschnittlich nur $50 pro Jahr für einen Flüchtling zur Verfügung; UK Government, New Vision for Refugees, 2003, S. 1, 6.

1312 Für die illegale Migration werden an kriminelle Organisationen häufig Beträge zwischen $5,000 und $15,000 gezahlt, UK Government, New Vision for Refugees, 2003, S. 1; EK, KOM (2003) 315, Ziff. II., S. 5.

1313 UK Government, New Vision for Refugees, 2003, S. 1; EK, KOM (2003) 315, Ziff. II., S. 6. Dies trifft auf die vor dem Bürgerkrieg nach Europa fliehenden Syrer mit sehr hohen Schutzquoten nicht zu.

- erhebliche Rückführungsschwierigkeiten der Personen ohne Bleiberecht,[1314]
- plötzlich schwankende Flüchtlingsströme in einzelnen Ländern, die von den Behörden nur unzureichend aufgefangen werden.[1315]

Der Ansatz Großbritanniens aus dem Jahr 2003 zielt auf ein Asylsystem,

> „in which the vast majority of migrants who come to Europe do so through legal channels, including refugee resettlement routes [.]“[1316]

Dieser Ansatz, legale Einreisekanäle in die EU zu erweitern, liegt auch dem in Teil 4 zu erarbeitenden, extraterritorialen Konzept zugrunde.

## I. Der Inhalt des britischen Konzepts

Im britischen Vorschlag wurden, nicht zuletzt aufgrund der mehrmaligen Überarbeitung, unterschiedliche Begrifflichkeiten in Bezug auf die geplanten RPAs und TPCs verwendet.[1317]

### *1. Visionspapier vom 7. März 2003*

Im Visionspapier „New Vision for Refugees“ vom 7. März 2003 war von *Regional Protection Areas* (RPAs) die Rede, in denen Flüchtlinge bestimmter Nationalitäten und in Europa abgelehnte, aber dennoch schutzwürdige Asylbewerber effektiven, regionalen Schutz erhalten sollten.[1318] Überdies sollten in den RPAs Neuansiedlungsprogramme in Drittstaaten für langfristig besonders schutzbedürftige Flüchtlinge initiiert werden.[1319] In einer mehrpoligen Kooperation werden die RPAs in dem Gastland (*host state*) von einer internationalen Organisation

---

1314 UK Government, New Vision for Refugees, 2003, S. 1; EK, KOM (2003) 315, Ziff. II., S. 6.

1315 UK Government, New Vision for Refugees, 2003, S. 1 ff.; EK, KOM (2003) 315, Ziff., S. 5 f.

1316 House of Lords, EU Committee, 11th Report, Handling EU asylum claims: new approaches examined, Appendix 5, UK concept paper on Zones of Protection, S. 54.

1317 Zur Entwicklung der Diskussion im Rahmen des britischen Vorschlags siehe *Bröcker*, Die externen Dimensionen des EU-Asyl- und Flüchtlingsrechts im Lichte der Menschenrechte und des Völkerrechts, S. 31 ff.

1318 Der UNHCR ist verantwortlich für den Schutz vor Verfolgung durch die Herkunftsländer sowie humanitäre Hilfe, wozu die Bereitstellung von Nahrung, Unterkunft und medizinische Versorgung zählt. UK Government, New Vision for Refugees, 2003, S. 2, 11 f.; EK, KOM (2003) 315, Ziff., S. 6.

1319 UK Government, New Vision for Refugees, 2003, S. 10 f.

wie der IOM mithilfe des UNHCR betrieben und von der EU sowie ihren Mitgliedstaaten (*funding states*) finanziert.[1320]

Die nachfolgende Abbildung enthält eine Darstellung des RPA-Konzepts nach dem britischen Vorschlag von 2003 zur Veranschaulichung.[1321]

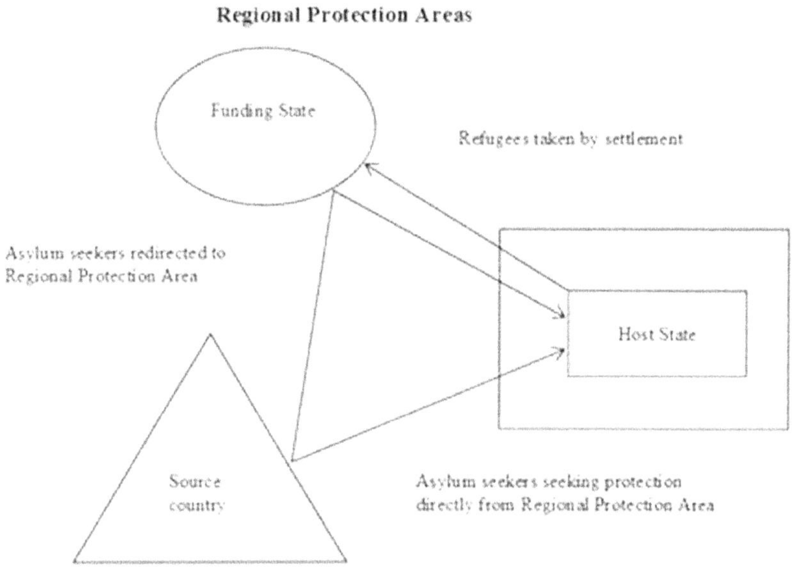


Hinsichtlich des einzuhaltenden Schutzniveaus in den RPAs gilt Art. 3 EMRK,[1322] wobei die RPAs abhängig vom jeweiligen Bedarf in der Region von bloßen Unterstützungsmaßnahmen bis hin zur Unterbringung der

1320 UK Government, New Vision for Refugees, 2003, S. 2, 11 ff., 21 ff.; UK Parliament, UK concept paper on Zones of Protection; *Francis*, Bringing Protection Home: Healing the Schism Between International Obligations and National Safeguards Created by Extraterritorial Processing, IJRL 20 (2008), 273 (311).

1321 "Regional Protection Areas", UK Government, New Vision for Refugees, 2003, S. 11.

1322 Danach darf niemand Folter, unmenschlicher oder erniedrigender Strafe oder Behandlung unterworfen werden, sowohl in den Schutzzonen als auch bei Entlassung daraus, UK Government, New Vision for Refugees, 2003, S. 12.

Flüchtlinge ausgestattet sind.[1323] Keine Person soll gegen ihren Willen in den Zentren festgehalten werden.[1324] Vor der Aufnahme in ein RPA erfolgt die Registrierung und eine Identitäts- sowie Sicherheitsprüfung.[1325] Die Asylverfahren werden vom UNHCR in einem fairen Verfahren durchgeführt, das nach der britischen Regierung zwar Zugang zu Beratung umfasst, aber keine gerichtliche Anfechtbarkeit von Entscheidungen, sondern nur eine administrative Überprüfungsmöglichkeit.[1326] Bei Ablehnung des Gesuchs müssen die Asylbewerber in ihre Heimatländer zurückkehren; andernfalls erhalten sie einen Platz im RPA bis die Rückkehr in ihre Heimat möglich ist.[1327]

Soweit die RPAs für den Schutzbedarf nicht ausreichen, soll ein abgestuftes Schutzsystem helfen.[1328] Danach wird allen ein Grundschutzniveau gewährleistet, während aus Europa rückgeführten Asylsuchenden und besonders schutzwürdigen Flüchtlingen ein höherer Schutz zukommen soll.[1329] Eine solche Differenzierung verkompliziert jedoch nicht nur das Konzept der RPAs erheblich,[1330] es begründet ein Zweiklassensystem bei der Schutzgewährung.

Nach dem britischen Vorschlag werden alle spontan in Europa ankommenden Asylsuchenden, vor allem zur Abschreckung künftiger Asylsuchender, in RPAs zur Durchführung eines Asylverfahrens rückgeführt.[1331] In Regionen, aus

1323 UK Government, New Vision for Refugees, 2003, S. 12.

1324 Nach britischem Vorschlag wäre der *host state* berechtigt, Asylsuchende, die sich in seinem Territorium aufhalten, in die Einrichtungen zu verbringen; UK Government, New Vision for Refugees, 2003, S. 12.

1325 UK Government, New Vision for Refugees, 2003, S. 13. Kurzfristig könnte nach britischem Vorschlag in den ersten sechs Monate allen Aufgenommenen ohne Statusprüfung temporärer Schutz gewährt werden, da die Krise in der Heimat im Idealfall dann bereits beendet sei und die Menschen ohne Asylverfahren in ihre Heimat zurückkehren könnten. Diese Annahme ist realitätsfern wie der seit Jahren andauernde Krieg in Syrien zeigt.

1326 UK Government, New Vision for Refugees, 2003, S. 13.

1327 UK Government, New Vision for Refugees, 2003, S. 13; House of Lords, EU Committee, 11th Report, Handling EU asylum claims: new approaches examined, Appendix 5, UK concept paper on Zones of Protection, S. 56.

1328 UK Government, New Vision for Refugees, 2003, S. 14.

1329 UK Government, New Vision for Refugees, 2003, S. 14.

1330 Dies erfordert Zugangsbeschränkungen für Zentren mit hohem Schutzniveau, UK Government, New Vision for Refugees, 2003, S. 14.

1331 UK Government, New Vision for Refugees, 2003, S. 2, 15 ff., House of Lords, EU Committee, 11th Report, Handling EU asylum claims: new approaches examined, Appendix 5, UK concept paper on Zones of Protection, S. 56; EK, KOM (2003) 315, Ziff. II., S. 6.

denen viele nicht schutzbedürftige Wirtschaftsmigranten nach Europa zu gelangen versuchen, sollen die Zentren als bloße Verfahrenseinrichtungen ausgestaltet sein.[1332]

Entsprechend dem Prinzip der sicheren Drittstaaten werden die RPAs als „sichere Orte“ qualifiziert, wo die Asylsuchenden ausreichend Schutz erhalten.[1333] Nach diesem Prinzip sollen die Asylbewerber mit der Begründung, dass sie im RPA sicher sind und ihr Asylgesuch stellen können, dorthin verbracht werden. Damit wird das Prinzip der sicheren Drittstaaten auf künstlich geschaffene RPAs ausgedehnt, sodass die britische Regierung zutreffend konstatiert, dass die Billigung dieser rechtlichen Konstruktion durch die zuständigen Gerichte noch unklar ist.[1334] Besonders kritisch ist die Rückführung der spontan in Europa ankommenden Asylsuchenden, die nach dem britischen Vorschlag, wie bei der Rückführung von abgelehnten Asylbewerbern, bis zu ihrer Rückführung in Gewahrsam genommen werden.[1335]

Wichtigste Voraussetzung zur Rückführung von Asylsuchenden in RPAs ist die Gewähr effektiven Schutzes, vor allem vor Verfolgung in den RPAs und vor Zurückweisung.[1336] Dies soll durch eine dreipolige Kooperation zwischen dem *host state*, den *funding states* und den internationalen Organisationen, vor allem dem UNHCR, und die genaue Verteilung zwischen den Kooperationspartner gewährleistet werden, wobei die genaue Verteilung der Verantwortlichkeiten unklar ist.[1337]

Schließlich wurde im Visionspapier ein ganzheitlicher Ansatz bei der Flüchtlingsfrage, konkret eine Intervention[1338] zur Verbesserung der Lage der Menschen vor Ort gefordert, um die Flüchtlingszahlen zu reduzieren.[1339] Dabei geht es letztlich um die Bekämpfung der Fluchtursachen, effektive Konfliktlösung, Entwicklungsarbeit mit Nichtregierungs-organisationen und spezifische

1332 Im Visionspapier wird der Begriff *territory processing centres* verwendet, im Weiteren ist nur noch von *transit processing centres* die Rede, UK Government, New Vision for Refugees, 2003, S. 16.

1333 UK Government, New Vision for Refugees, 2003, S. 2, 14.

1334 UK Government, New Vision for Refugees, 2003, S. 1 m.w.N.

1335 UK Government, New Vision for Refugees, 2003, S. 15 f.

1336 UK Government, New Vision for Refugees, 2003, S. 15.

1337 UK Government, New Vision for Refugees, 2003, S. 15.

1338 Umfasst sind die Unterstützung der Herkunftsländer und UN-Maßnahmen, wie Sanktionen und militärische Interventionen der internationalen Gemeinschaft, UK Government, New Vision for Refugees 2003, S. 3, 17.

1339 UK Government, New Vision for Refugees, 2003, S. 3.

Aktionspläne für die jeweiligen Länder, damit die Menschen schnellstmöglich wieder in ihre Heimat zurückkehren können.[1340]

Zusammenfassend soll nach dem britischen Visionspapier die Route der Asylsuchenden nach Europa nur mehr legal über eingerichtete RPAs führen, die langfristige Lösungen wie Neuansiedlung auf Grundlage fester europäischer Aufnahmequoten bieten, ohne dabei jedoch ein einklagbares Recht der Flüchtlinge zu schaffen.[1341] Maßgeblich bei Neuansiedelungen sind familiäre oder lokale Unterstützer aus der Gesellschaft, damit Flüchtlinge in dem Land angesiedelt werden, in dem sie sich am besten integrieren.[1342] Eine weitere Langzeit-Lösung, die von Flüchtlingen bereits informell oder mithilfe des UNHCR praktiziert wird, ist die regionale Integration in einem Staat nahe dem eigenen Herkunftsland, die jedoch nicht zu einer völligen Überlastung des betroffenen Staates führen darf.[1343]

Obgleich der britische Vorschlag auf die Errichtung eines neuen, ganzheitlichen und globalen Asylsystems durch eine Asylprüfung vor Eintritt in die EU abzielt, sollten die regionalen Schutzzonen das bestehende inländische Asylsystem nicht völlig ersetzen, nicht zuletzt, weil die Kapazitäten der Einrichtungen nicht für alle schutzbedürftigen Menschen ausreichen und im Falle plötzlich auftretender Konflikte häufig noch kein sicheres RPA existiert.[1344]

## *2. Konzeptpapier vom 10. März 2003*

Im britischen Konzeptpapier, dem „United Kingdom Concept Paper on Zones of Protection" vom 10. März 2003, das auf die Verbesserung der regionalen Migrationssteuerung und die Einrichtung von Transitverfahrenszentren auf den Fluchtrouten nach Europa abzielt, war neben RPAs nun auch die Rede von *Transit Processing Centres* (TPCs).[1345]

Für eine bessere, regionale Migrationssteuerung sollen die Ursachen wie Armut und Konflikte stärker bekämpft, ein effektiver Schutz in der Region mithilfe des UNHCR gewährleistet, bessere Resettlement-Programme und eine

---

1340 UK Government, New Vision for Refugees, 2003, S. 16 ff.

1341 UK Government, New Vision for Refugees, 2003, S. 11, 18 m.w.H.

1342 UK Government, New Vision for Refugees, 2003, S. 3, 19.

1343 UK Government, New Vision for Refugees, 2003, S. 19.

1344 UK Government, New Vision for Refugees, 2003, S. 20.

1345 House of Lords, EU Committee, 11th Report, Handling EU asylum claims: new approaches examined, Appendix 5, UK concept paper on Zones of Protection, S. 54 ff.

effektive Politik zur Rückführung und Rücknahme abgelehnter Asylbewerber entwickelt werden.[1346] Abhängig von dem in den RPAs gewährleisteten Schutzniveau könnten nach der britischen Regierung Asylbewerber für ihr Verfahren oder nur abgelehnte Asylsuchende von Europa zurückgeführt werden.[1347]

Im Rahmen der geplanten TPCs werden illegal nach Europa Einreisende in Schutzzonen in Drittstaaten zur Durchführung des Asylverfahrens gebracht; soweit die Einrichtungen auf den Transitrouten nach Europa liegen, heißen sie TPCs.[1348] Für dort anerkannte Flüchtlinge besteht die Möglichkeit der Neuansiedlung in Europa, abgelehnte Asylsuchende müssen in ihre Heimat zurückkehren.[1349]

### 3. *Zusammenfassung*

Ungeachtet der differierenden Terminologie enthält der britische Vorschlag damit zwei extraterritoriale Elemente in Form von regionalen Schutzgebieten[1350] (RPAs) und Asylverfahrenseinrichtungen auf Transitrouten (TPCs).[1351] Obgleich die RPAs ausweislich ihrer Bezeichnung primär auf den regionalen Schutz und die Vorbereitung dauerhafter Lösungen (wie die Neuansiedlung) fokussieren, sollen dort auch Asylverfahren wie in den TPCs erfolgen.[1352] Den wesentlichen Unterschied zwischen beiden Einrichtungen sieht *Bröcker* daher in der geographischen Lage: Während RPAs als regionale Schutzgebiete in den

---

1346 House of Lords, EU Committee, 11th Report, Handling EU asylum claims: new approaches examined, Appendix 5, UK concept paper on Zones of Protection, S. 20 f.; 54 ff.

1347 House of Lords, EU Committee, 11th Report, Handling EU asylum claims: new approaches examined, Appendix 5, UK concept paper on Zones of Protection, S. 56.

1348 House of Lords, EU Committee, 11th Report, Handling EU asylum claims: new approaches examined, Appendix 5, UK concept paper on Zones of Protection, S. 56.

1349 House of Lords, EU Committee, 11th Report, Handling EU asylum claims: new approaches examined, Appendix 5, UK concept paper on Zones of Protection, S. 56.

1350 Teilweise ist auch die Rede von regionalen Schutzzonen; vgl. etwa KOM (2003) 315, Ziff. II., S. 6.

1351 UK Government, New Vision for Refugees, 2003, S. 11 ff.; House of Lords, EU Committee, 11th Report, Handling EU asylum claims: new approaches examined, Appendix 5, UK concept paper on Zones of Protection, S. 56 f. Zunächst war nur die Rede von den regionalen RPAs und sog. "territory processing centres", die später mit der Bezeichnung TPC konkretisiert wurden; KOM (2003) 315, Ziff. II., S. 6.

1352 House of Lords, EU Committee, 11th Report, Handling EU asylum claims: new approaches examined, Appendix 5, UK concept paper on Zones of Protection, S. 56.

Herkunftsregionen errichtet werden, sollen TPCs als Transitverfahrenseinrichtung auf den Transitrouten nach Europa liegen.[1353]

Zur Umsetzung des Vorschlags hielt die britische Regierung zutreffend eine Pilotphase, in der ein RPA in einer einschlägigen Herkunftsregion und ein zweites RPA nahe der EU-Außengrenzen unter Beteiligung von etwa fünf EU-Mitgliedstaaten und dem UNCHR errichtet und die Effektivität bewertet wird, für sinnvoll.[1354] Als mögliche *host states* für die Regionen wurden nachfolgende, teilweise unmittelbar an die EU angrenzende, Staaten genannt: für Flüchtlinge aus dem Irak die Türkei und der Iran, für Flüchtlinge aus Südsomalia der Norden Somalias, generell für Afrikaner Marokko, für Flüchtlinge aus der Ukraine, Russland und dem Balkan TPCs auf der Route nach Europa.[1355]

Der britische Vorschlag soll effektiven Flüchtlingsschutz bieten und die Migration besser steuern, dient aber nicht der Einsparung von Finanzmitteln.[1356] Angestrebt war die Neuverteilung der Gelder, damit weniger Finanzmittel in die Bearbeitung der Asylverfahren in Europa und stattdessen mehr Gelder in regionale Schutzmaßnahmen fließen, die einer größeren Zahl von Menschen zugutekommen.[1357]

## II. Bewertung des britischen Vorschlags von 2003

Die Ziele des britischen Vorschlags, ein faireres Flüchtlingssystem, das weltweit für eine größere Anzahl von Flüchtlingen Schutz bietet, sowie eine Reduzierung ungesteuerter Migration, in deren Rahmen Wirtschaftsmigranten den für sie unpassenden Asylkanal missbrauchen, um nach Europa zu gelangen, sind zu begrüßen.[1358] Auch der stärkere Fokus auf den regionalen Schutz ist angesichts des Umstandes, dass die meisten Flüchtlinge in der Herkunftsregion bleiben und nicht nach Europa gelangen, positiv zu sehen. Nach *den Heijer* kann in der Errichtung von Zentren auf Transitrouten eine umsetzbare Alternative zum Schutz von Flüchtlingen liegen, die wegen Grenzschutzmaßnahmen nicht

---

1353 *Bröcker*, Die externen Dimensionen des EU-Asyl- und Flüchtlingsrechts im Lichte der Menschenrechte und des Völkerrechts, S. 140.

1354 UK Government, New Vision for Refugees, 2003, S. 25 ff.

1355 UK Government, New Vision for Refugees, 2003, S. 26.

1356 UK Government, New Vision for Refugees, 2003, S. 24.

1357 Anstelle hoher Kosten im Asylverfahren sollten die Mittel des UNHCR erhöht werden, z.B. anstelle der Hälfte des jährlichen Budgets des Immigration and Nationaliy Directorate (IND) für Asylunterstützung ein Viertel an den UNHCR leiten. UK Government, New Vision for Refugees, 2003, S. 3, 24 ff. m.w.N.

1358 UK Government, New Vision for Refugees, 2003, S. 10 ff.

weiterreisen können.[1359] Indes sind die regionalen Schutzprogramme keine Neuerung gegenüber existierenden Flüchtlingscamps des UNHCR, von wo aus bereits Neuansiedlungen organisiert werden.

Bedenken bestehen gegenüber der Ausgestaltung des sehr weitgehenden britischen Konzepts, insbesondere des Ansatzes, dass grundsätzlich alle in Europa ankommenden Asylsuchenden zunächst wieder in ein TPC zur Durchführung des Asylverfahrens rückgeführt werden.[1360]

Bezüglich der generellen Rückführung spontan in Europa ankommender Asylsuchenden in RPAs oder TPCs ergeben sich neben rechtlichen auch tatsächliche Bedenken. Angesichts der Erfahrungen bei der Rückführung abgelehnter Asylbewerber stellt sich die Frage der praktischen Durchführbarkeit der Rückführung sämtlicher in Europa aufgegriffener Asylsuchender und ob dadurch die illegale Einwanderung und der Menschenhandel nicht gar forciert werden, weil illegale Migranten vom ersten Tag an in der EU untertauchen, um nicht in ein RPA bzw. in ein TPC rückgeführt zu werden.[1361] Im völker- sowie unionsrechtlichen Fokus steht vor allem die vorgesehene Inhaftierung der Asylbewerber allein wegen ihrer (beabsichtigten) Stellung eines Asylantrags vor ihrer Rückführung.[1362]

Die Konstruktion der sicheren Drittstaaten und die Vermutung für die Sicherheit in den RPAs ist ebenso kritisch zu sehen wie britische Überlegungen, den in bestimmten Konstellationen bei Art. 3 EMRK angenommenen extraterritorialen Geltungsbereich zu begrenzen.[1363] Zu den Errungenschaften in Europa gehört, dass der EGMR bei Ausübung von Hoheitsgewalt eines Staates auch eine extraterritoriale Geltung des Menschenrechtsschutzes bejaht hat.[1364]

Von Nichtregierungsorganisationen wurde befürchtet, dass der neue Ansatz statt einer internationalen Lastenteilung mit Drittstaaten der Herkunftsregion

---

1359 *Den Heijer*, Europe and Extraterritorial Asylum, S. 261.

1360 So *Garlick*, The EU Discussions on Extraterritorial Processing: Solution or Conundrum? IJRL 18 (2006), 601 (617).

1361 UK Government, New Vision for Refugees, 2003, S. 21.

1362 Gemäß Art. 26 Abs. 1 Satz 1 Richtlinie 2013/32/EU dürfen Mitgliedstaaten eine Person nicht allein deshalb in Gewahrsam nehmen, weil sie einen Antrag gestellt hat; *Noll*, Vision of the Exceptional: Legal and Theoretical Issues Raised by Transit Processing Centres and Protection Zones, EJML 5 (2003), 303 (334).

1363 UK Government, New Vision for Refugees, 2003, S. 8 ff.

1364 *Lehnert/Markard*, Mittelmeerroulette – Das Hirsi-Urteil des EGMR und die europäische Grenzschutzpolitik auf See, ZAR 2012, 194 (195) m.H.a. die Bankovic-Entscheidung des EGMR v. 12.12.2001, Nr. 52207/99 = NJW 2003, 413.

eine weitere Auslagerung der Verantwortung außerhalb Europas zulasten der bereits betroffenen Staaten bezweckt.[1365] Zur Kritik an den RPAs weist *Bröcker* darauf hin, dass „der Schwerpunkt der Programme weniger auf dem Schutz der Flüchtlinge und der Wahrung ihrer Rechte liege, sondern Ziel sei es vielmehr, sie von der Weiterreise nach Europa abzuhalten."[1366] Diesem Aspekt ist beizupflichten, weil allein der Umstand, dass außerhalb Europas mit den gleichen finanziellen Mitteln eine wesentlich größere Anzahl von Menschen, bspw. in den RPAs, unterstützt werden kann als in Europa,[1367] eine grundsätzlich Auslagerung der Verantwortlichkeit für diese Menschen nicht rechtfertigt. Zu befürchten steht, dass es sich um eine weitere Facette der europäischen Abschottungspolitik handelt. Amnesty International weist daraufhin, dass die internationale Solidarität in Gefahr ist, weil zwei Kategorien von Asylstaaten geschaffen werden: Die reichen und mächtigen Staaten, die auswählen können, welche Flüchtlinge sie akzeptieren und die übrigen Staaten, die gezwungenermaßen eine große Flüchtlingszahl aufnehmen müssen einschließlich der aus den reichen Ländern rückgeführten Personen.[1368]

Die britische Regierung sah das Hauptrisiko des Vorschlags darin, dass die Einhaltung des Menschenrechtsstandards nach den Vorgaben des Art. 3 EMRK in den RPAs nicht gewährleistet werden kann und daher die Rückführung der Asylsuchenden in RPAs ausgeschlossen ist.[1369] Zweite zentrale Herausforderung sei, die Gastländer von der Zweckmäßigkeit der Errichtung von RPAs in ihrem Hoheitsgebiet zu überzeugen, und drittens das Vertrauen in eine engere internationale Zusammenarbeit bei der Flüchtlingsfrage und in die kollektive Konfliktbewältigung zu stärken.[1370] Dabei sollte vermieden werden, dass durch ein zu hohes Schutzniveau in den RPAs und TPCs Pull-Faktoren für die ganze Region entstehen und als leichter Weg nach Europa starke Migrationsanreize begründet werden.[1371]

---

1365 EK, KOM (2003) 315, Ziff. IV., S. 10 f.; AI, UK/EU/UNHCR: Unlawful and unworkable, 1.

1366 *Bröcker*, Die externen Dimensionen des EU-Asyl- und Flüchtlingsrechts im Lichte der Menschenrechte und des Völkerrechts, S. 26 m.w.H.

1367 UK Government, New Vision for Refugees, 2003, S. 3.

1368 EK, KOM (2003) 315, Ziff. IV., S. 11.

1369 UK Government, New Vision for Refugees, 2003, S. 4.

1370 UK Government, New Vision for Refugees, 2003, S. 4, 25.

1371 House of Lords, EU Committee, 11th Report, Handling EU asylum claims: new approaches examined, Appendix 5, UK concept paper on Zones of Protection, S. 54 ff.

Auf Unionsebene wurde der britische Vorschlag ebenso diskutiert, etwa von der Kommission in ihrer Mitteilung vom 3. Juni 2003.[1372] Darin weist die Kommission auf die Vielzahl ungeklärter Fragen hin, wie die Vereinbarkeit der Einrichtungen mit Unionsrecht, nationalen Rechtsvorschriften und der EMRK, die Frage, welche Verfahrensregeln Anwendung finden und ob das Verfahren als Ergänzung oder als Ersatz des bestehenden Asylsystem dienen solle sowie ob die Transitzentren außerhalb oder innerhalb der EU errichtet würden.[1373] Als besonders problematisch sah die Kommission den Transfer von Personen in RPAs oder TPCs, die nicht über diese Zonen bzw. die Länder, in denen sich die Zonen befinden eingereist sind bzw. sich dort nicht aufhalten und inwieweit diese Personen der Gerichtsbarkeit der Zielländer entzogen werden, an.[1374] Zum Umfang des in den RPAs zu gewährleistenden „wirksamen Schutzes“ führt die Kommission aus:

> „persönliche Sicherheit, Schutz vor Zurückweisung, Zugang zu UNHCR-Asylverfahren oder nationalen Verfahren mit hinreichenden Garantien, soweit dies für einen wirksamen Schutz oder dauerhafte Lösungen erforderlich ist, und soziale/wirtschaftliche Absicherung, die zumindest den Zugang zur primären Gesundheitsversorgung und Primarausbildung sowie den Zugang zum Arbeitsmarkt oder ausreichende Existenzmittel umfasst, um einen angemessenen Lebensstandard zu sichern.“[1375]

Angesichts der vielfältigen Fragen, die das Konzept des britischen Vorschlags aufwirft, hielt die Kommission zunächst eine eingehende Untersuchung (vgl. C.) für angezeigt.[1376]

Schließlich heißt es in einer Entschließung des Europäischen Parlaments vom 1. April 2004 zur genannten Kommissionsmitteilung, dass:

> „regionale Schutzzonen und Transitzentren außerhalb des Territoriums der Union nicht das gleiche Maß an Schutz gewährleisten können; Glaubwürdigkeit und Vertrauen in ein effektives Asylsystem können nicht durch Einrichtung regionaler Schutzzonen und Transitzentren wiederhergestellt werden, wenn diese die Grundprinzipien der Genfer Konvention, die Europäische Menschenrechtskonvention und den Grundgedanken der Teilung der Verantwortung untergraben[.]“[1377]

---

1372 EK, KOM (2003) 315, Ziff. II., S. 5 ff.

1373 EK, KOM (2003) 315, Ziff. II., S. 6.

1374 EK, KOM (2003) 315, Ziff. II., S. 6 ff.

1375 EK, KOM (2003) 315, Ziff. II., S. 7.

1376 EK, KOM (2003) 315, Ziff. II., S. 7.

1377 EP, Entschließung v. 1.04.2004, P5_TA(2004)0260 Ziff. 16; Entschließung Nr. P6_TA(2006)0386 Ziff. 24.

*Heißl* lehnt den britischen Vorschlag unter Verweis auf die zugrunde liegende Intention der Extraterritorialisierungspläne der EU und ihrer Mitgliedstaaten, Fremde von der „Festung Europas“[1378] abzuhalten, aus rechtlichen, politischen und menschlichen Gründen ab.[1379]

## B. Gegenvorschlags des UNHCR aus dem Jahr 2003

Der UNHCR als Mandatsträger der Flüchtlinge unterbreitete im Jahr 2003 angesichts des britischen Vorstoßes seinerseits einen eigenen Vorschlag, konkret den sog. *UNHCR's three-pronged proposal*, der zunächst im Frühjahr 2003[1380] und ein Teil in überarbeiteter Fassung im Dezember 2003 vorgestellt wurde.[1381]

Der Vorschlag des UNHCR ist im Kontext der 2002 nach zweijährigen weltweiten Konsultationen verabschiedeten Agenda für den Flüchtlingsschutz zu sehen, die im Rahmen der „Konvention plus“-Initiative durch multilaterale Abkommen fortentwickelt wurde.[1382] Zweck der Agenda für den Flüchtlingsschutz ist die Fortentwicklung der GFK als Grundpfeiler des internationalen Flüchtlingsschutzes, die durch den Konvention-Plus-Ansatz, der vor allem auf einen verbesserten Schutz in den Regionen und die Reduzierung sekundärer Fluchtbewegungen setzt,[1383] weitere Ausgestaltung erfährt.[1384] Dabei steht das „Plus“ für den Abschluss von Sondervereinbarungen und multilateralen Übereinkünften im Rahmen einer ausgewogenen Lastenverteilung, um dauerhafte Lösungen durch Resettlement-Programme, aber auch mithilfe effektiver

---

1378 Hierzu *Mrozek*: „Der Begriff der „Festung Europa“ wird in der öffentlichen Diskussion als Metapher für die Abschottung der EU gegenüber Drittstaatsangehörigen verwendet. Er auch im Kontext einer wirtschaftlichen Abschottung der Europäischen Gemeinschaft gegenüber anderen Märkten verwendet“, vgl. Der Spiegel „Die Angst vor der Festung Europa“, 16.01.1989, *Mrozek*, Grenzschutz als supranationale Aufgabe, S. 173; *Epiney* in Bieber/Epiney/Haag, Die Europäische Union, § 17 Rn. 4.

1379 *Heißl*, Rechtliche Überlegungen zum Konzept der Asylverfahrenslager außerhalb Europas, ZÖR 2007, 371 (408 ff.); kritisch auch *Noll*, Vision of the Exceptional: Legal and Theoretical Issues Raised by Transit Processing Centres and Protection Zones, EJML 5 (2003), 303 (329 ff.).

1380 UNHCR, Working Paper, UNHCR's Three-pronged proposal.

1381 UNHCR, Working Paper, A Revised “EU Prong” proposal.

1382 UNHCR, Agenda für den Flüchtlingsschutz; Convention Plus at a Glance; EK, KOM (2003) 315, Ziff. III.

1383 UK Government, New Vision for Refugees, 2003, S. 8.; EK, KOM (2003) 315, Ziff. III., S. 7 f.

1384 *Ruud Luubers*, Agenda für den Flüchtlingsschutz, 2003, S. 6 ff.

Entwicklungszusammenarbeit stärkere Schutzkapazitäten in Erstasylländern für Flüchtlinge und Rückkehrmöglichkeiten in ihre Heimat zu schaffen.[1385] Die Agenda setzt sich aus der im Dezember 2001 unterzeichneten Erklärung der Vertragsstaaten zur Bekräftigung der GFK und ihrem Protokoll einerseits sowie einem Aktionsplan mit konkreten Zielen und Maßnahmen andererseits zusammen.[1386] Die Agenda verfolgt sechs Gesamtziele: die verbesserte Umsetzung der GFK von 1951 und ihres Protokolls von 1967 (1), den Schutz für Flüchtlinge innerhalb größerer Migrationsbewegungen (2), die gleichmäßigere Aufteilung der Lasten und Verantwortlichkeiten sowie Schaffung von Kapazitäten für die Aufnahme und den Schutz von Flüchtlingen (3), einen effektiveren Umgang mit Sicherheitsfragen (4), eine intensivere Suche nach dauerhaften Lösungen (5) und die Berücksichtigung des Schutzbedürfnisses von Flüchtlingsfrauen und Flüchtlingskindern (6).[1387]

Nachfolgend wird der Inhalt des dreigliedrigen UNHCR-Vorschlags aus dem Jahr 2003 vorgestellt (I.) und eine Bewertung vorgenommen (II.).

## I. Inhalt des dreigliedrigen Vorschlags des UNHCR

Der Vorschlag des UNHCR aus dem Jahr 2003 sieht ein dreigliedriges Modell vor, welches zwischen dem *regionalen*, dem *nationalen* und dem *europäischen Zweig* differenziert.[1388] Mithilfe einer frühzeitigen Vorprüfung soll eine schnelle Differenzierung der im Rahmen der gemischten Migration ankommenden Menschen vorgenommen und die Kanalisierung in einen der drei Verfahrenszweige erfolgen.[1389] Dabei betont der UNHCR bereits 2003 den Handlungsbedarf im Hinblick auf die Asyl- und Migrationsfrage in Europa.[1390]

### 1. *Regionaler Zweig*

Der *regionale Zweig* zielt auf den verbesserten Zugang zu (Langzeit-)Lösungen in den Herkunftsregionen, insbesondere in Erstasylstaaten, in die Migranten trotz irregulärer Sekundärmigration zurückkehren sollen.[1391] In den

1385 *Ruud Luubers*, Agenda für den Flüchtlingsschutz, 2003, S. 6 f.; UNHCR, Convention Plus at a Glance; EK, KOM (2003), 315 Ziff. 3.1, S. 8 f.
1386 *Ruud Luubers*, Agenda für den Flüchtlingsschutz, 2003, S. 10.
1387 UNHCR, Agenda für den Flüchtlingsschutz, S. 10 ff.
1388 UNHCR, Working Paper, UNHCR's Three-pronged proposal, S. 1.
1389 UNHCR, Working Paper, UNHCR's Three-pronged proposal, S. 1.
1390 UNHCR Working Paper, A Revised "EU Prong" proposal, S. 6.
1391 UNHCR, Working Paper, UNHCR's Three-pronged proposal, S. 1 ff.

Herkunftsregionen solle eine gewisse Selbstständigkeit der Migranten, etwa durch lokale Integration, hergestellt, multilaterale Neuansiedlungsprogramme erweitert und die freiwillige Rückkehr in die Heimatländer sowie die dortige Wiedereingliederung gefördert werden.[1392] Unter Berücksichtigung des dritten Ziels der Agenda für den Flüchtlingsschutz des UNHCR, nämlich der gleichmäßigeren Aufteilung der Lasten und Verantwortlichkeiten sowie Schaffung von Kapazitäten für die Aufnahme und den Schutz von Flüchtlingen, sollen die Schutzkapazitäten in den Gastländern auch mithilfe von Entwicklungshilfeprogrammen dergestalt gestärkt werden, dass eine Sekundärmigration von den Herkunftsregionen in Richtung EU aus Sicht der Schutzsuchenden nicht mehr unbedingt angezeigt ist.[1393] Soweit es die Umstände in der Herkunftsregion zulassen, seien Asylverfahren und die Unterbringung in Erstasylstaaten anstelle eines Transfers in die EU als Zielregion möglich, soweit effektiver Schutz vor Ort gewährt wird.[1394] In diesem Kontext hält der UNHCR auch den Transfer zurück in sichere Drittstaaten im Rahmen des Völkerrechts für denkbar, wenn der Staat die Migranten tatsächlich aufnimmt, effektiven Schutz und Asyl gewährt und die Migranten im Einklang mit internationalen Standards behandelt.[1395]

### 2. *Nationaler Zweig*

Der *nationale Zweig* zielt auf die Verbesserung des nationalen Asylsystems der europäischen Zielstaaten einschließlich Asylverfahren ab, aber mit Ausnahme von Personen, die bereits in einem Erstasylstaat effektiven Schutz erhalten haben und dorthin zurückkehren könnten, sowie für Wirtschaftsmigranten.[1396] Angesichts der Tendenz einer zunehmenden Vielfalt von nationalen Verfahrensarten hält der UNHCR die Besinnung auf klare und einfache Verfahren, die qualitativ hochwertige, aber gleichwohl zügige Entscheidungsfindungen bei angemessenen Schutzmaßnahmen hervorbringen, für angezeigt.[1397] Für faire Verfahren schlägt der UNHCR die Rationalisierung und Konsolidierung der nationalen Asylsysteme in der EU für qualitative und zügige Verfahren vor sowie beschleunigte

---

1392 UNHCR, Working Paper, UNHCR's Three-pronged proposal, S. 1 ff.; EK, KOM (2003), 315, Ziff. 3.1, S. 8.

1393 UNHCR, Working Paper, UNHCR's Three-pronged proposal, S. 1 ff.; UNHCR, Agenda für den Flüchtlingsschutz, S. 64 ff.

1394 UNHCR, Working Paper, UNHCR's Three-pronged proposal, S. 4.

1395 UNHCR, Working Paper, UNHCR's Three-pronged proposal, S. 4 f.

1396 UNHCR, Working Paper, UNHCR's Three-pronged proposal, S. 1, 11 f.

1397 UNHCR, Working Paper, UNHCR's Three-pronged proposal, S. 11.

Verfahren für offensichtlich unbegründete bzw. offensichtlich begründete Asylanträge und die möglichst schnelle Rückführung abgelehnter Asylbewerber.[1398]

### 3. *EU-Zweig*

Schließlich sieht der Vorschlag des UNHCR einen *EU-Zweig* vor, der nach seiner Überarbeitung im Dezember 2003 die Errichtung einerseits von EU-Aufnahmezentren nahe der europäischen See- und Landgrenzen zur Verfahrensdurchführung für bestimmte Kategorien von Asylanträgen und andererseits einer EU-Asylagentur vorsieht.[1399] Zunächst fokussierte der EU-Zweig ausschließlich auf offensichtlich unbegründete Anträge in Form von Wirtschaftsmigranten, die sofort in geschlossene EU-Verfahrenszentren innerhalb der EU mit UNHCR-Beteiligung und unter Beachtung rechtsstaatlicher Grundsätze wie Rechtsbeistand und Dolmetscher verbracht werden.[1400]

In der überarbeiteten Fassung umfasst der nun klarer gefasste Vorschlag nicht nur Wirtschaftsmigranten, sondern festgelegte Asylbewerberkategorien, bspw. Staatsangehörige mit hoher Ablehnungsquote, was bei Wirtschaftsmigranten regelmäßig der Fall ist, während andere Asylsuchende weiter in den nationalen Asylverfahren geprüft werden sollten.[1401] Die Asylsuchenden festgelegter Kategorien sollen mit Ausnahme besonders schutzbedürftiger Personengruppen unverzüglich in Aufnahmeeinrichtungen überstellt werden, in denen eine rasche Prüfung der Ansprüche auf Asyl oder internationalen Schutz auf individueller Basis durch nationale Sachbearbeiter und Entscheidungsträger in einem Verfahren folgt.[1402]

Im Übrigen sieht der Vorschlag in seiner überarbeiteten Fassung grundsätzlich offene EU-Einrichtungen vor, die nur ausnahmsweise, etwa bei offensichtlich unbegründeten Asylanträgen, als geschlossene Einrichtungen ausgestaltet sind.[1403] Als schutzwürdig anerkannte Flüchtlinge werden nach einer

---

1398 UNHCR, Working Paper, UNHCR‘s Three-pronged proposal, S. 11 f.; hierzu die sog. „4 R“ des UNHCR: Repatriierung, Reintegration, Rehabilitation und Rekonstruktion; EK, KOM (2003) 315, Ziff. 3.1., S. 8.

1399 UNHCR, Working Paper, UNHCR‘s Three-pronged proposal, S. 1, 7 ff.; UNHCR, Working Paper, A Revised “EU Prong” Proposal, S. 2 ff.

1400 UNHCR, Working Paper, UNHCR‘s Three-pronged proposal, S. 1 ff.; EK, KOM (2003), 315 Ziff. 3.1, S. 9.

1401 UNHCR, Working Paper, A Revised “EU Prong” Proposal, S. 2 f.

1402 EK, KOM (2003) 315, Ziff. 3.2, S. 9 f.

1403 UNHCR, Working Paper, A Revised “EU Prong” Proposal, S. 5; anders noch EK, KOM (2003) 315 Ziff. 3.2, S. 9.

Verteilungsquote innerhalb der EU neuangesiedelt, während abgelehnte Asylbewerber mithilfe der IOM in ihre Herkunftsländer rückgeführt werden.[1404] Eine stringente und zügige Rückkehr- bzw. Rückführungspolitik ist angesichts des Asylmissbrauchs durch Wirtschaftsmigranten sowie der unterlassenen Rückkehr abgelehnter Asylbewerber zur Stärkung der Effizienz und Glaubwürdigkeit des Asylsystems unbedingt erforderlich.[1405] Dabei sollte die Frage der Rückkehr abgelehnter Asylbewerber nach Ansicht des UNCHR nicht nur die an den EU-Außengrenzen liegenden Staaten, in denen die Zentren errichtet wurden, sondern aus Gründen der Solidarität die ganze EU betreffen und durch Rückübernahmeabkommen mit Herkunftsstaaten forciert werden.[1406]

Während im ersten Vorschlagsentwurf des UNHCR noch von verschiedenen Verfahrensarten, vor allem von vereinfachten Verfahren in den EU-Aufnahmezentren die Rede war,[1407] betonte der UNHCR in seinem überarbeiteten Vorschlag, dass Entscheidungen grundsätzlich im regulären und nicht im beschleunigten Verfahren zu treffen sind.[1408] Ausnahmsweise können beschleunigte und vereinfachte Verfahren bei offensichtlich unbegründeten Asylanträgen durchgeführt werden.

Insgesamt sieht der EU-Zweig eine Verschiebung der Verfahrenselemente wie Registrierung und Vorprüfung von nationalen Behörden nach und nach auf EU-Ebene vor bis hin zur Einrichtung einer EU-Asylagentur, die zukünftig auch Entscheidungen im Rahmen eines gemeinsamen EU-Verfahrens treffen und die Rückführungen organisieren könnte.[1409] Mittlerweile wurde das EASO[1410] ins Leben gerufen, welches in diese Richtung geht, dem aber keine umfassende Entscheidungskompetenz in den nationalen Asylverfahren zukommt.

Als Vorteile des EU-weiten Ansatzes sieht der UNHCR neben der abschreckenden Wirkung für den Missbrauch des Asylkanals durch Wirtschaftsmigranten und Schmuggler die Vermeidung einer Lastenabwälzung auf einzelne EU-Staaten und den Aufbau gemeinsamer Lastenteilung innerhalb Europas in einem Gemeinsamen Europäischen Asylsystem.[1411]

---

1404 UNHCR, Working Paper, A Revised "EU Prong" Proposal, S. 3; EK, KOM (2003) 315, Ziff. 3.2, S. 10.

1405 UNHCR, Working Paper, UNHCR's Three-pronged proposal, S. 7.

1406 UNHCR, Working Paper, UNHCR's Three-pronged proposal, S. 8.

1407 UNHCR, Working Paper, UNHCR's Three-pronged proposal, S. 7.

1408 UNHCR, Working Paper, A Revised "EU Prong" Proposal, S. 6.

1409 UNHCR, Working Paper, A Revised "EU Prong" Proposal, S. 2 ff.

1410 Vgl. hierzu Fn. 118.

1411 UNHCR, Working Paper, UNHCR's Three-pronged proposal, S. 8.

Darüber hinaus favorisiert der UNHCR Verfahrenszentren innerhalb der EU im Unterschied zu extraterritorialen Transitverfahren in Drittstaaten aus zahlreichen Gründen.[1412] Die Frage der Rechtmäßigkeit der Verschiebung der staatlichen Verantwortung stelle sich nicht in vergleichbarer Weise, weil das Schutzniveau innerhalb der EU relativ homogen ist.[1413] Des Weiteren ginge von den Einrichtungen an EU-Außengrenzen bzw. innerhalb der EU die gleiche Abschreckungswirkung wie von Einrichtungen in Drittstaaten aus, vor allem nach der EU-Osterweiterung 2004, weil diese Länder häufig Transitstaaten für Migranten seien.[1414] Im Übrigen sei bei Verfahrenszentren innerhalb der EU eine bessere Kompatibilität mit den Vorgaben des internationalen Flüchtlingsrechts gewährleistet und es würde kein Präzedenzfall geschaffen, wonach die EU ihre Lasten- und Verantwortlichkeiten in weniger privilegierte Drittstaaten abschiebe.[1415] Darüber hinaus bedürfe es keiner langwierigen, teuren Verhandlungen mit Drittstaaten und die Sekundärmigration in der EU würde jedenfalls bei den teilweise vorgesehenen, geschlossenen Einrichtungen, sowie dadurch, dass nur eine Entscheidung in der EU getroffen wird, reduziert.[1416]

Auf der anderen Seite gibt der UNHCR zu bedenken, dass die Verfahrenszentren in Europa weder die Situation von Personen ohne oder mit falschen Identifikationspapieren noch die Frage der irregulären Einreise noch des Verbleibs von Wirtschaftsmigranten, die den Asylkanal nicht benutzten, lösen.[1417]

## II. Bewertung des UNHCR-Modells im Vergleich zum britischen Vorschlag

Obgleich der UNHCR die Unterschiede zwischen seinem dreigliedrigen Modell und dem britischen Vorschlag betont, stimmen beide Konzepte in vielerlei Hinsicht überein.[1418] Gemeinsame Ziele sind der verstärkte Flüchtlingsschutz und die Durchführung von Asylverfahren, auch wenn sich der britische Vorschlag stärker auf letzteres in Form einer effektiven Migrationssteuerung

1412 UNHCR, Working Paper, UNHCR's Three-pronged proposal, S. 9.
1413 UNHCR, Working Paper, UNHCR's Three-pronged proposal, S. 9.
1414 UNHCR, Working Paper, UNHCR's Three-pronged proposal, S. 9.
1415 UNHCR, Working Paper, UNHCR's Three-pronged proposal, S. 9.
1416 UNHCR, Working Paper, UNHCR's Three-pronged proposal, S. 9.
1417 UNHCR, Working Paper, UNHCR's Three-pronged proposal, S. 9.
1418 *Betts,* The International Relations of the "New" Extraterritorial Approaches to Refugee Protection, REFUGE Canada's Journal on Refugees 22 (2004), 58 (59); differenzierend *Bröcker*, Die externen Dimensionen des EU-Asyl- und Flüchtlingsrechts im Lichte der Menschenrechte und des Völkerrechts, S. 39.

fokussiert.[1419] Zutreffend stellt die Kommission im Hinblick auf den Vorschlag des UNHCR fest, dass der Fokus nicht ausschließlich auf der Verbesserung des Schutzes und der Entwicklung von Lösungskonzepten für die Herkunftsregionen liegt, sondern einen EU-basierten Mechanismus zur unionsweiten Bearbeitung von offensichtlich unbegründeten Asylanträgen von Staatsangehörigen bestimmter Herkunftsländer, hauptsächlich von Wirtschaftsmigranten, auf dem Weg zu einem gemeinsamen Asylsystem umfasst.[1420] Nach Ansicht des UNHCR sollen die EU-Mitgliedstaaten nicht nur ihre nationalen Asylsysteme verbessern, sondern nach dem Grundsatz der internationalen Solidarität und Lastenteilung die Schutzkapazitäten der Erstasylländer stärken und flexiblere Lösungsansätze für die Menschen schaffen.[1421]

Konkret zielt der regionale Zweig im Rahmen des dreigliedrigen UNHCR-Modells ebenso wie die RPAs des britischen Vorschlags auf einen stärkeren Schutz in den Herkunftsregionen. Auch die Einrichtung von Verfahrenszentren ist grundsätzlich in beiden Vorschlägen vorgesehen, jedoch mit dem entscheidenden Unterschied ihrer geographischen Belegenheit. Während das britische Konzept auf die Auslagerung der geplanten Asylverfahrenslager, auch aus Gründen der Abschreckung, abzielt, hält der UNHCR die Lokalisierung der Einrichtungen innerhalb Europas für essentiell und geht davon aus, dass nur in Europa das erforderliche Schutzniveau, das sich aus den unions- und völkerrechtlichen wie auch nationalen Regelungen ergibt, eingehalten werden kann.[1422] Gleichwohl bezog der UNHCR in seinem Vorschlag nicht ausdrücklich gegen das britische Konzept Position, was nach *Bröcker* auch aus taktischen Erwägungen wie etwa die Etatabhängigkeit sowie die Aufgeschlossenheit gegenüber neuen Ansätzen resultierte.[1423] Im Weiteren distanzierte sich der UNHCR von den Extraterritorialisierungsplänen der Briten und einer Beteiligung des UNHCR an EU-finanzierten Aufnahmeeinrichtungen in Nordafrika.[1424]

---

1419 *Betts*, The International Relations of the "New" Extraterritorial Approaches to Refugee Protection, REFUGE Canada's Journal on Refugees 22 (2004), 58 (60).

1420 EK, KOM (2003) 315, Ziff. 3.2, S. 9.

1421 EK, KOM (2003) 315, Ziff. 3.1, S. 7 f.

1422 Dazu *Betts*, The International Relations of the "New" Extraterritorial Approaches to Refugee Protection, REFUGE Canada's Journal on Refugees 22 (2004), 58 (60) m.w.H.

1423 *Bröcker*, Die externen Dimensionen des EU-Asyl- und Flüchtlingsrechts im Lichte der Menschenrechte und des Völkerrechts, S. 37 f.

1424 Hierzu m.w.H. *Garlick*, The EU Discussions on Extraterritorial Processing: Solution or Conundrum? IJRL 18 (2006), 601 (617).

Ein weiterer Unterschied zwischen dem britischen Vorschlag und dem EU-Zweig des UNHCR-Vorschlags liegt in der Ausgestaltung der Verfahrenszentren, die nach Auffassung der britischen Regierung geschlossen und nach Ansicht des UNHCR grundsätzlich offen sein sollen.[1425] Allerdings schränkt der UNHCR diesen Grundsatz im Hinblick auf offensichtlich erfolglose Asylanträge, wie dies insbesondere bei Wirtschaftsmigranten der Fall ist, ein, sodass jedenfalls im Hinblick auf einen erheblichen Teil der Migranten kein Unterschied der beiden Konzepte im Hinblick auf die Ausgestaltung der Einrichtungen, wohl aber im Hinblick auf ihre Lokalisierung in bzw. außerhalb Europas gegeben ist.

Insgesamt sieht sich der Vorschlag des UNHCR weniger rechtlichen Bedenken ausgesetzt als der britische Vorschlag, weil sich die umstrittene Frage der Rechtmäßigkeit der von Großbritannien angestrebten Extraterritorialisierung der Asylverfahren im Rahmen des dreigliedrigen UNHCR-Vorschlags nicht stellt. Ungeachtet dieses Hauptunterschieds erscheint die vom UNHCR angestrebte, möglichst frühzeitige Kanalisierung der im Rahmen der gemischten Migration ankommenden Menschen in einem Vorverfahren, sehr zweckmäßig. Generell sollte eine möglichst frühzeitige Einordnung von Migranten als „offensichtlich schutzwürdig", als „offensichtlich nicht schutzwürdig" und als „nicht auf den ersten Blick zuordenbar" vorgenommen werden und eine Kanalisierung in Richtung Asyl-, Arbeits- und Ausbildungs- sowie Familienzusammenführungskanal erfolgen. Auf diese Weise werden Ressourcen effizient verwendet, anstatt in jedem Fall ein gleich umfangreiches Verfahren ohne Rücksicht auf die Staatsangehörigkeit und Motivlage der Migranten durchzuführen. Mittlerweile werden solche Vorkategorisierungen verstärkt durch die Anwendung der Regelungen über sichere Drittstaaten, sichere Herkunftsländern und offensichtlich unbegründete oder unzulässige Asylanträge getroffen.

Indes lässt der Vorschlag des UNHCR die Frage, wie lebensgefährliche Fluchtrouten und Überfahrten aus den Herkunftsregionen in die EU verhindert werden können, offen. Zwar ist die Erhöhung der Schutzkapazitäten in den Herkunftsregionen durch verstärkte Unterstützung der (Erst-)Asylländer und die Erweiterung von Resettlement-Programmen ein Ansatz, der jedoch weder das humanitäre Leid der über das Mittelmeer fliehenden Menschen noch das Phänomen der ungesteuerten und unkontrollierten Einreise in die EU löst. Von Amnesty International wurde der fehlende Bezug zur Agenda für den Flüchtlingsschutz, vor allem die darin geforderten leichter zugänglichen, gerechteren

1425 *Betts*, The International Relations of the "New" Extraterritorial Approaches to Refugee Protection, REFUGE Canada's Journal on Refugees 22 (2004), 58 (60).

und besser funktionierenden Asylsysteme, im Rahmen des Vorschlags des UNHCRs kritisiert.[1426]

## C. Durchführbarkeitsstudie über die Bearbeitung von Asylanträgen außerhalb der EU aus dem Jahr 2002

Der externe Fokus im Migrations- und Asylbereich bis hin zur Extraterritorialisierung des Asylregimes hat sich in der EU zunehmend verstärkt.[1427] Entsprechend hat die Kommission die externe Dimension in ihren Mitteilungen[1428] aufgegriffen und Machbarkeitsstudien in diesem Bereich, auch zur externen Bearbeitung von Asylanträgen, in Auftrag gegebenen.

Neben der hier maßgeblichen Studie über die Bearbeitung von Asylanträgen außerhalb der EU ist vor allem die zeitgleich in Auftrag gegebene Studie über die Durchführbarkeit der Einrichtung eines Neuansiedelungssystems in den EU-Mitgliedstaaten oder auf EU-Ebene vor dem Hintergrund des gemeinsamen europäischen Asylsystems und dem Ziel eines gemeinsamen Asylverfahren zu nennen.[1429] Die Kommission hielt Neuansiedlungsprogramme wegen ihrer geringen Größe zwar mit Blick auf die Gesamtflüchtlingszahlen nur für bedingt wirkungsvoll, aber für bedeutsam bei der kontrollierten Einreise in die EU sowie für einen wirkungsvollen Schutz der Betroffenen und regte daher ein flexibles unionsweites Neuansiedlungsprogramm unter UNHCR-Beteiligung an, das die nationalen Asylverfahren der Mitgliedstaaten unberührt lässt.[1430] In der Studie über ein Neuansiedlungsprogramm in der EU wurden anhand bestehender Programme passende Modelle für die EU und ihre Mitgliedstaaten entwickelt.[1431]

---

1426 AI, UK/EU/UNHCR: Unlawful and unworkable, 10 f.

1427 Vgl. *Garlick*, The EU Discussions on Extraterritorial Processing: Solution or Conundrum? IJRL 18 (2006), 601 (611 ff.).

1428 EK, KOM (2000) 755, S. 11, 23; KOM (2003) 152, Ziff. 2.1, S. 10 ff.; KOM (2003) 315, Ziff. 6.1, S. 15 ff.

1429 Migration Policy Institute, Study on The Feasibility of setting up resettlement schemes in EU Member States or at EU Level, against the background of the Common European Asylum system and the goal of a Common Asylum Procedure; EK, KOM (2004) 410, Ziff. 1.1, S. 6.

1430 EK, KOM (2004) 410, Ziff. 1.1, S. 8 ff.

1431 Migration Policy Institute, Study on The Feasibility of setting up resettlement schemes in EU Member States or at EU Level, against the background of the Common European Asylum system and the goal of a Common Asylum Procedure, zusammenfassend S. 187 ff.

Die für diese Arbeit maßgebliche Durchführbarkeitsstudie über die Bearbeitung von Asylanträgen außerhalb der EU vor dem Hintergrund des Gemeinsamen Europäischen Asylsystems und dem Ziel eines gemeinsamen Asylverfahrens wurde im Dezember 2002 vorgelegt.[1432] Im Fokus der Studie steht die Einführung *geschützter Zulassungsverfahren* durch die Mitgliedstaaten als Ergänzung der bestehenden nationalen Asylverfahren.[1433]

Ausgangspunkt der Studie ist die Tendenz, dass Flüchtlinge bereits auf den Migrationsrouten abgefangen werden und die illegale Einreise durch Grenzsicherung frühestmöglich in Form einer externalisierten Migrationskontrolle in den Herkunftsregionen verhindert wird ohne dass zwischen tatsächlich schutzbedürftigen Personen und anderen Migranten differenziert wird.[1434] Dabei bedeutet das Erreichen des Hoheitsgebiets eines Staates nicht nur physischen Schutz für Flüchtlinge, sondern auch einen gewissen rechtlichen Status, da eine Vielzahl nationaler sowie völkerrechtlicher Regelungen an die physische Präsenz der schutzsuchenden Person im Hoheitsgebiet eines Staates bzw. an seiner Grenze anknüpfen.[1435] In diesem Kontext stellen *Noll*, *Fagerlund* und *Libaut* die Überlegung an:

> „If border control is pushed into the territories of departure states, one might ask if refugee determination procedures could – at least in part – follow that move."[1436]

Dieser in Erwägung gezogene Gleichlauf des in die Transitländer vorverlagerten Grenz- und Migrationsregimes und eines nachfolgenden Verfahrens zur Prüfung des Flüchtlingsschutzes überzeugt; andernfalls besteht eine Diskrepanz zwischen der vorverlagerten Abschottung durch das Grenzregime und gleichzeitigem Fehlen eine Schutzangebots bzw. entsprechender Verfahren in diesem frühen Stadium.

Ziel der multidisziplinären Studie ist die Ergänzung des bisherigen Systems extraterritorialer Migrationskontrollen der EU durch Mechanismen, die eine

---

1432 *Noll/Fagerlund/Liebaut,* Study on The Feasibility of Processing Asylum Claims outside the EU; EK, KOM (2003) 152, S. 10.

1433 *Noll/Fagerlund/Liebaut,* Study on The Feasibility of Processing Asylum Claims outside the EU, S. 18 ff.; zu geschützten Zulassungsverfahren vgl. Teil 1 D IV. 5 sowie EK, KOM (2004) 410, Ziff. I. 14, S. 6.

1434 *Noll/Fagerlund/Liebaut,* Study on The Feasibility of Processing Asylum Claims outside the EU, S. 17.

1435 *Noll/Fagerlund/Liebaut,* Study on The Feasibility of Processing Asylum Claims outside the EU, S. 17.

1436 *Noll/Fagerlund/Liebaut,* Study on The Feasibility of Processing Asylum Claims outside the EU, S. 17.

Differenzierung in den Migrationsströmen nach schutzbedürftigen und nicht-schutzbedürftigen Migranten bereits vor Erreichen der Grenze eines Aufnahmestaates vorsehen.[1437] Anhand einer Bestandsaufnahme praktizierter, geschützter Zulassungsverfahren einiger EU-Mitgliedstaaten[1438] und wichtiger Drittstaaten analysiert die Studie Modelle mit Blick auf Fairness, Effizienz und ihr Verhältnis zu völkerrechtlichen Verpflichtungen, während gleichzeitig dem Harmonisierungsbedürfnis und -potential dieser Verfahren auf Unionsebene vor dem Hintergrund des aktuellen EU-Besitzstandes im Migrations- und Asylbereich nachgegangen wird.[1439]

Geschützte Zulassungsverfahren sind eine Mischform, die sowohl Elemente kollektiver Resettlement-Programme in Drittstaaten als auch Elemente individueller Asylverfahren der Zielstaaten verbinden und in deren Rahmen sich Personen direkt an einen potentiellen Aufnahmestaat in einem formalisierten Verfahren wenden, mit dem Ziel einen sicheren Transfer und rechtlichen Schutz in diesem Staat zu erhalten.[1440] Dabei umfasst der Begriff der geschützten Zulassungsverfahren in der Studie, wie hier in der Arbeit (vgl. Teil 1 D.IV.5.), Regelungen, die Ausländern erlauben, einen Schutzantrag für den potentiellen Gaststaat außerhalb seines Hoheitsgebiets zu stellen und bei Anerkennung des Schutzgesuchs eine vorläufige oder endgültige Einreiseerlaubnis zu erhalten.[1441] Nach *Noll, Fagerlund* und *Liebaut* weisen geschützte Zulassungsverfahren Ähnlichkeiten zu vorhandenen Modellen auf, die eine Prüfung und zum Teil auch die Erteilung humanitärer Visa in Auslandsvertretungen potentieller Aufnahmeländer vorsehen. Der Hauptunterschied der Modelle liegt im Grad, bis zu welchem Asylverfahren außerhalb des Hoheitsgebiets des potentiellen Aufnahmestaates stattfinden, sei es nur die Antragsstellung, ein Screening im Sinne einer Vorprüfung oder sogar die Durchführung von Asylverfahren durch Beamte vor Ort.[1442]

---

1437 *Noll/Fagerlund/Liebaut,* Study on The Feasibility of Processing Asylum Claims outside the EU, S. 18.

1438 Zum Zeitpunkt der Studien im Jahr 2002 praktizierten Österreich, Frankreich, Niederlande, Spanien, Großbritannien geschützte Zulassungsverfahren; *Noll/Fagerlund/Liebaut,* Study on The Feasibility of Processing Asylum Claims outside the EU, S. 4.

1439 *Noll/Fagerlund/Liebaut,* Study on The Feasibility of Processing Asylum Claims outside the EU, S. 18 f.

1440 *Noll/Fagerlund/Liebaut,* Study on The Feasibility of Processing Asylum Claims outside the EU, S. 18 ff.

1441 *Noll/Fagerlund/Liebaut,* Study on The Feasibility of Processing Asylum Claims outside the EU, S. 20.

1442 *Noll/Fagerlund/Liebaut,* Study on The Feasibility of Processing Asylum Claims outside the EU, S. 21.

Mit Blick auf die Ausgestaltungsoptionen der geschützten Zulassungsverfahren hielten *Noll, Fagerlund* und *Liebaut* einen ergänzenden Charakter des normalen Asylverfahrens im Hoheitsgebiet der EU-Mitgliedstaaten für zweckmäßig und erteilten damit der im britischen Vorschlag (unter A.I.) angestrebten Ausschließlichkeit extraterritorialer Vorgehen eine Absage.[1443] Die von *Noll, Fagerlund* und *Liebaut* für die EU-Mitgliedstaaten ins Auge gefassten, geschützten Zulassungsverfahren im Rahmen eines ganzheitlichen Ansatzes sehen drei miteinander verbundenen Beitragsformen zum Flüchtlingsschutz im extraterritorialen Rahmen vor: Erstens werden regionale Erstasylländer unterstützt, um die große Anzahl von Schutzsuchenden im Einklang mit internationalem Vorgaben zu versorgen; zweitens bieten die einzelnen EU-Mitgliedstaaten geschützte Zulassungsverfahren für Personen, deren Schutzbedarf im Erstasylland nicht erfüllt werden kann und die eine besondere Verbindung zu dem jeweiligen Mitgliedstaat aufweisen und drittens erfolgt eine Neuansiedlung der besonders schutzbedürftigen Personen innerhalb der EU nach einer Quote.[1444] Die Studie enthält fünf Vorschläge für die EU-Mitgliedstaaten, die bei der Entwicklung geschützter Zulassungsverfahren zu berücksichtigen sind: Der flexible Gebrauch des Visaregimes (1), die Einführung von Sponsoring-Modellen (2), eine Regionale Task Force der EU (3), eine sukzessive Harmonisierung nach den *best practice*-Verfahren (4) und ein Schengen-Asylvisum (5).[1445] Während der erste Vorschlag auf die Ausweitung der Visaerteilung um eine Schutzdimension abzielt, fokussiert der zweite Vorschlag auf eine stärkere Beteiligung der Zivilgesellschaft und der Regierungen zur Lasten- und Verantwortlichkeitsteilung.[1446] Der dritte Vorschlag bezweckt die Errichtung einer Plattform für die regionale Präsenz der EU, die verschiedene Dimensionen der Migration, wie Asylverfahren, Schutzlösungen, Arbeitsmigration, Rückkehr sowie die Unterstützung der Herkunftsregion, zusammenfasst.[1447] Während der vierte Vorschlag auf die unionsweite Anwendung der *best practice* abzielt, nimmt der fünfte Vorschlag

1443 *Noll/Fagerlund/Liebaut,* Study on The Feasibility of Processing Asylum Claims outside the EU, S. 4 f.

1444 *Noll/Fagerlund/Liebaut,* Study on The Feasibility of Processing Asylum Claims outside the EU, S. 5.

1445 *Noll/Fagerlund/Liebaut,* Study on The Feasibility of Processing Asylum Claims outside the EU, S. 5; EK, KOM (2003) 315, Ziff. 6.1, S. 16 ff.

1446 *Noll/Fagerlund/Liebaut,* Study on The Feasibility of Processing Asylum Claims outside the EU, S. 5.

1447 *Noll/Fagerlund/Liebaut,* Study on The Feasibility of Processing Asylum Claims outside the EU, S. 6; vgl. hierzu auch EK, KOM (2003) 152, S. 10.

die Regelung der Verantwortlichkeitszuteilung im Verfahren der beantragten Schutzvisa innerhalb der EU in den Blick.[1448]

Im Ergebnis geht die Studie davon aus, dass geschützte Zulassungsverfahren in Gestalt formalisierter Verfahren mit den völkerrechtlichen und menschenrechtlichen Vorgaben, wie die der EMKR, vereinbart werden können.[1449] Auf die konkret in der Studie ausgearbeiteten Kriterien wird im Rahmen des in Teil 4 entwickelten Konzepts für Europäische Asylverfahrensstandorte punktuell an der jeweils einschlägigen Stelle Bezug genommen.

Vorteil geschützter Zulassungsverfahren sind aus Sicht der EU und ihrer Mitgliedstaaten vor allem die legale und steuerbare Migration, womit nicht nur eine größere Vorhersehbarkeit und damit bessere Planung bezüglich Unterbringung und Integration, sondern auch eine vorherige Sicherheitsüberprüfung ermöglicht und die Glaubwürdigkeit des Systems erhöht werden, weil nur tatsächlich schutzbedürftige Personen nach Europa gelangen.[1450] Für Migranten liegen die Vorteile in der Möglichkeit, bei Anerkennung als schutzbedürftiger Flüchtling statt unter Lebensgefahr mit Schleusern auf legalem Wege in die EU einzureisen und aufgrund der angestrebten zügigen Verfahren schnell Gewissheit über das eigene Recht nach Europa zu gelangen, zu erhalten ohne viel Geld an Schlepper ohne Aussicht auf ein Bleiberecht zu zahlen.[1451] Indes erhoffen sich viele Migranten durch eine illegale Einreise in die EU auch ohne Bleibeperspektive eine wirtschaftliche Verbesserung ihrer Lebenslage.

Die in der Studie favorisierten geschützten Zulassungsverfahren zielen letztlich auf Verfahren in den Herkunftsregionen zur frühzeitigen Klärung der Schutzbedürftigkeit der Migranten bei gleichzeitiger Neuansiedlung der als schutzwürdig anerkannten Flüchtlinge ab, um einen schnellen Schutzzugang ohne Schleuser zu gewährleisten.[1452] Jedoch erfüllen Neuansiedlungsprogramme regelmäßig nicht den großen Bedarf schutzsuchender Personen.

Während die Kommission nach ihrer Mitteilung vom 3. Juni 2003 beabsichtigte, die Errichtung der regionalen Task Force der EU näher zu prüfen,[1453] legte sie in ihrer Mitteilung vom 4. Juni 2004 zur kontrollierten Einreise von

---

1448 *Noll/Fagerlund/Liebaut*, Study on The Feasibility of Processing Asylum Claims outside the EU, S. 6.

1449 *Noll/Fagerlund/Liebaut*, Study on The Feasibility of Processing Asylum Claims outside the EU, S. 4.

1450 EK, KOM (2004) 410, Ziff. I. 14. ff. S. 6 ff.

1451 EK, KOM (2004) 410, Ziff. I. 14. ff. S. 6 ff.

1452 *Noll/Fagerlund/Liebaut*, Study on The Feasibility of Processing Asylum Claims outside the EU, S. 3.

1453 EK, KOM (2003) 315, Ziff. 6.1, S. 17 m.w.N.

internationalen Schutz benötigenden Personen in die EU und zur Stärkung der Schutzkapazitäten von Herkunftsregionen für einen verbesserten Zugangs zu dauerhaften Lösungen keinen Vorschlag für geschützte Zulassungsverfahren vor, weil die EU-Mitgliedstaaten diesbezüglich „nicht dieselbe einheitliche Sichtweise und Zuversicht an den Tag legen wie im Falle der Neuansiedlung".[1454]

## D. Wiederaufnahme der Extraterritorialisierungspläne in der EU seit 2014

Die Migrationswelle in Europa seit 2014, spätestens aber seit der Flüchtlingskrise im Jahr 2015, in deren Rahmen es wiederholt zu großen Flüchtlingstragödien auf dem Mittelmeer mit tausenden toten Migranten kam, hat zur Wiederaufnahme der Extraterritorialisierungspläne in Europa geführt. Während etwa Österreichs Außenminister Kurz ein striktes Vorgehen nach der australischen „Pazifischen Lösung" in Europa vorschlägt,[1455] findet auch in Deutschland eine Diskussion über Transitzentren sowohl in Europa als auch in Nordafrika statt.[1456] In Bayern wurden sog. Aufnahme- und Rückführungseinrichtungen für Staatsangehörige des Westbalkans mit geringer Bleibechance eingerichtet, in denen beschleunigte Verfahren durchgeführt und abgelehnte Bewerber rasch zurückgeführt werden.[1457] Zwischenzeitlich wurden auch drei sog. Bayerische Transitzentren in Ingolstadt-Manching, Regensburg und Deggendorf in Betrieb genommen.[1458]

Für extraterritoriale Asylzentren, etwa in Afrika, hat sich der frühere Bundesinnenminister Thomas De Maizière ausgesprochen.[1459] Die Initiative wird seit Februar 2017 auch von der SPD unterstützt, da dies notwendig sei, um Schleuserbanden zu bekämpfen.[1460]

Obgleich die Einführung extraterritorialer Verfahrenszentren, die über ein adäquates Asylverfahren verfügen, auf Unionsebene bereits angesichts der stark

---

1454 EK, KOM (2004) 410, S. 13.

1455 Zeit, Österreichs Außenminister will Flüchtlinge auf Inseln internieren v. 5.06.2016.

1456 Etwa SZ, Vier Vorschläge, wie das Massensterben zu verhindern ist, v. 20.04.2015.

1457 SZ „Gefangen in der Transitzone" vom 28.10.2015.

1458 Zur etwaigen Vorbildwirkung für die vom Bund geplanten Ankereinrichtungen siehe etwa BR, Transitzentrum Manching: Vorbild für geplante Ankerzentren? V. 23.02.2018.

1459 ARD, Tagesschau, Wie sinnvoll sind Asylzentren in Afrika? EU-Pläne auf dem Prüfstand, v. 14.05.2015; SZ, Vier Vorschläge, wie das Massensterben zu verhindern ist, v. 20.04.2015.

1460 Zeit, Thomas Oppermann, Flüchtlinge sollen nach Nordafrika zurückgebracht werden, v. 5.02.2017.

divergierenden Haltung in der Asyl- und Flüchtlingsfrage in nächster Zukunft nicht anstehen dürfte, scheint eine Initiative einiger EU-Mitgliedstaaten im Sinne des zuletzt von der Kanzlerin Angela Merkel beschworenen Europas mehrerer Geschwindigkeiten keinesfalls ausgeschlossen. Denkbar wäre ein unionskoordinierter Vorstoß einiger EU-Mitgliedstaaten oder ein Alleingang eines einzelnen Staates wie etwa die von Dänemark Ende 2016 ins Auge gefasste Auslagerung des Asylregimes.[1461] Danach sollen Asylanträge im Ausland gestellt sowie bearbeitet werden und die geordnete Einreise nach Dänemark nach Zuerkennung des Flüchtlingsstatus erfolgen.[1462]

Daneben strebte die EU und vor allem Italien eine stärkere Zusammenarbeit mit afrikanischen Staaten an, wie etwa die mit dem Niger, Nigeria, Mali, Senegal und Äthiopien geschlossenen europäischen Migrationspartnerschaften[1463] und die nach dem Vorbild des EU-Türkei-Deals angestrebte Kooperation mit Libyen[1464] zeigen. Derzeit ist die Errichtung von Aufnahmelagern in Libyen im Gespräch, in denen in einer späteren Phase Asylanträge gestellt werden könnten.[1465] Dabei haben die EU und Italien bereits in der Vergangenheit mit Libyen zur Rückführung von Migranten zusammengearbeitet, Lager in Libyen mitfinanziert und Überquerung des Mittelmeers durch Flüchtlinge zu verhindern versucht.[1466] Gegen derartige Vereinbarungen bestehen erhebliche rechtliche Bedenken, vor allem mit Blick auf die politisch instabile Lage in Libyen, das im Übrigen weder ein Unterzeichnerstaat der GFK oder des Protokolls ist noch anderweitig effektiven Schutz für Flüchtlinge in Libyen zu gewährleisten vermag.[1467]

---

1461 FAZ, Dänemark will Asylverfahren ändern, v. 29.11.2016.

1462 FAZ, Dänemark will Asylverfahren ändern, v. 29.11.2016.

1463 ARD, Tagesschau, Umstrittene „Migrationspartnerschaften", v. 18.01.2017.

1464 ARD, Tagesschau, Kommt das EU-Libyen-Abkommen? EU-Sondergipfel in Malta, v. 3.02.2017.

1465 ARD, Tagesschau, Kommt das EU-Libyen-Abkommen? EU-Sondergipfel in Malta, v. 3.02.2017.

1466 *Cherubini*, Asylum Law in the European Union, S. 54 ff.; *Brocza/Jäger*, EU-finanzierte Internierungslager in Libyen in Brocza, Die Auslagerung des EU-Grenzregimes: Externalisierung und Exterritorialisierung, S. 145 (146 ff.); *Hathaway*, The false panacea of offshore deterrence, FMR 26 (2006), 56 (56).

1467 Vgl. Liste der Vertragsstaaten der GFK v. 28.07.1951 und des Protokolls v. 31.01.1967, UNHCR, Stand Okt. 2014; *Brocza/Jäger*, EU-finanzierte Internierungslager in Libyen in Brocza, Die Auslagerung des EU-Grenzregimes: Externalisierung und Exterritorialisierung, S. 145 (151 ff.); UNHCR Exekutivkomitee, UN doc. A/AC.96/SR.585 v. 15.10.2004, Ziff. 10.

# Teil 4: Konkreter Vorschlag für Europäische Asylverfahrensstandorte in Form einer Modellentwicklung

Im vierten Teil der Arbeit wird ausgehend vom Status quo des europäischen Flüchtlingsrechts (Teil 1), der „Pazifischen Lösung“ (Teil 2) und der bisherigen Extraterritorialisierungspläne der EU (Teil 3) ein konkreter externer europäischer Asylansatz in Gestalt von extraterritorialen[1468] Asylverfahrenseinrichtungen außerhalb Europas untersucht.

Spätestens seit der Flüchtlingskrise in Europa im Jahr 2015, als über eine Million Menschen nach Europa kamen, und weiterhin Menschen an den Küsten Libyens und der Türkei auf eine Überfahrt nach Europa warten, besteht akuter Handlungsbedarf. Angesichts der weltweit ca. 65,6 Millionen Menschen auf der Flucht trägt Europa einen kleinen Anteil der globalen Last.

Gleichwohl kollabierte das bisherige System der EU, vor allem in den am stärksten betroffenen Ersteinreisestaaten an den EU-Außengrenzen in Griechenland und Italien (Teil 1 B.II.2.). Aber auch die Asylsysteme anderer EU-Mitgliedstaaten, vor allem in Österreich, Deutschland und Schweden, gerieten angesichts rasant steigender Asylbewerberzahlen unter Druck.[1469] Angesichts dieser Entwicklungen hat der damalige Bundesinnenminister Thomas de Maizière im Einklang mit der EU-Strategie zur externen Dimension festgestellt,

> „dass Flüchtlingspolitik nicht erst an den Grenzen Europas und an den Grenzen Deutschlands beginnen darf.“[1470]

Diese Äußerung lässt die Abschottungspolitik der EU und Deutschlands gegenüber Migranten erkennen, die ihre Maximierung in der Auslagerung der Asylverfahren sowie der europäischen Verantwortung für das Schicksal der betroffenen Menschen erfährt. Jedoch gebieten die tausenden, auf der Flucht zu Tode kommenden Menschen, sei es auf dem Mittelmeer in seeuntauglichen

---

1468 Zum Begriff der Extraterritorialisierung etwa *Brocza/Jäger/Litzka*, Einführung in Brocza, Die Auslagerung des EU-Grenzregimes – Externalisierung und Exterritorialisierung, S. 9 (11 f.).

1469 So waren beim BAMF Stand 30.09.2016 Asylverfahren von 579.314 Personen anhängig; BAMF, Asylgeschäftsstatistik für den Monat September 2016, S. 7.

1470 ARD, Tagesschau, EU-Pläne auf dem Prüfstand: Wie sinnvoll sind Asylzentren in Afrika?, v. 14.05.2015.

Booten oder auf der Flucht tausende Kilometer durch Afrika bei der Durchquerung der Sahara, neue Wege und Lösungsansätze in Betracht zu ziehen.[1471] Europa darf die illegale Einreise nach Europa nicht länger als einzigen Ausweg der Flüchtlinge zulassen, sondern muss legale und sichere Wege für Flüchtlinge nicht nur im absoluten Ausnahmefall schaffen. Soweit es infolgedessen zu einem unerwünschten Flüchtlingsandrang in Europa kommt, sind andere Stellschrauben zu korrigieren, etwa eine Kontingentierung in Erwägung zu ziehen, die sich im Hinblick auf das grundrechtlich garantierte Asylrecht jedoch als bedenklich erweist. Ein erheblich verstärktes Engagement der internationalen Staatengemeinschaft zur Verbesserung der Lebensbedingungen und die Schaffung langfristiger wirtschaftlicher Perspektiven für die Menschen in Entwicklungsländern sind unentbehrlich. In diesem Kontext wird auf den in Teil 1 D.V.3. dargestellten flexiblen Spurwechsel zwischen verschiedenen Migrationskanälen hingewiesen. Bei weltweit ca. 65,6 Millionen Menschen auf der Flucht wird Europa sich schlicht nicht auf die Aufnahme einer geringen Anzahl von Migranten beschränken können, selbst bei völliger Abschottung. Eine Einmauerung Europas, die im Widerspruch zu den freiheitlichen und humanitären Grundwerten der EU steht, wird weder den Anforderungen einer immer globaleren Welt gerecht noch stellt sie ein tragfähiges Zukunftsmodell dar.

Daher sind Alternativen, die Menschenleben retten, Asylsuchenden ohne Bleibeperspektive eine unnötige, lebensgefährliche Reise ersparen und die Migration nach Europa steuern, zu untersuchen. Dabei ist neben humanitären Vorteilen einer (teilweisen) Extraterritorialisierung von Asylverfahren durch die Risikoverringerung für die Flüchtlinge, weil sie nicht länger ihr Leben riskieren müssen, auch die Gefahr, dass mit der Auslagerung der Asylverfahren eine Auslagerung der Verantwortlichkeit der EU und ihrer Mitgliedstaaten sowie eine Reduzierung der rechtlichen Standards für die Flüchtlinge einhergeht, in den Blick zu nehmen.

Sowohl auf Unions- als auch nationaler Ebene wie auch bei der zwischenstaatlichen Zusammenarbeit, etwa auf dem Pariser Migrationsgipfel am 28. August 2017 mit der Hohen Vertreterin für Außen- und Sicherheitspolitik der EU, den Regierungschefs von Frankreich, Deutschland, Italien, Spanien und afrikanischer Länder, wie dem Niger, Tschad sowie der Übergangsregierung

1471 Siehe etwa IOM, Missing Migrants Project, Mediterranean Sea, Recorded death in the Mediterranean by month 2014-2016, v. 18.11.2016.

Libyens,[1472] werden verstärkt extraterritoriale Asylfazilitäten, in Form von Registrierungszentren[1473] oder Aufnahmelagern in (Nord)Afrika, diskutiert.[1474]

Vorliegend wird ein rechtlich zulässiges Instrument zur extraterritorialen Migrationssteuerung und gleichzeitig zur Verbesserung des Flüchtlingsschutzes entwickelt,[1475] ein Konzept für Europäische Asylverfahrensstandorte (EU-AVS) außerhalb der EU. Bewusst wird der Begriff „Standort“ gewählt, da kein „Lager“ zur Unterbringung von Asylsuchende angestrebt wird,[1476] sondern die Durchführung extraterritorialer Asylverfahren nach europäischem Standard.

Das Konzept Europäischer Asylverfahrensstandorte zielt weder primär auf die Abschreckung künftiger Flüchtlinge,[1477] noch die Zugangsverhinderung zum Gemeinsamen Europäischen Asylsystem, sondern auf ein verbessertes Asylregime, einen effektiven Flüchtlingsschutz und auf eine optimierte Migrationssteuerung, sowohl für Migranten als auch für die EU-Staaten. Kein

---

1472 KOM, Pressemitteilung, Migrationskonferenz in Paris für Ausbau und Zusammenarbeit mit Afrika; siehe auch Abschlusserklärung des Migrationsgipfels in Paris (in Englisch), Joint Statement Paris, August 28, 2017.

1473 Bspw. Frankreichs Vorschlag für Libyen, SZ, Macron will Flüchtlinge in Libyen aufhalten, v. 27.07.2017; SZ, Merkel und Macron wollen Registrierungszentren für Asylbewerber in Afrika, v. 29.08.2017.

1474 EK, KOM (2014) 154 S. 9; Haager Programm, ABl. EU 2005 Nr. C 53/1, Ziff. II1.1.3; ARD, Tagesschau, EU-Sondergipfel in Malta: Kommt das EU-Libyen-Abkommen? v. 3.02.2017; SZ, De Maizière will Flüchtlingsboote nach Afrika zurückschicken, v. 06.11.2016; einen Überblick gibt auch der Sachverständigenrat deutscher Stiftungen für Integration und Migration (SVR) in seinem Jahresgutachten 2017, Chancen in der Krise: Zur Zukunft der Flüchtlingspolitik in Deutschland und Europa, S. 58. Kritisch zur Europäischen Staatenpraxis „quasi-extraterritorialer“ Aufnahmeeinrichtungen z.B. auf den kanarischen Inseln oder Lampedusa siehe *Bröcker*, Die externen Dimensionen des EU-Asyl- und Flüchtlingsrechts im Lichte der Menschenrechte und des Völkerrechts, S. 175 ff.

1475 Zu Zielsetzungen extraterritorialer EU-Aufnahmeeinrichtungen *Bröcker*, Die externen Dimensionen des EU-Asyl- und Flüchtlingsrechts im Lichte der Menschenrechte und des Völkerrechts, S. 141 ff.; v.a. 147 ff.

1476 Zu rechtlichen Bedenken gegen „Asyllager“ siehe A.VI zur „Pazifischen Lösung“ Australiens, vgl. Fn. 928.

1477 Zur beabsichtigten Abschreckungswirkung von Aufnahmezentren in Libyen ARD, Tagesschau, EU-Sondergipfel in Malta: Kommt das EU-Libyen-Abkommen? EU-Sondergipfel in Malta, v. 3.02.2017. Zu Recht betont *Bröcker*, dass die dynamische Entwicklung des EU-Asyl- und Flüchtlingsrechts nicht zulasten von Menschenrechten gehen darf, ders., Die externen Dimensionen des EU-Asyl- und Flüchtlingsrechts im Lichte der Menschenrechte und des Völkerrechts, S. 319.

Untersuchungsgegenstand sind die Auswirkungen der Aufnahme von Flüchtlingen in großer Zahl für den Aufnahmestaat und die dabei zentrale Frage ihrer Integration.

Bei der Entwicklung des Konzepts werden die erarbeiteten Erkenntnisse, vor allem zu Chancen und Grenzen extraterritorialer Asylregime, praktisch angewandt. Teilweise geht der Vorschlag über vorhandene Modelle, wie etwa die der geschützten Zulassungsverfahren, hinaus, indem gleichwertige Asylverfahren vorgesehen sind. Teilweise ist der Vorschlag weniger weitgehend als praktizierte Konzepte; so wird eine Quasi-Inhaftierung der Asylsuchenden wie bei der „Pazifischen Lösung" Australiens abgelehnt. Auch der britische Vorschlag von 2003 wird berücksichtigt, etwa der Ansatz, Asylverfahren (wenn auch nicht durch den UNHCR mit beschränkten Verfahrensgarantien) bereits in der Herkunftsregion durchzuführen und damit legale Migration zu ermöglichen; nicht übernommen wird die generelle Rückführung spontan in Europa ankommender Asylsuchender und ihre Unterbringung in herkunftsnahen Schutzeinrichtungen. Die Elemente verschiedener Ansätze werden in einem *best practice*-Modell mit einem im Grundsatz gleichwertigen extraterritorialen Asylverfahren kombiniert.

Angesichts weltweit steigender Migrationszahlen ist es ungeachtet der kritisch zu sehenden Externalisierung der europäischen Migrationspolitik allein zu Abschottungszwecken an der Zeit, innovative Pfade zu beschreiten,[1478] zumal sich zentrale Kritikpunkte gegen Asyllager oder die „Pazifische Lösung" Australiens (haftähnliche Zustände, ungleiche Asylverfahren und fehlende Rechtsberatung) im Vorschlag nicht stellen. Nach dem Subsidiaritätsprinzip ist die lokale Integration Schutzsuchender im Erstasylland zu priorisieren und erst soweit erforderlich sind extraregionale Instrumente wie Neuansiedlung und geschützte Zulassungsverfahren anzuwenden.[1479] Das Konzept Europäischer Asylverfahrensstandorte ist ein Baustein im Gesamtmigrationsansatz, der auf eine stärkere Unterstützung der Erstasylländer bei der Bewältigung der Flüchtlingsströme und der Herkunftsländer bei der Fluchtursachenbekämpfung sowie auf größere

---

1478 Zur Erwägung von Aufnahmezentren in Nordafrika und der Herausforderung, dort europäische Menschenrechtsstandards zu gewährleisten siehe SRV, Chancen in der Krise: Zur Zukunft der Flüchtlingspolitik in Deutschland und Europa, S. 57 ff.; SZ, Flüchtlingspolitik – Ideen gegen die „Asylanarchie", v. 26.04.2017.

1479 *Noll/Fagerlund/Liebaut,* Study on The Feasibility of Processing Asylum Claims outside the EU, S. 218 f.

Anstrengungen bei der Neuansiedlung zur Verbesserung der Flüchtlingssituation bei gleichzeitiger Migrationssteuerung abzielt.[1480]

Die zur Konzeption Europäischer Asylverfahrensstandorte gewählte *Lean Startup*-Methode wird erläutert (I.), die Konzeptidee inhaltlich entwickelt (II.) und die für die Umsetzung kritischen Faktoren überprüft (III.), bevor eine Bewertung der Ergebnisse folgt (IV.)

## A. Anwendung eines Lean Startup-Ansatzes zur Entwicklung des Konzepts

Auf Basis einer Vorgehensweise betriebswirtschaftlicher Geschäftsmodellentwicklung, eines „Lean Startup"-Ansatzes, nach welchem Innovationen zur frühzeitigen Erprobung möglichst schlank („lean") konzipiert und iterativ fortentwickelt werden, wird ein Konzept für Europäische Asylverfahrensstandorte entworfen. Das gewählte Vorgehensmodell orientiert sich dabei an *Schön* und *Doll*, die einen besonderen Fokus auf die Einfachheit der strukturgebenden Elemente bei gleichzeitiger Visualität und Flexibilität legen.[1481] Dieses Vorgehen bietet sich an, weil damit eine Idee greifbar gemacht wird ohne dass der Blick für das große Ganze verloren geht, eine zu frühe Detailfokussierung zulasten anderer relevanter Fragestellungen vermieden und die schnelle Erzielung erster Ergebnisse gefördert werden.[1482]

Der konkrete Ansatz wird für die hier zu untersuchende Fragestellung herangezogen, weil er mithilfe einer visuellen Strukturierung die frühzeitige Einbeziehung tatsächlicher Faktoren ermöglicht (zur Visualisierung das Schaubild unter B.IX.) und damit die juristische Prüfung realitätsbezogener Fragestellungen sicherstellt. Mithin wird eine abstrakte, rechtliche Prüfung theoretischer Szenerien vermieden. Das gewählte Vorgehen unterstützt die Fokussierung auf die für den Erfolg des Konzepts kritischen Fragestellungen und verhindert, allen in tatsächlicher wie in rechtlicher Hinsicht denkbaren Herausforderungen gleichzeitig und gleichwertig ohne Priorisierung ihrer Wichtigkeit bereits in der Phase der Ideenentwicklung begegnen zu müssen. Infolgedessen erfolgt die juristische Detailprüfung realitätsnah nur hinsichtlich der für die Umsetzung als

1480 *Noll/Fagerlund/Liebaut,* Study on The Feasibility of Processing Asylum Claims outside the EU, S. 5, 218 f.

1481 *Schön/Doll,* Komplexität beherrschen, Unsicherheiten reduzieren, in *Richter,* Vernetzte Organisation, S. 301.

1482 *Schön/Doll,* Komplexität beherrschen, Unsicherheiten reduzieren, in *Richter,* Vernetzte Organisation, S. 301.

maßgeblich eingestuften Fragestellungen. Hierin liegt der Vorteil im Vergleich zu rein theoretischen Betrachtungsweisen. Indes müssen in einigen Bereichen bestimmte Annahmen getroffen werden, um die beabsichtigte holistische Ausrichtung der Prüfung unter Einbeziehung der tatsächlichen Umstände sicherzustellen.

Dabei erhebt das vorgeschlagene Konzept nicht den Anspruch, unmittelbar einer Implementierung zugeführt werden zu können oder sämtliche für die reelle Umsetzung relevante Faktoren, wie Finanzierungsfragen oder belastbare Fallzahlen, zu berücksichtigen. Eine Implementierung erfordert zahlreiche weitere Schritte einschließlich der reellen Prüfung des Konzepts mit den verschiedenen Akteuren sowie die iterative Erprobung durch Pilotierung. Dies kann im Rahmen der Arbeit nicht geleistet werden. Vielmehr liegt der Fokus auf der Konzeption einer tragfähigen Idee unter größtmöglicher Einbeziehung tatsächlicher Umstände und der rechtlichen Prüfung der für das Konzept kritischen Faktoren.

Dabei erfolgt die Konzeptentwicklung nach *Schön* und *Doll* systematisch in vier Schritten, wobei hier nur die ersten beiden Arbeitsschritte wie nachfolgend herangezogen werden.[1483]

Zunächst wird die generierte Konzeptidee in einer holistischen Betrachtung ausgestaltet.[1484] Dabei werden die Zielgruppe und ihre Motivationslagen identifiziert und sodann das Kernangebot und sein Mehrwert, die „Verkaufsstory" des Konzepts sowie die erforderlichen Prozesse, Ressourcen und Kooperationspartner des Konzepts dargestellt.[1485] Als Ergebnis dieses ersten Schrittes wird der wichtigste Bestandteil der Konzeptidee, quasi die DNA des Konzepts, anhand der nachfolgenden drei Fragen definiert:

> „Welches Problem wird beim Kunden/Nutzer gelöst? Welcher Wert entsteht dadurch für ihn? Was wird besser gemacht, als Wettbewerber dies tun?"[1486]

---

1483 In der als Vorlage gewählten Methode erfolgte die Modellentwicklung in insgesamt vier Schritten, vgl. *Schön/Doll* in *Richter*, Vernetzte Organisation, S. 302. Da der Fokus hier auf der rechtlichen Untersuchung eines theoretischen Modells liegt, werden die zwei letzten Schritte als Ausblick weniger detailliert behandelt.

1484 *Schön/Doll*, Komplexität beherrschen, Unsicherheiten reduzieren, in *Richter*, Vernetzte Organisation, S. 303.

1485 *Schön/Doll*, Komplexität beherrschen, Unsicherheiten reduzieren, in *Richter*, Vernetzte Organisation, S. 303.

1486 *Schön/Doll*, Komplexität beherrschen, Unsicherheiten reduzieren, in *Richter*, Vernetzte Organisation, S. 304.

Zweck dieser ersten Phase ist eine umfassende Betrachtung der Problematik und die Entwicklung einer mittelfristigen Konzeptvision, etwa in fünf Jahren. Ob die konzipierte Vision implementiert werden kann, ist Gegenstand der Untersuchung in Schritt zwei.

In einem zweiten Schritt werden die für den Erfolg der generierten Konzeptidee kritischen Unsicherheiten identifiziert und die größten Herausforderungen bei der Umsetzung des Konzepts, besonders in rechtlicher Hinsicht, überprüft. Hauptzweck dieser Konzeptphase ist, die kritischen Unsicherheiten zu identifizieren und frühzeitig zu erkennen, was funktioniert und was nicht.[1487] Dazu gehören tatsächliche Elemente, vor allem aber rechtliche Herausforderungen, die zu lösen sind.[1488] Zunächst wird untersucht, welche Elemente des Konzepts bereits erfolgreich in der Praxis zur Anwendung kommen (sog. Analogien) und als erprobte Vorgehensweisen, quasi als Annahmen, herangezogen werden können. Diese Annahmen und die ihnen zugrundeliegenden Aspekte stellen keine Unsicherheiten für die Konzeptumsetzung dar, sondern können als gegeben angesehen werden. Von den Annahmen sind neuartige Vorgänge (Antilogien) zu unterscheiden, zu denen noch keine Erfahrungswerte vorliegen.[1489] Diese Unsicherheiten sind nach Wichtigkeit und Grad der Unsicherheit für die Umsetzung des Konzepts zu priorisieren. Die für die Konzeptumsetzung essentiellen und besonders kritischen Faktoren werden systematisch in Hypothesen übersetzt und einer rechtlichen Prüfung unterzogen. So wird nicht nur der Bedarf einer Gesetzesänderung festgestellt, sondern geprüft, ob die Änderung dergestalt möglich ist, wie es für die tatsächliche Konzeptumsetzung erforderlich wäre. Auf diesem zweiten Arbeitsschritt der Vorgehensweise liegt der Schwerpunkt.

Die Schritte drei und vier nach *Schön* und *Doll* zielen auf die reele Implementierung des Konzepts ab. Während das Konzept im dritten Schritt auf seinen Minimalkern unter Verzicht auf nicht zwingend erforderliche Merkmale verschlankt wird, sieht der vierte Schritt das konkrete weitere Vorgehen durch Projektplan und Pilotphase vor.[1490] Die beiden Schritte beinhalten die für die

1487 *Schön/Doll*, Komplexität beherrschen, Unsicherheiten reduzieren, in *Richter*, Vernetzte Organisation, S. 305.

1488 *Schön/Doll*, Komplexität beherrschen, Unsicherheiten reduzieren, in *Richter*, Vernetzte Organisation, S. 305.

1489 *Schön/Doll*, Komplexität beherrschen, Unsicherheiten reduzieren, in *Richter*, Vernetzte Organisation, S. 304.

1490 Das iterative „Verschlanken“ des Ausgangsmodells erfordert minimale Implementierungsaktivitäten und ermöglicht die schnelle Evaluierung der Pilotphase unter realen Bedingungen, *Schön/Doll*, Komplexität beherrschen, Unsicherheiten reduzieren, in *Richter*, Vernetzte Organisation, S. 307.

tatsächliche Erprobung und reelle Implementierung des Konzepts nötigen Maßnahmen, die kein Forschungsschwerpunkt der Arbeit sind. Der Fokus der Arbeit liegt auf der juristischen Prüfung extraterritorialer Asylansätze, sodass auf die Abbildung der beiden Schritte zugunsten einer vertieften Rechtsprüfung der für den Erfolg des Konzepts kritischen Unsicherheiten verzichtet und die reelle Erprobung im Ausblick thematisiert wird.

## B. Entwicklung der Konzeptidee für Europäische Asylverfahrensstandorte

Bei der holistischen Konzeption der Europäischen Asylverfahrensstandorte, deren best-case-Version auf die tatsächliche und rechtliche Umsetzbarkeit geprüft wird, finden die von der Kommission für außerhalb der EU gestellte Asylanträge als maßgeblich erachteten Faktoren Beachtung: Die Rolle der Instanzen in EU-Staaten, der diplomatischen Vertretungen in Herkunftsregionen, der EU-Institutionen und des UNHCR, Kosten und Investitionen, Voraussetzungen für die Antragsprüfung, die Wahl der Herkunftsregionen oder -staaten, der Anwendungsbereich bei Schutzgewährung (Flüchtlinge nach der GFK oder auch andere schutzbedürftige Personen), Quoten und Aufteilung auf EU-Staaten sowie das Verhältnis zwischen „spontan" in der EU und in Neuansiedlungsprogrammen gestellten Anträgen.[1491]

Zunächst werden die Zielgruppen, ihre Problemstellung und Motivationslage sowie das Angebot dargestellt. Sodann werden der Mehrwert des Konzepts, die „Verkaufsstory" und die Verkaufskanäle zum Erreichen der Zielgruppen sowie die erforderlichen Ressourcen und Prozesse zur Bereitstellung des Angebots einschließlich notwendiger Partner aufgezeigt.[1492]

### I. Bestimmung der Zielgruppen des Konzepts

Zielgruppen Europäischer Asylverfahrensstandorte sind die EU-Staaten als Betreiber und die Migranten als Nutzer, wobei sich die Interessen beider Gruppen divergierend, teilweise diametral gegenüber stehen. Während Ziel der

1491 EK, KOM (2000), 755, Ziff. 2.3.2. S. 11; vgl. zu Vor- und Nachteilen sowie offenen Fragen bei extraterritorialen Asylansätzen auch SVR, Chancen in der Krise: Zur Zukunft der Flüchtlingspolitik in Deutschland und Europa, S. 58 f.

1492 *Schön/Doll*, Komplexität beherrschen, Unsicherheiten reduzieren, in *Richter*, Vernetzte Organisation, S. 303.

Migranten ist, nach Europa zu gelangen, setzt die EU auf eine immer stärkere Abschottungspolitik und effektivere Migrationssteuerung.

### *1. Die EU und ihre Mitgliedstaaten als Betreiber Europäischer Asylverfahrensstandorte*

Europa strebt eine effektivere Migrationssteuerung und Reduzierung der Flüchtlingszahlen an, wobei die Staatengemeinschaft gleichzeitig ihre humanitäre Pflicht und die europäischen Werte betont. In diesem Spannungsfeld, das von innereuropäischen Zerwürfnissen bei der Asyl- und Flüchtlingspolitik geprägt ist, bewegen sich die EU und ihre Mitgliedstaaten als Initiatoren, Betreiber und Verantwortliche der Asylverfahrensstandorte in Drittstaaten.

Als Betreiber Europäischer Asylverfahrensstandorte sind verschiedene Szenarien, auch mit Blick auf die Kompetenz, denkbar: Die EU selbst,[1493] alle oder einzelne Mitgliedstaaten[1494] oder Drittstaaten wie bei der „Pazifischen Lösung". Letzteres wird abgelehnt, da dies ungeachtet der rechtlichen Bedenken eine nicht akzeptable Lastenabwälzung auf ökonomisch schwächere Drittstaaten anstelle einer Lastenteilung wäre.[1495]

Denkbar wäre mit Blick auf Investitionsvolumen und Verfahrenskonzentration ein Handeln der EU selbst,[1496] etwa durch Erweiterung der Asylbehörde EASO. Jedoch verfügt die EU weder über die Kompetenz, verbindliche Asylentscheidungen zu treffen (auch nicht durch das EASO),[1497] noch über die für den

---

1493 Zur Variante der EU als Vertragspartei siehe *Bröcker*, Die externen Dimensionen des EU-Asyl- und Flüchtlingsrechts im Lichte der Menschenrechte und des Völkerrechts, S. 204 ff.

1494 *Heißl*, Rechtliche Überlegungen zum Konzept der Asylverfahrenslager außerhalb Europas, ZÖR 2007, 371 (373 f.); *Noll/Fagerlund/Liebaut*, Study on The Feasibility of Processing Asylum Claims outside the EU, S. 55 f. Zur Variante einer völkerrechtlichen Zusammenarbeit zwischen den Mitgliedstaaten siehe *Bröcker*, Die externen Dimensionen des EU-Asyl- und Flüchtlingsrechts im Lichte der Menschenrechte und des Völkerrechts, S. 232 ff.

1495 Zur Gefahr der Lastenverlagerung statt Lastenteilung *Bröcker*, Die externen Dimensionen des EU-Asyl- und Flüchtlingsrechts im Lichte der Menschenrechte und des Völkerrechts, S. 154, aber auch S. 320.

1496 Die EU verfügt über eigene Rechtspersönlichkeit, Art. 47 EUV. Zur EU als Vertragspartner bei extraterritorialen Aufnahmeeinrichtungen *Bröcker*, Die externen Dimensionen des EU-Asyl- und Flüchtlingsrechts im Lichte der Menschenrechte und des Völkerrechts, S. 204 ff.

1497 Vgl. *Heißl*, Rechtliche Überlegungen zum Konzept der Asylverfahrenslager außerhalb Europas, ZÖR 2007, 371 (378 ff.).

Gesetzesvollzug nötigen EU-Asylbeamten. Angesichts der aktuell kontroversen Asyldebatte in der EU ist die Einigung auf ein gemeinsames Vorgehen, erst recht auf die für den EU-Betrieb der Einrichtungen nötige weitere Kompetenzübertragung auf die EU und Stärkung ihrer Rolle,[1498] abwegig. Aus denselben Gründen ist derzeit ein gemeinsames völkerrechtliches Vorgehen aller EU-Staaten realitätsfern. Im Übrigen wäre die Durchführung der erforderlichen Pilotphase mit 27 EU-Mitgliedstaaten nicht zweckmäßig.

Das Gegenteil in Form eines unabgestimmten Vorgehens nur von einzelnen[1499] EU-Staaten ist ebenso nachteilig, da abgelehnte Asylbewerber bei anderen EU-Staaten erneut Asylanträge zu Lasten der Effektivität des Gemeinsamen Europäischen Asylsystems stellen könnten.[1500]

Am zweckmäßigsten ist derzeit daher die Durchführung nationaler Asylverfahren in Europäischen Asylverfahrensstandorten nach den Vorgaben des Gemeinsamen Europäischen Asylsystems unter dem Dach der EU durch kooperationswillige EU-Staaten. Im Sinne eines „Europas unterschiedlicher Geschwindigkeiten“[1501] werden nur Staaten mit entsprechendem politischem Willen aktiv. Eine Kooperation der EU-Staaten bietet Vorteile wie gemeinsame Verfahrensstandorte, Ressourcenteilung und eine abgestimmte Informationspolitik.[1502] Bei kooperationsunwilligen EU-Staaten ist dem Eindruck entgegen zu treten, dass sie bei der Migration nicht mehr gefragt seien. Es erfolgt eine unionsweite Aufnahme und Verteilung der in Europäischen Asylverfahrensstandorten Anerkannten nach dem Solidaritätsgrundsatz der EU, der keine Einbahnstraße ist (vgl. unter VI.4).[1503] Die von den EU-Staaten getroffenen Asylentscheidungen werden gegenseitig anerkannt,[1504] um die Aufnahme eines von einem anderen

1498 Zur Diskussion hierzu etwa Becker, Die Zukunft des europäishcen und deutschen Asylrechts, in Walter/Burgi, Die Flüchtlingspolitik, der Staat und das Recht, S. 55 (96 ff.).

1499 Das vorgeschlagene Modell erfordert indes wenigstens die bilaterale Zusammenarbeit mit einem Drittstaat.

1500 Zu geschützten Zulassungsverfahren *Noll/Fagerlund/Liebaut,* Study on The Feasibility of Processing Asylum Claims outside the EU, S. 67.

1501 Vgl. *Bergmann* in ders., Handlexikon der EU, „Integrationskonzepte, Europa à la carte“.

1502 *Noll/Fagerlund/Liebaut,* Study on The Feasibility of Processing Asylum Claims outside the EU, S. 67.

1503 EK, Vertretung in Deutschland, Juncker: „Europäische Solidarität darf keine Einbahnstraße sein“ vor dem ER am 22./23.06.2017.

1504 Vgl. *Fröhlich*, Das Asylrecht im Rahmen des Unionsrechts, S. 210, der die gegenseitigen Anerkennung der im Dublin-System getroffenen Asylentscheidungen für

EU-Mitgliedstaat im Asylverfahren Anerkannten zu ermöglichen. Mitgliedstaaten, welche die Flüchtlingsaufnahme verweigern, werden sanktioniert.[1505]

## 2. *Die Migranten als Nutzer der Europäischen Asylverfahrensstandorte*

Potentieller Nutzer Europäischer Asylverfahrensstandorte ist die Gesamtheit der Migranten, die nach Europa zu gelangen beabsichtigt, sowohl schutzbedürftige Flüchtlinge als auch nicht schutzbedürftige Wirtschaftsmigranten. Indes gehören nicht alle Migrationsgruppen zur primären Zielgruppe der Nutzer der hier konkret vorgeschlagenen Asylverfahrensstandorte, da unterschiedliche Migrationssituationen angepasste Lösungskonzepte erfordern.

(Bürger-)Kriegsflüchtlinge, etwa des andauernden Syrienkriegs, benötigen unbürokratische Soforthilfe vor Ort in Flüchtlingscamps oder durch Neuansiedlungsplätze für besonders schutzbedürftige Flüchtlingsgruppen, aber kein zeitintensives Asylverfahren zur Klärung ihrer wahrscheinlichen Flüchtlingseigenschaft.[1506] Wirtschaftsmigranten hingegen bedürfen regelmäßig mangels Schutzbedürftigkeit keiner (Not)Unterbringung in der Herkunftsregion, sondern der frühzeitigen Aufklärung über die Ungeeignetheit des Asylkanals und ggf., je nach dem europäischen Arbeitsmarktbedarf, die Möglichkeit einen Spurwechsel vom Asylkanal zu dem Migrationskanal der Arbeits- oder Bildungsmigration zu vollziehen.[1507] Die Konstellationen des Kriegsflüchtlings einerseits und des Wirtschaftsmigranten andererseits zeigen die unterschiedlichen Motivationslagen und Bedürfnisse der Migrationsgruppen.

Eine Kategorisierung in Migrationsgruppen ermöglicht ein abgestimmtes Lösungskonzept, das den regelmäßig zugrunde liegenden Migrationsgründen Rechnung trägt, und entspricht dem von der Kommission für die Politik

---

naheliegend hält. Zu den EU-Plänen bzgl. der gegenseitigen Anerkennung von Asylentscheidungen EP, Was wird das neue Jahr bringen? Ausblick auf die parlamentarische Agenda 2017, Migration, v. 4.01.2017.

1505 So vorgeschlagen wegen der verweigerten Aufnahme von zugewiesenen Flüchtlingen durch einige EU-Staaten, vgl. ARD, Tagesschau, EU-Kommission will Sanktionen, 250.000 Euro pro ungewolltem Flüchtling, v. 04.05.2016; *Becker*, Die Zukunft des europäischen und deutschen Asylrechts, in Walter/Burgi, Die Flüchtlingspolitik, der Staat und das Recht, S. 55 (113). In einer EU mehrerer Geschwindigkeiten beteiligen sich die Staaten unterschiedlich stark, dies muss aber bei Finanzhilfen der EU entsprechenden Niederschlag finden.

1506 Die Schutzquote für Syrer lag 2016 in Deutschland bei 98 %, BAMF, Das Bundesamt in Zahlen 2016, S. 51.

1507 Etwa *Parusel*, Spurwechsel im Migrationsprozess, ZAR 2014, 115 (117 ff.).

gegenüber Drittländern proklamierten Grundsatz der Differenzierung, wonach keine allen gerecht werdende, einheitliche Strategie existiert, sondern es eines „maßgeschneiderten Konzepts" für die jeweilige Situation der einzelnen Länder und Regionen bedarf.[1508] Dieser, auf Länderspezifika bezogene, Grundsatz ist auf Migranten mit verschiedenen Herkunftsländern und Migrationssituationen zu erweitern. Mittlerweile arbeitet auch das BAMF mit Clusterverfahren, durch das Asylsuchende vor der Antragstellung in Herkunftsländer mit hoher und mit geringer Schutzquote, komplexe Profillagen sowie Dublin-Fälle eingeteilt und die Verfahrensdauer so reduziert werden.[1509]

Die Entwicklung eines praxisgerechten Konzepts mit geographischem Standortvorschlag erfordert die Identifikation der verschiedenen Migrationsgruppen innerhalb häufig gemischter Migrationsströme.[1510] Entsprechend der Kategorisierung nach Aufenthaltszwecken und Herkunftsländern in den Asylstatistiken durch das BAMF[1511] werden die Migrationsgruppen anhand von Migrationsgründen (a) und Migrationsroute (b) bestimmt.

### *a) Migrationsgründe und Fluchtursachen*

Es existiert eine Vielzahl von Migrationsgründen und Fluchtursachen. Die Wichtigsten sind Armut, geringes Wirtschaftswachstum, ungleiche Einkommen und hohe Arbeitslosigkeit, Überbevölkerung, bewaffnete Konflikte, Menschenrechtsverletzungen, Diskriminierung und Verfolgung, Naturkatastrophen und hohe Umweltbelastungen sowie mangelhafte Regierungsführung.[1512] Diesen Push-Faktoren in den Herkunftsländern stehen Pull-Faktoren in potentiellen Zielländern, vor allem die Aussicht auf Sicherheit und eine bessere ökonomischen Lage, gegenüber.[1513] Obgleich der Migration häufig ein Motivbündel zugrunde liegt, kann anhand der primären Migrationsgründe eine erste Kategorisierung bezüglich des rechtlichen Status erfolgen: In die Kategorien schutzwürdiger

---

1508 EK, KOM (2005) 491, Ziff. V, S. 8.

1509 BAMF, Ablauf des deutschen Asylverfahrens, S. 29.

1510 EK, KOM (2000) 755, S. 2, 18; KOM (2001) 710, S. 20; vgl. *Noll/Fagerlund/Liebaut*, Study on The Feasibility of Processing Asylum Claims outside the EU, S. 18. Zur gemischten Migration vgl. Teil 1 A.II.

1511 BAMF, Migrationsbericht 2015, S. 31 f., 40 f.; BAMF, Das Bundesamt in Zahlen 2016, S. 18 f.; 80 ff.

1512 EK, KOM (2002) 703, Ziff. 2.1, S. 10; auch UN-Flüchtlingsgipfel der Generalversammlung im September 2016, New York Declaration for Refugees and Migrants v. 19.09.2016, UN Doc. A/RES/71/1, Rn. 64.

1513 EK, KOM (2002) 703, Ziff. 2.2, S. 11.

Asylberechtigter, Flüchtlinge nach der GFK und subsidiär Schutzbedürftiger sowie in die der nicht schutzbedürftigen Wirtschaftsmigranten.[1514] Für letztere ist der Asylkanal ungeeignet, da statt Schutz vor unmittelbarer Verfolgung primär eine bessere Lebensperspektive gesucht wird. Innerhalb des Gesamtmigrationsaufkommens entfällt auf diese Migrationsgruppe jedoch ein großer Anteil, weil mit Ausnahme der dem Flüchtlingsrechts im engeren Sinne unterfallenden Fälle bewaffneter Konflikte und Verfolgung häufig wirtschaftliche und hieraus resultierende soziale Ungleichheiten Hauptgrund für Menschen sind, ihre Heimat zu verlassen.[1515]

Obgleich aus der Staatsangehörigkeit eine gewisse Wahrscheinlichkeit für die (vorläufige) Zuordnung zu einer Migrationsgruppe folgt,[1516] wird häufig erst das Asylverfahren klären, ob der Antragssteller rechtlich schutzwürdig ist oder nicht. Ein Großteil der Migranten ist weder der evident schutzbedürftigen Gruppe, z.B. unmittelbar aus einem Kriegsgebiet stammend, noch der evident nicht schutzbedürftigen Gruppe der Wirtschaftsmigranten zuzuordnen.[1517] Vor allem dieser Vielzahl der Migranten ist bereits in der Herkunftsregion die Klärung ihrer Bleibechancen in Europa durch ein Asylverfahren zu bieten, um sie von einer gefährlichen, langen und teuren Reise nach Europa ohne Bleiberecht frühzeitig abzuhalten.

### b) *Hauptmigrationsrouten nach Europa und Deutschland*

Die Hauptmigrationsrouten nach Europa führen über das Mittelmeer, über die westliche, die zuletzt stark frequentierte zentrale und über die östliche Mittelmeerroute mit anschließender Balkanroute sowie über die östliche, auf die Balkanroute mündende, Landroute.[1518]

---

1514 Die durch Konflikte erzwungene Migration verläuft oft zyklisch: auf den Auszug großer Bevölkerungszahlen folgt oftmals die Rückkehr bei Verbesserung der Sicherheitslage, EK, KOM (2002) 703, Ziff. 2.1.

1515 *Uerpmann-Wittzack*, Ordnung und Gestaltung von Migrationsbewegungen durch Völkerrecht in Dethloff/Nolte/Reinisch, Rückblick nach 100 Jahren und Ausblick, S. 215 (222 f.).

1516 Die Schutzquote für Syrer lag 2016 bei 98% in Deutschland, BAMF, Das Bundesamt in Zahlen 2016, S. 51.

1517 Zur variierenden Schutzquote von Afghanen von 39 % (2012), 47,9 % (2013) und 55,8 % (2016) oder von Irakern von 60,1 % (2012), 53,9 % (2013) und 70,2 % (2016); BAMF, Das Bundesamt in Zahlen 2016, S. 51 ff.

1518 ARD, Die wichtigsten Routen für Migranten mit dem Ziel Europa, Stand Mai 2015; SZ, Flucht aus Afrika: Die wichtigsten Fluchtrouten aus Afrika, v. 10.06.2016; *Heißl*,

Zu den (wechselnden) zehn zugangsstärksten Herkunftsstaaten in Deutschland zwischen 2013 und 2016 gehörten Syrien, Afghanistan, der Irak, der Iran und Pakistan, die Balkanstaaten Albanien, Bosnien-Herzegowina, Kosovo, Mazedonien und Serbien, die afrikanischen Staaten Eritrea, Nigeria, Somalia und die Russische Föderation (nur Erstantragssteller).[1519] Die Mehrzahl dieser Staaten finden sich auch unter den zehn Hauptherkunftsländern der Asylanträge in der EU-Staaten in 2015 und 2016, konkret Syrien, Afghanistan, Irak, Pakistan, Nigeria, Iran, Eritrea, Albanien, Russische Föderation.[1520] In 2017 waren die zugangsstärksten Herkunftsländer in Deutschland Syrien, der Irak, Afghanistan, Eritrea, der Iran, die Türkei, Nigeria, Somalia und die Russische Föderation.[1521]

Die Frequentierung der Routen unterliegt einem ständigen Wandel, abhängig von wechselnden Hauptherkunftsländern und der geographischen Nähe einer Route, des aktuellen Grenzregimes in Transitstaaten und der EU, aber auch von tatsächlichen Umständen, wie der Wetterlage bei der Mittelmeerüberquerung. Während in der Flüchtlingskrise 2015 die östliche Mittelmeerroute über die griechischen Inseln und die Balkanroute von der größten Migrationsgruppe der Syrer und von Afghanen, Irakern sowie Iranern stark genutzt wurde, ist infolge des EU-Türkei-Deals von März 2016 und der Schließung der Balkanroute aktuell die zentrale Mittelmeerroute von Libyen nach Italien die am stärksten frequentierte Route nach Europa, die primär von Afrikaner genutzt wird.[1522] Seit Sommer 2017 wurde der Zugang über die zentrale Mittelmeerroute, vor allem aus Libyen, durch Grenzschutzmaßnahmen von Italien, aber auch der EU und Libyens reduziert u.a. mit der Folge, dass nun ein erhöhtes Zugangsaufkommen über die westliche Mittelmeerroute (in Spanien) zu verzeichnen ist.[1523]

---

Rechtliche Überlegungen zum Konzept der Asylverfahrenslager außerhalb Europas, ZÖR 2007, 371 (375 ff.).

1519 BAMF, Schlüsselzahlen 2016, v. 11.01.2017, S. 1; Zu den zehn zugangsstärksten Herkunftsländern (Erstanträge) von 2007 bis 2016 BAMF, Das Bundesamt in Zahlen 2016, S. 18 ff.

1520 BAMF, Das Bundesamt in Zahlen 2015, S. 31.

1521 Erfasst ist der Zeitraum Jan.- Nov. 2017; BAMF, Aktuelle Zahlen zu Asyl, Ausgabe November 2017, S. 8.

1522 Etwa EK, KOM (2016) 120 Ziff. 3; SZ, Flucht aus Afrika: Die wichtigsten Fluchtrouten aus Afrika, v. 10.06.2016; SRV, Chancen in der Krise: Zur Zukunft der Flüchtlingspolitik in Deutschland und Europa, S. 58.

1523 Vgl. UNHCR, Europe Monthly Report, Nov. 2017, S. 1.

### c) *Geographische Beschränkung der Nutzerzielgruppe auf afrikanische Migranten*

Da eine Auseinandersetzung mit allen weltweit potentiellen Standorten für Europäische Asylverfahrensstandorte nicht leistbar ist, wird das Konzept geographisch begrenzt.

Nicht vorgeschlagen werden Standorte nahe Syrien als Hauptherkunftsland, da die Flüchtlinge primär humanitäre Hilfe vor Ort benötigen und in verfahrensrechtlicher Hinsicht angesichts hoher Schutzquoten die Vergabe humanitärer Visa oder von Neuansiedlungsplätzen statt umfassender Asylverfahren zweckmäßig wären. Trotz der geographischen Nähe zu Europa wird die Balkanregion nicht vorgeschlagen, weil auch dort die Durchführung extraterritorialer Asylverfahren angesichts der geringen Schutzquote der primären Wirtschaftsmigranten nicht zweckmäßig ist. Auf dem Balkan sind stattdessen EU-Investitionen zur Verbesserung der Wirtschaftslage und Arbeitsmarktsituation zu priorisieren sowie andere Migrationskanäle, wie die Arbeits- und / oder Bildungsmigration, in den Fokus zu nehmen (vgl. Teil 1 D.I.3.).

Angesichts hoher Migrationszahlen aus Afrika[1524] wird der afrikanische Kontinent gewählt, bei dessen gemischter Migration Asylverfahren in der Herkunftsregion zweckmäßig sind.[1525] Afrika verfügt auch über stabile Staaten, in denen der Betrieb von Verfahrensstandorten möglich ist. Mithin wird die Zielgruppe der Nutzer Europäischer Asylverfahrensstandorte auf afrikanische Migranten begrenzt, wobei verfolgte Staatsangehörige der Gaststaaten, in denen die Verfahrensstandorte belegen sind, umfasst sind.

### d) *Ausschluss sog. „spontanous arrivals"*

Ausgenommen vom Nutzerkreis der Asylverfahrensstandorte sind sog. „spontanous arrivals", spontan und illegal in die EU gelangende Personen (nach wie vor ein Hauptmigrationsweg nach Europa). Der britische Vorschlag von 2003[1526] wie auch aktuelle Diskussionen erwägen die Rückführung spontan in Europa ankommender Migranten in extraterritoriale Asylfazilitäten (zum EU-Türkei-Deal vgl.

1524 2017 gehörten bereits drei afrikanische Staaten (Eritrea, Nigeria und Somalia) zu den zehn Hauptherkunftsländern in Deutschland, BAMF, Aktuelle Zahlen zu Asyl, Nov. 2016, S. 8.

1525 Andere wichtige Herkunftsregionen werden nicht geprüft, das Konzept ist aber übertragbar (vgl. unter D.III).

1526 UK Government, New Vision for Refugees, 2003, S. 2, 15 ff.; vgl. hierzu die Ausführungen unter B.I.1.

Teil 1 B.II.4.c). Dem stehen neben praktischen Herausforderungen (Aufwand, Kosten, sofortiges Abtauchen der Migranten) rechtliche Bedenken entgegen, da die Migranten durch Betreten europäischen Territoriums der Rechtsordnung der EU bzw. ihrer Mitgliedstaaten unterfallen und überdies das Non-Refoulement-Gebot entgegenstehen könnte. Das vorgeschlagene Konzept sieht daher weder die Substitution der nationalen Asylsysteme noch die Rückführung spontan in der EU ankommender Migranten in Europäischen Asylverfahrensstandorte vor (vgl. C.II.2.d).

## II. Problemstellung und Motivationslage der Zielgruppen

Nachfolgend werden Problemstellung und Motivationslage beider Zielgruppen aufgezeigt.

### *1. Problemstellung und Motivationslage der EU-Mitgliedstaaten*

Im Fokus der Asyl- und Migrationspolitik der EU-Mitgliedstaaten steht das Bedürfnis nach einer effektiveren Migrationssteuerung, der signifikanten Reduzierung der Migrationszahlen und der Erfüllung sicherheitspolitischer Aspekte.[1527] Vor diesem Hintergrund, dem primär durch eine stärkere Abschottungspolitik der EU Rechnung getragen wird, besteht ein erhebliches Interesse der EU und ihrer Mitgliedstaaten die Migrationssteuerung nach Europa möglichst weit nach außen zu verlegen. Die aktuelle Rechtslage in Europa erfordert jedoch für die Stellung eines Asylantrags zur Initiierung eines Asylverfahrens grundsätzlich die persönliche Anwesenheit des Antragstellers im Hoheitsgebiet eines EU-Mitgliedstaates. Umfassende extraterritoriale Asylverfahren der EU-Staaten werden derzeit nicht durchgeführt.[1528] Infolgedessen machen sich Hunderttausende auf die gefährliche Reise nach Europa, um dort ihren Schutzantrag zu stellen, obgleich bei weiten nicht alle Antragsteller als schutzbedürftig anerkannt werden und ein nicht unerheblicher Anteil der Migranten in ihre Heimatländer zurückkehren müsste. Die Rückführung abgelehnter Personen in ihre Heimatländer stellt jedoch ein aufwändiges, häufig erfolgloses Unterfangen dar,

---

1527 Zu den Zielsetzungen extraterritorialer EU-Aufnahmeeinrichtungen *Bröcker*, Die externen Dimensionen des EU-Asyl- und Flüchtlingsrechts im Lichte der Menschenrechte und des Völkerrechts, S. 141 ff., v.a. 147 ff.

1528 Zur bisherigen Umsetzung extraterritorialer Asylansätze der EU-Staaten *Noll/Fagerlund/Liebaut*, Study on The Feasibility of Processing Asylum Claims outside the EU, S. 95 ff.

vor allem weil die Personen über keine gültigen Reisedokumente verfügen oder die Heimatstaaten die Rücknahme verweigern.

### *2. Problemstellung und Motivationslage der Migranten*

Aufgrund vielfältiger Migrationsgründe (vgl. I. 2. a) versuchen Migranten nach Europa zu gelangen. Da die Stellung eines Asylantrags nach geltendem Recht in der Regel die körperliche Anwesenheit in den EU-Staaten erfordert,[1529] müssen Migranten mithilfe von Schleppern auf lebensgefährlichen und illegalen Wegen nach Europa gelangen und auf die Durchführung ihres Asylverfahrens – grundsätzlich im EU-Ersteinreisestaat – warten.

## III. Materiell-inhaltliches Angebot des Konzepts

Das Angebot des Konzepts besteht in sieben Europäischen Asylverfahrensstandorten in Afrika, in denen möglichst *lean* („schlank“) gleichwertige Asylverfahren nach den Vorgaben des Gemeinsamen Europäischen Asylsystems durchgeführt werden.

Angestrebt wird keine Auslagerung des Asylregimes unter abgesenkten Standards, sondern grundsätzlich ein gleichwertiges Asylverfahren in der Herkunftsregion zur effektiven Migrationssteuerung und Vermeidung zweckloser Migration nach Europa. Der Vorschlag geht über geschützte Zulassungsverfahren hinaus, da statt der Erteilung eines Einreisetitels wegen voraussichtlicher Asylgewährung nach Einreise bereits vorab extraterritorial ein gleichwertiges Asylverfahren durchgeführt und damit ein weiteres in Europa überflüssig wird. Statt bloßer Vorprüfungen findet ein umfassendes Asylverfahren (Prinzip der „One Chance only“)[1530] durch ausgebildete Verwaltungsangestellte der EU-Staaten mit Erlass einer bestandskräftigen Entscheidung statt.

Nicht vorgesehen ist angesichts der angestrebten kurzen Verfahrensdauer die Unterbringung der Antragsteller in den Asylverfahrensstandorten während des Verfahrens, vergleichbar mit geschützten Zulassungsverfahren, bei denen die Antragssteller selbst für ihre Unterbringung während des Verfahrens sorgen.[1531]

---

1529 Vgl. EuGH, U.v. 7.03.2017 – C-638/16, ECLI: EU: C:2017:173 – X und X gegen Belgien, in welchem der Gerichtshof eine Pflicht der EU-Staaten zur Vergabe von humanitären Visa im Ausland ablehnt.

1530 Auch nach dem Dublin-System ist nur ein EU-Staat für die Durchführung des Asylverfahrens zuständig, *Progin-Theuerkauf* in von der Groeben/Schwarze/Hatje, Art. 78 Rn. 1.

1531 Angedeutet bei *Noll/Fagerlund/Liebaut,* Study on The Feasibility of Processing Asylum Claims outside the EU, S. 87.

Mithin stellen sich Fragen der Rechtmäßigkeit (geschlossener) Asyllager bezüglich der Freiheitsbeschränkungen wie bei der „Pazifischen Lösung“ Australiens ebenso wenig wie die eines Art. 3 EMRK entsprechenden Schutzniveaus in den Lagern.[1532] Sofortigen Schutz bieten grundsätzlich die Flüchtlingscamps z.B. des UNHCR, weshalb die Intensivierung der finanziellen und operativen Unterstützung von Hilfsorganisationen durch die EU und ihre Mitgliedstaaten zur Gewährleistung effektiven Schutzes gegenüber eigenen EU-Unterbringungseinrichtungen zu priorisieren ist.[1533]

Obgleich anerkannte Flüchtlinge ohne Geld für die Beförderung nicht sicher nach Europa gelangen können,[1534] sieht das Konzept grundsätzlich den eigenständigen Transfer der Anerkannten nach Europa vor. Das Konzept ist gerade kein Neuansiedlungsprogramm, überdies werden auch an Schlepper hohe Geldsummen gezahlt. In Erwägung zu ziehen sind etwa Sponsor-Modelle[1535] und in Härtefällen Finanzmittel aus einem europäischen Fond.

## IV. Mehrwert des Konzepts im Vergleich zu traditionellen Asylregimen und Anreize der Zielgruppen zur Inanspruchnahme

Der Mehrwert extraterritorialer Asylverfahren liegt im Zugang zu derzeit nur ausnahmsweise vorhandenen legalen Einreisemöglichkeiten für schutzbedürftige Migranten in die EU. Statt sich in die Hände krimineller Menschenschleuser zu begeben, besteht in relativer Nähe zum Herkunftsort Zugang zu gleichwertigen Asylverfahren wie in der EU. Im Idealfall werden sich weniger Migranten auf die lebensgefährliche Reise nach Europa ohne Gewissheit über

---

1532 SRV, Chancen in der Krise: Zur Zukunft der Flüchtlingspolitik in Deutschland und Europa, S. 57 f.; *Heißl*, Rechtliche Überlegungen zum Konzept der Asylverfahrenslager außerhalb Europas, ZÖR 2007, 371 (385 f.).

1533 Derzeit sind viele UN-Flüchtlingsprogramme unterfinanziert: das „Syria Refugee and Resilience Programme for 2015“ des UNHCR war im September 2015 nur zu 37 % finanziert. Das WFP musste im September 2015 die Nahrungsmittelhilfe von 229.000 syrischen Flüchtlingen im Libanon mangels Finanzierung streichen, vgl. UNHCR „Verzweiflung treibt Tausende Syrer nach Europa“, v. 08.09.2015. Auch dem Unicef-Programm “No Lost Generation”, das Kinder in und außerhalb Syriens unterstützt, fehlten in 2015 300 Millionen Euro zur vollen Finanzierung, vgl. SZ „Unicef: Uns fehlen 300 Millionen Euro für Syrien“, v. 24.11.2015.

1534 So *Noll/Fagerlund/Liebaut*, Study on The Feasibility of Processing Asylum Claims outside the EU, S. 77.

1535 So Kanada, vgl. *Noll/Fagerlund/Liebaut*, Study on The Feasibility of Processing Asylum Claims outside the EU, S. 188.

ihre Bleibechancen machen. Gleichzeitig wird dem Bedürfnis Europas nach stärkerer Migrationskontrolle und erhöhten Sicherheitsanforderungen durch die Vorabprüfung der Migranten Rechnung getragen. Durch die Europäischen Asylverfahrensstandorten werden ein Gleichklang zu dem bereits extraterritorialisierten Grenzregime der EU erzielt, legale Migrationswege nach Europa geschaffen und der Menschenhandel empfindlich getroffen.

Folgende Anreize bei den Zielgruppen könnten zur Inanspruchnahme des Konzepts führen.

### 1. *Anreize der EU-Mitgliedstaaten für eine Beteiligung*

Aus Sicht der EU-Staaten spricht angesichts der Flüchtlingskrise von 2015 in Europa und der aus den Fugen geratenen europäischen Flüchtlingspolitik wenig gegen die Beschreitung neuer Wege,[1536] um zur Lösung der Migrationsfrage beizutragen. Wichtigster Anreiz der EU-Mitgliedstaaten ist eine frühzeitige Migrationssteuerung. Dies bedeutet die vorherige Sicherheitsüberprüfung (vergleichbar der Sicherheitsprüfung nach § 72a AufenthG bei Visumsverfahren der deutschen Auslandsvertretungen), die bessere Vorhersehbarkeit des Migrationsaufkommens und der Reaktionsmöglichkeiten in finanzieller wie operativer Hinsicht vor allem bei Unterbringung, Integration und dem Arbeitsmarkt sowie eine Erhöhung der Glaubwürdigkeit des Asylsystems, weil mehr schutzbedürftige Personen aufgenommen werden.[1537] Nach dem Konzept werden Asylverfahren bereits vor den Toren Europas rechtskräftig entschieden, sodass die kostenintensive Unterbringung und Versorgung tausender Asylbewerber während des Asylverfahrens in Europa entfällt. Primär gelangen bleibeberechtigte und sicherheitsüberprüfte Personen in die EU.

Daneben liegt die Verhinderung lebensgefährlicher Fluchtrouten im humanitären Interesse der europäischen Staatengemeinschaft. Schiffsunglücke wie vor Lampedusa und die vielen toten Flüchtlinge in der Ägäis stehen in unerträglichem Widerspruch zu den in der EU geltenden Menschen- und Grundrechten sowie der hieraus erwachsenden Wertevorstellungen und humanitären Verpflichtung. Schließlich entziehen legale Einreisemöglichkeiten in die EU den kriminellen Menschenschleppern einen beträchtlichen Teil ihrer Geschäftsgrundlage.[1538]

---

1536 So auch zu den von ihnen vorgeschlagenen geschützten Zulassungsverfahren *Noll/Fagerlund/Liebaut*, Study on The Feasibility of Processing Asylum Claims outside the EU, S. 20.

1537 Zu geschützten Zulassungsverfahren, EK, KOM (2004) 410, Ziff. I. 14. ff. S. 6 ff.

1538 ARD, Tagesschau, EU-Sondergipfel in Malta: Kommt das EU-Libyen-Abkommen?, v. 3.02.2017.

### 2. *Anreize der Migranten als Nutzer der europäischen Asylverfahrensstandorte*

Ungleich schwieriger gestaltet sich, jedenfalls auf den ersten Blick, die Schaffung von Anreizen für die Migranten. Angesichts der ungeheuren Anstrengungen, die sie auf sich nehmen, um nach Europa zu gelangen, sind die Menschen nicht so einfach von ihrem Ziel abzubringen. Hier setzt das Konzept Europäischer Asylverfahrensstandorte an, um kein kostspieliges Theoretikum zu bleiben. Wichtigster Anreiz für die Migranten ist die legale und sichere Einreisemöglichkeit in die EU bei positivem Ausgang des Asylverfahrens. Gleichzeitig erhält der Antragssteller bei rechtskräftiger Ablehnung seines Antrags frühzeitig, bereits vor Antritt einer langen, gefährlichen und kostspieligen Reise nach Europa, endgültige Klarheit darüber, dass er keine Bleibeperspektive in Europa hat. Durch schnelle Verfahren in den Asylverfahrensstandorten erlangen die Migranten rasch Gewissheit.

Es bleibt die Gefahr, dass die illegale Migration nach Europa wegen des Ablehnungsrisikos in Europäischen Asylverfahrensstandorten vorgezogen wird, weil die Hoffnung besteht, dass man, erst in Europa befindlich, der Rückführung in die Heimat entgeht.

## V. „Verkaufsstory" des Konzepts und Verkaufskanäle zum Erreichen der Zielgruppen

Über die Vorteile des Konzepts Europäischer Asylverfahrensstandorte sind die Migranten als potentielle Nutzer zu informieren, betriebswirtschaftlich gesprochen ist die „Verkaufsstory" zu bewerben, damit viele Migranten das Angebot extraterritorialer Asylverfahren in Anspruch nehmen. Die „Verkaufsstory" ist hier extraterritoriale Asylverfahren in den Europäischen Asylverfahrensstandorten zur Erlangung einer legalen Einreisemöglichkeit nach Europa anstelle einer lebensgefährlichen und teuren Reise ins Ungewisse in Anspruch zu nehmen. Bei der Verkaufsstory soll der Sicherheitsaspekt sowie die Schnelligkeit des Verfahrens besonders hervorgehoben werden, um die Zielgruppen zu überzeugen, etwa mit Slogans wie bspw.:

> „Get your residence permit for Europe in Africa: Safe & fast"
> "Don't risk your life by crossing desert and sea: Get your residence permit for Europe in Africa"
> "No need to pay for smuggerls: Get your residence permit for Europe in Africa"

In umfangreichen Informationskampagnen ist über Einreisebedingungen in die EU, über die Voraussetzung einer legalen Arbeitsausübung und über das Angebot gleichwertiger Asylverfahren in der Herkunftsregion mit allen Rechtsfolgen, der Anerkennung oder Ablehnung eines Schutzantrags, zu informieren. Letzteres führt bei dem Versuch der Einreise in die EU zur Zurückweisung an der Grenze und zur Rückführung in den Herkunftsstaat (hierfür ist § 18 Abs. 2 AsylG um den Verweigerungsgrund der Einreise eines Ausländers nach Deutschland zu ergänzen, wenn eine rechtskräftig in einem europäischen Asylverfahrensstandort getroffene Entscheidung der Einreise in die EU entgegensteht). Über die neuen Prozesse ist aufzuklären: Dass Migranten statt auf gefährlichen, teuren Wegen nach Europa zu gelangen, in einem Europäischen Asylverfahrensstandort einen Schutzantrag stellen können und ein gleichwertiges Asylverfahren mit Aussicht auf Erhalt eines Einreise- und Aufenthaltsrechts in der EU erhalten.

Jedenfalls zu Beginn ist die Schaffung von Anreizen zur Inanspruchnahme der Europäischen Asylverfahrensstandorte zu erwägen, z.B. durch Zahlung eines Reisekostenzuschusses nach Europa bei Anerkennung (vergleichbar der deutschen Praxis, Rückführungszuschüsse zu zahlen[1539]). Dies kann zwar ein Pull-Faktor sein, aber gleichzeitig zur Inanspruchnahme der Asylverfahrensstandorte anreizen, ohne angesichts der hohen Unterbringungs- und Verfahrenskosten für Asylbewerber in der EU völlig außer Verhältnis zu stehen.

Wichtigstes Medium zur Verbreitung der Vorteile des Konzepts ist das Internet über Informationsportale der EU-Staaten und ihrer Auslandsvertretungen, um rasch eine große Anzahl potentieller Nutzer zu erreichen. Da nicht alle potentiellen Nutzer über Internet verfügen, sind Aufklärungskampagnen unter Ausgabe von Merkblättern zu initiieren. Informationskanäle sind die Herkunfts- und Transitstaaten, in denen sich Migranten aufhalten, die jeweilige Diaspora und der UNHCR als wichtigster Kooperationspartner. Überdies wird in den Asylverfahrensstandorten über legale Einreisemöglichkeiten in die EU als echte Alternative zum gefährlichen und kriminellen Schlepperwesen informiert.[1540]

## VI. Erforderliche Prozesse zur Umsetzung des Angebots

Nach Errichtung und Inbetriebnahme der Europäischen Asylverfahrensstandorte werden die extraterritorialen Asylverfahren durch nachfolgende Prozesse kontinuierlich umgesetzt.

---

1539 Vgl. etwa BAMF, Informationsblatt zur freiwilligen Rückkehr, Stand Feb. 2017.

1540 *Noll/Fagerlund/Liebaut*, Study on The Feasibility of Processing Asylum Claims outside the EU, S. 70 ff.

### *1. Online-Registrierung*

Zunächst erfolgt vom Herkunfts- oder Nachbarland aus online die Registrierung auf der einzurichtenden Homepage der Europäischen Asylverfahrensstandorte, bei der ein in allen relevanten Sprachen vorhandener Fragebogen vom Schutzsuchenden als Grundlage für das Asylverfahren ausgefüllt wird.[1541] Bei fehlendem Internetzugang oder Analphabetismus des Antragstellers kann in Auslandsvertretungen der EU-Staaten in den Herkunftsregionen die Registrierung mit Unterstützung erfolgen. Vollständige Registrierungsunterlagen werden einer automatisierten Plausibilitätskontrolle unterzogen und geprüft, ob bereits ein Asylverfahren eines EU-Mitgliedstaates anhängig ist oder bestandskräftig abgeschlossen wurde (dann erfolgt eine Abweisung, jedoch kein formeller Ablehnungsbescheid).[1542] Aufgrund der online-Registrierung durch Absenden des ausgefüllten Fragebogens und Hochladens relevanter Dokumente wie Passdokumente erfolgt automatisiert eine reversible Vorkategorisierung der Person für das Asylverfahren.[1543] Fehlen Dokumente, z.B. der Pass des Antragsstellers, werden die hierfür vorgebrachten Gründe überprüft.

Bei erfolgreicher Vorprüfung wird der Asylsuchende auf einer Warteliste aufgenommen und ein persönlicher Anhörungstermin im nächst gelegenen Asylverfahrensstandort erteilt. Kann der Termin nachvollziehbar nicht wahrgenommen werden, ist die einmalige Verlegung zu beantragen, was zu längeren Wartezeiten führt. Zur Wahrnehmung der Anhörung wird für die Einreise und den Aufenthalt in dem Drittstaat, in dem sich der Asylverfahrensstandort befindet, ein Visum mit zweiwöchiger Aufenthaltserlaubnis und mit räumlicher Begrenzung auf die Region des Asylverfahrensstandorts durch den jeweiligen Drittstaat in einem hierfür eingerichteten Büro zur raschen Visumerteilung erteilt.

---

1541 Zur Forderung, die Möglichkeiten der Digitalisierung im Asylbereich stärker zu nutzen *Kaufhold*, Zugang zum europoäischen Asylrecht steuern und verbessern, ZRP 2017, 69 (70), die u.a. ein elektronisches Asyleinreiseverfahren außerhalb des europäischen Territoriums vor Durchführung eines territorialen Asylverfahrens in der EU vorschlägt (71).

1542 Vgl. hierzu das unionsweite Eurodac-System, BAMF, Ablauf des deutschen Asylverfahrens, S. 11.

1543 Siehe auch Vorschlag des UNHCR, revised EU-pronged Modell, S. 2.

## 2. *Extraterritoriales Asylverfahren im Europäischen Asylverfahrensstandort*

Das Asylverfahren in den Europäischen Asylverfahrensstandorten erfolgt grundsätzlich wie das territoriale nationale Asylverfahren der EU-Mitgliedstaaten.

Bei der Anhörung im Europäischen Asylverfahrensstandort legt der Antragssteller mithilfe eines Dolmetschers sowie ggf. eines Rechtsbeistandes die Asylgründe und Umstände seines Falles dar. Parallel erfolgt die erkennungsdienstliche Erfassung (persönliche Daten, Fingerabdrücke und Lichtbild) zur Identitäts- und Sicherheitsprüfung des Antragsstellers in nationalen und europäischen Datenbanken, wie dem Eurodac- und Visa-Informationssystem, auch um die erneute Antragstellung ohne Vorliegen neuer Gründe sowie den späteren Versuch der Einreise in die EU trotz Antragsablehnung zu verhindern.[1544]

Das Asylverfahren zielt auf einen bestandskräftigen Bescheid im Asylverfahrensstandort, im Falle Deutschlands durch die zuständige BAMF-Außenstelle[1545] ab. Bei Anerkennung der Schutzbedürftigkeit als Asylberechtigter oder Flüchtling nach der GFK erhält die Person ein dreijähriges, bei Gewährung subsidiären Schutzes ein einjähriges nationales Visum für den nach einem unionsweiten Verteilungsschlüssel ausgewählten EU-Staat im Rahmen des einzuführenden EU-Aufnahmekontingents.[1546] Nach deutschem Recht wird ein nationales Visum (§ 6 Abs. 3 AufenthG) erteilt, das der für Einreise und Aufenthalt im Bundesgebiet erforderlicher Aufenthaltstitel ist (§ 4 Abs. 1 Abs. 1 Satz 2 Nr. 1 Alt. 2 AufenthG). Das nationale Visum wird im Asylverfahrensstandort in Zusammenarbeit mit der zuständigen Ausländerbehörde in Deutschland erteilt und berechtigt zum längerfristigen Aufenthalt im Bundesgebiet.[1547] Zur Verhinderung EU-interner Sekundärmigration erhalten

---

1544 Das gesetzliche Einreise- und Aufenthaltsverbot wird bundes- und europaweit in den einschlägigen Datenbanken der Polizei gespeichert; vgl. BAMF, Ablauf des deutschen Asylverfahrens, S. 24 f.

1545 Zu den Anforderungen an Entscheider des BAMF vgl. BAMF, Ablauf des deutschen Asylverfahrens, S. 30 f.

1546 Zu den deutschen Regelungen siehe §§ 25 Abs. 1 Satz 1 bzw. Abs. 2 Satz 1, 26 Abs. 1 Satz 2 sowie Satz 3 AufenthG, (vgl. Teil 1 A.I.1. und 3.).

1547 Zur Praxis der Auslandsvertretungen, nach vorheriger Zustimmung der für den vorgesehenen Aufenthaltsort zuständigen Ausländerbehörde, Visa zu erteilen, vgl. *Hailbronner*, Asyl- und Ausländerrecht, Rn. 173 ff.

die Anerkannten, wie bei Neuansiedlungsprogrammen in Kooperation mit dem UNHCR, ein nationales Visa nur für den zugewiesenen EU-Aufnahmestaat.[1548]

Nach legaler Einreise des in einem europäischen Asylverfahrensstandort Anerkannten in Europa gelten dieselben Vorgaben, als ob ein territoriales, nationales Asylverfahrens des Aufnahmestaates erfolgt wäre, vor allem bezüglich Leistungen und der Arbeitsberechtigung wie auch für Widerruf- und Rücknahmeverfahren bei dauerhaft positiver Veränderung der Verfolgungssituation im Herkunftsstaat oder bei Begehung von Straftaten.[1549]

### 3. *Möglichkeit der gerichtlichen Überprüfung der Entscheidung*

Bei Ablehnung des Schutzantrags besteht die Möglichkeit der gerichtlichen Kontrolle der erstinstanzlichen Entscheidung innerhalb einer Ein-Wochen-Frist unter Zuhilfenahme von Rechtsberatung, wobei der Asylsuchende parallel eine Verlängerung seines Visums auf einen Monat zum rechtmäßigen Aufenthalt im Drittstaat beantragen muss, um sich weiterhin rechtmäßig im Drittstaat aufzuhalten.[1550] Hierzu werden in Kooperation mit den EU-Staaten bei den Behörden der Drittstaaten entsprechende Visastellen eingerichtet.

### 4. *Innereuropäische gegenseitige Anerkennung der Asylentscheidung als Basis für ein unionsweites Aufnahmekontingent*

Die erlassene Asylentscheidung beansprucht nach Einführung der gegenseitigen Anerkennung von Asylentscheidungen zwischen den EU-Staaten – in Fortentwicklung des Dublin-System und dem zugrunde liegenden Grundsatz, dass nur ein Asylverfahren in der EU durchgeführt wird („One Chance only"-Prinzip) –[1551] im EU-Aufnahmestaat Geltung, unabhängig davon, ob der Aufnahmestaat das extraterritoriale Asylverfahren durchgeführt hat. Soweit ein anderer EU-Staat als der Aufnahmestaat das Asylverfahren durchgeführt hat, erfolgt die Visumserteilung in Zusammenarbeit mit den zuständigen Behörden des Aufnahmestaates. Damit wird die Durchführung eines erneuten Asylverfahrens in Europa obsolet und eine echte Entlastung der Asylsysteme in Europa geschaffen.

---

1548 Nach der europäischen Migrationsagenda sind die Migranten bei Neuansiedlung verpflichtet, im zugewiesenen Mitgliedstaat für mindestens fünf Jahre zu bleiben; EK, KOM (2015) 240 Anhang, S. 24.

1549 BAMF, Ablauf des deutschen Asylverfahrens, S. 24.

1550 UNHCR, HB und Richtlinien über Verfahren und Kriterien zur Feststellung der Flüchtlingseigenschaft 2011 (deutsche Übersetzung 2013), S. 47 ff.

1551 Vgl. Fn. 1530.

Der nationalen Asylkompetenz der nicht in den Asylverfahrensstandorten aktiven EU-Staaten, die aber gleichwohl anerkannte Flüchtlinge über die unionsweite Verteilungsquote erhalten, wird durch die gegenseitige Anerkennung von Asylentscheidungen durch die EU-Staaten Rechnung getragen.

Die Anzahl der Visaerteilungen für die EU erfolgt aufgrund eines jährlichen Aufnahmekontingents mit einem unionsweiten Verteilungsschlüssel, da trotz der Wirtschaftsstärke der EU keine unbegrenzte Flüchtlingsaufnahme, nicht zuletzt mit Blick auf die ökonomischen, sozialen und integrativen Herausforderungen erfolgen kann. Die Belastungen der in den Europäischen Asylverfahrensstandorten aktiven EU-Staaten werden durch eine unionsweite, solidarische Lastenteilung bei der Aufnahme nach Art. 80 AEUV, konkret durch einen an ökonomischen, sozialen und bevölkerungsbezogenen Daten ausgerichteten Verteilungsschlüssel, verringert.[1552] Den Sicherheitsbedenken der nicht an der Initiative beteiligten EU-Staaten wird durch umfassende Sicherheitsüberprüfungen der Anerkannten, wie bei der Erteilung eines Schengen-Visums, Rechnung getragen. Nach der Pilotphase der kooperationswilligen Mitgliedstaaten werden rasch alle EU-Staaten zur Aufnahme der in den extraterritorialen Asylverfahren Anerkannten verpflichtet, um eine bessere Lastenteilung sowohl unionsintern als auch extern mit den betroffenen Drittstaaten zu gewährleisten. Ein EU-weites Aufnahmekontingent erfordert angesichts der aktuell verfahrenen Asyldebatte auf Unionsebene ein politisches Umdenken bei der Flüchtlingsfrage als Gesamtaufgabe aller EU-Staaten einschließlich der osteuropäischen Staaten, weil andernfalls das untersuchte Konzept ebenso wie jedes andere Vorgehen mangels Lastenausgleichs sehr rasch von handlungswilligen EU-Staaten aufgegeben werden wird.

Bei weltweit ca. 65,6 Millionen Vertriebenen (davon ca. 22,5 Millionen Flüchtlingen nach der GFK) und der überproportionalen Flüchtlingsaufnahme durch wirtschaftlich schwächere Staaten,[1553] ist es die humanitäre Pflicht der EU-Staaten ihr Engagement zur gerechteren Lastenverteilung mit Aufnahmekontingenten zu erhöhen. Trotz großer Herausforderungen bei der Aufnahme einer

---

1552 Zu fairen Aufnahmequoten *Angenendt/Engler/Schneider*, Europäische Flüchtlingspolitik – Wege zu einer fairen Lastenteilung, SWP-Aktuell 65, 1(5). Zur Historie der Lastenteilung in der EU, *Haun*, The Externalisation of Asylum Procedures, S. 21 f.

1553 2016 waren ca. 40,3 Mio. Binnenvertriebene im eigenen Land und 2,8 Mio. Asylsuchende, ca. 84% der Flüchtlinge lebten in Staaten mit niedrigen/ mittleren Einkommen und einer von drei Flüchltingen (ca. 4,9 Mio.) wurde von einem der am wenigsten entwickelten Ländern aufgenommen, UNHCR, Global Trends – Forced Displacement in 2016, S. 2.

Vielzahl von Flüchtlingen in ökonomischer, sozialer und integrativer Hinsicht, waren die in der Europäischen Migrationsagenda vorgesehenen 20.000 Neuansiedlungsplätze für 2015 und 2016[1554] nicht ausreichend. Die Staatengemeinschaft hat die Anstrengungen bei der Bekämpfung der Fluchtursachen auch zur Migrationssteuerung zu stärken, um schutzbedürftigen Menschen in Krisenregionen bei Erschöpfung von Aufnahmekontingenten wenigstens in Flüchtlingscamps Schutz vor Ort zu bieten.

Der Streitfrage, wann die Grenze eines Staates und seiner Gesellschaft bei der Aufnahme von Flüchtlingen erreicht und wie diese Feststellung zu treffen ist, wird hier ebenso wenig nachgegangen wie der Verfassungsmäßigkeit und Unionsrechtskonformität der diskutierten Flüchtlingsobergrenze.[1555] Mangels Ausschließlichkeit der Asylverfahrensstandorte (vgl. C. II.2.d) führt die quantitative Begrenzung dieses Migrationsinstruments – ähnlich der Kontingentierung bei Neuansiedlungsprogrammen – nicht zu einer Deckelung des Asylrechts, da weiterhin die Durchführung territorialer Asylverfahren in der EU möglich bleibt.

Auf Grundlage der aktuellen Gesamtbevölkerung der verbleibenden 27 EU-Staaten von 446 Millionen[1556] wird ein jährliches Aufnahmekontingent von einer viertel Million Personen in Europäischen Asylverfahrensstandorten in Afrika vorgeschlagen. Solange der Bürgerkrieg in Syrien und die instabile Lage in Hauptherkunftsländern wie Afghanistan und dem Irak andauert, entfällt weiter ein Großteil der Migranten auf Syrer, Afghanen, Iraker und sonstige nicht afrikanische Staatsangehörige. Überdies wird trotz extraterritorialer Asylverfahren in Ergänzung zu bestehenden territorialen Asylsystemen in Europa weiter illegale Migration von Afrika nach Europa bereits aufgrund der schwer kontrollierbaren Seegrenzen stattfinden, erst recht in der Anfangsphase des Konzepts. Daher wird ein jährliches Kontingent der Europäischen Verfahrensstandorte in Afrika von 150.000 Menschen vorgeschlagen. Dies entspricht ca. 0,034 % der EU-Gesamtbevölkerung (ohne das Vereinigte Königreich) und bedeutet unter

1554 EK, KOM (2015) 240 Anhang.

1555 Zur CSU-Forderung einer Obergrenze von 200.000 Flüchtlingen pro Jahr in Deutschland SZ, Bundestagswahl, CSU beschließt Bayernplan, v. 14.07.2017. Kritisch der wissenschaftliche Dienst des Bundestages im Gutachten Zur Obergrenzen für Asylsuchende und Bürgerkriegsflüchtlinge im Lichte des EU-Rechts, PE 6 – 3000 – 153/15.

1556 Ohne das Vereinigte Königreich mit einer Bevölkerungszahl von 65,8 Mio. (Stand 01.01.2017), vgl. Eurostat, Statistiken zur Bevölkerung und zum Bevölkerungswachstum, Tab. 1 Bevölkerungsbilanz 2016.

Heranziehung des Verteilungsschlüssels von 25,8 % aus dem Umsiedlungsbeschluss der EU für Deutschland ca. 38.700 Menschen jährlich.[1557]

Diese Zahl ist mit Blick auf die gesamte EU weder untragbar[1558] noch derart gering, dass sie kein Anreiz für afrikanische Migranten zur Nutzung der Asylverfahrensstandorte ist. Gleichzeitig sollen extraterritoriale Asylverfahren die Migration aus Afrika, vor allem von Wirtschaftsmigranten, reduzieren, da nach rechtskräftiger Ablehnung im Verfahrensstandort weder die legale Einreise noch ein legaler Aufenthalt in der EU möglich sind.[1559]

## VII. Erforderliche Ressourcen zur Bereitstellung des Angebots

Hauptressource für extraterritoriale Asylverfahren sind die Europäischen Asylverfahrensstandorte (1.) und operativ-technische, personelle wie finanzielle Ressourcen (2.).

### *1. Errichtung von sieben europäischen Asylverfahrensstandorten in Afrika*

Konkret wird die Errichtung von sieben Asylverfahrensstandorten in Afrika vorgeschlagen, wovon zunächst vier eröffnet werden und nach einer ersten Bewertung rasch drei weitere folgen. Betrieben wird ein Asylverfahrensstandort jeweils von drei EU-Mitgliedstaaten, die mit ihren Beamten für die Asylverfahren zuständig sind und deren interne Zuständigkeit und Verantwortlichkeit geregelt ist.[1560] Die Antragssteller werden dem ihrem Herkunftsland oder derzeitigen Aufenthaltsort am nächsten gelegenen Asylverfahrensstandort zugeteilt. Da bei Anerkennung eine unionsweite Verteilung der Flüchtlinge erfolgt, liegt in

1557 Vgl. Beschluss (EU) 2015/1601 des Rates v. 22.09.2015 Anhang I, II, ABl. EU 2015 Nr. L 248/80.

1558 So kamen über das Mittelmeer 2017 etwa 178.550 Menschen, vgl. UNHCR, Europe Monthly Report, Dec. 2017, S. 1. Die Hauptlast tragen weiterhin größtenteils wirtschaftlich schwächere Staaten.

1559 Das Migrationsaufkommen hängt jedoch auch stark von akuten Krisen ab, die jederzeit auftreten können.

1560 Zur Kooperation zwischen den Staaten etwa *Noll/Fagerlund/Liebaut,* Study on The Feasibility of Processing Asylum Claims outside the EU, S. 67 f.; Vorschlag des SVR für ein „stärker arbeitsteiliges Modell" zwischen EU-Außenstaaten und übrigen EU-Staaten bei Durchführung von Asylverfahren und bei Flüchtlingsaufnahme, SRV, Chancen in der Krise: Zur Zukunft der Flüchtlingspolitik in Deutschland und Europa, S. 45.

der Wahl des Asylzentrums keine (Vor-)Entscheidung über das spätere EU-Aufnahmeland.

Afrikas Hauptherkunftsländer sind derzeit Nigeria, Gambia, Somalia, Eritrea und die Elfenbeinküste,[1561] aus denen Flüchtlinge wie Wirtschaftsmigranten über die zentrale Mittelmeerroute nach Italien als erstes EU-Land emigrieren. Während in Nigeria die Terrormiliz Boko Haram, aber auch die wirtschaftliche Perspektivlosigkeit die Menschen zur Flucht antreibt, besteht in dem kleinen Staat Gambia, aus dem gleichwohl viele Migranten stammen, nach dem Exil des bisherigen Diktators Yahya Jammeh als Hauptmigrationsgrund Anlass für die Vermutung eines Migrationsrückgangs.[1562] Wichtigster Fluchtgrund in Somalia als einem der Hauptherkunftsländer ist der seit den Neunzigerjahren bestehende Bürgerkriegs- und Krisenzustand.[1563] In Eritrea lässt die Diktatur Isayas Afewerkis und der unbegrenzt dauernde Nationaldienst vor allem junge Männer fliehen, in der Elfenbeinküste herrschen auch ein halbes Jahrzehnt nach Bürgerkriegsende noch Unruhen.[1564]

Maßgeblich für die Standortermittlung der Asylverfahrensstandorte ist die Nähe zu Herkunftsstaaten und Fluchtrouten, wobei die in Betracht zu ziehenden Drittstaaten nicht nur Transit- sondern zum Teil auch Herkunftsland der Migranten sind.[1565] Mit Blick auf die Erreichbarkeit der Standorte ist zu vermeiden, dass aus Subsahara-Afrika stammende Migranten erst die Sahara durchqueren müssen, um in Nordafrika in einen Verfahrensstandort zu gelangen,[1566] in welchem sie wohlmöglich abgelehnt werden. Wer bereits die gefährliche, kosten- und zeitintensive Wüstendurchquerung hinter sich gebracht hat, wird sich kaum davon abbringen lassen, noch das Mittelmeer zu überqueren. Überdies würde die Vision eines Asylverfahrens in der Herkunftsregion ins Gegenteil verkehrt, wenn nur in Nordafrika Verfahrensstandorte errichtet würden. Dies vorausgesetzt, werden insgesamt sieben Asylverfahrensstandorte vorgeschlagen, um weite und gefährliche Reisen innerhalb Afrikas nach Möglichkeit gering zu halten.

---

1561 SZ, Flucht aus Afrika: Die wichtigsten Fluchtrouten aus Afrika, v. 10.06.2016.

1562 SZ, Flucht aus Afrika: Die wichtigsten Fluchtrouten aus Afrika, v. 10.06.2016.

1563 SZ, Flucht aus Afrika: Die wichtigsten Fluchtrouten aus Afrika, v. 10.06.2016.

1564 SZ, Flucht aus Afrika: Die wichtigsten Fluchtrouten aus Afrika, v. 10.06.2016.

1565 Vgl. *Heißl*, Rechtliche Überlegungen zum Konzept der Asylverfahrenslager außerhalb Europas, ZÖR 2007, 371 (374).

1566 Vgl. zur aktuellen Diskussion zu Aufnahmezentren in Nordafrika etwa SVR, Chancen in der Krise: Zur Zukunft der Flüchtlingspolitik in Deutschland und Europa, S. 57 ff.

Schließlich kommt der politischen, ökonomischen und sozialen Lage in den Gastländern, in denen die Asylverfahrensstandorte errichtet werden, große Bedeutung zu, da politisch instabile Länder ebenso wie Staaten, in denen grundlegende Menschenrechte regelmäßig nicht beachtet werden, ausscheiden. Schließlich sind bei der Standortwahl vorhandene Verbindungen mit Drittstaaten, etwa infolge historisch gewachsener Beziehungen, zu beachten.[1567]

### *a) Drei Asylverfahrensstandorte in Nordafrika*

In Nordafrika werden drei Standorte vorgeschlagen, für verfolgte nordafrikanische Staatsangehörige[1568] und für Migranten aus Subsahara-Afrika nach der Wüstendurchquerung. Denn trotz vorgesehener Verfahrensstandorte südlich der Sahara (vgl. b) werden Migranten nach Nordafrika migrieren oder dort auf eine Überfahrt nach Europa warten.[1569]

Folgende Staaten in Nordafrika werden vorgeschlagen: Für die westafrikanische Route Marokko,[1570] für die west- bzw. zentralafrikanische Route Tunesien und für die ostafrikanische Route Ägypten, die allesamt über gewisse politische Stabilität als Voraussetzung für Asylverfahrensstandorte verfügen. Das wichtige Transitland Libyen wird wegen der politischen Instabilität und der enormen Schleuserpräsenz nicht vorgeschlagen.[1571]

### *b) Vier Asylverfahrensstandorte in Subsahara-Afrika*

Für Migranten aus Sub-Sahara-Afrika werden vier Asylverfahrensstandorte in folgenden Staaten vorgeschlagen: In Westafrika der Senegal und Ghana, in Zentralafrika Kamerun und in Ostafrika Kenia. Ghana und der Senegal sind in einigen EU-Staaten, darunter auch in Deutschland, als sichere Herkunftsstaaten

---

1567 Vgl. auch den Grundsatz der geographischen Prioritätenfestlegung, EK, KOM (2005) 491, Ziff. V, S. 8.

1568 Da die meisten Asylgesuche nordafrikanischer Staatsangehöriger mangels Schutzbedürftigkeit abgelehnt werden, könnte zu einem späteren Zeitpunkt ein Spurwechsel vom Asyl- in den Migrationskanal der Arbeitsmigration zu erwägen sein (Teil 1 D. V. 3.) Dies könnte jedoch zu einem Pull-Faktor für die Verfahrensstandorte führen.

1569 Zu Libyen etwa SZ, 235.000 Flüchtlinge warten laut UN in Libyen auf eine Überfahrt, v. 15.09.2016.

1570 Mit Marokko wurden bereits EU-Programme wie MEDA umgesetzt, *Gassner*, Praktische Implementierung in Brocza, Die Auslagerung des EU-Grenzregimes – Externalisierung und Exterritorialisierung, S. 73 (73 ff.).

1571 *The Economist*, Libya- The next failed state, 01.01.2015; SZ, Merkel und Macron wollen Registrierungszentren für Asylbewerber in Afrika, v. 29.08.2017.

anerkannt.[1572] Auch die übrigen vorgeschlagenen Staaten verfügen über eine gewisse politische Stabilität. In Westafrika werden zwei Standorte vorgeschlagen, um eine tatsächliche Alternative zu der wichtigen Schlepperroute über Bamako in Mali nach Niamey und Agadez im Haupttransitland Niger in der Region zu bieten.[1573] Hauptherkunftsländer in Ostafrika sind Eritrea, Somalia, und der Sudan für die in Kenia südlich und in Ägypten nördlich der Sahara extraterritoriale Asylverfahren angeboten werden.

Nicht vorgeschlagen wird der Niger trotz seiner Bedeutung als Haupttransitland in Afrika, die auch von der europäischen Politik erkannt wurde.[1574] In Niger, einem der ärmsten Länder der Welt boomt das Geschäft des Menschenhandels und -schmuggels besonders stark,[1575] sodass die Errichtung eines Asylverfahrensstandortes dort wenig zweckmäßig wäre. Überdies wurden im Niger bereits von der IOM, teilweise von der EU finanzierte, Migrationszentren errichtet, von wo aus gestrandete Migranten u.a. Rückfahrten in ihre Heimat erhalten, wobei sich die Umsetzung der EU-Pläne zur Pilotierung eines Asylzentrums schleppend gestaltet.[1576]

## 2. *Bedarfe erforderlicher Ressourcen*

Operativ ist die erforderliche Infrastruktur in den Verfahrensstandorten bereitzustellen: Zur online-Registrierung der Asylsuchenden, zum Erhalt der Bearbeitungsnummer und des Anhörungstermins, zur erkennungsdienstlichen Erfassung im persönlichen Gespräch, aber auch Rechtsantragsstellen zur Einlegung von Rechtsmitteln. Personell sind vor Ort Asylbeamte der beteiligten

---

1572 EK, An EU ‚Safe Countries of Origin' List, Current National Lists, S. 2. In Deutschland § 29a AsylG in Verbindung mit Anlage II, BGBl. I 2015, 1725.

1573 ARD, Tagesschau, Milliarden gegen Migration, Mit 750 Millionen Euro gegen Schleuser, v. 23.02.2017.

1574 So waren im Mai 2016 der ehemalige Außenminister Steinmeier mit seinem französischen Kollegen Ayrault im Auftrag der EU zur Initiierung eines migrationspolischen Dialogs vor Ort, Tagesschau, Steinmeier im Niger: In der Transitzone v. 4.05.2016. Im Oktober 2016 besuchte auch die Kanzlerin Merkel während ihrer Afrikareise den Niger, Tagesschau, Merkel zu Besuch in Afrika: Die Wurzel aller Flüchtlingsprobleme v. 9.10.2016.

1575 ARD, Tagesschau, Steinmeier im Niger: In der Transitzone v. 4.05.2016.

1576 Valetta Summit, 11-12 November 2015, Action Plan, Ziff 4 (S. 14); ARD, Tagesschau, Wie sinnvoll sind Asylzentren in Afrika? EU-Pläne auf dem Prüfstand, v. 14.05.2015; ARD, Tagesschau, Steinmeier im Niger: In der Transitzone v. 4.05.2016.

Mitgliedstaaten, EASO-Mitarbeiter, Rechtsberater, sog. Vertrauensanwälte und Dolmetscher aus den wichtigsten Herkunfts- und Transitländern nötig.

Die Finanzierung des Konzepts, einschließlich der zunächst anstehenden Pilotphase, sollte nicht nur durch die aktiven EU-Mitgliedstaaten, sondern solidarisch aus Unionsmitteln, z.B. durch Aufstockung des Europäischen Migrationsfonds getragen werden. Dabei ist ein massives Investitionsvolumen, nicht nur für die initiale Phase der Errichtung und Inbetriebnahme der europäischen Asylverfahrensstandorte, sondern vor allem auch für den kontinuierlichen Betrieb und Fortbestand der Einrichtungen erforderlich: Hierzu gehören u.a. Finanzmittel zur Überzeugung der Drittstaaten als Gaststaaten der Asylverfahrensstandorte, Investitionen für die Infrastruktur und Technik vor Ort einschließlich Anbindung und Synchronisierung mit bestehenden Systemen sowie der enorme Personalbedarf, den die Betriebsunterhaltung der Verfahrensstandorte erfordert. Den zweifelsfrei hohen Investitionsbedarfen sind die immensen Kosten zur Unterbringung von Asylsuchenden in der EU und in Deutschland,[1577] die Zahlung enormer Migrationsunterstützungen an Drittstaaten wie bspw. die Türkei,[1578] aber auch die Chance neuer Migrationswege gegenüber zu stellen.

## VIII. Kooperationspartner

Wichtigste Kooperationspartner für das Konzept sind die Drittstaaten, in denen Asylverfahrensstandorte errichtet werden (vgl. unter 1), und der UNHCR als Mandatsträger der Flüchtlinge (vgl. unter 2.).

### *1. Kooperation mit ausgewählten Drittstaaten als Gastländer*

Kooperationswillige Drittstaaten, welche die Errichtung und den Betrieb von Asylverfahrensstandorte auf ihrem Hoheitsgebiet dulden, sind für extraterritoriale Asylverfahren essentiell. Dabei ist die Überzeugung geographisch günstiger, politisch stabiler Drittstaaten Hauptumsetzungsrisiko des Konzepts. Hauptanreize für Drittstaaten zum Abschluss multilateraler Abkommen betreffend die Duldung von Asylverfahrensstandorten europäischer Staaten auf ihrem

1577 2016 hat die deutsche Bundesregierung ca. 21,7 Milliarden Euro zur Bewältigung der Flüchtlingskrise ausgegeben, ARD, Tagesschau, Haushalt 2016, 21,7 Milliarden Euro für Flüchtlinge, v. 27.01.2017.

1578 Zu den Milliardenzahlungen der EU an die Türkei im Rahmen des EU-Türkei-Deals Teil 1 B.II.4.c) bb).

Hoheitsgebiet sind finanzielle Investitionen der EU-Staaten.[1579] Daher steht die im Jahr 2017 vom Regierungschef Tunesiens geäußerte Ablehnung von Asyllagern in Tunesien[1580] einer Kooperation nicht entgegen. Zum Einen sehen die Asylverfahrensstandorte keine Verantwortlichkeit Tunesien vor, zum anderen ist es Verhandlungssache, zu welchem Preis sich ein Staat auf europäische Asylfazilitäten auf seinem Hoheitsgebiet einlässt.

Das Argument, dass die EU-Staaten nicht nur Migration steuern, sondern die Region stabilisieren, was im Interesse des Gastlandes liege,[1581] ist bereits angesichts der Befähigung und Berechtigung der internationalen Gemeinschaft, eine Region zu stabilisieren, zweifelhaft.

### *2. Kooperation mit dem UNHCR*

Weiterer wichtiger Kooperationspartner[1582] ist der UNHCR, dessen Expertise aus der Statusprüfung potentieller Flüchtlinge bei der Verfahrensgestaltung heranzuziehen ist. Gleichzeitig verfügt der UNHCR über spezifische Länderkenntnisse, die für die Prüfung der Schutzbedürftigkeit der Antragssteller in materieller Hinsicht essentiell ist. Vor allem in der Initialphase könnten die UNHCR-Mitarbeiter die mitgliedsstaatlichen Beamten unterstützen.

## IX. Zusammenfassung der „DNA" der Konzeptvision für extraterritoriale Europäische Asylverfahrensstandorte

Zur weiteren Nachvollziehbarkeit wird das vorgeschlagene Konzept im nachfolgenden Schaubild visualisiert und zusammengefasst.

---

1579 Wobei im Gegensatz zum britischen Vorschlag (UK Government, New Vision for Refugees, 2003, S. 21) neben der Finanzierung durch EU und Mitgliedstaaten auch der Betrieb durch die EU-Staaten vorgesehen ist.

1580 ARD, Tagesschau, Vor Gespräch mit Merkel, Tunesiens Regierungschef gegen Asylzentren, v. 14.02.2017.

1581 Vgl. britischer Vorschlag zu RPAs, UK Government, New Vision for Refugees, 2003, S. 13.

1582 Der UNHCR ist kein Mitbetreiber der Asylzentren wie zu Asylcamps in Nordafrika disktutiert, ARD Tagesschau, EU-Sondergipfel in Malta: Kommt das EU-Libyen-Abkommen? EU-Sondergipfel in Malta, v. 3.02.2017.

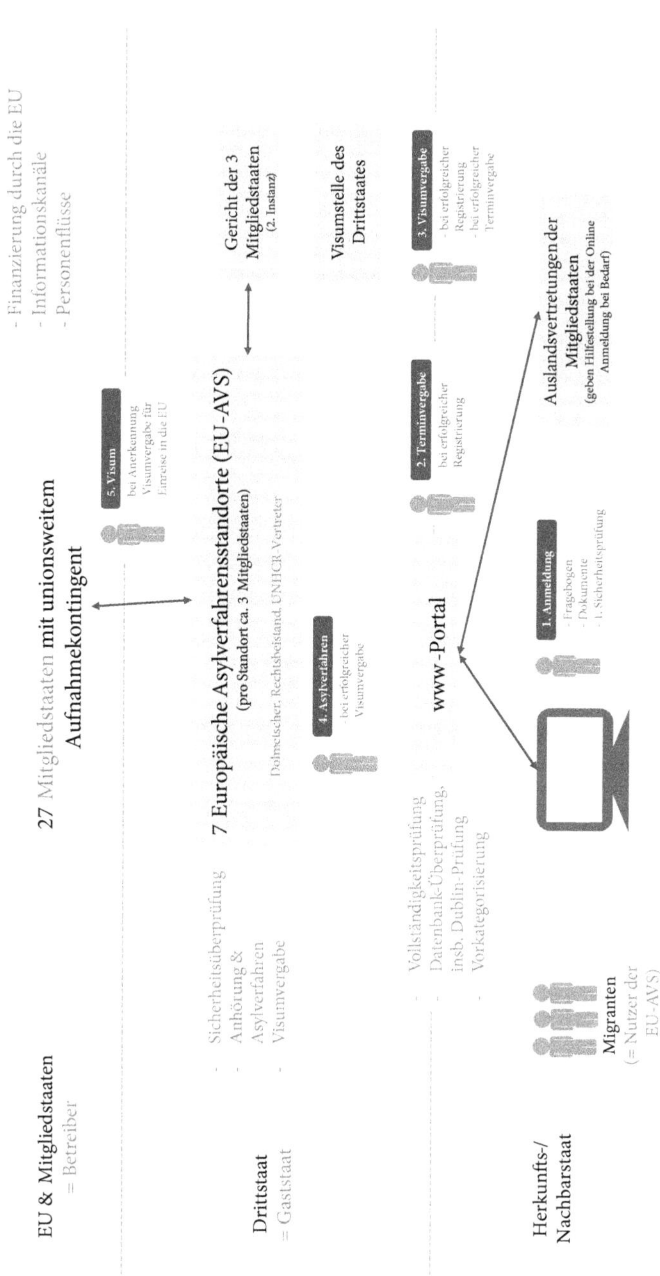
EU & Mitgliedstaaten
= Betreiber
27 Mitgliedstaaten mit unionsweitem Aufnahmekontingent
- Finanzierung durch die EU
- Informationskanäle
- Personenflüsse
5. Visum
bei Anerkennung Visumvergabe für Einreise in die EU
Drittstaat
= Gaststaat
- Sicherheitsüberprüfung
- Anhörung & Asylverfahren
- Visumvergabe
7 Europäische Asylverfahrensstandorte (EU-AVS)
(pro Standort ca. 3 Mitgliedstaaten)
Dolmetscher, Rechtsbeistand, UNHCR-Vertreter
Gericht der 3 Mitgliedstaaten
(2. Instanz)
4. Asylverfahren
- bei erfolgreicher Visumvergabe
Visumstelle des Drittstaates
- Vollständigkeitsprüfung
- Datenbank-Überprüfung, insb. Dublin-Prüfung
- Vorkategorisierung
www-Portal
2. Terminvergabe
bei erfolgreicher Registrierung
3. Visumvergabe
- bei erfolgreicher Registrierung
- bei erfolgreicher Terminvergabe
Herkunfts-/Nachbarstaat
Migranten
(= Nutzer der EU-AVS)
1. Anmeldung
- Fragebogen
- Dokumente
- 1. Sicherheitsprüfung
Auslandsvertretungen der Mitgliedstaaten
(geben Hilfestellung bei der Online Anmeldung bei Bedarf)

Kernbestandteil der Konzeptidee, quasi die „DNA" des Konzepts, sind die Europäischen Asylverfahrensstandorte ohne Unterbringung der Migranten zur extraterritorialen Durchführung von Asylverfahren. Damit soll die lebensgefährliche, zeit- und kostenintensive, illegale Migration nach Europa zugunsten einer frühzeitigen Gewissheit über ein Bleiberecht in Europa verhindert werden. Die Migranten können in einem rechtsstaatlichen Asylverfahren ihr Gesuch in der Herkunftsregion prüfen lassen und eine rechtskräftige Entscheidung erlangen. Anerkannte können dann im Unterschied zur bisherigen, häufig illegalen Migration, legal und ohne Schlepper in die EU einreisen, worin der bedeutsame Vorteil gegenüber dem derzeitigen territorialen Asylsystem in der EU liegt, das grundsätzlich die körperliche Anwesenheit der Asylsuchenden in der EU erfordert.

## C. Prüfung der für die Umsetzung des Konzepts kritischen Faktoren

Es folgt die Prüfung der für die reelle Konzeptumsetzung kritischen Faktoren. Kategorisiert wird in Analogien[1583], soweit bereits die praktische Anwendung erfolgt (I.), und in Antilogien, soweit die Erprobung in der Realität noch fehlt (vgl. II.). Die essentiellen, bisher nicht erpobten Konzeptelemente werden so praxistauglich einer (Rechts-)Prüfung unterzogen.

### I. Identifizierung bereits praktizierter Elemente des Konzepts (Analogien)

Folgende erprobte Elemente (Analogien) sind keine kritischen Unsicherheiten des Konzepts.

#### *1. Ausübung von Hoheitsgewalt auf fremden Staatsgebiet in Asylangelenheiten*

In Betracht kommt eine Analogie zur extraterritorialen Ausübung staatlicher Hoheitsgewalt auf fremdem Staatsgebiet. Denn die EU-Staaten könnten mit der Durchführung von Asylverfahren in Verfahrensstandorten in Afrika Hoheitsgewalt auf fremdem Hoheitsgebiet ausüben. Anders als beim territorialen Asyl[1584]

1583 Zur Klarstellung: Der Analogiebegriff ist hier nicht im rechtstechnischen Sinne zu verstehen.

1584 Nach *Kugelmann* u.H.a. *Groß* ist die territoriale Auslagerung der Prüfung mit der Funktion des Asylrechts als territorialer Schutz vor Verfolgung unvereinbar, sodass

wird der Staat statt auf eigenem, auf fremdem Hoheitsgebiet unter Verzicht des Gebietskontakts für die Stellung eines Asylgesuchs tätig.[1585]

### a) *Gewährung von diplomatischem Asyl in Auslandsvertretungen*

Das geltende Völkerrecht hat die Extraterritorialität diplomatischer Missionsgebäude eines Staates auf fremdem Hoheitsgebiet aufgegeben, sodass ein Staat in seiner Auslandsvertretung grundsätzlich kein diplomatisches Asyl gewähren kann.[1586] Anders ist dies bei Vorliegen von internationalen Verträgen, wie z.B. zwischen lateinamerikanischen Staaten.[1587] Ein damit vergleichbarer Fall ist unabhängig vom Fehlen völkerrechtlicher Verträge in der untersuchten Konstellation nicht gegeben. Weder findet die Durchführung der Asylverfahren in den Auslandsvertretungen statt noch wird Asyl in diplomatischen Gebäuden gewährt. Vielmehr geht es um die Erteilung eines nationalen Visums für einen EU-Staat. Vorliegend ist die Gewährung diplomatischen Asyls in Asylvertretungen daher keine übertragbare Analogie.

### b) *Visaerteilung in Auslandsvertretungen durch geschützte Zulassungsverfahren*

Wie von *Noll*, *Fagerlund* und *Liebaut* in ihrer Studie 2002[1588] identifiziert, praktizierten einige europäische Staaten, darunter Österreich[1589],

---

völkerrechtlich das Non-Refoulement-Gebot wegen der Anknüpfung an die Grenze eines Territoriums der Extraterritorialisierung des Asylverfahrens entgegenstehen könnte und eine asylrechtskonforme Auslagerung des Asylverfahrens die „Abkoppelung vom Territorialbezug" und eine weitere Vergemeinschaftung der Grundlagen für die Voraussetzung über den Zugang zum Staatsgebiet in einem einheitlichen EU-Verfahren, in dem die Entscheidung über den Zugang zum Staatsgebiet weiter den Mitgliedstaaten verbleibt, erfordert, vgl. *Kugelmann*, Asylagenda 2010, ZAR 2007, 81 (83) m.H. a. *Groß*, Zuwanderung aus humanitären Gründen, ZAR 2005, 61 (66).

1585 *Bröcker*, Die externen Dimensionen des EU-Asyl- und Flüchtlingsrechts im Lichte der Menschenrechte und des Völkerrechts, S. 306; *Noll/Fagerlund/Liebaut*, Study on The Feasibility of Processing Asylum Claims outside the EU, S. 72.

1586 *Randelzhofer* in Maunz/Dürig, GG, Art. 16a Rn. 17 ff. m.w.N.; *Bröcker*, Die externen Dimensionen des EU-Asyl- und Flüchtlingsrechts im Lichte der Menschenrechte und des Völkerrechts, S. 44. Vgl. Teil 1 D.IV.7.

1587 *Randelzhofer* in Maunz/Dürig, GG, Art. 16a Rn. 18; *Bröcker*, Die externen Dimensionen des EU-Asyl- und Flüchtlingsrechts im Lichte der Menschenrechte und des Völkerrechts, S. 44 m.w.H.

1588 Zur Durchführbarkeitsstudie über die Bearbeitung von Asylanträgen außerhalb der EU vor dem Hintergrund des GEAS und dem Ziel eines gemeinsamen Asylverfahrens, vgl. Teil 2 B. III.

1589 *Noll/Fagerlund/Liebaut*, Study on The Feasibility of Processing Asylum Claims outside the EU, S. 95 ff., zum Ende geschützter Zulassungsverfahren in Österreich durch

Frankreich[1590] und Spanien[1591], die Niederlande[1592], das Vereinigte Königreich[1593] und die Schweiz[1594] zu diesem Zeitpunkt bereits formalisierte, geschützte Zulassungsverfahren, in deren Rahmen humanitäre Visa in Auslandsvertretungen geprüft und bei Vorliegen der Voraussetzungen erteilt wurden.[1595] Diese, aktuell stark limitierte bzw. von manchen Staaten ganz ausgesetzte,[1596] Praxis kann gleichwohl als Analogie für die Durchführung extraterritorialer Asylverfahren dienen.

Insbesondere die 2002 von *Noll*, *Fagerlund* und *Liebaut* untersuchten Verfahren Österreichs und Frankreichs, der Niederlande, der Schweiz und des Vereinigten Königreichs wiesen Parallelen auf: Die Auslandsvertretungen nahmen Visumanträge entgegen und erteilten je nach eingeräumtem Ermessen entweder selbst oder

---

Aufhebung des § 16 AsylG Österreichs 2012 vgl. BGBl. Für die Republik Österreich, I Nr. 87/2012; zum Asylverfahren in Österreich, *Knapp*, Asylum Information Database – Country Report: Austria 2016 Update, S. 16 ff.

1590 *Noll/Fagerlund/Liebaut,* Study on The Feasibility of Processing Asylum Claims outside the EU, S. 107 ff.; zu Asylverfahrensarten in Frankreich *Salignat*, Asylum Information Database – Country Report: France 2016 Update, S. 20 ff.; zu extraterritorialen Ansätzen FRA, Legal entry channels to the EU for persons in need of international protection: a toolbox, 02/2015, S. 10.

1591 *Noll/Fagerlund/Liebaut,* Study on The Feasibility of Processing Asylum Claims outside the EU, S. 138 ff.; wobei diese Einreisemöglichkeiten seit 2009 beschränkt wurden, vgl. Defensor Del Pueblo, A study of Asylum in Spain – International Protection and Reception System Resources, S. 48, 101; *Llano/Zuppiroli*, Asylum Information Database – Country Report Spain 2016, S. 12 ff.; zur Sondersituation in den spanischen Enklaven Ceuta und Melilla, Defensor Del Pueblo, wie vorgehend, S. 51 ff.

1592 *Noll/Fagerlund/Liebaut,* Study on The Feasibility of Processing Asylum Claims outside the EU, S. 117 ff., zum Stand der niederländischen Asylverfahrensarten *van Kampen/Lynn/Bothof*, Asylum Information Database, Country Report: Netherlands 2016 Update, S. 13 ff.

1593 *Noll/Fagerlund/Liebaut,* Study on The Feasibility of Processing Asylum Claims outside the EU, S. 149 ff., zum Stand des Asylverfahrens des Vereinigten Königreichs *Clayton*, Asylum Information Database – Country Report: United Kingdom 2016 Update, S. 13 ff.

1594 *Noll/Fagerlund/Liebaut,* Study on The Feasibility of Processing Asylum Claims outside the EU, S. 129 ff., wobei *Noll, Fagerlund* und *Liebaut* die geschützten Zulassugnsverfahren der Schweiz als besonders aufwendig ansahen; zum aktuellen Asylverfahren in der Schweiz, *Nufer/Frehner/Romer*, Asylum Information Database – Country Report: Switzerland 2016 Update, S. 11 ff.

1595 *Noll/Fagerlund/Liebaut,* Study on The Feasibility of Processing Asylum Claims outside the EU, S. 95 ff.

1596 Dänemark stellte Dänemark die geschützten Zulassungsverfahren bereits 2002 ein, *Noll/Fagerlund/Liebaut,* Study on The Feasibility of Processing Asylum Claims outside the EU, S. 157 ff.

aufgrund der Entscheidung einer inländischen Behörde nach einer Vorprüfung und / oder einer Prognose über die Anerkennung einer Person nach den einschlägigen Gesetzen (dies kann nur die GFK oder auch einen de-facto-Status umfassen) das Visum bzw. die Ablehnung bei Fehlen der Voraussetzung.[1597] Nach Einreise in den Aufnahmestaat wurde ein territoriales, unterschiedlich umfassendes Asylverfahren durchgeführt oder ein sonstiger Daueraufenthaltstitel beantragt.[1598]

Dagegen sahen bspw. die geschützten Zulassungsverfahren Spaniens statt zweier Verfahrensstufen (Visumverfahren an der Auslandsvertretung und Asylverfahren im Inland) nur den Verfahrensschritt der Asylprüfung während sich der Ausländer noch im Ausland befand, vor, sodass die Vertretung bei positiver Bescheidung gleich Asyl erteilte.[1599] Bei Antragsablehnung fehlten häufig ein Beschwerderecht, Dolmetscher und Rechtsberatung.[1600]

Weitere EU-Staaten (Belgien, Deutschland, Irland, Italien, Luxemburg und Portugal) verfügten 2002 bei Erstellung der Studie von *Noll*, *Fagerlund* und *Liebaut* über keine formalisierten geschützten Zulassungsverfahren, boten in Ausnahmesituationen über ihre Auslandsvertretungen aber Hilfe an, nur Finnland, Griechenland und Schweden nicht.[1601]

Die Bearbeitung von Visumsanträgen in Auslandsvertretungen ist nicht deckungsgleich mit den vorgeschlagenen Europäischen Asylverfahrensstandorten. Statt einer Prognoseprüfung zur Erteilung häufig nur eines Einreisevisums wird ein umfassendes Asylverfahren in der Herkunftsregion selbst und nicht in diplomatischen Vertretungen oder im Mitgliedstaat durchgeführt.[1602] Nach *Bröcker* ist die Bearbeitung von Asylanträgen in Auslandsvertretungen wie die Weiterleitung an inländische Behörden mit Völkerrecht vereinbar, weil es an einem Eingriff in die Souveränität des Staates, in dem sich die Auslandsvertretung befindet, fehlt.[1603] Die Ansicht *Bröcker's* überzeugt, wonach die extraterritoriale Bearbeitung von Asylgesuchen

1597 Einen vergleichenden Überblick geben *Noll/Fagerlund/Liebaut,* Study on The Feasibility of Processing Asylum Claims outside the EU, S. 213 f.

1598 *Noll/Fagerlund/Liebaut,* Study on The Feasibility of Processing Asylum Claims outside the EU, S. 215 f.

1599 *Noll/Fagerlund/Liebaut,* Study on The Feasibility of Processing Asylum Claims outside the EU, S. 138 ff. und S. 216.

1600 Bspw. die französische Praxis, *Noll/Fagerlund/Liebaut,* Study on The Feasibility of Processing Asylum Claims outside the EU, S. 107 ff.

1601 *Noll/Fagerlund/Liebaut,* Study on The Feasibility of Processing Asylum Claims outside the EU, S. 169 ff.

1602 Zu geschützten Zulassungsverfahren siehe *Bröcker*, Die externen Dimensionen des EU-Asyl- und Flüchtlingsrechts im Lichte der Menschenrechte und des Völkerrechts, S. 303 ff.

1603 *Bröcker*, Die externen Dimensionen des EU-Asyl- und Flüchtlingsrechts im Lichte der Menschenrechte und des Völkerrechts, S. 304.

völkerrechtlich dergestalt unbedenklich ist, dass es zu keinem Eingriff in die Rechtsordnung des Dritt- bzw. Gaststaates kommt. Die Erteilung eines Visums zu humanitären oder Arbeitszwecken für einen EU-Staat ist kein staatlicher Hoheitsakt eines EU-Staates mit Wirkung im Drittstaat, in dem sich die Auslandsvertretung befindet. Nichts anderes gilt bei extraterritorialen Asylverfahren in Europäischen Asylverfahrensstandorten. Zwar erfolgt nicht nur die Entgegennahme und Weiterleitung des Antrags, sondern das vollständige Asylverfahren extraterritorial. Darin liegt aber wie bei geschützten Zulassungsverfahren und der Praxis der Erteilung von Einreisevisa für einen EU-Mitgliedstaat kein Eingriff in die souveränen Hoheitsrechte des Gaststaates, in dem der Asylverfahrensstandort belegen ist. Die extraterritoriale Bearbeitung von Asylanträgen zur Erteilung eines Visums, stellt mithin kein neuartiges Verfahren angesichts der beschriebenen Praxis einiger EU-Staaten dar.

Mithin ist eine Analogie bezüglich der in Botschaften ausgeübten Praxis der Visaerteilung auf fremdem Staatsgebiet gegeben, in Europäischen Asylverfahrensstandorten ergänzt um die Durchführung vollständiger Asylverfahren. Die Konstruktion diplomatischer Missionen (zu den Handlungsvorgaben Art. 21 und Art. 22 WÜD) ist dem Grunde nach einer Übertragung auf Asylverfahrensstandorte der EU-Staaten in fremden Hoheitsgebiet eines Drittstaates zugänglich.[1604] Da hier jedoch eine Behörde (Asylverfahrensstandort) in einem Drittstaat jenseits des WDK errichtet werden soll und im Zweifel auch Immunität beanspruchen wird, bedarf es einer speziellen völkervertragsrechtlichen Grundlage. Extraterritoriale Asylverfahren sind daher mit Blick auf das staatliche Tätigwerden auf fremdem Hoheitsgebiet aus völkerrechtlicher Sicht keine für die Konzeptumsetzung kritische Unsicherheit, es bedarf entsprechender völkervertragsrechtlicher Abkommen.

Bezüglich der extraterritorialen Durchführung gleichwertiger Asylverfahren mit persönlicher Anhörung und Beschwerdemöglichkeit in der Herkunftsregion bleibt es bei einer Antilogie (vgl. unter II.2.), da keine einschlägige Praxis der EU-Staaten hierzu existiert.

## 2. *Abkommen zur Kooperation mit Drittländern als Gaststaaten*

Zwischen den Drittstaaten, in denen Asylverfahrensstandorte errichtet werden, und den durchschnittlich drei EU-Mitgliedstaaten, welche die Standorte im Drittstaat betreiben, sind multilaterale Abkommen abzuschließen.[1605] Hierfür

1604 Dazu *Wagner/Raasch/Pröpstl*, WÜD v. 18.04.1961, Art. 22 WÜD Ziff. II.1-4; *Randelzhofer* in Maunz/Dürig, GG, Art. 16a Rn. 17 ff. Zu Verfahren an diplomatischen Vertretungen *Noll/Fagerlund/Liebaut*, Study on The Feasibility of Processing Asylum Claims outside the EU, S. 36 ff.

1605 Zu den Optionen *Noll/Fagerlund/Liebaut*, Study on The Feasibility of Processing Asylum Claims outside the EU, S. 68.

können die von der EU und den Mitgliedstaaten bereits geschlossenen Vereinbarungen mit Drittstaaten, etwa für diplomatische Vertretungen (spezieller Rahmen nach dem WÜD), aber auch Migrationsvereinbarungen wie die der EU und Griechenlands mit der Türkei von März 2016 in Reaktion auf die Flüchtlingskrise in Europa herangezogen werden.[1606] Insbesondere bei den Letzteren handelt es sich nicht unbedingt um völkerrechtliche Verträge.

Im Vergleich zur „Pazifik-Lösung“ Australiens handelt es sich bei der Kooperation für die vorgeschlagenen Asylverfahrensstandorte konzeptionell um ein „Minus“. Die vertragliche Regelung europäischer Asylverfahrensstandorte auf dem Hoheitsgebiet bestimmter afrikanischer Staaten in multilateralen Abkommen stellt keine für die Umsetzung des Konzepts kritische Unsicherheit dar. Davon unberührt bleibt die in tatsächlicher Hinsicht kritische Frage der Kooperationswilligkeit der afrikanischen Drittstaaten (vgl. unter II.1.a).

### 3. *Zuständigkeitsbegründung nach dem Dublin-System*

Fraglich ist, ob das EU-Zuständigkeitssystem nach Dublin[1607] (Verfahrenszuständigkeit des zuerst betretenen EU-Staates) zwischen den am Konzept beteiligten EU-Staaten als Analogie dienen kann. Bei Asylverfahrensstandorten in der Herkunftsregion gelangen Migranten gerade nicht vorab in die EU, sodass sich das Dublin-System nicht direkt anwenden lässt.[1608]

Stattdessen ist die Zuständigkeit der EU-Staaten im vorgeschlagenen Konzept innovativ zu begründen. Die gleichzeitige Präsenz aller an der Initiative beteiligten EU-Staaten in den sieben europäischen Asylverfahrensstandorten ist nicht

1606 Multilaterale Rückübernahmeabkommen und Mobilitätspartnerschaften bestehen zwischen der EU und wichtigen Transit- und Herkunftsstaaten sowie Aktionspläne i.R.d. Europäischen Nachbarschaftspolitik, z.B. mit der Ukraine, Moldau, Marokko, Tunesien, Israel, Jordanien, der Palästinensischen Autonomiebehörde, Ägypten, Libanon, Armenien, Aserbeidschan und Georgien, *Brocza*, Den Bedürfnissen der EU Rechnung tragen in *ders.*, Die Auslagerung des EU-Grenzregimes, S. 19 ff. (27) und *Paulhart*, EU-Mobilitätspartnerschaften in *Brocza*, Die Auslagerung des EU-Grenzregimes, S. 127 ff. (134 ff.); *Noll/Fagerlund/Liebaut*, Study on The Feasibility of Processing Asylum Claims outside the EU, S. 68.

1607 Vgl. Teil 1 C.II.2.d).

1608 Auch die von *Bröcker* untersuchte Ähnlichkeit der Überstellung sog. spontanous arrivals in Transit Processing Centres (nach dem britischen Vorschlag) und der damaligen Verordnung 343/2003 (Dublin-II) lässt sich nicht auf das vorgeschlagene Konzept übertragen, vgl. *ders.*, Die externen Dimensionen des EU-Asyl- und Flüchtlingsrechts im Lichte der Menschenrechte und des Völkerrechts, S. 72.

zweckmäßig. Außerdem verfügen nicht alle beteiligten EU-Staaten über dieselben personellen und operativen Ressourcen, dies bereits aufgrund ihrer unterschiedlichen Größe (bspw. Deutschland gegenüber Luxemburg). Vor diesem Hintergrund ist eine gerechte Verteilung innerhalb der EU-Staaten vorzunehmen. Aus Praktikabilitätsgründen wird der Verteilungsschlüssel des EU-Umsiedlungsbeschlusses von 2015 herangezogen, wonach auf Deutschland eine Quote von 25,8 % entfällt. Bei sieben Asylverfahrensstandorten mit jeweils drei EU-Betreiberstaaten (insgesamt 21 nationale Asylbüros) müsste Deutschland in 5,4 aufgerundet in sechs, Standorten aktiv sein. Dabei kann sich die Präsenz in einzelnen Standorten aus bestehenden Verbindungen zwischen EU-Staat und Drittstaat, etwa aufgrund historischer Bindungen oder Sprachkenntnissen, ergeben.

Aufgrund einheitlicher materieller wie formeller Vorgaben des Gemeinsamen Europäischen Asylverfahrens, die fortwährend implementiert werden,[1609] und der vorgesehenen unionsweiten Verteilung ist es gleichgültig, welcher Staat ein Schutzgesuch bearbeitet. Durch die einzuführende gegenseitige Anerkennung von Asylentscheidungen zwischen den EU-Staaten[1610] bedarf es keiner Durchführung eines bspw. französischen Asylverfahrens, um aufgrund vorhandener Französischkenntnisse in Frankreich aufgenommen zu werden. Spezifischen Bezügen der Asylsuchenden zu einem bestimmten EU-Staat (z.B. Sprachkenntnisse) werden bei der unionsweiten Verteilung bestmöglich Rechnung getragen.

In das Konzept übernommen wird die einmalige Verfahrensdurchführung durch einen EU-Staat und so das one-chance-only-Prinzip des Dublin-Systems gewährleistet. Dies kommt bereits im Registrierungsprozess zum Tragen: Ein Asylsuchender, den ein EU-Staat rechtskräftig abgelehnt hat bzw. dessen Verfahren andauert, erhält keinen Anhörungstermin. Entsprechend wird das Übernahmeprinzip nach Dublin bei dem bereits zuständigen EU-Staat in einem anhängigen territorialen oder extraterritorialen Asylverfahren herangezogen.[1611]

---

1609 Die Kommission legte nach ihrer Mitteilung KOM (2016) 197 v. 06.04.2016 zur Reform des GEAS diverse Vorschläge für Gesetzgebungsakte vor, vgl. Pressemitteilung, Vollendung der Reform des Gemeinsamen Europäischen Asylsystems: eine effiziente, faire und humane Asylpolitik, IP/16/2433 v. 13.07.2016.

1610 Vgl. II. 2. c).

1611 Zum Übernahmeersuchen an den zuständigen Staat, BAMF, Ablauf des deutschen Asylverfahrens, S. 13.

### 4. *Verfahren des UNHCR zur Flüchtlingsfeststellung*

Obgleich der UNHCR weder ein Staat ist noch ein staatliches, umfassendes Asylverfahren durchführt, sodass eine direkte Analogie ausscheidet, hat er wichtige Verfahrensgrundsätze und Kriterien zur Feststellung der Flüchtlingseigenschaft entwickelt, die bei der Konzeption extraterritorialer Asylverfahren zu berücksichtigen sind. Die Entscheidungen des UNHCR über die Flüchtlingseigenschaft werden in Neuansiedlungsprogrammen der Staaten regelmäßig anerkannt, sodass kein umfassendes nationales Regelasylverfahren, gleichwohl aber entsprechende Sicherheitsprüfungen durchgeführt werden.[1612]

Zu den Grundsätzen des UNHCR gehören u.a. klare Regelungen über die Zuständigkeit und die Antragsprüfung, das Non-Refoulement-Gebot und eine Überprüfungsinstanz. Der Antragssteller ist über das Verfahren aufzuklären und erforderliche Hilfen wie Dolmetscher sind zu gewähren. Bei Anerkennung als Flüchtling wird er hierüber informiert und erhält entsprechende Papiere. Bei Antragsablehnung kann er innerhalb einer angemessenen Frist eine neue Entscheidung durch die ablehnende Behörde oder eine höhere Instanz (durch eine höhere Verwaltungsbehörde oder ein Gericht) beantragen. Schließlich ist dem Antragsteller der Aufenthalt in dem Staat bis zur Entscheidung über seinen Antrag (auch für die Dauer der Beschwerdeinstanz) zu gestatten, soweit der Antrag nicht offensichtlich missbräuchlich ist.[1613]

Die Informationen werden in der ersten Instanz durch Ausfüllen eines Fragebogens erlangt, bevor regelmäßig nach einem persönlichen Gespräch eine Entscheidung ergeht.[1614] Den Antragsteller trifft eine Wahrheits- und Mitwirkungspflicht bei der Sachverhaltsermittlung, konkret die Behauptungen durch alle zur Verfügung stehenden Beweismittel nachzuweisen, weitere Beweismittel zu beschaffen und ggf. eine befriedigende Erklärung für das Fehlen von Beweisen sowie alle relevanten Informationen so detailliert wie möglich zu liefern.[1615]

Der Prüfer hat dafür zu sorgen, dass der Antragsteller seinen Fall umfassend unter Nutzung aller verfügbaren Beweismittel vortragen kann, sich ein Bild

---

1612 bpb, Zuwanderung, Flucht und Asyl, Wie funktioniert Resettlement durch UNHCR?, v. 11.07.2016.

1613 Siehe UNHCR, HB und Richtlinien über Verfahren und Kriterien zur Feststellung der Flüchtlingseigenschaft 2011 (deutsche Übersetzung 2013), S. 47 f.

1614 Dazu UNHCR, HB und Richtlinien über Verfahren und Kriterien zur Feststellung der Flüchtlingseigenschaft 2011 (deutsche Übersetzung 2013), S. 48.

1615 UNHCR, HB und Richtlinien über Verfahren und Kriterien zur Feststellung der Flüchtlingseigenschaft 2011 (deutsche Übersetzung 2013), S. 49 f.

von der Glaubwürdigkeit des Antragstellers zu machen und die vorgebrachten Beweise zu würdigen, um das Vorliegen der objektiven und subjektiven Kriterien nach der GFK zu prüfen sowie den Antrag auf Zuerkennung der Flüchtlingseigenschaft zutreffend zu beurteilen.[1616]

Den Antragssteller trifft die Beweislast bezüglich der für seinen Fall relevanten Faktoren, während dem Prüfer die Echtheitsprüfung der Beweise und der Glaubwürdigkeit der Erklärungen des Antragstellers obliegt.[1617] Diese allgemeine Beweislastregel, wonach der Anspruchsteller primär die Beweislast trägt, schränkt der UNHCR zum Teil ein, weil es Menschen auf der Flucht häufig unmöglich ist, ihre Behauptungen mit schriftlichen Unterlagen oder anderen Beweisstücken zu belegen. Sind Behauptungen des Antragstellers trotz Nachforschungen nicht zu beweisen, ist, der glaubhafte Vortrag des Antragstellers vorausgesetzt, nach dem Grundsatz: „Im Zweifel für den Angeklagten", zu verfahren.[1618]

Nach Auffassung des UNHCR gehören zum Prüfverfahren der Flüchtlingseigenschaft die persönliche Anhörung, Zugang zu Beratung und eine Beschwerdeinstanz. Soweit das extraterritoriale Asylverfahren dem innereuropäischen, nationalen Asylverfahren der EU-Staaten entspricht, stellen die Verfahrensgrundsätze des UNHCR keine für die Umsetzung des Konzepts kritische Unsicherheit dar, da sie im Asylverfahren der EU-Staaten impliziert sind.

### 5. *Konzept sicherer Drittstaaten, sicherer Herkunftsstaaten und sog. Erstasylstaaten*

Das Konzept sicherer Drittstaaten verfängt nicht bei Asylverfahrensstandorten in Afrika, da die Reiseroute über einen sicheren (europäischen) Drittstaat (EU-Staaten, Norwegen und die Schweiz)[1619] aufgrund der Vorverlagerung der Asylverfahren nach Afrika, ausgeschlossen ist.

Auch das Konzept sicherer Herkunftsstaaten wirkt sich nur begrenzt, bei Staatsangehörigen der als sichere Herkunftsstaaten qualifizierten Drittstaaten,

1616 UNHCR, HB und Richtlinien über Verfahren und Kriterien zur Feststellung der Flüchtlingseigenschaft 2011 (deutsche Übersetzung 2013), S. 50.

1617 UNHCR, HB und Richtlinien über Verfahren und Kriterien zur Feststellung der Flüchtlingseigenschaft 2011 (deutsche Übersetzung 2013), S. 48.

1618 Vgl. UNHCR, HB und Richtlinien über Verfahren und Kriterien zur Feststellung der Flüchtlingseigenschaft 2011 (deutsche Übersetzung 2013), S. 48.

1619 Vgl. Teil 1 A.I. 2.b) aa).

aus.[1620] Dabei wird auf die Zweckmäßigkeit einer, bereits seit Jahren in der EU diskutierten, einheitlichen Liste sicherer Herkunftsstaaten im Interesse eines materiell gleichwertigen Gemeinsamen Europäischen Asylsystems hingewiesen.[1621] Im vorgeschlagenen Konzept ist eine gemeinsame Liste sicherer Herkunftsstaaten erforderlich, um in allen Asylverfahrensstandorten den materiell-rechtlich gleichen Standard und Ausgang des Asylverfahrens zu gewährleisten.

Das Prinzip sicherer Herkunftsstaaten findet keine Anwendung, wenn ein Staatsangehöriger in einen als sicher eingestuften Drittstaat, der nicht sein Heimatstaat ist, zur Durchführung eines Asylverfahrens im Europäischen Asylverfahrensstandort kommt. Denn für den z.B. aus Guinea stammenden Staatsangehörigen ist Ghana, das von Deutschland und einigen anderen EU-Mitgliedstaaten als sicher qualifiziert wird,[1622] und in dem ein Asylverfahrensstandort vorgeschlagen wird, kein sicherer Drittstaat, stattdessen ist die Lage in Guinea für die Beurteilung der Schutzbedürftigkeit des Asylsuchenden maßgeblich.

Im Ergebnis gilt Gleiches auch bei den Prinzipien des Erstasylstaats bzw. des anderweitigen Schutzes, obwohl diese theoretisch bei extraterritorialen Asylverfahrensstandorten Anwendung finden könnte. Denn der bspw. aus Guinea stammende Verfolgte könnte im Senegal oder in Ghana, die eine stabilere Lage aufweisen, sog. Erstasyl bzw. anderweitigen Schutz finden. Obgleich diese Konstruktion rechtlich auf den ersten Blick nicht zu beanstanden ist, kann sie im Konzept keine Geltung beanspruchen. Denn zu Recht weisen *Noll*, *Fagerlund* und *Liebaut* bezüglich geschützter Zulassungsverfahren daraufhin, dass bei zu weitgehender Anwendung des Prinzips des anderweitigen Schutzes, der bei bloßer Betrachtung der Lage im Drittstaat, in dem der Asylverfahrensstandort belegen ist, gegeben sein mag, kaum ein Anwendungsbereich für extraterritoriale Maßnahmen verbleibt.[1623] In Anwendung des Prinzips könnte argumentiert

---

1620 Dies sind derzeit in Deutschland die EU-Staaten sowie Albanien, Bosnien und Herzegowina, Ghana, Kosovo, Mazedonien, Montenegro, Senegal und Serbien (§ 29a Abs. 2 AsylG, Anlage II des AsylG), wobei die Erweiterung auf Marokko, Algerien und Tunesien geplant ist, Teil 1 A.I. 2.b) bb.

1621 Bisher fehlt es an einer gemeinsamen, unionsweiten Liste sicherer Herkunftsstaaten, vgl. Teil 1 A.I.2.b) bb).

1622 Etwa in Bulgarien, Frankreich, Luxemburg, Malta, Slowakai, wobei Ghana in einigen dieser Staaten nur für männliche Staatsangehörige als sicheres Herkunftsland angesehen wird; vgl. EK, An EU ‚Safe Countries of Origin' List, Current National Lists.

1623 *Noll/Fagerlund/Liebaut*, Study on The Feasibility of Processing Asylum Claims outside the EU, S. 75.

werden, dass aus Drittstaaten stammende Asylsuchende in den die Asylverfahrensstandorte beherbergenden Gastländern bereits Schutz gefunden haben und daher keinen mehr in Europa benötigen. Damit würde jedoch das Konzept ad absurdum geführt. Potentielle Gaststaaten würden nachvollziehbarerweise ihre Mitwirkung verweigern, weil die Konstruktion häufig zur Ablehnung des Asylgesuches durch die EU-Staaten und zu einer enormen Belastung der Drittstaaten führen würde. Bereits aus diesem praktischen Grund ist daher die Anwendung des Prinzips des Erstasylstaates bzw. des anderweitigen Schutzes auszuschließen. Im Übrigen lässt sich argumentieren, dass der Antragsteller im Gaststaat keinen Aufenthalt im Sinne des Konzepts des Erstasylstaates bzw. anderweitigen Schutzes gefunden hat (dies setzt ein Verfahren zur Feststellung der Schutzbedürftigkeit und die tatsächliche Aufnahme voraus, vgl. Teil 1 A) I. 2.b) aa)), sondern sich nur zur Durchführung eines extraterritorialen Asylverfahrens in den Gaststaat begibt und dort gerade kein Aufenthaltsrecht erhält.

Anderweitiger Schutz wird dagegen anzunehmen sein und zur Antragsablehnung führen, wenn für die schutzsuchende Person ein konkreter Platz in einem Flüchtlingscamp vorhanden ist. In diesem Fall fehlt es an einer vergleichbaren Benachteiligung der Gaststaaten wie zuvor beschrieben, weil der Flüchtling nicht im Gaststaat, sondern in einem Flüchtlingscamps der internationalen Gemeinschaft (im Gaststaat oder in einem Drittstaat) untergebracht wird.

### 6. *Asylrechtliches Sonderverfahren*

Um schlanke, aber gleichwertige Asylverfahren extraterritorial anzubieten, werden die Sonderverfahren der beschleunigten Verfahren (vgl. § 30a AsylG bzw. Art. 31 Abs. 8 RL 2013/32/EU) und der Flughafenverfahren (vgl. § 18a AsylG bzw. Art. 43 RL 2013/32/EU für Verfahren an der Grenze und in Transitzonen) betrachtet.

Beschleunigte Verfahren (Entscheidung innerhalb einer Woche, § 30a Abs. 2 AsylG) kann das BAMF in besonderen Aufnahmeeinrichtungen[1624] bei bestimmten Personen, etwa Staatsangehörigen aus sicheren Herkunftsstaaten (§ 29a AsylG), sog. Identitätstäuschern und Mitwirkungsverweigerern, bei Folgeanträgen oder bei nur zur Verzögerung der Abschiebung gestellten Anträgen oder bei Personen, die eine Gefahr für die nationale Sicherheit oder öffentliche Ordnung darstellen, durchführen.[1625] Die kurze Verfahrensdauer wird als Analogie für die Asylverfahrensstandorte herangezogen, während der überwiegende Teil

1624 Vgl. § 5 Abs. 5 AsylG.

1625 Vgl. Teil 1 C. II. 2 c) und Teil 1 A. I. 2. b) bb).

des § 30a AsylG, der die Unterbringung in besonderen Aufnahmeeinrichtungen regelt, mangels Unterbringung nicht zu transferieren ist.

Nach § 18a Abs. 1 AsylG wird bei Ausländern aus sicheren Herkunftsstaaten und bei Ausländern ohne gültigen Pass(ersatz), die bei Grenzbehörden eines Flughafens um Asyl suchen, das Asylverfahren vor der Entscheidung über die Einreise im Transitbereich, soweit die Unterbringung gesichert ist, durchgeführt.[1626] Entscheidet das BAMF nicht innerhalb von zwei Tagen nach Antragsstellung oder das Gericht nicht innerhalb von 14 Tagen im Eilrechtsschutz, ist dem Ausländer die Einreise zu gestatten (Unverzüglichkeitsgrundsatz).[1627] Das Flughafenverfahren verstößt weder gegen Art. 33 Abs. 1 GFK noch Art. 3 EMRK, da beide Normen kein bestimmtes Prüfverfahren, sondern nur die Prüfung des Asylbegehrens dergestalt vorsehen, dass die wirksame Durchsetzung der Refoulementverbote und rechtliches Gehör gewährleistet sind.[1628] Zwar ist das Flughafenverfahren nicht mit dem vorgesehenen extraterritorialen Asylverfahren in Drittstaaten vergleichbar, jedoch kann die Analogie übernommen werden, dass auch bei (beschleunigten) Sonderverfahren die gerichtliche Prüfung der Asylentscheidung zu gewährleisten ist. Die Anfechtbarkeit der Ablehnungsentscheidung ist essentieller Kern des nationalen deutschen Asylverfahrens.

### 7. *Operative Verfahresprozesse und unionsweite Datenübermittlung*

Eine weitere Analogie sind bereits im Arbeitsmodus laufende technische Prozesse wie die unionsweite Datenübermittlung z.B. im Rahmen von Eurodac und die stets erforderliche Schaffung neuer Schnittstellen zwischen IT und Verwaltung. Die verschiedenen Arbeitsprozesse, z.B. zur Registrierung, Identifizierung, erkennungsdienstlichen Erfassung oder Sicherheitsprüfung von Neuankömmlingen in Erstaufnahmeeinrichtungen, bei der Durchführung des Asylverfahrens durch das BAMF, bei Visumsverfahren der Auslandsvertretungen oder in den im Zuge der Flüchtlingskrise installierten Hotspots der EU in Italien und Griechenland, sind heranzuziehen.[1629] Die hierbei auch bei der unionsweiten Datenübermittlung- und Synchronisierung einschließlich Sicherheitsüberprüfung gesammelten Erfahrungen in operativ-technischen Bereichen sind als

1626 BAMF, Das deutsche Asylverfahren – ausführlich erklärt, S. 11 f., vgl. Teil 1 A. I. 2. b) bb).

1627 § 18 a Abs. 6 Ziff. 2 und Ziff. 3 AsylG. Zum vorläufigen Rechtsschutz § 18a Abs. 4 AsylG; BAMF, Ablauf des deutschen Asylverfahrens, S. 41.

1628 *Winkelmann* in Bergmann/Dienelt, Ausländerrecht, § 18a Rn. 6 m.w.H.

1629 Bspw. EK, KOM (2015) 490 Ziff. III.1., Anhang II.; KOM (2016) 85 Ziff. II.1.

Analogien bei der Implementierung der europäischen Asylverfahrensstandorte fruchtbar zu machen.

## II. Prüfung der für die Umsetzung des Konzepts kritischen Unsicherheiten (Antilogien)

Nachfolgend werden die in der Praxis noch unerprobten und für die Umsetzung des Konzepts kritischen Elemente (Antilogien), identifiziert und geprüft. Differenziert wird zwischen Hauptrisiken für die Implementierung in tatsächlicher (1.) und in rechtlicher Hinsicht (2.). Wegen des juristischen Fokus der Arbeit liegt der Schwerpunkt auf der rechtlichen Prüfung. Zur praxisnahen Konzeption ist die kurze Diskussion in tatsächlicher Hinsicht unumgänglich.

### *1. Risiken des Konzepts in tatsächlicher Hinsicht*

Folgende fünf Punkte sind Hauptimplementierungsrisiken des Konzepts in gegenständlicher, praktischer Hinsicht (in Abgrenzung zu rechtlichen Fragestellungen).

#### *a) Kooperationswilligkeit der Drittstaaten*

Ein Hauptimplementierungshindernis des Konzepts extraterritorialer Asylverfahrensstandorte ist die Kooperationswilligkeit der Drittstaaten, in denen die Asylverfahrensstandorte errichtet und betrieben werden sollen. Zu befürchten ist, dass die aufgrund geographischer Lage und politischer Stabilität in Betracht kommenden, afrikanischen Staaten keine Verfahrensstandorte in ihrem Hoheitsgebiet akzeptieren. Die Gründe für die Ablehnungshaltung der Drittstaaten, wie bspw. von dem tunesischen Regierungschef bei seinem Besuch in Deutschland im 2017 geäußert, sind vielfältig.[1630] Neben der Sorge, dass die territoriale Auslagerung des Asylregimes letztlich nur die Abwälzung der Lasten und Verantwortlichkeit auf die Drittstaaten bezweckt, bestehen Bedenken, dass eine Vielzahl der in Asylverfahrensstandorten abgelehnten Migranten in den Drittstaaten verbleiben und sich dadurch ökonomische und gesellschaftspolitische Konflikte verschärfen.

Hier ist von den EU-Staaten Überzeugungsarbeit und Unterstützung in operativer wie finanzieller Hinsicht bei der Rückführung der abgelehnten Migranten in ihre Herkunftsländer zu leisten. Wichtigstes Überzeugungsargument ist

1630 ARD, Tagesschau, Vor Gespräch mit Merkel: Tunesiens Regierungschef gegen Asylzentren, v. 14.02.2017.

neben finanziellen Hauptanreizen für die Drittstaaten, z.B. durch Wirtschaftsinvestitionen, dass nicht die afrikanischen Gastländer, sondern die EU-Staaten selbst Initiatoren und Betreiber der Verfahrensstandorte sind und daher die Hauptverantwortung tragen. Es wird gerade keine Lastenabwälzung auf die Drittstaaten angestrebt.[1631] Soweit negative bzw. unerwünschte Folgen für den Drittstaaten, wie z.B. der Verbleib abgelehnter Migranten in Transitstaaten, auftreten, ergreifen die EU-Staaten finanzielle und operative Maßnahmen, um die freiwillige Rückkehr und soweit nötig auch die zwangsweise Rückführung in die Heimatstaaten zu gewährleisten.

#### *b) Überzeugung der Migranten zur Inanspruchnahme der Asylverfahrensstandorte*

Ein weiteres Implementierungsrisiko sind die generelle Ablehnung der Verfahrensstandorte und die fehlende Akzeptanz der in den Asylverfahrensstandorten getroffenen Entscheidung durch die Migranten. Zutreffend stellen *Crock* und *Saul* fest, dass Menschen auf der Flucht vor Verfolgung und Gewalt nichts auf ihrer Suche nach Sicherheit und Schutz für sich und ihre Familien aufhalten wird.[1632] Daher ist der Hauptanreiz einer legalen, sicheren Einreise in die EU intensiv zu bewerben und über die Durchführung eines gleichwertigen Asylverfahrens in den Verfahrensstandorten aufzuklären. Vor allem für häufig nicht schutzbedürftige Wirtschaftsmigranten ist die räumlich und zeitlich vorgelagerte Durchführung eines Asylverfahrens eine echte Alternative zur gefährlichen, teuren und langen Flucht nach Europa, an deren Ende häufig mangels Schutzbedürftigkeit die Rückführung in die Heimat steht. Daher ist auch die kurze Verfahrensdauer in den Asylverfahrensstandorten intensiv zu bewerben. Es ist auch darüber zu informieren, dass die in den Verfahrensstandorten rechtskräftig abgelehnten Asylbewerber bei dem Versuch gleichwohl in die EU zu gelangen, an den EU-Außengrenzen abgewiesen und in ihre Herkunftsländer rückgeführt werden. Auch hier bedarf es Information und Aufklärung, um entsprechende Akzeptanz gegenüber den in den Asylverfahrensstandorten getroffenen Entscheidungen bei den Antragstellern zu schaffen.

Erforderlich ist eine regionale Informationspolitik, auch in Zusammenarbeit mit Rückkehrern aus Europa, die vor allem Wirtschaftsmigranten die fehlenden

---

1631 Zur Problematik der Verschiebung der staatlichen Verantwortung durch Extraterritorialiserung des Asylregimes etwa *Bröcker*, Die externen Dimensionen des EU-Asyl- und Flüchtlingsrechts im Lichte der Menschenrechte und des Völkerrechts, S. 198 ff.

1632 *Crock/Saul*, Future Seekers, S. 96.

Bleibechancen in Europa vor Augen führen können. Überdies ist die Ausweitung legaler Arbeitsmigration, vor allem für in Europa benötigte Arbeitskräfte (etwa im Handwerk oder im Pflegedienst), zu erwägen.[1633] Schließlich ist in der Initalphase die Gewährung eines Reisekostenzuschusses für Anerkannte zur Anreizsteigerung der Inanspruchnahme der Verfahrensstandorte zu erwägen.

### *c) Quantitative Überlastung der Europäischen Asylverfahrensstandorte*

Die instabile Lage in vielen Ländern der Welt, auch in Afrika, führt mit ca. 65,6 Mio. Menschen auf der Flucht in 2016 zum höchsten Stand bei der Migration, der je registriert wurde.[1634] Diese Tendenz zeigt sich auch im Migrationsaufkommen nach Europa, auch im erhöhten Zugang in Italien bis Herbst 2017: Laut dem UNHCR sind bis Ende November 2017 ca. 173.800 Personen über das Mittelmeer nach Europa gelangt, davon landeten ca. 117.000 in Italien an.[1635] Daher ist trotz des Risikos der Ablehnung der Verfahrensstandorte durch die Migranten auch ein Ansturm auf die Einrichtungen und eine quantitative Überlastung des Systems nicht ausgeschlossen.

Zutreffend weist Generalanwalt *Mengozzi* in seinen Schlussanträgen in der Rechtssache C-638/16 PPU vor dem EuGH zur Erteilung von humanitären Visa an Flüchtlinge darauf hin, dass das Argument der quantitativen Überlastung der Asylsysteme, konkret „einer Überlastung der konsularischen Vertretungen der Mitgliedstaaten angesichts einer unkontrollierten Flut von Anträgen auf humanitären Visa", kein rechtliches Argument ist.[1636] Die praktischen Hindernisse bei der Antragstellung in konsularischen Vertretungen sind nach überzeugender Auffassung des Generalanwalts Mengozzi, vor allem mit Blick auf die im zu

1633 Auch in Deutschland fordern FDP und Grünen vor den Sondierungsgesprächen nach der Bundestagswahl 2017 ein Einwanderungsgesetz; FAZ, Einwanderungsgesetz ist für Grüne und FDP Bedingung, v. 14.10.2017.

1634 UNHCR, Global Trends – Forced Displacement in 2016, S. 2; UNHCR-Bericht: Flucht und Vertreibung erreichen 2016 neuen Höchststand, v. 19.06.2017.

1635 UNHCR, Europe Monthly Report, Nov. 2017, S. 1; zum Zugang vgl. auch IOM, Mediterranean Migrant Arrivals Reach 140,538 in 2017, Death Reach 2,754, v. 10.10.2017.

1636 Vgl. Schlussanträge des Generalanwalts Paolo Mengozzi in der Rs. C-638/16 PPU X und X gegen Belgien, v. 7.02.2017, ECLI: EU: C:2017:93 Ziff. 172. Vgl. zum Urteil des EuGH, in welchem die Geltung des Visakodex (VO (EG) Nr. 810/2009) für einen räumlich beschränkten Visumsantrag aus humanitären Gründen gemäß Art. 25 VO (EG) Nr. 810/2009 bei beabsichtigtem Aufenthalt von mehr als 90 Tagen abgelehnt und damit der Verpflichtungen der EU-Staaten zur Vergabe von humanitären Visa an Flüchtlingen eine Absage erteilt wurde, EuGH, U.v. 7.03.2017 – C-638/16, ECLI: EU: C:2017:173 – X und X gegen Belgien.

entscheidenden Fall erforderliche gefährliche Reise von Syrien in den Libanon zur Wahrnehmung des Termins bei der belgischen Auslandsvertretung, ganz erheblich.[1637]

Diese Überlegungen sind auf europäische Asylverfahrensstandorte in afrikanischen Staaten übertragbar. Einer Vielzahl von Menschen wird es wegen der Distanz zum nächsten Asylverfahrensstandort, der gefährlichen Reise dorthin, fehlenden finanziellen Mitteln oder mangelnden organisatorischen Ressourcen unmöglich sein, ein extraterritoriales Asylverfahren in Anspruch zu nehmen. Dieser Umstand ist nicht billigenswert, entspricht aber der Realität. Gleichwohl ist ein großer Andrang auf die europäischen Asylverfahrensstandorte nicht ausgeschlossen, weshalb im Interesse eines möglichst praxistauglichen Konzepts Überlegungen zur quantitativen Leistungsfähigkeit des Konzepts anzustellen sind.

Hauptinstrument zur Vermeidung der quantitativen Überlastung der Asylverfahrensstandorte bei der Verfahrensbearbeitung und nachgelagert der EU-Staaten bei der Aufnahme und Integration der als schutzbedürftig Anerkannten ist die Einführung eines Kontingents. Dieses Kontingent (z.B. Vorschlag von 150.000 Personen, vgl. B. VI.4), das primär die spätere Aufnahme der Anerkannten in den EU-Staaten betrifft, ist naturgemäß bei der Erteilung der Visa für die EU zu berücksichtigen. Zuvor wird dem festgesetzten Aufnahmekontingent bereits in der Registrierungsphase für das Asylverfahren dergestalt Rechnung getragen, dass keine unbegrenzte Registrierung, sondern ausgehend von einer unionsweiten Schutzquote von ca. 61 % im Jahr 2016[1638] (in Deutschland sank die Gesamtschutzquote von 62,4 % im Jahr 2016 auf 43,4 % im Jahr 2017)[1639] nur etwa 250.000 Registrierungsvorgänge möglich sind.[1640] Darüber hinaus gehende, weitere 50.000 Registrierungen könnten aufgenommen und nach automatisierter Vorprüfung auf eine Warteliste für Anhörungstermine gesetzt werden, die für aus dem Verfahren aussteigende Personen im laufenden Jahr nachrücken oder für das Folgejahr vorgemerkt sind. Dadurch können frei gewordene Kapazitäten im Kontingent, z.B. auch mangels Einreise in die EU, genutzt werden. Da die Registrierung in dieser Verfahrensphase weitgehend automatisiert verläuft, kann einer quantitativen Überlastung mittels technischer Lösungen vorgebeugt

1637 Vgl. Schlussanträge des Generalanwalts Paolo Mengozzi in der Rs. C-638/16 PPU X und X gegen Belgien, v. 7.02.2017, ECLI: EU: C:2017:93 Ziff. 172.

1638 Eurostat, Statistiken über Asyl, Entscheidungen über Asylanträge, Ziff. 1.1.2.

1639 BAMF; Asylgeschäftsbericht für den Monat Dezember 2017, S. 6.

1640 Dies entspricht gerundet etwa 61 % und damit der Schutzquote in der EU in 2016, vgl. Fn. 1665.

werden. Die erforderlichen technischen Anwendungen sind nicht Gegenstand der Arbeit.

Anhörungstermine werden nur solange das Kontingent noch nicht erschöpft ist, terminiert, um einem Ansturm auf die Verfahrensstandorte und eine Überforderung vor Ort zu vermeiden.

### *d) Personalbedarf für den Betrieb der Europäischen Asylverfahrensstandorte*

Auch eine personelle Überlastung ist zu bedenken. Trotz weitgehender Automatisierung der Registrierungsprozesse sind Personen zur Unterstützung bei der Registrierung in den Auslandsvertretungen ebenso wie Identifizierung und erkennungsdienstlicher Erfassung in den Verfahrensstandorten nötig. Bei der Implementierung des Konzepts ist die Auslagerung einzelner Prozesse auf externe Dienstleister zur Entlastung der mitgliedsstaatlichen Entscheider und des Systems – etwa als Visacenter – zu erwägen. Die Regelung des § 24 Abs. 1a AsylG (bzw. Art. 14 Abs. 1 UAbs. 1 RL 2013/32/EU), wonach die Anhörung bei einer Vielzahl von Asylsuchenden auch durch geschulte Bedienstete anderer Behörden erfolgen kann, ist einer Übertragung auf extraterritoriale Asylverfahrensstandorte zugänglich und kann im Bedarfsfall die Bearbeitung großer Fallzahlen sicherstellen.[1641]

Erforderlich sind zuvörderst ausgebildete Entscheider, Dolmetscher und Rechtsberater. Bei ca. 150.000 Aufnahmeplätzen und einer unterstellten durchschnittlichen Schutzquote von ca. 61 % (in der EU ohne Begrenzung auf afrikanische Herkunftsländer)[1642] wären etwa 241.500 Verfahren jährlich durchzuführen. Bei der beispielhaften Unterstellung von durchschnittlich einer Anhörung und einer Entscheidung eines Entscheiders mit Unterstützung durch Sachbearbeiter pro Tag bedeutet das bei vier Tagen pro Woche (ein Tag pro Woche bleibt für Nachforschungen und Organisation) jeweils vier Anhörungen und vier Entscheidungen pro Woche und jeweils 16 pro Monat durch einen Entscheider. Bei jährlich zehn Arbeitsmonaten sind das jährlich ca. 160 Anhörungen und ca. 160

---

1641 In Krisen ist plötzlich einen große Asylbewerberanzahl in den extraterritorialen Asylzentren zu bearbeiten, sodass ein Aufwuchs des Personalbedarfs und die Vergrößerung des Aufnahmekontigents zu erwägen sind.

1642 Zwar ergibt die Antrags-, Entscheidungs- und Bestandsstatistik des BAMF zu Asylanträgen afrikanischer Staatsangehörigen v. 08.05.2017 nur eine Gesamtschutzquote von 33,53 %. Maßgeblich ist hier jedoch die unionsweit höher liegende Schutzquote, aber auch die Möglichkeit, dass bei in der Herkunftsregion durchgeführten Asylverfahren ggf. auch beim BAMF mehr Antragssteller schutzbedürftig sind und damit eine höhere Schutzquoten die Folge ist.

Entscheidungen pro Entscheider. Für 241.500 Verfahren würden daher ca. 1.509 Entscheider (umgelegt auf Deutschland 389 Entscheider) benötigt. Diese sehr überschlägige Darstellung ist keine belastbare Kalkulation, sondern dient einer ersten Veranschaulichung des Konzepts. Im Rahmen der Pilotierung (vgl. D.I). sind die Möglichkeiten der Vereinfachung der Verfahrensprozesse, insbesondere bei der teilweise sehr zeitintensiven Anhörung, einer genauen Prüfung zu unterziehen, um ggf. eine Reduzierung der erforderlichen Personalbedarfe zu erreichen. Dies gilt gleichfalls für die Bedarfe an Dolmetschern, Rechtsbeiständen und Vertrauensanwälten, die Nachforschungen für die Entscheider vornehmen, sowie an IT-, Verwaltungs- und Sicherheitspersonal.

Mit Blick auf die zusätzlichen Bedarfe an Richtern bei den nationalen Gerichten in Europa (zum ausreichenden schriftlichen Verfahren siehe 2. a) cc) fff) (2) können die nationalen Anfechtungsquoten als erste Orientierung dienen. In Deutschland klagt derzeit fast die Hälfte gegen einen BAMF-Bescheid.[1643]

### *e) Operativ-technische Herausforderungen*

Das untersuchte Verfahren birgt viele operativ-technische Herausforderungen innerhalb der verschiedenen Prozessabschnitte, insbesondere: Die Online-Registrierung, automatisierte Vorprüfung und Terminvergabe, automatisierte Sprachanalysen und erkennungsdienstliche Erfassung zur zentralen Speicherung in den europäischen Datenbanken zur Abweisung an der EU-Außengrenzen bei versuchter Einreise in die EU und Sicherheitsüberprüfung. Dabei stellen vor allem die unionsweite Anbindung durch Schnittstellen sowie die Synchronisierung bestehender und zu modifizierender Systeme eine große Herausforderung dar, die sich nicht im Aufwand der initialen Implementierung erschöpfen. Auch die Administration und Wartung der Systeme erfordern fortwährend einen erheblichen finanziellen und personellen Aufwand.

Trotz zahlreicher analogiefähiger, bereits produktiver Verfahrensprozesse verbleibt ein technisch erheblicher, kostenintensiver Neuaufwand. Diese, für die Umsetzung kritischen technischen Fragestellungen sind keine rechtlichen und werden daher hier nicht weiter vertieft.

---

1643 ARD, Tagesschau, Flüchtlingspolitik, Mehr Klagen gegen Asylbescheide erfolgreich, v. 04.12.2017, wonach 2017 fast jeder zweite Bescheid angefochten wurde, in 2016 wurde nur gegen jeden vierten Bescheid geklagt.

### *2. Risiken des Konzepts in rechtlicher Hinsicht*

Nachfolgende, für die Umsetzung des Konzepts unverzichtbare, Antilogien werden in rechtlicher Hinsicht untersucht. Das Kernangebot in Form von extraterritorialen Asylverfahren wird dabei in den rechtstaatlichen Grenzen möglichst schlank gestaltet.

#### *a) Durchführung eines gleichwertigen Asylverfahrens*

Konzeptkern ist die extraterritoriale Durchführung gleichwertiger Asylverfahren in Europäischen Asylverfahrensstandorten, mithin ein umfassenderer Ansatz als die von *Noll*, *Fagerlund* und *Liebaut* untersuchten, regelmäßig weniger formalisierten, geschützten Zulassungsverfahren.[1644] *Noll*, *Fagerlund* und *Liebaut* werfen die Fragen auf, wie umfassend, formell und transparent geschützte Zulassungsverfahren auszugestalten sind, und welche Wechselwirkung zwischen dem Formalisierungsgrad der Asylverfahren und dem materiellen Prüfungsumfang (nur Flüchtlinge nach der GFK oder auch subsidiär Schutzbedürftige) bestehen.[1645] Zutreffend weisen sie auf das überwiegend bei dem Asylsuchenden liegende Risiko bei geschützten Zulassungsverfahren im Unterschied zu territorialen Asylregimen hin, auch mit Blick auf die Dauer bis zur legalen Einreise in die EU.[1646] Trotz möglicher Eilverfahren, bei welchen sich neben der Praktikabilität die Verfahrensgeschwindigkeit und die Verfahrensgarantien widerstreitend gegenüberstehen, stellt sich die Frage, wann für Schutzsuchende das Warten auf legale Einreise gefährlicher erscheint als Schlepper in Anspruch zu nehmen.[1647] Im untersuchten Konzept wird die Entscheidung zugunsten von Formalität und Transparenz im Interesse der Gleichwertigkeit der extraterritorialen Asylverfahren zu Lasten der Flexibilität getroffen, um zu geringere Verfahrensgarantien (Zugang zu Rechtsberatung, Information und Beschwerdeinstanz)[1648] zu vermeiden.

---

1644 *Noll/Fagerlund/Liebaut,* Study on The Feasibility of Processing Asylum Claims outside the EU, S. 68 f., welche die Ausgestaltungsvarianten von geschützten Zulassungsverfahren abwägen.

1645 *Noll/Fagerlund/Liebaut,* Study on The Feasibility of Processing Asylum Claims outside the EU, S. 69.

1646 *Noll/Fagerlund/Liebaut,* Study on The Feasibility of Processing Asylum Claims outside the EU, S. 75.

1647 *Noll/Fagerlund/Liebaut,* Study on The Feasibility of Processing Asylum Claims outside the EU, S. 76.

1648 Zu geschützten Zulassungsverfahren, *Noll/Fagerlund/Liebaut,* Study on The Feasibility of Processing Asylum Claims outside the EU, S. 84.

Die EU-Staaten führen derzeit extraterritorial keine umfassenden Asylverfahren nach den Vorgaben des Gemeinsamen Europäischen Asylverfahrens als Regelverfahren durch, sodass es sich bei dem Kernangebot des Vorschlags um eine zu prüfende Antilogie handelt.

Die Untersuchung, welche Verfahrensschritte für die Gleichwertigkeit extraterritorialer mit den territorialen in der EU nach dem Gemeinsamen Europäischen Asylsystem durchgeführten Asylverfahren unverzichtbar sind, erfolgt hier am Beispiel des deutschen Asylverfahrens.

#### aa) Erweiterung des normativen Anwendungsbereichs in räumlicher Hinsicht zur Extraterritorialisierung des Asylregimes

Die angestrebte Extraterritorialisierung des Asylverfahrens erfordert eine Erweiterung des räumlichen Anwendungsbereichs der einschlägigen nationalen wie unionsrechtlichen Asylvorschriften, die derzeit räumlich auf die Mitgliedstaaten bzw. die EU beschränkt sind. So setzten insbesondere §§ 13, 14 AsylG (Asylantrag und Antragsstellung) die räumliche Präsenz des Antragsstellers im Bundesgebiet voraus. Gemäß Art. 3 Abs. 1 RL 2013/32/EU gilt die Asylverfahrensrichtlinie für alle im Hoheitsgebiet einschließlich an der Grenze, in den Hoheitsgewässern oder in den Transitzonen der Mitgliedstaaten gestellten Schutzanträge sowie für die Aberkennung des internationalen Schutzes, hingegen ausdrücklich nicht für Ersuchen um diplomatisches oder territoriales Asyl in Vertretungen der Mitgliedstaaten (Art. 3 Abs. 2 RL 2013/32/EU). Die Asylverfahrensrichtlinie entfaltet daher aktuell keine extraterritoriale Geltung. Selbst bei weiter Auslegung des Begriffs der Transitzonen können die vorgeschlagenen extraterritorialen Asylverfahrensstandorte nicht als Transitzonen qualifiziert werden. Hiergegen spricht bereits der Wortlaut, da die Asylverfahrensstandorte keine Transitzone im Sinne eines Bereichs im territorialen Hoheitsgebiet eines Mitgliedstaates wie z.B. Flughäfen sind, sondern im Hoheitsgebiet eines Drittstaates liegen.[1649] Überdies fehlt es an Transitzonen der Mitgliedstaaten, da die für Asylverfahrensstandorte benötigten Gebäude bzw. Flächen auch durch Nutzungsabkommen nicht zu Zonen der Mitgliedstaaten mit Territorialitätsbezug nach der Asylverfahrensrichtlinie werden.

Da der normative Besitzstand in materiell-rechtlicher Hinsicht einer Übertragung auf das extraterritoriale Asylverfahren zugänglich ist (vgl. bb), sind die einschlägigen Regelwerke, vor allem das AsylG auf nationaler Ebene und die

---

1649 *Vedsted-Hansen* in Hailbronner/Thym, EU immigration and asylum law, Part D IV, Art. 3 Rn. 4.

EU-Asylverfahrensrichtlinie 2013/32/EU in ihrer räumlichen Anwendbarkeit dergestalt zu erweitern, dass sie auch für extraterritoriale Asylverfahren in Europäischen Verfahrensstandorten in Drittstaaten gelten. Konkret sind § 14 AsylG zur Antragsstellung und der Anwendungsbereich des Art. 3 RL 2013/32/EU um die extraterritoriale Stellung eines Asylantrags in Europäischen Asylverfahrensstandorten zu ergänzen. Überdies sind die Europäischen Asylverfahrensstandorte legal zu definieren, z.B. in den Begriffsbestimmungen in Art. 2 RL 2013/32/EU, und das vorgesehene, unter cc) beschriebene, extraterritoriale Asylverfahren zu normieren[1650]. Im Übrigen bleiben die Asylverfahrensrichtlinie und nationalen Asylvorschriften unberührt, weil die Regelungen für das territoriale Verfahren weiterhin erforderlich sind (vgl. dazu d).

### bb) Gewährung eines gleichwertigen Asylverfahrens in materiellrechtlicher Hinsicht

Ein materiell gleichwertiges Asylverfahren erfordert die Prüfung aller flüchtlingsrechtlicher Status. Im Gemeinsamen Europäischen Asylsystem sind dies der Flüchtlingsstatus nach der GFK, der subsidiäre Schutz und der nachzugsberechtigter Familienangehöriger sowie im deutschen Verfahren der Asylstatus.[1651] Der Familiennachzug ist, wie grundsätzlich im territorialen Asylverfahren, zunächst umfasst. Abzuwarten bleibt, ob die Migrationssteuerung der Nachjustierung dergestalt bedarf, dass der Familiennachzug vom Konzept ausgenommen oder auf bestimmte Personen- und/oder Altersgruppen bzw. regional beschränkt wird.[1652] Geprüft wird auch die Versagung wegen inländischer Fluchtalternativen (§ 3e AsylG bzw. Art. 8 RL 2011/95/EU), wenn in einem Teil des Heimatstaates ein verfolgungsfreies Leben, die sichere Erreichbarkeit und die dortige Aufnahme gewährleistet sind.[1653]

Problematisch könnte der nach Art. 1 A Nr. 2 GFK vorausgesetzte Aufenthalt des Flüchtlings außerhalb seines Herkunftsstaates in den Fällen sein, wenn sich ein Staatsangehöriger des Staates, in dem sich ein Asylverfahrensstandort befindet, auf seinen Flüchtlingsstatus beruft. Einer reduzierten Auslegung des

---

1650 Systematisch in der Nähe von Art. 43 RL 2013/32/EU, der die Mitgliedstaaten unter bestimmten Voraussetzungen zur Verfahrensdurchführung an der Grenze oder in Transitzonen berechtigt.

1651 Vgl. zu den Schutzstatus Teil 1 A. I. 1.- 4.

1652 Die Erfahrungen der Pilotphase des Konzepts sind zu evaluieren und die Sozialstruktur der Antragsteller zu untersuchen. Der Familiennachzug ist ein eigenes Forschungsfeld, welches hier nicht weiter untersucht wird.

1653 *Hailbronner*, Asyl- und Ausländerrecht, Rn. 1323 ff.

Art. 1 A Nr. 2 GFK unter Verzicht auf das Merkmal des „Aufenthalts außerhalb seines Herkunftsstaates" steht der eindeutige Wortlaut der GFK, entgegen.[1654] Verfolgte Staatsangehörige des Gaststaates eines Verfahrensstandorts sind jedenfalls zunächst auf Asylverfahrensstandorte in anderen Drittstaaten sowie auf die Schutzstatus, die keinen Aufenthalt außerhalb des Herkunftsstaates erfordern, zu verweisen.

#### aaa) Prüfung und Gewährung subsidiären Schutzes

Gewährt wird auch subsidiärer Schutz (§ 4 AsylG bzw. Art. 18 RL 2011/95/EU) trotz der nur einjährigen Geltungsdauer des Aufenthaltstitels dieser Personengruppe.[1655] Denn obgleich sich aus ökonomischer und integrativer Sicht die Zweckmäßigkeit eines einjährigen EU-Aufenthalts hinterfragen lässt, umfasst ein gleichwertiges extraterritoriales Asylverfahren auch eine temporäre Schutzgewährung. Sonst würde das extraterritoriale Asylverfahren dem Anspruch der Gleichwertigkeit zum territorialen Verfahren bereits in materiell-rechtlicher Hinsicht bei der in der Praxis relevanten Gewährung subsidiären Schutzes nicht gerecht.

Im Übrigen stellt sich dieselbe integrationspolitische Frage bei bereits in Europa befindlichen, subsidiär Schutzberechtigten mit nur einjährigem Aufenthaltstitel, der im Übrigen bei Fortbestand der Gefahrenlage verlängert werden kann (vgl. § 26 Abs. 1 Satz 3 AufenthG).

#### bbb) Ausschluss der Regelungen über den Abschiebungsschutz

Mangels Vergleichbarkeit der Sachverhalte ist der Abschiebungsschutz, der in Deutschland in § 60 Abs. 5 und Abs. 7 AufenthG,[1656] aber auch in der Rechtsprechung des EGMR zu Art. 3 EMRK Ausdruck findet, in Europäischen Asylverfahrensstandorten ausgeschlossen. Während Voraussetzung einer Abschiebung und der Anwendbarkeit des § 60 Abs. 5 und Abs. 7 AsylG die Anwesenheit des bestandskräftig abgelehnten Asylbewerbers in Deutschland ist, befindet sich der im Europäischen Asylverfahrensstandorten bestandskräftig Abgelehnte gerade nicht in Deutschland bzw. in der EU. Es fehlt an der Präsenz des Abgelehnten im Gebiet eines EU-Staates, mithin an einem „Abschiebungssachverhalt".

Extraterritoriale Asylverfahren bezwecken die Erteilung eines Visums in die EU bzw. bei Fehlen der Voraussetzungen die bestandskräftige Ablehnung.

---

1654 *Zimmermann/Mahler* in Zimmermann, The 1951 Convention Relating to the Status of Refugees and its 1967 Protocol, Art. 1 A, para. 2 Rn. 577 ff.

1655 Vgl. § 26 Abs. 1 Satz 3 AufenthG.

1656 Vgl. Teil 1 A. I. 4. b).

Würde der Abschiebungsschutz der EU-Staaten in dieser Konstellation derart extensiviert, dass bestandskräftig Abgelehnte gleichfalls in die EU einreisen, würde das extraterritoriale Asylverfahren zweckentleert. Eine endgültig als nicht schutzbedürftig abgelehnte Person würde wie ein Anerkannter in der EU Schutz finden. Das würde die Glaubwürdigkeit in das Asylsystem bei Migranten wie EU-Bürgern erschüttern, da die bestandskräftig Ablehnung einer Person gleichsam zur positiven Aufnahme in einen EU-Staat führen und sich damit wie eine Anerkennung darstellen würde.

Hieran vermag auch die Rechtsprechung des EGMR nichts zu ändern. Denn unabhängig von der vom EGMR nur in Ausnahmefällen anerkannten extraterritorialen Geltung der EMRK und Verantwortlichkeit eines Staates jenseits seiner Grenzen[1657] liegt kein vergleichbarer Sachverhalt vor. Auch der Rechtsprechung des EGMR zum Abschiebeschutz im Rahmen von Art. 3 EMRK liegt jeweils ein „Abschiebesachverhalt" zu Grunde, wonach sich die Person bereits in einem Vertragsstaat der EMRK befand, von wo aus sie abgeschoben werden sollte.[1658] Diese Konstellation lässt sich nicht mit dem Sachverhalt extraterritorialer Asylverfahrensstandorte vergleichen, bei dem sich die Person in einem Dritt- bzw. Herkunftsstaat befindet. Gleichwohl verbleibende rechtliche Unsicherheiten

---

1657 Hierzu gehören die Ausübung effektiver Kontrolle über ein fremdes Staatsgebiet, hoheitliche Handlungen auf dem Botschaftsgelände, die Ergreifung von Personen durch eigene Hoheitsträger im Ausland, die Besetzung fremden Staatsgebiets oder die Kontrolle internationaler Gewässer durch eigene Hoheitsträger, zusammenfassend etwa *Kau* in *Vitzhtum/Proelß*, Völkerrecht, Abschn. 3 Rn. 252a. m.w.H. auch zu den ungeklärten Folgen der EGMR-Urteile Al-Skeini ua v. Vereinigtes Königreich, Entsch. v. 7.07.2011, Nr. 55721/07 = NJW 2012, 283-290 und Al-Jedda v. Vereinigtes Königreich, Entsch. v. 7.07.2011 Nr. 27021/08 auf den in der Bankovic-Entscheidung (EGMR, 12.12.2001, Nr. 52207/99) vom EMGR ausgesprochenen Grundsatz der territorialen Begrenzung vertragsstaatlicher Hoheitsgewalt. Zur Geltung der EMRK bei extraterritorialen Aufnahmeeinrichtungen siehe *Bröcker*, Die externen Dimensionen des EU-Asyl- und Flüchtlingsrechts im Lichte der Menschenrechte und des Völkerrechts, S. 265 ff. Vgl. auch *Noll/Fagerlund/Liebaut*, Study on The Feasibility of Processing Asylum Claims outside the EU, S. 43 f.

1658 Bspw. EGMR, U. v. 17.01.2012, Nr. 8139/09 = NVwZ 2013, 487-494 (Abschiebung nach Jordanien); EGMR, U. v. 5.04.2011, Nr. 25716/09 = NVwZ 2012, 1159-1162 (Abschiebung nach Tunesien); EGMR, U. v. 12.07.2016, Nr. 11593/12, zur richtungsweisenden Entscheidungen des EGMR v. 21.01.2011, wonach die Dublin-Überstellung eines Asylbewerbers gegen Art. 3 EMRK verstößt, wenn eindeutige Hinweise auf beträchtliche Mängel im Asyl- und Aufnahmeverfahren des Zielstaates vorliegen, EMGR (Gr. Kammer), U. v. 21.01.2011, Nr. 30696/09 = NVwZ 2011, 413-418, Rn. 229 ff. – M.S.S. v. Belgien.

könnten in einem Präzedenzfall vor dem EGMR bereits in der Pilotphase des Modells geklärt werden.[1659]

Der Abschiebungsschutz lässt sich auch nicht auf die Gaststaaten übertragen, weil kein EU-Staat im durchgeführten Asylverfahren über den Aufenthalt einer Person in einem Drittstaat zu entscheiden vermag. Dies wäre ein völkerrechtswidriger Eingriff in fremde Hoheitsrechte, überdies würden die Gaststaaten eine Aufnahme von Drittstaatsangehörigen ablehnen. Zwar könnte das Refoulement-Verbot nach Art. 7 IPbürgR für den Drittstaat, der den Asylverfahrensstandort beherbergt, gelten und einer Abschiebung des Abgelehnten aus dem Drittstaat in seinen Heimatstaat entgegenstehen. Indes dürfte dann bereits häufig eine subsidiäre Schutzberechtigung wegen der Drohung eines ernsthaften Schadens im Herkunftsland (insbesondere bei drohender Folter oder unmenschlicher oder erniedrigender Behandlung oder Bestrafung)[1660] im extraterritorialen Asylverfahren bejaht worden sein. Soweit im Einzelfall kein subsidiärer Schutz zuerkannt wurde und gleichzeitig das Refoulement-Verbot der Abschiebung des Abgelehnten in den Herkunftsstaat durch die Drittstaaten entgegensteht, müssen die EU-Staaten eine Lösung für diese Personen anbieten. Sonst besteht die Gefahr, dass Drittstaaten die Beherbergung eines Asylverfahrensstandorts ablehnen, weil sie nicht das Risiko für die Abgelehnten, die rein tatsächlich weiterhin in ihrem Staat aufhältig sind, übernehmen wollen. In Betracht kommt insbesondere eine Kooperation mit Flüchtlingscamps des UNHCR, in denen Abgelehnte für eine gewisse Zeitdauer untergebracht werden können.

Mithin findet der Abschiebungsschutz im Konzept Europäischer Asylverfahrensstandorte keine Anwendung. Für besondere Einzelfälle, in denen die Rückkehr Abgelehnter in die Heimat unmöglich oder unzumutbar ist und keine Wiederaufnahmegründe vorliegen, z.B. bei schwerster Erkrankung, sind Sicherungsmechanismen, wie der Vorhalt von Kapazitäten in Flüchtlingscamps des UNHCR oder medizinischer Versorgung, zu gewährleisten.

### cc) Gleichwertiges Asylverfahren in formeller Hinsicht

Da die EU-Staaten derzeit kein dem territorialen Verfahren gleichwertiges extraterritoriales Asylverfahren nach den Vorgaben des Gemeinsamen Europäischen Asylsystems durchführen (Antilogie), stellt sich die Frage, wie ein formell gleichwertiges Verfahren extraterritorial auszugestalten ist und welche

---

1659 So im britischen Vorschlag angedacht, UK Government, New Vision for Refugees, 2003, S. 15.

1660 Vgl. Art. 15 RL 2011/95/EU bzw. § 4 Abs. 1 Satz 2 AsylG sowie Teil 1 A.I.3.

Verfahrenselemente im Interesse der Praktikabilität verzichtbar sind. Im Folgenden wird daher das bestehende territoriale Asylverfahren – am Beispiel des deutschen Asylrechts – auf seine formelle Übertragbarkeit auf extraterritoriale Asylverfahren untersucht und im Interesse der angestrebten Gleichwertigkeit von extraterritorialem und territorialem Asylverfahren ein möglichst gleichwertiger Verfahrensprozess herausgearbeitet.

Das Verfahren ist mit Blick auf die nicht vorgesehene Unterbringung der Antragssteller in den Verfahrensstandorten möglichst rasch bei gleichzeitiger Gewährleistung fairer Verfahren durchzuführen. Das Verfahren bis zur Entscheidung dauert trotz Sicherheitsüberprüfung, Übersetzungen und Nachforschungen durch sog. Vertrauensanwälte[1661] maximal vierzehn Tage.[1662] In diesem Zeitraum bringen sich die Antragssteller eigenverantwortlich im Gaststaat unter; dies ist kein Idealzustand, entspricht aber der gängigen Praxis bei Visaverfahren.

Zuständige Behörde ist in extraterritorialen dieselbe wie in territorialen Asylverfahren, für die Bundesrepublik ist daher im Verfahrensstandort eine BAMF-Außenstelle einzurichten.

#### aaa) Online-Registrierung des Asylsuchenden

Zügige Verfahren in den Verfahrensstandorten setzen die vorherige online-Registrierung[1663] der Asylsuchenden voraus, die eine Vorkategorisierung anhand der Staatsangehörigkeit ermöglicht. Bei Vollständigkeit der Unterlagen, soweit möglich, und nach erster Plausibilitäts- und Sicherheitsprüfung sowie dem Ausschluss bereits anhängiger bzw. rechtkräftig entschiedener Verfahren werden die Asylsuchenden auf eine Warteliste gesetzt, erhalten eine Bearbeitungsnummer und einen Anhörungstermin im Asylverfahrensstandort. Der Termin wird ähnlich wie im Visaerfahren der deutschen Auslandsvertretungen auf der Homepage veröffentlicht, wobei in Einzelfällen die persönliche Kontaktaufnahme erfolgen kann. Die online-Registrierung im System der extraterritorialen Europäischen Asylverfahrensstandorte ist einfachgesetzlich neu zu normieren, da die

---

1661 Praxis deutscher Auslandsvertretungen, *Fränkel* in *Hofmann*, Ausländerrecht, § 24 Rn. 8 ff.

1662 Die sechsmonatige Entscheidungsfrist des § 24 Abs. 4 AsylG wird gewahrt; *Fränkel* in *Hofmann*, Ausländerrecht, § 24 Rn. 29.

1663 Dies ist nicht gleichzusetzen mit der Registrierung Asylsuchender in Deutschland, deren persönliche Daten, Lichtbild und Fingerabdrücke im sog. PIK-Verfahren (Personalisierungsinfrastrukrukompente) durch Polizei, BAMF- oder sonstige Mitarbeiter der Aufnahmeeinrichtungen, Ausländerbehörden zentral gespeichert werden; BAMF, Asyl- und Flüchtlingsschutz, Ablauf des Asylverfahren, Ankunft und Registrierung, v. 01.08.2016.

bisherigen Regelungen des territorialen Asylverfahrens zur Registrierung einschließlich Maßnahmen zur Identitätssicherung (vgl. § 16 AsylG) nicht übertragbar sind. Die Antragsstellung erfolgt im vorgeschlagenen Konzept erst im Asylverfahrensstandort. Die vorgesehene online-Registrierung ist nicht mit dem Registrierungsprozess im territorialen Asylsystem (vor allem Ausstellung eines Ankunftsnachweises) vergleichbar. Daher ist im europäischen Sekundärrecht und im deutschen Asylverfahren die online-Registrierung neu zu regeln.

Die Asylsuchenden werden bereits bei der online-Registrierung in einer Sprache, deren Kenntnis vernünftigerweise vorausgesetzt werden kann, über den Verfahrensablauf, ihre Rechte und Pflichten sowie über Fristen und die Folgen der Versäumnis automatisiert belehrt (§ 24 Abs. 1 Satz 2 AsylG, Art. 12 Abs. 1 lit. a) RL 2013/32/EU).[1664]

bbb) Antragstellung des Asylsuchenden

Nach §§ 13, 14 Abs. 1 AsylG in Verbindung mit § 23 Abs. 1 AsylG hat der Asylsuchende den Asylantrag persönlich, regelmäßig bei der zuständigen BAMF-Außenstelle zu stellen.[1665] Die Asylverfahrensrichtlinie normiert das Erfordernis der persönlichen Antragstellung nicht ausdrücklich, verpflichtet aber die Mitgliedstaaten, dass eine Person, die einen Antrag auf internationalen Schutz[1666] stellt, baldmöglichst die Gelegenheit zur förmlichen Antragsstellung erhält (Art. 6 Abs. 2 Satz 1 RL 2013/32/EU). Art. 6 Abs. 3 RL 2013/32/EU berechtigt die EU-Staaten, unbeschadet Abs. 2 zu verlangen, dass Schutzanträge persönlich und/oder an einem bestimmten Ort, hier im Europäischen Asylverfahrensstandort, gestellt werden.

In den Asylverfahrensstandorten erfolgt die persönliche Antragsstellung bei der Anhörung (§ 25 AsylG). Da die vorherige online-Registrierung keine Antragstellung ist, liegt darin keine Abweichung vom Grundsatz der persönlichen Antragstellung.[1667] § 25 Abs. 4 AsylG sieht die Verbindung von Anhörung und Antragstellung vor, wenn ein Ausländer in einer Aufnahmeeinrichtung zu

1664 Die Information kann durch Videoerklärungen online oder durch Merkblätter analog erfolgen.

1665 Zur Antragstellung direkt beim BAMF ohne Pflicht zur persönlichen Antragstellung siehe *Bergmann* in *ders./Dienelt*, Ausländerrecht, § 23 AsylG Rn. 4 f.

1666 Vgl. zum Begriff Teil 1 A. I. sowie Art. 2 lit. b) RL 2013/32/EU.

1667 Art. 6 Abs. 1 Satz 1 RL 2013/32/EU, wonach die Registrierung einer Person spätestens drei Arbeitstage, nachdem sie ihren Antrag auf internationalen Schutz bei der zuständigen Behörde gestellt hat, erfolgt, wird gewahrt, weil die Antragsstellung erst i.R.d. persönlichen Anhörung und nicht bereits durch die vorherige Registrierung erfolgt, vgl. § 63 Abs. 1 AsylG, *Bergmann* in ders./Dienelt, Ausländerrecht, § 63 Rn. 1.

wohnen verpflichtet ist. Hieraus folgt nicht, dass bei nicht in einer Aufnahmeeinrichtung untergebrachten Asylsuchenden die Verbindung von persönlicher Antragstellung und persönlicher Anhörung ausgeschlossen ist. Dabei handelt es sich um keine unzulässige Verfahrensverkürzung, sondern eine nicht zu beanstandende Verfahrensvereinfachung. Denn obgleich die Verbindung von Antragstellung und Anhörung den Asylsuchenden wegen etwaiger Verfahrenseinstellung bei einmaligem Fernbleiben benachteiligen könnte, vermag auch das unentschuldigte Fernbleiben von der persönlichen Antragsstellung nach § 23 Abs. 2 Satz 1, 33 Abs. 1, Abs. 5 Satz 1 AsylG wegen Verletzung der Mitwirkungspflicht des Asylbewerbers zur Verfahrenseinstellung führen.[1668]

Im Übrigen dient die Präsenzpflicht bei der persönlichen Antragstellung in § 23 Abs. 1 AsylG in Aufnahmeeinrichtungen der Sicherstellung der Erreichbarkeit des Antragstellers.[1669] Diese Argumentation greift in extraterritorialen Asylverfahrensstandorten mangels Unterbringung nicht. Die Mitteilung des Anhörungstermins erfolgt, wie bei Visaverfahren üblich, durch Terminveröffentlichung auf der Homepage, hier der Europäischen Asylverfahrensstandorte.

#### ccc) Persönliche Anhörung des Antragsstellers

Die persönliche Anhörung (§§ 24 Abs. 1 Satz 3, 25 AsylG) mit Präsenzpflicht ist im territorialen wie extraterritorialen Asylverfahren von zentraler Bedeutung,[1670] das unentschuldigte Fernbleiben kann zur Antragsabweisung führen.[1671] Anwaltliche Vertretung ist ebenso unzulässig[1672] wie die Videoübertragung.[1673] Neben dem Entscheider sind bei der nicht öffentlichen Anhörung ein Dolmetscher[1674],

---

1668 Das Asylpaket II änderte § 23 Abs. 2 Satz 1, Satz 2 AsylG; Art. 1 Nr. 5 des Gesetzes zur Einführung beschleunigter Asylverfahren, BGBl. I 2016, 390; *Bergmann* in *ders./Dienelt*, Ausländerrecht, § 23 AsylG Nachtrag zur 11. Aufl. Rn. N 1. Zur Änderung des Abs. 2 i.R.d. Zuwanderungsgesetzes v. 1.01.2005 *Fränkel* in Hofmann, Ausländerrecht, § 23 Rn. 1.

1669 Vgl. *Fränkel* in *Hofmann*, Ausländerrecht, § 23 Rn. 2; *Bergmann* in *ders./Dienelt*, Ausländerrecht, § 23 AsylG Rn. 3.

1670 Im Unionsrecht Art. 14 bis Art. 17 RL 2013/32/EU, *Fränkel* in *Hofmann*, Ausländerrecht, § 24 Rn. 14.

1671 *Bergmann* in *ders./Dienelt*, Ausländerrecht Kommentar, § 24 AsylG Rn. 8; BAMF, Ablauf des deutschen Asylverfahrens, S. 14; Das deutsche Asylverfahren – ausführlich erklärt, S. 13 ff. zum Ablauf des Gesprächs.

1672 *Fränkel* in *Hofmann*, Ausländerrecht, § 25 Rn. 5.

1673 Art. 17 Abs. 2 RL 2013/32/EU erlaubt Videoaufzeichnungen, aber keine Videoübertragungen *Fränkel* in *Hofmann*, Ausländerrecht, § 24 Rn. 22.

1674 § 17 AsylG bzw. Art. 12 RL 2013/32/EU. Sprachanalysen bestimmen zwar die Herkunftsregion, aber nicht unbedingt die Staatsangehörigkeit, da letzteres ein

ggf. ein Rechtsanwalt sowie ein UNHCR-Vertreter und bei Minderjährigen ein Vormund anwesend.[1675] Über den UNHCR und EASO erhalten die Entscheider erforderliche Herkunftslandkenntnisse für die Antragsprüfung.[1676]

Die Anhörung dient der Ermittlung der individuellen Umstände und Fluchtgründe, der Plausibilitätsprüfung, der Aufklärung von Widersprüchen und der Echtheitsprüfung der Dokumente.[1677] Der Antragsteller kann seine Fluchtgründe und die ihn im Heimatland zu erwartenden Umstände (§ 25 Abs. 1 AsylG) dartun sowie alle Beweisstücke vorlegen.[1678] Er wird auf die Präklusion verspäteten und die Entscheidung verzögernden Vortrags bei Registrierung und Anhörung hingewiesen (§ 25 Abs. 3 AsylG). Die Angaben des Asylsuchenden werden übersetzt, protokolliert und rückübersetzt, bevor Korrekturen und die Genehmigung durch die Unterschrift erfolgen sowie eine Kopie mit den wesentlichen Angaben ausgegeben wird (§ 25 Abs. 7 AsylG, Art. 17 RL 2013/32/EU).[1679] Persönliche Daten, Fingerabdrücke und Lichtbild werden dann zentral in der Eurodac-Datenbank und im Ausländerzentralregister gespeichert sowie eine Sicherheitsprüfung durchgeführt.[1680]

Fraglich ist, inwieweit die Anhörung in Asylverfahrensstandorten entbehrlich ist (ausgenommen Folge- und Zweitanträge, § 71 Abs. 3 Satz 3 bzw. § 71a Abs. 2 Satz 2 AsylG). Die Fälle der Entbehrlichkeit der Anhörung im territorialen Asylverfahren (§ 24 Abs. 1 Satz 4, Satz 5 und Satz 6 AsylG) sind auf extraterritoriale Asylverfahren in Afrika kaum übertragbar.[1681] Die sofortige

---

Rechtsverhältnis zwischen Staat und Individuum ist und Dialekte nicht an Staatsgrenzen enden, sodass Sprachmittler nicht als „Sprachsachverständige“ einzusetzen sind; *Fränkel* in *Hofmann*, Ausländerrecht, § 24 Rn. 10 f.

1675 § 25 Abs. 6 AsylG, Art. 15 f. RL 2013/32/EU; BAMF, Ablauf des deutschen Asylverfahrens, S. 14.

1676 vgl. Art. 10 Abs. 3 lit. b) RL 2013/32/EU; BAMF, Ablauf des deutschen Asylverfahrens, S. 14.

1677 Aussagekräftig sind Nationalpass sowie Personaldokumente, BAMF, Ablauf des deutschen Asylverfahrens, S. 11 ff.; Das deutsche Ayslverfahren – ausführlich erklärt, S. 8.

1678 Vgl. hierzu die o.g. Vorgaben des UNHCR sowie BAMF, Ablauf des deutschen Asylverfahrens, S. 15.

1679 BAMF, Ablauf des deutschen Asylverfahrens, S. 15. Erwägenswert ist Art. 17 Abs. 5 UAbs. 2 RL 2013/32/EU, wonach die Mitgliedstaaten bei beschleunigten bzw. Grenz- oder Transitverfahren nach Art. 31 Abs. 8 Einsicht in die Niederschaft, das Wortprotokoll und ggf. vorhandene Aufzeichnung bei Erlass der Entscheidung gewähren können.

1680 Vgl. zum derzeitigen Verfahren in Deutschland, BAMF, Ablauf des deutschen Asylverfahrens, S. 8 ff.

1681 Im Einzelnen etwa *Fränkel* in *Hofmann*, Ausländerrecht, § 24 Rn. 15 ff.

Anerkennung nach Registrierung (§ 24 Abs. 1 Satz 4 Alt. 1, Satz 5 AsylG, Art. 1 4 Abs. 2 lit. a) RL 2013/32/EU) ist wegen der erst im Verfahrensstandort erfolgenden Identifikation und Prüfung ebenso abwegig wie die vorherige Einreise über einen sicheren Drittstaat[1682] nach Deutschland (§ 24 Abs. 1 Satz 4 Alt. 2 AsylG). Auch stellt sich der Antrag für ein in Deutschland geborenes Kind (§ 24 Abs. 1 Satz 6 AsylG) mit Ausnahme der Familienzusammenführung in extraterritorialen Asylverfahren nicht.

Bei einem nicht in einer Aufnahmeeinrichtung zu Wohnen verpflichteten Ausländer kann unter bestimmten Voraussetzungen von der Anhörung abgesehen werden, wenn er der Ladung zur Anhörung ohne genügende Entschuldigung nicht folgt (§ 25 Abs. 5 Satz 1 AsylG).[1683] Dies ist auf extraterritoriale Asylverfahrensstandorte übertragbar, weil dort keine Unterbringung vorgesehen ist und die Asylsuchenden zur persönlichen Anhörung in den Asylverfahrensstandort kommen. Jedoch ist die Zustellung einer förmlichen Ladung in vielen Staaten Afrikas nicht sicherzustellen, sodass anstelle einer Eins-zu-eins-Übertragung der Vorschrift die Praxis deutscher Auslandsvertretungen zur Terminmitteilung durch Veröffentlichung auf der Homepage der Asylverfahrensstandorte[1684] übernommen wird.

Daher ist § 25 Abs. 5 Satz 1 AsylG für Europäische Asylverfahrensstandorte dergestalt zu modifizieren, dass anstelle einer förmlichen Ladung an die Terminveröffentlichung auf der Homepage der Europäischen Asylverfahrensstandorte und bei unentschuldigtem Fernbleiben des Anhörungstermins hieran die Rechtsfolge der Entbehrlichkeit der Anhörung geknüpft wird. Angesichts der weiten, gefährlichen Reisen in die Asylverfahrensstandorte, ist wenigstens eine Neuterminierung bei unverschuldetem Fernbleiben zu gewähren.[1685] Einer solchen Regelung steht Unionsrecht nicht entgegen, da die Mitgliedstaaten bei ihrer Entscheidung über einen Schutzantrag nach Art. 14 Abs. 5 RL 2013/32/EU berücksichtigen können, dass der Antragsteller der Aufforderung zur

1682 Dies sind die EU-Staaten, Norwegen und die Schweiz, vgl. dazu III. 1. e).

1683 Nach § 25 Abs. 5 Satz 2 und Satz 3 AsylG kann er innerhalb eines Monats schriftlich Stellung nehmen, bei fehlender Äußerung entscheidet das BAMF nach Aktenlage, wobei die Nichtmitwirkung des Ausländers zu würdigen ist (Art. 14 Abs. 5 RL 2013/32/EU) und § 33 AsylG unberührt bleibt. Voraussetzung der Entscheidung nach Aktenlage ist eine förmliche Ladung (§ 25 Abs. 5 Satz 1 AsylG;) *Fränkel* in *Hofmann*, Ausländerrecht, § 25 Rn. 23.

1684 Bei ausnahmsweiser persönlicher Registrierung in einer Auslandsvertretung kann auch eine Übergabe erfolgen.

1685 *Bergmann* in *ders./Dienelt*, Ausländerrecht, § 25 Rn. 23.

persönlichen Anhörung nicht nachgekommen ist, soweit er nicht berechtigte Gründe für sein Fernbleiben vorgebracht hat.[1686] Das Unionsrecht fordert keine förmliche Ladung, es genügt die Aufforderung zur persönlichen Anhörung. Bleibt der Asylsuchende der Anhörung unentschuldigt fern, zeitigen die unterlassene Antragstellung und Wahrnehmung der Anhörung dieselbe Wirkung, wonach Rückschlüsse über die etwaig fehlende Verfolgungsfurcht zu ziehen sind, obgleich der Antrag nicht allein deshalb abgelehnt wird.[1687]

Im Übrigen bleibt auch in den Fällen (offensichtlich) unzulässigen und / oder unbegründeten Anträge (§§ 29, 30 AsylG) das Erfordernis der persönlichen Anhörung.[1688]

Zuletzt trifft der Entscheider eine schriftliche Asylentscheidung, die mit ordnungsgemäßer Rechtsbehelfsbelehrung in einer Sprache, deren Kenntnis angenommen werden kann (§ 31 Abs. 1 Satz 4 AsylG, § 58 Abs. 1 VwGO,[1689] Art. 11 RL 2013/32/EU), versehen ist und dem Antragsteller im Asylverfahrensstandort übergeben wird.

ddd) Zugang zu Rechtsberatung

Der in §§ 14 Abs. 3 Satz 2, 18a Abs. 1 Satz 5, 47 Abs. 4 AsylG (auf Unionsebene Art. 19 ff. RL 2013/32/EU, Art. 5 Abs. 1 UAbs. 1 RL 2013/33/EU) normierte Zugang zu Rechtsbeistand wird durch Rechtsbeistände im Verfahrensstandort sowie das Recht des Antragsstellers, einen über Verfahrenskenntnisse zum europäischen Asylverfahren verfügenden Rechtsbeistand seiner Wahl heranzuziehen, erfüllt. Dem Asylbewerber und seinem Rechtsbeistand wird während des Gerichtsverfahrens Akteneinsicht gewährt, welche durch die zunehmende Digitalisierung[1690] beim BAMF und bei Gericht erleichtert wird.

Die beantragte Rechtsberatung und -vertretung in Rechtsbehelfsverfahren ist nach Art. 20 RL 2013/32/EU unentgeltlich, wobei die Mitgliedstaaten Einschränkungen bei fehlenden Erfolgsaussichten, z.B. Prozesskostenhilfe, vornehmen können. Dies ist zweckmäßig, da andernfalls die Unentgeltlichkeit der

---

1686 Folgerichtig hindert die entgegen Art. 14 Abs. 1 RL 2013/32/EU unterbliebene, persönliche Anhörung des Asylsuchenden die Asylbehörde nicht daran, über den Antrag zu entscheiden (vgl. Art. 14 Abs. 3 RL 2013/32/EU).

1687 *Bergmann* in *ders./Dienelt*, Ausländerrecht, § 25 Rn. 22.

1688 Ausnahmen sind Folge- und Zweitanträge, wobei die Anhörung in diesen Fällen auch von geschulten Bediensteten anderer als der Asylbehörde durchgeführt werden kann (Art. 34 in Verbindung mit Art. 33 RL 32/2013/EU, § 29 Abs. 4 AsylG

1689 *Müller* in *Hofmann*, Ausländerrecht, § 74 Rn. 13; *Bergmann* in *ders./Dienelt*, Ausländerrecht, § 74 Rn. 19.

1690 *Müller* in *Hofmann*, Ausländerrecht, § 74 Rn. 28.

Überprüfungsinstanz zur pauschalen Überprüfung anreizen könnte, was zu einer Verfahrensverzögerung sowohl für den einzelnen Antragssteller als auch für das gesamte System der Europäischen Asylverfahrensstandorte führt.

eee) Erfordernis der gerichtlichen Anfechtbarkeit der Asylentscheidung

Essentiell für die Gleichwertigkeit von extraterritorialem und territorialem Asylverfahren ist die Anfechtbarkeit der Asylentscheidung, wobei zuerst die Frage des „Ob" der gerichtlichen Anfechtbarkeit und sodann die Frage des „Wie" (hierzu fff) der Ausgestaltung zu klären ist.

Zu prüfen ist das Erfordernis der gerichtlichen Prüfung mit Devolutiv- und Suspensiveffekt bzw. ob die Prüfung durch dieselbe oder eine höhere Behörde genügt. Eine nicht gerichtliche Prüfungsinstanz würde die Bearbeitung großer Fallzahlen in den Asylverfahrensstandorten ermöglichen. Der UNHCR lässt bei der Anfechtung von Entscheidungen über die Flüchtlingsanerkennung genügen, dass eine zweite Entscheidung getroffen wird ohne dass dies durch ein Gericht erfolgen muss.[1691]

Auch die Garantie des Art. 13 EMRK auf wirksame Beschwerde für Rechte und Freiheiten der EMRK, fordert keine bestimmte Form, sondern nur die Effektivität der Beschwerde.[1692]

Im deutschen Verfahren ist regelmäßig gegen Asylentscheidungen kein Widerspruch, sondern gleich das Gerichtsverfahren statthaft (§ 11 AsylG). In der Regel entscheidet der Einzelrichter am Verwaltungsgericht (§ 76 AsylG),[1693] Anwaltszwang besteht keiner (§ 67 Abs. 1 VwGO) und es werden keine Gerichtskosten

---

1691 UNHCR, HB und Richtlinien über Verfahren und Kriterien zur Feststellung der Flüchtlingseigenschaft 2011 (deutsche Übersetzung 2013), S. 47, Ziff. 192.

1692 Vgl. Council of Europe, Committee of Ministers, Recommendation No. R (98) 13 of the Committee of Ministers to Member States on the Right of Rejected Asylum Seekers to an Effective Remedy against Decisions on Expulsion in the Context of Article 3 of the ECHR, 18.09.1998, Ziff. 1., 2.1. *Meyer-Ladewig/Renger* in *Meyer-Ladewig/Nettesheim/von Raumer*, EMRK, Art. 13 Rn. 3, 13; *Grabenwarter/Pabel* in dies., EMRK, § 24 Rn. 196. Das Recht auf Asyl gehört nicht zu den in der EMRK garantierten Rechten, *Noll/Fagerlund/Liebaut,* Study on The Feasibility of Processing Asylum Claims outside the EU, S. 51 f. m.w.N. Die Beschwerdeausgestaltung obliegt dem Staat, auch eine nicht-gerichtliche Prüfung kann im Unterschied zu Art. 5 Abs. 4 und Art. 6 Abs. 1 EMRK sowie Art. 47 GRC genügen, soweit die Prüfungsinstanz eindeutig bestimmt, unparteiisch und unabhängig ist.

1693 Außer bei besonderer Schwierigkeit der Sache tatsächlicher oder rechtlicher Art oder grundsätzlicher Bedeutung.

erhoben (§ 83b AsylG).[1694] Die Klage entfaltet im Grundsatz keine aufschiebende Wirkung, außer bei Ablehnung als (einfach) unbegründet und bei Widerruf bzw. Rücknahme einer positiven Entscheidung (§ 75 Abs. 1 Satz 1 AsylG).[1695]

Rechtsmittel ist die Berufung,[1696] wobei die Rechtsmittel gegen Asylentscheidungen nach §§ 78 ff. AsylG gegenüber den allgemeinen verwaltungsprozessualen Vorgaben beschränkt sind: Etwa ist das Urteil unanfechtbar, wenn die Klage als offensichtlich unzulässig oder offensichtlich unbegründet abgewiesen wurde (§ 78 Abs. 1 Satz 1 AsylG) oder sind die Zulassungsgründe des § 78 Abs. 2 AsylG gegenüber § 124 Abs. 2 VwGO enger gefasst.[1697] Das BVerfG hat den Rechtsmittelausschluss des § 78 Abs. 1 Satz 1 AsylG aufgrund der Belastung der Gerichtsbarkeit durch Asylverfahren und da die Garantie des Art. 19 Abs. 4 GG keinen mehrstufigen Instanzenzug erfordert, für verfassungsgemäß erklärt.[1698]

Ungeachtet dieser Einschränkungen ist die gerichtliche Anfechtbarkeit von Asylentscheidung in einem gleichwertigen, extraterritorialen Asylverfahren nach deutschem Recht, sowohl einfachgesetzlich gemäß §§ 74 ff. AsylG als auch verfassungsrechtlich nach der Rechtsschutzgarantie des Art. 19 Abs. 4 GG gegenüber sämtlichen Hoheitsakten grundsätzlich zwingend.[1699] Eine zweite Verwaltungsverfahrensinstanz genügt daher nicht. Argumente für die Entbehrlichkeit dieses Grundpfeilers des Verwaltungsprozesses im Rahmen der angestrebten Verfahrensgleichheit, etwa wegen fehlender Vergleichbarkeit der Sachverhalte im territorialen und extraterritorialen Asylverfahren, sind nicht ersichtlich.

Dies entspricht Unionsrecht: Art. 46 Abs. 1 RL 2013/32/EU normiert das Recht auf einen wirksamen Rechtsbehelf vor Gericht gegen Asylentscheidungen, wobei die Mitgliedstaaten auch aufgrund ihrer allgemeinen Mitwirkungspflicht

1694 Auch gelten im asylrechtlichen Gerichtsverfahren die weiteren verwaltungsprozessualen Vorgaben, wie die Wiedereinsetzung (§ 60 VwGO), die Präklusion verspäteten Vortrags (§ 74 Abs. 2 Satz 2 AsylG, § 87b Abs. 3 VwGO); *Bergmann* in *ders./Dienelt*, Ausländerrecht, § 74 Rn. 28 ff.; Rn. 49 ff.

1695 Vgl. hierzu etwa *Müller* in Hofmann, Ausländerrecht, § 75 AsylVfG Rn. 6.

1696 Gemäß § 78 Abs. 4 AsylG ist die Berufung innerhalb eines Monats nach Urteilszustellung zu beantragen und zu begründen. Zum Rechtsmittelverfahren BAMF, Das deutsche Asylverfahren – ausführlich erklärt, S. 47 ff.

1697 *Müller* in *Hofmann*, Ausländerrecht, § 78 Rn. 1 ff.

1698 BVerfG, Beschl. v. 12.07.1983, 1 BvR 1470/82 = BVerfGE 65, 76 (90, 95 f.); vgl. auch *Müller* in *Hofmann*, Ausländerrecht, § 78 Rn. 2.

1699 *Maurer*, Staatsrecht I, § 8 Rn. 26; Zur Modifizierung durch Art. 16a Abs. 2 Satz 3 GG vgl. *Randelzhofer* in Maunz/Dürig, GG, Art. 16a Rn. 10, Art. 16a Abs. 2 GG Rn. 81 f.

zur Gewährung gerichtlichen Rechtsschutzes bei Anwendung von Unionsrechts verpflichtet sind (Art. 4 Abs. 3 EUV).[1700]

Ein eigenes, hier nicht untersuchtes, Forschungsfeld ist der Rechtsschutz vor dem EGMR bei extraterritorialen Asylverfahren, auch mit Blick auf die Banković-Entscheidung[1701] des EMGR zur grundsätzlich begrenzten extraterritorialen Geltung der EMRK.[1702] Für die Anrufung des EGMR nach Rechtswegerschöpfung[1703] in extraterritorialen Asylverfahren spricht vor allem die angestrebte Gleichwertigkeit der Verfahren. Eine extraterritoriale Geltung der EMRK könnte in Anlehnung an geschützte Zulassungsverfahren als systematische Ausnahme zum Territorialitätsprinzip begründet werden, da europäische Bedienstete eines Unterzeichnerstaates der EMRK hoheitlich – mit Zustimmung des jeweiligen Gaststaates – tätig werden, obgleich die EU-Staaten keine „tatsächliche Herrschaft" über ein extraterritoriales Gebiet und die im Europäischen Asylverfahrensstandort aufhältigen Personen im Sinne der Bankovic-Rechtsprechung des EGMR[1704] ausüben (eine Unterbringung der Asylsuchenden in umgrenzten Einrichtungen ist gerade nicht vorgesehen).[1705] Überdies spricht – wie *Bröcker* zutreffend argumentiert – das Verständnis des EGMR, die EMRK als „lebendiges Instrument" anzusehen, das „im Lichte der gegenwärtigen Bedingungen ausgelegt werden muss" für eine extraterritoriale Geltung der EMRK und Anrufungsmöglichkeit des EGMR.[1706]

Demgegenüber ist die zurückhaltende Judikatur des EGMR zur extraterritorialen Geltung der EMRK wie auch jüngst die Ablehnung des Anspruchs auf

---

1700 Vgl. auch Art. 18, Art. 47 EU-GRC; *Haratsch/König/Pechstein*, Europarecht, Rn. 601.

1701 EGMR (Gr. Kammer), Entscheidung v. 12.12.2001, Nr. 52207/99 = NJW 2003, 413 – Banković ua / Belgien ua.

1702 Vgl. *Noll/Fagerlund/Liebaut,* Study on The Feasibility of Processing Asylum Claims outside the EU, S. 43 f.; *Heißl*, Rechtliche Überlegungen zum Konzept der Asylverfahrenslager außerhalb Europas, ZÖR 2007, 371 (405).

1703 An den Zulassungsvoraussetzungen der Verfassungsbeschwerde dürfte es regelmäßig fehlen, Prüfgegenstand sind Art. 16a, 19 Abs. 4, 103 und Art. 3 GG; *Bergmann* in *ders./Dienelt,* Ausländerrecht, § 74 Rn. 56.

1704 EGMR (Gr. Kammer), Entscheidung v. 12.12.2001, Nr. 52207/99 = NJW 2003, 413 Rn. 71 – Banković ua / Belgien ua.

1705 Vgl. *Bröcker*, Die externen Dimensionen des EU-Asyl- und Flüchtlingsrechts im Lichte der Menschenrechte und des Völkerrechts, S. 266 ff.; *Noll/Fagerlund/Liebaut,* Study on The Feasibility of Processing Asylum Claims outside the EU, S. 42 ff.

1706 EGMR (Gr. Kammer), Entscheidung v. 12.12.2001, Nr. 52207/99 = NJW 2003, 413 Rn. 64 – Banković ua / Belgien ua.; *Bröcker*, Die externen Dimensionen des EU-Asyl- und Flüchtlingsrechts im Lichte der Menschenrechte und des Völkerrechts, S. 270.

extraterritoriale Erteilung von humanitären Visa durch den EuGH[1707] zu berücksichtigen. Die Entstehung „justiz- bzw. rechtsfreier" Räume ist im Kontext extraterrritorialer Asylregime unbedingt zu vermeiden.[1708]

fff) Ausgestaltung der gerichtlichen Überprüfung („Wie")

Die Ausgestaltung der gerichtlichen Prüfung im Europäischen Asylverfahrensstandort wirft zahlreiche Fragen auf, insbesondere, ob die Klage aufschiebende Wirkung entfaltet (1), ob aus Praktikabilitätsgründen ein schriftliches Verfahren statt einer mündlichen Verhandlung genügt (2) und wie kurz die Klagefristen zu bemessen sind (3).

*(1) Aufschiebende Wirkung der Klageerhebung*

Im Konzept Europäischer Asylverfahrensstandorte bleibt es wie im deutschen Asylrecht dabei, dass statthafter Rechtsbehelf die Klage und nicht der Widerspruch ist. Indes stellt sich die Frage nach der aufschiebenden Wirkung der Klage. Generell entfaltet eine Verpflichtungsklage keine aufschiebende Wirkung, weil dadurch lediglich die Ablehnung suspendiert werden könnte, was aber dem Betroffenen, der eine Erweiterung seines Rechtskreises erstrebt, nichts helfen würde.[1709] Im Asylverfahren verhält es sich insoweit anders, als mit der Suspendierung der Ablehnungsentscheidung die Aufenthaltsgestattung nach § 55 Abs. 1 AsylG (zum Verbleib im Bundesgebiet) weiterwirkt. Um dies zu verhindern, schließt § 75 Abs. 1 Satz 1 AsylG den Suspensiveffekt im deutschen Asylverfahren grundsätzlich aus. Lediglich bei der Ablehnung als einfach unbegründet (§ 38 Abs. 1 AsylG) hat die Klage aufschiebende Wirkung mit der Folge, dass der Betroffene vorläufig sein Aufenthaltsrecht behält.[1710]

Territoriales und extraterritoriales Asylverfahren sind insofern nicht vergleichbar, weil es bei extraterritorialen Asylverfahren keine Aufenthaltsgestattung entsprechend § 55 Abs. 1 AsylG gibt. Damit bleibt es bei dem Grundsatz, dass die Verpflichtungsklage keine aufschiebende Wirkung hat, ohne dass dies eigens normiert werden müsste.

---

1707 Vgl. EuGH, U.v. 7.03.2017 – C-638/16, ECLI: EU: C:2017:173 – X und X gegen Belgien.

1708 *Heißl*, Rechtliche Überlegungen zum Konzept der Asylverfahrenslager außerhalb Europas, ZÖR 2007, 371 (403 ff.).

1709 *Schoch* in Schoch/Schneider/Bier, VwGO, § 80 Rn. 56.

1710 Vgl. hierzu *Müller* in Hofmann, Ausländerrecht, § 75 AsylVfG Rn. 1.

*(2) Mündliche Verhandlung vs. schriftliches Gerichtsverfahren*

Eine mündliche Verhandlung ermöglicht die persönliche Anhörung des Asylbewerbers vor Gericht und damit eine höhere Akzeptanz der Entscheidung wegen der Präsenz des Antragsstellers.[1711] Demgegenüber macht ein schriftliches Verfahren die Bereitstellung von Richtern in den Asylverfahrensstandorten entbehrlich. Letztes bedeutet weniger Personal- und Investitionsbedarfe vor Ort, größtmögliche Funktionalität und die Bearbeitung hoher Fallzahlen. Aus Praktikabilitätsgründen ist daher ein schriftliches Gerichtsverfahren in den Verfahrensstandorten zu priorisieren.

Zwar sieht § 101 Abs. 1 VwGO in der Verwaltungsgerichtsbarkeit den Grundsatz der mündlichen Verhandlung vor, soweit nichts anderes bestimmt ist oder von den Beteiligten auf die mündliche Verhandlung verzichtet wird (§ 101 Abs. 2 VwGO). Dabei handelt es sich jedoch um keinen Verfassungsgrundsatz, etwa aus dem Recht auf rechtliches Gehör des Art. 103 Abs. 1 GG oder aus der Rechtsschutzgarantie des Art. 19 Abs. 4 GG folgend.[1712]

Der deutsche Gesetzgeber geht in § 77 Abs. 1 Hs. 2 AsylG selbst davon aus, dass die Gerichtsentscheidung in Asylsachen ohne mündliche Verhandlung ergehen kann.[1713] Im Flughafenverfahren soll die Entscheidung des Gerichts im einstweiligen Rechtsschutz nach § 18a Abs. 4 Satz 5 AsylG im schriftlichen Verfahren ergehen.[1714]

Art. 46 RL 2013/32/EU fordert keine mündliche Verhandlung bei der gerichtlichen Prüfung.

Auch die Garantie des Art. 6 Abs. 1 EMRK steht einem schriftlichen Verfahren nicht entgegen, wonach ein faires Verfahren grundsätzlich die Durchführung einer mündlichen Verhandlung erfordert.[1715] Denn Art. 6 Abs. 1 EMRK ist auf zivilrechtliche Ansprüche und strafrechtliche Anklagen begrenzt.[1716] Trotz des weit auszulegenden Begriffs „zivilrechtlicher Ansprüche“ sind nach dem EGMR

---

1711 *Ortloff/Riese* in Schoch/Schneider/Bier, VwGO, § 101 VwGO Rn. 2.

1712 *Ortloff/Riese* in Schoch/Schneider/Bier, VwGO, § 101 VwGO Rn. 3.

1713 § 77 Abs. 1 AsylG regelt den für die Entscheidung maßgeblichen Zeitpunkt der Sach- und Rechtslage.

1714 Vgl. auch § 101 Abs. 3 VwGO, wonach Entscheidungen des Gerichts, die nicht Urteile sind, ohne mündliche Verhandlung ergehen können, soweit nichts anderes bestimmt ist.

1715 *Meyer-Ladewig/Harrendorf/König* in Meyer-Ladewig/Nettesheim/von Raumer, EMRK, Art. 6 Rn. 170 ff.

1716 *Meyer-Ladewig/Harrendorf/König* in Meyer-Ladewig/Nettesheim/von Raumer, EMRK, Art. 6 Rn. 4 ff.

weder das Ausländer- noch das Asylrecht als Kernbereich des öffentlichen Rechts umfasst, sodass abgelehnten Antragstellern nach Art. 6 Abs. 1 EMRK weder ein Beschwerderecht noch ein Anspruch auf mündliche Verhandlung zusteht.[1717]

Mithin ist das vor allem aus praktischen, aber auch aus finanziellen Gründen, zu priorisierende schriftliche Gerichtsverfahren in extraterritorialen Asylverfahren rechtlich nicht zu beanstanden.

In den zuständigen Gerichten der Mitgliedstaaten, in Deutschland die Verwaltungsgerichte, werden zusätzliche Kapazitäten für Klagen aus Europäischen Asylverfahrensstandorten im Rahmen der bisherigen Bewältigung der Asylklagen geschaffen.[1718] Aus Gründen der Verfahrensvereinfachung und Effektivität bleibt es bei dem in § 76 Abs. 1 AsylG normierten Grundsatz, dass in Asylstreitigkeiten ein Einzelrichter entscheidet, wenn die Sache keine besonderen Schwierigkeiten tatsächlicher oder rechtlicher Art aufweist oder grundsätzliche Bedeutung hat. In den Europäischen Asylverfahrensstandorten werden Antragsstellen zur Klageerhebung geschaffen. Die zunehmende Digitalisierung, zu der auch der elektronische Rechtsverkehr gehört,[1719] ermöglicht praktikable, faire und schnelle Gerichtsverfahren der Richter in den Mitgliedstaaten für die Antragssteller in den Asylverfahrensstandorten.

*(3) Rechtsmittelfristen*

Das Fristenregime ist essentiell für den effektiven Rechtsschutz, da unverhältnismäßig kurze Rechtsmittelfristen die Ausübung der Rechtsschutzgarantie ebenso wie übermäßig lange Verfahren erschweren.

Im Interesse der Verfahrensbeschleunigung gelten im Asylrecht kurze Rechtsmittelfristen, so ist die Klage innerhalb von zwei Wochen nach Zustellung der Entscheidung zu erheben (§ 74 Abs. 1 AsylG).[1720] Gegen Abschiebungsanordnungen

---

1717 EGMR (Gr. Kammer), Entscheidung v. 12.07.2001, Nr. 44759/98 Rn. 26 ff. – Ferrazzini/Italien; EGMR, Entscheidung v. 13.10.2009, Nr. 11230/07 – Panjeheighalehei/Dänemark; EGMR, U. v. 05.10.2000, Nr. 39652/98 Rn. 38 – Maaouia/Frankreich; *Meyer-Ladewig/Harrendorf/König* in Meyer-Ladewig/Nettesheim/von Raumer, EMRK, Art. 6 Rn. 13, 22; *Noll/Fagerlund/Liebaut,* Study on The Feasibility of Processing Asylum Claims outside the EU, S. 50.

1718 Mangels Aufenthaltsnahme des Asylbewerbers kommt statt § 52 Nr. 2 Satz 3 VwGO die Regelungsgedanke des § 52 Nr. 3 VwGO zum Tragen, wonach das Verwaltungsgericht örtlich zuständig ist, in dessen Bezirk der angegriffene Verwaltungsakt erlassen wurde, mithin im extraterritorialen Asylzentrum.

1719 So etwa auch das elektronische Gerichts- und Verwaltungspostfach (EGVP) in Deutschland.

1720 *Müller* in *Hofmann*, Ausländerrecht, § 74 Rn. 1 f.; *Bergmann* in *ders./Dienelt,* Ausländerrecht, § 74 Rn. 14 f.

und -androhungen sind der Antrag nach § 80 Abs. 5 VwGO und die Klage innerhalb einer Woche zu stellen (§§ 34a Abs. 2 Satz 1, Satz 3, 36 Abs. 3 Satz 1 und Satz 10 AsylG).[1721] Zwar ist die Abschiebekonstellation nicht mit dem extraterritorialen Sachverhalt in Europäischen Asylverfahrensstandorten vergleichbar, jedoch ist die Normierung kurzer Rechtsmittelfristen in bestimmten Konstellationen zu konstatieren.

Sogar auf drei Tage verkürzt ist die Antragsfrist für den einstweiligen Rechtsschutz gegen die ablehnende Entscheidung im Flughafenverfahren (§ 18a A bs. 4 Satz 1 AsylG).[1722] Dem Flughafenverfahren liegt die Sonderkonstellation zugrunde, dass noch im Transitbereich vor der Einreise ein beschleunigtes Sonderasylverfahren durchgeführt und über die spätere Einreise nach Deutschland entschieden wird.

Für kurze Rechtsmittelfristen im Konzept Europäischer Asylverfahrensstandorte spricht, dass es sich, wie bei dem Flughafenverfahren, um Sonderverfahren handelt, die eine gewisse Differenzierung auch in prozessualer Hinsicht rechtfertigen. Kurze Rechtsmittelfristen dienen der raschen Verfahrensdurchführung, die sowohl im Interesse der EU-Staaten als Betreiber der Verfahrensstandorte und im Interesse der Drittstaaten als Gaststaaten liegen als auch vorteilhaft für die Asylsuchenden sind, die frühzeitig Gewissheit über ihr Bleibechancen in Europa erlangen. Demgegenüber ist die Bedeutung der Rechtsmittelfristen mit Blick auf den effektiven Rechtsschutz zu beachten und sind sehr verkürzte Rechtsmittelfristen kritisch zu sehen, damit die Rechtsschutzgarantie nicht als normierte, aber „leere Hülle“ verbleibt.[1723] Das Recht abgelehnter Asylbewerber auf ein faires Verfahren, das wahrnehmbare Rechtsmittelfristen impliziert, und das Interesse der EU-Staaten und Drittstaaten an der raschen Durchführung der Asylverfahren sind in einen gerechten Ausgleich zu bringen.

Im Konzept Europäischer Asylverfahrensstandorte wird daher eine Klagefrist von einer Woche vorgeschlagen; dies auch vor dem Hintergrund, dass sich die Abgelehnten während des Asylverfahrens und des sich ggf. anschließenden Gerichtsverfahrens in der Nähe der Asylverfahrensstandorte aufhalten. In den Asylverfahrensstandorten ist keine Unterbringung der Migranten vorgesehen, die Antragssteller haben wie bei der Vergabe von humanitären Visa selbst für

---

1721 BAMF, Das deutsche Asylverfahren – ausführlich erklärt, S. 47 ff.

1722 Zur Frage der geltenden Klagefrist *Bergmann*, in *ders./Dienelt*, Ausländerrecht, § 74 Rn. 15

1723 Kritisch etwa *Müller* in *Hofmann*, Ausländerrecht, § 74 Rn. 2.

ihre Unterbringung zu sorgen. Dies ist nicht nur eine finanzielle Herausforderung für die Antragsteller, sondern auch eine Belastung der Gaststaaten, die den dauerhaften Verbleib von Drittstaatsangehörigen in ihrem Staat ablehnen. Diese Problematik ist nicht zu unterschätzen, weil gerade die als Gastländer für die Asylverfahrensstandorte in Betracht kommenden, politisch stabilen Drittstaaten gegenüber den Herkunftsländern vieler Migranten auch über eine bessere Wirtschaftslage verfügen und daher für die Migranten einen gewissen Pull-Faktor haben, erst recht, wenn ihr Schutzantrag in Europa abgelehnt wurde. Aus diesem Grund und auch, um unnötig lange Wartezeiten für die Antragsteller zu vermeiden, sind die Klagefristen kurz zu bemessen. Gleichzeitig haben die Antragsteller bei Klageerhebung ihr auf zehn Tage begrenztes Visum für den Aufenthalt in dem Gaststaat, in welchem er konkrete Asylverfahrensstandort belegen ist, bei den Behörden des Gaststaates zu verlängern. Um den Verwaltungsaufwand für alle Beteiligten möglichst gering zu halten, wird daher in dem Asylverfahrensstandort ein entsprechendes Visumsbüro des jeweiligen Gaststaates eingerichtet, bei dem die Visumsverlängerung beantragt werden kann. Während des Gerichtsverfahrens wird neben Rechtsberatung auch Rückkehrberatung angeboten. Dabei sind auch entwicklungswirtschaftliche Initiativen von Nichtregierungsorganisationen und staatlichen Trägern wie z.B. die Vergabe von Minikrediten zu erwägen, um abgelehnten Menschen die Chance auf einen Neuanfang in ihrer Heimat zu ermöglichen.

Das Unionsrecht steht der einwöchigen Klagefrist nicht entgegen. Nach Art. 46 Abs. 4 RL 2013/32/EU legen die Mitgliedstaaten angemessene Fristen und sonstige Vorschriften fest, die erforderlich sind, damit der Antragsteller sein Recht auf einen wirksamen Rechtsbehelf wahrnehmen kann. Die Fristen dürfen die Ausübung dieses Rechts nicht unmöglich machen. Wie dargestellt ist die einwöchige Klagefrist angesichts der Anwesenheit des Antragstellers in der Nähe des Verfahrensstandorts als angemessen anzusehen. Vor diesem Hintergrund ist eine Änderung der Asylverfahrensrichtlinie mit Blick auf die Rechtsmittelfristen nicht erforderlich, es bedarf jedoch einer Normierung der einwöchigen Klagefrist bei extraterritorialen Asylverfahren in Europäischen Asylverfahrensstandorten im nationalen Asylrecht.

Fristauslösendes Ereignis für den Lauf der Rechtsmittelfristen ist auch im Europäischen Asylverfahrensstandort die Zustellung (vgl. § 31 Abs. 1 AsylG), d.h. die förmliche Bekanntmachung des Bescheids. Wie bereits erläutert wird in den Verfahrensstandorten aus Praktikabilitätsgründen die persönliche

Aushändigung der schriftlichen Entscheidung an den Antragsteller gegen Unterzeichnung als Zustellung gegen Empfangsbekenntnis (§ 5 Abs. 1 VwZG) gewählt.[1724]

Insgesamt soll das gesamte Asylverfahren einschließlich der Durchführung der ersten gerichtlichen Instanz nicht länger als maximal sechs Wochen dauern. Das Asylverfahren selbst soll eine bis maximal zwei Wochen im Asylverfahrensstandort dauern. Dies ist insbesondere mit dem zeitlichen Vorlauf nach der online-Registrierung bis zur persönlichen Anhörung des Antragsstellers im Asylverfahrensstandort möglich. Nach der einwöchigen Klagefrist dauert das erstinstanzliche Gerichtsverfahren im Optimalfall bis zu zwei Wochen, jedoch in der Regel nicht länger als drei Wochen, sodass vom Zeitpunkt der persönlichen Antragsstellung im Asylverfahrensstandort bis hin zum Erlass des erstinstanzlichen Urteils im Falle der Ablehnungsentscheidung regelmäßig maximal sechs Wochen vergehen.[1725]

### *b) Rückkehr abgelehnter Antragsteller in ihre Herkunftsländer*

Obgleich sich auch im territorialen Asylregime die Problematik der Rückführungen bestandskräftig abgelehnter Asylbewerber stellt, liegt bei der Rückführung aus Europäischen Asylverfahrensstandorten ein anderer Sachverhalt zugrunde und insoweit eine Antilogie vor: Die Rückführung der von EU-Staaten abgelehnten Asylbewerber ist hier nicht aus der EU, sondern aus einem Drittstaat in den Herkunftsstaat zu gewährleisten. Dabei stellen sich vor allem

---

1724 Zu weiteren Zustellungsformen, § 5 Abs. 2 VwZG, §§ 177 ff. ZPO. Bei Ehegatten und Kindern kann der Rechtsgedanke des § 10 Abs. 3 AsylG bemüht werden, wonach im gemeinsamen Asylverfahren die Zustellung an einen Ehegatten bzw. Elternteil für den anderen Ehegatten bzw. die minderjährigen Kinder wirkt. Soweit eine persönliche Aushändigung zweimal gescheitert ist, erfolgt eine Ersatzzustellung.

1725 Diese Zeitschiene ist mit den Wertungen der derzeitigen asylrechtlichen Vorgaben in Einklang zu bringen: Gemäß § 30a Abs. 2 Satz 1 AsylG entscheidet das BAMF in beschleunigten Verfahren in besonderen Aufnahmeeinrichtungen innerhalb einer Woche ab Stellung des Asylantrags.. Für Verfahren an der Grenze in Tranistzonen fordert Art. 43 Abs. 2 Satz 1 RL 2013/32/EU, dasss eine Entscheidung innerhalb einer angemessenen Frist ergeht und legt hierfür als Obergrenze eine Entscheidung innerhalb von vier Wochen fest (Satz 2). Der Vorschlag, dass bei den extraterritorialen Asylverfahren in den Europäischen Verfahrensstandorten nach spätestens zwei Wochen in der Regel eine Entscheidung ergeht, liegt mithin im Rahmen der zeitlichen Vorgaben des nationalen und unionalen Gesetzgebers für beschleunigte und für Transitverfahren, der mit Blick auf die Besonderheiten des extraterritorialisierten Asylverfahrens vertretbar ist.

Zuständigkeitsfragen. Obgleich grundsätzlich nur den Behörden des Gaststaates, in dem der Asylverfahrensstandort belegen ist, die Hoheitsgewalt über Personen auf seinem Staatsgebiet zukommt, stehen hier auch die im Verfahrensstandort tätigen EU-Staaten in der Pflicht.

Die konsequente Rückkehr der in den Asylverfahrensstandorten rechtskräftig abgelehnten Antragssteller in ihre Heimatländer ist unerlässlich für die Glaubwürdigkeit sowie den Fortbestand des Konzepts und daher kritisch für die Konzeptumsetzung. Die Gastländer werden auf der strikten Rückführung abgelehnter Migranten bestehen, weil andernfalls den Arbeits- und Sozialsystemen sowie dem gesellschaftlichen Frieden in ihrem Land Schaden drohen. Vorzugsweise erfolgt die Rückkehr freiwillig, soweit erforderlich auch zwangsweise, wobei die Kooperation mit den Herkunftsländern essentiell für das Gelingen ist.[1726]

Probleme bereiten nicht kooperationswillige Personen ohne Papiere, da mangels Feststellung ihrer Identität und Staatsangehörigkeit häufig eine Rückführung ausgeschlossen ist.[1727] Diese Problematik dürfte sich hier nicht in gleichem Umfang wie bei der illegalen Migration nach Europa stellen, da die Personen regelmäßig gültige Ausweisdokumente bzw. Ersatzpapiere benötigen, um den persönlichen Anhörungstermin im Asylverfahrensstandort in einem Drittstaat wahrzunehmen. Daher befindet sich ein Passdokument regelmäßig bei Ablehnung bei den mitgliedstaatlichen Behörden im Asylverfahrensstandort – auch zur Durchführung der Sicherheitsprüfung – und könnte etwa nur gegen Vorlage eines Rückreisetickets ausgeben werden. Indes besteht immer das Risiko, dass der Abgelehnte das Rückreiseticket nicht verwendet und stattdessen unberechtigterweise weiterhin im Drittstaat verbleibt. Daher bedarf es hier umfassender Unterstützungsmaßnahmen durch die EU, um eine Rückkehr der Abgelehnten weitestgehend sicherzustellen. Zweckmäßige Maßnahmen zur Sicherstellung der Rückkehr Abgelehnter sind Teil der Rückkehrpolitik als eigenes Feld der Migrationsforschung.

Jedenfalls in der Anfangsphase sind für Abgelehnte Anreize zur freiwilligen Rückkehr zu schaffen, da die unfreiwillige Rückführung der Abgelehnten sowohl für die EU-Staaten als auch für die Gaststaaten einen massiven logistischen und

---

1726 Etwa EK, KOM (2000) 755, S. 12, KOM (2002), 175, Grünbuch über eine Gemeinschaftspolitik zur Rückkehr illegal aufhältiger Personen. Zu den Rückübernahmeabkommen der EU etwa *Schmidt*, Die Rückübernahmeabkommen der EU und der Kompetenzkonftlikt mit ihren Mitgliedstaaten, S. 95 ff.

1727 In diesem Sinne auch die EK, KOM (2003) 315, Ziff. 6.3.1, S. 22.

finanziellen Mehraufwand bedeutet. Konkret sind finanzielle und organisatorische Hilfen zur Rückkehr in die Heimat (Zuschuss für Bus- oder Zugticket), aber auch Ausbildungskooperationen und entwicklungspolitische Maßnahmen wie bspw. die Vergabe von Mikrokrediten bereit zu stellen.

Die (rechtmäßige) Ablehnung eines Asylgesuchs im Asylverfahrensstandort verletzt unabhängig von der Frage der territorialen Geltung der GFK nicht das Non-Refoulement-Gebot (Art. 33 Abs. 1 GFK).[1728] Art. 33 Abs. 1 GFK schafft keinen Aufnahmeanspruch, sondern garantiert die Nichtzurückweisung eines Flüchtlings über die Grenzen von Gebieten, in denen sein Leben oder seine Freiheit wegen seiner Rasse, Religion, Staatsangehörigkeit, seiner Zugehörigkeit zu einer bestimmten sozialen Gruppe oder wegen seiner politischen Überzeugung bedroht sein würde. Die bestandskräftige Ablehnung des Antragstellers im extraterritorialen Asylverfahren im Europäischen Verfahrensstandort bedeutet jedoch, dass der Antragsteller weder Flüchtling im Sinne der GFK noch sonst schutzbedürftig ist. Mithin ist bestandskräftig festgestellt, dass kein schutzbedürftiger Flüchtlingsstatus im Sinne des Art. 1 A Nr. 2 GFK vorliegt, sodass das Refoulementverbot des Art. 33 Abs. 1 GFK gerade nicht einer Rückkehr in den Heimatstaat entgegensteht. Im Gegensatz zur Zurückweisung an der Grenze wurde im Asylverfahrensstandort bereits ein umfassendes Asylverfahren zur Prüfung u.a. des Flüchtlingsstatus nach der GFK durchgeführt und im Falle der Ablehnung negativ beschieden. Daher steht das Zurückweisungsverbot der Rückführung eines im Europäischen Asylverfahrensstandort Abgelehnten ebenso wenig entgegen wie der Rückführung aus Europa nach Abschluss des territorialen Asylverfahrens.[1729]

Nichts anderes gilt im Ergebnis auch für das Refoulement-Verbot nach Art. 7 IPbürgR, welches einer Abschiebung des Abgelehnten aus dem Drittstaat in seinen Heimatstaat entgegenstehen könnte. Im Asylverfahrensstandort wurde bereits ein Asylverfahren durchgeführt und etwa bei drohender unmenschlicher

---

1728 Zur Umgehungsgefahr des Refoulementverbots bei extraterritorialen Aufnahmeeinrichtungen, in die nach britischem Vorschlag spontaneous arrivals von Europa zur Verfahrensdurchführung hätten verbracht werden sollen *Bröcker*, Die externen Dimensionen des EU-Asyl- und Flüchtlingsrechts im Lichte der Menschenrechte und des Völkerrechts, S. 243 ff. Zur Anwendbarkeit von Art. 33 Abs. 1 GFK etwa bei Botschaftsverfahren *Noll/Fagerlund/Liebaut*, Study on The Feasibility of Processing Asylum Claims outside the EU, S. 36 ff.

1729 Im Ergebnis auch *Heißl*, Rechtliche Überlegungen zum Konzept der Asylverfahrenslager außerhalb Europas, ZÖR 2007, 371 (399), wobei er von extraterritorialen Asyllagern mit Unterkunftsmöglichkeiten ausgeht.

Behandlung im Herkunftsstaat regelmäßig auch ein entsprechender subsidiärer Schutz gewährt (vgl. unter 2.a) bb).

Mangels Hoheitsrechten der EU-Staaten auf dem Territorium der Gaststaaten ist anstelle einer Normierung der Rückkehr und Rückführung Abgelehnter eine operative und finanzielle Unterstützung der EU und ihrer Mitgliedstaaten zur Sicherstellung der Rückkehr der Abgelehnten in ihre Heimatstaaten zu priorisieren. Soweit im absoluten Einzelfall eine Rückkehr des Abgelehnten in die Heimat wegen besonderer Härte unzumutbar ist, wird ein Platz in einem Flüchtlingscamp in der Region durch eine entsprechende Kooperation mit dem UNHCR bereitgestellt und somit eine Gefährdung des Lebens oder der Freiheit der Person in ihrem Herkunftsstaat ausgeschlossen.

### *c) Gegenseitige Anerkennung der Asylentscheidungen zur unionsweiten Verteilung im Rahmen eines gemeinsamen europäischen Aufnahmekontingents*

Die gegenseitige Anerkennung der in den Europäischen Asylverfahrensstandorten getroffenen Asylentscheidungen zwischen den Mitgliedstaaten der EU ist die Basis für die unionsweite Verteilung der als schutzbedürftig anerkannten Personen.

Im aktuellen Dublin-System wird zwar unionsweit nur ein Asylverfahren durchgeführt, die getroffene Asylentscheidung wird jedoch von den EU-Mitgliedstaaten nicht gegenseitig anerkannt.[1730] Im Asylbereich besteht wie in anderen Rechtsgebieten (z.B. im Familien- oder Erbrecht) die Notwendigkeit der gegenseitigen Anerkennung von Asylentscheidungen innerhalb der EU, insbesondere zur Umsetzung des Konzepts, das eine unionsweite Verteilungsquote vorsieht. Die gegenseitige Anerkennung der Asylentscheidung ermöglicht in einem gemeinsamen europäischen Aufnahmekontingent die Aufnahme der im nationalen Asylverfahren eines anderen Mitgliedstaates anerkannten Flüchtlings. Das Gemeinsame Europäische Asylsystem zielt in materieller Hinsicht seit langem auf eine Harmonisierung des Asylrechts als Voraussetzung für die gegenseitige Anerkennung von Asylentscheidungen ab und ist die Grundlage für eine unionsweite Verteilung von schutzbedürftigen Flüchtlingen.

Die gegenseitige Anerkennung von Asylentscheidungen kann durch eine neue sekundärrechtliche Regelung oder durch Aufnahme in bestehende Regelwerke, wie etwa im Rahmen der bereits in Bearbeitung befindlichen

1730 Zur Verwunderlichkeit des Fehlenes einer einschlägigen Regelung *Fröhlich*, Das Asylrecht im Rahmen des Unionsrechts, S. 210 m.w.N.

Dublin-IV-Verordnung, normiert werden. Aus Gründen der Übersichtlichkeit wird eine eigene sekundärrechtliche Regelung vorgeschlagen, konkret eine Verordnung gemäß Art. 288 Abs. 2 AEUV, die im Unterschied zur Richtlinie (Art. 288 Abs. 3 AEUV) keinen Umsetzungsspielraum bei den Mitgliedstaaten belässt. Als Kompetenzgrundlage hierfür kommen Art. 78 Abs. 2 lit. a) und lit. d) AEUV (gegenseitige Anerkennung als Konsequenz eines einheitlichen Asylstatus) sowie Art. 78 Abs. 2 lit. e) AEUV bei Einordnung der gegenseitigen Anerkennung als verfahrensrechtliche Frage in Betracht.

Auch die Verteilungsquote innerhalb eines unionsweiten Aufnahmekontingents bedarf der normativen Ausgestaltung, wobei auch hier eine Verordnung zur detaillierten Regelung vorschlagen wird. Die Quoten für einen gerechten Verteilungsschlüssel im Interesse eines unionsweiten Lastenausgleichs können ähnlich dem EU-Umsiedlungsprogramm im Rahmen der Flüchtlingskrise 2015 bestimmt werden.[1731] Das vorgesehene, begrenzte EU-Aufnahmekontingent verstößt schon deshalb nicht gegen das verfassungsrechtlich und unionsrechtlich garantierte Asylrecht, da keine Substitution des territorialen durch das extraterritoriale Asylverfahren in den Verfahrensstandorten erfolgt (vgl. nachstehend unter d) und es mithin auch zu keiner Begrenzung des territorialen Asyls führt.

### d) *Koexistenz extraterritorialer und territorialer Asylverfahren der EU-Staaten*

Wie von *Noll, Fagerlund* und *Liebaut* zu geschützten Zulassungsverfahren diskutiert, ist auch bei Europäischen Asylverfahrensstandorten ihr ausschließlicher, ergänzender oder Ausnahmecharakter im Verhältnis zu bestehenden territorialen Asylsystemen zu klären.[1732]

Ein ausschließlich extraterritorialer Ansatz würde territoriale Asylsysteme obsolet machen, jedoch müssten alle spontanen Ankömmlinge in der EU nach ihrer Identifikation in adäquate Verfahrenseinrichtungen unter erheblichem Aufwand rückgeführt werden (so der britische Vorschlag von 2003).[1733] Zwar ginge von ausschließlich extraterritorialen Verfahren in den Herkunftsregionen eine von der EU nicht unerwünschte Vergrämungswirkung gegenüber illegalen

---

1731 Vgl. zu den Umsiedlungsbeschlüsen des Rates vom 14. und 22.09.2015 Teil 1 B.II.3.c) aa) und e) aa).

1732 *Noll/Fagerlund/Liebaut*, Study on The Feasibility of Processing Asylum Claims outside the EU, S. 60 ff.; vgl. auch *Bröcker*, Die externen Dimensionen des EU-Asyl- und Flüchtlingsrechts im Lichte der Menschenrechte und des Völkerrechts, S. 27 ff.

1733 Vgl. *Noll/Fagerlund/Liebaut*, Study on The Feasibility of Processing Asylum Claims outside the EU, S. 61.

Migranten aus, wobei die absolute Sicherung der EU-Außengrenzen erforderlich wäre. Indes könnten sich gleichwohl in der EU ankommende Asylbewerber zum sofortigen Untertauchen gedrängt sehen.[1734] Letzteres hätte ein ganzes Bündel negativer Auswirkungen zur Folge, sodass *Noll, Fagerlund* und *Liebaut* die auf extraterritoriale Verfahrensstandorte übertragbare Frage aufwerfen, ob der ausschließliche Ansatz statt einer Lösung der Probleme nicht vielmehr nur ihre Verschiebung bedeutet.[1735] Dieser Überlegung ist beizupflichten. Kaum lösbar ist die Rückführung einer Vielzahl spontan in Europa ankommender Asylsuchender und ihre Unterbringung in Asyllagern wie die Frage der Verantwortlichkeit für solche Lager in Drittstaaten, die eine Unterbringung auf ihrem Hoheitsgebiet ablehnen.[1736] Durch den Rücktransfer in extraterritoriale Asyllager würde das Non-Refoulement-Gebot tangiert, erst recht bei bedenklichen Lebensbedingungen mit Blick auf Art. 3 EMRK.[1737]

Auch der gegenteilige Ansatz, extraterritoriale Asylregime nur ausnahmsweise, in bestimmten Krisensituationen, zu betreiben,[1738] ist mangels Anwendbarkeit auf größere Fallzahlen, die dem reelen Migrationsauskommen entsprechen, abzulehnen.

Wie von *Noll, Fagerlund* und *Liebaut* für geschützte Zulassungsverfahren vorgeschlagen, wird daher ein ergänzender Charakter der extraterritorialen Asylverfahrensstandorte gewählt, sodass Asylsuchende nach wie vor in bzw. an den EU-Außengrenzen Asyl beantragen und ein Asylverfahren in der EU durchführen können.[1739] Damit wird im Einklang mit der EU der im britischen Vorschlag von 2003 angestrebten Ausschließlichkeit extraterritorialer Vorgehen

1734 *Noll/Fagerlund/Liebaut,* Study on The Feasibility of Processing Asylum Claims outside the EU, S. 61.

1735 *Noll/Fagerlund/Liebaut,* Study on The Feasibility of Processing Asylum Claims outside the EU, S. 61.

1736 *Noll/Fagerlund/Liebaut,* Study on The Feasibility of Processing Asylum Claims outside the EU, S. 62 f.

1737 *Noll/Fagerlund/Liebaut,* Study on The Feasibility of Processing Asylum Claims outside the EU, S. 61 ff.

1738 *Noll/Fagerlund/Liebaut,* Study on The Feasibility of Processing Asylum Claims outside the EU, S. 65 f. m.w.N., auch zur Schweiz, bei der die Vertretungen als Zugangsstelle während eines temporären Schutzprogramms dienen.

1739 *Noll/Fagerlund/Liebaut,* Study on The Feasibility of Processing Asylum Claims outside the EU, S. 63 ff.

in der Asylfrage eine Absage erteilt.[1740] Das ergänzende Angebot der Europäischen Asylverfahrensstandorte steht damit in Konkurrenz zu irregulären Migrationskanälen und muss die Asylsuchenden von den Vorteilen eines regulierten Zugangs überzeugen.[1741]

Zutreffend fragen *Noll, Fagerlund* und *Liebaut*, wie sich das Verhältnis territorialer und extraterritorialer Asylregime in der EU fortentwickelt und wie stark das extraterritoriale Asylregime für eine effektive Migrationssteuerung zu priorisieren ist. Die Frage, ob und welches der Asylregime, deren parallele Unterhaltung kostenintensiv ist, sich durchsetzt, hängt vom Umfang der Nutzung extraterritorialer Asylverfahren durch die Migranten ab,[1742] weshalb jedenfalls in der Anfangsphase (finanzielle) Anreize zu erwägen sind. Indes ist die Sorge *Heißls,* dass zunächst komplementäre extraterritoriale Asylmaßnahmen künftig ausschließlich eingesetzt und die illegale Einwanderung damit noch verstärkt wird, ernst zu nehmen.[1743] Nach *Bröcker* dürfen extraterritoriale Einrichtungen der EU nur ergänzenden Charakter gegenüber dem bestehenden EU-internen Asyl- und Flüchtlingssystems haben.[1744] Obgleich *Bröcker* von extraterritorialen Aufnahmeeinrichtungen der EU ausgeht, sind seine Ausführungen zur Notwendigkeit des ergänzenden Charakters extraterritorialer Konzepte, die den Zugang zu nationalen Verfahren nicht sperren dürfen,[1745] übertragbar.

Mangels Substitution der territorialen Asylregime stellt sich im Konzept die Problematik der Rückführung spontan in Europa ankommender Migranten in die Asylverfahrensstandorte in Drittstaaten nicht. Auf rechtlicher Ebene werden weder das Refoulement-Vebot noch das Verbot kollektiver Ausweisungen ausländischer Personen (Art. 19 Abs. 1 EU-GRC, Art. 4 des 4. ZP zur EMRK) noch

1740 *Noll/Fagerlund/Liebaut,* Study on The Feasibility of Processing Asylum Claims outside the EU, S. 4 f., 60 ff.; *Bröcker*, Die externen Dimensionen des EU-Asyl- und Flüchtlingsrechts im Lichte der Menschenrechte und des Völkerrechts, S. 27 f.

1741 *Noll/Fagerlund/Liebaut,* Study on The Feasibility of Processing Asylum Claims outside the EU, S. 63 ff.

1742 *Noll/Fagerlund/Liebaut,* Study on The Feasibility of Processing Asylum Claims outside the EU, S. 63 ff.

1743 *Heißl*, Rechtliche Überlegungen zum Konzept der Asylverfahrenslager außerhalb Europas, ZÖR 2007, 371 (408 f.); So auch *Noll/Fagerlund/Liebaut,* Study on The Feasibility of Processing Asylum Claims outside the EU, S. 83 m.w.N.

1744 *Bröcker*, Die externen Dimensionen des EU-Asyl- und Flüchtlingsrechts im Lichte der Menschenrechte und des Völkerrechts, S. 138 m.w.H.w. und S. 323.

1745 *Bröcker*, Die externen Dimensionen des EU-Asyl- und Flüchtlingsrechts im Lichte der Menschenrechte und des Völkerrechts, S. 25.

die Freiheitsbeschränkung (Art. 5 Abs. 1 EMRK) spontan in Europa ankommender und in Drittstaaten rückgeführter Asylsuchender[1746] tangiert.

## D. Bewertung des Konzepts, konkrete Umsetzung und Ausblick

Das Konzept Europäischer Asylverfahrensstandorte ist multifunktional: Einerseits Instrument der Migrationssteuerung, anderseits Instrument des Flüchtlingsschutzes im weiteren Sinne.[1747]

Die Kernelemente Europäischer Asylverfahrensstandorte umfassen die Online-Registrierung beim Portal der Verfahrensstandorte, die Durchführung eines materiell und formell dem territorialen Asylverfahren weitgehend gleichwertigen Asylverfahrens, die gerichtliche Überprüfbarkeit der Ablehnungsentscheidung und den Zugang zu Rechtsberatung sowie Dolmetscherdiensten. Technisch ist der unionsweite Datenabgleich zu gewährleisten, nicht zuletzt um die illegale Einreise in die EU nach rechtskräftiger Ablehnung zu verhindern. Europäische Asylverfahrensstandorte sind ein konkretes Konzept extraterritorialer Migrations- und Asylansätze, das sowohl den rechtsstaatlichen Anforderungen an das Asylverfahren nach den Vorgaben des Gemeinsamen Europäischen Asylsystems als auch den Steuerungs- und Sicherheitsbedürfnissen der EU-Staaten Rechnung trägt.

Für die erfolgreiche Umsetzung des Konzepts, aber auch für einen gerechteren Lastenausgleich ist das Engagement möglichst aller EU-Staaten und der politische Wille erforderlich, die Migration angesichts der sich weltweit verschärfenden wirtschaftlichen und sozialen Ungleichheiten, bewaffneten Konflikte und Umweltbelastungen als eine der dringlichsten Herausforderungen unserer Zeit zu begreifen, die alle (EU-)Staaten betrifft.[1748] Dabei ist die Beteiligung aller

1746 *Heißl*, Rechtliche Überlegungen zum Konzept der Asylverfahrenslager außerhalb Europas, ZÖR 2007, 371 (392 ff.).

1747 Zu Optionen internationalen Migrationsmanagements, u.a. internationales Flüchtlingsmanagement durch völkerrechtliche Verträge, siehe *Uerpmann-Wittzack*, Ordnung und Gestaltung von Migrationsbewegungen durch Völkerrecht in Dethloff/Nolte/Reinisch, Rückblick nach 100 Jahren und Ausblick, S. 215 (226 ff.). Zu den Vorteilen des Schutzzugangs bereits in der Herkunftsregion siehe etwa *Bröcker*, die Die externen Dimensionen des EU-Asyl- und Flüchtlingsrechts im Lichte der Menschenrechte und des Völkerrechts, S. 318.

1748 *Uerpmann-Wittzack*, Ordnung und Gestaltung von Migrationsbewegungen durch Völkerrecht in Dethloff/Nolte/Reinisch, Rückblick nach 100 Jahren und Ausblick, S. 215 (217 f. und 241 ff.) zur Begründung einer internationalen Migrationsverantwortung.

EU-Staaten zunächst weder für die Pilotierung (unter I.) noch für die Umsetzung des Konzepts zwingend, jedoch für das langfristige Gelingen, wie jedes Ansatzes zur Migrationssteuerung von zentraler Bedeutung. Maßgeblich ist daher auch hier die diskutierte, zukünftige Entwicklung der EU in ihrer Gesamtheit angesichts der Polykrise sein, mit der sich die EU derzeit konfrontiert sieht.[1749]

Auf Unionsebene findet die Lastenteilung im Asyl- und Migrationsbereich im Grundsatz der Solidarität und der gerechten Aufteilung der Verantwortlichkeiten unter den Mitgliedstaaten in Art. 80 AEUV Niederschlag. Auch auf Ebene der internationalen Staatengemeinschaft ist eine gemeinsame Migrationsverantwortung für ein nachhaltiges, funktionsfähiges Migrations- und Flüchtlingsmanagement unabdingbar. Dabei stellt sich mit Blick auf die völkerrechtlichen Instrumente, mit denen sich Migrationsbewegungen ordnen und gestalten lassen, die Frage, ob das Völkerrecht Staaten in die Pflicht nehmen kann, Migrationsbewegungen zu ordnen und, vor allem, auch zu gestalten.[1750]

Generell stellt sich die Frage, ob die Staaten auf völkerrechtlicher Ebene – die EU-Staaten unabhängig von bestehendem Unionsrecht – in die Pflicht genommen werden können, sich solidarisch im Rahmen des Flüchtlings- und Migrationsmanagements, konkret bei Aufnahme von Flüchtlingen einzubringen. Für die optimale Umsetzung des vorgeschlagenen Konzepts bedarf es der Einigung über die unionsweite Verteilung und Aufnahme von Flüchtlingen aus Europäischen Asylverfahrensstandorten, die aktuell angesichts der ablehnenden Haltung vor allem einiger osteuropäischer Staaten abwegig ist. Zwar spricht auf Völkerrechtsebene aufgrund der Zugehörigkeit zu einer gemeinsamen Welt einiges für die Anerkennung einer internationalen Migrationsverantwortung aus dem Solidaritätsgedanken als Rechtsprinzip.[1751]

---

1749 Vgl. Einleitung; zur Zukunft Europas und möglichen Entwicklungsszenarien der EU siehe das Weißbuch der Kommission, EK, KOM (2017) 2025; zur gegenwärtigen Diskussion siehe etwa *Calliess*, Bausteine einer erneuerten Europäischen Union, NVwZ 2018, 1-9; *Schorkopf*, „Europas neue Ordnung" – eine plurale Union, NVwZ 2018, 9-17; *Häberle*, Fünf Krisen im EU-Europa-Weltweite Implikationen, Möglichkeiten und Grenzen der Verfassungstheorie für Europa, AVR 53 (2015), 409 (415 ff.).

1750 So *Uerpmann-Wittzack*, Ordnung und Gestaltung von Migrationsbewegungen durch Völkerrecht in Dethloff/Nolte/Reinisch, Rückblick nach 100 Jahren und Ausblick, S. 215 (231).

1751 *Uerpmann-Wittzack*, Ordnung und Gestaltung von Migrationsbewegungen durch Völkerrecht in Dethloff/Nolte/Reinisch, Rückblick nach 100 Jahren und Ausblick, S. 215 (231 f.) m.w.H., u.a. *Koroma*, Solidarity: Evidence of an Emerging International Legal Principle in *Wolfrum*, Coexistence, Cooperation and Solidarity, Vol. I, S. 103 ff. (117 ff.); UN-Generalversammlung, Millenniums-Erklärung A/RES/55/2, Ziff. 6.

Hieraus lassen sich jedoch keine konkreten, durchsetzbaren Handlungspflichten der Staaten ableiten, da ungeachtet rechtlicher Vorgaben die Bewältigung der Migrationsfrage auch in der EU vom politischen Willen der Staaten zur Übernahme von Verantwortung und zum konkreten Handeln abhängt.[1752] Eine nachhaltige Migrationssteuerung erfordert indes einen gesamteuropäischen Ansatz.[1753] Die hierfür erforderliche Überzeugung aller EU-Staaten ist ein politischer Prozess, der gegenwärtig stattfindet und weiterer intensiver Fortführung als zentrale Fragestellung der gegenwärtigen Diskussionen über die Zukunft Europas, bedarf.[1754]

Darüber hinaus bedarf es der externen, außereuropäischen Solidarität – in Form der Solidarität Europas mit Staaten des globalen Südens – zur Bewältigung der Gesamtaufgabe des Migrationsmanagements durch Kooperation mit den Drittstaaten. Konkret sind mit kooperativen Drittstaaten, die über die erforderliche innerstaatliche Stabilität verfügen, konkrete Abkommen auszuhandeln und der UNHCR als wichtigster Kooperationspartner mit einschlägiger Expertise zur Unterstützung zu gewinnen.

Im Konzept Europäischer Asylverfahrensstandorte werden der britische Vorschlag über Transitverfahrenszentren und Schutzzonen von 2003 sowie der dreigliedrige Vorschlag des UNHCR zusammen mit bestehenden Praktiken der geschützten Zulassungsverfahren fortentwickelt. Denn all diesen Konzeptionen ist trotz unterschiedlicher Ausgestaltung die Extraterritorialisierung des Asylregimes immanent, die auch der UNHCR bereits Anfang der 2000er Jahre in Form der Prüfung von Asylanträgen und Verfahren an Botschaften in Herkunfts- und Nachbarstaaten zur Bewältigung gemischter Migration erwogen hat.[1755] Zwar hat der UNHCR dann in seinem *three-pronged proposal* von 2003

---

1752 So auch *Uerpmann-Wittzack*, Ordnung und Gestaltung von Migrationsbewegungen durch Völkerrecht in Dethloff/Nolte/Reinisch, Rückblick nach 100 Jahren und Ausblick, S. 215 (231 ff.).

1753 Vgl. etwa *Becker*, Die Zukunft des europäischen und deutschen Asylrechts in Walter/Burgi, Die Flüchtlingspolitik, der Staat und das Recht, S. 55 (115).

1754 Vgl. Fn. 1785 f., insbesondere *Calliess*, Bausteine einer erneuerten Europäischen Union, NVwZ 2018, 1 (3).

1755 UNHCR, Communication from the European Commission on A Common Policy on Illegal Immigration COM (2001) 672, UNHCR's Observations, Executive Summary (i); Statement by Mr. Ruud Lubbers, UNHCR, at an informal meeting of the European Union Justice and Home Affairs Council, Copenhagen, 13 September 2002; *Noll/Fagerlund/Liebaut*, Study on The Feasibility of Processing Asylum Claims outside the EU, S. 32.

innereuropäischen Lösungen gegenüber der extraterritorialen Transitverfahren den Vorzug gegeben, jedoch ohne konkrete Wege für die leichter zugängliche Asylsysteme aufzuzeigen. Die Europäischen Asylverfahrensstandorte greifen gleichwohl wichtige Ansätze des Vorschlags des UNHCR auf, z.B. die frühzeitige Prüfung zur raschen Differenzierung innerhalb gemischter Migration, die Ausgestaltung der Verfahrensstandorte als „offene" Einrichtungen ohne Einschränkungen der Fortbewegung der Antragssteller sowie die Einbettung einzelner asyl- und migrationsbezogener Ansätze wie dem der Europäischen Asylverfahrensstandorte im Gesamtkontext eines europäischen Migrations- und Flüchtlingsmanagements.[1756]

Die fünf Vorschläge von *Noll*, *Fagerlund* und *Liebaut* für geschützte Zulassungsverfahren zur extraterritorialen Bearbeitung von Asylanträgen (vgl. Teil 3. C.) finden im entwickelten Konzept weitgehend Berücksichtigung – mit Ausnahme des zweiten Vorschlags von Sponsorschaften der Bürger für aufzunehmende Migranten[1757] (diese sind ggf. in einer späteren Entwicklungsphase der Asylverfahrensstandorte zu erwägen, vgl. sodann unter III. Ziff. 4). Denn extraterritoriale Asylverfahren in den Herkunftsregionen bedeuten ein flexibleres Visaregime (erster Vorschlag von *Noll*, *Fagerlund* und *Liebaut*)[1758] für legale Einreisekanäle aus humanitären Gründen in die EU. Der dritte Vorschlag, eine regionale Task Force für Krisen und regulär ein regionales Informations- und Migrationszentrum der EU einzurichten,[1759] findet Ausdruck in den Verfahrensstandorten als regionale Plattform für Asylgesuche. Ähnlich der von *Noll*, *Fagerlund* und *Liebaut* für geschützte Zulassungsverfahren empfohlenen best-practice-Verfahrens-Richtlinie (vierter Vorschlag)[1760] und der Verordnung für Schengen-Asylvisa und Zuständigkeiten der Mitgliedstaaten (fünfter Vorschlag)[1761] erfordert die Umsetzung Europäischer Asylverfahrensstandorte entsprechendes Sekundärrecht für ein einheitliches Asylverfahren in

1756 Vgl. Ausführungen unter B.II.1.

1757 *Noll/Fagerlund/Liebaut,* Study on The Feasibility of Processing Asylum Claims outside the EU, S. 227 ff.

1758 *Noll/Fagerlund/Liebaut,* Study on The Feasibility of Processing Asylum Claims outside the EU, S. 224 ff.

1759 *Noll/Fagerlund/Liebaut,* Study on The Feasibility of Processing Asylum Claims outside the EU, S. 230 ff.

1760 *Noll/Fagerlund/Liebaut,* Study on The Feasibility of Processing Asylum Claims outside the EU, S. 232 ff.

1761 *Noll/Fagerlund/Liebaut,* Study on The Feasibility of Processing Asylum Claims outside the EU, S. 244 ff.

den Verfahrensstandorten (vgl. nachstehend unter II.)). Mit ihrer vollständigen Extraterritorialisierung des Asylverfahrens gehen Europäischen Asylverfahrensstandorte sogar über geschützten Zulassungsverfahren an Auslandsvertretungen[1762] hinaus.

## I. Pilotierung des Konzepts Europäischer Asylverfahrensstandorte

Die Umsetzung Europäischer Asylverfahrensstandorte erfordert zunächst die Initiierung eines Pilotprojekts, in dem das entwickelte Konzept der ersten praktischen Umsetzung und Prüfung unter reelen Gegebenheiten zugeführt wird. Wie erläutert, ist in der Pilotphase ein Konsens aller EU-Staaten entbehrlich, es genügt die Kooperation sinnvollerweise von mindestens drei EU-Staaten.[1763] Perspektivisch bedarf es der Beteiligung möglichst vieler, optimalerweise aller EU-Staaten, einerseits um ein hohes Aufnahmevolumen der als schutzbedürftig anerkannten Personen zu generieren, andererseits um eine solidarische Teilung der Lasten und Verantwortlichkeiten in der Migrationsfrage zu erreichen. Angesichts der derzeitigen Diskussionen über die Zukunft Europas und der weiter ablehnenden Haltung einiger osteuropäischer Staaten hinsichtlich der gesamteuropäischen Migrationsverantwortung stellt sich jedoch die Frage, wie sich eine dauerhafte Verweigerung einiger EU-Mitgliedstaaten auf das Konzept auswirkt. In seiner best-practice-Vision sieht das Konzept die Beteiligung aller EU-Mitgliedstaaten vor. Soweit jedoch dauerhaft eine gemeinsame Kooperation aller Mitgliedstaaten in dieser Frage scheitert, bedarf es einer Anpassung der Idealvision an die Realität und eine entsprechende Modifikation des Konzepts. Denn obgleich eine Beteiligung aller EU-Staaten mit Blick auf Zweckmäßigkeit, Effektivität und Akzeptanz Europäischer Asylverfahrensstandorte die Zielvorgabe sein sollte, bedeutet eine multilaterale Kooperation einer Vielzahl von Mitgliedstaaten keine endgültige Absage an das Konzept, sondern schlicht eine Anpassung an die aktuellen politischen Verhältnisse.[1764] Dies gilt umso mehr als derzeit in der EU geführten Diskussion zur Zukunft Europas vor allem auch das von der

1762 *Noll/Fagerlund/Liebaut*, Study on The Feasibility of Processing Asylum Claims outside the EU, S. 234.

1763 Die derzeit abwegige Beteiligung aller EU-Staaten kann im Sinne eines Europas der verschiedenen Geschwindigkeiten auch nach und nach erfolgen, obgleich eine geringere Anzahl der am Konzept beteiligten Staaten den Umfang des Aufnahmeprogramms in quantitativer Hinsicht limitiert.

1764 Zur Anpassung der Konzeptvision an die aktuellen Gegebenheiten siehe *Schön/Doll* in *Richter*, Vernetzte Organisation, S. 302.

Kommission als „Szenario 3: Wer mehr will, tut mehr" in Gestalt eines Europas mehrerer Geschwindigkeiten dargestellt wird.[1765] Das Konzept kann in einem Europa verschiedener Geschwindigkeiten auch von den „schnelleren" Mitgliedstaaten forciert umgesetzt werden.

Die Pilotphase selbst wird als sechsmonatiger Testbetrieb zweier umfassend funktionsfähiger Asylverfahrensstandorte vorgeschlagen, eines in Nord- und eines in Subsahara-Afrika, mit drei EU-Staaten und einem Aufnahmekontingent von 5.000 Personen. Die Evaluation der Prozesse bei der Pilotierung der Asylverfahrensstandorte ermöglicht erzielte Fortschritte und bestehende Herausforderungen für die Gaststaaten, für die EU und ihre Mitgliedstaaten sowie für die Migranten zu identifizieren und zu bewerten sowie die Verfahrensprozesse bis zur Entwicklung eines bestmöglicher Verfahrensablauf zu optimieren.[1766]. Gleichzeitig können die erforderlichen Ressourcen in technischer, personeller und finanzieller Hinsicht für den Regelbetrieb in allen sieben Verfahrensstandorten realistischer prognostiziert werden.

Die Durchführung der Pilotphase setzt die Anpassung der nationalen Asylgesetze in den drei aktiven Mitgliedstaaten voraus. Auf Unionsebene bedarf es zu diesem Zeitpunkt noch keiner zeitintensiven Änderung bzw. des Neuerlasses sekundärrechtlicher Regelung zur Harmonisierung; die unionsrechtliche Normierung folgt erst nach Abschluss der Pilotphase unter Berücksichtigung der Erfahrungen bei der nationalen Umsetzung in den Mitgliedstaaten.

Die Implementierung des Pilotprojekts erfordert die Auswahl von drei EU-Staaten und zwei Drittstaaten, in denen die Europäischen Asylverfahrensstandorte pilotiert werden. Bereits die Verhandlungen und der Abschluss multilateraler Abkommen mit den Drittstaaten erfordern einen gewissen zeitlichen Vorlauf, erwartungsgemäß mindestens ein halbes Jahr, währenddessen die legislativen Anpassungen vorgenommen werden können.

Sodann werden die Europäischen Asylverfahrensstandorte errichtet bzw. vorzugsweise in vorhandenen Gebäuden installiert, mit der operativen Infrastruktur einschließlich IT-Bedarfen für die Verfahrensprozesse und entsprechende Personalkraft ausgestattet sowie erste Testbetriebe durchgeführt. Gleichzeitig ist die Nutzerzielgruppe der Migranten in einem ausgewiesenen Herkunftsland nahe des Gaststaates, in dem der Verfahrensstandort belegen ist, über das

1765 EK, KOM (2017) 2025, Szenario 3, S. 11.

1766 Vgl. zum Grundsatz „Benchmarking" nach der KOM (2005) 491 Ziff. V, S. 9; *Brocza*, Den Bedürfnissen der EU Rechnung tragen in *ders.*, Die Auslagerung des EU-Grenzregimes, S. 19 ff. (26).

Angebot der extraterritorialer Asylverfahren und die Chance legal in die EU zu gelangen, zu informieren.

Das Pilotkonzept wird auf Unionsebene vor allem durch EASO unterstützt und vorzugsweise aus EU-Mitteln finanziert, um alle EU-Staaten an neuen Migrationswegen zu beteiligen.

## II. Gesetzesänderungsbedarfe zur Umsetzung Europäischer Asylverfahrensstandorte

Auf Unionsebene sind Gesetzesänderungen für die Umsetzung des Konzepts erforderlich.

Insbesondere die Asylverfahrensrichtlinie 2013/32/EU ist ungeachtet der aktuell erfolgenden Novellierung, die neben der Dublin IV-Verordnung auch die Aufwertung der Asylverfahrensrichtlinie zu einer Verordnung umfasst,[1767] wie folgt zu ergänzen:

- Aufnahme der Legaldefinition Europäischer Asylverfahrensstandorte in Art. 2 RL 2013/32/EU, bspw. durch einen neu einzufügenden Art. 2 lit. r) wie folgt:
*„Europäische Asylverfahrensstandorte sind außerhalb der Hoheitsgebiete der Mitgliedstaaten in Kooperation mit Drittstaaten belegene Standorte mehrerer EU-Staaten, in denen die jeweiligen EU-Staaten ein dem territorialen Asylverfahren gleichwertiges extraterritoriales Asylverfahren nach ihren nationalen Vorschriften im Rahmen des Gemeinsamen Europäischen Asylsystems durchführen."*

- Ergänzung extraterritorialer Asylverfahren als Verfahrensart, bspw. in Kapitel III in einem neuen *Art. 43a* mit folgenden Formulierungsvorschlag:
*„Abs. 1: Die Mitgliedstaaten können nach Maßgabe der Grundsätze und Garantien nach Kapitel II Verfahren festlegen, um in Europäischen Asylverfahrensstandorten nach Art. 2 lit. r) dieser Richtlinie über alle Anträge auf internationalen Schutz sowie über die Aberkennung des internationalen Schutzes zu entscheiden.*
*Abs. 2: Die Mitgliedstaaten stellen sicher, dass eine Entscheidung im Rahmen des Verfahrens nach Absatz 1 innerhalb einer angemessen Frist ergeht."*

- Erweiterung des Anwendungsbereichs der Richtlinie in Art. 3 RL 2013/32/EU, bspw. durch einen neu einzufügenden Abs. 1a mit folgendem Formulierungsvorschlag:

---

1767 Bspw. *Henkel*, Zur Reform des Gemeinsamen Europäischen Asylsystems, DVBl 2017, 269-278; *Koehler*, Die Dublin IV-Verordnung – eine Chance für eine Stärkung des Europäischne Asylzuständigkeitssystems? ZAR 2017, 440-447; *Becker*, Die Zukunft des europäischen und deutschen Asylrechts, in Walter/Burgi, Die Flüchtlingspolitik, der Staat und das Recht, S. 55 (110 f.).

*„Diese Richtlinie gilt ferner für alle Anträge auf internationalen Schutz, die in Europäischen Asylverfahrensstandorten gemäß Art. 2 lit. r) dieser Richtlinie nach dem in Art. 43a dieser Richtlinie beschriebenen Verfahren gestellt werden, sowie für die Aberkennung des internationalen Schutzes."*

In Verordnungsform (Art. 288 Abs. 2 AEUV) zu erlassen sind folgende Vorgaben:

- Einführung einer gemeinsamen Liste sicherer Herkunftsstaaten für einen einheitlichen materiell-rechtlichen Standard in den Europäischen Asylverfahrensstandorten.
- Einführung eines unionsweiten Aufnahmekontingents von Anerkannten aus Europäischen Asylverfahrensstandorten mit festgelegten Verteilungsquoten in der EU.
- Einführung der gegenseitigen Anerkennung zwischen den EU-Staaten bezüglich der in Europäischen Asylverfahrensstandorten getroffenen Asylentscheidungen.

Zur besseren Übersichtlichkeit der erforderlichen normativen Anpassungen wäre eine eigene Verordnung (Art. 288 Abs. 2 AEUV), die sämtliche Regelungen im Bezug auf die Europäischen Asylverfahrensstandorte regelt, zweckmäßig.

Folgende Gesetzesänderungen sind im nationalen Recht, hier am Beispiel des deutschen Asylrechts, vor allem des AsylG, vorzunehmen:

- Online-Registrierung beim Portal der Europäischen Asylverfahrensstandorte, bspw. mit nachfolgender Formulierung in einem neu einzufügenden § 13a AsylG:

*„Die Online-Registrierung zur Einleitung eines Verfahrenv im Europäischen Asylverfahrensstandort nach Art. 2 lit. r) RL 2013/32/EU erfolgt in der Regel auf dem Portal der Europäischen Asylverfahrensstandort, im Ausnahmefall kann die Registrierung persönlich in der Auslandsvertretung eines EU-Staates erfolgen."*

- Erweiterung der Antragstellung in § 14 AsylG um die Möglichkeit, in einem Europäischen Asylverfahrensstandort einen Asylantrag zu stellen, bspw. wie folgt:

*„Der Asylantrag kann außerdem bei einer Außenstelle des Bundesamtes in einem Europäischen Asylverfahrensstandort im Sinne von Art. 2 lit. r) RL 2013/32/EU gestellt werden, das dem Herkunftsland des Antragsstellers zugeordnet ist."*

- Ergänzung des § 18 Abs. 2 AsylG um die Einreiseverweigerung eines rechtskräftig im Europäischen Asylverfahrensstandort abgelehnten Ausländers, bspw. wie folgt:

(2) Dem Ausländer ist die Einreise zu verweigern, wenn
*„eine rechtskräftig in einem Europäischen Asylverfahrensstandort getroffene Entscheidung der Einreise in die EU entgegensteht."*

- Schriftliches Gerichtsverfahren als Regelverfahren und einwöchige Klagefrist gegen die in Europäischen Asylverfahrensstandorten getroffenen Asylentscheidungen, bspw. in einem zu ergänzenden § 74a AsylG:

*„Abs. 1: Die Klage ist gegen nach diesem Gesetz in einem Europäischen Asylverfahrensstandort nach Art. 2 lit. r) RL 2013/32/EU getroffene Entscheidungen statthaft.*
*Abs. 2: Die Klage muss in den Fällen des Abs. 1 innerhalb von einer Woche nach Zustellung der Entscheidung erhoben werden.*

*Abs. 3: In Streitigkeiten nach Abs. 1 ergeht die Entscheidung des Gerichts ohne mündliche Verhandlung.*
*Abs. 4: Im Übrigen gelten die Vorgaben der §§ 74 ff. AsylG.“*

- Erweiterung des § 25 Abs. 5 Satz 1 AsylG, dass die Anhörung bei unentschuldigtem Fernbleiben von dem auf der Homepage der Europäischen Asylverfahrensstandorte veröffentlichten Anhörungstermin (statt Ladung) entbehrlich ist, bspw. wie folgt:

*„Im Verfahren im Europäischen Asylverfahrensstandort nach Art. 2 lit. r) RL 2013/32/EU ist die Anhörung entbehrlich, wenn der Antragssteller dem nach der Registrierung (§ 13a AsylG) auf dem Portal Europäischer Asylverfahrensstandorte veröffentlichten Anhörungstermin ohne genügende Entschuldigung fernbleibt.“*

## III. Fortentwicklungsansätze für Europäische Asylverfahrensstandorte in der Zukunft

Bei der Fortentwicklung des Konzepts sind verschiedene Aspekte in den Blick zu nehmen, die gleichzeitig Ansatz für weitergehende Forschungen sein können:

1. Ausbau des Konzepts durch die Beteiligung weiterer Staaten, z.B. des Europäischen Wirtschaftsraums,[1768] zur innereuropäischen Lastenteilung und zur Erhöhung des Aufnahmekontingents von schutzbedürftigen Personen.
2. Geographische Übertragung der Konzeptgrundsätze auf weitere Herkunftsregionen wie auf den Mittleren Osten (Afghanistans, Pakistan, Iran, Irak) oder die Kaukasusregion (Georgien, Armenien, Aserbaidschan) unter Anpassung an die konkreten Gegebenheiten (z.B. Angliederung von Beratungsstellen für Arbeits- und Bildungsmigration).
3. Errichtung Europäischer Asylverfahrensstandorte in wichtigen Erstasylstaaten zur gerechteren Lastenteilung mit Drittstaaten – optional auch als mobile Einrichtungen zur kurzfristigen Installation bei Krisen und hohem Migrationsaufkommen in einer Region.
4. Stärkere Berücksichtigung der Integrationsfähigkeit des Asylsuchenden bei der Aufnahmeentscheidung nach dem Vorbild des kanadischen Neuansiedlungsprogramms wie etwa Sprachkenntnisse, Sponsorschaft, Berufsqualifikation, Gesundheit und Integrationsfähigkeit in den Arbeitsmarkt.[1769]

---

1768 Der EWR umfasst neben den EU-Mitgliedstaaten Island, Lichtenstein und Norwegen, *Hartasch/Koenig/Pechstein*, Europarecht, Rn. 2.

1769 *Noll/Fagerlund/Liebaut*, Study on The Feasibility of Processing Asylum Claims outside the EU, S. 187 ff.; vgl. auch EK, KOM (2016) 377, S. 7 ff. (Aktionsplan für die Integration von Drittstaatsangehörigen in der EU).

5. Einführung von beschleunigten Verfahren für Härtefälle, in denen eine besondere Notsituation besteht und ein beschleunigter Transfer nach Europa angezeigt ist.[1770]
6. Abweisung bei Unzulässigkeit bereits nach der Online-Registrierung auf dem Portal Europäischer Asylverfahrensstandorte ohne Antragserfordernis im Rahmen der persönlichen Anhörung.
7. Beschränkungsmöglichkeiten der Rechtsmittelinstanz auf bestimmte Fallgruppen.
8. Angebot erschwinglicher Transfermöglichkeiten für Anerkannte nach Europa, bspw. Fährenüberfahrt von Nordafrika, oder Vergabe von Darlehen für den Transfer in den Aufnahmestaat und ggf. für medizinische Versorgung nach dem Vorbild Kanadas.[1771]
9. Weitere Kompetenzübertragung auf die EU, konkret auf das EASO, zur gemeinsamen Bearbeitung von Asylanträgen in Asylverfahrensstandorten.[1772]
10. Stärkere Einbindung der Kooperationspartner im Bereich Migration in die Verfahrensprozesse der Europäischen Asylverfahrensstandorte, wie bspw. der IOM, und von Nichtregierungsorganisationen für entwicklungspolitische Fragestellungen zur effektiveren Bekämpfung der Migrations- und Fluchtursachen.
11. Angliederung Europäischer Asylverfahrensstandorte an bestehende Flüchtlingscamps des UNHCR, um auch besonders schutzbedürftigen Flüchtlingsgruppen wie Frauen und Kindern die Inanspruchnahme eines extraterritorialen Asylverfahrens zu ermöglichen.
12. Bereitstellung vergünstigter Unterbringungsmöglichkeiten in der Nähe der Europäischen Asylverfahrensstandorte durch Kooperationen z.B. mit dem UNHCR bei Gewährleistung kurzer Verfahren, keiner Inhaftierung und Einhaltung elementarer Menschenrechte.

---

1770 Zu sog. „fast-track procuderes" bei geschützten Zulassungsverfahren *Noll/Fagerlund/Liebaut,* Study on The Feasibility of Processing Asylum Claims outside the EU, S. 233.

1771 *Noll/Fagerlund/Liebaut,* Study on The Feasibility of Processing Asylum Claims outside the EU, S. 194.

1772 Vorschlag der Kommission in EK, KOM (2014) 154 Ziff. 3.2, wobei sich eine konzentrierte Bearbeitung von Asylanträgen durch eine eigenen EU-Asylbehörde im vorgeschlagenen Konzept besonders anbietet.

# Teil 5: Ergebnisse und Schlussbetrachtungen

Zunächst werden die wichtigsten Ergebnisse der Arbeit dargestellt, sodann folgen Schlussbetrachtungen.

## A. Zentrale Ergebnisse der Arbeit

1. Die verschiedenen Migrationssituationen und -gruppen erfordern unterschiedliche Lösungskonzepte und Migrationsinstrumente innerhalb des jeweiligen Migrationskanals.
2. Zweckmäßig ist die frühzeitige Differenzierung zwischen schutzbedürftigen und nicht schutzbedürftigen Migranten innerhalb der häufig gemischten Migration. Dies gilt sowohl in temporärer Hinsicht möglichst zu Beginn der Migration als auch in geographischer Hinsicht möglichst noch in der Herkunftsregion vor Erreichen der EU-Außengrenzen.[1773]
3. Die (erzwungene) Verbringung von Asylsuchenden in extraterritoriale Asylfazilitäten zur Prüfung ihres Schutzstatus ist der weitestgehende Ansatz externer Migrationskontrolle.[1774]
4. Die Extraterritorialisierung des territorialen Asylverfahrens der EU-Staaten verstößt für sich genommen weder gegen Völker- noch Unionsrecht.
5. Die Ausgestaltung extraterritorialer Asylverfahren muss rechtsstaatlichen Grundsätzen genügen. Hierzu gehören das Recht auf persönliche Anhörung und gerichtliche Überprüfbarkeit, den Zugang zu Rechtsbeistand und Dolmetschern.
6. Extraterritoriale Asylverfahren der EU-Staaten müssen dem Gemeinsamen Europäischen Asylsystems genügen und dürfen keine geringeren Verfahrensstandards aufweisen.
7. Die territoriale Auslagerung des Asylverfahrens führt zu keiner Aus- bzw. Verlagerung der Staatenverantwortlichkeit, hier der EU-Staaten auf Drittstaaten.
8. Die haftähnliche Unterbringung in Drittstaaten zur Durchführung von Asylverfahren – die nach hiesiger Ansicht von vornherein ausscheiden – ist (völker)rechtlich kritisch zu sehen.

---

1773 Siehe Teil 4 B.I. und IV.

1774 Dieser Ansatz wird im vorgeschlagenen Konzept nicht verfolgt, vgl. auch Ergebnis 8.

9. Perspektivisch wird nur eine gemeinsame Migrationsverantwortung der EU-Staaten unter einem Paradigmenwechsel vom bisherigen „burden-shifting“ zum „burden sharing“ die gegenwärtigen Herausforderungen der Migration, nachhaltig auch für zukünftige Generationen im Sinne der europäischen Wertegemeinschaft lösen können.[1775]
10. In einem Europa mehrerer Geschwindigkeiten kann eine Allianz handlungswilliger EU-Staaten auch ohne die Beteiligung kooperationsunwilliger Staaten tätig werden (vgl. jedoch Ziff. 9).

## B. Schlussbetrachtungen

Es ist Zeit, im Bereich des Asyl- und Migrationsregimes neue Wege zu beschreiten. Dabei sind extraterritoriale Asylansätze, wie extraterritoriale Asylverfahren, im erforderlichen Gesamtmigrationsansatz nur ein Baustein.[1776] Weiter unverzichtbar sind herkömmliche Instrumente des Flüchtlingsschutzes, wie Flüchtlingscamps, die in Krisen- und Kriegsgebieten aufzustocken sind. Ebenso wichtig sind Neuansiedlungsprogramme, die legale Migration für besonders schutzbedürftige Personen ermöglichen,[1777] wenngleich die Kontingente nicht die nötige Entlastung des weltweiten Migrationsaufkommens leisten können. Irreguläre Migration wird erst aufhören, wenn echte Alternativen zu gefährlichen Routen bestehen.[1778] Um Menschen in ihrer Heimat eine echte Lebensperspektive zu ermöglichen, sind die Fluchtursachen noch effektiver zu bekämpfen.[1779] Ein weiterer zu erforschender Ansatz ist derjenige des sog. Spurwechsels zwischen

---

1775 Siehe Teil 4 C.II.1.a) und D; zum „burden-shifting“ *Haun*, The Externalisation of Asylum Procedures, S. 20.

1776 Zum Erfordernis eines gemeinsamen Vorgehens in der EU wegen der Errungenschaft offener Grenzen *Bendel*, Migrationspolitik der Europäischen Union: Aufbruch oder Blockade? in *Fischer/Gossel*, Migration in internationaler Perspektive, S. 190–220 (210).

1777 So etwa auf dem Migrationsgipfel in Paris im August 2017 von einigen EU-Staaten mit afrikanischen Staaten erklärt, vgl. Abschlusserklärung der Migrationsgipfels in Paris, Joint Statement Paris, August 28, 2017, Ziff. 2-2, S. 3 ff.; SZ, Merkel und Macron wollen Registrierungszentren für Asylbewerber in Afrika, v. 29.08.2017; vgl. auch EK, C (2017) 6504 ErwGr 10 ff.; kritisch *Becker*, Die Zukunft des europäischen und deutschen Asylrechts, in Walter/Burgi, Die Flüchtlingspolitik, der Staat und das Recht, S. 55 (89 f.).

1778 EK, C (2017) 6504 ErwGr 18.

1779 Entwicklungspolitisch stellt sich die Frage nach der Zweckmäßigkeit großer Investitionen an Drittstaaten und den Erfolgsaussichten klassischer Entwicklungshilfe

verschiedenen Migrationskanälen Asyl und Arbeit bzw. Ausbildung (Teil 1 D. V.3.).[1780]

Ansätze zur Extraterritorialisierung der Asylregime potentieller Aufnahmestaaten, wie das Konzept Europäischer Asylverfahrensstandorte, können grundsätzlich von zwei diametral entgegensetzten Zielrichtungen verfolgt werden:

Einerseits kann das Abschottungs- und Abschreckungsinteresse der Aufnahmestaaten, hier konkret der EU-Staaten, primäres Handlungsmotiv für die Auslagerung des Asylregimes sein. Dann steht weder die Gleichwertigkeit von territorialem und extraterritorialem Asylverfahren noch die Schaffung legaler Einreisemöglichkeiten in den Aufnahmestaat, hier in die EU, im Fokus. Vielmehr geht es um die temporäre und geographische Vor- und Auslagerung des Asylregimes sowie um die Übertragung der Verantwortung auf die Herkunftsregionen, vor allem der Erstasylstaaten. Anstelle eines internationalen Ausgleichs von Lasten und Verantwortlichkeiten wird die stärkere Lastenverschiebung auf Drittstaaten angestrebt.

Andererseits kann auch die Herstellung eines fairen Migrationsmanagements und verbesserten internationalen Flüchtlingsschutzes Antriebsfeder für extraterritoriale Asylverfahren sein. Legale Einreisemöglichkeiten in potentielle Aufnahmestaaten als echte Alternative zu Schleppern werden hier neben der nachhaltigen Bekämpfung zentraler Migrationsgründe wie bewaffnete Konflikte und wirtschaftliche Perspektivlosigkeit angestrebt.

Wenngleich der Initiierung extraterritorialer Asylverfahren ein ganzes Motivbündel zugrunde liegt, ist ausgehend von einer Zielrichtung ein gerechter Ausgleich zwischen den widerstreitenden Interessen herzustellen. Aufgrund der wirtschaftlichen Überlegenheit westlicher Industriestaaten gegenüber den Staaten der südlichen Hemisphäre, die mehr Flüchtlinge als Europa, Nordamerika und Ozeanien insgesamt beherbergen,[1781] aber auch aus der europäischen

---

und ob auch hier neue, direkte Wege zu gehen sind, bspw. Kleinstinvestionen an Rückkehrer oder abgelehnte Asylbewerber ähnlich der Vergabe von Minikrediten.

1780 Vgl. hierzu *Parusell*, Spurwechsel im Migrationsprozess, ZAR 2014, 115-122; Der Spurwechsel ist teilweise umstritten, etwa weil bei regelmäßigem Spurwechsel zwischen Arbeits- und Asylmigration die Akzeptanz des Flüchtlingsschutzes in der Bevölkerung schwinden könnte, SZ, Flüchtlingspolitik – Ideen gegen die „Asylanarchie", v. 26.04.2017. Anderseits werden Einwanderer in Handwerks- oder Pflegeberufen benötigt. Die Deutsche Industrie- und Handelskammer sieht den Fachkräftemangel in Deutschland als größte Herausforderung für die Wirtschaft, FAZ, Furcht vor Fachkräftemangel hat sich verdreifacht, v. 28.12.2017.

1781 *Hathaway*, Can International Refugee Law be made relevant again? Law Quadrangle Notes 1998, 106 (107).

Wertegemeinschaft, erwächst eine Migrationsverantwortung für gerechtes Migrationsmanagement und Flüchtlingsschutz. Hieran anknüpfend sind die Interessen der EU und ihrer Mitgliedstaaten, zuvörderst nach Begrenzung der Migration und Sicherheit, in einem Gesamtmigrationsansatz in einen gerechten Ausgleich zu bringen.

Aus der gemeinsamen Migrationsverantwortung der Staatengemeinschaft folgt eine, wenn auch nicht rechtlich durchsetzbare Pflicht innerhalb Europas, wie auch mit Drittstaaten solidarische Lösungsansätze zu entwickeln.[1782] Beispielhaft wird der Generalanwalt *Paolo Mengozzi* in seinen Schlussanträgen vor dem EuGH in der Rechtssache C-638/16 PPU gegen Belgien vom 7. März 2017, mit welcher extraterritoriale Anträge auf Erteilung eines humanitären Visums abgelehnt wurden, zitiert:

> „Es ist in meinen Augen von entscheidender Bedeutung, dass sich die Mitgliedstaaten in einer Zeit, in der Grenzen geschlossen und Mauern errichtet werden, nicht ihrer Verantwortung entziehen, wie sie sich aus dem Unionsrecht oder – erlauben sie mir die Formulierung – dem Recht *ihrer* und *unserer* Union ergibt."[1783]

Mitgliedstaaten unterliegen einem Trugschluss, wenn sie in der Annahme, Flüchtlinge durch Grenzzäune langfristig abhalten zu können, einen gesamteuropäischen Migrationsansatz ablehnen. Solange Menschen aufgrund von Krieg, Verfolgung und verheerender Armut keine Lebensperspektive in ihrer Heimat sehen, werden sie den Weg nach Europa suchen. Die Erkenntnis, dass Menschen sich nicht durch Zäune aufhalten lassen,[1784] gebietet eine gesamteuropäische Lösung. Denn eine militärische Verteidigung der EU-Außengrenzen gegenüber unbewaffneten Asylsuchenden wäre das Ende des Rechts- und Wertesystems in Europa. Die häufig bemühten europäischen Werte gebieten es, Menschen unmittelbar vor den Toren Europas, auf dem Mittelmeer oder auf

1782 Siehe hierzu *Uerpmann-Wittzack*, Ordnung und Gestaltung von Migrationsbewegungen durch Völkerrecht in Dethloff/Nolte/Reinisch, Rückblick nach 100 Jahren und Ausblick, S. 215 (231 ff.).

1783 Schlussanträge des Generalanwaltes *Paolo Mengozzi* v. 7.02.2017, Rs. C-638/16 PPU X,X gegen État belge, vorläufge Fassung, Rn. 4. So auch Martin Schulz in seiner ehemaligen Funktion als EU-Parlamentspräsident, wenn er ausführt „Kein Land allein kann Herausforderungen wie Migration, Klimawandeln und Terrorismus, Handel oder internationale Konflikte bewältigen, das geht nur zusammen, als EU.", Die Welt, Interview mit Martin Schulz, Die Euopäische Union ist in Gefahr, v. 7.12.2015.

1784 UN-Generalsekretärs Guterres als UN-Flüchtlingskommissar "We can't deter people fleeing for their lives. They will come. The choice we have is how well we manage their arrival, and how humanely." v. 23.04.2015.

Landfluchtwegen, weder sterben noch unter unwürdigsten Bedingungen sich selbst zu überlassen. Eine gesteuerte, sowohl an den Werten der EU als auch an ihren Kapazitäten orientierte, gesamteinheitliche Migrationspolitik, die nicht nur die dringliche Bekämpfung der Fluchtursachen, sondern auch den Ausbau legaler Einreisemöglichkeiten in die EU fokussiert, vermag diese Herausforderungen zu lösen.

Damit stellt sich am Beispiel der europäischen Asyl- und Flüchtlingspolitik die derzeit diskutierte Frage nach der zukünftigen Entwicklung Europas und der Institution EU, wie wir sie heute kennen. Die Migrationsfrage ist als eine der zentralen Fragen unserer Zeit eine Zerreißprobe für die EU. Konkret stellt sich, wie generell für die Zukunft der EU, die Frage, ob eine Vertiefung der europäischen Integration und damit gesamteuropäische Lösungsansätze für die Migration (die aber auch eine weitere Kompetenzübertragung auf die EU bedeuten), eine viel weniger tiefe europäische Integration oder aber ein Europa der mehreren Geschwindigkeiten erfolgsversprechend ist.[1785] Angesichts der Dimensionen der Migrationsthematik, aber auch der auf dem Spiel stehenden Errungenschaften der EU, wie dem Schengenraum mit seiner Freizügigkeit, ist unzweifelhaft von einem Mehrwert eines europäischen Handelns in dieser Materie auszugehen.[1786]

Maßgeblich hierfür ist der politische Wille der Mitgliedstaaten selbst, die über die Zukunft Europas, entscheiden. Dabei dürfte eines klar sein: Die zukünftige EU wird sich auch am Ausgang der Migrationsfrage messen lassen müssen.

---

1785 Zu den Szenarien EK, Weißbuch zur Zukunft Europas, KOM (2017) 2025; *Calliess*, Bausteine einer erneuerten Europäischen Union, NVwZ 2018,1 (3 ff.); *Schorkopf*, „Europas neue Ordnung" – eine plurale Union, NVwZ 2018, 9 (9ff.); *Becker*, Die Zukunft des europäischen und deutschen Asylrechts, in Walter/Burgi, Die Flüchtlingspolitik, der Staat und das Recht, S. 55 (55 f., 97, 100, wobei er sich für eine Stärkung der Rolle der EU ausspricht), zu den aus seiner Sicht offenen Fragen der Asylpolitik siehe S. 76 ff., S. 85 ff. und 96 ff.

1786 *Schorkopf*, „Europas neue Ordnung" – eine plurale Union, NVwZ 2018, 9 (13); *Becker*, Die Zukunft des europäischen und deutschen Asylrechts in Walter/Burgi, Die Flüchtlingspolitik, der Staat und das Recht, S. 55 (115); *Bendel*, Migrationspolitik der Europäischen Union: Aufbruch oder Blockade? in *Fischer/Gossel*, Migration in internationaler Perspektive, S. 190 (210).

# Literaturverzeichnis


Al-Nauimi, Najeeb und Richard Meese. *International Legal Issues Arising under the United Nations Decade of International Law*. 1995.

Angenendt, Steffen. *Irreguläre Migration als internationales Problem - Risiken und Optionen*. SWP-Studie. Berlin: Deutsches Institut für Internationale Politik und Sicherheit, 2007.

Angenendt, Steffen und Roderick Parkes. „EU-Migrationspolitik nach Lissabon und Stockholm - Neue Kompetenzen, bessere Politik?" *SWP-Aktuell* 2009: 1–4.

Angenendt, Steffen, Marcus Engler und Jan Schneider. „Europäische Flüchtlingspolitik: Wege zu einer fairen Lastenverteilung" *SWP-Aktuell* 2013: 1–8.

Anny Knapp, Asylkoordination Österreich. „Asylum Information Database - Country Report: Austria" 2016 Update.

Bank, Roland. „Das Elgafaji-Urteil des EuGH und seine Bedeutung für den Schutz von Personen, die vor bewaffneten Konflikten fliehen" *NVwZ* 2009: 695–699.

Beitz, Wolfgang G. und Michael Wollenschläger, *Handbuch des Asylrechts - Unter Einschluß des Rechts der Kontingentflüchtlinge*. Bd. 2. 1980.

Bergmann, Jan. *Handlexikon der Europäischen Union*. 2015.

Bergmann, Jan und Klaus Dienelt. *Ausländerrecht Kommentar*. 12. Aufl. 2018.

Betts, Alexander. „The International Relations of the "New" Extraterritorial Approaches to Refugee Protection: Explaining the Policy Initiatives of the UK Government and UNHCR." *REFUGE Canada's Journal on Refugees* 22 (2004): 58–70.

—. „Towards a Mediterranean Solution? Implications for the Region of Origin." *IJRL* 18 (2006): 652–676.

Beushausen, Till. „Völkerrechtliche Pflichten und Rechte von (EU-)Küstenstaaten gegenüber Migranten auf See." *ZAR* 2010: 45–49.

Bieber, Roland, et al. *Die Europäische Union - Europarecht und Politik*. 12. Aufl. 2016.

Bostock, Chantal Marie-Jeanne. "The International Legal Obligations owed to the Asylum Seekers on the MV Tampa." *IJRL* 14 (2002): 279–301.

Brevern, Hartmut von und Jens M. Bopp. „Seenotrettung von Flüchtlingen." *ZaöRV* 62 (2002): 841-852.

Bröcker, Hermann-Matthias. *Die externen Dimensionen des EU-Asyl- und Flüchtlingsrechts im Lichte der Menschenrechte und des Völkerrechts*. 2010.

Brocza, Stefan. *Die Auslagerung des EU-Grenzregimes – Externalisierung und Exterritorialisierung.* 2015.

Byrne, Rosemary und Andrew Shacknove. "The Safe Country Notion in European Asylum Law." *Harv. HRJ* 9 (1996): 185–228.

Calliess, Christian. „Bausteine einer erneuerten Europäischen Union: Auf der Suche nach dem europäischen Weg: Überlegungen im Lichte des Weißbuchs der Europäischen Kommission zur Zukunft Europas." *NVwZ* 2018: 1–9.

Calliess, Christian und Matthias Ruffert [Hrsg.]. *EUV / AEUV – Das Verfassungsrecht der Europäischen Union mit Europäischer Grundrechtecharta: Kommentar.* 5. Aufl. 2016.

Cherubini, Francesco. *Asylum Law in the European Union.* 2015.

Chetail, Vincent und Céline Bauloz [Hrsg.]. *Research Handbook on International Law and Migration.* 2014.

Claire Salignat, Advocacy Officer at Forum réfugiés – Cosi. "Asylum Information Database – Country Report: France." 2016 Update.

Crock, Mary und Ben Saul. *Future Seekers – Refugees and the Law in Australia.* 2002.

Defensor Del Pueblo, Spanish Ombudsman. "A study of Asylum in Spain – International Protection and Reception System Resources." 2016.

Depenheuer, Otto und Christoph Grabenwarter [Hrsg.]. *Der Staat in der Flüchtlingskrise – Zwischen gutem Willen und geltendem Recht.* 2016.

Dethloff Nina, Georg Nolte, August Reinisch [Hrsg.]. *Rückblick nach 100 Jahren und Ausblick – Migrationsbewegungen.* 2018.

Dörig, Harald. „Auf dem Weg in ein Gemeinsames Europäisches Asylsystem." *NVwZ* 2014: 106–110.

Epping, Volker und in Zusammenarbeit mit Sebastian Lenz und Philipp Leydecker. *Grundrechte.* 6. Aufl. 2015.

Feller, Erika, Volker Türk und Frances Nicholson. *Refugee Protection in International Law: UNHCR's Global Consultations on International Protection.* 2003.

Fischer, Thomas und Daniel Gossel. *Migration in internationaler Perspektive.* Bde. Schriftenreihe des Zentralinstituts für Regionenforschung der Friedrich-Alexander-Universität Erlangen-Nürnberg, Bd. 5. 2009.

Fischer-Lescano, Andreas, Tillmann Löhr und Timo Tohidipur. "Border Controls at Sea: Requirements under International Human Rights and Refugee Law." *IJRL* 21 (2009): 256–296.

Fitzpatrick, Joan. "Temporary Protection of Refugees: Elements of a Formalized Regime." *AJIL* 94 (2000): 279–306.

Francis, Angus. "Bringing Protection Home: Healing the Schism Between International Obligations and National Safeguards Created by Extraterritorial Processing." *IJRL* 20 (2008): 273–313.

Franßen, Everhardt. „Der neue Art. 16a GG als „Grundrechtshinderungsvorschrift"." *DVBl.* 1993: 300–303.

Fröhlich, Daniel. *Das Asylrecht im Rahmen des Unionsrechts: Entstehung eines föderalen Asylregimes in der Europäischen Union.* 2011.

Gabor, Francis und John B. Rosenquest. "The Unsettled Status of Economic Refugees from the American and International Legal Perspectives – A Proposal for Recognition Under Existing International Law." *TexILJ* 41 (2006): 275–296.

Gadow-Stephani, Inken von. *Der Zugang zu Nothäfen und sonstigen Notliegeplätzen für Schiffe in Seenot.* Bd. 3; Hamburg Studies on Maritime Affairs. 2006.

Garlick, Madeline. "The EU Discussions on Extraterritorial Processing: Solution or Conundrum?" *IJRL* 18 (2006): 601–629.

Germov, Roz und Francesco Motta. *Refugee Law in Australia.* 2003.

Gina Clayton, et al. "Asylum Information Database – Country Report: United Kingdom." 2016 Update.

Göbel-Zimmermann, Ralph. *Asyl- und Flüchtlingsrecht.* 1999.

Goodwin-Gill, Guy S. und Jane McAdam. *The Refugee in International Law.* 3. Aufl. 2007.

Grabenwarter, Christoph und Katharina Pabel. *Europäische Menschenrechtskonvention – Ein Studienbuch.* 6. Aufl. 2016.

Grabitz, Eberhard, Meinhard Hilf und Martin Nettesheim. *Das Recht der Europäischen Union – Kommentar.* 63. Ergänzungslieferung. Dez. 2017.

Griesbeck, Michael. „Erleichterung der Fachkräftezuwanderung durch rechtliche Regelungen und flankierende Maßnahmen – eine Zwischenbilanz." *ZAR* 2014: 181–186.

Groeben, von der, Schwarze, Hans und Hatje, Armin [Hrsg.]. *Europäisches Unionsrecht – Kommentar.* 2015.

Groß, Thomas. „Migrationsrelevante Freiheitsrechte der EU-Grundrechtecharta." *ZAR* 2013: 106–110.

Häberle, Peter. „Fünf Krisen im EU-Europa-Weltweite Implikationen, Möglichkeiten und Grenzen der Verfassungstheorie für Europa,." *AVR* 2015: 409–423.

Hailbronner, Kay. *Asyl- und Ausländerrecht.* 4. Aufl. 2017.

—. *Ausländerrecht – Kommentar.* 102. Ergänzungslieferung. 5 Bde. 2017.

—. „Das Grundrecht auf Asyl – unverzichtbarer Bestandteil der grundgesetzlichen Wertordnung, historisches Relikt oder gemeinschaftsrechtswidrig?“ *ZAR* 2009: 369–376.

—. „Das Refoulement-Verbot und die humanitären Flüchlinge im Völkerrecht.“ *ZAR* 1987: 3–11.

—. *Die Rechtsstellung der De-facto-Flüchtlinge in den EG-Staaten – Rechtsvergleichung und europäische Harmonisierung*. 1993.

Hailbronner, Kay und Claus Thiery. „Amsterdam – Vergemeinschaftung der Sachbereiche Freier Personenverkehr, Asylrecht und Einwanderung sowie Überführung des Schengen-Besitzstands auf EU-Ebene.“ *EuR* 1998: 583–615.

Hailbronner, Kay und Daniel Thym. *EU Immigration and Asylum Law: a Commentary*. 2016.

Haratsch, Andreas, Christian Koenig und Pechstein Matthias. *Europarecht*. 10. Aufl. 2016.

Hathaway, James C. “The false panacea of offshore deterrence.” *FMR* 26 (2006): 56–57.

Hathaway, James C. “Can International Refugee Law be made relevant again?” *Law Quadrangle Notes 41, No.* 3, 1998: 106–108.

—. *The Rights of Refugees under International Law*. 2005.

Hathaway, James C. und R. Alexander Neve. “Making International Refugee Law Relevant Again: A Proposal for Collectivized and Solution-Oriented Protection.” *Harv. HRJ* 10 (1997): 115–211.

Haun, Elisabeth. *The Externalisation of Asylum Procedures – An Adequate EU Refugee Burden Sharing System?* 2007.

Heckmann, Friedrich. *Integration von Migranten – Einwanderung und neue Nationenbildung*. 2015.

Heijer, Maarten den. *Europe and Extraterritorial Asylum*. Bde. 39, Studies in International Law. 2012.

Henkel, Joachim. „Zur Reform des Gemeinsamen Europäischen Asylsystems.“ *DVBl* 2017: 269–332.

Herdegen, Matthias. *Völkerrecht*. 17. Aufl. 2018.

Heuser, Helene. „Zwei Jahre EU-Umsiedlungsmechanismus: Erfolgreiches Pilotprojekt oder gescheiterter Notfallmechanismus.“ *NVwZ* 2018: 364–368.

Hobe, Stephan. *Einführung in das Völkerrecht*. 10. Aufl. 2014.

Hofmann, Rainer. *Ausländerrecht – AufenthG | AsylG (AsylVfG) | GG | FreizügG/EU | StAG | EU-Abkommen | Assoziationsrecht*. 2. Aufl. 2016.

Hofmann, Rainer und Tillmann Löhr. *Europäisches Flüchtlings- und Einwanderungsrecht – Eine kritische Zwischenbilanz*. Bd. 63; Schriftenreihe des Arbeitskreises Europäische Integration e.V. 2008.

Huber, Bertold und Ralph Göbel-Zimmermann. *Ausländer- und Asylrecht*. Hrsg. NJW Praxis. 2. Aufl. Bd. 41. 2008.

Huber, Peter M. „Das europäisierte Grundgesetz." *DVBl* 2009: 574–482.

Ippolito, Francesca und Seline Trevisanut. *Migration in the Mediterranean – Mechanisms of International Cooperation*. 2015.

Joseph, Sarah und Melissa Castan. *The International Convenant on Civil and Political Rights: Cases, Materials and Commentary*. 3. Aufl. 2013.

Kälin, Walter und Jörg Künzli. *Universeller Menschenrechtsschutz – Der Schutz des Individuums auf globaler und regionaler Ebene*. 2013.

Kalkmann, Michael. „Wichtige Neuerungen durch das Asylverfahrensbeschleunigungsgesetz." *Beitrag aus dem ASYLMAGAZIN* 2015: 365–366.

Kampen, Angelina van, Lynn Hillary und et al. Merlijn Bothof. "Asylum Information Database: Country Report: Nethterlands." 2016 update.

Kaufhold, Sylvia. „Zugang zum europoäischen Asylrecht steuern und verbessern – Asylvisum als Basis eines neuen Zuständigkeitskonzepts." *ZRP* 2017: 69–73.

Kimminich, Otto. *Grundprobleme des Asylrechts*. 1983.

Klaus, Sebastian. „Mobilisierte Fachkräfte: Die Umsetzung der ICT-Richtlinie in Deutschland im AufenthG, der AufenthV und der BeschV." *ZAR* 2017: 257–270.

Klos, Christian. „Deutschlands Verhältnis zur Genfer Flüchtlingskonvention und zur Europäischen Menschenrechtskonvention." *ZAR* 2000: 202–210.

Kluth, Winfried und Andreas Heusch. *Beck'scher Online-Kommentar Ausländerrecht*. 17. Aufl. 2018.

Kneebone, Susan und Felicity Rawlings-Sanaei. *New Regionalism and Asylum Seekers – Challenges Ahead*. 2007.

Koehler, Ulrich. „Die Dublin IV-Verordnung – eine Chance für eine Stärkung des Europäischne Asylzuständigkeitssystems? Ein Zwischenbericht im Herbst 2017." *ZAR* 2017: 440–447.

Kramer, Regine. „Das „Post-Stockholm-Programm" – Europäische Union." *Öffentliche Sicherheit – Das Magazin des Innenministeriums* 2014: 48–49.

Kugelmann, Dieter. „Asylagenda 2010 – Dimensionen des Gemeinsamen Europäischen Asylsystems." *ZAR* 2007: 81–87.

Legomsky, Stephen H. "The USA and the Carribbean Interdiction Programm." *IJRL* 18 (2006): 677–695.

Lehner, Roman. „Bailout in der Flüchtlingskrise: Zum Notfallumsiedlungsbeschluss des Rates der EU vom 22.9.2015.“ *ZAR* 2015: 365–373.

Lehnert, Matthias. *Frontex und operative Maßnahmen an den europäischen Außengrenzen – Verwaltungskooperation – materielle Rechtsgrundlagen – institutionelle Kontrolle.* 2014.

Lehnert, Matthias und Nora Markard. „Mittelmeerroulette – Das Hirsi-Urteil des EGMR und die europäische Grenzschutzpolitik auf See.“ *ZAR* 2012: 194–200.

Llano, Magdalena Queipo de und Jennifer Zuppiroli. "Asylum Information Database – Country Report: Spain." 2016.

Lynskey, Orla. "Complementing and completing the Commom European Asylum System: a legal analysis of the emerging extraterritorial elements of EU refugee protection policy." *E.L.Rev.* 31 (2006): 230–250.

Maaßen, Hans-Georg. *Die Rechtsstellung des Asylbewerbers im Völkerrecht – Überlegungen zu den völkerrechtlichen Rahmenbedingungen einer europäischen Asylrechtsharmonisierung.* 1997.

Magner, Tara. "A less than "Pacific" Solution for Asylum Seekers in Australia." *IJRL* 16 (2004): 53–90.

Maley, William, et al. *Refugees and the Myth of the Borderless World.* 2002.

Mandal, Ruma. "Legal and Protection Policy Research Series – Protection Mechanism Outside of the 1951 Convention ("Complementary Protection")." Department of International Protection. 2005.

Markard, Nora. „Das Recht auf Ausreise zur See – Rechtliche Grenzen der europäischen Migrationskontrolle durch Drittstaaten.“ *AVR* 2014: 449–494.

Marx, Reinhard. „Änderungen im Dublin-Verfahren nach der Dublin III-Verordnung.“ *ZAR* 2014: 5–13.

—. *Handbuch zum Flüchtlingsschutz – Erläuterungen zur Qualifikationsrichtlinie.* 2. Aufl. 2012.

—. „Konventionsflüchtlinge ohne Rechtsschutz – Untersuchungen zu einem vergessenen Begriff -.“ *ZAR* 1992: 3–14.

—. „Rechtsgutachten zur unionsrechtlichen Zulässigkeit des Plans der Staats- und Regierungschefs der Europäischen Union, die Türkei als „sicherer Drittstaat“ zu behandeln – im Auftrag von Pro Asyl.“ 14.03.2016.

Mason, Jana. *Sea Change: Australia's New Approach to Asylum Seekers.* Washington, D.C.: U.S. Committee for Refugees, Immigration and Refugee Services of America, 2002.

Mathew, Penelope. "Australian Refugee Protection in the Wake of the Tampa." *AJIL* 96 (2002): 661–676.

Maunz, Theodor und Günter Dürig. *Grundgesetz – Kommentar*. 81. Ergänzungslieferung. 2017.

Maurer, Hartmut. *Staatsrecht I: Grundlagen – Verfassungsorgane – Staatsfunktionen*. 7. Aufl. 2015.

McEntee, Adrienne D. "The Failure of Domestic and International Mechanisms to Redress the Harmful Effects of Australian Immigration Detention." *Pac. Rim L. & Pol'y J* 12 (2003): 263–289.

Merriam-Webster. *Merriam-Webster's Dictionary of Law – Revied and update guide to the language of law*. 2011.

Meyer, Jürgen. *Charta der Grundrechte der Europäischen Union – Kommentar*. 4. Aufl. 2014.

Meyer-Ladewig, Jens, Martin Nettesheim und Stefan von Raumer. *EMRK – Europäische Menschenrechtskonvention*. 2017.

Mrozek, Anna. *Grenzschutz als supranationale Aufgabe – Der Schutz der europäischen Außengrenzen unter der Beteiligung der Bundespolizei*. 2013.

Myron H. Nordquist, Neal R. Grandy, Satya N. Nandan und Shabtai Rosenne. *United Nations Convention on the Law of the Sea 1982 – Vol. III*. 1995.

Nicholls, Glenn. "Unsettling Admissions: Asylum Seekers in Australia." *JRS* 11 (1998): 61–79.

Nicholson, Frances und Patrick Twomey. *Refugee Rights and Realities: Evolving International Concepts and Regimes*. 1999.

Niklas Wagner, Holger Raasch, Thomas Pröpstl. *Wiener Übereinkommen über diplmoatische Beziehungen vom 18. April 1961 – Kommentar für die Praxis*. 2007.

Noll, Gregor. "Visions of the Exceptional: Legal and Theoretical Issues Raised by Transit Processing Centres and Protection Zones." *EJML* 5 (2003): 303–341.

Noll, Gregor, Jessica Fagerlund und Fabrice Liebaut. "Study on the Feasibility of Processing Asylum Claims outside the EU against the Background of the Common European Asylum System and the Goal of a Common Asylum Procedure (zitiert: Study on the Feasibility of Processing Asylum Claims outside the EU)." 2002.

Nowak, Manfred. *U.N. Covenant on Civil and Political Rights – CCPR Commentary*. 2005.

OECD. „Zuwanderung ausländischer Arbeitskräfte: Deuschland." 2013.

Parusel, Bernd. „Spurwechsel im Migrationsprozess – Erfahrungen aus Schweden." *ZAR* 2014: 115–122.

Pichl, Maximilian. „Tagungsbericht: 15. Berliner Symposium zum Flüchtlingsschutz; Zugang nach Europa – Aufnahme in Deutschland – 22. bis 23. Juni 2015 in Berlin.“ *ZAR* 2015: 266–271.

Pieroth, Bodo, et al. *Grundrechte – Staatsrecht II*. 31. Aufl. 2015.

Plender, Sir Richard. *Issues in International Migration Law*. 2015.

Pollern, Hans-Ingo von. *Das moderne Asylrecht*. Bd. 67; Schriften zum Völkerrecht. 1980.

Randelzhofer, Albrecht. „Die völker- und verfassungsrechtlichen Grundlagen des deutschen Asylrechts.“ *Schriften zum Öffentlichen Recht: Zeitgemäßes Zuwanderungs- und Asylrecht – ein Problem der Industriestaaten: Internationale wissenschaftliche Tagung des Japanisch-Deutschen Zentrums Berlin von 16. bis 18. Juni 2002* 2002: 19–31.

Richter, Alexander. *Vernetzte Organisation*. München, 2014.

Roth, Andreas. „Das Grundrecht auf Asyl – ein (fast) abgeschafftes Grundrecht?“ *ZAR* 1998: 54–58.

Sachs, Michael [Hrsg.]. *Grundgesetz Kommentar*. 7. Aufl. 2014.

Sackville, Ronald. “Refugee Law: The Shifting Balance.” *SydLawRw* 26 (2004): 37–50.

Schieber, Julia. *Komplementärer Schutz – Die aufenthaltsrechtliche Stellung nicht rückführbarer Personen in der EU*. 1. Aufl. Bd. 10 Schriften zum Migrationsrecht. 2013.

Schlegel, Stefan und Gabriela Medici. „Partnerschaftliche Instrumente in der schweizerischen Migrationsaußenpolitik – Gemeinsame Arbeit an gegenläufigen Zielen.“ *ZAR* 2014: 316–323.

Schmahl, Stefanie. „Die Vergemeinschaftung der Asyl- und Flüchtlingspolitik.“ *ZAR* 2001: 3–11.

Schmidt, Adela. *Die Rückübernahmeabkommen der EU und der Kompetenzkonflikt mit ihren Mitgliedstaaten*. Bd. 38; Schriften zur Europäischen Integration und Internationalen Wirtschaftsordnung. 2016.

—. „Die vergessene Richtlinie 2001/55/EG für den Fall eines Massenzustroms von Vertriebenen als Lösung der aktuellen Flüchtlingskrise.“ *ZAR* 2015: 205–211.

Schmidt-Bleibtreu, Bruno, Hans Hofmann und Hans-Günter Henneke. *Kommentar zum Grundgesetz*. 14. Aufl. 2018.

Schneider, Jan. „Die Organistion der Asyl- und Zuwanderungspolitik in Deutschland – Studie der deutschen nationalen Kontaktstelle für das Europäische Migrationsnetzwerk (EMN).“ Working Paper 25, 2. Auflage. 2012.

Schoch, Friedrich, Jens-Peter Schneider und Wolfgang Bier [Hrsg.]. *Verwaltungsgerichtsordnung Band I Kommentar*. 33. Ergänzungslieferung. 2017.

Schorkopf, Frank. „„Europas neue Ordnung“ – eine plurale Union: Auf der Suche nach dem europäischen Weg: Überlegungen zu den Szenarien der Europäischen Kommission zur Zukunft der EU.“ *NVwZ* 2018: 9–17.

Schott-Mehrings, Tilmann. „Das Einschleusen Asylsuchender über Griechenland.“ *ZAR* 2014: 142–148.

Schulze, Reiner, Manfred Zuleeg und Stefan Kadelbach, *Europarecht – Handbuch für die deutsche Rechtspraxis*. 3. Aufl. 2015.

Seraina Nufer, Sarah Frehner, Adriana Romer, et al. „Asylum Information Database – Country Report: Switzerland.“ 2016 Update.

Sidorenko, Olga Ferguson. *The Common European Asylum System*. 2007.

Simon, Annette. *UN-Schutzzonen – Ein Schutzinstrument für verfolgte Personen? Eine Analyse anhand der internationalen Schutzzonen im Irak, in Ruanda und in Bosnien-Herzegowina mit besonderem Blick auf die schweren Menschenrechtsverletzungen in der safe area Srebrenica*. Bd. 179; Beiträge zum ausländischen öffentlichen Recht und Völkerrecht. 2005.

Stern, Klaus. *Zeitgemäßes Zuwanderungs- und Asylrecht – ein Problem der Industriestaaten*. Bd. 922 Schriften zum Öffentlichen Recht. 2003.

Streinz, Rudolf [Hrsg.]. *EUV / AEUV – Vertrag über die Europäische Union und Vertrag über die Arbeitsweise der Europäischen Union: Kommentar*. 2. Aufl. 2012.

Thränhardt, Dietrich. „Europäische Abschottung und deutscher Asylstau: Gibt es Wege aus dem Dilemma?“ *ZAR* 2014: 177–181.

Thym, Daniel. „Zulässigkeit von Dublin-Überstellungen nach Italien.“ *ZAR* 2013: 331–335.

Tiedemann, Paul. *Flüchtlingsrecht – Die materiellen und verfassungsrechtlichen Grundlagen*. 2015.

UNHCR. „The Haitian Interdiction Case 1993 Brief amicus curiae.“ *International Journal of Refugee Law* 1994: 85–102.

Vitzthum, Wolfgang Graf und Alexander Proelß [Hrsg.]. *Völkerrecht*. 7. Aufl. 2016.

Walter, Christian und Martin Burgi. *Die Flüchltingspolitik, der Staat und das Recht*. 2017.

Weber, Albrecht. „Migration im Vertrag von Lissabon.“ *ZAR* 2008: 55–58.

Weinzierl, Ruth. *Flüchtlinge: Schutz und Abwehr in der erweiterten EU – Funktionsweise, Folgen und Perspektiven der europäischen Integration*. 2005.

Wiesbrock, Anja. *Legal Migration to the European Union*. Hrsg. Elspeth Guild und Jan Niessen. Bd. 22; Immigration and Asylum Law and Policy in Europe. 2010.

Wolfrum, Rüdiger. *Coexistence, Cooperation and Solidarity*. 2012.

Wouters, Cornelis Wolfram. *International Legal Standards for the Protection from Refoulement*. 2009.

Zerger, Frithjof. „Migrationssteuerung und Entwicklungseffekte durch zirkuläre Migration?" *ZAR* 1 2008: 1–5.

Zimmermann, Andreas [Hrsg.]. *The 1951 Convention Relating to the Status of Refugees and its 1967 Protocol – A Commentary*. 2011.

www.ingramcontent.com/pod-product-compliance
Ingram Content Group UK Ltd.
Pitfield, Milton Keynes, MK11 3LW, UK
UKHW021238031026
15588UKWH00001B/140

9 783631 79843C